BAICHENG YEARBOOK 2019

拜城年鉴

（2019）

拜城县史志编纂委员会办公室　编

方志出版社
Publishing House of Local Records

图书在版编目（CIP）数据

拜城年鉴. 2019 / 拜城县史志编纂委员会办公室编. -- 北京：方志出版社，2021.2

ISBN 978-7-5144-4682-1

Ⅰ. ①拜… Ⅱ. ①拜… Ⅲ. ①拜城县—2019—年鉴 Ⅳ. ① Z524.54

中国版本图书馆 CIP 数据核字（2021）第 240590 号

拜城年鉴（2019）

编　　者：拜城县史志编纂委员会办公室
责任编辑：张　颢

出 版 者：方志出版社
地址　北京市朝阳区潘家园东里 9 号（国家方志馆 4 层）
邮编　100021
网址　http://www.zgfzcb.cn
发　　行：方志出版社图书经销中心
电话　（010）67110500
经　　销：各地新华书店
排　　版：北京纺印图文设计制作有限公司
印　　刷：北京中科印刷有限公司

开　　本：889mm × 1194mm　1/16
印　　张：23.875
字　　数：660 千字
版　　次：2021 年 2 月第 1 版　2021 年 2 月第 1 次印刷

ISBN 978-7-5144-4682-1　　**定价**：260.00 元

序

贫困问题一直是困扰人类社会发展的重大问题。中国作为世界上最大的发展中国家，为解决贫困问题进行了长期不懈的努力。改革开放以来，特别是党的十八大以来，以习近平同志为核心的党中央把脱贫攻坚作为全面建成小康社会的底线任务和标志性指标，纳入“五位一体”总体布局和“四个全面”战略布局，以前所未有的力度推进精准扶贫、精准脱贫，扶贫开发成就举世瞩目，显著改善了贫困地区和贫困群众生产生活条件，具有重大的现实意义和深远的历史意义。身处中华民族几千年发展历史上将首次整体消除绝对贫困现象的伟大时代，如何更好地发挥地方志的存史、育人、资政的作用，是新时代全国地方志系统必须深入研究和着力解决的重大课题。

党的十八大以来，在党中央国务院的正确领导下，全国地方志系统深入学习贯彻习近平新时代中国特色社会主义思想，紧紧围绕党和国家事业发展需要，深入推进地方志改革创新发展，凝心聚力，稳扎稳打，勇于担当，主动作为，全国地方志形势和地方志工作者的精神面貌发生了深刻变化，取得了优异成绩。其中，为贯彻落实《全国地方志事业发展规划纲要（2015—2020年）》，经中国地方志指导小组领导批准，中国地方志指导小组办公室于2015年、2017年先后启动民族地区与贫困地区志书、年鉴出版资助工程（以下简称“志鉴出版资助工程”），对国家级贫困县（区、旗、县级市），中西部地区、少数民族边疆地区面临出版经费困难的志书和综合年鉴给予出版资助。实施志鉴出版资助工程是紧扣时代脉搏、坚持创新发展、传承弘扬中华优秀传统文化的一项创举，不仅有力推动了“两全目标”的实现，而且数十部资助出版的志书、年鉴及时记述了民族地区与贫困地区在全面建成小康社会伟大征程中取得的新成绩和新经验、出现的新情况和新问题、涌现的优秀人物和典型事迹，留住地方文化的“根”和“魂”，为这些地区的经济社会发展、地域文化传播、爱国主义教育、精神文明建设等提供了历史借鉴和智力支持，对全面提升民族地区与贫困地区文化建设水平、确保民族地区与贫困地区和全国其他地区同步全面建成小康社会具有重要意义。

尤为可喜的是，志鉴出版资助工程促成了一批扶贫志书的编纂出版，在文化脱贫攻坚中发挥了独特的作用。例如，《贵州省减贫志》全面系统客观记述了从1978

年至2015年贵州省扶贫、减贫工作的历程及取得的经验，为贵州省实施大扶贫战略提供了有力的资政辅治参考，集中体现了地方志工作因时而动、顺势而为的新作为。前不久，由福建省地方志编委会和人民网共同编纂的《闽宁扶贫协作图志》，是全国首部扶贫协作图志，图文并茂、直观立体、全方位地展现闽宁扶贫协作波澜壮阔的历程，弘扬“闽宁一家亲”“携手奔小康”的深厚情谊和滴水穿石、久久为功的精神，是贯彻落实习近平总书记扶贫工作重要论述精神，服务国家精准扶贫、精准脱贫战略的有力举措。希望各地以此为鉴，编纂出版更多、更好的扶贫志书、年鉴，助力国家精准扶贫、精准脱贫战略的实施，充分展现地方志的独特价值和作用。

当前，我国脱贫攻坚已进入全面决战决胜的关键时期，尚未脱贫的贫困地区集中分布在中西部深山区、极端干旱山区、高寒阴湿地区等，文化建设还比较薄弱，文化产品还不够丰富，文化精品更是少之甚少。同时，这些地区往往是民族文化、历史文化、红色文化、生态文化富集区，具有发展文化旅游、推进文化扶贫的巨大潜在优势，也是繁荣发展地方志事业的巨大文化宝库。要发挥好文化扶贫凝聚人心的优势，善于利用方志文化优势为贫困地区“赋能”，在脱贫攻坚中做出方志人应有的贡献。要发挥好中国名镇志文化工程、中国名村志文化工程的引领作用，大力加强乡镇村志编纂，让百姓记得起乡情、记得住乡愁，凝聚贫困乡镇村庄的强大民心，补齐贫困乡镇村庄的文化短板，以“扶智”的方式“扶志”，践行习近平总书记强调的“扶贫先扶志，扶贫必扶智”的重要理念。

求木之长者，必固其根本；欲流之远者，必浚其泉源。扶贫扶起的是志气骨气，传承的是家国情怀，守护的是绿水青山。扶贫既要富口袋，也要富脑袋。必须坚持文化脱贫和物质脱贫两手抓，筑牢贫困地区文化之基，补足信仰精神之钙，引领脱贫发展之舵。全国地方志系统要围绕中心、服务大局，坚决投入脱贫攻坚这场必须打赢的硬仗，积极参与脱贫攻坚战，发挥优势和特长，深入挖掘文化资源，着力补齐文化短板，努力帮助民族地区与贫困地区的文化建设实现较大的发展提升，在全面建成小康社会、实现中华民族伟大复兴中国梦的征程中贡献方志人的力量。

是为序。

中国社会科学院院长
中国地方志指导小组组长　谢伏瞻

民族地区与贫困地区年鉴出版
资助工程领导小组

组　　　长：高　翔

常务副组长：冀祥德

副　组　长：高京斋　邱新立

民族地区与贫困地区年鉴出版
资助工程领导小组办公室

主　　　任：冀祥德

副　主　任：邱新立

成　　　员：于伟平　刘永强　冷晓玲　李　静

《拜城年鉴（2019）》编纂委员会

主　　任：彭　刚　买买提江·莫力

副 主 任：张　洪　艾海提·司马义　孔伟雄　艾力·热麦提　王忠毅
王松鹤　吴宝辉　肖　森　杜　翀

委　　员：王世刚　王小军　李扬虎　云立文　杨俊河　赵　萍
魏　波　李景春　金成珂　刘　勃　余　杰　刘继忠
赵江平　段文峰　刘新革　曹丽荣　袁　颖

《拜城年鉴》编辑部

主　　编：袁　颖

副 主 编：侯富平

编　　辑：艾尼瓦尔·吐尼亚孜　任文艳　艾力·西日艾力

《拜城年鉴（2019）》供稿人员名单

（按资料入编先后顺序排列）

艾尼瓦尔·吐尼亚孜　袁　颖　张世杰　侯富平　陈小磊　梁　建
罗　帅　罗　强　阿里木·库尔班　朱效府　蒋玲红　高　彬
加米拉·托合提　任文艳　袁军萍　张海华　刘成龙　王艳丽
艾尼瓦尔·艾买提　王　峰　李荣梅　李海妮　万小红　王小芸
刘　欣　吐尔地·衣不拉依木　阿依古丽·阿不都瓦依提　崔海涛
张　斌　刘志伟　李满进　袁文广　史振海　陈　凯
阿依夏木古丽·吾甫尔　郭卫华　欧阳棠　周贵才　谭玉鑫
梁恩浩　常　胜　张　博　罗　文　孙　磊　段振兴　刘绪秋
南淑红　牛志敬　汪新芳　彭一建　张志刚　张　丽　高春花
林　静　马晓峰　陈　玲　张　霞　李富平
艾合麦提·阿不来提　于文雅　闫美贞　鄢江波　李和平　郭晓影
刘　磊　林　早　郭岸雄　高建哲　韩　鹏　陈　勇　罗盼盼
李和平　帕孜力亚·吐尔逊　武　斌　付　飞　梅　明　高　翔
曲永红　刁先明　顾鼎振　林彦斌　曹国庆　王　伟　董东科
闫　华　谭　鑫　李　猛　姚彦文　王祎璠　常　磊　廖智慧
方　敏　郭岸雄　张广军　李　永　许秀青　李　永　王　玲
张国祯　李　永　汤怀颖　张殿军　武　梅
巴哈古丽·托合提　杨国平　盛国玲　杨　杰　熊晓文　赵晓刚
龙雪蓉　阿里木·库尔班　赵忠祥　于新华　王　龙　王贵平
杨黎明　宋　琰　周　强　韦　健　陈　静　茹大平　叶新洲
张　霞　孙　亮　王　森　李　江　陈先柱　古丽其曼·艾莎
张刚年　马海军　李晓强　张玉强　郭　松　周俊飞　毕龙龙
王易杰　张　腾　温政局　黄凤辉　李　楠　张文杰　雷攀飞
李　杰　贾伟加　郑松林　张彦红

编 辑 说 明

一、《拜城年鉴（2019）》（以下简称本年鉴）以马克思列宁主义、毛泽东思想、邓小平理论、“三个代表”重要思想、科学发展观、习近平新时代中国特色社会主义思想为指导，坚持辩证唯物主义和历史唯物主义的立场、观点和方法。旨在记载拜城县经济、社会概貌和发展情况，为各级党政机关和社会各界了解、研究拜城提供较全面、系统的信息资料，并为拜城县积累史料。

二、本年鉴框架由卷首、百科、卷尾3个部分组成，除“特载”“附录”类目采用综合性文章外，百科类目均采用条目体，并分类目、分目、条目3个层次。本年度类目依次有特载、大事记、县情概览、中共拜城县委员会、拜城县人民代表大会、拜城县人民政府、政协拜城县委员会、纪检监察、群众团体、法治、军事、援疆工作、农业和农村经济、工业、城乡建设　环境保护、交通　通信、经济监督与管理、商贸　旅游、财政　税务、金融、教育、科技、文化　体育、卫生　医疗、社会生活、民族　宗教、乡（镇、场）、驻拜城单位、附录。卷首设序、数字拜城2018，并安排若干专版刊载拜城经济社会发展、人民生活、当年举办的大型活动等照片资料。

三、本年鉴收录范围，以拜城县现有行政区划为界，记述时限为2018年内拜城县发生的大事、要事、新事和具有年度特色的事物。作为背景资料，部分条目内容或涉及2018年度之前的事物。

四、本年鉴的条目，除各类目、分目之首的概况、相关部分的单位介绍、个别以事物性质分类的条目之外，均为动态标题，以便于突出条目的信息价值和年度特色。

五、本年鉴所载数据，除由县统计局正式公布外，均由各供稿单位提供，并经供稿单位领导审核。由于来源、统计口径不同，不同部门提供的同项数据也不尽相同，本刊以如实反映现实为原则予以刊用。所供照片，均由各供稿单位提供，故略去提供者信息。

拜城县行政区划图

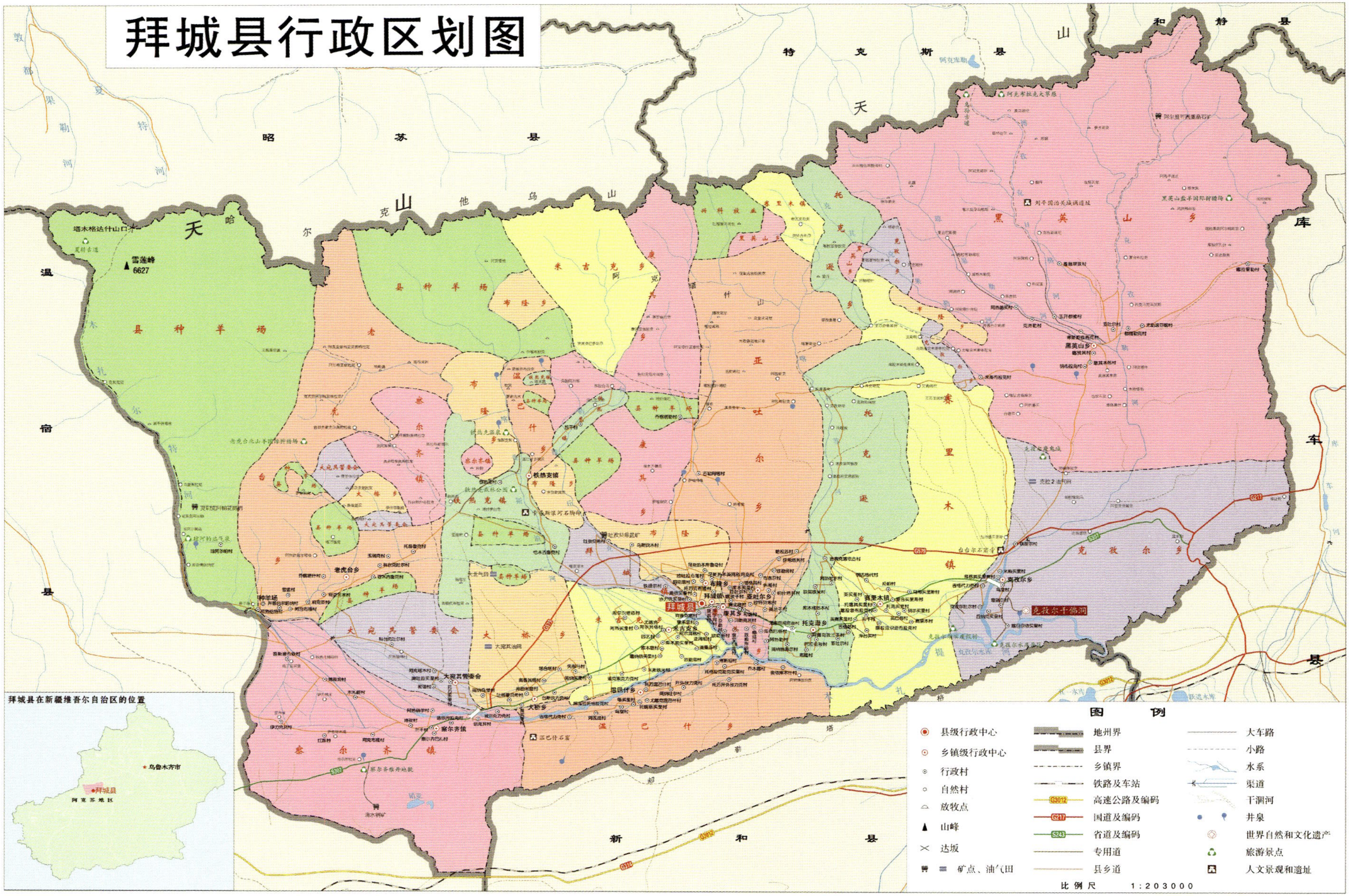

审图号：新S(2019)042号

此图不作为行政划界依据。 新疆维吾尔自治区第二测绘院编制

数字拜城 2018

面积	1.91 万平方千米	粮食（含薯类）播种面积	5.21 万公顷
镇	4 个	油料播种面积	2186.66 公顷
乡	10 个	甜菜播种面积	1006.66 公顷
管委会	1 个	蔬菜播种面积	4453.33 公顷
农牧场	1 个	园林水果种植面积	5726.66 公顷
社区	16 个	粮食产量（含薯类）	54.59 万吨
人口	24.03 万人	油料产量	0.5 万吨
水资源总量	30.99 亿立方米	甜菜产量	9.51 万吨
年总降水量	92.9 毫米	蔬菜产量	26.16 万吨
年总日照时数	3073.5 小时	工业辣椒产量	1.47 万吨
造林面积	780 公顷	园林水果产量	8.59 万吨
森林覆盖率	6.63%	水果类产量（含核桃）	17.17 万吨
森林面积	154.69 万亩	年末牲畜存栏	131.53 万头（只）
地区生产总值	68.95 亿元	年末牲畜出栏	89.67 万头（只）
人均生产总值	28689 元	肉类总产量	3.86 万吨
第一产业增加值	13.27 亿元	牛奶总产量	0.9 万吨
第二产业增加值	36.77 亿元	羊毛总产量	1495 吨
第三产业增加值	18.91 亿元	羊绒总产量	55 吨
城镇人均可支配收入	30310 元	禽蛋总产量	0.37 万吨
农牧民人均纯收入	13748 元	全口径工业增加值	28.14 亿元
农林牧渔业总产值	24.96 亿元	规模以上工业增加值	27.15 亿元
农业机械总动力	46.46 万千瓦	原煤产量	506.13 万吨
农机产业化经营组织	384 家	焦炭产量	210.57 万吨
可用农作物播种面积	7.37 万公顷	洗煤产量	173.01 万吨

砖产量	2.83 亿块	医疗卫生机构	184 个
发电量	28753.32 万千瓦时	医疗病床	859 张
铜精粉	5925.91 吨	艺术表演团体	1 个
建筑业增加值	8.63 亿元	文化馆	1 个
社会固定资产投资	50.68 亿元	文化站	16 个
房地产开发投资	1360 万元	公共图书馆	1 个
社会消费品零售总额	10.55 亿元	博物馆	1 个
接待国内外游客	83.43 万人次	文管所	1 个
货物运输周转量	6340.42 万吨千米	广播站	13 座
公路货物运输总量	39.96 万吨	电视台	1 座
公路旅客运输总量	249.7 万人次	各项存款余额	77.82 亿元
旅客运送周转量	1473.76 万人千米	各项贷款余额	58.94 亿元
电信业务总量	5378 万元	全县城镇从业人员	31241 人
邮政业务总量	814 万元	各项保险参保人员	445358 人次
固定电话总数	1.73 万户	自治区级卫生红旗单位	2 个
移动电话用户	18.72 万户	自治区级卫生示范村	2 个
互联网宽带用户	7.1 万户	地区级卫生红旗单位	1 个
全口径财政收入	29.4 亿元	地区级卫生示范乡（镇）	2 个
地方财政收入	15.57 亿元	地区级卫生示范村	5 个
公共财政预算收入	15.22 亿元	收养性社会福利单位及设施	6 个
全年地方财政支出	35.9 亿元	社会保险参保缴费人数	385863 人次
公共财政预算支出	35.53 亿元	参加职工基本养老保险人员	9208 人
中小学校总数（含幼儿园）	236 所	参加城乡居民基本医疗保险人员	208183 人
普通中小学在校生	3.37 万人	新建安居富民房	4365 套

2018 年 9 月 22 日，拜城县在大桥乡举办首届“中国农民丰收节”（1）（2）

2018 年 4 月 20 日，拜城县农业技术推广部门在大桥乡举行植保无人机飞防作业

2018 年 10 月 29 日，拜城县米吉克乡农民收获马铃薯

2018 年 8 月，拜城县引种的食用红枸杞

2018 年 4 月 24 日，拜城县举行重大建设项目集中开工仪式，17 个集中开工项目涉及能源建设、产业发展、基础设施、民生及社会事业，总投资 22 亿元。此次开工仪式的启动，标志着拜城县 2018 年重点建设项目全面提速

2018 年 9 月 7 日，中泰一金晖百万吨 PVC 循环经济项目后续工程复工仪式

2018 年 3 月 31 日，由浙商、温商投资成立的新疆林炳泽有限公司在上海举行“西域颂 · 葡萄的故事”品牌拜城县红提葡萄干产品推介会。图为货品展示

散养的拜城油鸡

文化建设

2018 年 2 月 10 日晚，拜城县 2018 年春节联欢晚会在图书馆演播厅举办

2018 年 8 月 4—6 日，拜城县“民族团结一家亲 · 全民健身日”系列体育活动在拜城县体育馆举行

2018 年 9 月 8 日，拜城县庆祝第 34 个教师节表彰大会在县图书馆召开。图为县领导为先进教师代表颁发奖状

2018 年 12 月 4 日，拜城县“聚焦总目标，百名法官检察官进校园”启动仪式

2018 年 12 月 30 日，拜城县举行“庆祝改革开放 40 周年，庆元旦 · 迎新年”千人运动会

拜城县开展“流动博物馆巡回展览”活动。图为拜城县文化馆干部在“流动博物馆巡回展览”活动中为群众讲解新疆历史

2018 年 11 月 20 日，浙江省《温州日报》报业集团庆祝改革开放 40 周年采访组到拜城县黑英山乡乌孙民宿驿站采风

拜城县自创歌曲《愿做拜城一缕风》入选阿克苏好歌曲名单。图为比赛现场

2018 年 6 月 9 日，第二个全国“文化和自然遗产日”暨第六届新疆非物质文化遗产展示周活动在拜城县克孜尔石窟启动。图为拜城展演节目《汉唐风》

2018 年 10 月 9 日，和谐拜城、幸福家园文艺会演在拜城县图书馆上演

国家级非物质文化遗产项目——拜城县帕拉孜纺织技艺

2018 年 7 月 25 日，拜城县交通运输局干部带队组织财政局、扶贫办、乡镇负责人对老虎台乡道路进行验收

2018 年 10 月 25 日，拜城县组织干部群众开展秋季植树造林会战

阿克苏地区煤炭工业管理局驻拜城县黑英山乡米斯布拉克村工作队建立的为民服装厂开工

拜城县举办“服务百姓　健康行动”大型义诊活动

2018 年 9 月 17 日，拜城县开展防震减灾知识进校园活动。图为拜城县地震局在第二小学开展“防震减灾、科普知识进校园宣讲活动”

2018 年 11 月 7 日，新疆克孜尔水库管理局和拜城县大头鱼保护站在库区开展新疆扁吻鱼增殖放流活动

2018 年 8 月，拜城县正邦服装公司员工正在加工服装

2018 年 7 月，拜城县文化部门开展免费艺术培训指导，丰富孩子们假期生活

拜城县推进农村改厕

2018 年拜城县农村“改厨改厕改居”现场会

群众工作

2018 年 10 月 1 日，拜城县在体育馆举办以“让爱绽放 · 情定拜城”为主题的集体婚礼活动。图为县主要领导和 20 对新婚夫妇合影

2018 年 12 月 31 日，察尔齐镇孜尔克力克村举办“民族团结一家亲”“迎新年　一家亲”元旦联谊活动。图为村民表演舞蹈

2018 年 3 月 6 日，赛里木镇拉帕村开展学用国家通用语言比赛活动

2018 年，拜城县开展各级干部“五小助学”（小课桌、小板凳、小台灯、小字典、小文具）活动，为困难学生家庭发放学习用品近 7000 套。图为赛里木镇硝尔买里村发放现场

2018年，拜城县区地县三级选派“访惠聚”驻村工作队员1006名。2018年1月30日，拜城县市场监督管理局在布隆乡牙斯热木库鲁奇村举行2018年“访惠聚”驻村工作队交接仪式

2018年2月14日，拜城县交通运输局干部在托克逊乡康其铁米村与村民开展春节联欢活动

2018年5月1日，阿克苏地区中级人民法院驻老虎台乡托普鲁克村“访惠聚”工作队利用升国旗时机，给村民宣讲法律法规

2018年3月2日，自治区人民检察院驻赛里木镇拉帕村“访惠聚”工作队员与村民开展元宵节猜灯谜活动

2018年2月12日，拜城县人民医院职工与驻村点群众共同迎接新春佳节

援疆工作

2018 年 11 月 7—9 日，拜城县党政代表团赴浙江温州市考察。图为拜城县党政代表团与温州市党政领导座谈

2018 年 8 月 4 日，浙江省温州市投入 500 万元援疆资金，为老虎台乡打出史上第一口深水井，解决该乡 2940 户 9512 人的安全饮水问题

2018 年 6 月 22 日，拜城县召开“在疆温商助力拜城产业就业扶贫对接会”

2018 年 8 月 26 日，浙江省温州市第九批援疆人才到拜城县开展援疆工作

2018 年 9 月，浙江省温州市援建的拜城县“康其人家”农家乐

2018 年 10 月 23 日，浙江省温州市瓯海区慈善总会负责人到拜城县开展慈善爱心扶贫协作活动，并向县福利院捐款 40 万元

拜城县图书馆

拜城县康其湿地

2018 年 12 月 18 日，拜城县举办首届冰雪旅游文化节

改造后重新开放的铁热克温泉游泳池

拜城县夏季风景如画

拜城县康其湿地游人纷至沓来

目　录

交通 通信

交通运输

道路运输管理

通信管理

经济监督与管理

发展和改革

医 疗

社会生活

民 政

布隆乡

米吉克乡

温巴什乡

大桥乡

老虎台乡

特 载

振奋信心 勇于担当 真抓实干
坚定不移贯彻落实党中央治疆方略奋力开创拜城社会稳定和长治久安新局面

——在中共拜城县第十二届委员会第四次全体（扩大）会议上的报告（摘要）

（2018年12月27日）

中共拜城县委书记 彭 刚

这次会议的主要任务是：坚持以习近平新时代中国特色社会主义思想和党的十九大精神为指导，全面贯彻落实以习近平同志为核心的党中央治疆方略和自治区党委九届六次全会、地委（扩大）会议精神，回顾总结2018年工作，安排部署2019年工作任务，动员全县各级党组织和广大党员干部，聚焦聚力社会稳定和长治久安总目标，振奋信心、勇于担当、真抓实干，奋力开创拜城社会稳定和长治久安新局面。

一、回顾过去一年，审视工作，坚定实现社会稳定和长治久安总目标战略定力

2018年，在自治区党委、地委的坚强领导下，县委团结带领各族干部群众，坚定不移贯彻落实党中央治疆方略、自治区党委“1+3+3+改革开放”（“1”是指紧紧围绕总目标，抓好反恐维稳工作；“3”是指全面贯彻落实新发展理念，抓好三大攻坚战：防范化解重大风险、精准脱贫和污染防治；“3”是指全力推动高质量发展，抓好三项重点工作：“丝绸之路”经济带核心区建设、乡村振兴战略、旅游产业发展；不断深化改革、扩大开放，进一步用好稳定红利）工作部署和地委系列决策部署，聚焦总目标，打好“组合拳”，勇于担当、真抓实干，攻坚克难、砥砺奋进，统筹推进稳定发展各项工作，全县呈现社会大局和谐稳定、经济平稳健康发展、人民生活持续改善、各项事业全面进步的良好局面。

（一）社会大局持续向好，夯实“稳”的基础。坚决落实自治区党委维稳“组合拳”，党政军警兵民协调联动，“三仗一战”（严打攻坚、群众工作、社会面防控“三场硬仗”，打赢边境防控人民战争）取得重大战果，在“一年稳住”的基础上，实现“两年巩固”。

（二）经济发展符合预期，延续“进”的态势。深入贯彻新发展理念，纵深推进供给侧改革，“三大攻坚战”成效明显，经济发展呈现良好势头。实现地方生产总值68.95亿元，增长9.2%，其中：第一产业13.27亿元，增长6.5%；第二产业36.77亿元，增长15%；第三产业18.91亿元，增长2.3%。一、二、三次产业比为19.2∶53.4∶27.4。完成全社会固定资产投资50.68

亿元，增长1%；招商引资到位资金63.33亿元，增长1.8%；公共财政预算收入15.2亿元，增长12.3%；规模以上工业增加值27.15亿元，增长11.2%；社会消费品零售总额10.17亿元，增长7.1%。乡村振兴战略深入实施，小杂粮之乡、南疆制种基地、畜牧强县建设初见成效。助企解困深入开展，工业实现产销两旺，中泰—金晖100万吨PVC、众泰130万吨焦化等一批存量项目复工建设，制约经济发展的矿区总规环评获批，库（车）拜（城）玉（尔滚）一级公路、新（和）拜（城）铁路等重大项目迈出新步伐，僵尸企业盘活实现新突破。温泉小镇、康其湿地建设进展顺利，全年接待游客85万人次。乡村道路、滨河公园、环境整治深入推进，出行更方便，环境更优美。加大污染防治力度，环境突出问题得到有效解决。改革开放纵深推进，“放管服”、土地确权等6个领域184项改革任务全部完成。实施援疆项目17个，落实援疆资金1.33亿元，温拜交流更加密切。

（三）群众生活明显改善，提升“福”的指数。深入实施九项惠民工程，各族群众的获得感、幸福感、安全感明显提升。“五个一批”（转移就业扶持一批、产业发展扶持一批、土地清理再分配扶持一批、实施生态补偿扶持一批、社会保障兜底扶持一批）、“三个加大力度”（加大教育保障力度、加大健康保障力度、加大基础设施保障力度）精准落地，581户2259人脱贫、5个深度贫困村整村退出。城镇新增就业3640人，农村富余劳动力转移就业3.51万人次。职业技术学校建成投用，义务教育均衡发展高分通过国家验收，拜城学子实现首次就地高考。全民参保计划深入实施，社会保险标准化建设“先行城市”顺利通过国家验收。先诊疗后付费、一站式结算全面落实，全民健康体检惠及各族群众。“农村二孩”试点稳妥推进，计生服务管理持续加强，疾病防控、爱国卫生、社会救助扎实开展。新建安居房4365套，新修农村公路372千米，完成棚户区改造1000套、农村改厕1.55万座。安全生产责任制严格落实，防灾减灾救灾体系健全，自治区级食品安全城市正式命名挂牌。实现城镇居民人均可支配收入3.03万元，增长9%；农牧民人均纯收入1.37万元，增长8%。

二、准确把握形势，明确路径，聚力朝着社会稳定和长治久安的总目标奋勇前进

2019年工作思路：坚持以习近平新时代中国特色社会主义思想为指导，深入贯彻落实党的十九大、十九届二中、三中全会精神和自治区党委九届六次全会、地委（扩大）会议精神，统筹推进“五位一体”总体布局，协调推进“四个全面”战略布局，全面贯彻落实以习近平同志为核心的党中央治疆方略和自治区党委“1+3+3+改革开放”工作部署、地委系列决策部署，实施“53567”战略，推进保稳定、稳增长、促改革、调结构、惠民生、防风险、强党建各项工作，促进经济社会健康发展，坚决实现三年基本常态目标，奋力开创拜城社会稳定和长治久安新局面，以稳定发展改革的优异成绩向新中国成立70周年献礼。

面对新形势、新任务、新变化，县委坚持实事求是、与时俱进，对“53567”战略定位及其内涵进行丰富和完善，具体优化为：紧紧围绕社会稳定和长治久安总目标，深入实施“53567”战略，建设魅力拜城。“5”是正确处理稳定与发展、依法打击与凝聚人心、稳增长与防风险、打基础与利长远、生态保护与资源开发“五大关系”；“3”是坚持依法治县、富民强县、生态立县“三大战略”；“5”是推进农副产品精深加工、循环化工、矿产开发、清洁能源、全域旅游“五大产业”发展；“6”是创建社会治理创新区、农村一二三产融合发展先导区、乡村振兴示范区、生态安全保障区、宜居宜业首选区、旅游康养体验区“六个区”；“7”是着力在维稳能力建设、推动高质量发展、维护意识形态领域安全、巩固发展民族团结、促进宗教和睦、保障改善民生、全面从严治党“七个方面”实现新突破。

2019 年目标任务：力争全县地方生产总值增长 9% 以上，全社会固定资产投资增长 15% 以上，社会消费品零售总额增长 10% 以上，公共财政预算收入增长 10% 以上，城镇居民人均可支配收入增长 8.2% 以上，农牧民人均纯收入增长 8.3% 以上。社会大局持续稳定，民族宗教和睦和谐，民生福祉保障有力，脱贫攻坚决胜收官，生态环境持续改善，改革开放全面深化，党的建设全面加强。

2019 年，重点工作和保障措施：

（一）聚焦总目标，坚决落实“组合拳”，在维护社会大局稳定上走在前列

按照习近平总书记“坚决维护社会和谐稳定”重要指示，始终坚持把维护社会稳定作为压倒一切的政治任务、重于泰山的政治责任，坚决落实自治区党委维稳“组合拳”，深入推进“三仗一战”（打好严打斗争、群众工作、社会面防控“三场硬仗”，打赢边境防控人民战争）、坚持“三个联动”，细化落实各项工作要求和措施，确保全县社会大局持续稳定、长期稳定、全面稳定。

（二）聚焦总目标，贯彻新发展理念，在推动经济高质量发展上走在前列

按照习近平总书记“贯彻新发展理念”重要指示，坚持富民强县，坚持稳中求进工作总基调，以供给侧结构性改革为主线，把握好工作节奏和力度，统筹推进稳增长、促改革、调结构、惠民生、防风险各项工作，推动全县经济高质量发展。

坚决打好三大攻坚战补短板。坚决打好防范化解重大风险攻坚战。坚持宁可发展慢一点，也绝不违法违规举债，加强政府债务风险和金融风险防控，稳妥化解 2017 年 7 月 14 日以前产生的政府隐性债务存量，坚决做到零违规举债，守住不发生系统性风险的底线。按照“四个一律”要求，健全政府投资项目管理机制，严格控制政府担保和贴息，防止产生政府隐性债务。牢牢盯住风险多发高发的重点领域和关键环节，严格规范金融市场交易行为，加大小额贷款公司、融资担保公司等金融机构监管力度，严厉打击违法违规金融活动，确保地方金融机构稳健经营。争取金融部门的支持，加大对重大项目、特色产业、小微企业等的融资支持力度，有效缓解企业融资难、融资贵问题。坚决打好精准脱贫攻坚战。坚持精准扶贫、精准脱贫基本方略，聚焦深度贫困，紧扣“两不愁、三保障”，既不降低标准、影响质量，也不调高标准、吊高胃口，细化措施、压实责任，建好用好脱贫攻坚大数据应用平台，坚决落实“六个精准”，推进“五个一批”“三个加大力度”，提高扶贫、脱贫质量。落实社会保障机制和协作结对帮扶制度，持续实施“先富帮后富、百企帮百村”行动，整合扶贫项目资金，集中力量攻克坚中之坚。注重扶贫同扶志、扶智相结合，加大扶贫政策宣传和感恩教育力度，激发贫困群众内生动力。年内完成 2188 户 7912 人脱贫、2 个深度贫困乡和 8 个深度贫困村退出，决胜收官转入巩固提升阶段。坚决打好污染防治攻坚战。坚持生态立县，认真践行习近平生态文明思想，牢固树立“绿水青山就是金山银山、冰天雪地也是金山银山”理念，以生态安全保障区创建为抓手，加快推进国家级气候适应城市试点，深入推进污染防治和生态环境保护。严守生态保护底线，全面落实“三线一单”“水十条”“土十条”，严禁“三高”项目进拜城。推进重点行业环保设施项目建设，依法推进节能减排，抓好扬尘污染整治、燃煤治理及重点行业污染源治理，打好“蓝天保卫战”。全面落实河（湖）长制，加强木扎提河流域湿地保护与恢复，打好“碧水保卫战”。加强农业面源污染防治，深入开展农村人居环境整治行动，开展国土绿化行动，推进6666.66公顷生态林建设，严禁非法开荒，打好“净土保卫战”。严格落实石油、天然气、矿产开采企业环境治理和修复责任，坚决整改环保督察反馈问题，严肃制止和惩处破坏生态环境行为，让人民生活在天更蓝、山更绿、水更清的优美环境之中。

实施乡村振兴战略活农业。坚持把乡村振兴战略作为新时代“三农”工作总抓手，按照“产业兴旺、生态宜居、乡风文明、治理有效、生活富裕”总体要求，以乡村振兴示范区创建为抓手，加快推进乡村振兴战略实施。坚持质量兴农、一村一品、一乡一特色，着重在优化结构和提升质量上下功夫，深入推进农业绿色化、优质化、特色化、品牌化，调整优化农业产业布局，推动农业由增产导向转向提质导向，加快培育农业产业化龙头企业，做强农副产品精深加工产业。聚焦振兴传统产业、培育新兴产业、打造亮点产业“三大方向”，围绕畜牧强县、制种大县、特色小杂粮之乡“三条主线”，按照“稳粮、增畜、优果、兴特色、抓劳务”思路，持续调优种植业结构，加快推进粮食高产基地标准化建设，适度扩大制种玉米、亚麻、马铃薯、色素辣椒等特色经济作物种植面积。加强植物病虫害防控体系建设，提升特色林果、经济林管护效力，鼓励发展以黑木耳种植为主的林下经济，着力提高林果业品质。加快种羊场与兴科牧业整合重组，发挥国企示范带动作用，引领发展牛羊标准化规模养殖，带动发展小户家庭养殖、托管养殖，推进拜城油鸡原种场、畜禽屠宰场项目建设，力争年内实现牲畜出栏91万头（只），推动畜牧大县向畜牧强县迈进。以农村一、二、三产业融合发展先导区创建为抓手，按照“公司+基地”“公司+合作社+农户”等农业产业化模式，鼓励支持各类资本投入农副产品加工领域，加快培育农民专业合作社、专业协会等多种经营主体，加快乡村振兴暨三产融合示范区项目落地建设，推动形成优质粮食生产、标准化畜禽养殖、农副产品加工、生态农业观光一体化发展业态，实现农业强、农村美、农民富。

培育壮大实体经济强工业。坚持调整存量与做优增量并举，加快产业结构调整和转型升级，推动质量变革、效率变革、动力变革，增强产业核心竞争力。做优做强循环化工产业。支持众泰、八钢、峰峰、金晖四家焦化企业达标生产，推动众泰130万吨焦化、20万吨甲醇项目建设，加快400万吨洗精煤项目建设，鼓励峻新化工高新技术推广运用，完善煤—焦—气一体化产业体系。加快推进中泰—金晖100万吨PVC循环经济项目建设，盘活金晖2×350兆瓦余热发电项目，尽快形成煤—电—盐一体化产业体系。争取中石油支持地方油气化工产业发展，做好40万吨天然气制乙二醇项目前期工作，力争煤层气开发、天然气精深加工取得实质性突破。整合提升矿产开发产业。加强矿区总体规划调控作用，抓好“十三五”规划项目核准建设，加快煤矿升级改造，推进煤炭资源集约开发。支持滴水铜矿技术创新、做大做强，支持大北、克拉、克深、博孜、中秋等油气勘探开发，推进石灰石、大理石、盐岩等非金属矿产勘探开发利用，形成对工业经济稳定持久的拉动力。培育壮大清洁能源产业。加大光伏光热、水能综合开发力度，稳步推进木扎提河水能资源开发、喀普斯浪河三级水电项目建设，推进温泉水利枢纽工程前期工作，做好正泰光伏保障服务，厚植新优势、培育新动能。实施招商引资一号工程，持续改善招商引资环境，加强项目策划包装，突出以商招商、补链招商、平台招商、小分队招商和全社会招商，重点抓好农副产品加工、天然气化工、装备制造等产业招商，激励引导各类资本投资拜城，增强经济发展活力。加强产业园区建设，完善园区基础设施，创新园区管理模式，持续提高资源配置能力、产业集聚能力、园区承载能力，发展壮大园区经济。全面落实民营经济发展各项优惠政策，着力解决民营企业发展的困难和问题，鼓励引导中小微企业发展，支持天玉种业、裕润酒业、尼格尔实业等民营企业发展壮大，发挥民营经济在高质量发展中的生力军作用。

大力发展全域旅游带三产。以旅游康养体验区创建为抓手，按照以县城旅游度假区为核心、康其和米吉克生态湿地为两翼、克孜尔千佛洞人文资源和铁热克温泉自然资源为依托的“一核两翼两资源”旅游发展布局，全面实施全域旅游发展三年行动计划，打响“丝路体验、水韵漫游、健康养生”三大品牌，做大做强全域旅游产业。加快推进滨河公园、丝路阁龟兹艺术馆、喀普斯浪河景观带儿童乐园建设，推动喀普斯浪河景观带AAAA级景区创建取得突破，完善城区旅游服务配套设施，提升城区核心带动力。加快整合乡村旅游资源，挖掘民俗文化底蕴，完成康其湿地公园、米吉克生态乐园项目建设，提升乡村两翼助推力。加快克孜尔滨湖度假村、铁热克温泉康养小镇建设步伐，挖掘千佛洞人文资源和温泉自然资源价值，提升特色资源吸引力。实施乡村旅游精品工程，建设一批设施完备、功能多样的休闲观光园区、乡村民宿、特色民俗村，开发乌孙古道、夏特古道探险旅游，有效开发冬季丰富优质的冰雪资源，打造旅游精品路线、县域环线、四季连线，推动形成集观光、康养、体验、休闲、度假于一体的全域旅游新模式，让拜城成为各地游客向往的旅游目的地。建立完善全域旅游统一协调机制，组建旅游发展公司，加强旅游招商，精心推介营销，加大旅游纪念品和旅游产品开发力度，发挥好全域旅游产业对经济的撬动作用，力争年内接待游客突破100万人次，实现旅游总收入5亿元以上。加快推动商贸物流资源整合，发展电子商务，建立以托运、快递为主的城乡配送物流体系和现代流通网络，增强辐射带动能力。培育消费热点，支持特色餐饮、家政服务、文化体育、休闲娱乐等服务业发展，提高服务业对经济增长的贡献率。

双轮驱动助推城乡一体化。以宜居宜业首选区创建为抓手，按照“城乡统筹、功能完善、管理精细、宜居宜业”思路，完善城乡规划，逐步落实《拜城县城市总体规划》，推进城乡一体化发展。按照“城在林中、水在城中、人在园中”的公园城市建设理念，加强对城市空间立体型、平面协调性、风貌整体性、文脉延续性的规划和管控，加快推进滨河公园改造工程，统筹推进城市污水提标改造、生活垃圾处理二期、城区基础设施水源地水厂输水管线等项目建设，持续推进城市亮化美化净化绿化工程，做好城区节点绿化，加大机关单位、园区企业、小区庭院绿化力度，营造林城相融、林水相依、水城相润、人园相宜的生态宜居空间格局。持续抓好棚户区改造，稳步推进公租房项目建设，协调推进学苑小区、金福园水岸春天、阳光紫荆花园二期等项目建设，增强城市综合承载能力。加快推进城市管理体制改革，加强城市环境整治和精细化、规范化管理，启动国家级卫生县城和园林城市创建工作，全面提升城市精细化管理水平。坚持小城镇建设与美丽乡村建设“双轮驱动”，推进美丽乡村建设，抓好农村人居环境专项整治，持续实施厕所革命和农村安居工程，全面普查非抗震房屋，推进土坯房去居住化，推动公共设施向农村延伸、现代文明向农村拓展。坚持以项目建设为抓手，用好市场机制，统筹社会资源，抓好交通、水利、电力、能源、通信等基础设施建设。加快农村公路建设，实现村村通油路。加大农村饮用水改造力度，逐步实现农村饮用水由河坝水、泉水转地下水。推进库拜玉一级公路、新拜货运铁路建设，推进木扎提河、哈拉苏河等大型灌区配套和节水改造，实施好城乡电网升级改造，增强经济发展支撑能力。

全面深化改革开放增动力。坚定不移向改革

要动力、向开放要活力，用改革的办法、开放的手段、市场的机制推动高质量发展。深化重点领域改革。有序推进党政机构、事业单位改革，确保如期完成机构改革任务。以社会治理创新区创建为抓手，持续推进社会治理体系创新，提升社会治理能力。深化供给侧结构性改革，抓好“三去一降一补”，稳妥处置“僵尸企业”，开展企业联系帮扶专项行动，支持企业加快发展。深化“放管服”改革，压缩审批时间，推行审批服务“马上办、网上办、就近办、一次办”。完善乡镇综合服务大厅集中服务模式，推动一般事项“不见面”、复杂事项“一次办”。按照政企分开、政资分开和公平竞争的原则，加快国资国企改革，推动种羊场与兴科牧业整合重组成立集团公司，支持大宛其农场做大做强，加强国资运营监管，增强国有企业活力和影响力，确保国有资产保值增值。深化农村土地制度和集体产权制度改革，做好承包地确权登记颁证，稳步推进土地“三权”（农村土地集体所有权、农户承包权、土地经营权）分置，加快土地流转，推进农业水价综合改革，激发农村发展活力。大力推进对外开放。融入丝绸之路经济带核心区建设，扩大对外开放，持续释放稳定红利，优化市场配置资源，激发对外开放活力。坚持“引进来”与“走出去”相结合，支持企业“走出去”，拓展地产品销售市场。深化对口援疆工作。按照“六个聚焦”的要求，推动温拜交流常态化、工作制度化、领域多元化、共建社会化，用足用好对口支援政策，实施“十城百店”（在浙江省10个地级市建设阿克苏特色农产品公共仓，统一平台运作、统一仓储服务、统一地域品牌、统一质量追溯，组建上百个阿克苏优质特色农产品销售终端，利用大型农产品批发市场及物流配送网络，扩大阿克苏特色农产品销售）工程，实施“组团式”人才援疆，在产业援疆上寻求突破，拓宽援疆工作的深度和广度。持续推进融合发展。深化油地共建，争取新建油气区块就地注册。健全军地维稳处突机制，落实退役军人安置、家属就业、子女教育等优惠政策，做好退役军人服务保障工作。

（三）聚焦总目标，千方百计惠民生，在保障改善民生上走在前列

按照习近平总书记“坚持以人民为中心的发展思想”重要指示，紧紧围绕各族群众安居乐业，深入实施9项惠民工程，着力解决人民群众所需所急所盼，既尽力而为、又量力而行，一件事情接着一件事情办，做好同人民群众息息相关的每一项工作，让人民群众有更多、更直接、更实在的获得感、幸福感、安全感。

坚持就业第一。坚持把稳定就业摆在更加突出的位置，在拓宽就业渠道、搭建就业创业平台、提高就业能力上持续发力，实现更高质量和更充分就业。鼓励引导县域企业吸纳本地劳动力，支持服装加工、轻工食品、民族特色手工业等劳动密集型产业和“短平快”项目发展，在深度贫困村建设“卫星工厂”“扶贫车间”，最大限度开发就业岗位，促进就地就近就业。推进技能和国家通用语言培训促进就业工程，发挥创业服务联盟、创业园区、创业基地等作用，落实促进就业创业各项优惠政策，引导各类群体多渠道就业创业。抓好高校毕业生就业，鼓励引导高校毕业生到基层、企业就业和自主创业。坚持政府引导、市场运作、多维输出、全程服务，促进农村富余劳动力转移就业。完善政府、工会、企业共同参与的协商协调机制，构建和谐劳动关系。力争新增城镇就业2800人以上，农村富余劳动力转移就业3.5万人次以上，“零”就业家庭动态“清零”。

坚持教育优先。坚持社会主义办学方向，全面加强党对教育工作的领导，落实立德树人根本任务，办好人民满意的教育。以加强国家通用语言教育为基础，实施国家通用语言文字普及攻坚工程，通过小手拉大手，提升城乡居民、农牧民以及进城务工人员学习、掌握和使用国家通用语言文字的能力和水平，推动国家通用语言文字使用普及形成常态。持续巩固义务教育标准化建设和均衡化发展成果，继续推进农村薄弱学校改造，加快中小学布局调整步伐，力争第三中学搬迁、第五中学建设项目取得实质性进展。加强学前教育、义务教育、高中教育、职业教育、民办教育，接续做好考生就地高考，推动职业高中升格为中等职业技术学校。多渠道引进国家通用语言教师，多方式加强教师培训，转岗分流不合格教师，打造一支高素质专业化教师队伍。加强中小学党组织建设，全面落实党组织领导下的校长负责制，深入开展“三进两联一交友”（进班级、进宿舍、进食堂，联系学生、联系家长，与学生交朋友）活动，启动实施深入清查“两面人”、纯洁教师队伍专项巡察工作，坚决守住学校这片净土。

坚持健康惠民。以健康拜城建设为抓手，持续深化医药卫生体制改革，巩固乡镇卫生院、村卫生室标准化建设成果，推进紧密型医共体建设，试点实行乡镇卫生院院长竞聘上岗、年薪制管理，推动赛里木镇、大桥乡卫生院达到二级医院标准。加强县人民医院、中医维吾尔医医院重点学科、特色专科建设，试点推行公立医院薪酬制度改革，支持县人民医院争创三级医院。常态开展全民健康体检，实施健康扶贫工程，深入推进家庭医生履约服务，精准落实医疗惠民政策。加强公共卫生和重大疾病预防控制，做好艾滋病、结核病、地方病等防控工作，推进妇幼健康优质服务示范工程，提高医疗服务水平。深入开展爱国卫生运动，巩固自治区卫生县城创建成果，争创国家卫生县城。加强计划生育服务管理，人口出生率控制在13‰以内。

坚持社保兜底。实施全民参保计划，力争城乡居民基本养老保险、基本医疗保险参保率稳定在95%以上。推进社会保险服务标准化建设，实行社会保险“零上门”“最多跑一次”便捷服务，为群众提供快捷优质服务。深入推进机关事业单位养老保险改革，落实跨省异地就医直接结算、社保卡即时办结、人身意外伤害保险等各项惠民举措，深入推进支付方式改革，规范医疗服务行为，提高医疗保险基金使用效率。完善城乡低保、商业保险、社会救助等社会服务保障机制，持续加强残疾人康复服务工作，实现有意愿的农村“五保”老人集中供养、符合条件的孤儿全部集中收养。推进医养结合，鼓励社会投资发展养老、医疗、康复、护理等多样化健康服务，提高养老服务质量。

坚持办好实事。加强农牧区基础设施建设，深入实施水、电、路、气、通信、邮政、广播电视、电影、书屋“九到农家”工程，加大安居富民、安全饮水、农村公路等基础设施建设力度，持续改善农村人居环境，力争完成棚户区改造500户、新建公租房700套、农村安居房5000套、新改建农村公路275千米。开展农村人居环境整治，全面实施“厕所革命”，新改建农村卫生厕所1.2万座。发挥科技副村主任带头作用，深入实施农村“户户都有科技明白人”培育工程。加强农产品和食品药品安全监管，加大物价稳控和调节力度，让各族群众吃得放心、用得安心。落实好安全生产责任制，保障好生产安全，坚决遏制重特大安全事故发生。健全防灾减灾救灾体系，完善监测预警、应急处置、救援救助机制，保障人民群众生命财产安全。

（四）聚焦总目标，加强交往交流交融，在巩固发展民族团结上走在前列

按照习近平总书记“民族团结是各族人民的生命线”重要指示，坚持中国特色解决民族问题的正确道路，高举各民族大团结旗帜，全面贯彻党的民族政策，深化民族团结进步教育，加强各民族交往交流交融，促进各民族共同团结奋斗、共同繁荣发展。

深化民族团结宣传教育。坚持把民族团结教育纳入国民教育、干部教育、社会教育和公民道德教育、法治教育全过程，推进党的民族理论、民族政策、民族团结典型进教材、进课堂、进头脑，使“五个认同”“三个离不开”思想深深扎根于各族群众心田。坚持民族团结宣传教育全覆盖，深入开展民族团结宣传教育活动，引导各族干部群众像爱护自己的眼睛一样爱护民族团结、像珍视自己生命一样珍视民族团结。坚持以国家意识、公民意识、中华民族共同体意识教育为重点，广泛开展“我是中国公民”宣誓活动，加大全民国家通用语言普及教育力度，常态办好城乡居民夜校，使中华民族共同体意识内化为价值导向和社会共识。

开展民族团结进步创建。深入实施民族团结细胞工程，广泛开展民族团结进步创建活动，完善配套机制，抓实宣传教育，强化载体培育，规范评选表彰，将民族团结进步创建纳入市民公约、村规民约、学生守则和行业规范，推动民族团结进步创建工作向末梢延伸。开展民族团结“微行动”，精心培树一批民族团结进步示范点，挖掘、培育和表彰一批民族团结进步先进典型，加大巡回宣讲和社会宣传报道力度，引导感召带动各族群众，营造民族团结创建人人有责、民族团结成果人人共享的浓厚氛围。加强民族团结进步示范建设，强化民族团结进步模范单位和个人动态管理，提升质量，巩固成果。

（五）聚焦总目标，正本清源去极端，在维护意识形态领域安全上走在前列

按照习近平总书记“深入开展意识形态领域反分裂斗争”重要指示，坚定不移举旗帜、聚民心、育新人、兴文化、展形象，强化领导权意识、阵地意识、底线意识，坚定占领宣传思想文化阵地，让正能量充沛、主旋律高昂。

举旗帜。坚持不懈用习近平新时代中国特色社会主义思想武装干部头脑、教育广大群众，反复学、广泛讲，使党的理论创新成果成为我们的精神信仰、价值追求和行动指南。旗帜鲜明加强思想引领，统筹行业部门、“访惠聚”驻村工作队、“民族团结一家亲”结亲干部、草根宣讲员、返乡大学生等力量，结合“理清两笔账·感恩共产党”“五个我是”宣讲等主题活动，深入推进习近平新时代中国特色社会主义思想进机关、进企业、进农村、进社区、进校园，让总书记的声音传遍拜城大地，把总书记的关心关怀传递到千家万户，凝聚起实现社会稳定和长治久安的磅礴力量。聚民心。始终坚持团结稳定鼓劲、正面宣传为主，深入开展“五学五比”活动，唱响主旋律、壮大正能量，形成强大主流舆论场。以落实新疆若干历史问题研究座谈纪要精神为契机，推动《纪要》精神进机关、进学校、进企业、进社区、进乡村、进军营、进宗教活动场所，正本清源、扶正祛邪。育新人。始终把坚定理想信念作为培养时代新人的首要任务和重中之重，培育和践行社会主义核心价值观，广泛开展爱国主义教育，深化党史国史和新疆“四史”教育，构筑各族群众共有的精神家园。弘扬中华优秀传统文化，持续开展“校园国学节”活动，加强良好家风、文明礼仪、建筑风格、服饰潮流等多方面引领，增强各族群众对中华文化的认同。深入实施公民道德建设工程，推进诚信建设和志愿服务制度化，深化拓展精神文明创建，实施“破除讲树”“婚事新办”活动，传播正能量，树立新风尚，争创自治区文明县。兴文化。深入实施文化惠民工程，统筹推进基本公共文化服务标准化、均等化建设，跟进做好“户户通”“大喇叭”等文化设施管护，实施文化扶贫、文化小康工程，提高公共文化服务的覆盖面和适用性。稳步推进新时代文明实践中心试点建设，推动宣传思想文化工作和精神文明建设改革创新。全面落实“四馆一站”免费开放，广泛开展全民健身活动和群众性文化活动，让各族群众共享文化发展成果。

实施中华优秀传统文化传承发展工程，实施“温拜同行、文化润心”工程，推进“丝路阁”博物馆、刘平国纪念雕塑等建设，在全县营造浓厚的中华文化氛围。实施文化精品战略，突出拜城原创，创编贴近基层、深入生活、扎根人民的文化产品，丰富各族群众的精神食粮。展形象。宣传中华人民共和国成立70周年伟大成就和新疆的历史性巨变，宣传精准脱贫、污染防治、“访惠聚”驻村等重大决策部署取得的新进展新成效，邀请中央、自治区、地区及温州主要新闻媒体记者到拜城采访，讲好拜城故事，传播拜城声音。精心策划“丝路明珠·大美拜城”温泉旅游节系列活动，展示拜城良好形象，助推旅游经济发展。以广播电视台为载体，整合政务微信公众号、政府网站等公共媒体信息、人力和智力资源，推进县级“融媒体中心”建设。实施外宣精品工程建设，打造一批介绍、展示拜城的纪录片、画册、图书等精品外宣品，宣传推介拜城，提升拜城知名度和影响力。

三、坚持党要管党、全面从严治党，为实现社会稳定和长治久安总目标提供坚强保证

深入贯彻落实习近平总书记“做好新疆工作关键在党”重要指示，坚定坚决贯彻落实新时代党的建设总要求，全面加强党的建设，推动全面从严治党向基层延伸、向纵深发展，持续夯实党在基层的执政基础、巩固党在基层的执政地位。

（一）加强思想政治建设。坚持把党的政治建设摆在首位，牢固树立“四个意识”、坚定“四个自信”、做到“两个维护”，任何时候、任何情况下始终在政治立场、政治方向、政治原则、政治道路上同以习近平同志为核心的党中央保持高度一致，一切行动听从习近平总书记、党中央的号令和指挥。坚持用习近平新时代中国特色社会主义思想武装头脑、指导实践、推动工作，常态化制度化开展“两学一做”学习教育，精心组织开展“不忘初心、牢记使命”主题教育，引导党员干部筑牢信仰之基、从政之基、廉政之基。深入推进机关党的政治建设，做到“一个带头、三个表率、一个模范”。坚持把反分裂斗争纪律摆在突出位置，严守党的政治纪律和政治规矩，严肃党内政治生活，深入推进“自查自省、践行忠诚”专项行动，坚决清除“两面派”“两面人”。

（二）加强干部队伍建设。坚持好干部标准、突出政治标准，选拔对党忠诚、落实总目标坚决，关键时刻冲得上、顶得住、打得赢，敢于发声、敢于亮剑、敢于牺牲的干部；注重在反分裂斗争一线、“访惠聚”驻村和驻村管寺工作、基层和艰苦偏远乡镇检验培养磨炼干部，发现培养选拔优秀年轻干部、女干部、少数民族干部和党外干部，树立良好用人导向，建设一支忠诚干净担当的高素质干部人才队伍。加强党员干部教育培训和监督管理，全面贯彻《2018—2020年全国干部教育培训规划》，严格落实干部选拔任用工作纪实制度，完善激励广大干部新时代新担当新作为配套措施，旗帜鲜明为敢于担当的干部撑腰鼓劲，激励广大干部担当作为。深入推进人才引进、培养、评价、流动、激励等机制创新，兑现各类人才关心关爱政策，激励各类人才创新创业、建功立业。加强老干部和关心关爱下一代工作。

（三）加强基层组织建设。以提升组织力为重点，加强农村、城镇社区、机关事业单位、中小学校、公立医院、国有企业、新兴组织、驻村工作队、驻村管寺管委会和警务站等反分裂斗争关键岗位、重点领域党组织建设，实现党的组织、党的作用、党的活动、党的优势、党的领导全覆盖。全面落实《中国共产党支部工作条例（试行）》《中国共产党农村基层组织工作条例》，坚持党建带群团，以基层组织抓规范运行、抓巩固提升、抓薄弱整顿“三张清单”为抓手，常态推进基层组织项目化管理，持续整顿软弱涣散基层党组织，把基层党组织建设成为维护稳定、反对分裂、服务群众的坚强战斗堡垒。选派好第一书记，选优配强村（社区）“两委”班子，建立完善村干部教育培养机制，加强村干部培养选拔使用“三大工程”，建强基层骨干力量。壮大党员队伍，注重在产业工人、青年农民等群体中发展党员，特别注重在反恐维稳和反分裂斗争一线发展党员，严把政治关，提高党员发展质量。以“访惠聚”驻村工作为抓手，高质量落实“1+2+5”（“1”是维护稳定，“2”是两项重点任务，即脱贫攻坚、群众工作，“5”是五个具体要求，即建强基层党组织、落实公民政策、拓展致富门路、办好事实事、壮大党员队伍）目标任务，推动抓基层、打基础形成常态，持续巩固实现总目标的基层基础。

（四）加强纪律作风建设。坚决落实中央八项规定精神及实施细则、自治区实施办法，紧盯不敬畏、不在乎、喊口号、装样子的问题，驰而不息纠“四风”、治“四气”，坚决破除形式主义、官僚主义、不敢担当及其隐形变异问题，坚决做到“十要十严禁”。深入贯彻落实《中国共产党纪律处分条例》，常态开展纪律教育和警示教育，使铁的纪律转化为党员干部的自觉行为。深入践行党的群众路线，引导党员干部带着真心真情，下基层、走亲戚，入农户、住农家，始终保持党同人民群众的血肉联系。大兴求真务实、真抓实干之风，巩固“聚焦总目标、作风再整顿”专项活动成果，强化抓落实的意识、转变抓落实的作风、履行抓落实的责任、追究不落实的行为，坚决整治干部作风顽疾，以良好作风保证党中央、自治区党委、地委、县委各项决策部署落地见效。

（五）加强反腐倡廉建设。坚持一手抓反分裂斗争、一手抓党风廉政建设和反腐败斗争，有效运用监督执纪“四种形态”，无禁区、全覆盖、零容忍，重遏制、强高压、长震慑，严厉惩治政治、经济、作风交织的问题和群众身边的腐败问题，严肃整治领导干部利用名贵特产类特殊资源谋取私利问题，深入开展扶贫领域腐败和作风问题专项治理。坚持发现问题和整改落实并举，举一反三整改上级各类督促检查、巡视巡察反馈问题，持续巩固自治区党委巡视整改成果，推进巡察工作，发挥巡察震慑、治本、遏制作用。持续深化监察体制改革，加快推进纪委监委派驻监督工作，实现对所有行使公权力的公职人员的监察全覆盖，夺取反腐败斗争压倒性胜利。从严从实加强纪检监察队伍建设，做到政治过硬、本领高强，打造忠诚干净担当的纪检监察铁军，持续传导全面从严治党的压力，营造海晏河清的政治生态。

（六）加强民主法治建设。坚持党的领导、人民当家做主、依法治国有机统一，发挥党委总揽全局、协调各方的领导核心作用，支持人大、政府、政协、司法机关和人民团体依法依章程履行职能、开展工作、发挥作用。支持人大及其常委会加强对“一府一委两院”的监督，更好发挥人大代表作用。支持政府转变职能，建设人民满意的服务型政府。支持人民政协聚焦党委和政府中心工作，履行政治协商、民主监督、参政议政职能。加强与民主党派、工商联和无党派人士的团结合作，发挥工会、共青团、妇联等人民团体的作用，最大限度团结一切可以团结的力量、调动一切可以调动的积极因素，巩固和发展民主团结、生动活泼、安定和谐的政治局面。坚持依法治县，深入开展“七五”普法，使崇法向善、循法而为成为全社会的自觉行动。

政府工作报告

——在拜城县第十六届人民代表大会第四次会议上（摘要）

（2019 年 1 月）

中共拜城县委副书记、拜城县人民政府县长　买买提江·莫力

2018 年工作回顾

2018 年，县人民政府坚持以习近平新时代中国特色社会主义思想为指导，深入学习贯彻党的十九大精神、习近平总书记重要讲话和重要批示指示精神，全面贯彻落实党中央治疆方略、自治区党委“1+3+3+ 改革开放”工作部署，以及地委、县委重大决策部署，团结带领全县各族干部群众忠诚担当、真抓实干、攻坚克难，统筹推进稳定发展各项工作，全县呈现社会大局和谐稳定、经济平稳健康发展、人民生活显著改善、各项事业全面进步的良好局面。

一、坚持稳中求进、提质增效，经济发展健康有序

深入贯彻落实新发展理念，坚持稳中求进工作总基调，统筹推进稳增长、促改革、调结构、防风险各项工作，经济发展呈现良好势头。全年完成地方生产总值 68.95 亿元，增长 9.2%；全社会固定资产投资 50.68 亿元，增长 1%；公共财政预算收入 15.22 亿元，增长 12.4%；社会消费品零售总额 10.55 亿元，增长 11%。

（一）重大风险有效化解。严守金融风险和政府债务风险红线，严厉打击违法违规金融活动，严控政府债务增量，化解限额外隐性债务，实现零违规举债。采取压缩预算、盘活存量和规范运行 PPP 项目等方式，稳妥化解政府隐性债务，有效降低政府债务风险。发挥政府投资、民间投资、市场机制的作用，既尽力而为、又量力而行，续建完成一批重大基础设施项目。

（二）脱贫攻坚成效显著。紧扣“一超过、两不愁、三保障”脱贫标准，在推进“五个一批”“三个加大力度”上持续精准发力，落实扶贫资金 8627 万元，实施扶贫项目 72 个，退出贫困村 5 个，完成脱贫 581 户 2259 人，全县贫困发生率降至 3.3%。突出抓好以产业发展、转移就业、土地清理再分配等为重点的精准脱贫措施，2178 名贫困人口实现跨县整建制转移就业，建成扶贫车间、卫星工厂 2 个，503 名贫困人口就近就地就业；清理土地 3066.66 公顷，307 名贫困人口通过公益性岗位安置就业；落实生态补偿政策，22 名贫困人口担任生态林、公益林护林员。建成黑木耳基地 2 个、蔬菜小拱棚 581 座、菜窖 271 座、冷库 5 座；支持贫困户发展畜禽养殖和育肥项目，发放扶贫牛 815 头、生产母羊 3879 只、种公羊 144 只、鸽子 1.96 万羽、油鸡 2.13 万只。全面落实“两线合一”兜底保障政策，242 名老弱病残、丧失或部分丧失劳动力的贫困人口全部纳入低保范围。坚持扶贫与扶志扶智并重，宣传教育、包联帮带、综合发力，着力拔除贫困群众思想上的穷根。高度重视扶贫领域各级督查反馈问题整改，98 个问题全部整改完成。深入推进扶贫领域作风和腐败问题专项治理，查处问题线索 118 件、处理党员干部 81 人。

（三）污染防治力度空前。牢固树立“绿水青山就是金山银山，冰天雪地也是金山银山”发展理念，严格执行环境保护“一票否决”制，严守生态环境底线。持续推进大气、水、土壤污染防治行动，重点领域节能减排、扬尘污染防治、燃煤治理及重点行业污染源治理有序推进，实现全面达标排放，空气质量持续改善。河长制全面落实，饮用水源地保护工作加强，超采地下水行为得到有效遏制。推动油气产区固废等危险废物

规范化处置，开展非法开荒、非法采砂和“黑煤水”专项整治，加快矿山、油区生态环境修复，加强农业面源污染治理，土壤环境质量保持稳定。持续推进国土绿化行动，完成植树造林800公顷、封山育林1200公顷，启动6666.66公顷生态林建设项目，全县森林覆盖率达6.58%。开展全国第二次污染源普查工作，推进中央环保督察反馈和群众反映强烈的突出环境问题整改，以问题整改的实际成效取信于民。

（四）乡村振兴稳步推进。按照产业兴旺、生态宜居、乡风文明、治理有效、生活富裕的总要求，围绕打造特色小杂粮之乡、南疆制种基地、畜牧强县三大目标，持续调整优化结构，全年落实粮食种植面积5.21万公顷、特色经济作物面积1.14万公顷、设施农业面积286.66公顷，林果挂果面积8333.33公顷，牲畜存栏达131.5万头（只），出栏89.7万头（只），家禽出栏155万羽。加快推动产业化经营，发展农副产品精深加工业，天玉种业、疆达薯业发展壮大，河南中鹤集团乡村振兴暨三产融合示范区项目签订框架协议。新增地区级以上农业产业化龙头企业2家，培育发展农民专业合作社38家。“十城百店”“十仓百企”工程深入实施，建成“百十一”基地4个1333.33公顷，组建“十仓百企”联合运营公司1家，加盟企业10家,4家“十城百店”旗舰店挂牌成立，在温州开设直营店7家、加盟店6家，销售额达510万元。加快推进主要农作物机械化进程，荣获全国“农机平安示范县”称号。苹果枝枯病、“非洲猪瘟”等重大疫情防治成效明显。

（五）工业经济提质增效。坚持把重大项目建设和招商引资作为助推发展的关键，加快产业结构调整和转型升级，油气开发、煤炭开采、煤化工、盐化工、电力能源等产业结构持续优化，阿尔格敏露天煤矿稳健运营，木扎提河三级水电站、温泉水利枢纽工程稳步推进，中泰—金晖100万吨PVC循环经济、众泰130万吨焦化项目顺利复工，制约经济发展的矿区总规环评获批，“十三五”煤矿手续办理迈出新步伐，僵尸企业盘活实现新突破，农村一、二、三产业融合项目取得新成效，产业园区污水处理厂如期建成。全年生产原煤430万吨、增长47%；外输天然气145亿立方米；新增“小升规”企业2家，完成规模以上工业企业增加值27.15亿元，增长11.2%。实施招商引资项目39个，落实区外到位资金63.33亿元、增长1.8%。

（六）旅游发展势头良好。发挥拜城丰富独特的旅游资源优势，加快实施全域旅游发展三年规划和“旅游+”战略，铁热克温泉度假村、克孜尔“丝路驿站”项目进展顺利，铁热克温泉改造升级重新营业，康其湿地景区规模初具、开门迎客，喀普斯浪河公园等星级景区创建工作有序推进，成功举办首届“丝路明珠·大美拜城”冬季冰雪文化旅游节、木扎提河候鸟摄影展等系列活动，拜城知名度显著提升。发展乡村旅游，提升行业服务水平，培育三星级农家乐4家、创建三星级酒店2家。全年接待游客突破85万人次、实现旅游总收入2.8亿元，分别增长47%、49%。

（七）人居环境持续改善。全面推进城乡一体化发展，坚持规划先行、图则法定，修编完成《拜城县城市总体规划（2018—2035年）》，城市空间布局更加优化。推进公园城市建设，持续巩固全国第一批气候适应型试点城市创建成果，新增城区绿化面积4.25公顷，城市人均绿地面积达27.88平方米。完善城市基础设施，稳步推进城区排水管网、滨河公园升级改造，全年完成投资9570万元，铺设给排水管道13.2千米、供热管道2.8千米，新建城区道路2.43千米，城市综合功能完善。开展城乡人居环境整治行动，城市精细化管理水平显著提升。

（八）改革活力竞相迸发。以庆祝改革开放

40周年为契机，试点先行、敢破敢立，6个领域184项改革任务稳步推进，呈现出多面发力、重点突破的良好态势。全面推进“三去一降一补”，完成房地产去库存面积16.5万平方米。推进企业降本增效措施有效落地，11家企业获批直购电交易资格，交易电量1.6亿千瓦时。持续深化“放管服”改革，取消行政许可事项8项，调整31个部门行政权力事项1165项，清理规范证明事项86项；加快推进“最多跑一趟”“一趟不用跑”“互联网+政务服务”重点改革，梳理公布21个单位170项“最多跑一趟”事项清单，开通网上办理事项200项。农村集体产权制度改革、农村集体资产清产核资、国有农牧场办社会职能移交等改革纵深推进。

二、坚持以人为本、民生优先，群众生活显著改善

始终坚持以人民为中心，一般公共预算支出的70%以上用于保障和改善民生，持续推进9项惠民工程，实现城镇居民人均可支配收入3.03万元，增长9%；农牧民人均纯收入1.37万元，增长8%，发展成果更多更公平地惠及各族群众。

（一）就业质量明显提高。坚持把就业作为最大的民生，加快推进“卫星工厂”“公司+农户”“百村千厂”和就业创业孵化基地建设，搭建就业创业平台。实施“大众创业、万众创新”，完善创业就业扶持政策，以创业带动就业，促进各族群众有序进城就业、就地就近就业、返乡自主创业。深化校企合作、产教融合，聚焦重点产业发展方向，大规模开展以农村富余劳动力、高校毕业生等为主的就业定向培训和岗位技能提升培训，全年开展就业技能培训6700人次，实现城镇新增就业3640人，农村富余劳动力转移就业3.5万人次，困难人员就业255人，应届高校毕业生就业率达91%，城镇登记失业率控制在2.27%以下。

（二）教育事业全面进步。坚持社会主义办学方向不动摇，坚定不移地推进国家通用语言教育，实现学前及义务教育阶段国家通用语言教学全覆盖，高中国家通用语言教学覆盖率达94.97%。全面落实15年免费教育，加强控辍保学工作，全县小学、初中适龄儿童少年入学率分别达99.7%、99.5%，加大“全面改薄”、幼儿园维修改造等基础设施建设力度，完成投资6653万元，新建校舍面积1.15万平方米，顺利通过国家义务教育均衡发展认定。投资2.2亿元的职业技术学校建成投用，专业设置更加合理，就业导向更加凸显。教育教学质量显著提升，普通高考考区顺利落户拜城，1760名学生实现就地高考，专科上线人数1721人，上线率达97.7%。加强教师队伍建设，招录教师814人，分流转岗教师562名，解聘不合格教师26名。全面开展校园环境卫生整治行动，新增校园绿地15.27公顷。

（三）卫生服务更加优化。医药卫生体制改革持续深化，公立医院综合改革全面推进，基层卫生服务体系完善，乡镇卫生院作用充分发挥，分级诊疗体系逐步建立，县域就诊率达91.57%。全民健康体检常态开展，完成体检20.54万人，体检出高血压、胆结石等多发病3.53万人，纳入慢性病管理1.88万人。家庭医生签约服务加快推进，普通人群签约率达86%，重点人群签约率达92.7%。重大传染病防控工作成效明显，爱国卫生创建成果巩固，全年无传染病疫情蔓延和突发性公共卫生事件发生。人口和计划生育工作持续加强，违法生育专项治理扎实有效，全县人口出生率控制在9.34‰以内，人口自然增长率控制在4.14‰以内。

（四）惠民政策有效落实。实施全民参保计划，全县参保23.11万人，参保率达95.9%，城乡居民基本医疗保险缴费标准由180元提高至260元，社会保险标准化建设“先行城市”顺利通过国家验收。社会保障体系完善，城市低保标准由376元/月提高至408元/月，农村低保标准由3200元/年提高至3456元/年，发放低保金7113万元，惠及城乡困难群众1.09万户2.3万人，发放城乡医疗救助资金1571万元；集中供养老人275人，集中养育孤儿695人。持续推进公共文化设施建设，广泛开展“送文化下基层”惠民活动，各族群众精神文化生活日益丰富。加强食品药品监管，自治区级食品安全城市正式命名挂牌。认真做好防震减灾、防汛抢险工作，全面落实安全生产责任制，保障各族群众生命财产安全。全面加强农牧区水、电、路等基础设施建设，新建、改建农村公路372千米，建成防渗渠68千米，建成农村安居房4365套，完成棚户区改造1000套，实施安全饮水入户950户3708人，完成农村改厕1.54万座。全年投入援疆资金1.33亿元，实施援疆项目17个。

三、坚持守望相助、深度融合，民族团结巩固发展

持续深化“民族团结一家亲”和民族团结联谊活动，全县8255名党员干部职工与4.1万余户各族基层群众结对认亲，同吃同住同学习同劳动，实现与贫困户、重点人员家庭结对认亲全覆盖。定期组织开展形式多样、生动活泼的联谊活动，各族干部群众在共同生产生活和工作学习中加深了解、增进感情。在国庆节为16对新人、4对金婚银婚夫妇隆重举行集体婚礼，在倡导文明新风、促进民族团结方面起到良好的示范带头作用。持续深化民族团结进步教育，开展“民族团结一家亲、我给亲戚送党报”“理清两笔账、感恩共产党”“大培训大宣讲大教育”等系列活动，铸牢中华民族共同体意识。推动建立嵌入式的社会结构和社区环境，坚持从娃娃抓起，把民族团结贯穿到学校教育、家庭教育、社会教育等各个环节，构建民汉合校3所、嵌入式示范社区15个、小区21个、行政村18个，以“平安夜市”为代表的民族特色餐饮街成为各族群众共事共乐、交往交流、共同发展的良好平台。

四、坚持依法行政、转变作风，政府建设全面加强

深入贯彻依法治国基本方略，全面推进政府政治、思想、组织、作风、纪律和反腐败建设，做到干部清正、政府清廉、政治清明。加强思想政治建设，开展“聚焦总目标、作风再整顿”和政府系统“强化管党治党、整顿机关作风、提升行政效能”活动，坚定不移用习近平新时代中国特色社会主义思想武装头脑、指导实践、推动工作，增强“四个意识”、坚定“四个自信”、坚决做到“两个维护”。坚持民主集中制原则，严格规范党内政治生活，健全完善政府全体会议、党组会议、常务会议和中心组学习等各项规章制度，全年召开政府党组会议16次、常务会议8次，集中研究解决重大事项，确保决策科学合理。持续推动作风转变，坚决贯彻落实中央八项规定及实施细则、自治区党委加强作风建设“十不准、十改进”及地区“三十二个不准”要求，改进文风会风，规范公务接待，加强调查研究，严肃财经纪律。加强土地出让、工程招投标、政府采购、重大工程项目建设等重点领域的审计监督，坚决纠正行业不正之风。自觉接受人大常委会的法律监督、政协的民主监督和群众监督，及时回应社会关切，全年办结人大代表议案9件、建议105件，政协委员提案101件；答复办理县长信箱投诉举报信件64件。深化反腐倡廉建设，强化监督执纪问责，以“零容忍”态度惩治腐败，推动各级干部讲政治、敢担当、善作为，全年办结案件712件，给予党纪处分690人、政务处分48人，营造风清气正的政治生态。

2019年工作计划

指导思想：坚持以习近平新时代中国特色社会主义思想为指导，深入贯彻落实党的十九大、十九届二中、三中全会精神和自治区党委九届六次全会、地委（扩大）会议、县委（扩大）会议精神，统筹推进“五位一体”总体布局，协调推进“四个全面”战略布局，全面贯彻落实以习近平同志为核心的党中央治疆方略和自治区党委“1+3+3+改革开放”工作部署、地委、县委系列决策部署，大力实施“53567”战略，扎实推进保稳定、稳增长、促改革、调结构、惠民生、防风险各项工作，促进经济社会健康发展，坚决实现三年基本常态目标，奋力开创拜城社会稳定和长治久安新局面，以稳定发展改革的优异成绩向新中国成立70周年献礼。

工作目标：力争全县地方生产总值增长9%以上，全社会固定资产投资增长15%以上，社会消费品零售总额增长10%以上，公共财政预算收入增长10%以上，城镇居民人均可支配收入增长8.2%以上，农牧民人均纯收入增长8.3%以上。社会大局持续稳定，民族宗教和睦和谐，意识形态领域绝对安全，民生福祉保障有力，脱贫攻坚决胜收官，生态环境持续改善，改革开放全面深化，政府自身建设全面加强。

一、聚焦总目标，转变方式、提高质量，开创经济发展新局面

按照县委“在推动经济高质量发展上走在前列”要求，坚持稳中求进总基调，转变经济发展方式，优化产业结构，转换增长动力，焕发经济活力，推动经济高质量发展。

（一）继续打好防范化解重大风险攻坚战。牢固树立“宁可发展慢一点、也不违规举债”思想，严禁以任何方式举债、严禁以任何方式为单位和个人债务提供担保，严禁违规实施政府购买服务，坚决防止违规变相举债，对2017年7月14日以前产生的政府隐性债务存量，按照既定工作方案，稳妥化解，坚决守住不发生政府债务风险的底线。牢牢盯住风险多发高发的重点领域和关键环节，严格规范金融市场交易行为，加大金融机构监管力度，严厉打击违法违规金融活动，确保地方金融机构稳健经营。

（二）继续打好精准脱贫攻坚战。聚焦精准扶贫、精准脱贫基本方略，紧扣“一超过、两不愁、三保障”，既不降低标准、影响质量，也不提高标准、吊高胃口，做到焦点不散、靶心不变，一鼓作气、决战决胜。认真落实“六个精准”，推进“五个一批”，做到“三个加大力度”，提高脱贫质量。加强专项扶贫、行业扶贫、社会扶贫、援疆扶贫，坚持更多项目、资金、政策向深度贫困村倾斜，集中力量攻克坚中之坚。注重扶贫与扶志扶智并重，加强政策宣传和感恩教育，激发贫困群众内生动力。坚持举一反三、强化担当，坚决抓好中央第六巡视组反馈问题整改，确保每一个问题都一抓到底、整改到位，圆满完成2188户7912人脱贫、8个深度贫困村退出，实现脱贫攻坚由决胜收官转入巩固提升阶段。

（三）继续打好污染防治攻坚战。认真践行习近平生态文明思想，严格执行环境影响评价制度，实行最严格的生态保护制度和空间用途管制制度，严禁“三高”项目进拜城。持续抓好扬尘污染治理、燃煤治理及重点行业污染源治理，打好“蓝天保卫战”。全面落实河长制，加强木扎提河流域湿地保护与修复，依法严厉打击非法开荒和超采地下水行为，打好“碧水保卫战”。继续加强农业面源污染防治，落实石油、天然气、矿产开采企业环境治理和修复责任，推进10万亩生态林建设，打好“净土保卫战”。持之以恒地抓好中央环保督察反馈问题整改，及时解决群众反映强烈的突出环境问题，让人民生活在天更蓝、山更绿、水更清的优美环境之中。

（四）深入实施乡村振兴战略。坚持以产业振兴为重点，持续深化农业供给侧结构性改革，稳定粮食面积、调优种植业结构，提升特色林果产业综合生产能力和果品质量；推进现代畜牧业转型升级，出栏牲畜91万头（只）。持续推进“百十一”“十仓百企”“十城百店”工程建设，加快引进一批带动力强的农副产品精深加工企业。坚持以人才振兴为支撑，培育农民专业合作社、专业协会等多种经营主体，支持发展适度规模的种养专业大户。坚持以文化振兴为保障，培育文明乡风、良好家风、淳朴民风。坚持以生态振兴为关键，深入实施农村人居环境整治工程，统筹推进农村垃圾、污水、农田残膜综合治理，实施“厕所革命”，提升村容村貌。坚持以组织振兴为基础，推动农村基层组织全面进步、全面过硬。

（五）培育壮大实体经济。做优做强循环化工产业，推动众泰130万吨焦化、20万吨甲醇项目建成投产，加快400万吨洗精煤项目建设，鼓励峻新化工高新技术推广运用，加快推进中泰—金晖100万吨PVC循环经济项目建设。做好40万吨天然气制乙二醇项目前期工作，力争煤层气开发、天然气精深加工取得实质性突破。整合提升矿产开发产业，增强矿区总体规划调控作用，抓好“十三五”规划项目核准建设，加快煤矿升级改造，支持大北、克拉、克深、博孜、中秋等油气勘探开发。培育壮大清洁能源产业，争取光伏领跑者基地建设项目，着力推进木扎提河水能资源开发，力促喀普斯浪河三级水电站运营发电，推动温泉水利枢纽工程开工建设，做好正泰光伏保障服务工作。实施招商引资一号工程，重点抓好农副产品加工、天然气化工、装备制造等产业招商，激励引导各类资本投资拜城。完善园区基础设施，发展壮大园区经济。推进库拜玉一级公路、新拜货运铁路建设，争取早日动工，推进木扎提河、哈拉苏河等大型灌区配套和节水改造，增强经济发展后劲。

（六）大力发展旅游主导产业。按照以城区为核心，以康其乡、米吉克乡为两翼，以克孜尔千佛洞人文资源和铁热克温泉自然资源为依托的“一核两翼两资源”旅游发展布局，全面实施全域旅游发展三年行动计划，打响“丝路体验、水韵漫游、健康养生”三大品牌。加快推进滨河公园、丝路阁龟兹艺术馆、喀普斯浪河景观带儿童乐园、米吉克七彩湾生态乐园、克孜尔湖滨度假村、铁热克温泉康养小镇建设步伐。实施乡村旅游精品工程，建设一批设施完备、功能多样的休闲观光园区、乡村民宿、特色民俗村，打造旅游精品路线、县域环线、四季连线，推动形成集观光、康养、体验、休闲、度假于一体的全域旅游新模式，力争年内接待游客突破100万人次，实现旅游总收入5亿元以上。

（七）加快推进城乡一体化发展。按照“城在林中、水在城中、人在园中”的理念，加快推进滨河公园改造工程，统筹推进城市污水提标改造、生活垃圾处理厂二期、城区基础设施水源地水厂输水管线等项目建设，持续推进城市亮化美化净化绿化工程，营造林城相融、林水相依、水城相润、人园相宜的生态宜居空间格局。持续加大棚户区改造力度，稳步推进公租房项目建设，协调推进学苑小区、水岸公馆、阳光紫荆花园二期等项目建设。持续完善城乡道路、水利等基础设施建设，全面推进城乡人居环境整治，推动城乡一体化发展。加快推进城市管理体制改革，启动国家级卫生县城和园林城市创建工作，提升城市精细化管理水平。

（八）全面深化改革开放。坚定不移向改革要动力、向开放要活力，用改革的办法、开放的手段、市场的机制推动高质量发展。深化重点领域改革，稳妥做好党政机构改革。深化供给侧结构性改革，抓好“三去一降一补”，稳妥处置僵尸企业。持续深化“放管服”改革，全面落实投资项目审批“13345”目标，推行审批服务“马上办、网上办、就近办、一次办”，完善乡镇综合服务大厅集中服务模式，推动一般事项“不见面”、复杂事项“一次办”。加快国资国企改革，加强国资运营监管，确保国有资产保值增值。深化农村土地制度和集体产权制度改革，激发农村发展活力。持续深化油地共建，维护军人、军属合法权益。

二、聚焦总目标，以人为本、共建共享，开创民生改善新局面

按照县委“在保障改善民生上走在前列”要求，始终把不断满足人民群众日益增长的美好生活需要作为政府工作的出发点和落脚点，着力解决群众最关心、最直接、最现实的利益问题，让各族群众有更多、更直接、更实在的获得感、幸福感。

（一）抓好就业工作。坚持把稳定就业摆在更加突出的位置，在拓宽就业渠道、搭建就业创业平台、提高就业能力上持续发力，实现更高质量和更充分的就业。支持服装加工、轻工食品、民族特色手工业等劳动密集型产业和“短平快”项目发展，在深度贫困村建设“卫星工厂”“扶贫车间”，促进就地就近就业。实施技能和国家通用语言培训促进就业工程，加大与县内外用工企业沟通对接，引导各类群体多渠道就业创业。着力抓好高校毕业生就业，鼓励引导高校毕业生到基层、企业就业和自主创业。坚持政府引导、市场运作、多维输出、全程服务，促进农村富余劳动力转移就业。力争新增城镇就业2800人以上，农村富余劳动力转移就业3.5万人次以上，城镇登记失业率控制在3.9%以内。

（二）抓实社会事业。全面落实教育优先发展战略，办好人民满意的教育。实施国家通用语言文字普及攻坚工程，小手拉大手，提升城乡居民掌握和使用国家通用语言文字的能力和水平。继续推进农村薄弱学校改造，加快中小学布局调整步伐，力争第三中学搬迁、第五中学建设项目取得实质性进展。全面加强学前教育、义务教育、高中教育、职业教育，继续做好县域考生就地高考，推动职业高中升格为中等职业技术学校。多渠道引进国家通用语言教师，多方式加强教师培训，转岗分流不合格教师，持续优化教师结构。全面落实党组织领导下的校长负责制，加强中小学党建工作。以健康拜城为抓手，持续深化医药卫生体制改革，推进紧密型医共体建设，试点推行紧密型医共体乡镇卫生院院长竞聘上岗、年薪制管理。常态开展全民健康体检，实施健康扶贫工程，深入推进家庭医生履约服务。加强公共卫生和重大疾病预防控制，提高妇女儿童健康水平。加强计划生育服务管理，人口出生率控制在13‰以内。实施文化惠民工程，提升县、乡、村三级公共文化服务体系，为各族群众提供更好的精神文化服务。发挥科技副村主任带头作用，深入实施农村“户户都有科技明白人”培育工程。

（三）抓牢社会保障。完善社会保障体系，实施全民参保计划，确保城乡居民基本养老保险、基本医疗保险参保率稳定在95%以上。推进社会保险服务标准化建设，改进“互联网+社保”经办服务模式，为群众提供快捷优质服务。深入推进机关事业单位养老保险制度改革，实现跨省异地就医直接结算，落实即时补办社保卡、人身意外伤害保险、大病保险等各项举措，全面加强社保基金监管，确保基金安全运行和规范使用。完善城乡低保、商业保险、社会救助等社会服务保障机制，发展残疾人和老龄事业，关心农村留守老人、妇女、儿童，实现有意愿的农村“五保”老人集中供养、符合条件的孤儿全部集中收养。鼓励社会投资发展养老、医疗、康复、护理等多样化健康服务，提高养老服务质量。

（四）抓紧民生实事。持续加强农牧区基础设施建设，力争完成棚户区改造500户，新建公租房700套、农村安居房5000套，新建、改建农村公路275千米，农村卫生厕所1.2万座，实施安全饮水入户1588户。加强农产品和食品药品安全监管，加大物价稳控和调节力度，让各族群众吃得放心、用得安心。坚决落实安全生产责任制，防范和遏制重特大安全事故发生。健全防灾减灾救灾体系，完善监测预警、应急处置、救援救助机制，保障人民群众生命财产安全。持续深化对口援疆工作，深入实施“助力脱贫攻坚211行动计划”，推广“组团式”人才援疆，着力在产业援疆上寻突破，拓宽合作发展的深度和广度。

三、聚焦总目标，交往交流、真心融入，开创民族团结新局面

按照县委“在巩固发展民族团结上走在前列”的要求，高举各民族大团结旗帜，坚持把民族团结教育纳入国民教育、干部教育、社会教育和公民道德教育、法制教育全过程，推进党的民族理论、民族政策、民族团结典型进教材、进课堂、进头脑，推动各族干部群众从内心深处铸牢中华民族共同体意识。常态开展“民族团结一家亲”和民族团结联谊活动，推动干部住户、所有农户有干部住全覆盖形成常态。搭建各民族交友联谊平台，组织机关单位、学校、企业、驻地部队、各族群众定期开展形式多样的联谊活动。深入推进居住、文化、源头、生产、经济嵌入，构建嵌入式的社会结构和社区环境。广泛开展民族团结进步创建活动，引导各族群众树立人人争当民族团结模范、人人为民族团结做贡献的良好导向。坚决与各种形式的民族分裂活动作斗争，坚决维护民族团结和祖国统一。

四、聚焦总目标，转变职能、简政放权，开创政府建设新局面

坚持把为人民服务、对人民负责、受人民监督、让人民满意作为政府工作必须始终坚守的信念，加强政府自身建设，着力打造忠诚、法治、服务、担当、诚信“五型政府”。

（一）建设忠诚型政府。坚持把党的绝对领导，忠于党、忠于人民作为政府履职的核心政治要求，认真学习贯彻习近平新时代中国特色社会主义思想和党中央治疆方略，树牢“四个意识”，增强“四个自信”，坚决做到“两个维护”。严守政治纪律和政治规矩，特别是反分裂斗争纪律，做政治上的“明白人”“老实人”，坚决清除对党不忠诚、不老实的“两面人”“两面派”。加强和规范党内政治生活，落实好“三会一课”（党员大会、支部委员会、党小组会和党课）、民主生活会、组织生活会等基本制度。

（二）建设法治型政府。坚持把依法行政作为推进政府工作制度化、规范化、程序化和依法行使权力的基本前提，严格依法办事，全面落实行政执法责任制和行政问责制，督促和约束政府机关及工作人员依法行使职权、履职尽责。全面推行政务公开，严格执行重大行政决策公众参与、专家论证、风险评估、合法性审查和集体讨论决定等程序，健全重大行政决策终身责任追究制度和责任倒查机制。完善政府信息公开和突发事件信息发布制度，涉法涉诉信访事项依法终结制度，保障群众合理合法诉求。

（三）建设服务型政府。坚持把服务人民、造福人民作为政府正确履行公共职能的根本宗旨，持续深化“放管服”改革，在重点领域和关键环节取得更大突破，激发市场活力，打造良好营商环境。结合机构改革和部门职责划转，及时调整权责清单。推动“互联网+政务服务”，统筹实体大厅、网上平台、移动客户端、自助终端和服务热线等资源，实现线上、线下功能互补、融合发展、精细服务。优化政务服务环境，重点推进财政预算、公共资源配置、重大项目审批、民生资金使用等重点领域信息公开。加强政府门户网站建设，及时发布权威信息，不失声、不缺位。

（四）建设担当型政府。坚持把实干立身、实绩说话作为提高政府执行力和落实力的必然要求，事不过夜抓落实、雷厉风行抓落实、到人到岗抓落实。重点围绕“1+3+3+改革开放”要求，在重点领域、重点工作上出实招、见实效，推动任务目标化、目标项目化、项目责任化、责任实效化。妥善处理访惠聚、下沉“双覆盖”与业务工作的关系，以方法创新促进效率提升。建立正面激励与反面惩戒制度，让想干事的人有机会、能干事的人有平台、干成事的人有地位；对不作为、乱作为等庸政懒政行为严肃问责。

（五）建设诚信型政府。坚持把诚信施政作为塑造政府良好形象、提高政府公信力的重要准则。加强政府公职人员诚信教育，增强诚信施政的自觉性和主动性，破除“官本位”思想。加强重点领域政务诚信建设，构建诚信责任制，加强项目履约、合同履行、款项支付情况的监督。运用县长信箱等载体，畅通民意诉求和投诉渠道，广泛接受社会各界舆论监督，推动政府系统及工作人员在行政管理和公共服务的各领域守信践诺。

大事记

1月

1日　拜城县城乡各地举行升国旗仪式，喜迎2018年到来。

是日　拜城县实行城乡居民基本医疗保险政策，农牧民与城镇居民一样，采用统一的社保卡，在基本医疗保险上享有均等城乡保障待遇，享有统一的保障范围和支付标准。

2日　由拜城县人力资源和社会保障部门组织、阿克苏“特别特”职业培训学校承办的职业技能培训在赛里木镇硝尔买里村开班，标志着拜城县2018年“去冬今春”职业技能培训工作正式启动。主要针对全县贫困村开展，全年计划培训990人，涉及西式面点师、美容师、美发师、中式烹调师等8类技能以及创业培训。首期培训美容美发业务，培训为期60天，赛里木镇硝尔买里村50名学员参加培训。

4日　中共拜城县第十二届委员会第三次全体（扩大）会议在县图书馆召开。县委书记作《适应新时代　聚焦新要求　落实总目标　奋力开创拜城县社会稳定和长治久安新局面》主题报告。会议总结2017年和第二次中央新疆工作座谈会以来的工作，安排部署2018年工作。县四套班子领导、各乡（镇、场）、县直各单位党政主要负责人、驻拜城武警部队负责人及县企业界代表、离退休老干部代表、非公有制企业代表等参加会议。

6日　新疆维吾尔自治区（以下简称“自治区”）环境保护厅一行5人到拜城县调研，对拜城县环保工作提出指导意见。

11日　县委召开2018年第一次中心组集体学习。县委书记主持，学习了党的十九大报告中全面从严治党、《自治区党委办公厅　自治区人民政府办公厅关于印发〈自治区党委常委会贯彻落实《中共中央政治局贯彻落实中央八项规定实施细则》的实施办法〉的通知》、《阿克苏地区进一步纠正“四风”加强作风建设“三十二个不准”的通知》等文件精神。县四套班子领导干部，检法两院及工业园区主要领导干部，县直单位主要负责人等70余人参加学习。

15日　拜城县监察委员会挂牌成立。

25日　县境内迎来2018年首场大范围降雪降温天气，最低气温降至-14℃，县气象台发布道路结冰黄色预警信号。

28日　拜城县综治中心成立，16个成员单位安排工作人员进驻，实行集中办公。

2月

1日　新疆天然物产贸易有限公司梅斯布拉克煤矿向黑英山乡米斯布拉克村捐赠公共汽车1辆，车内有座位35个，车辆价值33万元，作为该村校车使用，结束当地多年来无校车的历史。

6日　在县人社部门牵头下，各乡（镇）集中开展城乡富余劳动力职业技能和转移就业创业能力培训。

7日　拜城县残疾人联合会第七次代表大会召开。

9日　拜城县冬季畜牧业工作现场会在康其乡召开。县畜牧兽医部门相关领导、各乡（镇、场）分管畜牧业领导、畜牧兽医站站长、养殖大户和贫困户66人参加现场观摩会。观摩组先后到康其乡库尔玛村4组、赛比墩村2组及3组参观学习牲畜接羔育幼、冬季饲草料储备、动物防疫工作等。

10日　拜城县2018年春节联欢晚会在县图书馆演播厅举行。晚会有舞蹈《鼓韵震天贺新春》《踏歌起舞的中国》《阿西里西》《母亲是中华》，音乐快板《十九大精神进万家》，情景音诗画《在拜城大地上的报道》，歌伴舞《不忘初心》，戏曲串烧，独唱《母亲》《西部情歌》，舞蹈《张灯结彩》《青春飞扬》，小品《驻村情怀》，情景歌舞《党的教育亚克西》等16个节目。

11日　阿拉尔市政协、市水利局、一师二团负责人组团到拜城慰问座谈。县委、政协有关领导陪同座谈。

12日　县委政法委干部自编自写200副春联送给结亲居民，春联内容以“入户住户解民忧、知恩感恩跟党走、干群一家亲”等为主题，并与结亲居民共同贴春联、挂灯笼。

14日　拜城县四套班子领导组成5个慰问组，分别走访慰问革命烈士遗属、离退休老干部、驻地部队官兵、武警官兵及公安干警。

22日　拜城县“乡镇妇联组织区域化建设暨村（社区）妇代会改建妇联工作动员部署现场观摩会”在托克逊乡阿娜克孜兰干村召开。阿克苏地区妇联主要负责人参加观摩活动并讲话。各乡（镇、场）分管党务工作副书记、分管妇女工作主要领导、妇联主任、各试点村妇代会主任等近百人参加观摩。

28日　克孜尔渠首破冰完成，全县16个渠首全面开闸放水，春灌工作全面展开。

3月

5日　县启动“脊灰”疫苗补充免疫接种工作，对全县范围内2014年1月1日至2017年12月31日出生的儿童进行免费疫苗接种。此次“脊灰”疫苗接种时间为3月5—7日，查漏补种时间为3月8—9日。

7日　县人民政府召开2018年“3·15”消费者权益日新闻发布会，县市场监督管理局、商经委、发改委、环保局、旅游局等14家成员单位，市场监督管理局干部、个私企业代表126人参加会议。会上宣读《拜城县2018年“3·15”国际消费者权益保护日宣传服务月活动实施方案》，公布《拜城县2017年消费维权典型案例》，为做好消费维权工作指明方向。

13日　自治区人民政府教育工作调研组到拜城县，调研教育教学工作。调研组先后到大桥乡九年一贯制学校、第一小学，通过实地走访、听取汇报、与学生和教职工交流等方式，对拜城县国家通用语言教学、校园文化建设、农村学校师资力量补充、15年免费教育整体实施情况等进行调研。

15日　自治区、地区监委负责人一行到拜城县调研。

20日　拜城县召开2018年农村安居工程开工暨现场推进会，与会人员先后到赛里木镇硝尔买里村、赛里木村、克孜尔乡丘纳克买里村等5个观摩点观摩。会议强调，2018年县农村安居工程建设任务为4465户，其中一般户2670户、“四类”重点对象1795户。在补助标准上，按照自治区及地区相关要求，自2017年起，中央财政支持的农村安居工程补助对象调整为农村“四类”

重点对象，其他一般户不再纳入中央财政支持范围。农村“四类”重点对象户均补助4.2万元，一般户户均补助2.85万元。

是日 拜城县“爱心一元捐”妇女创业就业无息贷款发放仪式，在拜城镇北大桥社区举行，此次活动为10名妇女提供29万元无息贷款，帮助妇女创业致富。

是日 拜城县妇联牵头举办“中央专项彩票救助贫困母亲‘两癌’（乳腺癌、宫颈癌）公益金发放仪式”，向9名患病农村贫困妇女每人发放1万元救助资金。

是日 拜城县乡村后备村干部国家通用语言强化培训结业，培训班由拜城县委组织部、县委基层办联合组织，温州援疆指挥部提供支持保障。有40名乡村年轻干部参加，历经3个月的全脱产式集中培训，完成预定课程。

是日 拜城县召开2018年援建项目建设推进会，旨在提前做好2018年援建项目前期各项工作，推动全县援建项目早开工、早完工、早见效。县委主要领导、分管领导，温州市援疆指挥部全体干部及项目实施单位、县直有关单位负责人参加会议。

22日 拜城县召开宣传思想文化工作例会，总结第一季度宣传思想文化工作开展情况，分析宣传思想文化工作面临的新形势、新任务、新要求，安排部署第二季度宣传思想文化工作。

24日 拜城县举行2018年就业扶贫推进会暨“春风行动”现场招聘会，县内30多家用人单位共提供1000多个就业岗位。

25日 县委召开常委会会议，研究通过《拜城县常态化开展入户住户“两个全覆盖”工作督查考评细则（试行）》等议题。

26日 拜城县召开规范基层基础工作暨群众工作现场观摩推进会。先后在赛里木镇拉帕村、康其乡墩艾日克村、康其乡库尔玛村和米吉克乡库木买里村进行现场观摩。县四套班子在家领导，各乡（镇、场）党委书记、政法委书记、组织干事，县委政法委、县委基层办、“访惠聚”驻村办相关人员参加现场会。

31日 自治区社会保险管理局稽核部人员到拜城县，对米吉克乡人民政府和米吉克乡亚阔坦村社保基金安全工作进行专项抽查。

是日 拜城县召开脱贫攻坚专项组专题汇报会议，县深度贫困地区脱贫攻坚工作16个专项组作汇报。

是日 拜城县生产的红提干葡萄参加在上海市举办的“西域颂 · 葡萄的故事”品牌发布会，与内地经销商现场签订“葡萄的故事”红提干代理经销协议。

是月 拜城县社会保障卡制卡网点达到8个，在全县16个乡（镇、场）卫生院、146个村卫生室全部配备VPN（UKey），接入医疗保险结算系统，乡镇卫生院、村卫生室全部安装社会保障卡读卡机，基本建成辐射全县乡（镇、场）、村（社区）的社会保险医保联网结算的网络系统。

是月 拜城县种源马铃薯有限责任公司联合蒙古爱心企业禾兴高原薯业有限公司，向拜城县马铃薯种植户捐赠马铃薯种子。此次捐赠产品金额共计90万元，开展为期10天的捐赠，捐赠对象为马铃薯种植户及脱贫村民，并向捐赠对象进行技术指导。

4月

2日 拜城县启动“光明扶贫工程”（国家针对建档立卡贫困户的惠民项目，主要面对人群为被识别为精准扶贫对象中的白内障患者），对32名贫困白内障患者分3批进行免费手术治疗。

3日 阿克苏地委稳定工作调研组，到拜城县调研社会稳定和群众工作。

是日 拜城县分别召开2018年教育、卫生、计生工作会议，部署教育、卫生、计生等各项工作。

5日 拜城县县乡两级分别开展“缅怀英烈、向烈士致敬”扫墓活动。

7日 县委召开2018年党的群团工作会议。会议安排部署了新一年度工会、共青团、妇女工作，宣读了《关于2017年度先进基层工会和先进个人的决定》和《关于表彰拜城县三八红旗手（集体）、巾帼建功标兵、五好家庭、最美家庭的决定》。各乡（镇、场）、县直相关单位分管领导、各乡（镇、场）工会干事、团委专职副书记、妇联主任等参加会议。

8日 拜城县县直单位党组织书记及党务干部培训班在县委党校开班。旨在学习贯彻党的十九大精神、加强党务知识、提升机关事业单位党建水平，县直各单位党组织书记及党务干部260余人参训。

9日 拜城县委宣传部印发《2018年拜城县党委（党组）中心组及党员干部理论学习指导意见》，规范各级党组织理论学习。

是日 拜城县启动第二轮脊髓灰质炎疫苗补充免疫工作。截至9日，共设置164个固定接种点，45个临时流动接种点，37个巡回搜索组，本轮补充免疫活动摸底数17294人，接种10841人，完成率62.68%。

10日 自治区教育厅督导组到拜城县，对拜城县教育工作全面改薄“20条底线”及义务教育经费保障机制工作督导情况进行反馈。

12日 来自乌鲁木齐、库尔勒、和田等地的50多位新疆“爱心妈妈”走进拜城县康其乡和谐村，开展“爱心妈妈参与婚姻家庭纠纷多元化解”工作和“美丽庭院创建推广活动”。

14日 自治区党委第九巡视组到拜城县召开会议，向拜城县委作巡视情况反馈，传达十九届中央第一轮巡视工作动员部署会和自治区党委“七人小组”会议精神，并就抓好巡视整改工作提出要求。

18日 拜城县离退休干部学习贯彻党的十九大精神专题培训班在老干部活动中心开班。副县级以上离退休干部、教育系统离退休干部等100余人参加培训。

20日 拜城县启动2018年县级文明单位“零基启动”评选工作。

22日 托里县党政考察团一行24人到拜城县，就基层组织建设、群众工作、稳定工作等方面进行考察交流。考察组先后赴米吉克乡库木买里村、拜城镇北大桥社区、布隆乡奥依买里村、县公安局、县综治中心等处考察。

是日 拜城县团结小学组织学生到县图书馆，开展集体诵读《论语》《易经》等国学经典活动，迎接“4·23”世界读书日的到来。

23—24日 自治区党委老干部局调研督查组一行5人到拜城县，就老干部工作进行调研。

24日 拜城县举行重大建设项目集中开工仪式，集中开工的项目涉及能源建设、产业发展、基础设施、民生及社会事业等多个领域，共17个，总投资22亿元。此次开工仪式的启动，标志拜城县2018年重点项目建设全面提速。

25—26日 自治区国税局督导组到拜城县调研深化国地税联合办税工作。

27日 拜城县召开2018年高考保障工作协调会，安排部署高考期间保障工作进行。

5月

3日 拜城县农村“改厕、改厨、改居”工作现场推进会在大桥乡吐格曼贝希村召开。观摩活动结束后，县委分管领导主持召开总结部署会。会上，宣读了《拜城县2018年农村改厕改厨改居实施方案》，大桥乡、县安居办分别进行交流发言。

4日 拜城县举办“迎‘五一’·庆‘五四’”青年人才联谊会。来自全县各乡（镇、场）的内招生、留疆战士、大学生西部计划志愿者和教育卫生系统近 200 余名单身青年男女参加活动。

5日 温州援疆指挥部向拜城县赠送 1 辆移动体检车，并在县人民医院举行交接仪式。该车辆为南疆地区首辆由援疆地捐赠的移动诊疗车。车内功能完善、设备齐全，配备有登记区、体检区、休息区等功能区，配装有数字 X 光机、心电图机、彩色多普勒超声仪、肺功能仪、血液冷藏柜、空调等设备。

是日 地区人大工委调研组对拜城县落实《自治区南疆地区普及高中阶段教育条例》情况进行调研。调研组先后对县第四中学、第一中学、职业技术学校建设情况、配套设备和教育普及情况以及安全保障设施建设情况进行调研视察。

6日 察尔齐镇博孜村村民在附近麦田旁的林带里，发现 1 只被困的国家一级野生保护动物——雪豹，经县公安局森林部门救助后放归自然。

7日 阿克苏地区人大工委负责人到拜城县调研《自治区民族团结进步工作条例》执法检查及“民族团结一家亲”活动落实情况。调研组先后到大桥乡阔纳巜里村、米吉克乡团结村、拜城镇北大桥社区、县第四中学实地调研。

11日 阿克苏地区人民检察分院负责人到拜城县人民检察院调研指导工作。

是日 拜城县人民政府召开第二次廉政工作会议。

14日 拜城县对 69 名新提任交流的干部进行集体任前谈话。

15日 县委召开常委会议，研究通过《拜城县贯彻落实自治区持续整顿软弱涣散基层党组织 10 条措施实施方案》等议题。

16—17日 地区工业工作调研组到拜城县调研工作。调研组先后到拜城县峻新化工有限公司、拜城县众泰煤焦化公司、拜城县职业技术学校、拜城县正邦服饰有限公司、拜城县绿盛番茄制品有限公司和拜城县台勒维丘克河防洪工程建设项目现场等地调研。

18日 拜城县“扫黄打非”办联合县教育部门，在县第二小学开展以“护助少年儿童健康成长，拒绝有害出版物及信息”为主题的“绿书签行动”启动仪式。发放“绿书签”1.5 万余张、挂图 5000 余张，在学生中倡导绿色阅读、文明上网理念。

27日 拜城县党政主要领导带领相关部门、乡镇负责人到木扎提河河段开展巡河工作。

28日 地区脱贫攻坚调研组一行到拜城县调研脱贫攻坚、乡村振兴、宗教事务等相关工作，调研组先后到克孜尔乡丘纳克买里村、赛里木镇夏合买里斯村，实地查看当地易地扶贫搬迁工程建设、贫困户红米种植、扶贫领域问题整改落实和实名制管理、贫困户蔬菜种植、黄花菜种植等情况。

31日 拜城县举办以“国学礼赞 · 花开新时代”为主题的文艺活动。学生们用独具“中国风”的京剧、武术等中华传统文化迎接“六一”儿童节。县领导、教育局及县直各学校负责人、城区幼儿园儿童代表及家长 670 余人观看演出。

6月

2日 拜城县召开总工会第八次代表大会，县委主要领导出席会议并讲话。

7日 2018 年高考开始，拜城县首次设立高考考区，全县 2064 名考生在 2 个考点 74 个考场迎考。

8日19时—9日0时 拜城县城区及部分乡镇出现短时强降雨天气过程，城区降水量达到 15.1—17.2 毫米，属大雨级别，城郊米吉克乡亚阔坦村降水量高达 38.8 毫米，属暴雨级别。受强降雨影响，城区主干道解放路中段日新市场附近路面，大量树叶等杂物将马路旁的下水道堵塞，排水不畅导致路面积水严重，车辆无法正常行驶，当地交警部门对该路段进行临时交通管制。

县给排水公司安排抢修人员冒雨连夜抢修被堵塞的下水道。

9日 第二个全国“文化和自然遗产日”暨第六届新疆非物质文化遗产展示周活动在拜城县克孜尔石窟举行。活动现场，来自阿克苏地区8县1市的舞蹈演员向现场观众展示萨玛瓦尔舞、库车民歌、拜城“帕拉孜”纺织（民间土布纺织）等非物质文化遗产项目。该活动由自治区文化厅、自治区文物局和阿克苏地区行署主办。新疆龟兹研究院、自治区非物质文化遗产保护研究中心、拜城县人民政府、阿克苏地区文化体育广播影视局和阿克苏地区文物局共同承办。

11—13日 自治区教育督导评估验收组到拜城县，对义务教育均衡发展工作进行督导评估验收。通过听取工作汇报、观看专题汇报片、查看档案资料等方式，随机抽取拜城镇、赛里木镇、大桥乡、温巴什乡、布隆乡等乡（镇），实地察看中小学校义务教育均衡发展情况。

12日 中国陆上首个井深超过8000米的天然气生产井——克深902井在“西气东输”主气源地投产，日输天然气能力40万立方米。

19日 阿克苏地区人大工委负责人一行对拜城县开展2018年天山环保行执法检查，检查组先后到康其乡赛比墩村、阿热勒村、布隆乡托万克布隆村对农村环保情况进行检查，并现场观摩拜城县天丰缘新能源科技有限公司地膜回收活动。

22日 拜城县召开“2018年在疆温商助力拜城产业就业扶贫对接会”，阿克苏地委副书记、援疆指挥部指挥长出席，拜城县党政领导出席会议，县直有关单位负责人、拜城县温州籍商户代表参加会议。

23日 拜城县召开迎接国家教育督导委员会核查政府履行教育职责工作迎检动员会。

是日 拜城县举办庆祝建党97周年“我的入党初心”演讲比赛活动，全县各党（工）委推选的18名选手参加比赛。

26日 县委召开县委常委会扩大会议，讨论审议有关法治工作、群众工作、经济发展、环境保护、招商引资等议题。听取并审议《关于调整拜城县依法治县领导小组的通知》《拜城县“百日会战”十大专项巩固活动实施方案》《关于拜城县拟表彰先进基层党组织、优秀共产党员和优秀党务工作者的报告》《拜城县庆祝中国共产党成立97周年及“一先双优”表彰大会方案》《拜城县深化干部进村住户走访群众工作规范》《拜城县推进新疆金晖兆丰100万吨PVC循环经济项目工作实施方案》《关于贯彻落实自治区党委办公厅〈关于持续深化监督执纪问责坚定不移深入推进作风建设的意见〉》《拜城县中央环境保护督查反馈意见整改工作实施方案》《拜城县全域旅游开发三年行动方案》《拜城县农村人居环境整治三年行动实施方案》等议题。

是日 地、县两级煤炭监督管理部门在拜城县峰峰煤焦化有限公司东兴泰煤矿开展井下综掘工作面“瓦斯事故”应急救援演练活动。

28日 阿克苏地区慰问组到拜城县，代表阿克苏地委、行署看望慰问新中国成立前入党的老党员和在维稳斗争中牺牲的党员烈士家属，向他们送去党的关怀和节日的祝福。

29日 拜城县召开庆祝建党97周年暨“一先双优”表彰大会，授予“先进基层党组织”称号30个；授予“优秀共产党员”称号100人；授予“优秀党务工作者”称号30人。县四套班子在家领导，检察院、法院、司法局、产业园区主要领导，受表彰的先进集体和个人，离退休老干部代表，各乡（镇、场）党委书记、分管党建工作副职领导，拜城镇各社区党支部书记，县直各单位党组织负责人、党员干部代表参加会议。

30日 温州市人民医院“超女来了”公益医疗团队到拜城县，为当地患病群众提供医疗服务。

是月 自治区“访惠聚”巡回医疗队新疆医科大学第五附属医院一行8人，到拜城县开展义诊和医疗、送药、健康知识宣讲等送健康下乡活动。

7月

3日　拜城县举行“聚焦总目标　讲好全面从严治党故事”比赛。22名选手参赛，比赛共设一等奖1名、二等奖2名、三等奖3名，察尔齐镇选手黄小莉获得一等奖。

8日　县委举行“书记讲党课”活动，县委主要领导以“牢记初心使命、忠诚担当尽责，坚定不移推进党的政治建设”为题，上专题党课，各乡（镇、场）党政领导班子成员、县直单位党政负责人270人聆听党课。

12日　拜城县农村信用合作联社召开会议，宣布阿克苏农村商业银行有限责任公司并购重组工作组进驻拜城县农村信用合作联社开展并购重组事宜。

13日　县人民政府主要领导为全县政府系统领导干部讲授专题党课。

15日　温州市人民检察院援疆工作组到拜城县人民检察院调研指导工作，向拜城县人民检察院捐赠20万元。

17日　温州市总工会负责人一行到拜城县考察对接援建工作，走访慰问部分困难职工和基层工会工作者。

是日　拜城县举行第一批电商培训及务工人员整建制赴内地转移就业欢送仪式，85名外出务工人员及电商培训人员赴浙江、青岛参加就业培训。

20日　拜城县人民法院对一起涉案金额高达6000多万元的非法吸收公众存款案作出一审宣判，被告单位拜城县汇丰小额贷款有限责任公司犯非法吸收公众存款罪，判处罚金10万元；被告人何某犯非法吸收公众存款罪，判处有期徒刑5年，并处罚金5万元；依法追缴被告单位拜城县汇丰小额贷款有限责任公司、被告人何某违法所得以及投资人非法获利发还给被害人。

21日　拜城县纪委监委、县妇联联合举办以“聚焦总目标·传承好家风”为主题的领导干部家属家庭助廉活动。6名领导干部亲属作表态发言，其余领导干部家属纷纷签名承诺。活动中，县纪委监委组织与会人员观看警示教育片《蜕变》，参观县反腐倡廉暨预防腐败警示教育基地，并组织干部亲属中的党员重温入党誓词。

22日　河南能源化工集团负责人率代表团到拜城县调研，阿克苏地委分管领导，县领导在拜城县会见代表团成员，就能源合作开发达成协议。

23日　在温州援疆指挥部支持下，拜城县第二期基层党政干部培训班在县委党校开班，来自全县各系统的100余名基层党政干部参加开班仪式。

25—26日　阿克苏地区人大工委执法检查组就拜城县宣传贯彻执行《中华人民共和国城乡规划法》《新疆维吾尔自治区〈城乡规划法〉实施办法》情况进行执法检查。

29日　地区领导带领地区交通、旅游、水利、煤炭等部门负责人，到拜城县检查指导防汛抢险救灾工作。

30日　自治区农村信用合作联社审计分中心一行8人到拜城县农村信用合作联社，开展联社负责人离任审计工作。

30—31日　自治区环保厅调研组到拜城县调研脱贫攻坚、乡村振兴、人居环境整治、经济发展等工作。调研期间，调研组一行到拜城县米吉克乡、察尔齐镇、金晖兆丰能源股份有限公司、产业园区污水处理厂、城区垃圾填埋场，调研脱贫攻坚、乡村振兴、重点项目运行、污染防治等工作。

8月

5日　拜城县政府系统召开“强化管党治党、整顿机关作风、提升行政效能”动员大会，旨在提高政府系统和政府各部门政治站位、深化作风建设、提高工作效率和办事效能。县人民政府领导班子成员、政府系统部门副科级以上干部共180余人参加会议。

7—8日 浙江省温州市党政代表团来到拜城县，联系对接对口援疆工作。代表团一行到温州援疆扶贫示范工程——拜城县大桥乡粮益佳农业开发有限公司察看工程项目建设情况，召开温州市对口支援拜城县工作座谈会，向拜城县捐赠200万元，用于修建拜城县米吉克乡希望小学温州楼。

8日 阿克苏地委第五巡察组到拜城县黑英山乡召开巡察工作动员会，对黑英山党委开展巡察工作。

10—11日 地区环保工作调研督导组到拜城县，对拜城县落实中央环保督察组反馈意见整改和突出环境问题整治工作进行督导。

19日 阿克苏地委讲师团到拜城县，开展《习近平新时代中国特色社会主义思想三十讲》示范宣讲。

21日 拜城县邀请北京石油和化学工业规划院专家，为全县经济口干部及重点企业领导开展煤化工精细化工产业发展讲座，授课专家围绕中国氯碱行业现状及其发展趋势、焦化、煤制氮肥、煤制烯烃、煤制乙二醇、煤制油、煤制天然气、低价煤分质利用等方面知识进行讲解。县四套班子分管领导、全县经济口干部及重点企业领导参加讲座。

26日 温州市第九批第二期13名援疆人才到达拜城县，开展人才援疆工作。

28日 由新疆新华木扎提河水电开发有限公司投资43亿元规划建设的自治区重点工程——新疆木扎提河三级水电站引水隧洞2#—3#支洞间主洞全线贯通，这标志着南疆地区首座无坝式“一库三级”梯级水电站建设取得重大进展。该工程位于拜城县种羊场境内，枢纽工程由渠首、引水系统、岸边厂房等建筑物组成。工程等别为三等中型，规划安装2台70兆瓦和2台10兆瓦的立轴混流式水轮发电机组，总装机容量达到160兆瓦，电站单独调节时，年平均发电量为5.42亿千瓦时。

是日 拜城县绿盈番茄制品有限公司重新整合重组，开机生产。该公司是一家集杏酱、番茄酱及其果酱浓缩、番茄红素、饮料、果蔬加工、收购、销售为一体的综合性酱用番茄生产企业。

29日 拜城县“平安建设”现场会在米吉克乡库木墩村召开，县委政法委主要领导、各乡（镇、场）政法委书记、综治干事参加现场会。

是月 新疆拜城县正邦服饰有限公司投入生产，年加工生产工装、童装、劳保服等各类服饰能力可达400万件（套），提供工作岗位1300多个。

9月

1日 拜城县人民政府召开迎接2018年国务院大督查和自治区实地督查反馈问题整改落实情况汇报会，会议从迎接督查工作部署、重点工作落实情况和落实地区经济工作推进会暨“放管服”改革会议情况进行分析汇报。

4日 拜城县农业生产和脱贫攻坚现场推进会在米吉克乡墩买里村和索克力克村召开，墩买里村主要展示脱贫攻坚项目黑木耳基地，索克力克村主要展示秋季造林工作，县主要领导和分管领导、各乡（镇、场）主要领导，分管副职及县农业农村、脱贫攻坚工作部门负责人参加会议。

5日 最高人民检察院邀请疆内外全国人大代表13名人组团，视察自治区人民检察院驻拜城县赛里木镇“访惠聚”驻村工作队服务新疆工作总目标情况。视察活动中，代表团向赛里木镇中学40名学生赠送书包等学习用品。

是日 拜城县委、县政府和温州市援疆指挥部联合在拜城县第四高级中学举行2018年贫困大学生助学金发放仪式。

6日 地区黑木耳种植技术培训活动在拜城县米吉克乡墩买里村黑木耳种植基地举行，行署分管领导、地区农业局及8县1市农业局负责人、黑木耳种植技术指导员、拜城县黑木耳种植户代表参加培训。

7日 拜城县举行金晖兆丰能源股份有限公司100万吨PVC（聚氯乙烯）循环经济项目开复工仪式，地区分管领导，自治区环保厅、自治区国资委、自治区经信委负责人，新疆中泰集团、山西金晖能源集团、新疆金晖兆丰能源公司及拜城县四套班子领导，自治区、阿克苏地区有关金融企业负责人等参加。

8日 拜城县召开庆祝第34个教师节表彰大会，对179名优秀教师进行表彰，其中模范班主任42人、优秀教师107人、先进教育工作者20人、优秀援疆教师10人。

是日 拜城县举行温拜同心杯“温拜同心 携手圆梦”诗词朗诵大赛。县职业技术学校参赛选手表演的诗歌朗诵《黄河颂》获得一等奖，县第四小学参赛选手、温巴什乡人民政府参赛选手获得二等奖，农业局等部门参赛选手分别获得三等奖及鼓励奖。

9日 河北省煤炭工业管理厅、自治区煤炭工业管理部门负责人到拜城县检查指导工作。

是日 自治区中央环境保护督察反馈意见整改工作领导小组第三督导组到拜城县，对拜城县绿创环保科技有限公司、拜城县工业园区污水处理站等地进行检查。

11日 拜城县举行2018年整建制外出拾棉花工欢送仪式，欢送1400多名农村富余劳动力外出拾棉花务工。

12日 拜城县召开疆外户籍人才落户拜城工作推进会暨建房（购房）补贴兑现大会，与会人员现场观摩米吉克乡亚阔坦村疆外户籍人才落户宅基地，有关负责人讲解安家落户、就业创业、教育高考、基本医疗、社会保障、临时救助方面的优惠政策。

13日 国家卫生健康委员会—联合国儿童基金会组织专家到拜城县，对拜城县开展母子健康发展综合项目进行技术指导。

14日 拜城县在拜城镇协力克买里社区召开“全国第四次经济普查”启动仪式。

17日 自治区人大代表视察团到拜城县检查指导工作。

22日 拜城县举办首届“中国农民丰收节”庆祝活动。该活动以“五谷丰登、和谐家园”为主题，在大桥乡举行，活动分庆丰收、话（画）丰收、晒丰收、享丰收、乐丰收、助丰收6个篇章。

28日 拜城县供排水公司转制为企业，退出事业单位序列，原有26名自收自支事业编制全部收回。

29日 阿克苏地区脱贫攻坚督导组来到拜城县检查指导脱贫攻坚工作。

10月

1日 拜城县举行“让爱绽放·情定拜城”集体婚礼，活动在县体育馆举行。县四套班子在家领导、县直相关单位领导、各系统干部代表、社区居民代表1000余人参加集体婚礼，见证和祝福新人。活动向参加集体婚礼的20对夫妻送去祝福，为每对夫妻赠送价值2万元礼物。

3日 自治区抗震救灾调研指导组到拜城县，调研指导抗震救灾工作。

7日 中国艺术研究院龟兹壁画研究中心揭牌暨中国艺术研究院与新疆龟兹研究院战略合作启动仪式在克孜尔石窟举行。自治区文化厅、中国艺术研究院、国家艺术基金管理中心负责人分别致辞，共同为中国艺术研究院龟兹壁画研究中心揭牌。

9日 自治区“扫黑除恶”专项督导组到

拜城县，调研指导“扫黑除恶”专项活动工作开展情况。

是日 由拜城县委、县政府主办的“和谐拜城·幸福家园”文艺晚会在县图书馆举行。阿克苏地委分管领导、地区8县1市参会代表、县四套班子领导及各单位干部、居民群众观看演出。

10日 阿克苏地区文明办、妇联、教育局主办的文明校园暨“美丽庭院”创建工作推进会在拜城县米吉克乡召开，“美丽庭院”示范户450户、“平安家庭”标兵户50户、“最美家庭”荣誉称号家庭69户受到表彰奖励。

11日 阿克苏地委分管领导带领调研组，到拜城县重化工业园区的金晖兆丰能源股份有限公司、康其乡阿热勒村等地，对工业经济发展和乡村旅游工作进行实地调研。

12日 拜城县纪委监委在县委党校举办《中国共产党纪律处分条例》暨纪检监察业务培训班，县直单位各党组织书记、全县纪检监察干部111人参加培训。

15—16日 国家统计局新疆调查总队检查组到拜城县，对拜城县城乡住户调查基层基础工作、数据质量进行核查验收。

16日 由人社部社保中心会同陕西省社保局、天津市社保中心、四川成都市社保局、自治区社保局、自治区质量技术监督局、自治区标准化研究院专家组成的验收评估专家组一行8人到拜城县，评估验收拜城县国家级社会保险标准化建设“先行城市”工作，对社会管理和公共服务综合标准化试点进行中期评估。经专家组现场评估检查，拜城县通过人社部首批社会保险标准化建设“先行城市”试点验收及第四批社会管理和公共服务标准化试点中期评估。

是日 拜城县召开“聚焦总目标、作风再整顿”专项活动动员大会。

是日 国家社保标准化委员会、人社部社保中心、陕西省社保局、天津市社保中心、成都市社保局、自治区标准化研究院专家、自治区社保局评估组评估拜城县社会管理和公共服务综合标准化试点工作，拜城县以97分通过中期评估。

17日 国务院教育督导委员会县域义务教育均衡发展督导评估认定组到拜城县，先后到拜城县向阳小学、团结小学、察尔齐镇中学、大桥乡中学、托克逊中心小学等8所学校，通过实地考察、听取报告、查阅资料、以点带面等方式，对各学校办学条件、规模、班额、课程开设、各类功能室建设、校园文化建设、特色办学水平等方面进行评估，做出拜城县义务教育均衡发展工作通过国家认定结论。

18日 拜城县迎来2018年第一场降雪，平原和山区均出现降雪天气，气温下降明显。

20日 自治区“天山环保行”执法检查组一行检查指导拜城县农村环境整治工作。

是日18时47分 新疆阿克苏地区拜城县（北纬41.87°、东经82.27°）发生4.5级地震，震源深度22千米。

23日 浙江省温州市瓯海慈善总会来到拜城县，开展慈善捐助活动。

25日 拜城县开展秋季植树造林活动。各县直单位、企业、社区、辖区居民、工商户等参加工业园区秋季义务植树劳动。

28日 巴音郭楞蒙古族自治州党政考察团到拜城县，参观考察新型工业化建设、棚户区改造和城市建设。考察团先后到产业园区、新疆金晖兆丰能源股份有限公司、城区中央公园、喀普斯浪河景观带、图书馆等地考察。

29日 14个乡（镇）市场监督管理所整合为4个乡（镇）中心市场监督管理所，为县市场监督管理局派出机构。

是月 国家“平安农机”示范县创建工作验收组来到拜城县，考评验收拜城县创建全国“平安农机”示范县工作。

是月 有“南疆第一温泉”之称的拜城铁热

克温泉经改造提升后，于国庆假期正式营业。

11月

1日 拜城县2018年度留疆战士培训班开班暨内地高校毕业生欢迎仪式在县委党校学术报告厅举行。

是日 拜城县举办“党纪印我心”《中国共产党纪律处分条例》知识竞赛，全县各系统和各乡镇22支代表队参加知识竞赛。

3日 浙江省温州市苍南党政考察团一行到拜城县调研交流援疆工作，签订《温州援疆助推脱贫攻坚结对帮扶协议》，向拜城县捐赠30万元扶贫资金。温州市苍南县金乡镇党委与托克逊乡阔纳协海尔村党支部结成友好援助对子。

5日 拜城县出现入秋后的首场浓雾天气，城乡多个地方能见度降至200米以内。

6日 中国长城资产管理股份有限公司新疆分公司驻拜城县亚吐尔乡喀拉苏村工作队，向喀拉苏村小学捐赠课桌椅100套。

7日 通过人工繁育的5万尾新疆大头鱼在克孜尔水库库区集中放流。

7—10日 拜城县委书记率党政代表团，赴温州市开展考察交流活动。

11日 拜城县原创歌曲《愿做拜城一缕风》在“阿克苏好歌曲”评选中获亚军。

14日 根据地区安排，新和县审计部门对拜城县2018年扶贫资金分配管理使用情况监督考核。

16日 拜城县召开干部大会，传达学习《中共新疆维吾尔自治区委员会关于对中央第六巡视组提出新疆扶贫领域干部作风问题进行立行立改的意见》，县四套班子在家领导，检法两院、司法局、产业园区主要领导，县直各单位主要领导参加会议。

23日 自治区人民检察院负责人到拜城县人民检察院调研指导工作。

25日 根据县委办《关于组建拜城县退役军人事务管理局的通知》（拜党办发〔2018〕155号），组建拜城县退役军人管理局，为县人民政府组成部门，规格为正科级，核定行政编制5名，其中领导3名。

29日 拜城县召开干部大会，对地委管理的领导班子和领导干部进行年度（绩效）考核。

是日 新疆南疆地区首个利用焦炉煤气制甲醇项目——拜城县众泰煤焦化有限公司年产20万吨焦炉煤气制甲醇项目EPC（设计采购施工总承包模式）总承包合同复工协议签约仪式在乌鲁木齐举行。项目建成后，每年可消耗焦炉富余煤气4.32亿立方米，有效利用氢气资源2.5亿立方米，可减少二氧化碳排放量3.95万吨，从根本上解决焦炉煤气放空所造成的环境污染。

是月 拜城县入选农业农村部2018年全国农村一、二、三产业融合发展先导区创建名单。

12月

2日 拜城县举行2018年度冬季退役士兵向军旗暨第二故乡告别仪式。

5日 拜城县人民政府与阳光智慧能源控股公司举行签字仪式，双方代表签订新疆喀普斯浪河温泉水利枢纽工程项目开发建设投资合同书。

6日 拜城县举办纪念“一二·九”爱国运动83周年活动，1000名新入团的共青团员进行集体入团宣誓。

15日 拜城县启动首届“丝路明珠·大美拜城”冰雪旅游节系列活动。

25日 拜城县发改委委托石油和化学工业规划院编制《新疆拜城县化工产业发展规划》。

27日 中共拜城县第十二届委员会第四次全体（扩大）会议在县图书馆召开。县委书记作《振奋信心、勇于担当、真抓实干坚定不移贯彻落实党中央治疆方略，奋力开创拜城社会稳定和长治久安新局面》主题报告。会议总结2018年工作，安排部署2019年工作。县四套班子领导，各乡（镇、场）、县直各单位党政主要负责人，驻拜城武警部队负责人及县企业界代表、离退休老干部代表、非公有制企业代表等参加会议。

28日 拜城县召开妇女联合会第十次代表大会，大会选举产生新一届妇女联合会执行委员会和主席、副主席、兼职（挂职）副主席、常务委员。

（侯富平）

县情概览

沿革　区划

【沿　革】 拜城县自古以来就是中国领土不可分割的一部分。西汉太初四年（前101年），西汉政权在轮台等地进行屯田，并设置地方官吏管理。元康元年（前65年），龟兹王绛宾与夫人弟史入朝，汉宣帝赐印信绶带，封其夫人弟史为公主，汉朝对龟兹行使中央王朝的权力。神爵二年（前60年），控制东部天山北麓的匈奴日逐王降汉，西汉统一西域，拜城随西域正式成为中国版图的一部分。同年，西汉政权设西域都护府，作为管理西域的军政机构，任郑吉为首任西域都护。东汉延光二年（123年），东汉改西域都护府为西域长史府，继续行使管理西域的职权。东汉永寿四年（158年），西域都护府龟兹左将军刘平国率部于县境东北驻关修路后，在博孜克日格沟沟口一巨型山岩石壁上刻有《龟兹左将军刘平国摩崖》（又名《刘平国治路颂》《刘平国治关亭诵》《龟兹刻石》等），文字共8行，105字，记述在此凿岩筑亭、修建关隘的事迹，为汉政权治理西域的见证之一。三国曹魏政权继承汉制，在西域设戊己校尉。西晋在西域设置西域长史和戊己校尉管理军政事务。三国两晋时期，北方匈奴、鲜卑、丁零、乌桓等民族部分内迁并最后与汉族融合。东晋咸和二年（327年），前凉政权首次将郡县制推广到西域，设高昌郡（吐鲁番盆地）。从460年到640年，以吐鲁番盆地为中心，建立了以汉人为主体居民的高昌国，历阚、张、马、麹诸氏。隋代，结束了中原长期割据状态，扩大了郡县制在新疆地区的范围。突厥、吐谷浑、党项、嘉良夷、附国等周边民族先后归附隋朝。唐代，中央政权加大对西域的管理，先后设置安西大都护府和北庭大都护府，统辖天山南北。唐贞观二十二年（648年），唐朝设立龟兹都督府，为羁縻州，在拜城县辖地设置遍城州，内设两城，分别为俱毗罗城（今拜城赛里木）、阿悉言城（今拜城镇）。宋代，境域为西辽、喀喇汗王朝所辖，西域地方政权与宋朝保持着朝贡关系。元代，设北庭都元帅府、宣慰司等管理军政事务，加强了对西域的管辖。境域为察合台封地，拜城被称之为“唆迷离”（赛里木）。南宋淳祐十一年（1251年），西域实行行省制。明代，拜城先后为东察合台汗国和叶尔羌汗国管辖，隶属于阿克苏总督府。清代，清政府进一步加强了对西域的治理。清光绪三年（1877年），清政府平定阿古柏叛乱，设东四城善后总局兼办阿克苏善后局，其后又在拜城设善后分局，行使地方临时政府的职能。光绪八年（1882年），清政府将赛里木城、拜城合置为拜城县。光绪十年（1884年），在新疆地区建省，并取“故土新归”之意，改称西域为“新疆”。民国元年（1912年），新疆积极响应辛亥革命，成为中华民国的一个行省。1949年9月25日，新疆和平解放。1949年11月2日，拜城县宣布和平解放，隶属于新疆维吾尔自治区阿克苏地区。1950年3月，成立拜城县人民政府。1950年4月，成立中共拜城县委员会。1955年新疆维吾尔自治区成立。在中国共产党领导下，拜城县各族人民同全疆、全国人民共同团结奋斗，进入历史上最好的繁荣发展时期。

【区　划】 19世纪初，拜城、赛里木两城未合并时，拜城辖有18个庄：亢济克里、伏雅尔坦、布隆、塔克齐、布依哈、伊塔尔齐、托干卜尔尼、央尼亮噶尔、卧土巴什、雅土拉、散卜丁、阿拉尔、乌苏克延、伯里克齐、洋阿爱玛克、噶哈尔、哈喇乌子鲁克、楚申；赛里木辖有9个庄：河子尔、卡伊尔、蜡帕尔、提杂哈依胡、爱里克、托克逊、济尔噶朗、布干、哈拉多巴。光绪三十四年（1908年），拜城县设4乡，辖21个大庄、46个小村。民国20年（1931年），拜城县下设1个镇、4个区、32个村。中华人民共和国成立后，全县共建4个区，下辖1镇18乡，一区（热斯台区）辖拜城镇、奥依买里乡、米吉克乡、乌斯开木乡、亚阔坦乡、米斯铁米乡、大黑米子乡、布隆乡、康其乡、苏干乡，二区（亚吐尔区）辖亚吐尔乡、花园乡、温巴什乡，三区（赛里木区）辖赛里木乡、黑英山乡、托克逊乡，四区（察尔齐区）辖察尔齐乡、大宛其乡、老虎台乡。1956年，区、乡合并，全县下设1镇、5区、25乡、4个居民委员会、1个蔬菜大队。1958年人民公社化时，县设9个人民公社、2个场，辖25个管理区、148个大队、8个公社牧场。1980年，恢复拜城镇，下辖4个街道居民委员会、4个生产大队（蔬菜大队，第二、三、四生产大队）；团结人民公社只辖原公社的第五至十三生产大队和牧场。1984年10月，人民公社改设乡镇。1985年，设铁热克镇，辖境为原铁热克山区及原团结公社十三大队、康其公社十四大队。全县设2个镇、11个乡、3个场，辖132个村、4个居民委员会、11个乡牧场。2000年12月，察尔齐农场撤场设镇，2002年9月，赛里木乡撤乡设镇。全县有4个镇、10个乡、2个场，9个社区居民委员会，132个村民委员会、13个乡（镇、场）办牧场、29个农场连队（全民）、18个农场集体连（村委会）、315个自然村、597个村民小组。2018年，全县有4个镇、10个乡、1个管委会、1个农牧场、16个社区居民委员会、156个行政村、641个村民小组。

（艾尼瓦尔·吐尼亚孜）

位置　地貌

【地理位置】 县境地处天山山脉中段南麓，新疆维吾尔自治区中部偏西，塔里木盆地边缘，北纬41°24′28″—42°51′41″，东经80°37′19″—83°02′36″，处于渭干河流域上游（木扎提河）、却勒塔格山北缘的山间盆地。东与库车县毗邻，西与温宿县接壤，南与新和县相望，北靠天山，与伊犁哈萨克自治州相连。县政府驻地拜城镇，距阿克苏地区行署驻地阿克苏市公路里程169千米，距新疆维吾尔自治区首府乌鲁木齐市公路里程860千米。

【地质演变】 中生代侏罗纪早期，天山地区的山前坳陷地区和拜城山间盆地的边缘，气候温和，雨量充沛，森林茂盛，形成一套煤系地层。侏罗纪中晚期，此地气候变得炎热干燥，继而又形成一套含膏盐的沙砾岩红层。侏罗纪中晚期，天山地区受印度板块北漂移应力影响，继续缓慢上升，并且在应力作用下，南天山地区产生若干条东西走向逆断层。逆断层之间地质体在南北挤压应力作用下，沿着逆断层向上逆冲升高。在此地质演变过程中，岩浆的强烈运动和板块碰撞，为拜城地区带来较为丰富的矿产资源。

【地理特点】 震旦纪时期，新疆地区大部分地区被海水所覆盖，拜城地域处于塔里木海和天山海之中。至奥陶纪末，受加里东地质运动影响，新疆及拜城境内陆地开始上升，形成众多山脉丘陵。石炭纪早期，又受华力西构造运动的影响，地壳变动强烈，构造格局发生重大变化。以后又经过二叠纪、三叠纪等几次大的地壳运动，到第四纪，形成地理环境：北为天山，南为却勒塔格山，中央为拜城盆地。北依天山，南靠却勒塔格山，兼有山地、峡谷、平原、盆地等不同的地貌，自然景观雄浑苍劲、独特奇异。

【境域区位】 拜城县位于新疆维吾尔自治区西南部，天山山脉中段南麓，却勒塔格山北缘山间盆地上。木扎提河穿境而过，境内自东向西5条大河均衡分布，拜城倚水而生。水资源丰富，夹南北山间的拜城盆地，是在古生代海西运动时地台和地槽经过褶皱断裂而形成，蕴藏大量矿产资源。盆地呈北高南低，自然坡度较大，在数条大河作用下，逐渐形成营养丰富的洪积冲积扇，成为全县发展农业的优厚基础。木扎提谷地自古以来就是连接南疆与伊犁至中亚、西亚的通道，战略位置十分重要。占天时之机，得地利之宜，物华天宝，地灵人杰，有着“富城”“煤都”等美誉。

【地形地貌】 境域四周群山环抱，为长方形带状盆地，东西长约197.5千米，南北宽约116千米，总面积1.91万平方千米。地势西北高东南低，自西向东倾斜，自然坡度较大，地形复杂。北部是雄伟的天山主干，海拔多在4500米以上；南部是却勒塔格山，海拔在1180—1400米之间，东部为库车达坂，西部有叠山洪沟。阿克塔什山间盆地位于天山主干南麓与克孜尔山之间，拜城山间盆地位于克孜尔山与却勒塔格山之中。北面天山冰峰是储量极为丰富的固体水库，阿克塔什盆地的地下水储量大，素有“明布拉克”（千泉）之称，由泉水汇成众多地下河，形成巨川大河，并穿越前山流入拜城盆地。根据地貌轮廓、构造特征及沉积物特征，境内呈“山间小盆地”总体轮廓。自山麓至盆地中心，分布着倾斜洪积—冲积扇及洪积—冲积平原，盆地中心为广阔平坦的冲积平原。

（袁　颖）

水文　气候　降水

【河流水文】 背靠天山“固体水库”，境内水系发达，河流密布，水资源丰富，境内自东至西有克孜尔河、喀拉苏河、台勒维丘克河、喀普斯浪河、木扎提河，5条大河皆发源于北部冰川。水资源分布较不平衡，分布呈现“西富东贫”状况，有夏季降水量少、蒸发量大等特点。其地表水资源全部为山区降水，融冰雪水补给，通过木扎提河、喀普斯浪河、台勒维丘克河、喀拉苏河、克孜尔河注入盆地。2018年，年径流量26.69亿立方米，多年平均地表径流量27.43亿立方米。地表水8.73亿立方米，地下水为0.148亿立方米，农业用水总量8.88亿立方米。境内天山“湿岛”效应明显，降水比较充沛，是发育拜城众多河流的源头。就季节而言，河流表现出“虎头蛇尾”特性，上游山区段，峡谷深切，大河奔流，支脉众多，风光秀丽。

【气候特点】 拜城县地处中纬度大陆深处，远离海洋，属大陆性温带干旱气候。夏季凉爽，冬季寒冷，降水较少，蒸发旺盛，气候干燥，温度的年、日变化大。因地形复杂，县境内各地气候又有明显差异，自东向西，自南向北，可分为4个不同的气候区。东部热量较多，降水较少，日照充足，夏季炎热，冬季寒冷，春季多大风，秋季有冻害；中部平原热量充足，降水较少，夏季凉爽，冬季寒冷，春季局部地区有干旱。年均气温平原8.2℃—10.1℃，极端最高气温曾达38.3℃，极端最低气温-32℃。平原地区无霜期180—183天，山区大多不到180天。2018年，气候较为异常，开春早、气温高、降水少，5月多风、多雨，6月降水天气增多，气温接近常年，林果增长进程缓慢；7—8月气温偏高，7月中下旬和8月上中旬均出现高温天气，对林果业生长影响不大，7—8月光热充足的气象条件对果实生长较为有利。中部平原四季分明，山区不甚明显，一般半年冷半年暖。四季中，春季最长，冬季次之，夏季最短。春季天气多变，气温忽高忽低，易出现晚霜和倒春寒。

【日照光能】 拜城有“日光城”美誉，境内日照丰富，光能源可用率高，太阳光辐射量全年可达67.9千卡/平方厘米，能被植物吸收利用的生理辐射68.1千卡/平方厘米。其中4—9月的日照1564.3小时（由南向北递减），有利于作物光合作用。全年太阳能总辐射量每平方米5000—6000兆焦耳，可与青藏高原媲美，开发前景十分广阔。2018年，总日照时数3073.5小时，比上年偏多111.6小时，比历年偏多126.2小时。

【气温积温】 境内气温变化明显，年日差和年变化都较大。全年7月最热，平均气温21.9℃，1月最冷，平均气温-9.7℃。境内地面温度较低，全年地面平均温度10.3℃，极端最低地温在2月，为-36℃，极端最高地温在7月，为69.8℃。2018年，拜城县平均气温8.6℃，比上年偏低0.8℃，比历年平均值偏高0.4℃。年最高气温36℃，比上年偏低3℃，年最高气温出现在7月24日；年最低气温-21.5℃，比上年偏低3.3℃，年最低气温出现在1月29日。春季平均气温较历年偏高1.5℃。夏季平均气温较历年略微偏高。秋季平均气温比历年偏低0.4℃。12月平均气温较历年偏高1.7℃。

【降水蒸发】 境内地势西高东低，形成地势比差大、气候干旱、降水稀少的暖温带气候特征。山区降水比较丰富和稳定，平原降水少，降水量地理分布自北向南，由西向东递减，北部高山年降水量200毫米以上，中山地带年降水量150毫米左右，中间平原降水量95毫米。西部年降水量120毫米，东部年降水量80毫米。降水季节变化明显，夏季多，冬季少。降水集中在5—8月，占全年降水量的56.8%。年平均绝对湿度63%，冬季相对湿度最大，为78%；4—5月相对湿度最小，为46%，表现出春季干旱的气候特征。2018年，年总降水量92.9毫米，比上年偏少75.2毫米，比历年值偏少43.7毫米。春季降水量22.2毫米，比上年偏少9毫米，比历年平均值偏少9.2毫米；夏季降水量55毫米，比上年偏少65.6毫米，比历年偏少8.1毫米；秋季降水量12.6毫米，比上年略高，比历年同期偏少18.2毫米；11月降水量0.4毫米，比历年偏少9成；12月无降水，比历年偏少2.6毫米。

（张世杰）

自然灾害

【雹　灾】 冰雹是拜城主要的自然灾害之一，造成灾害的冰雹每年都有发生，其地理分布是山区多，平原少。老虎台山区平均每年出现冰雹灾害性天气4次左右，平原地区平均每年出现1—2次。发生灾害时，打毁幼苗，折枝断穗；重灾时，草粮被毁，人畜伤亡。冰雹时间在4—10月均可出现，5—6月最多。最早出现在4月上旬，最晚出现在10月上旬。老虎台山区以6—8月最多。冰雹在一昼夜中除5—6时、21—24时以外，其他时间均可出现，以15—18时最多。降雹持续时间一般只几分钟，个别可持续20分钟。雹粒大小不等，小的如黄豆，大的似核桃、鸡蛋。

【洪　灾】 拜城洪水成灾不多，但危害较大。6—8月为洪水季节，每当山区出现暴雨，山洪、泥石流随之而来，冲毁堤岸，淹没农田，阻碍交通，冲毁房屋。由于河流流域植被覆盖率低，水利基础设施较差，抗御洪灾能力较弱，只要一次性降水超过15毫米，就会形成一定程度的洪涝灾害。由于受特殊气候和地理环境影响，境内洪水灾害类型多、损失重，并且呈现加剧趋势。随着气候变化和经济社会发展，洪水灾害发生范围、频次及灾害程度呈逐年上升趋势，境内河流曾出现超百年一遇的洪水。农田、村镇、公路、通信光缆和水利工程受到洪水严重威胁。2018年5月20日，出现强降雨、冰雹灾害，农作物受灾面积545.6公顷，经济损失257.29万元。6月8—9日，出现强降雨天气，受灾农作物面积675.6公顷，经济损失382.08万元。6月21日，出现雷电、短时强降雨、大风天气，受灾农作物面积150.6公顷，经济损失85.62万元。6月22日，出现雷电、短时强降雨、冰雹、大风天气，经济损失58.7万元。6月25日，出现雷电、短时强降雨、冰雹、大风天气，受灾农作物面积1075.3公顷，经济损失999.96万元。7月3日，出现短时强降雨、冰雹、大风天气，106.9公顷农作物受灾，经济损失100.6万元。7月8日，出现短时强降雨、冰雹、大风天气，经济损失73万元。7月25日，出现暴雨，46.3公顷农作物受灾，经济损失27.92万元。

【风　灾】境内大风天气不多，全年平均为12天，最多年份25天，最少年份仅5天。4—8月大风天气较多。冬季大风常造成风吹雪和暴风雪，因能见度差使牧区人畜迷途冻饿而死；春季大风破坏性较大，拔树、折苗，常常造成较大的经济损失；夏季大风主要危害高秆植物和成熟的庄稼、果实。大风能把地面上大量沙土刮起，农田被覆盖，返青的麦苗和春耕作物的幼苗被连根刮走，造成通信中断、水渠填塞、房屋揭顶，引发火灾。2018年4月18日，出现大风天气，经济损失4.04万元。5月23日，出现大风、沙尘暴、冰雹灾害性天气，受灾面积106.9公顷，经济损失50.07万元。6月17日，出现大风、强降水天气，农作物受灾面积44.3公顷，经济损失32.5万元。

【雪　灾】境内大雪天气虽不多遇，一旦大雪封山会对牲畜造成损害。风雪灾害主要是积雪掩盖草场，且超过一定深度，有的积雪虽不深，但密度较大，或者雪面覆冰形成冰壳，牲畜难以扒开雪层吃草，造成饥饿。有时冰壳还易划破羊和马的蹄腕，造成冻伤，致使牲畜瘦弱，常常造成母畜流产，仔畜成活率低，老弱幼畜饥寒交迫，死亡牲畜增多。同时还严重影响甚至破坏交通、通信、输电线路等生命线工程，对农牧民生命安全和生活造成影响。

【旱　灾】拜城县属干旱型气候，降水偏少，春季河水流量不足，往往容易出现旱情，基本上每5年出现一次旱情。拜城县是干热风危害最严重地区之一，旱灾多发生在春、夏之间，不仅危害小麦，也危害玉米、水稻、瓜类等。干热风盛行之时，常常是小麦抽穗、灌浆至成熟时期，对小麦产量影响较大，每年由于干热风的影响，小麦损失10%以上。按发生季节可分为春旱、夏旱、秋旱、冬旱、冬春连旱、夏秋连旱、连季旱、连年旱等，春旱一般发生在4—5月，夏旱在6—8月，秋旱在9—10月。干旱按成因和表现形式可分为历史性资源干旱、阶段性机遇干旱、水毁性干旱和人为干旱。历史性资源干旱主要由于水土不平衡、水量时空分布不均匀和水利建设不均衡等原因所造成。

【霜　冻】拜城县春、秋两季冷空气活动频繁。如果当年秋季霜冻来临过早，或者春季霜冻结束过晚，会危害玉米、水稻、薯类、蔬菜和瓜果等作物，造成霜冻灾害。各种作物或同种作物不同发育期，忍受低温的能力固然不一样。大多数喜温作物受害临界温度在日最低气温0℃左右。据霜冻发生季节不同，常分为秋霜冻和春霜冻两种：秋霜冻又称早霜冻，是秋收作物尚未成熟时发生的霜冻；春霜冻发生在春播作物苗期、果树花期、越冬作物返青后，春霜冻又称晚霜冻。春霜冻发生得越晚，对作物危害越大。2018年4月11—13日，出现大面积降温，1420公顷林果业受灾，造成经济损失669.6万元。

【阴　雾】拜城县位于天山中段南麓、却勒塔格山北缘的山间盆地，地形更有利于阴雾天气的形成。阴雾天气主要影响设施农业，造城棚室内低温、高湿、寡照，导致蔬菜生长缓慢，影响苗期蔬菜根系发育和结果期蔬菜产量形成，从而影响农民收入，对牧民也有影响，造成牲畜丢失，能见度低，对交通也有较大影响。阴雾天气一般都伴有雪或雾凇等天气现象，雪量一般只有微量。出现位置稳定，季节性强，阴雾天气一般在 11 月至翌年 2 月出现，维持时间长，通常 2—5 天，多者达 10 天以上。阴雾天气的出现与温度、湿度都有密切关系。阴雾天气大多出现在 0℃—10℃的范围内，特别是 -5℃—-10℃的范围内，最容易出现阴雾天气，在 -15℃以下或 5℃以上一般不会出现阴雾天气。高湿也是阴雾天气产生的必要条件，一般出现在相对湿度大于 90% 的环境，低于 80% 的相对湿度很少出现阴雾天气。

（袁　颖）

资　源

【土地资源】 拜城县土地总面积 191 万公顷，其中山脉丘陵 152 万公顷，占全县总面积的 79.51%；绿洲平原 39.66 万公顷，占全县总面积的 20.76%。园地面积 6305.04 公顷，林地总面积 4.4 万公顷，城镇村及矿用地 7936.16 公顷，交通运输用地 3997.47 公顷，水域及水利设施用地 10.96 万公顷，其他土地 61.82 万公顷。拜城县的主要农业区为木扎提河冲积平原。2018 年，全县耕地总面积 7.26 万公顷，占全县总面积的 3.8%。

【分布特点】 境内山区地带性土壤为灰钙土，隐域性土壤以草甸土和草甸沼泽土分布较广，草甸盐土面积较小。中部地带性土壤为棕色荒漠土和石膏棕色荒漠土。在洪积扇边缘和河流沿岸分布着盐化草甸土，在距现代河道较远的古代冲积平原上，分布着龟裂性土或残余盐土。在滨湖地区分布着草甸盐土、盐土或滨湖盐土等。土地资源丰富，类型多样，山地多，平地少，耕地比重少，农业用地绝对数量多，人均占有量较少，各类土地资源分布不均，土地生产力地区差异显著。境内山区山体高大，受垂直带影响，降水普遍增多，且多以冰、雪形式存在。山地洪水冲走大量的固体风化碎屑物沉积于山麓地带，形成倾斜平原。

【土　壤】 拜城盆地的土壤形成过程分为自然成土过程和人工灌耕熟化过程，前者为自然土壤，后者为农业土壤。根据拜城县第二次土壤普查，有土类 10 个、亚类 25 个、土属 29 个、土种 32 个、15 个变种。主要有灌淤土，面积 170 平方千米，占总耕地面积的 23.28%，土质疏松，保肥保水，水肥气热协调，供肥性能好，适宜种多种农作物，是县境内较好的耕地；潮土，面积 100 平方千米，占总耕地面积的 13.7%；棕漠土，面积 600 平方千米，占盆地绿洲面积的 15.2%；水稻土，面积 52 平方千米，占总耕地面积的 7.12%。另外。还有草甸土、沼泽土、盐化土、风沙土、棕钙土、栗钙土等多种土壤类型。棕漠土面积最大，其他土种属灌溉灰色棕漠土。

【土壤养分】 全县各乡（镇、场）在农业生产过程中，使用对环境友好的绿色农用化学品（绿色化肥、绿色农药、绿色地膜等），改善农业生产技术，减少农业污染物产生，减低农业生产和产品服务过程中对环境和人类的风险。向农民推广普及安全使用化肥、农药、兽药、饲料添加剂和动植物生长激素等知识，从生产环节防治农田污染。依法管理耕地质量，加强耕地质量建设和管理，实施地力培肥、土壤改良、养分平衡、质量修复等措施。从土壤分析结构来看，全县 20 厘米耕层土壤养分平均含量为有机质 1.59%，全氮 0.081%，速氮 400ppm（百万比），速磷 3ppm，速钾 202ppm、pH 值 8.2。土壤偏碱性，有机含量较低，普遍少氮极度缺磷，含钾丰富，肥力中等偏低，在此种肥力条件下，不给予必要的投入，提高单产有一定难度。拜城县平原为农业区，土地连片，耕地平缓，有利于大中型农业机械耕作，山区农业区土地大片连片坡度较小而且土层较厚，土质疏松。

【林业资源】 拜城地处天山中段南麓。境内有发源于天山深处的5条河流，水源丰富，气候凉爽，适宜多种树木生长。营林条件比较优越，发展林业特别是发展速生树木潜力很大，各种杨树10年左右即可成材。1978年后，县林业生产被纳入国家“三北”防护林计划，县委、县政府贯彻落实各项林业政策，加强造林和林木养护，林业生产快速发展。截至2018年，全县森林总面积达10.31万公顷，森林覆盖率达6.63%。拜城的天然草场按植物区系的特点和植被分布的地带性规律，分为森林草原、草原和荒漠草原。拜城天然草场是优良的牧草宝库，多数分布在天山深处，其中尤其以老虎台北山草场和黑英山阿克不拉克草场最为著名。

【矿产资源】 拜城县是著名的矿产资源大县，处在东半球古生代大板块的接合部位，横跨全球的古亚洲和特提斯西造山带、巨型造矿带，成矿地质条件优势，形成丰富的矿产资源。县境矿藏资源储量丰富，是新疆罕见的矿藏富集地。已探明的有8大类58种，矿床43处。其中大型13处、中型10处、小型20处，既有能源、化工、建材、冶辅、宝玉石非金属矿产，也有黑色、有色、稀有、贵重金属矿产。其中石油、天然气、煤、饰面花岗岩、红柱石、霞石正长岩、岩盐更是独具优势。煤炭资源是主要矿产，探明储量12亿吨，可采储量20亿吨，远景储量55亿吨。铜矿探明储量22.29亿吨，盐矿80.26亿吨，铁矿148万吨。重晶石、毒重石12.17万吨，霞石正长岩8.48亿吨，硅石（脉石英）154.5万吨。

【植　被】 拜城县境内植被资源较为丰富，享有“植物王国”的美誉，每季的景色都有显著的特点。春天满目新绿，夏天百花争放，秋天霜打红叶，冬天银装素裹，有童话般的情趣。自然植被有荒漠草原、荒漠、草甸、沼泽、盐生5种植被类型。主要植被有野蔷薇、锦鸡儿、苔草、宾草、针茅、茵陈蒿、枇杷柴、假木贼、蒿、麻黄、红柳、苦豆子、苦艾、灰条、芦苇、芨芨草、稗草、狗尾巴、野苜蓿、马兰、车前、毛蜡等。主要栽培农作物及蔬菜有冬麦、春麦、大麦、玉米、高粱、水稻、棉花、糜子、黄豆、豌豆、绿豆、蚕豆、油菜、胡麻、红花、油葵、葵花、西瓜、哈密瓜、黄瓜、菜瓜、冬瓜、南瓜、苦瓜、丝瓜、西葫芦、水萝卜、春萝卜、蔓菁、胡萝卜、冬白菜、春白菜、油白菜、菠菜、芹菜、花茶、莲花白、芥菜、烟草、大麻、蓖麻、茴香、甜菜、啤酒花、苜蓿、红花、枸杞、亚麻、酱番茄等，主要栽培的树种有新疆杨、银白杨、箭杆杨、大叶杨、小叶杨、柳、洋槐、椿、榆、圆冠榆、龙爪柳、柏、白蜡、桧柏、法国梧桐等。

【动物资源】 拜城县境内山高林密，草原遍布，气候多样，植被繁多，为各类珍禽异兽提供生活栖息的环境。珍禽异兽种类繁多，造就拜城“自然活字典”的基因宝库，境内有多种动物生存繁衍。其中：兽类有野猪、北山羊、狼、狐、雪豹、马鹿、旱獭、水獭、草兔、草原斑猫、黄羊、羚羊、青羊（大头羊）、野马、野驴、棕熊、猞猁等26种；蛇虫类有蟾蜍、蜣螂、蜻蜓、螳螂、蟋蟀、蚯蚓、壁虎、蜥蜴等14种；鸟类有金雕、秃鹫、猎隼、高山雪鸡、石鸡、斑翅山鹑、暗腹雪鸡、野鸡、岩鸽、山斑鸠、三趾啄木鸟、角百灵、家燕等58种；鱼类有尖嘴鱼、大头鱼、麦穗鱼、川条鱼、鲫鱼；昆虫类有寡刺等爪拟短角蜢、异色雏蝗、实蝽、朝鲜果蝽、甘蓝菜蝽、亚姬缘蝽、西北斑花蝽、云杉大蚜、甘蓝蚜、拜城泰无网蚜（新种）等77种。

【植物资源】 拜城境内山川秀美，林海茫茫，河流遍布，气候宜人。加之山区海拔的梯级变化，气候温寒不一，为多种不同类别的植物生长创造条件。境内主要有六大类种植物。其中：苔藓门有地线、对叶藓、丛生真藓、刺叶真藓、长蒴丝瓜藓、刺叶小鼠尾藓等18种；蕨类门有问荆、木贼、扇羽阴地蕨等8种；裸子类有雪岭杉、新垂方枝柏、叉子圆柏、中麻黄、细子麻黄5种；被子门有额河杨、帕米尔杨、银白杨、绒毛杨、密叶杨、白柳、兰叶柳、灰柳、山柳、密慧柳、细稳柳、天山桦等166种；真菌在境内从平原到山区都有广泛分布，平原地带真菌种类较少，主要生长在农田、草滩、树干以及牛马粪上，境内各类真菌有37种；地衣有皮果衣、灰绿鳞网衣、粗聚盘衣、旱梅衣、茸刺雪花衣、蜈蚣衣、蓝绿痢屑衣等。

【旅游资源】 拜城县旅游资源丰富，集险、雄、幽、静、美成一体，独具塞风韵；汇古、朴、奇、特、妙人文景观为一域。在县内漫游，天山中段瑰丽风光尽收眼底：冰川瀑布，花草弥谷，禽兽驰飞的山林，芳香四溢的草甸花溪，无不充满幽静清新之美。拜城境内发现的地面不可移动文物点共190处，其中列为全国重点文物保护单位1处，自治区文物保护单位15处，县级文物保护单位174处。多处文化古迹及旅游风景名胜，使得拜城成为新疆旅游的重要组成部分、理想的旅游目的地。县域内有久负盛名的克孜尔千佛洞、大型人工湖克孜尔水库、黑英山—老虎台国际狩猎场、克孜尔魔鬼城、铁热克温泉、铁热克森林公园、察尔齐雅丹地貌、城区环城水系、喀普斯浪河景观带、中央公园以及星罗棋布的度假村、农家乐、牧家游等景点，囊括观光摄影、度假休闲、登山漂流、探险考古的全境域旅游资源。

1. 克孜尔千佛洞。全国四大石窟之一的克孜尔千佛洞位于拜城县克孜尔乡境内，西距拜城县城60千米，东南距库车县城70千米，位于克孜尔乡东南7千米处。石窟开凿于3世纪的东汉后期，并延续到9世纪的唐、宋时期，是中国开凿年代最早的佛教石窟。石窟规模宏大，整个石窟群排列在东西长2千米的明屋塔格山和苏格特峡谷内的崖壁上。沿崖体走势依次划分为谷西区、谷内区、谷东区和后山区4个石窟区，正式编号的石窟有236个。遗存约1万平方米的壁画和部分彩绘塑像等珍贵文物，壁画西融印度犍陀罗佛教艺术风格及波斯艺术风格；向东启迪着敦煌及中原汉地佛教艺术的发展，曾为灿烂的古代西域文明和佛教文化艺术的传播做出巨大贡献，堪称东西方艺术合璧之最。2014年6月被联合国教科文组织列入世界文化遗产名录。

2. 克孜尔水库。克孜尔水库位于拜城县克孜尔乡境内，水库上游西距县城41千米，水库大坝处东南距库车县城60千米。克孜尔水库是塔里木河水系渭干河流域上的一座以灌溉、防洪为主，兼有水力发电等综合效益的大型控制性水利枢纽工程，总库容6.4亿立方米。库区和上下游具有得天独厚的自然资源，水域广阔，工程建筑宏伟壮观，楼台亭参差有致，周围奇峰怪石嶙峋，又与闻名遐迩的中国四大佛教石窟之一的克孜尔千佛洞相毗邻，经多年建设，优美的自然风光与独特的西域地理风貌有机地融合在一起，成为人们休闲度假的好地方。水库最大集水面积44.6平方千米，是世界上濒临灭迹的珍稀鱼种——扁吻鱼（俗称新疆大头鱼，国家一级保护动物）和尖嘴鱼（国家二类保护动物）的栖息地，为扁吻鱼和尖嘴鱼提供良好的繁衍生息环境。2009年创建为国家AAA级景区，现已开发水上娱乐、垂钓、漂流、滑雪、水库大坝游览、地质断层观光、新疆大头鱼活体标本观赏、特色餐饮、住宿等服务。

3. 千泪泉。千泪泉位于克孜尔千佛洞景区内，地处渭干河上游北岸的明屋塔格山坳中，呈椭圆状，三面均有高约50米的山岩峭壁，泉水从水平层面间渗出，岩峭壁像泪珠一样点点滴滴，身临其境，头上只见蓝天一片，使人感到如置身于井底，光线暗淡，空气湿润清凉。细看泉水像泪珠一样从长满苔藓的悬崖峭壁上滴落下来，叮咚有声，非常悦耳。关于千佛洞的开凿和千泪泉的形成，长期以来在人民群众中流传着一个美丽动人的神话故事，景点素有“仙人泪思”的美称。

4. 克孜尔魔鬼城。克孜尔魔鬼城位于拜城县东部克孜尔乡和黑英山乡境内。整体地形北高南低，总面积约6平方千米，地形由剥蚀、风蚀和流水作用形成的纵横沟谷及沟谷间的梁脊、台地、丘壑等组成。谷地呈陡坎状、斜坡状。地层岩性均为第三系上统的泥岩、砂岩、沙砾岩；颜色以褐红色、黄绿色、灰绿色、姜黄色为主。地处少雨多风的干旱区，岩石裸露，经暴雨的冲刷及大风吹蚀，使风化程度不同的岩层形成各种形态，构成人、龟、骆驼、鲤鱼等造型。大风起时，谷内会发出各种奇怪的声音，曾被人描绘为鬼怪呼啸，给景观注入神秘色彩，是大自然鬼斧神工的杰作。

5. 乌孙古道。乌孙古道是连接伊犁谷地和南疆阿克苏地区的一条古道，北起伊犁哈萨克自治州特克斯县的穹库什台村，翻越天山，南至拜城县的黑英山牧场村，全长130千米。乌孙古道北接准噶尔盆地，南控塔里木绿洲，是乌孙古国通达龟兹古国的必由之路，是连接天山南北的喉咙，历史上许多游牧民族都曾争夺过这块战略要地。该古道的南端口位于拜城县黑英山的德博孜可日格河谷，沿崎岖石径进入阿克布拉克草原，可直接进入伊犁州的特克斯县，极有战略价值，也是一条著名的军事通道。历史上汉武帝为与乌孙结好而对抗匈奴、隋唐时期西突厥控制天山、唐代西征突厥、后来崛起的突骑施与唐交好等都是通过乌孙古道来实现的。清代伊犁将军刘锦棠收复南疆也是通过此处抵达拜城。沿途还有著名的龟兹左将军刘平国驻治关遗址和风光秀丽的阿克布拉克草原，在这变幻的风景画廊中蕴藏着两千多年的历史画卷，是研究西域历史文化的“活字典”，也是集探险、考古、狩猎、攀岩等为一体的特种旅游黄金线路。

6. 木扎特古道。又称夏特古道，南部端口位于拜城县老虎台乡境内，北部端口位于伊犁地区昭苏县夏塔牧场，是乌孙连接龟兹的另一条著名通道，是丝绸之路穿越天山崇山峻岭最为险要的一条著名通道，全长120千米，翻越天山主脊上海拔3600米的哈塔木孜达阪，沟通天山南北。历史上，由于南北疆之间交通不便，木扎特古道曾在文化、军事、商务和民间交往等方面发挥过独特作用。据历史学家考证，早在2000多年前的西汉时期，夏特古道已有乌孙使者前往长安的马队走过，细君公主和解忧公主远嫁乌孙昆莫（王）的车仗也曾途经此地。木扎特达阪是唐代著名的弓道必经山口，从南疆的西安都护府到伊犁的弓月城，此处是一条捷径。唐朝玄奘大师于629年到印度取经时也曾翻越天山，他在《大唐西域记》中对这一带的惊险环境多有叙述，称这一带多“暴龙”，所谓“暴龙”旧指雪崩和冰崩等，经过时不得大声呼唤，稍有声波振动就会导致雪崩。玄奘在离开托木尔峰南坡的跋禄迦国后（今阿克苏一带），几经艰险，沿南木扎特河越过冰达阪，才到达北坡。随从人马，冻死者甚众，所以夏特古道也被后人称为“唐僧古道”。至清代，伊犁成为新疆的军事政治中心，夏特古道重新被启用，为固边守防起到过积极作用。清代曾在木扎特冰川上设有70户门凿冰梯的人家，因而得名“沙图”。夏特是蒙古语“沙图”的转音，意为“阶梯”“台阶”“梯道”。古道内存有大量历史遗迹、民族文字的徽标符号，有着绝美的自然景观，见证过许多西域风云故事。近年，夏特古道已成为国内外学者游人考古探险的首选，被列为中国十大精品探险线路之一。

7. 国际狩猎场。老虎台—黑英山国际狩猎场，地处南天山前山带，主要植被有芨芨草、苔草、针茅、茵陈蒿等。每年11月前后，山区降水减少，有野生动物如马鹿、羚羊、野山羊、盘羊、野猪、狼等下山饮水，晨昏时有野生动物出没。21世纪以来，随着旅游业的兴起，狩猎场被开发为国际型狩猎场。

8. 克拉2气田。克拉2气田位于拜城县克孜尔乡境内，距县城60千米，是国家“十五”重点工程之一，是“西气东输”的源头。气田含气面积47平方千米，天然气储量2506.1亿立方米，可采储量2290亿立方米，可连续开采50年。克拉2气田不仅是国内最大的天然气整装气田之一，而且是国家“西气东输”的主气源地。气田东北面是巍巍天山支脉，西南面是广袤无垠的大漠，星星点点的戈壁绿草顽强地生长在大漠中，给人一种博大幽远的印象。站在气田供应站基地上，往远处眺望，那镶嵌在戈壁深处的一片片绿树，便是戈壁绿洲拜城县。

9. 阿克布拉克草原。阿克布拉克草原被誉为“南疆喀纳斯”的阿克布拉克草原位于黑英山乡政府驻地以北，直线距离县城60.9千米。山上终年积雪，山下云杉叠翠，沟谷中牧草丰美。从乡政府驻地到此，沿博孜克日格河北行，经克依勒克莫马塔什、塔勒克曲昆等地，然后翻越托盖达坂，饶过阿克库勒（清水湖）两侧，下堤坎达坂，即达。阿克布拉克，维吾尔语意为“清水泉”，因泉水清而得名。到此地旅游，既可以体验游民生活，又能领略大草原风光之美，是夏季度假、避暑的好去处。

10. 克孜尔水库滑雪场。新疆拜城县克孜尔水库滑雪场位于拜城县克孜尔乡水库景区内，总面积37万平方米，建有两条长1100米的滑板雪道，一条长600米中级雪道，一条长500米的初级雪道和一条长200米的雪圈道。通过开展滑雪、雪橇、雪圈、滑冰等群众性娱乐项目，打造全民冬季旅游健身基地。滑雪场内还建有700平方米游客接待中心，配备有更衣室、医务室等服务型场所，牵引索道、造雪机、雪地摩托、压雪机、安全防护网等滑雪设施设备齐全，为游客提供品种繁多的专业滑雪运动装备，可提供餐饮服务。克孜尔水库滑雪场2011年12月正式营业，2012年评定为SSS级旅游滑雪场。

11. 铁热克温泉。铁热克温泉位于拜城县西北45千米的铁热克镇境内，从拜城县城到达铁热克镇后，沿喀普斯浪河西岸北行5千米到达，地理坐标：北纬42° 03′ 06″，东经81° 30′ 51″，海拔1862米。温泉位于喀普斯浪河上游河谷内的一级阶地上，顺河200米有热水溢出，水内含锂、硼、硫黄等混合矿物质水，泉水矿物质含量均达到医疗矿泉标准，适于沐浴，对人体无害，且对人体各种皮肤病、关节炎等有疗效。开发建设有浴池、淋浴房、休息室等附属设施。为国家AA级旅游景区。

12. 铁热克森林公园。铁热克森林公园又名蝴蝶谷，位于拜城水泥厂与铁热克镇之间，喀普斯浪河中游西岸，沟谷东西走向，地势西高东低，南北两侧为连绵山丘。林带长约3000米，宽约500米，伴生有沙棘、白杨、野蔷薇等乔灌木。林下生长各类杂草，草高8—20厘米。林区内溪水潺潺，曲径幽幽，景色秀美。基本保持原始自然风貌。林区西距铁热克温泉约7千米，可与温泉配套开发，集休闲、度假、医疗为一体的旅游景点。为国家AA级旅游景区。

13. 察尔齐雅丹地貌。察尔齐雅丹地貌位于拜城县西南55千米处，紧临307省道，是察尔齐盆地戈壁滩中遍布的雅丹地貌的典型代表，远远望去雄壮、神奇、多姿、怪异。高高的“布达拉宫”、峻拔的“古城堡”纵横交错，使人浮想联翩。

14. 琼阿帕热气泉景观带。琼阿帕热气泉景观带位于拜城县西北85千米处，是南天山喀尔勒克塔格山间地热产生的热气，从山崖间喷发而形成的天然气泉，具有祛病、保健等功效。进入汽浴室，若飘仙雾之上，如坠五云之中，有着腾云驾雾、飘飘欲仙之感，让人尽享天然桑拿浴的神奇。

15. 喀普斯浪河景观带。喀普斯浪河景观带位于县城境内，景观带南北长3.2千米，平均宽度200米，总面积60.1公顷，其中水体面积14.8公顷，绿地30.2公顷，栽种大型乔木25种，小型乔木和花灌木18种。该项目设计方案先后获得中国勘测设计协会园林和景观设计分会首届“计成奖”一等奖和第三届中国风景园林学会优秀规划设计一等奖。景区内杨柳桑杏等林木果木错落有致，绿树成荫，其间小路纵横，溪水潺潺，水榭拱桥别具特色，使人心旷神怡，有到苏州园林的美感，是娱乐、休闲的好地方。2018年获国家AAA级旅游景区。

16. 城市环城水系。拜城县城四周群山环抱，喀普斯浪河、台勒维丘克河绕城而过，平均海拔1200米，平均气温7.6℃，年降水量96.2毫米，气候温和湿润，夏季无暑凉爽宜人，堪称南疆知名避暑胜地。按照“城乡统筹”、功能完善、管理精细、宜居宜业思路，完善城乡规划，通过对喀普斯浪河北干渠6.9千米原本已淤积废弃的渠道进行疏浚，新建两个分别为3万立方米和4万立方米的沉沙池，然后通过暗管将水引入旧城区，在原县一中、二中、县医院、县幼儿园以及世纪广场一线形成总长2.2千米，宽度40—60米不等的水韵景观，并且在已经完工的“三馆合一”（图书馆、美术馆、文化馆）建筑一侧新建一个面积2.5公顷的人工湖。在总长2.7千米的环城路分别配置二三十米宽的林带，从喀普斯浪河南端引水驻城，在环城路南北两侧形成新的水系，河面平均宽度6米左右，最宽的地方有20米。河水一路流淌，沿河修建小桥、跌水、小广场，中途在环城路和建设路交叉口形成两个人工湖。人工湖两侧铺设人行步道，种植各种花木，修建一些小桥、凉亭、跌水，将水的灵动融入居民日常生活中。

17. 城区“358”（300米一块绿地、500米一个游园、800米一个公园）节点绿化。拜城县按照“城在林中、水在城中、人在园中”城市建设理念，推进水韵绿城建设，统筹推进“358”节点工程，构建“两环（沿喀普斯浪河、台勒维丘克河绿化环和外环路绿化环）、两带（沿省道307线的绿带和内环北路的绿带）、多点（在城区各片区和组团间布局建设一批公园、广场、节点绿化等公共绿地）”的园林绿化新格局。城区建成街头绿地15块，街头小游园7个，公园5个，城区公园绿地500米，服务半径覆盖率100%，人均公园绿地15.5平方米，绿道、绿廊17.57千米，形成与道路绿化经纬交织、星罗棋布的绿化体系。

18. 中央公园。中央公园坐落于拜城县城北新区、双拥路中部区域，占地面积18万平方米，分东、西两区。东区总面积11.7万平方米，其中绿化面积8.8万平方米；西区总面积7万平方米，其中绿化面积5.2万平方米。中央公园的建设，改善城北新区生态环境，为各族群众提供理想的游览、观赏、休憩场所，成为县城绿地系统的重要组成部分。

19. 园林绿化。提升园林水平，新定植红瑞木、紫叶矮樱、油玫瑰、金叶榆等花灌木120万株，八宝锦天、鸢尾、荷兰菊等宿根花卉30多万株，在城区周边定植白蜡420多株、槐树300多株、樟子松1000多株、大枝榆460株、王祖海棠740株、金叶复叶槭800株、刺柏535株、水蜡4.3万株，使整个县城色彩更加绚丽，也更加错落有致。

20. 康其湿地。康其湿地位于康其乡阿热勒村，占地333.33公顷。初步建成康其湿地景区、康其人家农家乐、康其客栈、儿童乐园、小吃一条街、拓展训练营、7D电影院、康其码头、康其人家旅游特产超市、水产养殖渔家乐等项目，冬季提供“冰雪+娱乐+户外+探险+越野拉力”等系列冰雪季文化旅游产品，是拜城县乡村旅游的一个缩影。

（陈小磊）

人口 民族

【人　口】全县人口主要聚集于天山与却勒塔格山之间的绿洲盆地，由东向西呈长条状分布于各乡镇和北部矿区，以南（省道307线）两侧为最密，北部山区人口分布稀疏且分散。2018年，全县常住人口24.03万人，比上年末减少471人。其中，城镇常住人口5.18万人，占总人口比重（常住人口城镇化率）为21.6%，较上年末提高1.6个百分点；乡村人口18.84万人。全年出生率为13.2‰；死亡率为8.8‰；自然增长率为4.5‰。

【民　族】2018年，境内居住的民族除汉族外，还有27个少数民族，分别为：维吾尔族、柯尔克孜族、回族、蒙古族、俄罗斯族、哈萨克族、畲族、傈僳族、满族、傣族、水族、裕固族、达斡尔族、白族、乌孜别克族、瑶族、侗族、土家族、锡伯族、布依族、土族、苗族、藏族、壮族、东乡族、塔塔尔族、塔吉克族。

（艾尼瓦尔·吐尼亚孜）

经济建设

【概　况】2018年，拜城县实现地区生产总值（GDP）68.95亿元，比上年增长9.2%。其中，第一产业增加值13.27亿元，增长6.5%；第二产业增加值36.77亿元，增长15.0%；第三产业增加值18.91亿元，增长2.3%。一、二、三产业比19.2∶53.4∶27.4。按常住人口计算，全年人均地区生产总值2.86万元，比上年增长3.5%。年末城镇居民人均可支配收入3.03万元，比上年增长9%；农村居民人均纯收入1.37万元，比上年增长8%。

【农业经济】2018年，拜城县实现农林牧渔业总产值24.96亿元，按可比价计算，比上年增长7.1%。其中，农业产值17.22亿元，增长7.6%；林业产值0.28亿元，增长6.4%；畜牧业产值6.6亿元，增长6.3%；渔业产值0.59亿元，增长5.7%；农林牧渔服务业产值0.27亿元，增长1.5%。全年正复播农作物播种面积74.04万公顷，比上年增长0.3%。其中，粮食（含薯类）5.21万公顷，增长1.8%；油料2186公顷，下降49.2%；甜菜1006.66公顷，下降41%；蔬菜4453.33公顷，下降11.3%；工业辣椒393.33公顷，下降27.2%；园林水果5726.66公顷，下降1%。全年粮食产量（含薯类）54.59万吨，比上年增长6.1%；油料0.5万吨，下降41.9%；甜菜9.51万吨，下降41.2%；蔬菜26.16万吨，增长68.6%；工业辣椒1.47万吨，下降9.3%；园林水果6.17万吨，下降8.6%。全县年末牲畜存栏131.53万头（只），比上年增长1.2%。年末牲畜出栏89.67万头（只），增长1.6%；猪牛羊肉总产量3.85万吨，比上年增长5.5%，其中，牛肉产量0.76万吨，增长16.9%；羊肉产量2.06万吨，增长9%；猪肉产量0.59万吨，下降6.4%；禽肉产量0.34万吨，下降15.0%；禽蛋产量0.37万吨，与上年持平；牛奶产量0.9万吨，较上年增长2.3%。年末农业机械总动力46.46万千瓦，拥有大中型拖拉机1.34万台，比上年增长1.1%；小型拖拉机5057台，与同期持平；农作物机耕率98.4%；农作物机播率85.3%；化肥施用量（折纯）1.96万吨。拥有农业产业化经营组织384家，自治区级以上农业产业化重点龙头企业6家。农产品加工（流通）企业28家（其中规模以上企业达到20家），比上年增加2家；实现农产品加工（流通）业总产值7亿元。国家级休闲观光农业示范点达到3家。

【工业和建筑业】2018年，拜城县完成全口径工业增加值28.14亿元，比上年增长14%。其中：规模以上工业完成增加值27.15亿元，增长15.9%。在规模以上工业中，分经济类型来看：国有控股企业增加值下降1.8%；股份制企业增加值增长14.5%；私营企业增加值增长53.6%。分门类看：采矿业比上年增长17.5%，制造业增长7.7%，电力、热力、燃气及水生产和供应业下降4.7%。分行业来看：煤炭开采和洗选业增加值比上年增长19.8%；有色金属矿采选业增加值下降24%；开采专业及辅助性活动增加值增长38.6%；农副食品加工业增加值下降7.6%；食品制造业增加值增长100%；酒、饮料和精制茶制造业增加值下降0.8%；织业增加值下降76.6%；木材加工和木、竹、藤、粽、草制品业增加值下降67%；化学原料和化学制品制造业增加值增长19.4%，电力、热力生产和供应业增长10.8%，石油加工、炼焦和核燃料加工业增加值增长18.4%；非金属矿物制品业增加值下降12.4%；电力、热力生产和供应业增加值下降4.7%。全年发电量达到2.87亿千瓦时，全社会用电量8亿千瓦时，比上年增长38.5%。其中，全行业用电合计7.33亿千瓦时，增长41.6%；城乡居民生活用电量合计6744.8万千瓦时，增长11.8%。全行业用电中工业用电量为4.75亿千瓦时，比上年增长33.7%。全年全县建筑业增加值8.63亿元，比上年增长19%。

【社会消费品零售】 2018年，拜城县全年实现社会消费品零售总额10.55亿元，比上年增长11%。其中，城镇消费品零售额8.22亿元，增长6.6%；乡村消费品零售额2.33亿元，增长30.1%。按行业划分：批发业零售额0.45亿元，增长27.2%；零售业零售额8.85亿元，增长11.3%；住宿业零售收入0.33亿元，增长37.4%；餐饮业零售收入0.75亿元，增长22.7%。按消费形态划分：商品零售收入9.46亿元，增长9.4%；餐饮收入1.08亿元，增长27.6%。在限额以上企业商品零售额中，粮油、食品增长49.8%；烟酒类下降63.1%；煤炭及制品类下降27.6%；化妆品类增长20%；建筑及装潢材料类增长73.4%；中西药品类下降0.9%；石油及制品类增长41.2%；机电产品及设备类增长104.3%；家具类增长4.5%。

【服务业经济】 2018年，全年公路货物运输总量39.96万吨，比上年下降0.3%，货物运输周转量6340.42万吨千米，下降0.2%；公路旅客运输总量249.7万人次，增长0.02%，旅客运输周转量1473.76万人千米，增长0.1%。旅客发送量211.2万人次，增加0.3万人次。实现电信业务总量5378万元，比上年下降27.3%；移动业务总量6109万元，增长0.8%；联通业务总量2265万元，增长13.1%。年末固定电话用户1.73万户，比上年增加0.05倍，固定电话普及率达到7.2部/百人；移动电话用户18.72万户，移动电话普及率达到56.4部/百人；国际互联网用户数7.1万户。邮政业务总量814万元，比上年增长12%，邮政业务中，快递包件8.548万件，特快专递4.65万件。有旅游星级饭店2个，与上年同期持平。共接待国内外游客83.43万人次，比上年增加26.47万人次，增长46.5%。其中，接待入境旅游0.22万人次，比上年增长7.6%；国内旅游83.21万人次，比上年增长46.6%。实现旅游总收入2.86亿元，比上年增长46.7%。

【财政金融】 2018年，拜城县全口径财政收入29.4亿元，比上年增长0.8%。地方财政收入15.57亿元，比上年增长12.1%。其中，一般公共预算收入15.22亿元，增长12.4%；政府性基金预算收入0.35亿元，比上年下降1.2%。全年地方财政支出35.9亿元，比上年增长12.6%。其中，一般公共预算支出35.53亿元，增长12.3%。民生支出16.17亿元，占公共财政预算支出46.9%。其中教育支出8.1亿元，占民生财政支出50.1%；社会保障和就业支出3.19亿元，占民生财政支出19.7%；医疗卫生与生育支出3.08亿元，占民生财政支出19.1%；住房保障支出1.80亿元，占民生财政支出11.1%。政府性基金预算支出0.37亿元，比上年下降44.9%。年末全部金融机构人民币各项存款余额达77.82亿元，比年初减少6.06

亿元。其中，单位存款余额27.31亿元，减少12.2亿元，个人存款余额50.51亿元，增加6.14亿元。各项贷款余额58.94亿元，比年初减少6.03亿元，其中，个人贷款12.89亿元，减少2.33亿元。年末主要农村金融机构（农村信用社、农村商业银行、邮政储蓄银行）人民币贷款余额27.13亿元，比年初减少0.8亿元。

【固定资产投资】 2018年，拜城县完成固定资产投资（不含农户）50.68亿元，比上年增长1%。其中，第一产业投资比上年下降24%；第二产业投资比上年增长86.1%；第三产业投资比上年下降35%。在第二产业投资中，工业投资比上年增长86.4%。

【举借债务】 2018年，拜城县共申请债券资金4.69亿元，其中，置换债券3.19亿元，主要用于偿还2014年底清理甄别确认的存量债务；新增债券1.5亿元，主要用于农村扶贫公路项目4000万元、易地扶贫搬迁项目484.5万元、职业技能培训学校项目1.05亿元。截至年末，拜城县地方政府债务余额16.01亿元，较上年增加1.5亿元，主要是新增一般债券1.5亿元。经地区行署批准，核定拜城县2018年末地方政府债务限额18.44亿元（一般债务限额18.26亿元、专项债务限额0.18亿元）。

（侯富平）

政治建设

【概　况】 2018年，拜城县委按照“学懂、弄通、做实”党的十九大精神要求，组织开展多形式、分层次、全覆盖的学习培训，深入开展习近平新时代中国特色社会主义思想和党的十九大精神进万家活动，广泛开展社会主义核心价值观宣教、“五个我是”宣讲、“五学五比”等活动，各族干部群众听党话、感党恩、跟党走的信心更加坚定。坚持以习近平新时代中国特色社会主义思想和党的十九大精神为指导，全面贯彻落实以习近平同志为核心的党中央治疆方略和自治区党委九届六次全会、地委（扩大）会议精神，第一时间传达学习和研究部署中央、自治区党委、地委有关新精神新要求新部署，确保中央、自治区党委、地委的决策部署在拜城县不折不扣落到实处。抓实意识形态领域反分裂斗争教育，全民宣传教育活动更加深入，党员干部“四种意识”“两个维护”思想筑得更加牢固。

【党的建设全面加强】 2018年，拜城县党的建设全面加强，全面贯彻新时代党的建设总要求，常态化制度化开展“两学一做”学习教育，加强和规范党内政治生活，推行党员发展规范化程序，党员干部“四个意识”不断增强、“四个自信”更加坚定，忠诚践行“两个维护”。引进人才优惠政策落地有效，激发干部人才队伍活力。全面推行基层党建项目化管理，机关、学校、国有企业、新兴组织等各领域党的建设全面加强，软弱涣散基层党组织整顿成果巩固扩大。创新推行“一卡一单一册”（联心卡、宣传单、明白册），做深做实做细群众工作，千名干部参与“访惠聚”驻村，万名干部常态化入户住户，实现入户、关爱、帮扶、解困全覆盖，党群干群关系更加密切。严格落实“两个责任”，有序推进监察体制改革，深入开展“聚焦总目标、作风再整顿”专项活动，巡视反馈问题整改到位，全年办结案件712件，给予党纪处分690人、政务处分48人，风清气正的政治生态巩固。民主政治建设全面加强，爱国统一战线巩固发展。

（侯富平）

文化建设

【概　况】 2018年，拜城县年末拥有文化馆1个、文化站16个、公共图书馆1个、博物馆1个、文物管理所1个。拥有广播站13座，广播综合人口覆盖率98.5%。有电视台1座，电视人口综合覆盖率98%。有有线数字电视用户6300户，比上年下降12%。艺术表演团体1个，演出场次132次，其中下乡演出124次。体育馆、图书馆、村民服务活动中心全年免费开放，群众性文化活动更加丰富多彩。广泛开展国学进校园活动，精神文明创建扎实有效，阿克苏地区“文明校园”暨“美丽庭院”创建推进会在拜城县成功召开。新闻宣传持续有力，庆祝改革开放40周年宣传报道影响广泛，政府网站、广播电视、拜城零距离深受群众欢迎。

【文化惠民】 2018年，拜城县“三馆一站”（文化馆、图书馆、博物馆，文化站）免费开放300天以上。组织开展全民阅读、讲座、培训、展览和“文化六进”等各类文化惠民活动86场次，开展百日广场文化活动60场次，完成全年任务的完成全年任务的100%；开展“送戏下乡”演出活动132场次，完成全年任务的132%；完成农村电影放映1895场次，完成全年任务的100%；开展以“新疆古代服饰的记忆”“新疆四史”等主题的流动文物巡回展80场次；推进“东风工程”“农家书屋”规范化管理，提升拜城县文化阵地建设的整体水平。利用元旦、春节、“4·23”世界读书日等节假日开展“庆元旦·迎新春”征求读者金点子、书画笔会迎新春送“福”、“品书香、闹元宵，猜灯谜”活动，在“六一”儿童节期间邀请县福利院孩子们到图书馆开展“大手拉小手”亲子阅读、“与爱同行绽放未来”活动，与福利院的孩子们欢度节日，组织开展“温拜同心　携手圆梦”诗词朗诵（演讲）大赛等活动17场次，春节之际县文化体育广播影视局为全县各族群众送春联1500幅，送有声学习挂图200件，送宣传画及绘本1500张，普惠各族群众近2万人次。

（侯富平）

社会建设

【概　况】 2018年，拜城县共有医疗卫生机构179个，其中医院4个（含两家私立医院），卫生院16个，妇幼保健院（所、站）1家，疾病预防中心（防疫站）1个，村卫生室146个，营利性医疗机构11个。全县卫生系统有卫生技术人员1162人（含村医），其中执业医师和执业助理医师314人（含个体诊所），注册护士422人（含个体诊所）。全县医疗卫生机构实有床位859张，其中医院501张（含两家私立医院），乡镇卫生院358张，卫生和服务能力和质量得到改善。

【就业增收】 2018年，拜城县实现城镇从业人员3.12万人，比上年增长2.5%；全年新增就业3883人；城镇登记失业率为1%；农村富余劳动力转移就业4.07万人次；就业困难人员实现就业255人、应届高校毕业生就业率95%；培训各类人员6935人次。“五个一批”（转移就业扶持一批、产业发展扶持一批、土地清理再分配扶持一批、实施生态补偿扶持一批、社会保障兜底扶持一批）、“三个加大力度”（加大教育保障力度、加大健康保障力度、加大基础设施保障力度）精准落地，实现581户2259人脱贫、5个深度贫困村整村退出。

【社会保障】 2018年，拜城县各项社会保险参保44.53万人次，征缴基金5.47亿元，待遇支付5.5亿元，新增发放社会保障卡3.34万张。社会保险参保缴费38.58万人次。其中全县职工基本养老保险参保缴费达9208人，征缴养老保险费1.32亿元；机关养老保险参保缴费达9109人，征缴养老保险费1.81亿元；城乡居民基本养老保险参保缴费达9.86万人，征缴基金2566万元；城乡居民基本医疗保险参保缴费达20.92万人，征缴基金4988万元。社会保险待遇享受达5.94万人次。2018年末，城镇居民最低生活保障3881人，比上年下降2%；农村居民最低生活保障1.95万人，比上年增长 1.1%。年末各类收养性社会福利单位及设施 6 个，拥有床位 601 张，收养 964 人。全年销售福利彩票 0.32 亿元，比上年增长 5%，筹集公益金 0.09 亿元，比上年增长 11%。

【社会安全建设】 2018 年，拜城县全年共发生各类生产事故 7 起，比上年增长 40%。其中，工矿商贸事故 1 起；道路交通事故 6 起；各类事故死亡人数 1 人，比上年下降 67%；受伤人数 10 人，比上年增长 900%；直接经济损失 19.1 万元，事故直接经济损失下降 90%；亿元 GDP（2018 年 GDP 为 68.95 亿元）生产事故死亡数 1.5 人，比上年下降 3.2 人。其中，工矿企业（不含煤矿）事故死亡人数 1 人，煤炭企业无死亡事故，下降 100%；道路交通无死亡事故，下降 100%。

（侯富平）

生态文明建设

【概　况】 2018 年，拜城县环境污染治理投资总额 1.28 亿元，工业二氧化硫排放量 917.03 吨；氮氧化物排放量 2250.13 吨；消减废水污染物 COD（化学需氧量）排放量 71.9 吨；氨氮排放量 4.56 吨。工业废水排放量达标率 100%，工业烟尘排放量达标率 95%，全年共完成废气污染物二氧化硫减排项目 5 个、氮氧化物减排项目 2 个、废水污染物化学需氧量减排项目 9 个、氨氮减排项目 7 个。全县污水处理厂 2 座，垃圾处理站 1 个。全县地表水水质状况（河流、湖库）达到或优于国家地表水水环境质量标准。其中，实际检测的木扎提河等 3 条河流水质好于等于Ⅲ类的占 100%，饮用水源地水质达到地下水质量Ⅲ类标准。全年完成造林面积 780 公顷，合格率 88.0%，本年无自然保护区、湿地恢复项目，保护区面积 1.56 万公顷。

【喀普斯浪河景观带环境治理】 2018 年，拜城县喀普斯浪河景观带废弃砂石采区地质环境治理项目位于拜城县城北西方向 2 千米处的喀普斯浪河景观带上，由于北面紧邻公路，南面与林带接壤，西面为河堤，东面与新城区道路为邻，治理区面积 0.144 平方千米，采坑面积 0.037 平方千米。5 月 17 日，自治区国土资源厅组织专家，对 2018 年公开招标地质环境项目进行立项，拜城县喀普斯浪河景观带废弃砂石采区地质环境治理项目以 93.5 分立项，治理费用 200 万元，中标单位为新疆地质工程公司。通过治理工程的实施，对区内的采沙坑进行回填，废料堆进行清理，消除地质灾害隐患，改善该区由于砂石料矿开采所造成的地质环境问题，使其与周围地质环境、地貌景观相协调；治理工程施工后，美化环境。施工过程起到良好的宣传效果，提高居民环境保护意识，环境效益明显。

（侯富平）

中共拜城县委员会

综 述

【中共拜城县委重要会议】 县委（扩大）会议。

2018 年 1 月 4 日，中共拜城县第十二届委员会第三次全体（扩大）会议在县图书馆召开。县委书记作《适应新时代，聚焦新要求，落实总目标，奋力开创拜城县社会稳定和长治久安新局面》主题报告。会议总结 2017 年和第二次中央新疆工作座谈会以来的工作，安排部署 2018 年工作。会议强调，大会报告完全符合全县稳定改革发展实际和各族群众意愿，是做好 2018 年全县各项各族的行动纲领和基本遵循。号召各级各单位立足岗位、认真学习、深刻领会，把思想和行动统一到此次会议精神上来，全面完成好会议确定的各项目标任务。县四套班子领导，各乡（镇、场）、县直各单位党政主要负责人，驻拜武警部队负责人及县企业界代表、离退休老干部代表、非公有制企业代表等参加会议。

2018 年 12 月 27 日，中共拜城县第十二届委员会第四次全体（扩大）会议在县图书馆召开。县委书记作《振奋信心、勇于担当、真抓实干坚定不移贯彻落实党中央治疆方略，奋力开创拜城社会稳定和长治久安新局面》主题报告。会议总结 2018 年工作，安排部署 2019 年工作。县四套班子领导，各乡（镇、场）、县直各单位党政主要负责人，驻拜武警部队负责人及县企业界代表、离退休老干部代表、非公有制企业代表等参加会议。

稳定工作会议。2018 年 1 月 26 日，拜城县召开稳定工作会议，总结 2017 年稳定工作开展情况，安排部署 2018 年稳定工作。对 2017 年度“三仗一战”先进集体、先进个人代表进行现场颁奖。县四套班子在家领导，检察院、法院、公安局、司法局、产业园区主要领导，各乡（镇、场）党政主要领导、政法书记、统战干事、各村（社区）党支部书记、第一书记，县直各单位负责人参加会议。

党的建设工作会议。2018 年 1 月 12 日，县委召开 2017 年度党组织书记抓基层党建工作述职评议考核会，由阿克苏地委指导组指导。9 名县直党委书记对作党建工作述职报告，县直单位参会人员填写评议票。

2018 年 6 月 29 日，拜城县召开庆祝建党 97 周年暨“一先双优”表彰大会，授予“先进基层党组织”称号 30 个；授予“优秀共产党员”称号 100 人；授予“优秀党务工作者”称号 30 人。县四套班子在家领导，检察院、法院、司法局、产业园区主要领导，受表彰的先进集体和个人，离退休老干部代表，各乡（镇、场）党委书记，分管党建工作副职领导，拜城镇各社区党支部书记，县直各单位党组织负责人、党员干部代表参加会议。

2018 年 9 月 11 日，拜城县召开组织工作会议，会议传达学习中央、自治区和地区组织工作会议精神，围绕深入学习领会组织工作会议精神、夯实筑牢组织体系根基、打造忠诚干净担当的高素质干部队伍、集聚爱国奉献的各方面优秀人才、加强组织部自身建设等方面对全县党的建设和组织工作进行安排部署。县委主要领导，纪委书记、监委主任，县委、人大、政府、政协分管领导，各乡（镇、场）党委书记、党务分管领导，县直各单位党组织书记参加会议。

农业农村暨脱贫攻坚工作会议。2018 年 3 月 4 日，拜城县召开农业农村暨扶贫开发工作会议，回顾总结 2017 年农业农村工作，安排部署 2018 年农业农村暨扶贫开发工作任务。会议宣读了《拜城县 2018 年脱贫攻坚工作实施方案》。脱贫目标是：到 2019 年，未脱贫的贫困人口 3699 户 13603 人全部脱贫，2 个深度贫困乡、16 个深度贫困村全部退出，已脱出的贫困村持续巩固。到 2020 年，已脱贫验收的贫困人口巩固稳定增收，贫困人口人均纯收入达到 4000 元，全县实现整体脱贫，同全国一道实现全面建成小康社会。按照自治区脱贫攻坚工作规划，2018 年全县要完成 5 个贫困村整村退出，514 户 2065 人贫困人口脱贫。会上，赛里木镇、黑英山乡、克孜尔乡 3 个乡镇党委书记依次向县委提交 2018 年度脱贫攻坚责任书。县四套班子在家领导、检法两院领导、县直各单位党政主要领导、农口副科级以上领导干部、相关企业负责人在主会场参加会议。各乡（镇、场）设分会场，党政领导班子成员、农业发展服务中心全体干部、第一书记、村（社区）党支部书记、“访惠聚”驻村工作队队长在分会场参加会议。

2018 年 3 月 10 日，拜城县召开 2018 年脱贫攻坚领导小组第一次协调会议，研究协调部署下一阶段脱贫攻坚各项工作。会议传达学习《自治区党委副书记李鹏新在深度贫困地区精准脱贫攻坚工作会议上的重要讲话》《自治区扶贫开发领导小组关于开展扶贫领域作风问题专项治理暨“脱贫攻坚作风建设年”实施方案》，听取近期扶贫工作情况汇报。对 2018 年扶贫项目进行责任分解，各相关单位领取 2018 年扶贫项目。

2018 年 3 月 16 日，拜城县召开扶贫攻坚工作会议，县领导安排部署工作，县扶贫办对县扶贫攻坚方面的业务知识进行培训，并指出扶贫工作所存在的问题，对扶贫工作进行安排部署，对脱贫攻坚工作所遇到的问题进行指导。县直单位相关领导干部在县主会场参加会议，各乡（镇、场）在分会场参加会议。

2018 年 4 月 30 日，拜城县召开 2018 年脱贫攻坚领导小组第二次协调会议，听取 2018 年扶贫项目实施牵头单位项目进展情况汇报及脱贫攻坚领导小组 16 个专项组工作开展情况汇报，研究协调部署下一阶段脱贫攻坚各项工作。传达学习《2018 年地区脱贫攻坚暨产业援疆“百村千厂”工程建设现场推进会上的讲话》《在地区深度贫困地区脱贫攻坚领导小组 16 个专项组第二次推进会上的讲话》《关于强化深度贫困村第一书记统筹推进脱贫攻坚工作的通知》。审议扶贫项目、资金使用自查自纠中发现问题的整改情况，并研究部署其他事项。

经济工作会议。2018 年 3 月 6 日，拜城县召开 2018 年经济工作会议，总结 2017 年经济工作，分析经济形势，安排部署 2018 年经济工作任务。会议就今后发展提出 4 个明确目标，即：依托拜城优质的煤炭资源，以加快推进众泰煤化工项目为抓手，力争建成新疆新型绿色煤焦化能源化工新城；依托丰富的岩盐资源，以金晖 100 万吨 / 年 PVC 项目为抓手，力争建成新疆现代化盐化工新材料生产县；依托丰富的天然气资源，加速引进天然气制乙醇项目，力争建成新疆天然气精细化工产业基地；依托丰富的旅游资源，以推进铁热克温泉特色小镇、克孜尔千佛洞、魔鬼城景点建设为抓手，力争建成拜城新疆全域旅游示范县。会议宣读了对疆达薯业公司等5家2017年度“小升规”企业、拜城县新兴矿业公司等10家纳税大户、2017年度固定资产投资工作先进单位及企业的表彰决定，并进行现场授牌表彰。县四套班子领导、经济口副科级以上领导干部、相关单位主要负责人、驻拜各企事业单位主要负责人参加会议。

安全生产工作会议。2018年3月4日，拜城县召开2018年安全生产工作会议。会议总结回顾了2017年安全生产工作，安排部署2018年安全生产工作。宣读了《关于对大桥乡、文体广影局等17个安全生产目标管理考核先进单位的决定》，传达《关于做好国务院安委办对省级政府安全生产延伸督查准备工作的紧急通知》。各乡（镇、场）分管安全生产工作人员、县直各有关单位主要领导以及县域重点企业主要负责人参加会议。

环保工作会议。2018年3月7日，拜城县召开生态环境保护暨第二次全国污染源普查工作动员会，回顾总结2017年环保工作，对2018年工作进行安排部署。会议学习了《拜城县第二次全国污染源普查工作实施方案》《关于表彰拜城县2017年度环境保护工作先进单位的决定》。各乡镇环保工作分管领导，县直相关单位主要负责人，环保系统全体在家干部，县域部分重点企业负责人参加会议。

深化改革工作会议。2018年5月13日，拜城县召开2018年全面深化改革领导小组会议。审议《关于调整县委全面深化改革领导小组及办公室和各专项小组的通知（审议稿）》《中共拜城县委员会全面深化改革领导小组2018年工作要点（审议稿）》《拜城县2018年全面深化改革试点工作方案（审议稿）》。县委全面深化改革领导小组组长、副组长，县委全面深化改革专项小组组长、副组长、联络员，县委全面深化改革专项小组各成员单位主要领导参加会议。

“访民情、惠民生、聚民心”会议。2018年4月15日，拜城县召开组织工作暨“访民情惠民生聚民心”驻村工作2017年度总结表彰大会。对2017年度“访惠聚”驻村工作先进工作队、先进工作者和优秀组织单位进行表彰奖励，对2018年组织工作和“访惠聚”驻村工作安排部署。授予阿克苏地区克孜尔水库管理局驻拜城县克孜尔乡吉格代力克村工作队等31个工作队为“自治区‘访民情惠民生聚民心’驻村工作2017年度先进工作队”称号，授予89人为“自治区‘访民情惠民生聚民心’驻村工作2017年度先进工作者”称号（工作队长33名、工作队员56名），授予拜城县商务和经济信息化委员会（拜城县招商局）等10个单位为“自治区‘访民情惠民生聚民心’驻村工作2017年度优秀组织单位”称号。

县委常委（扩大）会议。2018年1月2日，召开第一次县委常委（扩大）会议，传达学习《中共阿克苏地委（扩大）会议报告》，审议《县委（扩大）会议报告》，原则同意《县委（扩大）会议报告（审议稿）》，由县委办公室根据会议审议意见进行修改完善，与相关业务部门对接核定工作指标后报县委审定。

2018年1月19日，召开第二次县委常委（扩大）会议，研究审议《关于拜城县在地区2017年度绩效综合考评排名靠后对相关单位追责的请示》，听取2018年“访惠聚”驻村工作队组建情况汇报，研究2018年拜城县委经济工作会议有关事宜，研究审议《拜城县农村富余劳动力转移就业工作实施方案》《关于成立拜城县农村富余劳动力转移就业工作领导小组的通知》，传达自治区宣传部部长会议精神，听取拜城县推进部队停止有偿服务工作汇报，审议《拜城县脱贫攻坚工作情况汇报》《拜城县2017年度科级领导班子和领导干部考核工作汇报》。

2018年2月5日，召开第三次县委常委（扩大）会议，研究审议拜城县2017年度绩效综合考评定等相关事宜；听取经济口工作汇报，审议

《关于调整拜城县县级领导联系乡（镇、场）、村（社区）、清真寺、宗教教职人员及包联帮扶贫困户的通知》《关于调整中共拜城县委领导班子成员分工的通知》《关于调整充实拜城县“访民情惠民生聚民心”驻村工作领导小组及办公室内设机构工作人员的通知》《2018年拜城县意识形态工作暨宣传思想文化工作会议筹备方案》，研究审议《拜城县“农村两孩”政策及采取长效措施家庭一次性奖励工作实施方案》《拜城县中小学布局调整专项规划（2017—2020年）》《拜城县委2018年度稳定工作会议筹备方案》《拜城县综治维稳绩效奖审批有关事宜的报告》《拜城县关于常态化开展干部与群众“四同”工作的实施意见》《拜城县总工会第八次代表大会换届选举工作实施方案》《拜城县2018—2020年开展扶贫领域腐败和作风问题专项治理实施方案》。传达学习中央政法工作会议和全国、自治区、地区扫黑除恶专项斗争会议精神，研究拜城县组织工作暨“访惠聚”驻村工作表彰动员会议相关事宜。

2018年3月23日，召开第四次县委常委（扩大）会议，审议《关于成立拜城县深度贫困地区脱贫攻坚工作领导小组的通知》《拜城县各级党委（党组）网络安全工作责任制实施细则》《拜城县全面推进一村（社区）一法律顾问工作实施方案》《关于金晖兆丰与中泰化学合作建设100万吨/PVC循环经济项目的报告》等。

2018年6月11日，召开第五次县委常委（扩大）会议。审议《关于进一步加强拜城县网络安全和信息化工作的实施意见》《关于2018年度拜城县绩效综合考评办法的修订建议》《关于开办机关公职人员餐厅的请示》《关于成立拜城县离退休干部党工委的请示》《关于解决离退休干部党组织书记工作补贴的请示》《拜城县持续加强民族团结进步工作十条举措》《关于成立拜城县民族团结工作嵌入式发展专项组及人员职责分工的通知》《关于成立拜城县内地高校优秀毕业生跟踪培养工作领导小组的通知》《拜城县内地高校优秀毕业生跟踪培养办法（试行）》《拜城县拟推荐地区表彰先进基层党组织、优秀共产党员、优秀党务工作者名单》《拜城县干部常态化进村住户补贴发放方案》《拜城县2018年度招商引资目标任务考评办法》《拜城县招商引资奖励办法》《拜城县人民政府聘请招商大使实施办法》《拜城县聘请经济顾问工作实施方案》，传达学习习近平总书记对内招生重要批示和重要勉励精神，听取拜城县内地高校优秀毕业生情况汇报。

2018年6月25日，召开第六次县委常委（扩大）会议。审议《关于调整拜城县依法治县领导小组的通知》《关于拜城县拟表彰先进基层党组织、优秀共产党员和优秀党务工作者的报告》《拜城县庆祝中国共产党成立97周年及“一先双优”表彰大会方案》《拜城县深化干部进村住户走访群众工作规范》《拜城县推进新疆金晖兆丰100万吨/年PVC循环经济项目工作实施方案》《关于贯彻落实自治区党委办公厅〈关于持续强化监督执纪问责坚定不移深入推进作风建设的意见〉的工作举措和责任分解》《拜城县中央环境保护督察反馈意见整改工作实施方案》《拜城县全域旅游发展三年行动方案》《拜城县农村人居环境整治三年行动实施方案》。

2018年7月14日，召开第七次县委常委（扩大）会议。听取县人大、政府、政协、法院、检察院党组履行党风廉政建设和反腐败工作情况汇报，审议《拜城县侨联改革实施方案》《拜城县关于加大引进疆外各类人才的补充办法》《拜城县村级组织工作规范化管理暂行办法》《拜城县关于深化党和国家机构改革的实施意见》《关于成立中共拜城县国家税务局、地方税务局联合委员会的请示》《中共拜城县委巡察工作规划（2017—2021年）》《2018年拜城县委巡察工作要点》。

2018年8月4日，召开第八次县委常委（扩大）会议。审议《中共拜城县委员会、拜城县人民政府关于推进乡村振兴战略的意见》《拜城县实施乡村振兴战略推进产业振兴三年行动方案（2018—2020年）》《拜城县实施乡村振兴战略推进农村生态宜居三年行动方案（2018—2020年）》《拜城县实施乡村振兴战略推进乡风文明三年行动方案（2018—2020年）》《拜城县实施乡村振兴战略推进乡村综合治理三年行动方案（2018—2020年）》《拜城县创建自治区优秀平安县、优秀平安乡镇的实施方案》《拜城县群团改革方案》《拜城县总工会改革实施方案》《共青团拜城县委员会改革实施方案》《拜城县妇联改革实施方案》《拜城县科协系统改革实施方案》《拜城县农村人居环境整治三年行动实施方案》《拜城县人民政府与新疆韬筹能源化工有限公司投资合同》《拜城县人民政府与新疆韬筹能源化工有限公司投资合同补充合同》。

2018年9月7日，召开第九次县委常委（扩大）会议。听取近期重点工作推进情况和第二次县（市）委书记月工作例会安排的重点工作任务及有关问题整改落实情况汇报，审议《拜城县深化供销合作社综合改革实施方案》《拜城县“五学五比聚人心　全民行动促和谐”活动实施方案》《拜城县第34个教师节表彰大会筹备方案》《拜城县行政村科技副职管理办法（试行）》《拜城县关于发现选拔培养年轻干部的实施办法》《关于进一步激励广大干部新时代新担当新作为十项措施》，研究铁热克大众温泉建设项目事宜。

2018年10月3日，召开第十次县委常委（扩大）会议。听取党风廉政建设工作、安全生产工作汇报，审议《拜城县2018—2021年群众工作督导实施方案》《拜城县推进审批服务便民化工作实施方案》《拜城县关于进一步做好城镇困难职工解困脱困工作的实施方案》，研究旅游产业发展相关事宜。

2018年10月15日，召开第十一次县委常委（扩大）会议，专题研究《拜城县关于国务院扶贫开发领导小组2018年脱贫攻坚督查发现问题的整改方案》《拜城县关于脱贫攻坚第二批督查巡查及财政扶贫资金专项检查存在突出问题整改方案》。

2018年10月20日，召开第十二次县委常委（扩大）会议。审议《拜城县迎接中央脱贫攻坚专项巡视组联络保障工作分工方案》《拜城县迎接中央脱贫攻坚专项巡视自查整改工作方案》《拜城县脱贫攻坚工作汇报》和财政专项扶贫资金（扶贫发展）水利项目变更事宜。

2018年11月5日，召开第十三次县委常委（扩大）会议。审议《拜城县关于“新时代文明实践中心”试点建设工作实施方案》《拜城县关于严格落实党员领导干部双重组织生活制度的实施方案》《关于公安机关事业编制干部增发“两项津补贴”的方案》《关于成立基层中心市场监督管理所的请示》《拜城县落实食品安全党政同责的实施意见》，听取拜城县2018年食品安全监管工作汇报。

2018年11月17日，召开第十四次县委常委（扩大）会议。听取近期工作情况汇报，审议《关于贯彻落实习近平总书记重要批示精神进一步加强新时代拜城信访工作的实施方案》《县委巡察办、巡察组、乡镇派出监察办公室机构设置方案》《关于调整加强中共拜城县委员会教育工作委员会组成成员的请示》。

2018年12月1日，召开第十五次县委常委（扩大）会议。传达学习《新疆维吾尔自治区第九届委员会第六次全体会议精神》《中共中央办公厅印发〈关于规范党政领导干部接受国际奖励和国内民间奖励的意见（试行）〉的通知》，审议《拜城县今冬明春全民“大培训、大宣讲、大教育”活动实施方案》。

2018年12月20日，召开第十六次县委常委（扩大）会议，专题研究部署脱贫攻坚工作。审议《拜城县脱贫攻坚“冬季攻势”实施方案》《拜城县迎接国务院脱贫成效考核及第三方评估工作方案》《拜城县关于打赢脱贫攻坚战三年行动实施方案》《拜城县2019年中央提前下达财政专项扶贫资金（扶贫发展）项目任务责任分解方案》，听取拜城县关于国务院、自治区督查巡查扶贫领域反馈问题整改落实情况汇报。

2018年12月20日，召开第十七次县委常委（扩大）会议，传达学习2019年中共阿克苏地委（扩大）会议精神，审议《中共拜城县第十二届委员会第四次全体（扩大）会议主题报告》《中共拜城县第十二届委员会第四次全体（扩大）会议筹备方案》《拜城县“两会”筹备方案》。

县委常委会议。2018年1月10日，召开第一次县委常委会议。研究拜城县残联县、乡两级换届有关事宜，审议2017年度拜城县落实总目标“先进村（社区）”评选情况，审议《拜城县开展基层组织建设“查隐患、抓整改、促提升”工作实施方案》《关于进一步加强“三定三包三覆盖”工作机制的实施方案》，听取2017年党的群团工作、卫生计生工作、教育工作开展情况汇报。

2018年3月23日，召开第四次县委常委会议。研究审议干部议题。

2018年5月9日，召开第八次县委常委会议。审议《拜城县关于自治区脱贫攻坚第一批联合督查巡查反馈问题的整改方案》《拜城县政府投资项目工程结算审核管理办法》《拜城县关于推进乡村振兴战略的实施方案》《拜城县贯彻落实自治区持续整顿软弱涣散基层党组织10条措施实施方案》《拜城县基层党建工作项目化管理实施方案》，研究巡视反馈问题整改工作有关事宜。

2018年7月7日，召开第十三次县委常委会议。审议《关于拜城县第二十个党风廉政教育月活动的安排意见》。

2018年7月14日，召开第十四次县委常委会议。干部议题。

2018年8月4日，召开第十五次县委常委会议。审议给予9人党纪政纪处分的请示。

2018年10月15日，召开第十八次县委常委会议。专题研究“聚焦总目标　作风再整顿”专项活动相关事宜，传达学习《窦万贵书记在地区“聚焦总目标　作风再整顿”专项活动动员大会上的讲话》《阿克苏地区开展“聚焦总目标　作风再整顿”活动的实施方案》，审议《关于成立拜城县“聚焦总目标　作风再整顿”专项活动领导小组的通知》《拜城县开展“聚焦总目标　作风再整顿”专项活动实施方案》。

2018年11月5日，召开第十九次县委常委会议。审议给予13人党纪政务处分的请示。

2018年11月16日，召开第二十次县委常委会议。专题学习《中共新疆维吾尔自治区委员会关于落实中央第六巡视组指出新疆扶贫领域干部作风有关问题立行立改的意见》。

2018年11月24日，召开第二十二次县委常委会议。审议《2018年县委管理的领导班子和领导干部年度（绩效）考核工作实施方案》《组建拜城县退役军人事务局机构编制设置方案》《关于成立中共拜城县退役军人事务局党组的请示》。

2018年12月14日，召开第二十三次县委常委会议。审议《关于恢复大宛其农场机构的请示》《拜城县加强今冬明春基层组织建设实施方案》，研究部署习近平总书记有关指示批示精神“回头看”工作。

【决　定】 2018年，拜城县委下发的重要决定有：4月3日，《关于表彰“访民情惠民生聚民心”驻村工作2017年度先进工作队、先进工作者和优秀组织单位的决定》；6月7日，《关于表彰第九批第一期温州市援疆人才的决定》；6月26日，《关于表彰先进基层党组织、优秀共产党员、优秀党务工作者的决定》；9月8日，《关于表彰2018年度先进集体、优秀教师、模范班主任和先进教育工作者的决定》。

【通　知】 2018年，拜城县委下发的重要通知有：3月14日，《关于调整县委书记、副书记、常委分工的通知》《关于印发拜城县2018年度绩效综合考评办法的通知》；3月14日，《拜城县委2018年工作要点责任分解的通知》；《关于贯彻落实〈中共阿克苏地委、阿克苏地区行署关于聚焦总目标、当好排头兵的实施意见〉的实施意见的通知》；5月16日，《关于调整县委全面深化改革领导小组办公室暨各专项小组成员的通知》；5月26日，《关于调整拜城县委党的建设工作领导小组成员的通知》；6月6日，《关于成立拜城县深化党政机构改革领导小组的通知》《拜城县脱贫攻坚战三年规划（实施方案）》《拜城县2018年度脱贫攻坚工作计划的通知》；7月14日，《关于成立中共拜城县国家税务局、地方税务局联合委员会的通知》；7月16日，《关于成立中共拜城县离退休干部工作委员会的通知》；7月17日，《关于调整拜城县国防动员委员会成员的通知》；7月18日，《拜城县巡察工作规划（2017—2021）通知》；8月17日，《关于进一步加强新时代网络安全和信息化工作的实施意见的通知》；9月11日，《关于进一步激发广大干部新时代新担当新作为的十项措施的通知》；9月18日《拜城县发现培养选拔年轻干部的实施办法的通知》；9月26日，《关于加强人民政协协商民主建设的实施意见的通知》；11月13日，《关于成立县委宣传思想工作领导小组的通知》；11月19日，《拜城县2018年各乡镇党管武装考核实施方案的通知》；12月3日《关于学习贯彻新疆维吾尔自治区九届六次全体会议精神的实施方案的通知》；12月28日，《拜城县关于打赢脱贫攻坚三年行动实施方案的通知》。

【意　见】 2018年，拜城县委下发的重要意见有：4月25日，《关于开展质量提升行动的实施意见》；6月27日，《关于推进安全生产领域改革发展的实施意见》；7月17日，《关于深化党和国家机构改革的实施意见》；8月8日，《关于贯彻落实中央、自治区、地区乡村振兴战略意见的实施意见》。

（梁　建）

县委办公室工作

【加强学习】 2018年，中共拜城县委办公室（以下简称“县委办”）把学习贯彻落实党的十九大精神作为一项重要的政治任务，结合“两学一做”（学党章党规、学系列讲话，做合格党员）学习教育，全面落实“三会一课（定期召开党员大会、支部委员会、党小组会，按时上党课）”、集中学习等制度，将周一学习与安排工作调整为周五下午学习，周一安排工作，突出政治理论、政策法规、业务知识和支部生活四大主题，每周择题开展学习。在学习方式上，改专人领学为动员全室业务骨干专题辅导，创造展现自我的机会，使人人学习有压力，锻炼提高有平台。开展“聚焦总目标、作风再整顿”专项活动，列出学习目录清单，坚持每周三、周五组织全室干部职工集中学习。加强督学考学，采取写笔记、谈心得、座谈会等多种方式，持续加强党员干部职工学习，坚持一学一测、一周一考、一月一排名、一月一通报，巩固学习成果，用习近平新时代中国特色社会主义思想武装头脑、指导实践、推动工作。

【以文辅政】 2018年，县委办在以文辅政上紧贴县委中心工作，抓住社会难点、热点问题，筛选提出工业经济、社会民生、农民增收和和谐社会建设等一批课题，印发到部门单位和乡镇共同调研，全面了解和掌握全县各级各领域工作实际情况。注重政策理论学习研究，通过对具体事物比较分析，总结典型做法及先进经验，找准问题结症，提出对策建议，提炼出带有规律性、针对性和具有参考、借鉴价值的意见供领导及各级决策工作参阅。做好综合性文稿起草工作，紧扣理论导向和政策走向，准确把握领导意图，结合全县各时段工作特点，提前研究领导讲话，并及早动手拿出较高质量稿件，全年共起草领导讲话和大型会议主题报告120余份，整理起草县委各类会议纪要40次，起草《拜城工作汇报》50余份，筹办大型会议60余次。

【信息调研】 2018年，县委办按照“调研信息抓深度、紧急信息抓速度、同期信息抓角度”要求，及时准确地将社会稳定形势、经济运行形势、重点项目建设、社会反映热点难点问题，撰写高质量、深层次综合信息，为决策提供信息服务。选择具有全局性、综合性、前瞻性的调研重点课题，组织各乡（镇、场）、县直相关部门开展调研活动，提出有效解决思路和办法，及时形成文字材料上报县委和地委办公室、政研室，得到有关领导肯定和认可。全年累计向自治区党委信息室、地委信息室上报《拜城信息》355期，被采用77篇。完成各类调研报告18篇，为县委领导掌握情况、正确决策和各乡（镇、场）、县直各部门相互借鉴先进经验，提供有价值的参考信息。完善信息报送机制，规范重大紧急信息上报程序和时限要求，做到事关社会稳定大局的信息当天上报，涉及贯彻政策、落实决策及中心阶段性工作等时效性强的信息及时上报，确保紧急突发事件和政策落实反响第一时间上报领导，确保领导决策工作主动权。

【督察考核】 2018年，县委办坚持“围绕中心、深入一线、注重成效”原则，加强督察督办，推动决策有效落实。把落实常委会议定事项、领导批示和民生工程、重点项目、村镇清洁工程、干部作风整顿作为督查重点，定期督办工作进展情况，协调工作责任落实，帮助解决工作推进中的困难和问题，加大督办通报力度，发出《督办通知》39期、《督察通报》36期、《督察专报》33期，下发县领导阅办件23期。配合参与平安创建、计生等专项工作阶段性检查考核，发挥督查工作推动落实的“利剑”作用，保证重大工作和领导批示件落到实处。年内深入重点项目建设、重大事项现场督办13次，深入乡镇督察230天，配合部门开展督察110次，下发县领导阅办18期，撰写《督察专报》44期。将日常督察与目标管理考核有机结合，对照上级目标考评办法，修订实施《拜城县2018年目标责任绩效管理考评办法》，实现考评框架体系与上级部门有机衔接。

【绩效考评】 2018年，拜城县督察考评办编制《拜城县2018年度绩效综合考评办法》。年度县直目标责任单位63个，较上年增加2个，县直二级事业单位72个，较上年增加4个。按照地区年度绩效考评县（市）排名分别设3个标准。2018年绩效考评结果为：乡（镇、场）一等奖5个，二等奖5个，三等奖6个；县直优秀单位25个，优良单位28个。

【协调服务】 2018年，县委办公室围绕县委中心工作，正确处理“内与外”“上与下”“大与小”“急与缓”等各方面关系。加强同地委办公室工作业务联系，经常向地区汇报工作，反映问题和建议。按照县委总体工作部署，协助县委领导主动做好与县上各大班子、县级部门单位和乡镇间协调工作，加强沟通联络，使各方面关系更加和谐，工作步调协调统一，县委总揽全局、协调各方的政治领导核心作用得到充分彰显。在重大活动、重要会议、重要接待等筹办工作中，履行牵头职责，周密拟定筹备方案，带头承担急、难、险、重任务，并做好督促协调，保证各个工作面及每个环节准备充分，筹备工作有条不紊，各项重大活动成功举行。

【后勤保障】 2018年，县委办立足“高效、务实、周密、节俭、安全”意识，做好机关后勤保障服务工作。坚持统筹兼顾、注重细节、高效运转，有效解决后勤供应保障工作中人力调配、车辆调度、物资采购，对外合作以及供水、供电、供暖和卫生保洁、会议服务、值班备勤等困难和问题，加强财政资金后勤支出管理和机关资产管理，健全物资采购、分配保管及公勤人员工作制度，保证机关后勤工作不出差错，高效安全运行。按照“厉行节约、量财办事、保障有力”的要求，加强经费管理，精打细算，合理使用财物，有效控制经费支出，把有限的资金用在刀刃上，为机关正常运转提供坚实保障。修订完善车辆管理制度、司机人员管理办法，按照车辆维修、养护办法，及时保养、检修车辆，保障县委领导及县委办用车安全。贯彻落实公务用车问题专项治理工作方案以及自治区拟定的公车处理实施细则等有关规定，加强公车治理，严查违规超编车辆，使公车治理工作取得实效。高质量完成各项接待任务，全年接待上级领导调研、检查工作等120余次，接待其他市、县（区）到县考察学习10余次。

【队伍建设】 2018年，县委办在工作中班子成员团结互助、以诚相待，形成各司其职、各尽其能的良好氛围，营造干事创业的环境。大胆使用年轻干部，主动给他们出题目、压担子，使其尽快成为业务能手。继续发扬办公室“5+2”“白＋黑”的优良传统，办公室领导和中层骨干带头，经常牺牲休息时间加班加点，驻守单位熬更守夜，带动全室人员作风转变，各项工作高效运行，没有出现错误、失误、延误，办公室干部主观能动性被调动，责任意识、时效意识、服务意识显著增强，办公室呈现出积极向上、和谐奋进的新风貌。深入开展“创先争优”活动，创新工作思路、改进工作方法，运用行动学习法把办公室建设成学习型、服务型、务实型和创新型机关。完善规章制度，创新工作机制，打造一支能干事、会干事、干成事、不出事的干部队伍。

【党性锤炼】 2018年，县委办利用每周办公室集中学习时间，加强干部职工学习教育，教育引导广大干部职工在大是大非问题上保持旗帜鲜明、头脑清醒、立场坚定，树牢办公室工作人员的政治意识、大局意识、核心意识、看齐意识。深入开展宣传教育活动，全面向“三股势力”“两面人”“两面派”宣战。严肃宣传工作纪律，坚决做到不信谣、不传谣、不盲从、不参与。挑选政治立场坚定、有责任担当的年轻干部加入县网评员队伍。

【干部培养】 2018年，县委办按照“调动积极因素挖掘潜力，正确导向引领增强动力，加快人才流动增进活力，改善工作环境凝聚合力”思路，从加强学习、完善机制、聚集合力、深化作风入手，把解决有人干事、愿意干事、愉悦干事作为推动工作落实的切入点，做到人力资源最佳配置和潜能最大限度发挥，形成人尽其才、各尽其力，人心思进、积极向上的良好局面。针对办公室人员空缺严重问题，及时请求组织考察，选拔出11名优秀基层人才充实到办公室各科室，并确定相关负责人结对培养，经过近一年时间的锻炼和促进提高，办公室基本形成领导年龄、阅历、业务、能力等方面的梯次搭配，工作活力明显提高。办公室领导班子坚持人性化管理，以情感人，注重关心干部职工生活，主动加强情感交流，适度增加临时人员待遇，第一时间关心和帮助职工因病（事）请假、婚丧嫁娶、患病诊疗，让大家切身感受到温暖，增强干部职工对办公室这个集体的归属感。节假日期间，办公室领导定去走访慰问“访惠聚”驻村干部家属，组织机关干部开展文体活动，全室干部职工“以室为家、室兴我荣”的意识更加牢固，主人翁意识更加浓烈，为安心、舒心、尽心工作奠定坚实基础。

【作风建设】 2018年，县委办坚持作风建设常抓不懈，把党风廉政建设责任制的具体工作和要求细化到领导班子成员及各科室，班子成员带头执行廉政规定，带头落实责任。严格按照党组织内部议事和决策制度，凡是事关全局性、政策性的干部的推荐、评优评先等重大问题，严格按照“集体领导、民主集中、会议决定”的原则和规定程序，实行集体决策。班子成员讲团结、顾大局、和谐共处，大事讲原则，小事讲风格，严格执行《廉政准则》和各项规定，率先垂范，勤政务实、发挥“主心骨”作用，带动全室干部职工思想上合拍、感情上和谐、工作上合力。选派10名干部驻村、26名干部常态化下沉开展群众工作，开展“民族团结一家亲”活动，在交往、交流中促进与各族群众的交融。全年落实扶贫资金6.4万元，拉近与群众距离，密切党群干群关系。

（梁　建）

组织工作

【基层党组织建设】 2018年，拜城县委组织部（以下简称“县委组织部”）以提升基层党组织政治领导力、思想引领力、群众组织力、社会号召力为重点，持续建强基层组织体系。规范建立在村党总支和“访惠聚”工作队党支部，在全县30个深度贫困村和软弱涣散党组织建立党总支27个、“访惠聚”驻村工作队党支部30个。制定《拜城县关于进一步规范党组工作运行的通知》，指导37个党组完善议事规则、会议程序，推动党组规范运行。印发《拜城县贯彻落实习近平总书记“一个带头”“三个表率”“一个模范”要求全面推进机关党的政治建设的实施方案》，加大机关党的政治建设力度。规范国有企业党的建设，为县管的1个国企党委和7个子公司党支部征订自治区国企党建工作手册，指导党组织书记和党务工作人员学习掌握国企党建特点。制定《拜城县关于严格落实党员领导干部双重组织生活制度的实施方案》，实行双重组织生活提醒制、记实制、备案制和考勤制，规范落实党员领导干部双重组织生活制度。全面落实各级党组织“三会一课”年报季审制度，印制“三会一课”记录本5000册，推动落实“专会专记、一会一记”要求。指导开展组织（民主）生活会，规范落实党员民主评议制度，全县各级党组织领导班子分别开展1期民主生活会和组织生活会，实现党员领导干部和党的支部全覆盖。

【党员发展】 2018年，县委组织部落实发展党员“16字”总要求，注重在反分裂斗争维稳一线和脱贫攻坚一线发展党员，全年共发展党员904名，其中，农牧民党员729名，占发展党员总数的80.64%，实现村均发展农牧民党员不少于4名的要求；少数民族党员784名，占86.73%；35岁以下农牧民党员572名，占农牧民党员总数的78.46%，发展党员总体上呈现向农牧民党员倾斜，少数民族党员和35岁以下党员占比持续增加，党员结构持续优化。推行发展党员全程纪实制度，纪实发展轨迹，量化工作标准，规范发展程序。制定《拜城县关于严格党内政治审查办法（试行）》，制定下发《拜城县严格党员发展对象政治审查办法（试行）》，严格落实政治审查函调外调制度和“一体化联合作战平台”核查要求，先后将4批次935名入党积极分子和党员发展对象提请“一体化联合作战平台”核查，严把发展党员政治关口。制作《中国共产党发展党员工作流程挂图》，规范开展工作。每季度开展1次发展党员工作自查自检，抽调乡（镇、场）组织干事、县直党（工）委和党总支党务工作骨干32人组成8个督导检查组，采取交叉检查、互查互评的方式，对全县30个党（工）委开展全覆盖交叉检查，共督导党支部310个，及时召开专题会议，指导改进发展党员工作。

【党费收缴使用管理】 2018年，县委组织部做好党费收缴使用管理，全年共代收代缴党费220.66万元，支出党费203.17万元，形成《关于公示2017年度县委组织部代县委管理党费收支情况的通知》并在各级党组织进行公示。做好困难党员帮扶慰问，“七一”前后慰问生活困难党员、中华人民共和国成立前入党老党员、内招生、因公殉职党员家属、在维稳斗争中英勇牺牲党员家属、因病致贫特困群众6类284人，使用慰问经费 27.65 万元。

【“一先双优”表彰】 2018 年，县委组织部组织筹备召开拜城县庆祝建党 97 周年暨“一先双优”表彰大会，按照《中共拜城县委关于表彰先进基层党组织、优秀共产党员、优秀党务工作者的决定》，表彰先进基层党组织 30 个，优秀共产党员 100 人，优秀党务工作者 30 人。

【干部选拔任用】 2018 年，县委组织部落实《党政领导干部选拔任用工作条例》，坚持党管干部原则，将习近平总书记新时代“20 字”党的好干部标准和民族地区“三个特别”（明辨大是大非的立场特别清醒、热爱各民族群众感情特别真挚、维护民族团结行动特别坚定）政治标准贯穿选拔任用工作始终，坚持“三个不吃亏”用人导向，着力建设一支政治上强、能力上强、作风上强的干部队伍，为拜城县社会稳定和长治久安提供政治保证。全年共调整干部 9 批次，318 人次，提拔重用 138 人次，交流 39 人，改（兼）任 30 人，援疆（挂职）任免 4 人，试用期满转正 42 人，退休（病退）9 人，免职（免兼职）36 人，降级降职及改任非领导职务 18 人，延长试用期及不予转正 2 人。“基层一线、维稳前沿出干部”鲜明导向，提拔重用维稳一线干部 61 人，提拔重用具有乡镇工作经历 127 人，具有驻村管寺、“访惠聚”工作经历 34 人，给予 58 名长期在乡（镇）工作表现优秀干部提高职级待遇，3 名到村任职表现优秀干部得到提拔重用，先后选拔优秀少数民族干部 55 名、优秀女干部 25 名、35 岁以下年轻干部 69 名、非党干部 12 名。

【新兴组织党建】 2018 年，县委组织部落实《阿克苏地区新兴组织领域开展党建工作基础建设年的实施方案》工作要求，成立中共拜城县非公有制经济组织综合委员会和中共拜城县社会组织综合委员会，明确机构设置及工作职责，落实联席会议制度，解决新兴组织党建工作中的突出问题，推进新兴组织党建工作。制定《关于在学习宣传贯彻党的十九大精神中实施发展党员“火种计划”的通知》，通过实施发展党员“火种”计划，106 名企业职工主动向党组织递交入党申请书，吸收预备党员 6 人、党员转正 6 人。截至 12 月 31 日，共有非公有制经济组织 1.02 万家，建立党组织 108 个，其中单独组建 25 个、联合组建 1 个、挂靠组建 82 个，选派党建工作指导员 189 名，覆盖非公组织 1.02 万家；有社会组织 171 家，建立党组织 79 个，其中单独组建 1 个、联合组建 1 个、挂靠组建 77 个，选派党建指导员 79 名，覆盖社会组织 171 家。新成立工会组织 11 家、妇女组织 5 家、共青团组织 2 家。

【人才培养】 2018 年，县委组织部在“引才、育才、留才、用才”上下功夫，出台系列体制机制和政策办法，破除束缚人才发展的思想观念和体制机制障碍，共引进各类人才 1050 人。出台《疆外户籍人才落户拜城相关条件及政策待遇》和《补充办法》，对落户人才提供业务代办和“一站式”服务。吸引落户内地人口 369 户 980 人。借助援疆资源开展人才培养培训，组织 25 名教育、卫生系统骨干、85 名电商学员赴援疆省份跟班帮带 3—6 个月。邀请温州市委党校 10 名教授先后来拜城县举办党政人才专题培训班 2 期，培训 300 人次。组织赴内地高校引进紧缺型人才 860 人。

【压实基层组织党建责任】 2018 年，县委组织部落实从严治党工作机制，调整充实基层组织建设领导小组，落实县级领导联乡包村工作机制，34 名县级领导联乡包村全覆盖。择优选派 173 名村（社区）第一书记。坚持抓乡带村，压紧压实各级党组织书记履行党建责任，指导 16 个乡（镇、场）开展党组织书记抓党建述职评议考核，逐级建立党委书记抓党建工作责任清单，细化责任、明确任务、狠抓落实。推行“一乡一村、一月一会”基层组织建设现场会暨组织干事述职会工作机制，抓乡带村、以点带面，增强乡镇党委抓党建工作责任意识。整合基层办、“访惠聚”驻村办、“民族团结一家亲”办力量，推动1/2人员常态化进村入户开展帮扶指导，累计下发15期工作通报。

【基层运转经费保障】 2018年，县委组织部加强基层组织经费保障工作，按照32万元标准，为社区运转及为民服务提供资金保障，拨付村级运转经费630万元，对村集体经济收入不足15万元的村予以补足补齐，拨付1302万元“访惠聚”驻村工作为民办事经费。筹集整合资金2494万元，新建便民服务活动中心项目47个，购置2000吨村级阵地冬季取暖用煤。督促指导乡镇统一开办汉餐食堂，落实乡镇干部差别化待遇，按类别、干部职级分别给予每月400—1200元补助，落实干部下沉入户住户每人每天补助60元，建立村干部报酬待遇正常增长机制，提升基层干部工作积极性。

【基层组织网络建设】 2018年，县委组织部坚持应建尽建，推行村级党总支建设，在18个软弱涣散后进村（社区）、16个深度贫困村建立27个村党总支，组建“访惠聚”驻村工作队党支部30个，在察尔齐镇、老虎台乡等5个乡镇建立5个村党总支、18个村民小组党支部。推进城镇网格化管理，深化社区大党委—网格党支部—楼栋党小组三级组织架构，规范落实组织部部务委员兼职社区“大党委”第一书记、直联网格党支部、下沉楼栋党小组工作机制，打造社区党组织领导下的警社融合体系，创新“1+2+5+X”网格化管理模式，推行网格“10分钟服务圈”，提升社区党组织维稳和服务群众能力。统筹推进机关、学校、国有企业、新兴组织、网站等各领域党的建设全覆盖，全县实际运行新兴组织党组织453个，单独组建新兴组织党组织23个，挂靠、联合组建新兴组织党组织46个，选派党建指导员192人，推动党的组织和工作双覆盖。

【基层党建项目管理】 2018年，县委组织部探索实行党建项目化管理方式，印发《拜城县村级组织工作规范化管理暂行办法》，推动村级组织运行规范化、制度化。坚持典型引领，示范带动，分领域打造3个自治区级、6个地区级党建示范点，16个县级党建示范点，打造2个自治区级社区“大党委”示范点，沿线打造出农村、社区精品党建示范路线，累计在11个村召开现场推进会，形成以点带面、辐射带动、整体提升、全面进步的良好局面。以党建带群团，参照村干部选拔任用流程，选优配强团组织班子成员，内外联动推进妇女群体、团员青年工作。制定《拜城县贯彻落实自治区持续整顿软弱涣散基层党组织10条措施实施方案》，一村（社区）一策、动态评估，对18个软弱涣散村（社区）整顿进展情况逐个“过筛子”、补短板、促提升。

【基层骨干力量充实】 2018年，县委组织部规范完善村干部特别是村党支部书记考察任免流程，落实村干部分级管理制度，建立村（社区）干部档案信息库，推行村“两委”正职重大事项填报制度，规范村级干部“一人一档”，严把村干部选用关口。对74名国家干部担任村党支部书记的行政村实行村“两委”分设，缓解村级党组织书记后继乏人的困境。按照1∶3比例，充实完善村级后备干部队伍库。择优选配95名由自治区集中培训经历村级储备年轻后备干部到村“两委”任职，选优配强156个行政村科技副职，制定《拜城县行政村科技副职管理办法（暂行）》，引领科技副职领办16个农牧民专业合作社，推动脱贫攻坚、助力乡村振兴。

【基层骨干能力提升】 2018年，县委组织部实施“三大工程”（村干部国家通用语言强化、素质提升、选拔培养），建立“N+1”捆绑帮带机制，“访惠聚”等在村工作力量与村干部、村级后备干部结对帮扶，推动村干部进行工作汇报模拟推演，提升村干部能力素质。依托县、乡、村三级党校，突出村干部特别是村级党组织书记培训力度，覆盖式轮训156名村级党组织书记，对40名村级后备干部开展为期3个月的覆盖式国家通用语言强化培训，分两期对220名村级后备干部开展为期10天的综合能力素质提升；常态化按照每月每期100人标准，采取1月党校强化+1月跨村实践锻炼模式，培训村干部、后备干部。分批轮训全县156个村党组织书记、组织委员、村监会主任。全面启动村干部“学国语·比交流·促融合”竞赛评比活动，推行“三唱一放”（党员唱入党誓词、团员唱团歌、群众唱国歌、喇叭放红歌）及“你好”工程，常态化营造国家通用语言学用氛围。在村常态开展“三查三找、四抓四促”专项行动，查找出问题党员555名，给予组织处理407人，党纪处分148人；取消64名“四老”人员资格，停发15人待遇。推进基层减负，整合精简各类表格、台账，选派74名国家干部担任村党组织书记，推荐4名优秀村党支部书记考录（招聘）乡镇公务员和事业编制，激发基层组织活力。

【助力脱贫攻坚】 2018年，县委组织部加大乡村扶贫干部队伍建设，选优配强2个深度贫困乡扶贫专职副书记，16个单位、企业与深度贫困村进行结对帮扶、助力脱贫攻坚。选派2名正处级、13名副处级、1名正科级领导担任贫困村第一书记。印发《拜城县关于深度贫困村第一书记统筹推进脱贫攻坚工作考核实施办法（试行）》，推行脱贫攻坚实名制清单管理，建立基层组织和阵地建设深度贫困村脱贫攻坚工作台账，明确责任，动态销号管理。

【密切党群关系】 2018年，县委组织部组织全县7000余名国家干部常态化与4万余户群众同吃、同住、同学习、同劳动，实施“新五小”（小课桌、小板凳、小台灯、小字典、小文具）助学工程，为困难学生家庭发放学习用品近7000套，推进“美丽庭院”创建，达到创建标准4835户（贫困户647户），推荐地区级“美丽庭院”50户，县级命名挂牌示范户300户，乡（镇、场）级命名挂牌示范户1500户，示范引领改变生产生活环境。实施“晾晒”工程，通过每日一清扫、每周一晾晒、每月一清洗、每季一评比等措施，引导贫困群众勤俭持家、树立健康文明的思想观念和生活理念。

【助力民生工程】 2018年，县委组织部实施“国家通用语言文字小康”工程，依托农牧民夜校，分批次、分层次常态开展国家通用语言夜校、农牧民实用技能培训，开展国家通用语言、农牧民实用技术和劳动技能培训2万余场次，培训130余万人次。坚持产业发展和转移就业为重点，工作队协助引进中小微企业115个，创办合作社49个。拓宽就业渠道，帮助转移农村富余劳动力就业4.05万人，贫困人口转移就业4834人，帮助贫困人口脱贫581户2200余人。宣传“九项惠民工程”，用好为民办实事好事经费，投入资金1.12亿余元，实施完成惠民生项目164个。引进和投入资金发展庭院经济1000万余元，惠及群众3000余户。帮助缺少劳动力的家庭开展春耕秋收劳动，投入1340万余元，为群众办实事好事7504件。

【“访惠聚”驻村工作】 2018年，拜城县区、地、县三级共选派“访惠聚”驻村工作队员1006名，其中，自治区选派工作队员83名，地区选派工作队员154名，县选派工作队员769名，173名工作队队长兼任村（社区）第一书记，644名工作队员兼任第一小组长。累计走访群众54.59万户次，走访群众168万余人次，走访贫困户8.13万户次，排查化解矛盾纠纷8900余件。发挥驻村队员传帮带作用，编组帮带村干部1000余名，协助储备村（社区）组织骨干270名，调整村（社区）党支部书记42名，培训村干部840余名。累计宣讲群众139万余人次。

【信息调研】 2018年，县委组织部被中组部办公厅列为全国组织工作信息调研监测点。改版本级《信息简报》，每周一期，内容涵盖习近平总书记重要论述，地方党史，县、乡两级党建工作经验类做法，编发40期。被地区采用41条，被自治区采用3条，被中组部采用3条（《组工信息》综合2篇、《组工参阅》综合1篇），被中组部办公厅评为组织系统2018年度信息报送先进单位。在《中国组织人事报》刊发稿件24篇，采编调研文稿19篇。先后选派8名乡镇宣传通讯员到信息调研室跟班锻炼，1名干部到上级组织部门跟班学习。

【远程教育工作】 2018年，拜城县党员教育工作坚持围绕中心、服务大局，牢固树立“互联网+”理念，共举办县级培训班4期，参训人员32人次，乡级培训班64期，参训人员495人次。解答电脑“磁盘空间已满”，投影机灯泡、温度指示灯同步点亮等疑问50余条，解决卫星信号故障、电脑主板故障104个。改版“拜城党建网”，每天推送各级决策部署、党建工作动态等信息。在“基层党建”板块，展示全县16个乡（镇、场）的先进做法和特色亮点，形成“激励先进、带动中间、鞭策后进”的示范带动效应。在“第一书记风采”板块，34名“第一书记”将驻村体会、基层故事、工作业绩在电子日志中图文并茂记录，发挥拜城党建网“磁场效应”。完成干部入户住户工作教学片4部、群众工作专题片5部、“七一”展播片2部，制作“我的初心”公益宣传片和4部《我是共产党员》微视频，其中2部《我是共产党员》选送至自治区展播。

（罗　帅）

宣传工作

【理论武装】 2018年，拜城县委宣传部（以下简称“县委宣传部”）持续深化理论武装和党的方针政策宣传教育，在筑牢思想防线上矩阵发力。把中央、自治区、地区会议精神、领导讲话作为学习主线，扩展更新学习内容，通过理论学习促进各级干部提升理论素养。广泛深入开展“党的十九大精神和习近平新时代中国特色社会主义思想进万家”“基层大宣讲”等活动，突出发挥好驻村干部、支教老师、医务人员、“四老”人员（老党员、老干部、老模范、老军人）、团员青年、村警协警等力量，结合干部入户住户和“民族团结一家亲”活动广泛开展习近平总书记讲话精神、党的十九大精神、法律法规、惠民政策、新疆“四史”（新疆历史、新疆民族演变史、新疆宗教演变史、新疆文明融合史）、“五个认同”（对伟大祖国、中华民族、中华文化、中国共产党、中国特色社会主义的认同）、民族团结等宣传教育，最大限度争取和团结群众、凝聚人心。

【意识形态工作】 2018年，县委宣传部坚持党管意识形态不动摇，把意识形态工作领导权、管理权、话语权牢牢掌握在手中，持续管好意识形态领域阵地。

【精神文明建设】 2018年，县委宣传部围绕培育和践行社会主义核心价值观，在全县开展“破陈规、除陋习、讲文明、树新风”活动，实施“移风易俗除陋习”“文明创建扬风尚”“环境卫生专项整治”“文化引领树新风”四大行动，打破各族群众在思想观念上的陈规，祛除道德品行、着装饮食、环境卫生等方面陋习，引导各族群众树立健康、文明、向上的思想观念。针对因婚致贫、因婚返贫现象，开展“婚事新办”活动，发起《拜城县“婚事新办”倡议书》，引导贫困群众树立文明的婚姻新观念，从思想上引导群众婚事新办、婚事简办，把省下的钱用在学技术、长本领、勤劳致富、干事创业上，推动移风易俗，培育文明乡风，提高农村社会文明程度。

【宣传交流】 2018年，拜城县宣传工作围绕中心、服务大局、突出重点、主动创新，开展一系列有影响力、有针对性的宣传活动。媒体刊稿明显提升，新闻报道、典型宣传等方面工作取得明显成效。自治区级（含自治区）以上发稿764篇，其中中央级媒体刊稿60篇。策划拍摄《醉美拜城》形象宣传片，并将宣传片向自治区、地区电视台等媒体推介宣传，先后在新疆电视台《新疆是个好地方》《新疆新闻》等栏目播出，在社会各界引起较好反响。

【扫黄打非】 2018年，县委宣传部“扫黄打非”工作以“五大专项行动”（“固边2018”“清源2018”“护苗2018”“净网2018”“秋风2018”）为抓手，推进“扫黄打非”工作深入开展，研究制定实施方案，加强印刷复制企业、打字复印店、书店、流动摊点等场所检查力度，坚持网下清查与网上净化相结合，开展网络直播平台、“两微一端”、QQ群和微信群、网络弹窗等专项整治行动。

【文明创建】 2018年，县委宣传部做好县级文明单位、文明村镇“零级启动”创建工作，动态管理各级文明单位、文明村、文明校园等。通过印发县级文明单位测评体系，筹备召开县级文明单位“零级启动”动员大会并对各单位工作人员进行培训，确保创建评选的过程成为保持县级文明单位及新申请创建的单位发现问题、总结经验、学习先进、比学赶帮的过程，成为提高素质、凝聚力量、推动工作、促进发展的过程，推动群众性精神文明创建活动持续深入开展。

【移风易俗】 2018年4月，县文明办制定下发《拜城县开展“破陈规、除陋习、讲文明、树新风”活动实施方案》，紧紧围绕培育和践行社会主义核心价值观，实施“移风易俗除陋习”“环境整治美家园”“文明创建扬风尚”“文化引领树新风”四大行动，以“陈规陋习大讨论”“现代文明大普及”“乡风民风大评比”为抓手，推进移风易俗，树立文明乡风；以辖区环境卫生清理整治、“美丽庭院”创建、推进“厕所革命”为抓手，开展环境卫生洁美行动；以“文明细胞”创建活动、道德讲堂等活动为抓手，加强道德培育、实践养成，提升群众文明素养，弘扬时代风尚；推动形成文明乡风、良好家风、淳朴民风，提高农村社会文明程度，凝聚起实现乡村全面振兴的强大精神力量。2018年8月底，筹备阿克苏地区文明校园暨“美丽庭院”创建工作交流会。

【“五学五比”活动】 2018年9月，在全县范围内开展以“五学五比”活动五大活动为载体的县乡村组四级赛事（学讲话、比感恩、爱核心，学法律、比知行、明法理，学国家通用语言、比交流、促融合，学技术、比能力、增收入，学文明、比行动、树新风）。由宣传部牵头开展“学讲话、比感恩、爱核心”活动，由县委政法委牵头开展“学法律、比知行、明法理”活动，由县委组织部、县委政法委牵头开展“学国家通用语言、比交流、促融合”活动，由农办、人社局牵头开展“学技术·比能力·增收入”活动，由县委宣传部牵头“学文明、比行动、树新风”活动。“五学五比”全民大比拼活动，总投入500万元，自下而上层层举办，每两个月举办一场赛事，以10户为单位组织开展，采取知识竞赛、才艺展示、唱红歌、趣味问答、技能比赛、观摩交流等形式开展五大不同主题的赛事，让每名群众参与到活动之中，培育和造就“政策明白法纪观念强、举止文明行为习惯好、感恩奋进自强不息精神佳”的新型群众，以实际行动维护社会稳定和长治久安总目标。截至年底，全县累计组织集中学习660场次，参与人数3.91万人次，组织开展比赛121场，参与人数1.91万人次，累计发放群众学习手册9992册。

【新时代文明实践中心试点建设】 2018年11月，县委宣传部制定下发《拜城县关于“新时代文明实践中心”试点建设工作实施方案》，以新时代文明实践中心、站、所三级实践网络为载体，整合阵地、人员等各种资源，践行“七传七习”（传思想、习理论，传法规、习法治，传团结、习融合，传政策、习感恩，传科技、习富路，传文化、习认同，传文明、习新风）。统筹考虑东中西布局，突出代表性、典型性，选择拜城镇、米吉克乡、米吉克乡库木买里村、拜城镇滨河社区、拜城镇北大桥社区等乡（镇、场）、村（社区）进行试点。县级层面整合县图书馆等阵地资源，建立县新时代文明实践中心，各试点乡镇、村（社区）整合利用各自资源组建新时代文明实践所（站），县、乡、村三级建立志愿服务总队、支队、分队，并结合各自实际组建3500人的志愿服务队伍，建立三级队伍互动微信群，开展爱国主义宣传教育、民族团结宣传教育、“传统文化进乡村”活动，铸牢中华民族共同体意识，培育和践行社会主义核心价值观，构建中华民族精神家园。

【道德模范评选】 2018年，县委宣传部始终高度重视先进典型、最美人物、道德模范推荐评选工作，组织做好“最美阿克苏人”“最美新疆人”“新时代好少年”“民族团结好少年”推荐评选工作，向地区文明办推荐“最美阿克苏人”10人、“最美新疆人”3人，其中3人获得“最美阿克苏人”荣誉称号。

【志愿服务活动】 2018年，县委宣传部结合“我们的节日”，即在春节、端午节、中秋节、重阳节等传统节日开展特色志愿服务活动。组织西部计划志愿者在3月5日学雷锋日期间以“开展志愿服务，助推社会稳定”为主题集中开展学雷锋志愿服务活动，慰问县便民警务站民警。各乡镇青年志愿者也结合学雷锋日开展形式多样的志愿服务活动。“访惠聚”工作队志愿服务人员自发帮扶劳动力不足的家庭，使“访惠聚”工作队员与老百姓的心拉得更近。县市监局志愿者们在“3·15”消费者权益日到社区开展志愿宣传咨询服务，其间开展法律宣传、免费检验检测、现场解决消费投诉等服务。县司法局干部在“三八”妇女节组织公证处、律师事务所的志愿者们来到人员密集场所组织开展志愿法律咨询服务，提高群众学法、懂法意识。县供销社为农牧民宣传春耕备耕科学知识、农资化肥使用规范和注意事项。县新华书店到各乡（镇）集镇开展志愿送书下乡服务。

【未成年人思想道德建设】 2018年，县委宣传部加大未成年人思想道德建设工作力度，改进工作方法，将未成年人思想道德建设工作推向一个新的水平。全县有10所乡村学校少年宫，在领导统筹、资源整合、经费投入等方面采取一系列强有力的措施。教育局主抓各乡村学校少年宫的组织管理，明确规定由各学校校长或党支部书记为乡村学校少年宫各项工作第一负责人，成立相应的组织机构，明确乡村学校少年宫各职责，制订少年宫活动教学计划，定期组织召开经验交流会，依托县少年宫与各乡村学校少年宫结对帮扶，使乡村学校少年宫工作健康稳步发展。乡村学校少年宫发挥校外活动的独特优势，为青少年学生的思想教育，科技教育、文化教育、艺术教育提供良好平台，发挥乡村学校少年宫在《文化拜城》建设中的“排头兵、领头雁”作用。结合每年主题实践活动，使乡村少年宫成为广大各族青少年业余生活的精神家园。

（罗　强）

统一战线工作

【宗教活动管理服务】 2018年，县委统战部持续抓好驻村管寺常态化、规范化、科学化工作，督促驻村管寺干部常态化开展入户住户、宣传教育工作，提升信教群众法律意识和辨别能力。制定下发《拜城县综治中心驻村管寺干部周培训方案》《拜城县2018年驻村管寺工作量化表》，提高基层统战民宗系统干部以及驻村管寺干部业务能力，推进驻村管寺工作规范化运行。加强管委会干部的学习培训力度，选派地区和自治区驻村管寺管委会主任培训，提高驻村管寺干部能力和水平。落实驻村管寺干部驻村补贴和关心关爱的落实，确保驻村管寺管委会工作经费以及驻村管寺干部岗位补贴费，提升驻村管寺干部管理科学化水平。

2018年，县委统战部严格落实宗教活动管理机制，确保宗教活动正常有序，宗教领域和谐稳定。规范宣讲内容，学习宣传习近平新时代中国特色社会主义思想，倡导宗教教职人员和信教群众坚持爱国主义传统，坚持并推进伊斯兰教的中国化方向，弘扬伊斯兰教优良传统，推进伊斯兰教与社会主义社会相适应和健康发展。

【宗教教职人员队伍建设】 2018年，县委统战部开展宗教教职人员学习培训，提高其综合素质、运用国家通用语言文字能力和水平，增强宗教教职人员中华民族共同体意识教育。年内共选派14批次130名宗教教职人员参加国家、自治区及地区集中培训。组织宗教教职人员和民管会成员常态开展国家通用语言学用活动，提高宗教教职人员综合素质。关爱宗教教职人员，全面落实"四险一保"（养老保险、医疗保险、意外伤害保险、大病保险，最低生活保障）和免费体检等保障措施，解决生产生活困难和问题，加强宗教教职人员的教育服务管理。

【宗教活动场所管理】 2018年，县委统战部继续完善宗教活动场所"七进两有九配备"（电、路、暖、水、广播电视、同声、文化书屋，净身房、水冲式厕所，电子屏幕、电脑、空气净化器、空调、天然气、消防设备、衣帽柜、医疗服务及药箱、饮水器）设施，信教群众的合理宗教需求得到保障和满足。同时，做好清真寺内部安全防范工作，安全防范设施进行全面的检查，及时查找薄弱环节，及时修复，堵塞漏洞，确保宗教活动场所安全和信教群众生命安全。

【"两联系一教育"工作机制】 2018年，县委统战部根据少数民族领导干部"两联系一教育"（联系宗教教职人员、宗教场所，教育信教群众）工作机制，选派副科级以上领导干部联系清真寺和宗教教职人员，教育信教群众制度，在斋月期间、每周主麻日保证全天开展联系工作，做好对宗教教职人员和信教群众宣传教育，规范宗教活动。

（阿里木·库尔班）

县直机关党建

【概　况】 2018年，拜城县直属机关工作委员会（以下简称"县直机关工委"）为县委派出机构，正科级建制，核定行政编制6名，实有在职3人。工委辖106个党组织，其中党委2个（司法局党委、税务局党委），党总支17个，党支部88个（独立党支部21个、离退休干部党支部8个），共有党员1487名，其中女性党员406名、大专及以上学历党员1182名、35岁以下党员282名，60岁以上党员262名、预备党员37名。

【机关党建】 2018年，县直机关工委围绕"三会一课"组织实施"一周一学习、一月一课堂、一季一交流、一年一研讨"的"四个一活动"以及"支部书记讲坛""五型机关""5+X"等品牌项目，坚持把现有的、管用的、易学的、开放的作为机关党建各项措施的优先选择，集中精力做大做响党支部书记讲坛、流动党课等品牌活动，在机关党建中推行"1234"机关党建工作法［树立一个党建工作目标，开好两次会（问题分析会、述职评议会），建立学习交流制度、联系服务制度、管理制度，落实"四有"（有责任清单、有工作品牌、有支部手册、有先进典型）要求］，提高机关党建全面性。全年开展流动党课送教上门51场，受教育党员3800余人次，党组织书记带头上党课430余场次，受教育党员4730余人次。

【党员教育】 2018年，县直机关工委加强县直机关党员日常教育管理，严格落实"三会一课"制度、民主生活会制度、民主评议党员制度和党员为民服务承诺制度。在县直机关党员中开展"学党章用党章"活动和党员志愿服务活动，引导在职党员立足岗位创先争优。将县直机关作风效能建设与党建工作一并进行督查考核，加强党员服务中心建设，规范党员组织关系管理、转接。建立党员分类管理制度，全面摸底、核实机关工委所属支部在职党员、流动党员、离退休党员以及入党申请人和入党积极分子基本情况，实行动态管理。

【党员发展】 2018年，县直机关工委按照发展党员工作规划和指导性计划，工委所属各支部培养积极分子115名、发展对象101名、预备党员26名，基本达到发展比例。执行发展党员“票决制”、公示制度和预审制，提高发展党员质量。年内，吸收预备党员26名（均为35岁以下、大专以上学历），其中女性12名，党员队伍年龄和文化层次结构优化，年内按期转正26名。

【党务工作者培训】 2018年，县直机关工委加强县直机关各基层党组织党务干部的教育培训工作，提升党务工作本领。通过举办培训班、采取以会代训、集中辅导、专题讲座、观看电教片、座谈讨论和理论测试等形式，系统学习党的十九大报告和《中国共产党章程》《中国共产党发展党员工作细则》等党的政策、法律法规以及党的基本理论、基本知识、党员的标准和入党条件，引导党务工作者坚定理想信念，从思想认识、工作职责、存在不足、工作方法上进行解读。全年开展党务工作者培训5场770余人次。

（朱效府）

机构编制管理

【概　况】 2018年，拜城县委机构编制委员会办公室（以下简称“县委编办”）推进“放管服”（简政放权、放管结合、优化服务）改革和行政审批制度改革，统筹推进党政机构改革，稳步推进事业单位改革，保障维稳、民生和经济社会发展等重点领域机构编制需求，加强机构编制实名制管理和监督检查。县事业单位登记管理局主要负责全县事业单位登记管理工作。县委编办行政编制7名，其中领导职数3名（主任1名、副主任2名），机关工勤事业编制1名；行政实有人数6人，其中实配领导2人（主任1人、副主任1人），机关工勤实有人数1人。县事业单位登记管理局行政编制2名，实有1人。

【“放管服”改革】 2018年，县委编办印发《关于调整充实拜城县推进职能转变协调小组的通知》《拜城县2018年深化“放管服”改革工作要点及责任分工方案》《拜城县优化政务服务营造良好营商环境专项改革实施方案》，推进“放管服”改革向纵深发展。按照“应进尽进”的原则，对利企便民的35个单位252项审批事项，通过与相关职能部门沟通协调，全部进驻行政服务中心集中办公，让群众办事只进“一扇门”。对国务院、自治区、地区反馈的企业群众办事存在的100个“堵点”问题，采取“周提醒，月通报”督促各部门在规定的时间内整改完毕。对具有行政审批职能的39个单位落实“放管服”改革专项督查2次，对照国务院、自治区、地区“放管服”改革工作督查内容，认真梳理准备各项档案资料和示范点，做好迎检准备。

【行政职权动态调整】 2018年，县委编办对应中央指定地方实施的行政许可事项，取消2批共8项。依托地区“互联网＋政务服务”一体化平台，按照编码统一、名称统一、实施依据统一、办事流程统一、提交资料统一标准，在2016年清理基础上，按照“9+X”分类方式动态调整全县政府工作部门和单位的行政职权，印发《关于动态调整拜城县2018年权责清单的通知》（拜政办发〔2018〕151号），共调整31个部门行政权力事项1165项，其中，新增850项，取消137项，要素调整149项，整合28项，下放乡（镇、场）1项。

【清理规范减证便民事项】 2018年，县委编办印发《关于开展“减证便民”专项行动和推行“一趟不用跑”“最多跑一趟”办事清单的通知》(拜政办发〔2018〕36号)文件，按照“谁出具，谁梳理，谁设定，谁清理、六个一律取消”和坚持“马上就办”、公开透明、协同配合、便民利企的原则，经各单位自查、编办审核、广泛征求意见、法制办合法性审查，经第五次政府常务会议研究，印发《拜城县第一批“减证便民”保留和取消事项清单及“一趟不用跑”“最多跑一趟”办事清单的通知》(拜政办发〔2018〕115号)，确定保留证明事项和盖章环节64项，取消证明事项22项，“一趟不用跑”和“最多跑一趟”办事清单170项，并向社会公布。

【党政机构改革】 2018年，县委编办稳步推进党政机构改革前期基础性工作，成立以县委书记为组长的深化党政机构改革领导小组，下设综合组、方案组、保障组3个工作组，抽调相关部门人员组建工作专班。对照中央《深化党和国家机构改革方案》，印发《关于开展拜城县党政机构改革调研工作的通知》，要求各部门在职能履职、经费资产、办公用房、档案等方面进行自查，建立详细的工作台账，制定“拜城县党政机关机构编制职责任务变化情况梳理摸底汇总表”，对各部门机构编制各类信息做到底数清，情况明，为机构改革做好决策参考准备。印发《中共拜城县委员会贯彻落实中共中央、自治区、地区深化党和国家机构改革的实施意见》，制定《拜城县深化党政机构改革领导小组办公室工作方案及工作台账》和《联络员工作制度》，精心设计好改革路线图、时间表。全面清理70个部门承担行政职能的事业单位台账，对标中央和自治区改革方案，经过反复酝酿修改，并征求地区党政机构改革领导小组办公室的意见建议，基本明确党政机构设置意见，初步拟订2套《拜城县党政机构设置方案》。协调县财政局、机关后勤服务办、档案局做好办公用房管理调配、涉改部门和单位经费、资产、债权债务等清理清查、登记工作及档案收集、整理和归档工作，为机构改革工作顺利推进奠定基础。

【机关事业单位机构编制】 2018年，县委编办会同纪委做好监察委员会体制改革，设立监察委员会，与中共拜城县纪律检查委员会合署办公，履行党的纪律检查和国家监察两项职责，实行“一套工作机构，两个机关名称”的管理体制。将检察院的反贪污贿赂、反渎职侵权、职务犯罪预防职责和12名政法专项编制整体划转至监察委员会，撤销监察局，重新设置县纪委监委机关内设机构。调整盐业监管职责，对城建管理监察大队机构规格从股级升格为副科级。重新理顺政协机关内设机构，由原来的“一室一科”调整为“一室一科三委”，领导职数从原来的4名增加到11名。明确巡察办、巡察组机构设置和人员编制。在乡镇成立统计站。将原14个乡镇市场监督管理所整合为4个乡镇中心市场监督管理所，机构规格为正股级，为县市场监督管理局的派出机构，核定事业编制33名。向地委编办呈报请示报告5份，收到地委编办各类批复3份，下发机关事业单位机构编制通知30份。对确需保障的重点领域、重点单位机构编制得到及时补充，动态调整编制81名。

【机构编制实名制核查】 2018年，县委编办以“机构编制管理证”和机构编制实名制数据库为载体，认真核查实名制数据库机构、编制和人员信息，定期统计分析全县机构编制和人员数据，完善基础信息，实现机构、编制和人员动态监管。每月1—10日，会同人社、财政等部门联审全县机关、事业单位工资，确保统发工资人员和在编人员相符。加强与组织、人社、财政等部门密切配合，相互制约，杜绝各单位、各部门超编进人。严格落实进人用编审批制度，根据机关事业单位的空编情况，协同组织部、人社局做好机关事业单位招录招聘计划编制的审核、上报工作。机关事业单位上报招录(聘)计划302名，人才引进计划 847 名。完成全县机关事业单位 1081 名职务任免、招录公务员、内招生、留疆战士、事业单位招聘、人才引进、县内调动、退休等人员的编制审核、入编减员等工作。

【生产经营类事业单位改革】 2018 年，县委编办根据《自治区党委办公厅　自治区人民政府办公厅印发〈关于从事生产经营活动事业单位改革的实施方案〉的通知》精神，分类全县 34 个自收自支事业单位，将具有事业企业“双法人”资格供排水公司纳入为生产经营类事业单位，制定《拜城县供排水公司改革方案》，由县委书记主持召开机构编制委员会会议专题研究供排水公司转企改制方案。将拜城县供排水公司转制为企业，退出事业单位序列，原有的 26 个自收自支事业编制全部收回。

【统一社会信用代码赋码】 2018 年，县委编办继续做好机关、群团统一社会信用代码赋码工作。全年共办理 14 个机关群团机关的统一社会信用代码证申领手续，14 个机关单位办理变更手续，1 个单位办理注销手续。

【事业单位法人登记】 2018 年，按时完成事业单位法人年度报告公示工作，参加年度报告公示的单位 252 个，公示率 100%。共办理事业单位法人设立登记单位 14 个，变更登记单位 163 个，注销登记单位 2 个，网上办结率均为 100%。事业单位法人年度报告公示及变更、设立、注销公告均在县人民政府网发布。采取随机抽取的办法，按照 2% 的比例，抽查 5 家事业单位信息，通报抽查结果，并在县人民政府网站公布，对存在的问题限期整改完毕。

（蒋玲红）

党史地方志工作

【地方志编修】 2018 年，拜城县委党史办公室暨拜城县地方志办公室（以下简称“县委史志办”）以“精准谋划、质量为首，查补修正、紧赶进度”为原则，持续推进《拜城县志（2001—2015）》（续志）编修工作。吸收消化地委史志办审稿意见，自治区反馈审稿意见后，组织力量针对评审意见进行梳理汇总，制定补充、修改、核准方案。7 月初，县委抽调 2 名干部，与部门在岗 3 名干部组成编修组，开展为期 2 个月的志稿集中终审编校。向各承编部门（单位）发出征稿核准函 102 份，以县委、县政府“两办”名义印发《关于做好〈拜城县志（2001—2015）〉志稿责任审定与入志人物收录报送工作的通知》，督查考评办印发“督办通知”，完成志稿资料核准和入志人物收录工作。经编修统编，将所有文字稿与彩页照片、县境行政区划图和地貌图进行统校排版，制成清样稿样书送交自治区审核验收。

【年鉴编纂】 2018 年，县委史志办加强质量标准，狠抓时间进度，做好《拜城年鉴》一年一本编纂发行工作。对《拜城年鉴（2017）》开展“三审三校”，参考出版社编校中提出的问题进行核准，制作样书。由于公开出版物审读标准有变动调整，对照新要求进行校改。开展《拜城年鉴（2018）》组稿。印发组稿通知，设计总字数约 70 万字，完成收集资料、照片、大事记、特载等稿件初编。按时完成《阿克苏年鉴（2018）》《新疆年鉴（2018）》的“拜城部分”供稿。

【党史编研】 2018 年，县委史志办落实自治区党委《关于进一步加强地方党史工作的意见》，继续收集整理《中共拜城县委大事记（2006—2015）》（续编）、《中共拜城县委重要文件选编（2005—2015）》（续编）资料；开展乡村党史工作调研，完成《新形势下如何进一步加强地方党史研究》调研课题撰稿。

【阿克苏改革开放 40 年图册资料提供】 2018 年，县委史志办牵头开展《阿克苏改革开放 40 年》大型图册供稿。按照地委、行署“两办”通知要求和分管常委安排，部门承担图册组稿编纂工作，县委办印发组稿通知，动员发改、民政、文体广影、住建等30多个部门收集和撰写反映各系统、行业40年的发展变化，经过编辑人员编辑整理，按时完成向地区编辑部稿件报送工作。

（任文艳）

党校教育

【概　况】 拜城县委党校（以下简称“县委党校”）位于拜城县巴依路19号，占地面积4.4公顷，建筑面积1.16万平方米，其中，教学科研楼4728平方米；报告厅558平方米，配备有全彩LED大屏幕、音响设备，可容纳230人；餐厅1152平方米，可同时容纳236人就餐；学员公寓5162平方米，配备标准间110间，可容纳220人住宿。配备微机室2间，配备计算机100台，有图书室1间，藏书7000余册，有电子阅览室1间、收录电子图书20万册，多媒体教室10间，50—60人教室25间，80—100人教室9间。2018年，县委党校内设党政办、教研室、后勤办3个股室，实有在职人员22名，其中专兼职教师19名（中级职称9名、初级职称9名）。在职研究生1名，本科学历17名，大专学历1名；35岁以下8名，36—45岁7名，45岁以上4名。

【培训工作】 2018年，县委党校共举办或承办各类培训38期，培训4000余人次。其中：承办村干部国家通用语言强化培训班1期，参训40人次；承办村党支部书记培训班2期，培训220人次；承办县直机关党组织书记和党务干部培训班1期，培训280人次；承办入党积极分子和发展对象培训班1期，培训290人次；承办基层党政干部培训班1期，培训125人次；承办学习贯彻全国组织工作会议精神及党务工作培训班1期，培训210人次；承办乡镇年轻储备干部组织业务培训班1期，培训220人次；承办党支部书记专题培训班2期，培训130人次；承办《中国共产党纪律处分条例》解读暨纪检监察业务知识培训班1期，培训100人次；承办后备党支部书记和“两委”干部培训班各3期，培训300人次。

【教学科研】 2018年，县委党校通过举办“读书研讨会”、落实教学科研奖惩办法、制定出台岗位竞聘管理办法、将教学科研成果与教师晋升职称相挂钩等方式，激励教师在教学科研方面多出成果、多出精品。年内，在阿克苏地区党校系统春、秋季备课会试讲比赛中2名参赛教师入围；在阿克苏地区党校系统精品课比赛中获得二等奖1个、三等奖1个；在阿克苏地委党校优秀科研成果参赛中获二等奖1个、三等奖1个、优秀奖2个。在《实事求是》《基础建设》等地区级以上报纸杂志发表科研论文13篇，撰写完成《拜城县农村主流意识形态建设与社会整合功能作用的发挥》《基层干部作风问题的表现形式及对策》等7篇调研报告。

【队伍建设】 2018年，县委党校结合实际，常态组织教师开展大练兵、大比武活动。少数民族教师以学国家通用语言为主，每天集体学习2小时，每周开展一次测试或比赛，提高使用国家通用语言文字的能力；汉族教师以提升业务能力为主，每天集体阅读1小时，每周开展一次听（评）课、教学比赛等，提高业务能力。在原有大师资库的基础上，充实完善，联合县委组织部征集县内具有一定学识和授课能力的领导干部入库，年内新增24人，总人数至130人。

（高　彬）

老干部工作

【概　况】 2018年，拜城县委老干部局（以下简称“县老干部局”）加强离退休干部服务管理，突出以“政治待遇不变、生活待遇从优”原则，全面落实离退休干部“两个待遇”（政治待遇、生活待遇）、保障“三个机制”（老干部工作协调机制、待遇保障机制、关爱帮扶机制），加强“两项建设”（思想政治建设、党组织建设），提高离退休干部服务管理水平，抓好服务、管理、协调、落实，促进社会稳定和长治久安。全县有离退休干部2558人，其中，离休干部10人、退休干部2548人。全县共有离退休党员干部1388人，其中离休党员干部9人，退休党员干部1379人。

【政治待遇落实】 2018年，县老干部局及时把党和政府的声音传达给离退休干部，定期不定期召开各类情况通报会和座谈会，全年召开情况通报会2次、座谈会2次，向老干部通报社会稳定和经济发展情况，使他们了解党的方针政策，认清国际国内形势，在政治上同党中央保持一致。坚持和完善老干部阅文、学习制度，每月28日定期组织老干部学习，向老干部传达重要会议精神。组织老干部就近参观企业、新农村、社区、廉政展馆9场次，组织离退休干部22人到阿克苏市博物馆、阿拉尔三五九旅展览馆及兄弟县市观摩学习，分两批组织退休干部31人赴援疆省市参观考察。坚持征订报刊，按惯例为离退休老干部订阅《阿克苏日报》《新疆日报》《老年康乐报》《老同志之友》等学习资料，让老干部及时了解掌握党和国家的方针政策。

【关心慰问】 2018年，县老干部局做好离退休老干部关爱慰问工作。春节前，下发《关于春节前做好慰问老干部工作的通知》，县四套班子领导带队慰问副县级以上退休干部，全县各单位（部门）慰问老干部工作，送去节日慰问金和慰问品。年内，全县共走访慰问老干部1379人次，累计发放慰问金、慰问品20.68万元，体现对老干部的关心重视。落实老干部生病住院探望制度，探望生病住院老干部168人次。

【生活待遇落实】 2018年，县老干部局坚持和完善离休干部“三个保障机制”，确保老干部老有所养、老有所医。全县行政事业单位离休干部的离休费纳入财政统一安排，企业单位离休干部的离休费按照规定纳入社会化发放。全县老干部医疗费实行统筹，建立统筹基金和个人账户，建立医疗费财政支持机制。为离休干部10人增发生活补贴，按生活完全不能自理标准发放护理费，为离休干部遗孀9人发放每人1000元的医疗补助费和每人700元的取暖费。

【联系服务】 2018年，县老干部局坚持老干部联系制度，主动联系老干部，及时了解老干部身体状况、思想动态和实际需求，采取发放联系服务卡、公开老干部局工作人员联系电话、公布社保服务热线及生活服务电话的方式，使老干部需要服务时能及时得到帮助。坚持老干部健康体检。除县上全民体检外，请援疆省份医疗专家为离休、副县级以上退休干部进行免费健康体检。每季度为离退休干部举办1次健康知识专题讲座，提高老干部健康水平。坚持开展社区“四就近”工作，利用社区资源，让老干部就近学习、就近参加活动、就近得到关心照顾、就近发挥作用。建立社区干部、党员与老干部结对服务制度，通过定期走访、电话询问、上门服务等形式帮助老干部解决生活困难。

【思想政治建设】 2018年，县老干部局把政治建设摆在首位，把学习贯彻习近平新时代中国特色社会主义思想和党的十九大精神作为首要政治任务，举办8期十九大专题轮训班，参加培训人数达800余人次、常态化上门送学等多种形式，帮助老干部深化理解认识，树牢“四个意识”、坚定“两个维护”。有计划、分阶段地组织离退休干部开展宣传教育，梳理出离退休干部队伍中“两面人”，纯净老干部队伍。推进“两学一做”学习教育常态化制度化，通过举办情况通报会、培训班、讨论会、座谈会、专题讲座等形式，组织老干部学习习近平总书记关于老干部工作的重要论述，感悟总书记对广大离退休干部的真诚关爱、对离退休干部工作的高度重视，通过理论武装增进情感认同。

【工作体制保障】 2018年6月，经县委常委会研究，决定成立中共拜城县离退休干部工作委员会，指导和督促全县离退休干部党支部建设，确保每位离退休干部党员都能参加党内组织活动。制定离退休干部党支部组织生活、学习、党员管理等7项制度，加强对离退休干部党员的教育管理。建立健全党费返还、离退休干部党组织工作经费、党员教育经费保障机制，每月按500元的标准为11个独立离退休干部党组织书记发放离退休干部党支部书记补贴，调动离退休干部工作积极性。

【发挥作用】 2018年，县老干部局坚持引导和鼓励离退休干部发挥政治和经验优势，为党和人民事业增添正能量。从“银龄人才”库挑选一批政治觉悟高、理论功底扎实的老干部，组建拜城县“夕阳红宣讲团民族团结宣讲队”，深入乡镇、社区、农村、学校、企业进行政策理论宣讲32场次，参与干部群众5200余人。组织22名离退休干部在公开场合“组团式”宣传教育活动8场次。组织引导离退休干部当好关爱下一代辅导员，开展“大手拉小手、墨香进校园”活动，组织34名离退休干部赴幼儿园、学校等看望儿童达1000人次。深入学校、儿童福利院宣讲10余场次，为返乡大学生宣讲10余场次。组织离退休干部代表、“爱心妈妈团”和老年文艺队到学校、福利院看望慰问孩子，为他们表演节目，送去关心关爱。结合“我看改革开放新成就”调研，在离退休干部中开展“学理论政策、看社会发展、谈发展变化、忆光辉岁月”主题活动，听取老干部的心声，收集汇总老干部意见建议。

【老年大学】 2018年，县老干部局利用老干部活动中心这个主阵地，依托老年大学，完善服务设施，开设书法、绘画、音乐、舞蹈、健身、门球、柔力球、乒乓球8个班，聘请5名专业教师，学员达75人。参与县、地区安排的春晚演出、老年运动会和各类文体比赛，取得好成绩，丰富老干部精神文化生活。

（加米拉·托合提）

拜城县人民代表大会

重要会议

【人民代表大会】 2018年1月12—15日，拜城县召开第十六届人民代表大会第三次会议，听取和审议县人民政府工作报告和计划、预算报告，听取县人民法院、检察院工作报告；审议批准县人民政府、县人大常委会、县人民法院、检察院工作报告及计划。

1月12日，拜城县第十六届人民代表大会第三次会议在县图书馆召开预备会议。会上播放影片《镜鉴》，会议选举通过大会主席团和秘书长名单，表决会议议程（草案）、《关于设立大会议案审查委员会和计划预算审查委员会的决定（草案）》，表决议案审查委员会名单（草案），表决计划预算审查委员会名单（草案）。

13日，拜城县第十六届人民代表大会第三次会议在县图书馆召开。大会应到代表159名，实到代表157名，县人大常委会党组副书记、主任主持会议，县委副书记、县长艾则孜·买买提作《拜城县人民政府工作报告》，部署2018年工作。会议作《拜城县第十六届人民代表大会第二次会议代表议案、建议办理情况的报告》。审议《拜城县2017年国民经济和社会发展计划执行情况报告与2018年国民经济和社会发展计划草案的报告》《拜城县2017年地方财政预算执行情况与2018年地方财政预算草案的报告》，表决《大会选举和通过决议的办法（草案）》。大会主席团执行主席出席会议，全体代表参加会议，政协第十五届委员会全体委员列席会议。

14日，拜城县第十六届人民代表大会第三次会议举行第二次全体大会。应到代表159名，实到代表156名。听取和审议县人大常委会、检法两院工作报告。县人大常委会党组副书记、主任作《拜城县人民代表大会常务委员会工作报告》，提出2018年人大工作思路。审议县人大常委会、法检两院工作报告。大会主席团执行主席出席会议。全体代表参加会议，政协第十五届委员会委员列席会议。表决通过《关于拜城县第十六届人民代表待会第三次会议代表议案审查和处理意见的报告（草案）》《拜城县人民政府工作报告的决议》《拜城县2017年国民经济和社会发展计划执行情况与2018年国民经济和社会发展计划草案的报告决议》《拜城县2017年地方财政预算执行情况与2018年地方财政预算草案的报告的决议》《拜城县人大常委会工作报告的决议（草案）》《拜城县人民法院工作报告的决议（草案）》《拜城县人民检察院工作报告的决议（草案）》等。选举产生6名拜城县出席自治区第十三届人民代表大会代表，选举产生4名拜城县第十六届人大常委会委员。

【常务委员会议】 2018年，拜城县共召开十六届人大常委会会议8次。

1月12—15日，召开拜城县第十六届人大常委会第九次会议，听取和审议县人民政府《关于将拜城县富民农村公路建设PPP（政府与社会资本合作方式）项目政府支出责任列入本级财政预算的议案》《关于将拜城县拜城镇改善人居环境建设PPP项目政府支出责任列入本级财政预算的议案》《关于将拜城县职业技术学院建设PPP项目政府支出责任列入本级财政预算的议案》《关于将拜城县台勒维丘克河河道治理建设PPP项目政府支出责任列入本级财政预算的议案》等9个决议，审议人大代表辞职事项，依法免任免职务。

2月27日，召开拜城县第十六届人大常委会第十次会议，听取和审议县人大常委会《关于紧紧围绕社会稳定和长治久安总目标进一步发挥人大代表作用的意见》，同意艾则孜·买买提辞去县人民政府县长申请，表决通过买买提江·莫力任县人民政府县长的决定，任命买买提江·莫力为县人民政府县长（代理）。

4月6日，召开拜城县第十六届人大常委会第十一次会议，交办县第十六届三次人民代表大会、政协第十五届三次全体会议议案、提案，听取和审议《拜城县人大常委会2018年工作要点（草案）》。

6月20日，召开拜城县第十六届人大常委会第十二次会议，集体学习《中华人民共和国宪法修正案》，听取和审议县人民政府贯彻实施自治区《民族团结进步条例》《县人民政府2018年上半年财政预算执行情况及2017年部门决算报告（草案）》《县人民政府2017年本级财政预算执行和其他收支审计报告（草案）》《县人民政府2017年度环境和环境保护目标完成情况报告（草案）》。

8月8日，召开拜城县第十六届人大常委会第十三次会议，集体学习《自治区人大常委会主任在地（州、市）、县（市、区）人大负责人培训会议上的讲话》，开展发挥“两个机关”作用、当好排头兵动员。

10月28日，召开拜城县第十六届人大常委会第十四次会议召开，听取和审议县人民法院《关于执行工作情况的报告》《县财政局关于提请审议拜城县2018年政府债务限额管理及新增政府债券预算调整方案报告》《县林业局2018年1—8月工作进展情况的汇报》《县信访局国务院信访条例执行情况的报告》《县环保局贯彻落实环境保护法工作情况的汇报》《县卫计委贯彻落实执业医师法工作情况的汇报》《县农业局贯彻落实农业产品安全法的汇报》《县住建局关于坚决维护规划权威 依法保障建设秩序的报告》《拜城县人民检察院关于民事诉讼活动法律监督专项工作汇报》。向新任命人员颁发任命书，新任命人员向《中华人民共和国宪法》宣誓。

12月25日，召开拜城县第十六届人大常委会第十五次会议，听取审议县人民法院《关于执行工作情况的报告》《拜城县人大常委会对拜城县人民法院关于“执行难”专项工作进行调研情况的报告》《关于提请审议拜城县2018年政府债务限额管理及新增政府债券预算调整方案》，学习《坚持思想引领 聚焦落实总目标 奋力开创新时代自治区人大工作新局面》讲话精神。

12月29日，召开拜城县第十六届人大常委会第十六次会议，听取审议关于召开拜城县第十六届人大四次会议有关事项；《拜城县第十六届人民代表大会第三次会议代表议案、建议办理情况的报告》；接受人大常委会委员和代表辞职事项，审查关于补选拜城县第十六届人民代表的代表资格审查报告。

代表工作

【代表培训】 2018年，县人大常委会代表人事工委指导各乡镇人大主席团、乡镇人大代表小组人大代表开展学习、视察、调研等活动，发挥代表作用。常委会领导及党组成员多次深入到所联系乡镇具体指导乡镇人大工作，促进乡镇人大主席团更好地履职。抓好人大干部培训工作，分别于2月和10月召开新一届乡镇人大主席和人大干事培训会，组织14名人大主席参加地区人大工委学习培训。组组织代表开展视察、调查、检验活动，采取综合型和专项型、集中型和分散型的方式，开展10余次视察、调查和检查，对视察、调查、检查中发现的问题及时提出意见和建议，并督促政府进行整改落实。

【代表管理】 2018年，县人大常委会建立激励机制，调动人大代表争先创优和履职热情。制定完善《拜城县人大代表认真执行代表职务，自觉接受监督的决定》《优秀代表评选办法》《代表联系选民办法》《人大代表开展述职活动的意见》等文件。定期召开代表会，邀请部分代表列席人大常委会会议、参与述职评议和执行检查等活动加强人大干部队伍培训。全年举办2期县级人大代表、乡镇人大主席、人大干事培训班，提高人大代表的履职能力。

【乡镇指导】 2018年，县人大常委会党组分别与各乡镇人大主席团和机关各工委签订人大业务工作、党风廉政建设和落实维稳工作等责任书，指导乡镇召开好乡镇人民代表大会。补选乡镇人大主席2人、乡镇长1人。坚持深入基层调查研究，加强对基层人大监督工作、代表活动、办好“三会”工作的指导力度，规范和加强乡镇人大工作，解决乡镇人大工作中存在的突出问题。组织召开全县乡镇人大工作研讨会4次，提高乡镇人大主席团的工作能力和水平，每次召开常委会会议邀请部分或全部乡镇人大主席列席。在县人大常委会指导和支持下，每个乡镇都组织代表开展视察、检查、调查、评议等活动，代表们积极建言献策，督促乡镇政府解决农业产业结构调整、招商引资、道路交通等群众反映强烈的疑难问题，确保乡镇工作顺利开展。

监督工作

【执法检查】 2018年，县人大常委会坚持正确监督、有效监督，把“一府一委两院”工作同支持依法履职有机结合起来。3月15日，县人大常委会配合地区人大工委对《国务院信访条例》贯彻实施情况的执法检查；4月2日，组织开展全县贯彻实施《自治区民族团结进步条例》情况执法检查和“民族团结一家亲”活动调研；4月30日，组织开展贯彻实施《中华人民共和国城乡规划法》情况执法检查，推动政府贯彻新发展理念，促进经济高质量发展；5月28日，配合地区人大工委对贯彻实施《自治区企业工资集体协商条例》《农产品质量安全法》及自治区实施办法、《执业医师法》实施情况进行执法检查；8月2日，对贯彻实施《自治区南疆地区普及高中阶段教育条例》情况进行执法检查；10月18日，调研全县脱贫攻坚工作进展情况。

【信访工作】 2018年，县人大常委会发挥人大信访在畅通群众诉求渠道、化解矛盾作用，全年受理群众来信来访32件，接待来访群众35人次。对信访人反映的问题详细记录建档，对符合法律和政策规定的合理诉求，督促及时解决；对不符合法律、政策规定信访件，耐心做好疏导息诉工作；跟踪监督群众反映比较多的问题，督促及时解决。

议案建议办理

【建议督办】 2018年，县人大常委会完善代表建议重点督办工作制度，将常委会专职组成人员牵头督办扩大为所有兼职组成人员共同参与，重点督办建议数量增加到50件。将代表提出的3件事关拜城发展大局和群众反映强烈的重点民生问题的建议交由县政府领导领办，县人大常委会主任会议专题听取县政府领导领办件的办理情况汇报。县十六届人大四次会议及闭会期间代表提出建议114件，均在规定时限内答复，其中解决或列入解决计划的9件，办理情况满意率为97.5%。

【议案征集】 做好全国、自治区人大代表议案建议素材征集工作，全年征集到议案和建议118件。

（刘成龙）

2018年拜城县人大常委会任免副处级干部情况表

表1

时间	会议	任免方式	姓名	职务
2月27日	十六届人大常委会第十次会议	免去	艾则孜·买买提	县人民政府县长
		任命	买买提江·莫力	县人民政府代理县长
4月6日	十六届人大常委会第十次会议	免去	高云波	县人民政府副县长
		免去	张遵纲	县人民政府副县长
		任命	李　杰	县人民政府副县长
6月20日	十六届人大常委会第十二次会议	免去	买买提·艾则孜	县人民政府副县长
		免去	吐尔逊·司马义	县检察院检察长、检察委员会委员、检察员
		任命	玉素甫·依明	县人民政府副县长
8月8日	十六届人大常委会第十三次会议	任命	杜　翀	县人民政府副县长
10月28日	十六届人大常委会第十四次会议	免去	肖　森	县人民政府常务副县长
		任命	王松鹤	县人民政府常务副县长
		决定任命	开赛尔·热合曼	县人民检察院代理检察长
12月25日	十六届人大常委会第十五次会议	免去	依力哈木·亚森	县人民法院院长、审判委员会委员、审判员
		任命	买买提·马木提	县人民法院院长、审判委员会委员、审判员

拜城县人民政府

重要会议

【**全体会议**】 2018年，拜城县人民政府召开政府全体会议1次，7月20日，拜城县第十六届人民政府召开第一次全体会议。深入贯彻习近平新时代中国特色社会主义思想和以习近平同志为核心的党中央治疆方略特别是社会稳定和长治久安总目标，全面落实自治区党委、地委及行署2018年第二次全体会议各项决策部署，研究分析2018年上半年政府工作情况，研究部署下半年工作任务。通报2018年上半年政府组成部门效能评价情况，相关部门作交流和表态发言，发放《公职人员工作守则》，举行宪法宣誓仪式。

【**常务会议**】 2018年，拜城县人民政府召开常务会议8次。3月31日，召开第一次常务会议。集中学习《全区计划生育管理暨南疆四地州计划生育工作现场推进会》《自治区进一步推进“简政放权、放管结合、优化服务”改革电视电话会议》精神，研究审议《关于调整拜城县人民政府领导工作分工的通知》等15项议题。5月1日，召开第二次常务会议。传达习近平总书记针对朝鲜黄海北道“4·22”致32名中国游客死亡的重大道路交通事故作出的重要批示和自治区党委就贯彻落实习近平总书记重要批示作出的重要指示精神，学习自治区安委会2018年第二次全体会议精神和行署2018年第四次常务会议安全生产工作纪要，听取全县1—4月安全生产工作及6个安全生产专委会工作汇报，分析安全生产形势，安排部署下一阶段安全生产重点。6月13日，召开第三次常务会议。听取有关方面工作汇报，研究县经济、环保、招商引资等议题工作。听取县安委办及6个专委会对5月安全生产工作汇报。审议并通过《拜城县经济口安全生产目标管理考评实施方案》《拜城县污染防治攻坚考评办法》《拜城县2018年主要经济指标应统尽统工作实施方案》《拜城县经济工作例会制度》《拜城县2018年城市经济口绩效考评办法》《拜城县全力推进在建项目实施方案》《拜城县帮扶企业解困工作实施方案》《拜城县推进招商引资项目落地建设方案》《拜城县2018年财政收入征收管理工作实施方案》《拜城县关于预算单位支出执行进度考核办法》《拜城县违法计划生育举办通告》《拜城县推进义务教育优质均衡发展实施方案》《2017年度本级财政预算执行和其他财政收支情况的审计结果报告》《关于提高保障性住房申请标准及租金的报告》。讨论并原则通过《拜城县新增建设用地的请示》《拜城县新增地矿项目探矿权的请示》《拜城县残疾人康复中心建设项目征地补偿安置方案的请示》等。8月6日，召开第四次常务会议，传达学习相关政策文件，听取县安委办7月安全生产工作汇报，通报近期安全生产工作检查情况，审议《拜城县环境违法行为举报奖励办法（试行）》等5项议题。9月16日，召开第五次常务会议，听取县安委办8月安全生产工作及中央环保督察反馈问题整改落实情况，审议《拜城县第一批“减证便民”取消、保留事项清单》等10项议题。11月6日，召开第六次常务会议，听取县安委办及安全生产各专委会县领导10月安全生产工作情况汇报，审议《拜城县开展农村道路交通安全综合治理实施方案》等9项议题。11月6日，召开第七次常务会议，听取11月全县安全生产工作情况汇报，审议《拜城县2018年行政权力事项清单调整目录》等8项议题。12月27日，召开第八次常务会议，听取12月全县安全生产工作情况汇报，审议《拜城县2018年政府工作报告》等5项议题。

【党组会议】 2018年，拜城县人民政府召开党组会议16次。2月28日，召开第一次党组会议。审议《关于买买提江·莫力任拜城县人民政府副县长的报告》。同日，召开第二次党组会议。审议《关于买买提江·莫力任拜城县人民政府代理县长的报告》。3月31日，召开第三次党组会议。研究《关于王某同志辞去公职的请示》，审议《关于辞退8名公务员的请示》等3项议题。4月28日，召开第四次党组会议。集中学习党的十九大精神、汪洋在新疆调研时的重要讲话精神、陈全国在阿克苏调研时的重要讲话精神和国务院第一次廉政工作会议精神。5月21日，召开第五次党组会议。集中学习陈全国在地（州、市）厅级干部和县（市、区）党政正职学习贯彻习近平新时代中国特色社会主义和党的十九大精神集中轮训班上的讲话精神和相关文件精神，政府班子成员分别签订《拜城县人民政府党风廉政建设责任书》，审议干部任免文件等7项议题。6月12日，召开第六次党组会议。研究拜城县铁热克镇温泉康养中心建设项目相关事宜。7月23日，召开第七次党组会议。传达学习《宪法（修正案）》，习近平新时代中国特色社会主义三十讲——掌握马克思主义思想方法和工作方法，第十三届人民政府第一次廉政工作会议精神，《中共阿克苏地区委员会贯彻落实〈中共中央政治局贯彻落实中央八项规定实施细则〉的办法的通知》《关于进一步加强政府系统作风建设的通知》（阿行署办〔2018〕52号），李克强总理关于在全国国土绿化、森林防火和防汛抗旱工作电视电话会议上的批示和胡春华、王勇在会议上的讲话，《关于进一步严肃工作纪律转变工作作风的通知》和拜城县第二十个党风廉政教育月活动安排意见精神，研究干部任免事宜，并安排部署相关工作。8月12日，召开第八次党组（扩大）会议。传达拜城县中央环保督察反馈意见和突出环境问题整改工作座谈会会议精神，安排部署有关工作；审议《拜城县组织发动2018年就业脱贫攻坚秋季拾花攻势行动实施方案》等相关议题。9月16日，召开第九次党组会议。研究政府党组成员补选事宜。同日，召开第十次党组会议。集中学习党中央、自治区有关领导讲话及相关文件精神；传达学习地区扶贫开发领导小组会议精神，安排部署有关工作。10月24日，召开第十一次党组会议。集中学习有关领导讲话和上级有关文件精神。11月16日，召开第十二次党组会议。研究审议河南中鹤集团肉牛养殖有限公司申报肉牛繁育推一体化示范项目有关事宜的请示。11月29日，召开第十三次党组会议。传达学习《中国共产党支部工作条例（试行）》等相关文件，研究干部任免事宜。12月1日，召开第十四次党组会议。专题传达学习自治区党委九届六次全体会议精神。12月16日，召开第十五次党组会议。审议10人任免事宜。12月23日，召开第十六次党组会议。研究干部任免事宜，审议《关于建立拜城县城乡居民基本养老保险待遇和基本养老金调整机制的实施方案》，集中学习《习近平总书记在庆祝改革开放40周年大会上的讲话》和有关文件精神等4个议题。

政务工作

【经济发展】 2018年，拜城县全年完成地方生产总值69.1亿元，增长9.2%。三次产业结构比为19.2∶53.4∶27.4。全社会固定资产投资50.68亿元，增长1%；公共财政预算收入15.22亿元，增长12.4%；社会消费品零售总额10.55亿元，增长11%；城镇居民人均可支配收入3.03万元，增长9%；农牧民人均纯收入1.37万元，增长8%。

【三大攻坚战】 2018年，拜城县严守金融风险和政府债务风险红线，严控政府债务增量，化解限额外隐性债务，实现零违规举债。突出抓好以产业发展、转移就业、土地清理再分配等为重点的精准脱贫措施，落实扶贫资金8627万元，实施扶贫项目72个，退出贫困村5个，完成脱贫581户2259人，全县贫困发生率降至3.3%。牢固树立"绿水青山就是金山银山，冰天雪地也是金山银山"的发展理念，持续推进大气、水、土壤污染防治行动，植树造林800公顷、封山育林1200公顷，启动6666.66公顷生态林建设项目，全县森林覆盖率达6.63%。

【城乡建设】 2018年，拜城县规模以上工业企业增加值27.15亿元，增长11.2%；落实区外到位资金63.33亿元，增长1.8%。实施乡村振兴战略，持续调整优化农业产业结构，落实粮食种植面积5.21万公顷、特色经济作物面积1.14万公顷、设施农业面积286.66公顷，林果挂果面积8333.33公顷，牲畜存栏达131.5万头（只），出栏89.7万头（只），新增地区级以上农业产业化龙头企业2家，培育发展农民专业合作社38家。铁热克温泉度假村、克孜尔"丝路驿站"项目进展顺利，铁热克温泉改造升级重新营业，康其湿地景区规模初具、开门迎客，全年接待游客突破85万人次，实现旅游总收入2.8亿元。

【民生事业】 2018年，拜城县全年实现城镇新增就业3640人，农村富余劳动力转移就业3.5万人次，困难人员就业255人，城镇登记失业率控制在2.27%以下。学前及义务教育阶段国家通用语言教学实现全覆盖，全县小学、初中适龄儿童少年入学率分别达99.7%、99.5%，1760名学生实现就地高考，专科上线人数1721人，上线率达97.7%，新招录教师814人，分流转岗教师562名，解聘不合格教师26名。分级诊疗体系逐步建立，县域就诊率达91.57%，完成全民免费健康体检20.54万人，全县人口出生率控制在9.34‰以内；全县参保人数23.11万人，参保率达95.9%，发放低保金7113万元，惠及城乡困难群众1.09万户2.3万人，集中供养老人275人，集中养育孤儿695人。新建、改建农村公路372千米，建成防渗渠6千米，建成农村安居房4365套，完成棚户区改造1000套，实施安全饮水入户950户3708人，完成农村改厕1.54万座，实施援疆项目17个。

【深化改革】 2018年，拜城县6个领域184项改革任务稳步推进，全面落实"三去一降一补"（去产能、去库存、去杠杆、降成本、补短板），完成房地产去库存面积16.5万平方米，11家企业获批直购电交易资格，交易电量1.6亿千瓦时。取消行政许可事项8项，调整31个部门行政权力事项1165项，清理规范证明事项86项，梳理公布21个单位170项"最多跑一趟"事项清单，开通网上办理事项200项。纵深推进农村集体产权制度改革、农村集体资产清产核资、国有农牧场办社会职能移交等改革，持续加强油地共建、兵地融合。

【政府建设】 2018年，拜城县人民政府深入贯彻依法治国基本方略，全面推进政府政治、思想、组织、作风、纪律和反腐败建设，增强"四个意识"、坚定"四个自信"、坚决做到"两个维护"。健全完善政府全体会议、党组会议、常务会议等各项规章制度，改进文风会风，规范公务接待，加强调查研究，严肃财经纪律。自觉接受人大常委会的法律监督、政协的民主监督和群众监督，办结人大代表议案9件、建议105件，政协委员提案101件。坚持以“零容忍”态度惩治腐败，政务处分48人，干部作风转变，营商环境持续改善，干事创业的氛围更加浓厚。

通知、决定

【通　知】 2018年，拜城县人民政府共下发各类通知134个。

党群协调工作20个：关于做好2017年政府信息公开工作年度报告编制和发布工作的通知、关于认真办理人大代表议案和建政议和协委员提案的通知、关于开展拜城县政府职能部门2018年上半年度满意度测评工作的通知、关于做好迎接国务院教育督导委员会对拜城县人民政府履行教育职责情况实地核查工作的通知、关于上报《政府工作报告》任务落实情况的通知、印发《关于开展政府系统“强化管党治党整顿机关作风、提升行政效能”活动的实施方案》的通知、关于印发《拜城县迎接2018年国务院大督查自治区实地督查组督查工作方案》的通知、关于印发《拜城县2018年政务公开工作要点》的通知、关于开展拜城县政务信息资源目录梳理工作的通知、关于印发《拜城县优化政务服务营造良好营商环境专项改革实施方案》的通知、关于开展政务信息资源共享目录梳理工作的通知、关于成立拜城县国家通用语言文字普及攻坚工程领导小组的通知、关于调整拜城县人民政府领导工作分工的通知、印发《关于推进落实拜城县重点工作的实施意见》的通知、关于印发《拜城县人民政府党组会议制度》等4项制度的通知、关于调整拜城县人民政府领导工作分工的通知、关于调整拜城县征兵工作领导小组组成人员的通知、关于调整拜城县人民政府领导工作分工的通知、关于调整充实拜城县推进职能转变协调小组的通知。

政法维稳工作4个：关于做好拜城县2018年行政执法（监督）人员资格审查反清理工作的通知、关于做好拜城县2018年民兵工作的通知、关于做好拜城县2018年民兵组织整顿工作的通知、关于成立拜城县民兵调整改革领导小组的通知。

社会事业工作18个：关于印发《拜城县安全生产“1+X”专委会会议制度》的通知、关于印发《拜城县2018年村级惠民生项目管理办法》的通知、关于印发《拜城县2018年电子政务工作要点》的通知、关于成立拜城县村级惠民生项目管理工作领导小组的通知、关于印发《拜城县2018年行政调解工作实施方案》的通知、关于调整充实拜城县全民科学素质工作领导小组成员的通知、关于印发《2018年拜城县国家教育统一考试普通高考突发事件总体应急处置预案》的通知、关于印发《拜城县推进义务教育优质均衡发展实施方案》的通知、关于成立拜城县保障农民工工资支付工作领导小组的通知、关于印发《拜城县全面治理拖欠农民工工资问题实施方案》的通知、关于印发《拜城县进一步加强民办教育机构管理工作实施方案》的通知、关于印发《拜城县义务教育均衡发展评估验收反馈意见整改方案》的通知、关于成立拜城县社保费及非税收入征管职责划转工作协调小组的通知、关于印发《关于建立拜城县城乡居民基本养老保险待遇确定和基础养老金正常调整机制的实施方案》的通知、关于印发《拜城县2018年“今冬明春”城乡富余劳动力职业技能培训工作实施方案》的通知、关于启用拜城县卫生局公章的通知、关于印发《拜城县2018年深化“放管服”改革工作要点及责任分工方案》的通知、关于开展“减证便民”专项行动和推行“一趟不用跑”“最多跑一趟”办事清单的通知。

农业农村工作17个：关于印发《拜城县2018年夏粮收购工作实施方案》的通知、关于做好2018年度农业灌溉用水水费征收工作的通知、关于下达2019年冬小麦播种面积指导性计划的通知、关于成立拜城县参加第五届新疆特色果品（阿克苏）交易会筹备工作领导小组的通知、关于做好2018年度农村饮水费征收工作的通知、关于印发《2018年拜城县耕地地力保护补贴资金分配方案》的通知、关于做好2018年度种植大户农业灌溉用水水费征收工作的通知、印发《关于开展“大棚房”问题专项清理整治行动坚决遏制农地非农化实施方案》的通知、关于印发《拜城县开展粮食生产功能区和重要农产品生产保护区划定工作实施意见》的通知、关于印发《拜城县苹果枝枯病疫情普查工作方案》的通知、关于调整充实拜城县国家公益林管护工作领导小组的通知、关于成立拜城县耕地精准核查工作领导小组的通知、关于调整充实拜城县苹果枝枯病疫情普查工作领导小组通知、关于调成充实拜城县气象灾害防御指挥部领导小组的通知、关于印发《拜城县今冬明春气象灾害防御工作方案》的通知、关于发布禁火令的通知、关于印发《拜城县创建全国“平安农机”示范县工作实施方案》的通知。

经济工作66个：关于印发《拜城县今冬明春大气污染防治工作方案》的通知、关于印发《拜城县严防“地条钢”死灰复燃排查工作实施方案》的通知、关于深刻汲取中国石油天然气股份有限公司塔里木油田分公司“3・14”事故教训持续深入开展安全生产大检查的通知、关于印发《拜城县城市商业综合体暨儿童活动场所消防安全专项整治行动方案》的通知、关于印发《拜城县2017年度土地矿产卫片执法检查工作实施方案》的通知、关于开展拜城县2018年第二季度安全生产大检查工作的通知、关于开展拜城县第四次全国经济普查工作的通知、关于成立拜城县第四次全国经济普查工作领导小组的通知、关于调整充实拜城县环境保护工作领导小组成员的通知、关于印发《拜城县突出环境问题整治工作实施方案》的通知、关于调整充实拜城县移民工作领导小组成员的通知、关于抽调拜城县第四次全国经济普查领导小组办公室人员的通知、关于印发《拜城县第四次全国经济普查主要工作计划》的通知、关于印发《拜城县中央环境保护督察反馈问题整改工作方案》的通知、关于印发《拜城县地震应急预案（修订）》的通知、关于印发《拜城县贯彻落实地区指导县（市）经济工作有关意见责任分解方案》的通知、关于印发《拜城县全力推进在建产业项目实施方案》的通知、关于印发《拜城县帮扶企业解困工作方案》的通知、关于印发《拜城县2018年度招商引资目标任务考评办法》的通知、关于印发《拜城县招商引资奖励办法（试行）》的通知、关于成立拜城县推进新疆金晖兆丰100万吨/年PVC循环经济项目工作领导小组的通知、关于印发《拜城县推进新疆金晖兆丰100万吨/年PVC循环经济项目工作实施方案》的通知、关于印发《拜城县2018年主要经济指标应统尽统工作实施方案》的通知、关于印发《拜城县污染防治攻坚战考评办法（试行）》的通知、关于成立拜城县钢铁煤炭煤电行业化解过剩产能工作领导小组的通知、关于印发《拜城县2018年财政收入征收管理工作实施方案》的通知、关于印发《拜城县预算单位项目支出执行进度考核办法》的通知、关于印发《拜城县防洪抢险应急预案》的通知、关于调整充实2018年拜城县防汛抗旱指挥部成员的通知、关于成立拜城县“反洗钱、反恐怖融资反逃税”工作协调小组的通知、关于印发《拜城县全面开展农村集体资产清产核资工作实施方案》的通知、关于建立拜城县自然灾害信息报送紧急启动制度的通知、关于开展防汛抢险救灾2017督查的通知、关于印发《地区防汛工作督查反馈问题整改方案》的通知、关于印发《拜城县推进农村信用联社并购重组工作实施方案》的通知、关于成立拜城县防范化解农村信用合作联社金融风险工作领导小组的通知、关于印发《拜城县金融风险应急预案》的通知、关于成立拜城县地方农垦国有农牧场土地使用权确权登记发证工作领导小组的通知、关于拜城县治理车辆运输车货运车辆非法改装和超限超载工作实施方案的通知、关于成立拜城县治理车辆运输车货运车辆非法改装和超限超载工作领导小组的通知、关于成立拜城县防范P2P网络借贷风险工作领导小组的通知、关于印发《拜城县互联网金融风险应急处置预案》的通知、关于印发《拜城县地方农垦国有农牧场土地使用权确权登记发证工作实施方案》的通知、关于印发《地区调研拜城县中央环保督察反馈意见和突出环境问题整改工作提出问题整改方案》的通知、关于印发《拜城县推进招商引资项目落地建设实施方案》的通知、关于印发《拜城县今秋明春植树造林工作实施方案》的通知、关于印发《拜城县十万亩生态林工程建设规划（2018—2022年）》的通知、关于印发《拜城县秋季消防火灾防控工作实施方案》的通知、关于成立拜城县秋季消防安全专项治理行动领导小组的通知、关于印发《拜城县整建制转移就业人员管理办法（试行）》的通知、关于印发《拜城县水源地突出环境问题整改方案》的通知、关于印发《拜城县退役军人和其他优抚对象信息采集工作实施方案》的通知、关于印发《拜城县扬尘综合治理工作方案》的通知、关于调整充实拜城县第四次全国经济普查领导小组的通知、关于印发《拜城县棚户区改造征收实施方案》的通知、关于调整充实拜城县绿化委员会的通知、关于开展拜城县2018年秋季全民义务植树造林活动的通知、关于进一步加强防震减灾工作的通知、关于调整拜城县食品安全委员会成员的通知、关于开展拜城县规模以上企业空岗信息摸底的通知、关于印发《拜城县淘汰燃煤锅炉工作整改方案（2018—2020）》的通知、关于印发《2018年拜城县食品安全重点工作安排》的通知、关于成立拜城县生态环境损害赔偿制度改革工作领导小组的通知、关于报送2019年全社会固定资产投资项目的紧急通知、关于调整充实拜城县保障农民工工资支付工作领导小组的通知、关于进一步落实安全生产分级管理责任加强安全生产隐患排查治理的通知。

报送节日期间值班表和放假通知7个：关于报送清明节期间值班安排表的通知、关于报送2018年劳动节期间值班安排表的通知、关于报送2019年元旦期间值班安排表的通知、关于2018年端午节放假的通知、关于2018年古尔邦节放假的通知、关于2018年中秋节放假的通知、关于2018年国庆节放假及作息时间调整的通知。

【决　定】 2018年，拜城县人民政府共下发各类决定9个：关于取消中央指定地方实施行政许可事项的决定，关于表彰2017年度拜城县安全生产目标管理考核先进单位的决定，关于表彰拜城县2017年度小微企业转型升级为规模以上企业的决定，关于表彰拜城县2017年度纳税大户的决定，关于表彰2017年度拜城县固定资产投资工作先进单位和先进企业的决定，关于表彰2017年度计划生育工作优秀乡（镇、场）和单位的决定，关于表彰拜城县2017年度卫生工作、爱国卫生工作、地方病防治工作、艾滋病防治工作先进乡（镇、场）和先进单位的决定，关于表彰拜城县2017年度环境保护工作先进单位的决定，关于取消一批行政许可等事项的决定。

（王艳丽）

办公室工作

【精文简会】 2018年，拜城县人民政府办公室（简称“政府办”）以县领导关注和群众关心的热点、难点问题为突破口，为领导决策提供参考。协调组织各职能部门开展综合调研，定期或不定期深入各乡（镇、场）开展调研活动，主动研究探讨一些带有方向性、全局性、战略性的课题，为县领导掌握全局、谋划工作、正确决策提供参考依据。坚持严谨细致，吃透上级精神，领会领导意图，反复琢磨观点，精心锤炼文字，做好各类文字材料及文件起草、打印、制发、归档、保密等各个环节工作，规范公文制发和公文处理程序，实行办文人员交叉核稿，全年共制发政府及办公室文件427件，比上年减少18.5%，接收转办地区级以上公文2064件、传真电报437件，分别比上年减少4.6%、2.1%，翻译文件材料266份，审读书籍1851册，实现公文运转高效、优质、安全。全面改进会议服务，全年共承办、协办各类专题会议166次，比上年减少17%。

【政务督察】 2018年，政府办对政府作出的重大决策或政府领导的重要批示指示，通过建章立制、督促检查等方式，一个一个跟踪问效，一项一项督促落实，推动各项工作部署落地见效。全年组织承办政府常务会议7次、党组会议14次；督办政府党组、常务会议议定重大事项43项；督办人大代表议案9件、建议105件，政协提案101件。发挥参谋助手作用，把各方面贯彻落实县委、县政府决策部署情况予以归纳整合，编报政务信息，供领导参考。

【依法行政】 2018年，政府办严格规范执法行为，执法审查34个行政执法单位、450名行政执法人员，清理回收不符合规定的执法证件180本。组织新一轮执法人员录入信息540条，并分2批次开展申领考试。制定下发《拜城县2018年行政调解工作实施方案》，化解矛盾纠纷484件，评查行政执法案卷80件；加强规范性文件的监督管理和有效清理，审查规范性文件11件，向行署法制办备案16件；清理2001年以来政府和办公室制发的155件规范性文件，其中继续有效133件，废止25件。

【政务公开】 2018年，政府办全面加强政府信息公开工作，通过政府门户网站主动公开各类信息404条，移交查阅点政府信息公开文件1186份。政府信息公开文件接收率、主动公开政府信息公开率、依申请公开政府信息备案率均达100%。发挥政府网站联系群众、互动交流的重要作用，回复办理县长信箱、投诉举报信件65件，回复率、办理率均达100%。加强政府门户网站栏目建设，制作完成专题内容10次。坚决落实网站安全责任，安全测试挂马恶意篡改、信息泄露、弱密码等安全隐患，排查安全漏洞，进行整改加固，建设安全的网站平台。

【外事侨务】 2018年，政府办按照《拜城县侨联改革实施方案》要求，优化组织设置、加强工作力量、创新管理模式、改进工作方式、加强领导和保障；参与地区侨联“纪念改革开放40周年”主题系列活动，撰写并上报《我与改革开放同岁，四十年岁月如歌》征文；做好侨务信访工作，受理办结归侨侨眷来信来访来电21件；深入乡（镇、场）、社区对华侨华人、归侨侨眷、侨资侨属企业等情况进行全面普查，并建立侨务资源数据库，至年底，有华侨华人8名、国外留学生15名、归侨侨眷34名。实施关爱工程，为8名生活困难的侨眷送去4000元慰问金。

【财务管理】 2018年，政府办合理安排收支预算，严格预算管理，挖掘潜力，本着“以收定支，量入为出，保证重点，兼顾一般”的原则，使预算更加切合实际，利于操作，发挥其在财务管理中的积极作用。全年办公室财政拨款支出2510.88万元，其中基本经费支出480.93万元，项目经费拨入2029.95万元；政府机关其他13个部门财政拨款支出3532.67万元。

（王艳丽）

信访工作

【概　况】 2018年，拜城县委群众工作部（信访局）内设接待科、信息科、督查科、综合科等科室。核定编制13个，实有在编人员13人，其中行政编5人、事业编8人；具有大学本科学历5

人，占38%；大专7人，占54%；中专1人，占8%。2018年实现信访工作“三不出”（小事不出组、中事不出村、大事不出乡），被国家信访局授予信访工作“三无”（无进京越级上访、无大规模集体上访、无因信访问题引发的恶性事件）县荣誉称号。

【信访总量】 2018年，拜城县共受理群众来信、来访89件91人次，其中个人访89件91人次，化解88件90人次，化解率达98.9%；初信初访案件及时受理率达100%，按期办结率达100%，群众满意率达100%；个人访、集体访的案件与上年同期相比，个人访案件下降21.93%，集体访下降100%，信访总量比上年下降22.61%。办理群众来信89件，其中国家信访局转来群众来信11件，自治区转交群众来信16件，地区转交群众来信2件，本级受理群众来信59件。全部按期办结并录入信访信息系统。

【网上投诉和领导信箱】 2018年，拜城县委群众工作部（信访局）运用“互联网+信访”新模式，加强阳光信访建设，推进信访信息系统的深度应用，提升信访事项及时受理率、按期办结率、群众满意率和群众参评率；信访工作登记、转送、交办、受理、办理、答复、复查（复核）、附件上传、送达、督查督办等环节规范有序；推动形成“信访网上投、事项网上办、结果网上评、问题网上督、形势网上判”的工作模式，实现信访信息系统登记录入及时、全面、准确，信访事项受理办理高效、规范的目标。受理网上投诉和领导信箱信访案件79件，占信访总量的88.7%。按期办结79件，办结率达100%。自治区信访信息系统内群众网上投诉信访问题登记、录入、转送、督办率达100%，办理流程、结果网上录入率达100%。

【信访工作法治化建设】 2018年，拜城县委群众工作部（信访局）按照中央改革信访工作制度的决策部署，国家信访局公布实施《国家信访局关于进一步规范信访事项受理办理程序引导来访人依法逐级走访的办法》及自治区、地区关于全面深化信访制度改革系列文件精神，全面推行依法逐级走访，引导信访群众逐级走访，利用信、网、电话、短信等各种受理平台，逐案逐人指导信访群众依法依规规范信访，引导群众逐级走访。推进信访信息系统的深度应用。全县16个乡（镇、场）、35县直单位和16个社区接入自治区信访信息系统，全面提升信访事项及时受理率、按期办结率、群众满意率和群众参评率。严格落实诉讼与信访分离制度，对7件涉法涉诉信访问题出具不予受理告知书，并引导群众通过司法途径解决诉求，实现“访”“诉”分离。

【信访案件化解】 2018年，拜城县委群众工作部（信访局）严格落实县委、县政府主要领导及分管领导安排，分别就“关于贯彻落实自治区推进会精神，深化矛盾纠纷排查化解工作”作出批示，专题进行研究部署，制定工作方案，加大矛盾纠纷排查化解工作。加大地区交办的2件信访案件和县自查的2件信访案件，按照工作要求，做到“一案一策”，落实县级领导包案化解责任，截至年底，办结率、化解率、录入率均为100%，信访人表示满意，没有继续信访。县委、县政府领导批示信访件11件，其中按期办结11件，按期办结率100%。

【律师接访】 2018年，县委群众工作部（信访局）来访接待中心每天有1名律师入驻来访接待中心，重点接待涉法涉诉信访群众，或者应当通过司法途径解决的信访问题，向群众解疑释惑，引导群众依法上访，纠正上访人员“信访不信法”的错误观念，实现“诉访分离”。

【矛盾纠纷排查化解】 2018年，县委群众工作部（信访局）践行新时代具有新疆特色的“枫桥经验”，把党的群众路线贯穿信访工作全过程，借力“访惠聚”、干部下沉、结亲入户、干部住户双覆盖等工作，常态落实化解矛盾纠纷“日排查”“周报告”制度，全方位、多层次、不间断深入开展群众工作和信访隐患排查、矛盾化解工作，及时归类整理排查梳理出的信访突出问题，按照“属地管理”“谁主管、谁负责”的原则，及时归口分流，限期处理。全县排查化解各类矛盾纠纷183件191人次，化解182件，化解率99.5%。保障群众的合理合法诉求按照法律规定和程序得到妥善解决，县直各相关单位按照征求上级业务部门意见、于法有据、要素齐全、简便易行的要求，完成责任清单的制定，清单制定较为合理，责任清晰，按时报送法制部门审核，32个单位制定责任清单，确保依法分类处理信访诉求工作有序推进。

（艾尼瓦尔·艾买提）

行政服务工作

【概　况】 2018年，拜城县行政服务中心（公共资源交易中心）（以下简称“县行政服务中心”）聚焦聚力新疆工作总目标，优化政务服务，综合施策，在人力物力财力上加大投入，改善办事环境，推进“最多跑一次”“一次不用跑”、减证便民、一窗通办、全程代办等各项工作。累计完成即办件23.67万件、承诺件5586件，办结率均达100%。

【政务服务优化】 2018年，拜城县行政服务中心提请县委、县政府先后印发《拜城县政务服务大厅优化服务实施方案》《拜城县推进审批服务便民化工作实施方案》，促进审批服务大提速。中心与9个行政审批事项少且可以代办的单位签订委托授权书，便企利民单位和审批事项应进尽进。梳理、公布并抓好第一批“减证便民”取消事项清单22项、保留事项清单64项、“一趟不用跑”和“最多跑一趟”办事清单170项落实。在税务、市场监督、人才、公安窗口推行“一门、一网、一窗、一人”通办模式，提高工作效率。设立政务超市，开辟送件直达通道，免费为群众送达各类证件，打造城区10分钟便民服务圈。各服务窗口定岗定员，AB岗工作制度落实到位，确保有人办事。推行早开门、晚下班、延时服务、电话预约服务、上门服务和邮寄服务，严格落实服务承诺制、限时办结制、领导现场办公制，确保当天的事当天办完。投入20余万元，设立网上办事大厅，改善窗口办事环境。

调整优化办事窗口、办事区域，实行“一条龙”服务。市场监督窗口将139项工商登记前置改为后置，精简率达到81%。人才窗口推行全程代办，群众办事只跑一次。公积金中心推行APP“手机公积金”，办事离柜率达到75%。在拜城政府网建立政务服务网上办事大厅，组织43个职能部门梳理和录入所有审批事项，安排6人次参加地区“互联网+政务服务”一体化平台应用培训，举办2期“互联网+政务服务”一体化平台应用培训班，对全县80名业务骨干开展2轮培训，确保全县“互联网+政务服务”高效推进，10月“互联网+政务服务”平台上线运行。

【行政审批监督】 2018年，县行政服务中心坚持教育引导为主、查处并举为辅，结合开展“聚焦总目标、作风再整顿”专项活动，抓好党风廉政建设“定责、履责、考责、问责”4个环节，严格执行党员领导干部廉洁从政各项规定，通过召开党风廉政建设专题会议、与各办事窗口签订责任书、承诺书、窗口负责人表态发言、干部宣誓等多种途径，加强每个办事窗口、每名工作人员的党风廉政建设责任，实现办事效率和群众满意度“双提升”。5月31日、8月11日、10月17日，中心先后召开作风建设推进会，“强化管党治党、整顿机关作风、提升行政效能”活动动员大会，“聚焦总目标、作风再整顿”专项活动动员大会，加强作风建设；召开“解决群众办事堵点难点座谈会”3次，梳理堵点问题12个，并建立相关台账。累计严肃处理执行作风建设制度不力的3个办事窗口和7名工作人员，约谈2名窗口负责人，提醒谈话4名工作人员，退回派出单位2人。

【公共资源交易】 2018年，县行政服务中心选派200余家供应商参加地区公共资源电子交易平台业务培训，安排2名干部参加地区公共资源交易电子交易平台使用业务培训，邀请3名专家现场指导公共资源交易中心建设，推进公共资源中心建设。公共资源交易严格按照规定执行，做到廉洁、透明、高效。公共资源交易中心通过与工商银行对接，成功申请退投标保证金手续费二维码，并于2018年5月23日正式投入运行，使办事群众不出中心结算科就能把事办完，实现“最多跑一次”。公共资源交易中心改革迈出实质性步伐，县编委会研究通过县公共资源交易中心改革里程碑计划。进场交易工程项目75个，交易金额累计2.33亿元；所有进场交易的项目均免收进场交易费，累计为投标人节约资金近百万元。

【政府采购】 2018年，县行政服务中心制定详细可行的政府采购工作管理办法和县级政府采购目录，明确政府采购范围、采购程序和违规处罚办法等，将全县属于政府集中采购目录以内和限额标准以上的项目全部纳入县政府采购中心实施。逐步推行政府采购预算编制制度。加强协议供货监管，严格审核程序，把好价格关，有效防止政府采购价格虚高现象发生。抓好“采管分离”制度落实，提高政府采购水平。全年政府采购项目1058个，金额累计2.62亿元，节约资金2938万元，节约率11%。

（王　峰）

应急管理

综　述

【机构概况】 2018年，拜城县安全生产监督管理局（以下简称“县安监部门”）为正科级建制，核定行政编制8名，其中领导职数3名，实际在职6名。下辖县安全生产监察大队，股级建制，全额拨款，核定事业编制7名（参公），实际在职6名。

【工作概况】 2018年，县安监部门健全落实安全生产责任体系，全面优化“1+X”安全生产组织体系，有序推动安全生产领域改革发展，着力解决安全生产监管薄弱环节和突出问题，督促各级各部门突出抓好隐患问题整改，开展安全风险分级分类管控和隐患排查治理，持续深化安全生产大检查、大整治，加大安全生产监管执法力度，有效防范和遏制各类生产安全事故发生，实现全县安全生产形势持续稳定好转。全年累计成立检查组742个，突出道路交通、矿山、危险化学品和烟花爆竹、建筑施工、消防、农机、旅游等重点行业领域及重点部门、重点岗位、重点环节，在重点时期、重大节假日期间开展安全生产大检查工作，检查各类生产经营单位6178家（次），排查各类安全隐患9203条，督促整改8812条。

安全生产管理

【安全隐患排查治理】 2018年，县安监部门协调全县安全生产监管部门突出农村道路未设置减速带、警示标识标牌缺失、农机反光膜缺失、驾驶员无证操作驾驶、三轮摩托（电瓶）车非法载人、部分建筑未办结合法消防手续等问题，开展隐患排查治理，共排查道路交通安全隐患49条。开展打击假冒特种作业证专项治理，共检查各类生产经营企业63家，检查特种作业工种1743人。对电力设施隐患（即拜城县10千伏1012康镇三线6分支14号杆水泥电杆出现严重裂纹的问题）及地区5次督查反馈33项问题全部整改。推行政府购买服务，引进第三方乌鲁木齐德诺安全技术咨询公司帮助监管部门到企业排查整治隐患工作机制，排查危险化学品、非煤矿山、工贸企业等安监部门直管行业企业隐患，帮助企业问诊把脉，消除事故隐患，检查发现问题隐患190条，下发专家安全审查意见30份，督促落实整改184条。

【危化品监管】 2018年，县安监部门开展危险化学品安全综合治理，辖区44家危险化学品企业落实安全风险分级管控工作，全面开展安全风险辨识，对辖区5家危险化学品生产企业、19家危险化学品储存、经营企业建立《危险化学品安全风险统计表》。督促危险化学品企业严格落实危险化学品运输车辆“入厂前、装车时、装车后”的安全告知、教育和例检工作。建立和完善安全告知10分钟、安全培训10分钟、安全检查10分钟“3个10分钟”制度，指导县众泰煤焦化有限公司、新疆八钢南疆钢铁拜城有限公司、新疆金晖焦化有限公司统一制作危险化学品运输安全告知牌，完成能够存储30天以上信息视频监控安装工作。

【安全生产事故】 2018年，拜城县共发生各类事故228起，死亡1人，受伤197人，直接经济损失81.88万元，比上年同期相比上升11%，死亡人数下降80%，受伤人数上升629%，直接经济损失下降54%。其中，发生道路交通事故206起，受伤197人，直接经济损失37.57万元，比上年同期相比事故起数上升49%，死亡人数下降100%，受伤人数上升629%，直接经济损失上升72%；发生火灾事故21起，无人员伤亡，直接经济损失28.31万元，比上年同期相比事故起数下降68%，直接经济损失上升49%；发生工矿事故1起，死亡1人，直接经济损失16万元。全县各类生产安全事故总体呈“两升两降”趋势，即事故起数、受伤人数同比上升，死亡人数、直接经济损失同比下降。从事故发生的行业来看，主要集中在道路交通领域，交通事故占事故总量的90.3%，受伤人数占事故受伤人数的100%，直接经济损失占事故直接经济损失的46%。煤炭行业领域、农机行业领域未发生生产安全事故，安全生产形势平稳。

【安全风险管控】 2018年，县安监部门在煤炭、非煤矿山、危化和工贸行业建立健全安全风险分级分类监管制度，按照企业性质、规模、危险程度将企业分为Ⅰ、Ⅱ、Ⅲ大类，按照企业安全管理水平将企业划分为A、B、C、D 4个等级，对所属企业按照“巩固A级、提高B级、重点整治C级、压缩淘汰D级”的原则，实行动态监管。在各生产经营企业实行重大隐患治理情况向负有安全生产监督管理职责的部门和企业职代会“双报告”制度，各生产经营企业按照报告内容每季度向负有安全监管职责的部门报告1次，每年至少向职代会报告1次。

【安全生产标准化建设】 2018年，县安监部门指导8家非煤矿山企业、23家危险化学品生产经营单位和17家工贸企业完成安全生产标准化创建工作，其中：创建一级安全标准化企业1家、二级安全标准化企业19家、三级安全标准化企业28家。对生产的7处煤矿每月开展专项检查验收和抽查，评定县东兴泰煤矿、弘扬煤矿、众维煤矿为二级安全生产标准化企业，评定阿尔格敏煤矿为三级安全生产标准化企业。

【智慧式用电服务系统】 2018年，安全生产部门指导交通运输、煤炭、住建、市场监管、文广、卫计、教育、林业等部门结合行业实际，坚持与电气火灾综合治理工作相结合，全面推广智慧式用电监管服务系统安装使用工作，对29家加气站、木材加工厂、煤矿、宾馆、网吧等生产经营企业和人员聚集场所安装智慧式用电监管服务系统64套。

【安全生产宣传教育培训】 2018年，县安监部门以开展全国第十七个“安全生产月”为契机，围绕“生命至上，安全发展”主题，开展安全生产咨询日、安全生产警示教育、安全生产演讲比赛、安全生产“七进”活动，集中开展宣传教育27场次，发放宣传资料1508份，受教育群众6349人次。通过广播、电视开设“防灾减灾”专栏，累计播放安全生产公益广告90小时，发布车载安全生产标语3000余车（次）。开展警示教育5场次，发放宣传资料1800余份，受教育人数达5000人；开展安全生产宣传教育“七进”活动87场次，累计受教育群众3700余人，宣传发放各类安全宣传资料450份，发布微信、微博113余条，公益短信123余条，创办安全生产月刊11期。县安监局荣获阿克苏地区安全生产演讲比赛“优秀组织奖”。

【体制机制建设】 2018年，县安监部门根据“管行必管安全、管业务必须管安全，管生产经营必须管安全”的工作要求，全面优化“1+X”安全生产专业委员会组织体系，制定《拜城县安全生产“1+X”专委会会议制度》，督促各成员单位落实安全生产监管职责，有效推动“1+X”专委会良性发展。全面执行县安全生产“党政同责、一岗双责、齐抓共管、失职追责”暂行规定责任体系，落实安全生产党政领导责任，将其安全生产履职情况作为职务晋升、工作考评的重要依据，狠抓企业全员岗位安全生产责任制建设，落实企业主体责任。研究出台《关于推进安全生产领域改革发展的实施意见》，有序推进安全生产领域改革发展各项工作。

（郭岸雄）

消　防

【概　况】 2018年，拜城县公安消防救援大队（以下简称“县消防大队”）下设1个中队，隶属于阿克苏地区消防救援支队。大队担负防火监督、火灾扑救、维稳处突等任务。11月，县公安消防大队更名为县消防救援大队，归属应急管理部新疆维吾尔自治区消防救援总队管辖，人员全部由武警序列转为行政。2018年，县公安消防大队被中共新疆消防总队委员会授予先进中队、集中教育整训先进大队、先进基层党组织等称号。

【灭火救灾】 2018年，县消防大队紧密结合辖区灭火工作实际，加强实战化大练兵、业务理论学习、基础体能训练、技能操法训练以及装备应用等实战训练，提高部队灭火救援实战能力。完善灭火救援数字化预案，加强预案制定的合理性和有效性，指导70余家单位修订灭火救援预案。开展校园灭火逃生演练20余次，开展重点单位灭火技能培训50余次，开展现役消防队与辖区政府、企业专职消防队联合演练8次，走访乡村开展防火灾宣传50余次。全年接警出动104起，其中火灾扑救63起，出动车辆134辆次，出动人员741人次，抢救财产折合人民币35.8万元；出动抢险救援21起，出动车辆41辆次，出动人员244人次，救援被困人员7人，疏散被困人员6人；出动社会救助20起，出动车辆23辆次，出动人员143人次。

【防火监督】 2018年，县消防大队提升火灾隐患排查整治水平。在大风天、夏季消防安全检查、冬春火灾防控专项整治中，重点开展火灾防控专项治理、易燃易爆场所专项治理、春夏消防安全专项治理、沿街门面及出租屋专项治理、电气火灾综合治理、高层建筑消防安全综合治理、城市商业综合体暨儿童活动场所消防安全专项整治、人员密集场所消防安全整治，提出符合消防安全的意见建议，最大限度减少静态火灾隐患发生。年内，共检查单位3086家次，发现火灾隐患4065处，下发责令整改通知书1458份，督促整改火灾隐患4097处，下发行政处罚决定书62份，责令“三停”（停止生产、停止施工、停止使用）单位22家，临时查封单位22家，罚款31.9万元。共清查各类场所1.07万余家次，排查、整治火患760处。

【消防宣传与培训】 2018年，县消防大队加大力度开展消防宣传。1月17日，开展冬季消防知识培训活动，来自全县130多名民警参加培训；利用“119”消防宣传日，在县二中、一中、三中、一小、二小、雪莲小学、新星幼儿园、城东幼儿园开展消防知识讲座，受教育师生1800余人；深入家庭、社区、农村、人员密集场所、社会单位等开展消防宣传56次；组织协调广电、教育、民政等部门利用网络、电视、手机短信、QQ平台等信息媒介宣传普及《消防安全常识20条》为重点的消防安全常识和逃生自救知识。全年发放消防常识宣传单2万余份，发送消防知识短信1万余条，发送微信8000余条，悬挂横幅10余条；组织学生、企业员工参观消防站20余次，提高群众消防安全意识，增强火灾防控能力。

【法规建设】 2018年，县消防大队对社会单位开展“三化”（社会单位建筑设施标识化、标准化、规范化）和“四个能力”（提高社会单位检查消除火灾隐患的能力、提高社会单位组织人员疏散逃生的能力、提高社会单位组织扑救初期火灾的能力、提高社会单位宣传教育培训的能力）达标验收工作，结合火灾隐患大排查、大整治专项行动，摸底排查辖区所有设置自动消防设施的单位，逐一核对、登记已投入使用的设有自动消防设施的单位32家，建立工作台账，做到底数清、情况明，并对达标情况进行公示。

（孙紫薇）

应急救援

【应急管理】 2018年，县安监部门及时修订完善《拜城县生产安全事故应急预案》《拜城县安全生产监督管理局安全生产事故灾难应急预案》，指导交通、建设、消防、民爆、特种设备、危险化学品、煤矿、非煤矿山等行业领域开展应急演练活动，全年共组织开展综合性应急演练25余场次，参演人数1200余人次。通过演练，增强各类预案针对性、可操作性。做好大风、沙尘、降温、降水、降雪等恶劣天气应对工作，及时发布恶劣天气预警预报信息，有效杜绝因恶劣天气等自然灾害引发的各类生产安全事故。

【应急演练】 2018年，政府办累计向地区行署应急办报送各类信息142条。做好应急预案编修工作，修订预案14个、新编制预案2个。加强应急管理宣传教育，开展县、乡两级防灾减灾日、消防日、安全生产周等各类应急管理宣传教育活动26场次。组织参加地区应急管理调度会44次、地区安全生产工作培训会2次，下发应急督办函2份，现场督查应急工作1次。做好应急演练工作，协调组织开展东四县防震减灾联合工作例会1次，各类专项应急演练44场次。

政协拜城县委员会

重要会议

【机构概况】 中国人民政治协商拜城县委员会（以下简称“政协拜城县委员会”）第十五届委员会设主席1人、副主席4人、秘书长1人。有界别19个，政协委员名额135名。县政协常务委员会由主席、副主席、秘书长、常务委员组成。2018年，按照《中国人民政治协商会议章程》相关规定，撤销10名政协委员资格，取消10名因工作调离辞去政协委员的资格。十五届常务委员23人，年内有常务委员20人（取消1名常务委员资格，撤销2名常务委员资格）。

【县政协十五届三次全体会议】 2018年1月12—13日，政协拜城县十五届委员会第三次全委会议于召开，听取和审议政协拜城县第十五届委员会常务委员会第四次会议工作报告；听取和审议政协拜城县第十五届委员会常务委员会第三次会议以来提案工作情况的报告；列席拜城县第十六届人民代表大会第四次会议；审议通过政协拜城县第十五届委员会第四次会议政治决议；审议通过政协拜城县第十五届委员会第四次会议关于常务委员会工作报告的决议；审议通过政协拜城县第十五届委员会提案委员会关于十五届三次会议以来提案工作情况报告的决议；审议通过政协拜城县第十五届委员会提案委员会关于十五届第四次会议提案审查情况的报告。

会议收到以提案形式提出的意见建议117件。经审查，立为提案110件，经并案处理后为101件，其中集体提案2件，委员个人提案99件。在立案的提案中，经济建设方面34件，占33%；科教文卫体方面17件，占16%；政法统战方面2件，占1%；交通管理方面11件，占10%；防洪改水方面12件，占11%；农林畜牧业方面25件，占24%；101件提案均已办复，101件提案答复率为100%，满意率98%。

【县政协十五届常委会议】 1月13日，召开政协拜城县第十五届委员会第一次常委会。审议政协拜城县第十五届委员会第三次会议政治决议；审议政协拜城县第十五届委员会第三次会议关于常务委员会工作报告的决议；审议政协拜城县第十五届委员会提案委员会关于十五届二次会议以来提案工作情况报告的决议；审议政协拜城县第十五届委员会提案委员会关于十五届第三次会议提案审查情况的报告。

7月12日，召开政协拜城县第十五届委员会第二次常委会。传达全国政协系统党的建设工作座谈会会议精神；传达地区政协工委关于习近平总书记关于加强和改进人民政协工作的重要思想理论研讨会会议精神；审议通过关于撤销1名政协委员资格的建议；审议通过关于取消2名因工作调离辞去政协委员资格的建议。

7月13日，召开政协拜城县第十五届委员会第三次常委会。审议通过关于撤销1名政协委员资格的建议。

12月30日，召开政协拜城县第十五届委员会第四次常委会。协商讨论政协拜城县第十五届委员会常务委员会第四次会议工作报告；审议通过关于增补政协委员的相关事宜；审议通过关于撤销5名政协委员资格的建议；审议通过关于取消4名因工作调离辞去政协委员资格的建议。

【县政协十五届委员会主席会议】 2月27日，政协拜城县第十五届委员会召开第一次主席会议。会议协商讨论政协2018年重点工作和中心工作；研究其他议题。

8月30日，政协拜城县第十五届委员会召开第二次主席会议。会议按照《中国人民政治协商会议章程》，审议撤销、取消9名政协委员资格的建议；研究其他议题。

12月23日，政协拜城县第十五届委员会召开第三次主席会议。会议协商讨论“两会”筹备相关事宜；按照《中国人民政治协商会议章程》，审议因工作调动，关于取消3名政协委员资格的建议；研究其他议题。

【承办地区级会议】 7月23—24日，政协阿克苏地区政协工作委员会第27次会议在拜城县召开，此次会议由拜城县政协承办，8县1市及地区政协工委领导约140人参会。24日上午，观摩拜城县政协党的建设和自身建设情况，观摩乡镇联络站工作开展情况和在阿克苏地区政协系统开展“双岗双责双贡献”活动中委员发挥作用的情况。

参政议政

【视察调研】 2018年，政协拜城县第十五届委员会组织专委会、委员配合地区政协工委调研，专项调研“深化民族团结中做好群众工作”、精准扶贫、学前双语教育工作3次，形成调研报告6篇。畅通民意反映渠道，坚持在调研、视察、走访等活动中，注重围绕社会稳定和长治久安总目标、群众工作、脱贫攻坚、民族团结等事关全局的工作收集梳理社情民意，及时反映给县委、县政府，提出合理化建议17条、反映社情民意40条，并转交相关部门进行答复和处理，化解一批事关民忧、民怨的问题。7月12日，组织经济界别部分政协委员调研视察园区污水处理厂、八钢干熄炼焦新工艺等工矿企业环保、安全生产情况，形成调研报告1篇。8月18日，组织司法界别部分政协委员深入消防大队、税务局、三中、布隆乡牙斯热木库鲁奇村、米吉克乡米斯铁米村，调研“七五”普法工作开展情况，形成调研报告1篇。9月13日，组织妇女界别部分政协委员调研视察米吉克乡米斯铁米村艾力·米合热合作社、亚吐尔乡古丽亲合作社、拜城镇新世纪手工艺品农民专业合作社，形成调研报告1篇。

【关注热点问题】 2018年，政协拜城县第十五届委员会就如何履行民主监督职能与政治协商、参政议政有机结合起来，使民主监督工作实现向重点单位全覆盖、政协委员广泛参与的方向迈进。围绕党政关注的大事、要事、实事，把敢于监督与善于监督结合起来，寓监督于协商之中，做到依法监督、理性监督，做到参政参到点子上、议政议到关键处。选派23名委员担任行风监督员、人民陪审员、人民监督员、城管考评员、信访听证员，对各行业、各部门进行经常性监督，利用提案办理、委员视察、社情民意等多种形式开展民主监督，增强民主监督实效。

【协商讨论】 2018年，政协拜城县第十五届委员会紧扣协商民主主线，在“三个统筹”原则（统筹稳定、经济、文化、社会、生态文明五大领域建设和创新、协调、绿色、开放、共享五大发展理念，统筹领导参与协商议题的数量和职能部门、承办单位的工作量，统筹全年协商活动的时间安排）的基础上突出“三个体现”（体现县委、县政府中心工作，体现各界别委员、界别群众关注热点，体现政协协商的优势）抓重点，制订年度协商计划，有序推进20项协商议题。通过落实主席联席会议、专委会界别组工作会议、委员专题学习班“三个会议制度”，布置推进、对接落实、解读部署年度协商计划，全面推进年度协商工作。深入开展调查研究和分析研判，提出有针对性、可操作性的对策建议，为拜城经济发展和社会稳定贡献力量。在政协第十五届三次全会中，参会政协委员认真协商讨论2018年度《政府工作报告》《国民经济和社会发展计划（草案）的报告》；提出各类修改意见和工作建议16条。组织专题协商会2次，对社会稳定、“访惠聚”驻村工作、生态环境保护、教育事业发展、基层组织建设、民族宗教、民族团结等内容进行专题协商，提出意见建议30条，促进县委、县人民政府的科学决策，推动县域经济社会稳健发展。

【文史资料工作】 2018年，政协拜城县第十五届委员会坚持文史工作的统战特色和地方特色，继续补充和优化文史资料撰稿员队伍，加大史料征集和申报工作力度，坚持精选精编，严格把关，提高文史资料的思想内容、史料价值、历史知识和文字质量。为纪念援疆20周年，收集、整理文史资料150余篇、相关图片500余张。

提案办理

【提案工作】 2018年，政协拜城县第十五届委员会加强提案办理协商，坚持督查与协商相结合，通过重点提案协商推进和实地视察、提案专题“回头看”督查等方式，深化提案办理机制，推动提案由数量型向质量型转变，提案办理由重答复向重落实转变。县政协十五届三次会议期间，政协提案委员会以提案形式提出的意见建议117件，经审查，立为提案110件，经并案处理后为101件，部分提案被列为年度重点提案。2018年4月7日，召开提案交办会，年内，委员们提出的提案全部办理完毕，办结率为100%，满意率为98%。如《关于加强人才引进的建议》《关于加强农村环境综合整治，建设美好家园的建议》《关于农村水源地保护安全饮用水的建议》等提案得到县委、县人民政府的重视。

【反映社情民意】 2018年，政协拜城县第十五届委员会各专委会和广大委员把反映社情民意作为履行职能的重要内容，保持同本界别群众的联系，体察民情，反映民意。政协班子及成员围绕社会稳定、民生建设等与各族群众利益相关的问题，开展调研、视察、走访等活动，做好建言献策。加大社情民意转办函的办理。全年共征集意见建议30条，转交相关部门进行答复和处理。政协领导成员利用参加县四套班子联席会议契机，反映收集掌握到的社情民意，提出合理化建议，大部分被县委、县政府采纳。

委员活动

【委员学习】 2018年，政协拜城县第十五届委员会组织委员深入学习党的十九大、自治区党委九届四次全会、自治区“两会”和地委、县委会议精神，为政协委员征订《亚洲中心时报》，增强委员学习能力，提升委员队伍建设。组织编写《政协工作基础常识》印发至各基层联络办公室，规范政协职能、政协委员职责、委员撰写提案的要求及方法、撰写社情民意信息等内容，提高委员履职能力。教育广大委员广泛学习《新疆维吾尔自治区去极端化条例》等内容，发动委员从自身做起，发挥作用，维护社会稳定。

【委员联络】 2018年，政协拜城县第十五届委员会加强委员联络工作，通过询访，同乡（镇、场）委员联络办公室了解政协委员现实表现，深入16个乡（镇、场）走访委员，发挥基层联络办公室作用。经常对联络办公室主任、联络员从职责、任务、工作方法等方面进行业务培训，安排部署乡（镇、场）联络办公室工作任务，指导联络办公室开展好各项实践活动，发挥政协委员的作用。

（李荣梅）

纪检监察

综　述

【概　况】 2018年，拜城县纪律检查委员会、拜城县监察委员会（以下简称“拜城县纪委监委”）推进党规党纪教育，把党风廉政宣传教育纳入党委“大宣教”格局中，严查“四风四气”（形式主义、官僚主义、享乐主义、奢靡之风，“官油子”之气、不作为之气、漂浮之气、“两面人”之气）、工作作风漂浮、工作不实、政策棚架及不作为、慢作为等问题，发挥巡视利剑作用，加强纪检监察干部队伍建设，从严落实监督责任，加强监督执纪问责，为落实总目标营造风清气正的政治生态。全县各级纪委共处置问题线索929件，立案597件，结案594件（乡科级干部38人、一般干部58人、其他人员501人），党纪处分573人，政务处分44人，挽回经济损失428.2万元。在2018年度县年终绩效考评中县纪委监委被评为“优秀”等次。

【机构改革】 2018年1月15日，根据县委编办《关于县纪委监委机关内设机构人员编制有关事宜的通知》，按照“纪委监委共同设立内设机构，执纪监督、审查调查部门不分设”要求，拜城县监察委员会正式挂牌成立，县纪委与监委合署办公，实行“一套工作机构、两个机关名称”，为正科级，履行纪检、监察两项职责，对地区纪委监委和县委负责。撤销县人民检察院转隶的反贪污贿赂局、反渎职侵权局、职务犯罪预防科3个科室，设立为第三、第四、第五纪检监察室。按照中央深化国家监察体制改革试点期间机构、编制、职数“三不增”原则，调整和转隶后，县纪委监委机关设置内设机构11个，即办公室、组宣部、党风政风监督室、信访室、案件监督管理室、第一纪检监察室、第二纪检监察室、第三纪检监察室、第四检监察室、第五纪检监察室、案件审理室。撤销拜城县人民政府纠正行业不正之风办公室。从拜城县人民检察院划转政法专项编制12名调整到拜城县监察委员会，核减拜城县人民检察院反贪污贿赂局领导职数1名。调整后中共拜城县纪律检查委员会、拜城县监察委员会行政编制28名，机关事业编制7名，机关工勤事业编制2名。县纪委、监委领导职数9名，其中纪委书记、监委主任1名、纪委副书记、监委副主任2名、纪委常委兼监委委员2名、专职纪委常委2名、专职监委委员2名。内设机构核定领导职数11名。

重要会议

【县监察委员会选举】 2018年1月15日，拜城县十六届人民代表大会第三次会议选举县监察委员会主任。在县十六届人民代表大会第九次常委会议上，经县委常委、纪委书记、监察委员会主任提名，县人大常委会任命县监察委员会副主任和委员。

【年度纪检监察工作会议】 2月13日，拜城县召开2018年度纪检监察工作会议。总结2017年党风廉政建设和反腐败工作，安排部署2018年工作任务。县四套班子在家领导，县委办公室、人大常委会办公室、政府办公室、政协办公室，县直单位（含垂管单位）党政主要领导、纪检书记（纪检组组长）、县纪委监委班子成员及各室主任，各金融机构、保险公司等部门约140余人在主会场参加会议，各乡（镇、场）党政主要领导及班子成员，纪委班子成员约50人在乡（镇）分会场参加视频会。

党风廉政建设

【党纪党规教育】 2018年，拜城县纪委监委依托县廉政网站、手机短信、“清廉拜城”微信公众平台、“纪法知识微考堂”网络答题等，做到“指尖教育”常态化。组织党员干部观看《蜕变》系列警示教育片232场次，编印发放《拜城县违纪违法典型案例》手册150册，3251名干部前往县反腐倡廉暨预防职务犯罪警示教育基地接受教育。持续抓好廉政外宣工作，撰写稿件164期，被中央级媒体采用1篇，自治区级采用105篇。

【作风建设】 2018年，拜城县纪委监委持续加大对“四风四气”、工作作风漂浮、工作不实、政策棚架及不作为、慢作为、党员干部“八小时”外生活监督检查力度，定期不定期深入餐厅、宾馆等场所开展检查，坚持做到发现一起、查处一起。共发现“四风”“四气”及违反中央八项规定精神问题线索489条，党纪政务处分242人；查办违反中央八项规定精神案件10件；对61个单位、71名违反会风会纪人员给予组织处理。作风建设专项检查11次，通报6期，通报批评37个单位、22名干部。

监督执纪

【政治监督】 2018年，拜城县纪委监委坚持把违反政治纪律问题特别是“两面人”“两面派”问题作为执纪监督、审查调查的重点，定期召开反腐败协调小组会议，与政法、组织、公安、检察等部门沟通对接，将党员干部和公职人员违反政治纪律和反分裂斗争纪律问题作为审查调查重中之重，深挖细查、分析研判，依法严肃查处。共办结违反政治纪律案件383件，涉及“两面人”“两面派”案件249件。

【执纪处置】 2018年，拜城县纪委监委坚持无禁区、全覆盖、零容忍，坚持重遏制、强高压、长震慑，坚持行贿受贿一起查，坚持政治纪律、组织纪律、廉洁纪律问题线索必核必查，紧盯重点领域和重要岗位不放、紧盯各级领导干部特别是“一把手”不放，把政治和经济相互交织形成利益集团的案件作为重中之重，做到“打虎”“拍蝇”双管齐下。全县各级纪委共处置问题线索929件，立案597件，结案594件（乡科级干部38人、一般干部58人、其他人员498人），党纪处分573人，政务处分44人，挽回经济损失428.2万元。

【队伍建设】 2018年，拜城县纪委监委推进“学思践悟”常态化，促使纪检监察干部及时掌握中纪委、自治区及地区纪委、县委最新精神，抓好各项工作贯彻落实。通过集中教育、跟班学习、挂职锻炼、“访惠聚”活动、入户住户“双覆盖”等实践锻炼，提升纪检监察干部综合能力素质。深化监察体制改革。县监察委员会履行纪律审查、审查调两项职能。严格落实“不增加机构、不增加职数、不增加编制”要求，本级划转检察机关涉改人员编制数12名，县纪委监委共设立11个内设机构，执纪监督室9个，实现对全县范围内所有行使公权力的公职人员全覆盖。推进乡镇派出监察办公室工作，健全乡镇纪委班子成员，配齐配强监察办公室主任、副主任、监察员，各项工作有序开展。落实工作旬报、工作例会及各项制度的执行，加强日常督查和业务考评。加强纪检监察干部监督管理，严防“灯下黑”，坚决维护纪检监察干部铁军形象。对违反会风会纪、迟到早退的13名纪检监察干部予以组织处理。

巡视巡察

【巡视整改】 2018年，拜城县委巡察办制定自治区第九巡视组巡视反馈问题整改台账和2016年巡视巡察15条未整改到位或未整改问题的整改落实台账，及时办理移送的19件问题线索，其中立案审查9件、初核结10件。指导2017年被巡察的察尔齐镇、托克逊乡落实整改。

【巡察工作】 2018年，拜城县纪委两轮巡察中发现问题475条，向县纪委监委移交问题线索133条，涉及科级干部12人。及时呈递巡察专报、立查立改问题、线索反映等专题报告，向巡察工作领导小组及县委主要领导汇报情况，确保重大问题、紧急问题、普遍性问题得到及时整改和查处，有效遏制苗头性倾向性问题。共编辑巡察专报19期、县委主要领导批示16期，经县委主要领导批示移交巡察《线索反映》5期、《立查立改》问题2期。根据《巡察专报》《线索反映》查处违纪人员15人。

（袁军萍）

群众团体

总工会

【第八届工会换届选举大会】 2018年6月2日，拜城县第八届工会换届选举大会在县图书馆召开。出席代表大会代表160名，特邀代表31名。会议作了拜城县第七届工会委员会工作报告、第六届经费审查委员会经费审查报告。会议选举产生拜城县第八届工会委员会委员33名，选举产生拜城县工会第八届委员会常委11名，选举主席1人、副主席3人。选举产生拜城县工会第七届经费审查委员会和第六届工会女职工委员会。

【工会组织建设】 2018年，拜城县总工会（以下简称“县总工会”）落实“党建带工建”责任制，按照“哪里有企业，哪里有职工，哪里就要建立工会组织”的建会原则，全年新组建基层工会14家，其中社区工会2家，行政事业单位工会1家，非公企业工会11家，分别完成全年任务的100%、117.6%、131%。发展会员1219名，其中农民工会员310人。全县有基层工会271个，其中：有乡镇场工会16个、社区工会16个、事业单位工会34个、县直党政机关工会21个、国有企业工会21个、非公有制企业工会96个、小微企业工会64个、外资合资企业工会3个。共有会员人数2.97万人，规范建设“六有”基层工会128家，基层工会职工之家建设达标139个，达标率65%，分别完成全年上级任务的100%。

【职工维权】 2018年，县总工会完善以职代会为载体的厂务公开制度，召开职工（代表）大会214家，覆盖会员2.85万人。全县非公有制企业31家，召开职代会29家，开展厂务公开31家，厂务公开率达90%；完成14家规模以上企业工资集体协商专项合同、集体合同、女职工特殊权益保护专项合同的签订工作，续签率100%。工资集体协商合同签订率100%，续签率100%。开展会员民主评议职工之家基层工会21家，参与评议职工3126人。

【职工文化及劳动竞赛】 2018年，县总工会组织煤化工、农产品加工等基层工会开展各类文体娱乐活动50余场次。年内，铁热克煤业、众泰煤焦化公司、众维煤业等开展一系列丰富多彩的庆“五一”职工专场晚会，河南能源化工集团新疆公司在众泰煤焦化公司举办第三届职工篮球比赛，县卫生系统工会组织开展“5·12”国际护士节庆祝活动，县总工会举办“迎‘五一’·庆五四”青年联谊会，来自基层200多名青年参加联谊会，通过各项职工文化活动开展，丰富全县职工的业余文化生活。同时宣传发动基层工会组织在全县范围内开展“安康杯”竞赛，全县42家单位踊跃参加劳动竞赛，参赛单位职工总数达1.24万人；“安康杯”竞赛参赛单位37家，参赛班组394个，参赛职工6943人。拜城县众泰煤焦化有限责任公司荣获国家级“安康杯”优胜单位。

【困难职工帮扶】 2018年，县总工会精准摸排和识别全县城镇困难职工，实行“一人一档”规范化管理。对全县录入全国总工会困难职工帮扶系统的59户困难职工达到脱困标准的予以退出，其中就业创业解困脱困53户，落实社保解困脱困53户，医疗保障解困脱困5户，社会兜底解困脱困6户，投入资金79.43万元；新纳入36户进行建档帮扶。对符合标准的困难职工实行动态管理，实行“一人一档”，制定《拜城县城镇困难职工解困脱困实施方案》，健全困难职工常态化帮扶工作机制。争取申请中央帮扶资金40万元。截至年末，到账12万元；日常帮扶困难职工134户，投入资金14.6万元；开展大病救助1人0.6万元；金秋助学19人3.7万元；就业创业培训220人；投入6000元印发150册困难职工解困脱困政策宣传册；争取援疆资金8万元慰问家庭特别困难的职工。与县人社局开展“春送岗位”职业介绍活动，为15名困难职工解决就业创收5万元。开展基层工会干部帮扶政策培训3场次，开展困难职工就业创业培训2次220人，投入资金1.5万元；法律法规知识和帮扶政策知识培训1次146人；法律援助15人次。全年59户困难职工脱困，完成地区工会和县委下达的脱困任务。动员社会爱心人士和企业为康其乡1名大学生捐助1.76万元。

【典型选树】 2018年，县总工会职工劳模创新工作室建设加强，指导新建职工（劳模）创新工作室1个，全县有职工劳模创新工作室5个，其中自治区级1个、地区级1个、县级3个。取得创新成果134项，获国家专利10项（请补充具体专利名称），为企业节约综合实际效益1.2亿元。众泰煤焦化有限公司获得国家级“安康杯”优胜单位；1个单位获得地区级模范职工之家红旗单位；1个单位获得地区级模范职工之家；2个单位获得地区级模范职工之家（小家）。

【工会经费收缴】 2018年，县总工会全年地税代收工会经费共计530余万元，比2015年同期增长441%；比2016年同期增长331%；比2017年同期增长105%。县财政划拨工会上解经费5万元，完成上级下达的目标任务。为规范工会经费使用透明度，加大工会经费收缴力度，主动申请审计部门审计工会经费管理使用情况，对存在的3个方面问题完成整改。

【干部培训】 2018年，拜城县各基层工会以争创“学习型组织、争做知识型、技能型职工”活动为抓手，举办基层工会干部培训班2期，参加培训人员360人。选派基层工会干部到援疆省份工会干校培训15人次，赴自治区总工会干校培训4人次。12月3日，拜城县总工会在峰峰煤焦化有限责任公司工会委员会和众泰煤焦化有限责任公司工会委员会召开基层工会规范化建设管理推进会，来自全县150个基层工会的工会主席和工会干事参加会议，并邀请地区工会基层部负责人讲课。全年基层工会干部为职工群众化解矛盾纠纷130件，追讨拖欠农民工工资30万元。

【对口援疆工作】 2018年，县工会主动邀请温州市总工会主席一行到拜城考察洽谈援疆项目，于8月25日落实第一批援疆资金8万元，10月30日落实第二批援疆资金250万元。解决占地1795.77平方米的工人文化宫活动阵地。11月6日，拜城县总工会负责人随同县党政考察组到温州市考察；11月11日拜城县人民政府与温州市总工会在温州市人民大会堂签订对口援疆职工疗休养协议，拉开温州市的职工会员到拜城县疗休养的序幕。

（李海妮）

共青团拜城县委员会

【概　况】 中国共产主义青年团拜城县委员会（以下简称“团县委”）核定编制数4个（其中行政编制3个、工勤人员1个），实有人员4人。下设拜城县少先队工作委员会（以下简称少工委）。2018年，全县共有基层团组织463个，共有团员10361人。其中，基层团委37个、团总支2个、团支部424个。按照行业类别分类，机关团组织6个、乡镇团组织170个、社区团组织16个、学校团组织271个。全县14—35岁的青年群体85783人，团员10361人。较上年减少86个团组织。专兼职团干部1672人，其中专职团干部372人，农村团干部696人，乡（镇、场）团委书记进“两委”班子比例为100%，团支部书记进“两委”班子比例为95%，比上年比例有所提高。

【工作概述】 2018年，团县委组织各级团干部以导学、讲学、研学、比学、践学、督学加强青年大学习，覆盖团员青年1.5万人次。505个团支部召开“践行新思想，拥抱新时代”主题组织生活会。2018年8月起，落实自治区团委要求，统一开展每月主题团日活动，主题团日活动以视频形式开展至村一级，各级团干部、团员、入团积极分子全部参加，加强团员青年思想教育，增加团员归属感，增强团组织吸引力；全面开展“红领巾小课堂”，组织寒暑假返乡大学生参与“红领巾小课堂”，开展以国情区情、民族团结、少先队基本知识等为主要内容的主题教育活动，进行双语培训和课业辅导，自治区匹配68个点位，村（社区）自行组织点位128个，共1000节课，覆盖3200余名中小学生，开展结对帮扶、青暖蓓蕾、阳光关爱、健康呵护、融情实践、志愿帮扶、法律帮教7项重点工作，做好教育引导工作，预防和减少青少年犯罪，化解一批社会矛盾，消除一批社会隐患。

【基层团组织建设】 2018年，团县委依托党建带团建工作机制，牢固树立大抓基层的鲜明导向，坚持德才兼备，选优配强16名乡（镇、场）专职团干部，171名村（社区）团支部书记和19名中职中学团委书记。落实经费保障，每年由县财政保证各乡（镇、场）基层团委1万元工作经费，全县150个村团支部各5000元工作经费。2018年11月2日，召开党建带群团工作现场推进会，16个乡（镇、场）团委书记和专职副书记观摩米吉克乡库木买里村和康其乡和谐村基础团务工作宣传展板、发展团员档案、团组织阵地建设以及如何开展主题团日活动。

【发展新团员】 2018年，团县委落实“从严治团”要求，根据《关于进一步严肃规范团员发展工作的若干规定》，遵循团员发展要求，确保发展团员质量。年内，团地委下达发展团员指标690名，实际发展690名，中学发展团员580名，乡镇农牧民青年团员110名，12月25日前全部完成指标任务。

【团队干部教育培训】 2018年4月12—13日，团县委联合教育局在拜城县第二小学举办2018年少先队辅导员培训班暨专业技能大赛，48名少先队辅导员参加，13名少先队辅导员参加技能大赛；4月17—18日举办拜城县“严守党的政治纪律锤炼过硬团风”团干部培训班，乡（镇、场）专职副书记和村（社区）团支部书记117名参加，培训内容为基础团务知识。12月16日，团县委在县委党校举办今冬明春团建工作培训，乡村两级团组织书记和机关团组织书记共210人参加培训。

【团员青年宣传教育】 2018年，团县委结合宪法宣传月、民族团结教育月、禁毒日、周一升旗仪式等时机，开展宣讲活动171场次，受教育团员青年3万余人次。以“青年之家”为载体，组织团员青年开展以现代文化为引领的国家通用语言比赛、知识竞赛、集体婚礼等文体活动2052场次。505个团支部召开“践行新思想，拥抱新时代”主题组织生活。428个团支部团员青年开展“远离宗教极端、崇尚科学文明新风尚”宣传教育活动670余场次，覆盖团员青年8000人次。利用农民夜校及远程教育等阵地开展“健康防病知识进万家”宣讲活动1368场次，参训人员达13.68万人。继续利用“木扎提青年”公众微信平台，宣传团建主要工作、相关政策，“木扎提青年”公众微信平台关注总人数达4034人。组织开展“青年大学习”行动，覆盖团员青年1.5万人次。

【志愿服务活动】2018年，拜城县170个村（社区）团支部均建立青年志愿者服务队，每个队至少20名队员参加，年龄均在35周岁以下。定期为孤寡老人打扫庭院、帮忙做饭、梳洗头发，让孤寡老人感受到关心关爱，感受到党的好政策，截至年底，帮助孤寡老人2000余人次，受助孤寡老人500余人；假期为留守儿童辅导作业、清洗衣物，帮助留守儿童达3000人次；乡（镇、场）和县直单位青年志愿者争当文明交通劝导员，劝导行人不横穿马路、不闯红灯等，截至年底，共有1500名志愿者参加。

【普及国家通用语言工程】2018年，团县委制定下发《关于进一步加强拜城县各级团干部、团员青年“学国家通用语言文字、说国家通用语言文字、用国家通用语言文字”三年工作方案（2018—2020年）》，具体目标是2018年团县委干部国家通用语言文字普及达标率要达到100%；2019年乡（镇、场）团干部、村（社区）团支部书记国家通用语言文字普及达标率要达到100%；2020年35岁以下团员青年国家通用语言普及达标率80%以上。村（社区）团支部将团员青年分快班、中班、慢班3个等次在农牧民夜校开课，利用“新疆共青团”微信公众号设置的国家通用语言文字夜校——教你学国家通用语言文字模块，进行集中学习，定期测试，检验学习效果，截至年底，团县委干部国家通用语言文字普及达标率达100%。

【预防青少年犯罪】2018年，村（社区）团支部利用每天六点半课堂等阵地，定期开展亲情陪伴、课业辅导、心理疏导等活动；利用节假日邀请村（社区）法律顾问，为中小学生宣讲如何用法律知识保护自己，不要轻信陌生人、与陌生人交流时刻保持警惕、毒品危害等方面知识，共宣讲171场次；在综治宣传月、宪法宣传月继续坚持开展法制进校园、青少年法制大讲堂等活动，邀请法院专业人士为中小学生宣传未成年人法律知识宣讲3场次，帮助青少年树立法治理念、做学法、用法、守法的合格公民。为使学生增长法律意识，各中职中学进行“模拟法庭”比赛。

【希望工程建设】2018年，拜城县共有6名品学兼优贫困大学生享受“中国茅台·国之栋梁——2018年希望工程圆梦行动大型公益助学活动”助学金3万元，每人资助5000元圆大学梦。2018年12月，温州市团委、温州市青联爱心捐款5万元助力精准脱贫，为赛里木镇硝尔买里村和赛里木村25户贫困户每户捐赠2000元。

【西部计划志愿者服务管理】2018年8月，团县委完成2017年4名“西部计划”志愿者续签工作；争取2018年4名“西部计划”大学生志愿者，其中3名为上海复旦大学研究生支教团，在拜城县第二中学进行为期一年服务；截至2018年12月底，拜城县共有8名“西部计划”大学生志愿者。从2004年实施西部计划志愿者项目以来，有210名西部计划志愿者分配到县服务。有69名留疆工作，34名志愿者在拜城县工作。

【少先队工作】2018年，团县委对标从严治团少先队工作，以“1211”（“1211”中“1”为“一个仪式”，即入队仪式；“2”为“2个标志”，即红领巾标志、队委标志；“1”为“一次会议”，即学校少代会；“1”委“一个课程”，即少先队活动课程）为抓手，重点开展“争做新时代好队员”主题活动；各中小学在清明节、儿童节、建党节、国庆节、建队日等节点，开展“红色旗帜代代相传”“红领巾心向党”“红领巾相约中国梦”等主题活动；做好“六一”发展少先队队员的工作，坚持“全童入队”，规范入队标准、程序，全面开展少先队员入队前教育；2018年10月13日，全县80余所中小学统一开展“争做新时代好队员——集结在星星火炬旗帜下”主题队日活动，共有1万名少先队员参加；各中小学在建队完成少代会的召开，选出新一届大队委员，协助大队辅导员开展好学校少先队工作；各中小学推广使用新疆青少年《综合实践活动课》，利用每周1课时的少先队活动时间，开展系统的少先队教育活动。

【融情关爱活动】 2018年，团县委推报县福利院12名少先队员参加地区团委组织的夏令营，推报城区4名少先队员参加自治区团委组织夏令营，推报拜城县第四小学1名少先队员参加援疆夏令营，让各民族中小学少先队员增长见识、开阔眼界、学习文化、互相交流。2018年8月，由团县委联合教育局举办3期“各族少年手拉手、红色基因代代传”融情周末营活动，在拜城县中央公园、康其乡湿地公园开展，共有300名不同民族中小学少先队员参加，在活动中，少先队员互相结对，交换礼物，通过各种游戏加深了解，成为好朋友，活动结束后通过书信往来交流学习经验，促进各民族中小学生相互了解、相互欣赏、相互帮助，增进各民族之间的感情。自2018年7月开始，团县委争取爱心生日会点位14个（自治区点位10个、地区点位4个），每个点位每月拨付500元，共计4.2万元专项经费，用于购买留守儿童生日蛋糕和学习用品。

（万小红）

妇女联合会

【机构概况】 2018年，拜城县妇女联合会（以下简称“县妇联”）有在职人员6名，其中领导干部3名、一般干部2名、工勤人员1名。6名工作人员中，本科学历2人、大专4人，中共党员6人。下辖基层妇联组织16个，其中镇妇联组织4个，乡妇联组织10个、管委会妇联组织1个、农牧场妇联组织1个；有村妇联组织157个，社区妇联组织16个，村（社区）妇联主席进“两委”班子比例达到100%。县直机关企事业单位妇联组织42个，新兴组织领域妇女组织29个。

【基层妇联改革】 2018年，县妇联加强妇女组织建设。督促指导14个乡（镇）和大宛其管委会完成“区域化妇联”改革任务，选举产生乡镇妇联主席15名，专职副主席16名，兼职副主席45名，执委299名；选举产生村（社区）妇联主席172名、副主席371名、执委2248名。在基层妇联换届中，落实会改联经费11.2万元。编印工作手册和制度汇编210套，发放到每个基层妇联组织。

【妇女联合会第十次代表大会】 2018年12月27日，县妇联召开妇女联合会第十次代表大会预备会议，通过大会议程（草案）、大会代表资格审查委员会名单、代表资格的审查报告、主席团成员名单。预备会议期间，举办以“巾帼心向党建功新时代”庆祝改革开放40周年为主题的文艺会演。12月28日，召开县妇女联合会第十次代表大会。大会应到代表215名，实到代表215名。大会报告回顾过去5年县妇联的工作，谋划未来5年的发展方向。选举产生第十届拜城县妇女联合会委员会。第二次全体会议选举产生执行委员会委员29人、执行常委13人，主席1人，专职副主席2人，兼职（挂职）副主席6人。

【“美丽庭院”示范创建】 2018年，县妇联持续推进寻找“最美家庭”及“美丽庭院”活动，依托村（社区）妇女之家平台，实施文明家庭选树工程，形成县妇联引导、乡（镇、场）妇联指导、村（社区）妇联主导的工作格局。联合县文明办、农办、爱卫办制定下发《关于抓好百村万户“美丽庭院”建设的通知》，结合移风易俗、“厕所革命”、乡村振兴工作，常态化开展“美丽庭院”创建。确定1个乡为县级示范点，先行试点。其他乡（镇、场）同样推出“1村50户”为乡镇级试点，抓好示范引导。建立各级妇联、团委组建的巾帼志愿服务队、青年志愿服务队、“美丽庭院”宣讲队、美丽庭院监督员等589支，总人数7855人，开展活动1350余场次。常态化开展美丽庭院评选评比活动，截至年末，全县达到“美丽庭院”创建标准的共有4835户（含贫困户647户）；创建地区级“美丽庭院”示范户50户；县级300户，乡（镇、场）1500户。

【妇女儿童权益维护】 2018年，县妇联主动牵头做好婚姻家庭纠纷预防化解工作。制定印发《关于深入推进婚姻家庭矛盾纠纷预防化解工作的意见》，完善县、乡、村三级联调婚姻矛盾纠纷工作机构及工作制度。截至年末，县、乡、村接待来电来访369起，其中，接访婚姻家庭权益类282起、婆媳关系31起、劳动社会保障类8起、家庭暴力48起，均予以妥善解决。联合县计生部门开展婚育新风进万家活动，为51对新婚夫妇举办集体婚礼，开展移风易俗、婚事新办主题宣传活动186场次，参训人员达2.7万人，引导农村妇女移风易俗，开展“好家风、好家训”巡回宣讲活动16场次，1920名妇女参加。

【妇女宣传教育】 2018年，县妇联深入开展大宣讲活动，发挥“巾帼宣讲员”队伍作用，结合宪法宣传月、民族团结教育月、综治宣传月、禁毒日等法治宣传节点，开展宣讲37场次，受教育妇女2.86万余人次。开展宣传教育活动436场次，覆盖妇女群众5.6万余人次。开展挂灯笼、贴春联、看春晚、包饺子、吃年夜饭，举办党的十九大精神演讲比赛、“百家宴”、体育竞赛、麦西来甫歌舞等活动16场次。深入基层举办去极端化宣讲共30场次，参训人员8000余人，利用妇女之家、青年之家、农民夜校及远程教育等阵地开展宣讲活动1353场次，参训人员15.36万人次。建立网上妇女之家，开通“拜城女声”微信平台，关注平台人数达634人，发布信息212余篇（其中“阿克苏女声”微信公众平台投稿采用105篇、“新疆女声”微信公众平台投稿采用7篇）。

【关爱活动】 2018年，县妇联利用“爱心一元捐”扶持资金，帮助有创业意愿的12名妇女发放29万元无息贷款解决资金困难，带动230余名妇女就业，为30名贫困女大学生每人发放1000元助学金。举办“贫困母亲‘两癌’救助”中央专项彩票公益金发放仪式，为9名患病农村贫困妇女发放9万元救助资金。在社会福利院开展“民族团结一家亲”联谊活动4次、慰问3次，爱心理发志愿服务活动1次，送去爱心衣物、学习用品、玩具等价值3.5万余元慰问品。为22名贫困母亲发放价值0.4万元“母亲邮包”。持续开展“恒爱行动”，将爱心毛衣传递到妇联驻康其乡和谐村，通过举办“恒爱行动——百万家庭亲情一线牵”活动，为79名贫困儿童捐赠毛衣、围巾、手套。

【“妇女之家”阵地建设】 2018年，拜城县妇联发挥“妇女之家”阵地作用，丰富“妇女之家”活动载体，把宣传教育、技能培训、演讲比赛、知识竞赛等活动在“妇女之家”开展起来，把推选出来的最美家庭先进典型在“妇女之家”展示出来，全年在“妇女之家”累计开展各类活动5504场次。

（王小芸）

科学技术协会

【机构概况】 2018年，拜城县科学技术协会（以下简称“县科协”）核定编制4个，其中行政编制2个、参公1个、工勤编1个。其中领导编职数2名（科协党支部书记，主席1名、副主席1名、一般干部1名、机关后勤服务人员事业编制1名），实有4人。

【全民科学素质行动计划纲要】 2018年，县科协动员全县及科普工作者参与全国科技活动周的科普宣传工作及着力抓好农牧民科学素质培训。为全面贯彻实施《全民科学素质行动计划纲要实施方案（2016—2020年）》，弘扬科学精神，普及科学知识，营造讲科学、爱科学、学科学、用科学的浓厚社会氛围，激发全社会的创新热情和创造活力，组织各族干部群众参与全国举办的2018年全民科学素质网络竞赛，参与总人数达1439人。

【科技之冬】 2018年，县科协牵头组织各成员单位开展第二十九届“科技之冬”活动，于2017年11月启动，2018年4月中旬结束。突出去极端化、“民族团结一家亲”教育、劳务输出、设施农业技术、现代农业知识新技术的宣传培训，做到“全面普及、重点突出、力戒形式、求真务实”，促进广大农牧民群众科技素质、科学意识和现代农业意识的提高。共举办培训362场次，参加活动的各类群众11.76万人次（完成县下达任务指标的164%，完成户户都有“科技明白人”任务指标的181%）。

【基层科普行动计划项目申报】 2018年，县科协组织开展县“基层科普行动计划”项目申报、推荐，共获得地区“基层科普行动计划”项目4个，其中集体项目2个、个人项目2个，共获得奖补资金11万元。依据“公平、公正、公开”“好中选优、差额评比”原则，会同县财政局印发《关于公布2018年“基层科普行动计划”奖补单位和个人的通知》，奖补“基层科普行动计划”获奖单位和个人。

【科普宣传】 2018年，县科协结合科技之冬、科技活动周及全国科普日等系列活动向广大农牧民宣传科学思想、普及科学精神。开展科技下乡和“科普大篷车”下乡活动，全县共组织开展“科普大篷车”下乡活动27次，发放科普宣传单3000余份，农村实用技术手册5200余本，直接受教育人数达5223余人。分别在7月、9月根据新疆老科技工作者协会和新疆科技服务中心安排，由自治区科协专家4人、地区科协专家10人分别在14个村及社区开展宣讲，乡镇基层干部和农民群众8000余人聆听科普讲座，引导基层群众树立科学健康的生产生活理念。

【科技创新大赛活动】 2018年，县科协鼓励青少年参加阿克苏地区青少年科技创新大赛活动。9月25—30日举办“拜城县第32届青少年科技创新大赛活动”，从全县137余所中小学及幼儿园180余件作品中筛选征集出各类优秀科技作品78件。9月30日，与教育局再次另选26件，上报地区第三十二届青少年科技创新大赛活动领导小组，参与大赛的科技辅导员和中小学生达300人，参与率、覆盖面、作品数量、质量及科技含量均为历年之最。选出优秀作品26件，参加地区大赛获得青少年科学幻想绘画一等奖2个、三等奖21个。2名辅导员获优秀科技辅导员称号，县科协被评为“优秀组织单位”称号。

（阿依古丽·阿不都瓦依提）

工商业联合会

【会员发展】 2018年，拜城县工商业联合会（以下简称“县工商联”）以创建“五好工商联”（班子作用好、制度落实好、商会发展好、活动开展好、会员反映好）和“会员之家”为切入点，坚持“成熟一个吸收一个”的要求发展会员，坚持“一年一审”考核会员制度。截至年末，全县有工商业会员组织467个，比上年减少24个。年内，新发展会员8名，淘汰不合格企业会员组织15个、个人会员15名、团体会员2名。

【非公有制企业党建】 2018年4月，成立中共拜城县非公有制经济组织综合委员会，县非公有制经济组织综合党委设书记1名，委员6名，分别由县工商联和县非公有制企业行业主管部门相关领导兼任。县工商联分管非公有制企业198家。按照“成熟一个、组建一个、巩固一个，提高一个”的要求，建立党支部12个，并建立党建指导员定期联系指导制度，交通局、建设局等主管部门所属行业选派5名非公有制经济组织党建工作指导员，包联指导主管所属行业党建工作，印发《拜城县非公有制经济党组织党建指导员工作日志》《拜城县非公有制经济组织党建指导员指导联系开展工作情况》，定期深入党支部及非公有制企业开展指导。

【**学习培训**】2018年，县工商联采取“请进来”“走出去”的办法，组织3名民营企业家参加自治区培训；组织11名非公有制企业党务工作者参加地区党校培训，组织民营企业负责人及党务工作者56人培训。激发非公有制企业探索新思路，解决县非公有制经济党建中的新问题，打造新亮点，建强“软实力”，引领非公有制企业健康、持续发展。

【**精准扶贫**】2018年，县工商联立足社会稳定与长治久安，以经济发展和改善民生为基础，制定《拜城县关于进一步推动民营企业“百企帮百村”精准扶贫工作实施方案》，引导民营企业参与“百企帮百村”精准扶贫行动的参与力度。引领民营企业家致富思源，履行社会责任。尼格尔发展有限责任公司为3个社区和3个村的75户贫困户送去尼格尔牌挂面、大米进行节日慰问，并为节日期间坚守卡点的公安民警送去1000份抓饭。新疆天玉种业公司帮扶625户贫困户参与到杂交玉米和小麦的制种工作中，通过玉米、小麦制种增加收入542.48万元，为每户带来年增收8680元左右。组织10家民营企业与10个贫困村建立对口帮扶，覆盖受益人口5.21万人。

【**促进就业**】2018年，县工商联发挥民营企业就业渠道作用，会同人力资源和社会保障局等相关部门开展“民营企业带创业促就业”活动，实现“招工一人脱贫一户”。拜城金盾保安服务有限公司为517名困难群众提供定向培训并输送到签约服务单位从事保安、车场管理员等工作；峻新化工有限责任公司招录少数民族贫困家庭子女，经过3个月技能培训后上岗工作，实现从农民到产业工人的转变。新疆天玉种业为450名农村富余劳动力提供就业岗位，年人均可收入2.3万元以上，雇用6个月以上贫困农民工170多人，支付劳务费980万元，为本县创造就业岗位130多个，实现“一人打工，全家致富”目标。县民营企业招收贫困劳动力到企业就业并实施技能培训1695人。

（刘　欣）

残疾人联合会

【**概　况**】2018年，拜城县残疾人联合会（以下简称“县残联”）内设三科一室（康复科、教就科、宣维科、办公室）。下辖16个乡（镇、场）基层残联。其中乡残联10个、镇残联4个、管委会残联1个、农牧场残联1个；全县有村级残协181个（包括9个社区残协）；县残疾人工作委员会有25个成员单位，有残疾人康复站5所（脑瘫儿童康复站2所、成人康复站2所、智力儿童康复站1所），有残疾人劳动就业服务所、残疾人用品用具服务站、残疾人法律救助站和肢体残疾人协会、聋人协会、盲人协会、智力和精神残疾人亲友协会等。全县有残疾人1.36余万人，占全县总人口的5.73%。其中，肢体残疾4670人，视力残疾1730人，听力、言语残疾2820人，精神和智力残疾1890人，多重残疾2570人。

【**基层组织换届**】2018年，拜城县县乡残联组织进行换届。1月6—10日，各乡（镇、场）残联换届，出席乡一级代表大会代表823人，其中领导干部代表、基层干部代表、残疾人工作者代表共319人，残疾人代表504人。选举产生乡级残联理事会理事长、副理事长、理事及参加县残联第七次代表大会的127名代表。2月6日，拜城县残疾人联合会第七次代表大会召开主席团会议，主席团会议通过专门协会主席、副主席，主席团会议决定。2月7日，拜城县残联第七次残疾人代表大会召开，出席代表大会的正式代表127名，其中各乡（镇、场）代表93名，占代表总数的73.22%；单位代表34名，占代表总数的

27%，特邀代表2名，列席代表11名。党员代表58名，占代表总数的46%；妇女代表34名，占代表总数的26.77%。县残疾人联合会理事长代表第六届主席团作工作报告。大会选举产生新一届主席团、理事会和出席地区残疾人联合会第六次代表大会的代表。

【康复工作】 2018年，县残联开展残疾人康复工作。协助完成白内障复明手术250例，验配助听器24台，为视力残疾人29人验配助视器45件，为肢体残疾人5人装配假肢5例、矫形器10件，发放其他辅助器具86件，为贫困精神病患者30人提供免费服药服务，协助精神病患者10人免费住院，为20户符合条件的建档立卡贫困重度残疾人家庭进行无障碍改造。各社区残疾人康复训练站对外免费开放，对智力、脑瘫儿童和肢体残疾人69人进行康复训练，为视力残疾人20人免费提供盲人定向行走训练服务。全年办理残疾人证354本。投入1630万元，建设老年养护、残疾人康复中心，总建筑面积7897.94平方米。

【残疾人就业】 2018年，县残联举办残疾人织地毯、刺绣、烹饪、裁缝等职业技能培训班，残疾人132人参加就业培训，为残疾人就业创业提供更多机遇和平台。配合科协等部门举办的“科技之冬”培训活动，对农村残疾人开展种植业、养殖业、园林业、庭院经济等方面技能培训，共培训农村残疾人525人，培训合格率达100%，多种渠道安排残疾人就业261人。

【助力脱贫攻坚】 2018年，全县建档立卡贫困残疾人721人，其中享受低保的建档立卡贫困残疾人504人，未享受低保217人，未纳入低保的一级残疾人27人、二级残疾人13人、三级残疾人52人、四级残疾人125人。享受残疾人“两项补贴”的建档立卡贫困残疾人504人，未享受低保217人，未享受“富民安居”政策的建档立卡贫困残疾人85人，其中2018年纳入享受“富民安居”政策范围的建档卡贫困残疾人67人。减免16岁以上561名建档立卡贫困残疾人的农业用水水费。对无人监护的建档立卡贫困残疾人1人提供集中托养服务。5个村深度贫困村退出建档立卡深度贫困残疾人66人。

【社会保障】 2018年，县残联对因生活、生产需要使用合法代步工具的肢体（下肢）残疾人74人给予机动车燃油补贴，每人补贴260元，共计发放17.68万元；为贫困智力、精神及肢体重度残疾人50人残疾评定补贴150元，共计发放0.75万元；为享受低保的残疾人2402人发放1—10月的残疾人两项补贴275.28万元；减免残疾农牧民4031人的957.36公顷耕地农业用水水费；为没有亲属，无人监护的残疾人42人提供免费托养服务。

【残疾人教育、宣传】 2018年，县残联通过各种方式，组织开展“助残日”“肢残人日”“残疾预防日”等宣传教育活动。协助地病办等卫生部门，做好特殊人群补碘宣传教育工作。继续做好残疾学生高考录取和奖励工作，确保符合条件的考生顺利入学。开展高中和中等职业教育阶段学生的助学工作，继续做好残疾学生高考录取和奖励工作，确保符合条件的考生顺利入学。为全县22名贫困残疾人家庭大学生子女、贫困残疾人学生“爱心天使助学金”发放6.8万元。

（吐尔地·衣不拉依木）

红十字会

【组织建设】 2018年，拜城县红十字会（以下简称“县红会”）全面宣传和贯彻落实《中华人民共和国红十字会法》《中国红十字会章程》各项规定，发挥红十字会在政府人道救助领域中的助手作用，以组织建设为基础、以宣传工作为先导、以救助服务为重点，坚持动员社会力量，坚守依法“建会、治会、兴会”工作理念，坚持“谁入会，谁受益”和“取之于民，用之于民”原则，组织会员和自愿工作者开展人道领域内的社区服务和社会公益活动，全县有红十字团体会员单位117个，成人会员4.01万人，学生会员1.34万人。

【业务宣传】 2018年，县红会在“5·8”红十字博爱周期间，组织各学校红十字青少年工作委员会，深入学习、宣传《中华人民共和国红十字会法》，通过主题班会、黑板报、知识竞赛、演讲比赛等形式开展丰富多彩的活动，提高青少年“人道、博爱、奉献”的人道主义意识。利用“12·1”世界艾滋病宣传日、“无偿献血日”、“全国防震减灾日”等宣传日在县城繁华地段设立咨询点，协调卫健委、县直各医疗卫生单位、个体门诊和红十字会志愿者开展宣传活动，宣讲防灾减灾、无偿献血、人体器官捐献、基金申请程序、自救互救知识，并组织县直医疗机构进行义诊、免费测血压，救护模拟活动。印发《红十字宣传手册》，器官遗体、造血干细胞捐献，无偿献血等相应知识宣传材料2000余份，悬挂宣传横幅5条，义诊200余人次，免费测量血压，提供健康咨询。电视台共播放2次红会工作新闻。

【救助帮扶】 2018年，县红会以浙江温州爱心企业捐赠的物资为基础，联合乡镇干部、驻村工作队走访慰问生活困难、过冬困难的农牧民，发放衣裤鞋帽1380余件（套），发放棉袜5000余双，受惠3000余人。春节期间，县红十字会以集中发放、入户慰问、依托乡村工作队等方式组织开展慰问活动，为56户困难群众家庭送去价值8800余元的慰问物资。根据地区红十字会《关于下拨2018年“红十字博爱送万家”活动款的通知》要求，结合实际情况，为4户符合救助条件的困难家庭每户发放500元慰问金。

【培训救助】 2018年，县红会普及卫生救护和防病知识，进行初级卫生救护培训，组织社区、乡镇居民、开展应急救护知识培训。在各乡（镇、场）、学校、机关单位、社区、村委会等场所开展应急救护培训35场次，参加培训人员达1万人次。全年接访患者及家属60余人，审核上报13人，其中，先天性心脏病患儿5人、宫颈鳞癌患者2人、白血病患者3人、唇腭裂3人。

【无偿捐献】 2018年，县红会在世界红十字日、法制宣传日、世界艾滋病日等活动开展集中宣传活动，开展多种形式的宣传活动，动员和组织红十字会基层组织和广大会员、志愿者带头参与，形成良好的社会氛围。通过宣传寻找志愿者，开展无偿献血活动2次，献血达600人，献血量28.4万毫升。

【争取自治区艾滋病关怀和预防项目】 2018年，县红会争取到自治区红十字会2018年下半年度艾滋病预防与关怀项目资金2.86万元。建立运转有效工作体制，形成由县红十字会牵头，县卫生局、艾防办、疾控中心配合、其他单位合作、各负其责、全社会共同参与的模式，在全县开展艾滋病知识宣讲60场次，发放宣传资料1万余份，小奖品1600份。

（张　斌）

法治

政法委及综治

【平安创建】 2018年，全县社会治安综合治理工作坚持系统治理、依法治理、综合治理、源头治理相结合，持续开展社会治理活动。始终把平安建设作为推进社会治理创新、加强基层服务管理的一项重要任务来抓，发挥各综治成员单位作用，调动各方人员力量，推进平安乡镇、平安村（社区）等平安基础“细胞”创建活动。年内，拜城县创建成为自治区平安县，米吉克乡、亚吐尔乡创建成为自治区优秀平安乡镇。

【社会治理】 2018年，拜城县政法委员会（以下简称县委政法委）组织各行业部门对系统本行业内部安全防范、重点要素管控开展自查整改，消除风险隐患；定期对乡（镇、场）、行业主管部门落实属地责任和监管责任进行监管，确保精细管理工作对象。建立完善“党政领导、公安为主、基层配合”的流动人口服务管理体系，落实流动人员服务管理工作法，按照村级组织负责“发现环节”，村（社区）警务室负责“录入核查”环节的要求，双方共同负责做好“管控环节”；继续完善“金钥匙·平安锁”模式，实行出租房屋统一登记备案、契约化管理。完善“两头抓、双向管”工作机制，做好对拜城籍流入人员的教育服务管理工作。

【严打整治】 2018年，拜城县坚持打好维稳“组合拳”，深化“挖减铲”专项行动，开展案件“回头看”“扫黑除恶”专项斗争等系列硬招实招，先后打掉一批犯罪团伙（案件），抓获一批违法（涉恶）犯罪人员，处分一批涉黑涉恶公职人员。加大治安复杂场所、乱点区域治安整治力度，查处无证经营、非法经营活动，防范和打击混迹在复杂场所、乱点区域内的违法犯罪活动及黄赌毒等社会丑恶现象，铲除滋生各类治安问题的土壤。常态化落实日常帮扶指导制度，定期组织开展稳定隐患大排查，查找综治维稳各方面隐患，制定整改措施，消除不稳定因素。

【化解矛盾纠纷】 2018年，全县政法部门健全完善矛盾纠纷排查化解预警机制，深入开展“民声大走访、隐患大排查、矛盾大整治”活动，建立健全县、乡、村三级联动矛盾调处机制，化解各类信访矛盾纠纷，排查化解防范；严格落实部门及领导包案制度，采取针对性解决措施化解合理诉求，综合运用法律指引、心理疏导、定期会商等方式，从源头化解风险。年内，无群体性上访事件和越级上访事件。加大涉法涉诉信访案件调查督办工作，对上级交办的案件，督促、协调相关政法部门依法办理。年内，接待处理来信来访涉法涉诉案件4件4人次，受理4件4人；对1件1人进行司法救助，救助金额8万元。

【加强风险评估】 2018年，全县建立县委统一领导，政府组织实施，职能部门负责，维稳办指导检查的社会稳定风险评估工作机制。对重大项目、重大决策、重点事项进行风险评估，确定风险隐患点，提前做好安全防范措施，确保将风险化解在事前，维护好社会和谐稳定局面。年内，未发生因重大事项未经评估或评估不到位、措施不落实而引发群体性事件。

【法学会工作】 2018年，拜城县法学会当好党和政府的法治“智囊团”，融入政法工作全局，深度参与政法维稳工作，为党委决策提供服务。当好法律服务、法治宣传的“排头兵”，组织开展“百名法学家、百场报告会”法治宣讲19场次，“法治文化基层行”宣讲活动186场次。参加疆内外法治研讨和交流活动，征集各类征文10余篇，向疆内外各大论坛投稿2篇优秀征文。持续抓好法学会自身建设。坚持将会员触角从机关向基层一线延伸，扩大会员覆盖面，团体会员发展到12个，法学会会员发展到179名。健全完善常务理事会议事规则、会员发展及管理办法、会费收缴管理办法、会员联络员职责及管理办法等系列规章制度，提升法学会开展各项工作的能力和水平。

【队伍建设】 2018年，县委政法委加强队伍建设，常态化开展“两学一做”学习教育，加强党支部学习，深入系统学习习近平总书记系列重要讲话、自治区党委第九届委员会第六次全体会议精神等系列讲话精神和《党支部工作条例》《党的十九大集中培训要点》《中华人民共和国反恐怖主义法》《新疆维吾尔自治区实施〈中华人民共和国反恐怖主义法〉办法》等相关政策法律，统一思想、凝聚共识，推动政策落地见实效。贯彻全国、全疆政法队伍建设会议精神，召开政法队伍建设会议，全面部署政法队伍建设工作。加强各级政法队伍党组织的管理，严格执行重大问题集体领导、民主集中、个别酝酿、会议决定的原则，加强党员干部自觉遵守政治纪律和政治规矩意识。

（刘志伟）

公 安

【人口管理】 2018年，拜城县公安局（以下简称县公安部门）严把人口入户材料的审核关，确保常住人口户籍工作的正常、有序开展；紧密结合县域实际，开展人口精准登记核实、依法规范身份证管理及户口清理整顿工作。按照流动人口服务管理办法，确保流动人员管到位、不失控。共办理户籍业务34.9万余人次，户籍人口入核实24.03万条，人口信息核签率为99.93%，登记外来流动人口8798人，其中疆内流入4030人、疆外流入4768人。

【社会面防控】 2018年，县公安部门依托克孜尔、察尔齐公安检查站，环城治安卡点及便民警务站，广泛采取密集布点、严格查控、显隐结合的方式有效建成闭环查控体系和实战型巡控网络。完善重点区域、人员密集场所的安全防范机制，加强重点行业监管，提升、调动、发挥十户（铺）联防等群防群治力量，最大限度消除治安隐患和管理盲区。严格落实26条管理要求及分管局领导包联住勤制度机制，常态查患、整改，有效确保社会面安全。检查重点部位、场所、行业单位1万余家次，发现整改隐患869处。开展各类演练4100余次，出动车辆4700余辆次。

【刑事侦查】 2018年，拜城县公安部门共立各类刑事案件破273起，破案率85%，立案同比上年增长25.6%，破案同比增长21.6%。共搜集涉黑涉恶线索34条，核查落地34条，侦办涉黑涉恶案件7起（其中上报地区案件7起，认定5起，公安厅认定4起）。多措并举侦破命案和涉枪犯罪。

【危爆物品管理】 2018年，县公安部门坚持“管住管好、便民利民”原则，加强民爆物品、油气等危爆重点物品管控措施，定期进行涉爆涉危单位安全隐患排查，及时堵塞漏洞、消除隐患；加强统筹协调，深化部门协作，常态化开展联合执法，实现对易制爆危险化学品和寄递物流安全管理工作各环节的全面覆盖。抓实二手车交易、大型工程机械车辆管理，加大管制器具、危爆物品宣传力度，完善群众举报奖励机制，确保流散在社会的各类危险物品及时收缴。

【出入境管理】 2018年，县公安部门认真履行出入境管理职能，狠抓业务受理工作。全年共受理各类出入境证件326本，其中护照196本、往来港澳通行证111本、往来台湾通行证19本，答复申请人咨询2000余人次；推进自助办理港澳台旅游签证工作，实现异地办理出入境证件、缩短办证时限、扩大“绿色通道”服务范围等多项便利举措，共发放宣传单2000余份，服务指南500份，同步寄送85人，加急办证服务35人。

【交通安全宣传】 2018年，县公安局交警部门围绕预防道路交通事故和树立交警形象的目的，加强宣传教育，为交通管理营造良好的执法环境和舆论氛围。组织民警深入客运企业120人次，悬挂横幅51幅。为中、小学师生上交通安全课130节，播放交通安全宣传光碟50余场次，展板集中宣传60场次，悬挂横幅50余幅。散发各类交通安全宣传资料31000余份，接受群众咨询8000余人次。组织驾驶人满分学习218人次，组织重点驾驶人交通法学习培训10次，组织800余人学习交通安全法和观看警示教育片。邀请电视台记者随警采访报道6次，新闻稿件被《新疆法制报》采用6篇，“拜城县零距离”采用6篇，《今日头条》采用1篇，搜狐网采用1篇，“双微”平台曝光交通违法行为265期。

【交通管理】 2018年，拜城县公安交警部门狠抓各项工作措施落实，按照“任务跟着形势走、警力跟着警情走”的思路，坚持日常管理与开展专项整治相结合，全面加强辖区省道（S307）和县乡道路重点路段、重点时段、重点车辆的管控。加大教育面，减少罚款量，警告教育轻微交通违法行为，对严重交通违法行为加大处罚力度，利用酒检仪、移动测速仪、执法记录仪等执法装备，从严查处，从重处罚。组织开展春运和“三打击一整治”“超员违法统一行动”“整治货物运输车违法超限超载行为专项行动”“重点车辆源头安全隐患清零”“农村面包车隐患清理”“道路交通安全生产专项行动”“道路交通安全集中整治”“酒驾醉驾毒驾专项行动”“农村道路交通安全综合治理”“打击假牌套牌假证违法行为”“百日道路交通安全专项治理”等专项行动。

【违法交通行为查处】 2018年，拜城县公安交警部门严厉查处严重交通违法，规范辖区道路行车秩序，有效地预防和减少重特大交通事故的发生。全年共查处各类交通违法行为3.29万起，其中查处无证驾驶109起，故意遮挡号牌及套牌3起，饮酒驾驶29起，危险驾驶罪95起（醉酒驾驶），客车超员4起，一般程序处理156起（超速50%以上的），非现场处罚及审核23168起（电子监控），其他违法行为1.8万起。

【网络监管】 2018年，县公安部门共办理涉网案件356起，立刑事案件141起（主侦案件45起，配侦案件96起），办理行政案件6起，刑拘182人，行政拘留4人，罚款2人，批评教育96人，排除嫌疑119人。共收集互联网信息7194条，其他类信息1707条，被地区转发采用5788条，省采信息884条。侦控发现、编报涉网类技术情报信息共580期，被地区采用470期，转发其他县（市）信息432多条，涉及本县的信息48条，均落查完成。

【网吧网站监管】 2018年，县公安部门检查网吧50家次，下发整改通知书10份，停业整顿2家，罚款2家，警告1家。利用网吧管理平台关联出地区下发线索73条，抓获犯罪嫌疑人7人。检查全县14家网站160次，收到地区公安局综合技术侦察支队检测的网站安全隐患报告17份，下达整改通知书17份，签订网站安全管理责任书14份，关停11家网站。

【通信保障】 2018年，县公安部门持续加强信息网络安全教育培训，制定规章制度，形成长效管理机制，年内开办各类公安信息网络培训50余场，提高民、协警使用公安信息网络安全意识。对全局公安网计算机、视频专网计算机开展自查16次。广泛开展信息化设备检查维护，全面检查派出所、便民警务站、卡点、拘留所、看守所等点位，推进线路梳理、设备除尘、故障排查、网络安全标识张贴等工作。加大视频监控在线率核查、故障检修力度，确保视频监控在线率始终在95%以上。严格按照电视电话会议保障工作机制，提前安排部署会议保障人员，提前到岗到位，做好设备巡检及试线工作，全年共保障会议1102场次；建立日常巡检制度，推进与相关电路运营商全天候协作机制建设，确保故障发现早、排除快，上报监控故障80余次，处理各类计算机软、硬件问题320余次，排除各类网络通信故障140余起，清理、维护计算机系统600余次，定期检查、维护、备份各类服务器数据，解决处理服务器故障17起，保证各部门计算机的正常运行。

【"110"接处警】 2018年，县公安局"110"指挥中心按照"快速、高效、专业、规范"的要求，整合警力资源，完善基层公安勤务模式，实现静态待警向动态处警转变。从接警、指挥、出警、处警、反馈等环节入手，严密指挥调度及处警反馈程序，明确责任，狠抓落实，确保接处警各个环节的工作衔接有序、科学规范。

【政治建警】 2018年，县公安部门把政治建警置于公安队伍建设的首要位置，坚持党建工作与业务工作同部署、同检查、同落实，形成"党委书记全盘抓，分管领导牵头抓，支部书记具体抓，党员民警共同抓"的工作局面。全年，共组织开展党委中心组理论学习14次，组织全警集中学习25场次，党委书记组织各支部书记、中层领导干部集中学习27场次，各党支部政治理论学习186场次，累计征订《中国共产党章程》《党的十九大报告》等读本1200余套，举办党建业务知识、党的十九大精神专题辅导等培班10次，651人次受训。开展宣传教育活动100余场次，做到宣传教育活动人人参与，不漏一人，锻造队伍忠诚本色。共查办案件18起18人，其中查处违反中央八项规定精神问题1人，违反廉洁纪律5人，违反工作纪律3人，违反群众纪律1人，违反组织纪律2人，违反政治纪律、开除公职1人，维稳措施麻痹大意被追责3人，开除公职、移送司法机关2人、组织处理27人。

【从优待警】 2018年，县公安局坚持"以人为本"的核心理念，拓展从优待警载体，落实民警津补贴政策，建立协警增资机制，解决民警职级待遇，严格落实民警年度体检、困难民警慰问帮扶制度，协调解决民警"两地分居"、子女入学等关系民警切身利益的问题，真心实意为民警办实事、做好事、解难事，凝聚警心，鼓舞士气，激发队伍活力，提高队伍战斗力。开展走访慰问34人次，发放慰问金13.9万元。按照人事工作相关政策和时限，完成全局干部五年、两年考核称职调资及民警两项津补贴的调资及补发和干部艰苦边远地区津贴的调资及补发。

【争先创优】 2018年，拜城县公安局6个集体获得地区三等功荣誉，1名民警荣获自治区个人二等功一个，12名民警荣获地区三等功。

（李满进）

检　察

【机构队伍】 2018年，拜城县人民检察院（以下简称"县检察机关"）有编制35名（政法专项编制33名，工勤编制2名），内设机构9个（办公室、政工科、侦查监督科、公诉科、监所检察科、民事行政检察科、控告申诉检察科、法律政策研究室、案件管理办公室），实有干警35人

（副县级2人、正科级6人、副科级8人、科员19人），工勤1人，院领导5人、检委会委员10人，员额制检察官13人。在职党员19人，男性25人，女性11人。本科及以上学历30名，研究生2名。

【检察改革】 2018年，县检察机关认真贯彻落实中央关于深化司法体制改革的部署要求，加强检察机关法律监督职能，延伸监督触角，提高侦查监督工作效率和办案质量。推进司法改革，按期完成向监察委转隶移交工作。加快检察机关内设机构改革步伐，综合机构和业务机构同步改，机构精简和职能优化相结合。启动内设机构改革先行先试工作，将9个科室（办公室、政工科、侦查监督科、公诉科、监所检察科、民事行政检察科、控告申诉检察科、法律政策研究室、案件管理办公室）整合为5个工作部（政治部、办公室、第一检察部、第二检察部、第三检察部）。主动适应以审判为中心的诉讼制度改革，突出强调检察官在审前程序的主导作用，构建重大疑难案件公安机关听取检察机关意见建议工作机制，引导侦查机关完善证据链条和证据体系，助推形成相互配合、分工制约的监督配合机制。全面落实司法责任制，构建新型检察权运行机制，建立检察官职业保障制度，严格执行入额院领导带头办案制度，全年院领导办案96件。

【聘用制书记员招录】 2018年，县检察机关会同县人社部门，坚持德才兼备的用人标准，贯彻公开、平等、竞争、择优的原则，面向社会公开招聘，采取现场报名、资格审查、笔试、面谈、体检、考察、公示和聘用等步骤进行，完成聘用制书记员招录工作。

【民事行政检察】 2018年，县检察机关受理当事人不服民事生效裁判申请监督案件10件、民事申诉案件1件，发出执行检察建议书8份，申诉人息诉罢访9件。在环境保护、矿产资源、食品安全、国有资产等方面摸排公益诉讼案件线索32件，立案10件，其中2件提起刑事附带民事公益诉讼，8件发出公益诉讼诉前检察建议，调查取证22件。落实最高检“保障千家万户舌尖上的安全”工作部署，依法办结地区首例食药领域行政公益诉讼案件1件。探索检察监督新模式，邀请县人大、政协、纪委、政法委和12个行政执法机关召开专门会议，现场对2个行政执法单位公开宣告送达诉前检察建议，加强法律监督刚性，达到办理一案警示教育一片的社会效果。规范做好控告申诉检察工作，接待来信来访32件37人，受理立案监督19件19人，律师参与化解和代理涉法涉诉案件3件3人，息诉罢访3件3人。践行以人民为中心的执法理念，建成“12309”检察服务中心，向社会提供更高效的检察服务，实现“马上办、网上办、就近办、一次办”的效果，形成全方位、全覆盖、立体化的“一站式”服务，将检察服务触角延伸到群众需要的每一个角落。安排专业干警赴单位、社区等开展法律宣传7场次，受教育4000余人。

【刑事检察】 2018年，县检察机关依法严厉打击各类严重刑事犯罪活动，截至年末，共受理侦查机关移送的普通审查逮捕案件44件48人，批准逮捕41件45人，决定逮捕2件2人，不捕1件2人。受理侦查机关移送的普通审查起诉案件162件178人，依法提起公诉163件249人（含往年结转数），证据不足不起诉5人、情节轻微不起诉9人、法定不起诉2人。落实“认罪认罚从宽”刑事政策，办理认罪认罚刑事案件128件138人；加强未成年人检察工作，惩防并举维护未成年人的合法权益。落实在办案中监督、监督中办案，监督侦查机关撤案4件4人，纠正公安机关遗漏罪名1件1人，纠正遗漏同案犯1人，改变定性1件1人。发出纠正违法通知书6份、检察建议11份。检查监管场所开展安全检查、生活卫生136次，提出检察建议35份；办理羁押必要性审查案件3件，发出变更强制措施建议书2份均被采纳，推进监外执行检察和社区矫正监督工作，严防发生脱管漏管。

【扫黑除恶专项斗争】 2018年，县检察机关成立工作专班，主要领导挂帅全盘协调指挥，加强扫黑除恶宣传力度，到驻村联系点、学校、社区等地方宣讲什么是涉黑、涉恶以及如何识别黑恶势力等知识。加强专题培训，明确打击目的，统一办案思想，突出打击重点，与侦查机关、审判机关形成工作合力，确保依法稳妥公正处理案件。对3年来办理的案件开展全面“回头看”，全面查找扫黑除恶案件线索。严把法律适用关，建立与侦查机关、审判机关会商联系机制，发挥好检察机关诉前主导、审前过滤的作用。依法提前介入引导侦查取证涉恶案件4件21人，依法批准逮捕涉恶案件1件3人；受理审查起诉涉恶案件4件21人，依法提起公诉4件21人，法院作有罪判决4件21人，被判处10年以上有期徒刑19人、财产刑罚没20.1万元。

【检察信息工作】 2018年，县检察机关加强检察宣传，《阿克苏检察》采用理论调研6篇，《司法理论与实务研究》采用理论调研6篇，县级以上新闻媒体采用信息277篇。加强、规范和创新检察信息、调研、宣传工作，被县级媒体采用稿13篇、地区级媒体采用稿9篇、自治区级媒体采用稿24篇、国家级媒体采用稿118篇。

【关心关爱检察干部】 2018年，县检察机关为落实严管厚爱人文关怀，加强干部职工队伍建设，激发干警干事创业的内生动力，营造活力、和谐、舒心的“家”文化氛围。先后制定《关心关爱干部职工制度》《“访惠聚”驻村工作队干部家属制度》，坚持每年为全体干警健康体检一次，落实“逢喜必贺、逢丧必问、逢难必帮、逢病必看”的关爱机制。推出以老带新传帮带制度，助推青年干警快速成长，提拔重用干警5人、享受副科级职级待遇4人、检察官等级按期晋升9人，做到严管与厚爱并重，营造拴心留人环境。结合每月主题党日活动，经常性开展谈心谈话、建言献策、思想汇报等工作，了解干部所思所忧所虑所盼，力所能及的解决干部的后顾之忧。

【服务群众】 2018年，县检察机关全体干警常态化深入基层入户住户2346人次，密切联系群众，促进各族干部群众交往交流交融。走访4名在拜自治区人大代表，主动报告工作、征求意见。建立检校合作和校园普法的长效机制，11名院领导、检察官分别担任县内11所中小学校法治副校长。参与社区共建，组织100余名社区党员、干部、群众来院参加“聚焦总目标、作风再整顿”检务公开日活动，进行座谈、征求意见。落实“队员当代表，单位做后盾、一把手负总责”，加强对“访惠聚”驻村工作的组织领导，把支持和帮助驻村工作纳入“责任田”。在思想、生活、培训和就业上推进脱贫攻坚，解决群众困难诉求110件，帮助村民外出经商、务工78人次，落实惠民政策资金103万元。

【助力“三大攻坚战”】 2018年，县检察机关立足检察职能，运用好刑事打击、法律监督、公益诉讼、检察建议和专题报告等法律监督职能，服务防范化解重大风险、精准脱贫、污染防治“三大攻坚战”。在防范化解金融领域重大社会风险专项行动中，依法严惩经济、金融领域中的犯罪活动，批准逮捕非法吸收公众存款案2件2人、骗取贷款案1件1人；起诉非法吸收公众存款案2件5人，法院均做有罪判决。依法受理纪委监委移送起诉扶贫领域侵害群众利益案件2件2人。办理赛里木镇托克买里村贫困户申请司法救助案件1件1人，发放司法救助金3万元，有效提升人民群众的司法获得感。对破坏生态环境和矿产资源问题，展开专门调查，立行政公益诉讼案件8件、刑事附带民事公益诉讼案件2件，开展警示教育活动7次。

（袁文广）

法 院

【刑事审判】 2018年，拜城县人民法院（以下简称“县法院”）严厉打击刑事犯罪，严格执行“两个证据规定”，在审理未成年人犯罪案件中，坚持“教育为主、惩罚为辅”的原则，预防和减少未成年人犯罪。截至年末，共受理刑事案件1947件（旧存47件），新收刑事案件同比上升23.06%，审结1843件，已结案件同比上升20.77%，结案率达94.66%，其中，破坏社会主义市场经济秩序罪4件，妨害社会管理秩序罪330件，渎职罪1件，侵害财产罪24件。

【民商事审判】 2018年，县法院完善绩效考核标准，加大民商事案件调解奖励力度，激励法官在案件调解上多下功夫，全年成功调解民商事纠纷644件，其中诉前调解135件（其中和解2件、调解133件），庭前调解466件，撤诉43件，调撤率达63.83%，有效缩短审判周期，提高办案效率。全年共受理各类民商事案件1039件（旧存148件），新收民商事案件同比下降36.13%，审结874件，已结案件同比下降36.44%，结案率达84.12%。已结案件中，涉及物权纠纷案件14件，合同、无因管理、不当得利纠纷案件609件，人格权纠纷案件16件，与公司、证券、保险、票据等有关的民事纠纷案件19件，侵权责任纠纷案件95件，婚姻家庭、继承纠纷案件94件，劳动争议、人事争议案件22件，其他案件5件。

【行政审判】 2018年，县法院分析行政执法中存在的问题，提出规范行政执法意见，加强行政审判的亲民便民措施，促进行政机关执法水平的提高。全年共受理行政案件8件（旧存4件），新收行政案件同比下降71.43%，审结6件，结行政案件同比下降71.43%，审结率达75.00%。

【判决执行】 2018年，县法院围绕“用两到三年时间基本解决执行难问题”的工作目标，集中人力、物力和精力，对群众反映强烈的关乎民生民本的重点、难点案件，开展涉民生案件专项执行活动，全年执结涉民生案件283件，执行到位金额5169.98万元。以转变执行作风、规范执行行为专项活动为契机，抓好清理执行积案工作，严格规范执行立案制度，用足用活各种执行措施，有效维护当事人的合法权益。全年共受理执行案件1149件（旧存300件），新收执行案件同比下降31.48%，执结1059件，已结案件同比下降14.46%，执结率达92.17%，有效维护当事人的合法权益。

【审判管理】 2018年，县法院科学考量每名干警办案工作任务，在原有绩效考核基础上，增加任务量，确保每名干警能适应严峻的维稳形势和工作压力，通过健全完善绩效考核制度，审执质效明显提升。2018年，县法院共受理各类案件4172件（旧存501件），新收各类案件同比下降12.82%，结案3805件，已结各类案件同比下降8.93%，各类案件综合审结率91.20%，结案率较2017年上升1.91%。

【司法改革】 2018年，县法院推进法院员额制改革、聘用制书记员改革及法院内设机构改革，年内完成第二批员额法官（1名）的选任工作。健全完善员额法官动态调控机制，落实院、庭长办案制度，把法官的办案质量、办案效率、群众满意率等作为考核法官工作业绩的重要指标。按照聘用制书记员改革工作要求，依据《关于转发〈人民法院、人民检察院聘用制书记员管理制度改革方案（试行）〉的通知》（新高法〔2017〕140号）文件精神，争取县委的支持，通过社会公开招聘的方式招聘聘用制书记员8名。根据中央机构编制委员会办公室、最高人民法院《关于积极推进省以下人民法院内设机构改革工作的通知》（法发〔2018〕8号）和《新疆维吾尔自治区高级人民法院内设机构改革指导方案》（新高法办〔2018〕21号）等相关文件精神，县法院内设机构由原有的11个（不含派出人民法庭）整合为8

个职能部门（不含派出人民法庭）。保留刑事审判庭、民事审判庭、执行局、立案庭。整合审判管理办公室和审判监督庭的部分职能整合为审判管理办公室（研究室），行政审判庭和审判监督庭的部分职能整合为行政审判庭（综合审判庭），政工科整合为政治部（含机关党总支），行政办公室和司法法警大队整合为综合办公室，纪检监察按照中央规定执行。内设机构改革方案报自治区高级人民法院、自治区编办审核。

【司法服务】 2018年，县法院把推行司法公开作为推进司法规范化建设和促进司法公正效率的重要切入点，加大司法公开透明力度。通过加大诉前调解力度，巩固和深化立案登记制改革成果，发挥诉讼服务中心和“12368”诉讼服务热线的功能，解决群众立案难和诉讼难。落实一线化解矛盾制度，开展利用好“便携式法庭”，共开展巡回法庭20次，下乡村开展以案说法68次。深入学校、企业、村组有针对性开展法制讲座、法律咨询、去极端化宣教等活动12次，受教育群众、学生5.2万人次。

【司法公开】 2018年，县法院推进司法公开，落实庭审同步录音录像，裁判文书上网、新闻发布会制度，接受社会监督。年初以来裁判文书上网（中国裁判文书网）468件，年内召开新闻发布会2次，接待群众200余人。对接县教育局，选派5名能力水平优、综合素质强的法官分别到温巴什、康其、老虎台、布隆、米吉克5个乡（镇）的中小学担任法制副校长，到上述5个乡（镇）的中小学开展普法宣传教育8场次，参与学生、教职工达9600人次。落实人民陪审员“倍增计划”，案件陪审率达99%以上。组织开展“庭审旁听”6次、法院开放日2次，让广大群众零距离接受警示教育，让司法审判在阳光下运行。

【班子队伍建设】 2018年，县法院党组坚持学在先、做在前、作表率的理念，党组班子成员带头规范言行，严肃工作纪律，加强干警队伍建设。组织全体人员开展党的十九大、“我的入党初心”等主题知识竞赛、演讲比赛等一系列活动。紧抓“三会一课”制度落实，推进“两学一做”学习教育常态化，建立完善在职党支部“每周学习日”制度，依托“学习日”抓实党建常规工作落实。年内法院各党支部开展专题党课10次，开展专题测试12次，推动“讲课助学、以考促学”常态化。开展“办案能手”“党员四优先锋岗”等岗位竞赛活动，营造“多办案、快办案、办好案”的良好氛围。下派“访惠聚”工作队被地委评为“访惠聚”先进工作队，第一党支部被县委评为先进基层党组织。

【法纪监察】 2018年，县法院结合“落实总目标、作风再整顿”专项活动，严肃干部作风纪律，建立审务督查“周督查、月通报”制度，监督检查审执作风纪律、司法办案、公车使用、考勤值班、费用报销、窗口服务等，做到督查一次通报一次，共督察38次，发出通报及整改通知书11份，干警作风转变。抓好外部监督，发放廉政监督卡，在诉讼服务中心增设纪检监察窗口，召开义务监督员座谈会3次，邀请人大代表、政协委员旁听案件审理。

（史振海）

司法行政

【普法依法治理】 2018年，拜城县司法部门落实“七五”普法工作要求，年初建立以县委书记为组长的普法依法治理领导小组。依托“法律六进”载体，深入开展领导干部、国家公职人员、青少年、企业经营管理人员和农牧民等法治宣传教育。全县159个单位8010名干部职工参加网络学法，达到及格人数7606名，及格率94.95%。县司法部门牵头编撰《普法“三字经”》《普法“小帮手”》等普法宣传材料，免费向基层群众发放6000余份，加强宣传效果。为105所中小学聘请配备法治副校长（辅导员），不定期邀请法治副校长到学校开展青少年相关法律法规宣讲，完善并有效加强“三重一大”制度，依法保障师生合法权益。利用《中华人民共和国宪法》宣传月、“12·4”全国宪法日及其他法律法规宣传日，广泛宣传《宪法》等法律法规，弘扬社会主义法治精神。全年，累计受教育群众4.7万人，举办各类法治讲座329场次，发放宣传资料1.66万份。为172个行政村（社区）配备法律顾问，为16个深度贫困村优先配备法律顾问并开展各项法律服务，覆盖率达100%。

【人民调解】 2018年，县司法部门构筑以人民调解为基础，人民调解与行政调解、行政仲裁、司法调解和行业调解相互衔接、相互配合、相互联动的大调解工作长效机制。全县有937名人民调解员，190个人民调解组织（其中乡镇调解组织15个、调解员98名；村委会调解组织150个、调解员726名，居委会调解委员会10个、调解员30名，企业调解组织6个、调解员17名，物业纠纷调解组织4个、调解员21名，驻法院调解室1个、调解员4名，驻检察院调解室1个、调解员3名，交通事故人民调解委员会1个、调解员1名）。年内，共受理人民调解案件1005件，调解成功1005件，调解成功率达100%。发放“一案一补”1.5万元。

【司法公正】 2018年，县司法部门持续推进公证便民利民，发挥公证的职能作用，着力构建“绿色通道”。9月，县公证处安装并启用公证业务办证软件，提高办证质量和效率，缓解群众办证难、等候时间长的现象。对年老体弱、残疾、孕妇等当事人实行优先受理、优先出证，对符合条件的当事人开展公证法律援助，减免公证服务费用。截至年末，县公证处共办理各类国内公证1645件，代写法律文书1522件，开展法律咨询1723人次，其中经济类760件、民事类885件。

【法律援助】 2018年，县法律援助中心以“访惠聚”驻村工作队、“七五”普法、“一村（社区）一法律顾问”等工作开展为契机，通过发放宣传资料、现场咨询、受理案件，及时让广大群众知晓法律援助工作程序制度，把党和政府对困难群众的关爱送到千家万户。截至年末，县法律援助中心共援助30人，其中妇女13人、残疾人4人、农民工9人、老年人1人、未成年人3人。共提供法律咨询353人次，代写法律文书60余人次。落实兑现办案补助2.9万元，指派辖区律师事务所承办法律援助案件74件，其中民事案件73件（含公证5件）、刑事案件1件。

【律师工作】 2018年，全县共有4家律师事务所22名律师，其中18名承担乡（镇、场）、村（社区）法律顾问。县司法局向司法部、中国法律援助基金会争取到1名志愿者律师。年内，法律顾问到村（社区）开展活动96场次，其中开展集中宣讲81场次，参与群众2.3万余人，现场解答群众法律咨询336人次。全县律师事务所共办理刑事案件82件、民事案件285件、非诉讼案件5件、其他类3件；代理法律援助案件93件（民事案件89件、刑事案件4件），代写法律文书61份，法律咨询432人次，挽回各类损失5.3万元。

【队伍建设】 2018年，县司法部门按照“举旗帜、抓班子、带队伍、促发展”的要求和“政治坚强、求真务实、开拓创新、勤政廉洁、团结协调”的标准，继续开展“六型”机关创建活动，开展警容风纪整顿，促使全体干警警容风纪明显改善。组织全体党员干部观看廉政警示教育基地2次，观看警示教育片4次。将学习贯彻落实党的十九大精神作为首要政治任务，采取集中学习和个人自学等方式，开展专题学习和业务培训。

（陈　凯）

军 事

人民武装

【思想政治教育】 2018年，拜城县人民武装部（以下简称“县人武部”）坚持把思想政治建设作为凝魂聚气工程不放松。把学习贯彻十九大精神、习近平新时代中国特色社会主义思想作为一项政治任务，组织开展6次中心组学习，轮流授课12人次，通过原文导读、授课辅导、讨论交流，将学习内容内化为坚定的政治信仰，转化为科学明晰的工作思路。组织开展“传承红色基因，担当强军重任”主题教育，锤炼官兵政治品格。

【作风建设】 2018年，县人武部坚持从严治党从严治军，推进整风肃纪。围绕军委“纠正形式主义、官僚主义问题清单”深入开展对照检查，常态开展党的纪律教育，坚持依法合规办事，妥善处理涉及官兵切身利益的事务，通过营区设立意见箱、公示各级监督举报电话等方式，狠刹官兵身边的“微腐败”和不正之风。

【民兵工作】 2018年，县人武部贯彻落实全国民兵调整改革会议精神，在军地双重领导下，开展民兵组织整顿。各乡（镇、场）、县直各单位科学统筹协调，严把出入队质量关口，确保民兵队伍组织健全、编组正规、布局合理、精干可靠。根据地区部署，组织专武干部和民兵骨干到库车民兵训练基地参加集训，提升理论水平和岗位履职能力。为老虎台骑兵连下拨建设专款，分批组织老虎台乡、米吉克乡民兵集中训练，提升参训人员执行多样化军事任务的能力。组织民兵参与巡逻设卡等维护社会稳定工作。县民兵在年度军事训练考核中取得良好成绩。

【军营文化】 2018年，县人武部着力打造军营文化阵地。每季度购买一批理论书籍，组织官兵“读床头书”，分享好文章，陶冶情操，开阔眼界。为连队更新灯箱、橱窗内容，完善文化体育器材，开展“强军风采”文化活动，鼓励官兵参与摄影、书画、DV作品创作。精心编排文艺节目，参加分区视频歌咏大赛，节假日组织开展军地联欢会、体育竞赛等文体活动，丰富官兵精神生活。常态组织官兵观看《新闻联播》《军事报道》节目，开展“激情300秒”新闻评述，引导官兵关心国家和军队建设大事，提高思维层次。

【后勤保障】 2018年，县人武部先后维修营房设施，新建400米障碍训练场，更换取暖锅炉及管道，完善综合楼配套设施建设，更换公办电脑，安装草坪灯，不断改善营区工作生活环境。为官兵换发第二代军人保障卡，组织官兵参加体检，配置专用灶具，在浴室安装电热水器，方便官兵工作、生活。紧抓农副产品生产，官兵种植蔬菜12个品种，科学调剂伙食，严格食品采购关，确保官兵吃饱吃好。

武警拜城县中队

【按纲建队】 2018年，原武警阿克苏地区支队拜城县中队改为武警阿克苏支队执勤五大队拜城中队（以下简称“武警中队”）围绕“争创先进中队”目标，继续深化“改革强队”打基础，坚持问题导向抓建设，对照“五抓”（抓思想强政治、抓组织强功能、抓中心强能力、抓制度强规范、抓作风强规矩）。年内，以“百日安全”活动为契机，深入学习贯彻习近平总书记党的建设和新疆总队、南指、支队三级党代会精神，抓好党支部班子建设，对照《迎接军委主席负责制专项巡视方案》及“微腐败”纠治问题清单查找整治问题，对照“纠治形式主义、官僚主义”开展自查自纠，紧盯安全稳定促发展，实现“两个确保”。

【组织建设】 2018年，武警中队坚持把组织建设作为提高班子战斗力的基本途径，建立健全各级组织，对党支部委员会开展换届选举，改选团支部、军人委员会、安全工作领导小组、思想骨干队伍等各级组织。支队党支部坚持用三级党委扩大会议精神和南指支队建设要求，持续开展“不忘初心、牢记使命”主题教育，提高党员队伍素质，结合《中国共产党章程》学习，围绕“传承红色基因，担当强军重任”主题教育，用身边先进典型和事迹教育官兵，树立干部骨干的标杆形象、党员士官的旗帜形象。

【从严治军】 2018年，武警中队树牢“保安全就是保发展、抓安全就是抓战斗力”的思想根基，结合安全风险评估和“百日安全”活动，开展安全隐患排查治理活动，中队及时组织学习、传达各级领导关于安全生产工作系列讲话精神和工作部署，用好“群众创安”载体，每日组织倒计时翻牌活动，对表安全工作规范开展自查自纠，吸取“9·22”车辆交通安全事故教训，结合“安全年”全面抓好安全工作。为解决个别官兵纪律观念不强、制度落实不严、思想松懈的问题，依据《基层正规化管理规定》，突出8小时以外管理，在具体工作落实上，加强内部管理，严格控制人员外出，加强在外人员教育管理。在战士关心的骨干配备、入党、考学等事项上，坚持公开透明，确保公平公开，官兵满意率达100%。

【军事训练】 2018年，武警中队坚持大抓军事训练导向，组织常态化拉动训练，按照《军事训练大纲》要求，严格落实“军事训练八落实”，坚持日讲评、周会操、月考核制度，建立个人军事训练档案，落实干部随队、全员参训，抓好传帮带，提升集体训练水平。参与社会维稳，以“学规范、查隐患、抓建设、守底线”及“查隐患、找问题、定措施、保安全”两个回合执勤专项教育整治活动为抓手，提升官兵“战斗随时打响”的意识，结合重要时间节点、“上合组织峰会”、中秋节、国庆节等时机进行战备教育和战备拉动演练。

【军营文化】 2018年，武警中队将军营文化建设与政治思想工作有机结合，以理论学习、教育训练、文化建设和各种文化庆典为载体，开展丰富多彩的军营文化活动。利用政治学习、全体军人大会等时机，经常性教育官兵提升道德情操、职业道德，树立终身学习观念，鼓励引导官兵学习新知识、新技能，改善知识结构，提升文化修养。设立军营文化长廊，悬挂官兵书画、摄影作品，丰富军营文化内容，官兵自发组建乐器、舞蹈、轮滑、武术兴趣小组，促进文化队伍建设，感受军营文化魅力，推进队伍凝聚力、战斗力和创造力。

（张　林）

援疆工作

产业援疆

【谋划推动】 2018年，浙江省温州市援助拜城县指挥部（以下简称“援疆指挥部”）援疆项目建设和产业发展集中实施“4个3”工程，开展“助力脱贫攻坚211行动”计划，打造援疆特色品牌。实施“3个一”工程。探索一种模式，促进扶贫理念转变。在拜城县大桥乡新建生态水磨面粉厂，项目一期投资500万元，创新“公司+村集体+贫困户”扶贫新模式，建档立卡贫困户以150万元援疆资金入股公司（乡政府代持股，保底分红），探索扶贫资金使用新方式，年内项目建成试运营，首次发放入股分红资金15万元。运行一套机制，促进管理理念转变。实施“两团一会一通报”管理制度，群众监督团共开展活动13次104人次，提出问题和建议近百条。后方专家团实施17批43人次，其中进疆现场指导答疑5批19人次，帮助解决项目设计及施工过程中遇到的各类问题36个。搭建一个平台，促进工作理念转变。6月，组织召开在疆温商助力拜城产业就业扶贫对接会，组织15次两地经济口、农口领域干部、企业家的交流、交往、交融。

【乡村振兴援助】 2018年，援疆指挥部实施“3个十”工程。选择10个村庄，打造“一村一品”样板。结合县域特色农业、畜牧业优势，开展庭院经济提升试点，每个试点村做强一个主导产业、培育一个产业品牌、建成一个规范化合作社、培养一批农民致富带头人，年内9个庭院经济项目完工。实施十大项目，打造“乡村振兴”样板。按照省指“乡村振兴双十示范”工程要求，在克孜尔乡乌堂村开展乡村振兴战略试点，以“五美二爱三整治”项目为载体，实施“美丽驿站、美丽公园、美丽庭院、美丽田园、美丽之家，爱心工厂、爱心医院，整治污水、整治水渠、整治立面”10个项目，打造乡村振兴战略样板工程。美丽驿站（克孜尔湖滨旅游开发建设项目）为“交钥匙”项目，完成主体工程竣工验收。确定10处场所，打造就近就业样板。通过加快建设温拜产业孵化园和实施龙头企业带动的“1+X”模式，规划建设的温拜产业孵化园二期3个标准厂房和铁热克镇铁热克卫星工厂、察尔齐镇巴扎村、托克逊乡布隆村、克孜尔乡乌堂村等6个卫星工厂全部完工。

【农产品营销援助】 2018年，援疆指挥部实施“3个百”工程。围绕开设100个网点目标，开设网点18家，销售苹果2764.3吨、红枣45.5吨、香梨2633.4吨、核桃18.6吨、牛羊肉2.3吨、其他干果类748.9吨，销售金额6224.7万元。将“十城百店”工程向16个社区、机关食堂、中小学校食堂推进。在温州农博会上，拜城县销售鸽子1万只。在上海举行“葡萄的故事”品牌发布会，打造“葡萄的故事”红提干品牌。围绕扶持100个企业或合作社目标，完成扶持建立5个扶贫专业合作社，设立9个农民专业合作社，帮助16家拜城农业企业建立农产品质量追溯体系，察尔齐镇、克孜尔乡、托克逊乡、大桥乡、老虎台乡等10个“百村千厂”项目有相应企业入驻生产经营。鼓励企业“走出去”，支持参加浙洽会、杭州产业对接会、新疆果品交易会等展销会，受益企业30余家。围绕扶持开设100个电商企业（电商服务站）目标，组织实施“创业+电子商务培训”班3批，培训学员82人，赴温州开展实训59人，带动16个拜城村级电子商务服务点和电子商务网点建设。

【脱贫攻坚援助】 2018年，援疆指挥部实施“3个千”工程，助推脱贫攻坚。解决1000户农户安全饮用水问题。通过铺设管网和新建水源井、蓄水池等措施，提升老虎台、米吉克等乡镇的农村供水保障能力。老虎台乡打出史上第一口深水井，解决该乡近万名群众安全饮水问题。打造2个33.33公顷以上的农业产业观光园，推进一、二、三产业融合发展。康其乡美丽田园建成试运营3个月内，接待游客8.5万人次，旅游总收入234万元，净利润160万元，农户户均增收3980元。结合扶贫攻坚，将援疆资金向低保户、农村分散供养特困人员、贫困残疾人家庭、建档立卡贫困户等四类重点对象倾斜，增加补助金额，帮助1795户贫困户建成富民安居房。开展“助力脱贫攻坚211行动”。制定下发《关于深入开展温州对口支援拜城“助力脱贫攻坚211行动”计划的实施意见》，重点支持克孜尔、黑英山2个深度贫困乡，发动各界力量助力脱贫。组织温州社会各界来拜城县开展一次帮扶活动，12批后方人员进疆开展结对帮扶活动和公益捐赠，新疆温州总商会、乌鲁木齐永嘉商会、温州市华昌建设有限公司、乐清文化礼堂云公益平台、瓯海慈善总会、温商林垂午等单位和个人捐钱捐物，共捐赠资金445万元，助力脱贫攻坚。

（张海华）

智力援疆

【援疆联盟扶智计划】 2018年，援疆指挥部发挥智力、人才等方面优势，打造智力援疆工作品牌，启动实施“温州援疆联盟扶智计划”。主要以援受单位联盟扶智、援受人才联盟扶智、省市援疆人才联盟扶智等方式，通过探索跨区域共同体建设、推动两地干部培训合作、建立专家库进行扶持指导、深化实施“一家亲雁阵工程”、创新实施“一家亲驱动工程”、推动援疆人才持续结亲、开展“上下联合攻关”行动、开展省市援疆人才“纵向组团式”服务等举措，在受援地打造跨区域医共体、教共体各1个，驱动发展医（教）共体专业学科10个，输送100名党政后备干部、专业技术骨干人才赴温培训，在受援地培训各类专业技术人才1000名左右，助推受援地经济社会又好又快发展。

【幼教助推提升工程】 2018年，援疆指挥部抓好省指挥部提出的“幼教助推提升工程”落实。拜城县城北新区幼儿园作为创建“地区十大示范性幼儿园”的样本工程，共投入150万元援疆资金，从完善办园条件、环境创设、有声图书室建设、玩教具更新、设立特色课程、精准培训帮带6个方面进行提升，年内，该园被评为自治区双语教育示范性幼儿园。深入开展“111工程”调研，会同县教育局确定10所改造提升的标准化幼儿园，并把培训100名幼教骨干教师列入2019年计划。

【人才“传帮带”】 2018年，援疆指挥部以人才“传帮带”、送医送教下乡、走亲结对等载体，继续抓好“一家亲雁阵工程”落地实施。在人才“传帮带”上，依托援疆人才工作室，以“团队带团队”“专家带骨干”“师傅带徒弟”等方式，放大帮带效应，组织13名轮换援疆人才开展师徒结对，共帮带徒弟29名，并通过工作室平台带动帮带学员72名。组织医生送医下乡6次，受益群众700多人次，送药价值达2万元；组织援疆教师团队送教下乡10次。组织轮换援疆人才延续结对关系并开展走亲活动，通过走访慰问、见面交流、共同劳动、帮办实事等方式，增进民族感情、加深友谊、增进团结，全年与亲戚见面走访80余人次，捐款捐物1.9万元。

【"一家亲驱动"工程】 2018年，援疆指挥部创新实施援疆人才"一家亲驱动"工程，以需求导向、问题导向、精准导向、联合导向、实干导向、氛围导向、保障导向为引领，每位援疆人才和医疗教育团队分别制订"一家亲驱动"工程工作计划，通过驱动别人、驱动自己、个体驱动、集体驱动，受援双方共同推进拜城教育医疗事业加快发展。组织开展青年教师研赛活动、课改推广活动，援疆教师团队完成1200多个课时数，开设公开讲座32次、公开课35节；援疆医生团队门诊诊疗2300多人次，手术300多台，参与抢救急危重症患者24次，会诊135次，教学查房140多次，在县人民医院开展新技术、新项目研究14项，其中胸外科、五官科开展的多个手术填补当地医院的技术空白。

【"送教入疆"】 2018年，援疆指挥部助力受援地基层党政干部培训和能力提升，组织4批次乡（镇）干部、村"两委"班子成员、街道社区干部、新兴组织党组织书记和党务工作者赴温培训。邀请温州市委组织部、市委党校专家教授采取"送教入疆"方式对基层党政干部进行轮训，分两期培训拜城县（阿拉尔农场）县、乡、村三级干部263人次，邀请温州教育、卫生专家赴拜城送教送医，全年共邀请28名教育专家、9名卫生专家送教入疆，直接采取短期、面对面、手把手培训当地技术人员1000多人。

【柔性引才帮带】 2018年，援疆指挥部在2017年开展"6S"（即整理、整顿、清洁、规范、素养、安全）精细化管理及信息化管理柔性引才取得显著成效的基础上，针对拜城实际需求，采用柔性引才短期援疆方式进行"点对点"精准帮带，开启组团式精准援疆新模式。共选派幼教专家4人、职教专家1人和内分泌科、中医科、妇科、妇科康复等方面专家7人，赴拜城县开展为期1个月"手把手""一对一"的精准帮带，缓解了学前教育理念落后、职业教育专业设置不足、卫生专业科室建设薄弱等短板。

（张海华）

文化医疗援疆

【国学进校园工程】 2018年，援疆指挥部继续实施"国学进校园"工程，通过将国学融入校园环境建设、让国学处处有影子，融入教师成长、让国学涵育师风师德，融入教学过程、让国学支撑"幸福课堂"，融入学生活动、让国学浸润"成长童心"，融入社会辐射、让国学熏陶家庭，融入保障体系、让国学持续绽放等举措，营造校园国学文化氛围。试点学校县一小、县二小的"国学书屋"和"孔子广场"全部建成投用，并完成国学教育校本课程、经典名曲进校园及"国学韵律操"的编创工作并投入使用。组建各类国学社团和兴趣小组，开展教师国学诵读、国学教育征文、汉字书写和经典美诗文诵读比赛等活动。县第二小学于2018年取得"全国文明校园""全国优秀传统文化传承学校"两项国家级殊荣。

【"文化润心"工程】 2018年，援疆指挥部按照温州市委主要领导在拜城考察时提出的"强化人文交流合作，深化对口援疆工作"的要求，邀请市文广新局组织戏曲、书法、武术等传统文化艺术家一行11人，于8月17—19日在拜城县举办"温拜同行·文化润心"中华优秀传统文化进校园活动，共开设戏曲、书法、武术3门课程共10个培训班，拜城县5所中小学400余名师生参加教学辅导，600余名群众观看汇报演出。

【国家通用语言普及化引领工程】 2018年，援疆指挥部制定"国家通用语言普及化引领工程"方案，从组织 MHK 等级考试培训、在智力援助项目中加强国家通用语言意识、支持基层干部国家通用语言普及化培训、推进幼儿园国家通用语言教学示范工程建设等方面，助推拜城国家通用语言普及化教育。会同县委组织部分 4 期组织实施拜城县村干部国家通用语言强化培训班，培训来自全县 16 个乡（镇、场）的村干部 340 人；依托援疆教师工作室，启动 MHK 等级考试强化培训，在 5 月 MHK 等级考试前，对 80 多名少数民族教师进行强化培训。投入援疆资金 85 万元在拜城镇花园社区建设国家通用语言普及化示范点，以点带面推动基层干部国家通用语言普及化教育。

【主动式医疗工程】 2018 年，援疆指挥部以建设主动式医疗健康服务体系为理念，实现“以疾病为中心”向“以病人为中心”的医疗健康服务模式转变。拓展远程医疗会诊中心，新开通 7 个乡镇卫生院与县人民医院远程医疗诊疗系统对接，并以此为基础开展远程视频会诊、远程教学查房、远程病理及医学影像诊断、远程继续教育在线诊疗、网上答疑等活动。打造医疗信息中心，在信息化专家柔性援疆精准帮带的基础上，改造医院信息系统，引入“一键式床旁结账系统”并全面投入使用，方便群众就医，解决以往出入院结账手续烦琐、排队等候时间长等问题，该系统的投入使用创下南疆地区信息技术领先。创设移动诊疗中心，投入援疆资金 180 万元支持拜城县人民医院购置南疆第一辆移动诊疗车，以移动诊疗体检车为基础打造移动诊疗中心，通过上门医疗服务、组团医疗下乡、突发医疗救援等方式，形成以拜城县人民医院为中心辐射全县区域的移动诊疗模式。

（张海华）

农业和农村经济

农村工作

【概　况】 2018年，拜城县委员会农村工作领导小组办公室（以下简称“县委农办”）内设办公室、农村工作股、扶贫开发股，属参照公务员管理，正科级单位，有编制11个（其中正科级编制2个、副科级编制1个、一般干部编制8个），实有干部9人（其中正科级1人、副科级1人、一般干部7人）。

【农村经济概述】 2018年，拜城县贯彻落实中央农村工作会议、中央1号文件精神，立足实际，全面实施乡村振兴战略，聚焦聚力打赢脱贫攻坚战，按照“稳粮、扩杂、建产业、促增收、美乡村”农业工作思路，加快产业结构调整，发展地方特色经济，农村经济稳步增长，全县实现农村经济总收入40.1亿元，同比增加2.96亿元，增长7.98%。其中，第一产业收入35.33亿元，同比增加2.83亿元，增长8.73%(种植业收入16.05亿元，同比增加4641万元，增长2.98%；林果业收入2.26亿元，同比增加945万元，增长4.36%；畜牧业收入16.65亿元，同比增加2.26亿元，增长15.71%；渔业收入3671万元，同比增加167万元，增长4.77%）；第二产业收入1.39亿元，同比增加351万元，增长2.57%；第三产业收入3.36亿元，同比增加933万元，增长2.85%。农民人均纯收入1.37万元，同比增加1021元，增长8.02%。

【农业产业化】 2018年，拜城县加快推进农业产业化发展，组织参加各级展销会、推介会，提升产品及企业知名度。组织企业、合作社参加和田市南疆深度贫困地区特色农产品产销对接活动、河南省驻马店市举办的第二十一届中国农产品加工业投资贸易洽谈会、深圳新疆阿克苏地区政府推介招商会议、第五届新疆特色果品（阿克苏）交易会、第九届新疆农产品北京交易会等各类展会5次，参加“阿克苏好果源”特色农产品包装设计评选大赛1次。

【酱番茄产业发展】 2018年，拜城县振兴番茄产业。鼓励农户采取土地流转形式种植酱用番茄，以“公司+合作社+农户”模式，推动酱用番茄向集约化规模化发展，实现订单种植加工番茄1333.33公顷，填补2015年以来加工番茄种植空白。平均每公顷105000千克，总产达14万吨。按平均收购价格0.4元/千克计算，每公顷经济效益4.2万元，农民每公顷纯收益1.5万元以上。

【玉米产业发展】 2018年，拜城县振兴玉米产业。加大高标准农田建设力度，实施田间设施标准化、管理服务专业化、生产过程机械化、生产方式集约化，实现标准化生产、规模化经营。全县种植玉米3.34万公顷，比上年增加3333.33公顷，平均每公顷单产12675千克，比上年每公顷增产75千克，总产达42.44万吨，年创收达7亿元。

【马铃薯产业发展】 2018年，拜城县振兴马铃薯产业。坚持“种植规模化、生产标准化、加工精深化”思路，做优产品，打造品牌，加快产业升级，构建现代产业平台，拉动包装、运输、信息服务等相关产业共同发展，形成马铃薯优势产业链，带动地方经济发展，促进农业增效和农民增收。种植马铃薯3333.33公顷，比上年增加1333.33公顷。马铃薯平均亩产3吨，每公顷45吨，最高每公顷产60吨以上，总产15万吨，年创收达1.8亿元。

【制种产业发展】 2018年，拜城县发挥农业产业化龙头企业和农民专业合作社的主体带动作用，推动土地流转，依托本地制种企业扩大订单制种面积3773.33公顷，比上年增加266.66公顷，其中小麦1800公顷、玉米1333.33公顷、马铃薯640公顷，实现创收8000万元以上，解决当地贫困农户季节性用工500人次以上。

【农业招商引资】 2018年，拜城县加大招商引资力度，签约招商引资项目2个，协议投资1.7亿元。做大做强实体经济，以培育主导产业、增强核心竞争力为中心，在农副产品加工方面，培植做强玉米、葡萄、马铃薯等农副产品精深加工产业，经营范围涉及粮食、马铃薯（含良种繁育）、番茄、葡萄等农产品精深加工产业，并配套发展冷链储藏、物流配送、畜禽屠宰等中下游产业。截至年末，进驻农副产品加工企业18家。引进绿盈番茄制品有限公司收购中粮屯河拜城县番茄制品加工企业和森王果业公司，重振拜城酱番茄产业。

【庭院经济提升】 2018年，县委农办争取援疆项目资金175万元，用于9个庭院经济提升项目：温巴什乡油鸡养殖项目，总投资援疆资金20万元，发展20户养殖户，发放鸡苗1.2万只；拜城镇油鸡养殖项目，总投资援疆资金20万元，享受农户25户；供销颂蜜源蜂农合作社养蜂项目，总投资援疆资金20万元，为10户适合养殖蜜蜂的农户每家赠送10箱蜜蜂（1户平均1万元），蜂箱及其配套设施一应俱全；康其乡庭院蔬菜项目，总投资援疆资金20万元，享受农户20户；亚吐尔乡庭院草莓项目，总投资援疆资金20万元，享受农户50户；拜城县农业试验站水果枸杞项目，总投资援疆资金25万元，享受农户30户；赛里木镇酸奶加工项目，总投资援疆资金20万元，享受农户20户；米吉克乡庭院花卉、蔬菜项目，总投资援疆资金20万元，享受农户20户；克孜尔乡庭院葡萄项目，总投资援疆资金20万元，享受农户20户。共帮扶215户农户建蔬菜拱棚40座、葡萄架20个，开展油鸡家禽养殖45户，栽植水果枸杞、草莓80户，酸奶加工20户，蜂蜜养殖10户，均增收1万元以上。

【乡村振兴战略】 2018年，拜城县乡村振兴战略以“产业兴旺、生态宜居、乡风文明、治理有效、生活富裕”总要求，按照《中共拜城县委员会拜城县人民政府关于贯彻落实中央、自治区、地区乡村振兴战略意见的实施意见》，推动农业升级、农村进步、农民发展。振兴番茄、玉米、马铃薯和制种产业，打造南疆小麦、玉米、马铃薯良种主要供应基地。

【农村人居环境整治】 2018年，拜城县健全制度建设，结合《阿克苏地区农村人居环境整治三年行动实施方案》，制定下发《拜城县农村人居环境整治三年行动实施方案》（拜党办发〔2018〕104号），按照“1+X”方案结构，在实施方案基础上，各牵头单位根据目标任务及县域实际，出台各项实施细则，指导全县农村人居环境整治工作。农村改厨改居工作正式启动，部分村庄改厨改居效果明显，将农村改厕工作和富民安居工程同步实施，计划改厕4465户，累计完工户用无害化卫生厕所1.37万户；全面改善村容村貌，加快乡村道路建设，启动实施农村公路85.1千米的建设项目，修建贫困村内部道路129.18千米。

【农业生态治理】 2018年，拜城县加大生态农业治理力度，协调指导涉农机构对5个乡（镇）、15个监测点进行地膜残留调查，残膜取样75个，土壤取样3个，开展农户调查75户，建立废旧地膜回收利用示范片6666.66公顷，回收废旧地膜1200余吨。开展以畜禽养殖废弃物资源化利用、农副资源综合开发、标准化清洁化生产建设为手段，实施区域生态循环农业试点，在米吉克乡建立种植、林果基地5666.66公顷，实施秸秆饲料化利用、畜禽粪便资源化利用、农副资源开发等；在赛里木镇新建大型沼气工程1个，年产沼气72万立方米、沼渣3万吨。继续推进耕地质量提升与化肥减量增效示范，推广测土配方施肥技术3.16万公顷，测土配方施肥技术到户率达到90%，积施农家肥30万吨。加大作物病虫害绿色防控力度，推广应用无人机作业技术1000公顷，开展农作物病虫绿色防控3.58万公顷次。

【高效灌溉增产增收】 2018年，拜城县实施自治区补助资金田间高效节水项目，改良土壤质地，有效提高灌溉效率，增加复播面积。滴灌地块节水量达2250立方米/（公顷·年），年节水量300万立方米；玉米单产由原来的每公顷15000千克提高到18000千克，每公顷增产3000千克，按收购价1.5元/千克计算，每公顷增收4500元。辣椒单产由原来的每公顷33750千克提高到45000千克，每公顷增产11250千克，按收购价1.0元/千克计算，每公顷增收11250元。

【优势作物发展】 2018年，拜城县坚持“统一规划、分步实施、稳步推进”原则，依托“十城百店”“疆果东送”模式，发挥本地光、水、土等自然资源优势，扩大糜子、大麦、谷子、大豆、蚕豆、鹰嘴豆等特色小杂粮种植面积1120公顷，巩固稳定扩大“百十一”（打造百万亩优质林果产业基地、10万亩优质粮食产业基地、1万吨优质牛羊肉生产基地）规模。依托企业适度发展亚麻种植180公顷，扩大甜菜种植面积1000公顷。通过外地客商及企业订单收购，因地制宜、相对集中，提高辣椒、打瓜、大蒜等种植666.66公顷。保持“黄油菜”之乡称号，发展油料作物2186.66公顷，其中油菜籽2000公顷。

【农业供给侧结构性改革】 2018年，拜城县加大力度推进农业供给侧结构性改革。增强优质粮食基地。确保口粮绝对安全，种植粮食作物5.2万公顷，占全县总播种面积的72.2%，其中小麦1.82万公顷、玉米3.35万公顷、水稻313.33公顷。在保证粮食安全的基础上做大制种产业，落实小麦、玉米、马铃薯等良种繁育面积3773.33公顷，全县粮食良种覆盖率100%。稳步扩大特色农产品生产基地。把特色种植作为增加农民收入、打赢脱贫攻坚战的一条途径，落实马铃薯、甜菜、辣椒、番茄、亚麻、油料等特色作物种植面积8433.33公顷。

（阿依夏木古丽·吾甫尔）

种植业

【种植布局】 2018年，拜城县农业局（以下简称“县农业部门”）加强优质粮食基地建设，确保粮食生产绝对安全，全年种植小麦1.79万公顷、玉米3.38万公顷、水稻310.26公顷。巩固稳步扩大特色农产品生产基地，种植马铃薯3333.33公顷、甜菜1003.46公顷、加工辣椒391.66公顷、加工番茄1333.33公顷、油料作物2187.46公顷。落实杂粮杂豆、啤酒花、瓜子、打瓜、大蒜、亚麻、籽南瓜、中药材等地方土特产和小品种面积1333.33公顷。全县种植蔬菜4166.66公顷（复播1493.33公顷），其中设施蔬菜面积287.8公顷（其中拱棚134.46公顷、温室153.33公顷）。

【农产品产销】 2018年，县农业部门按照“统一规划、分步实施、稳步推进”的原则，建立“百十一”优质玉米生产基地666.66公顷、小麦生产基地333.33公顷，认定农户1624户，其中带动贫困户86户308人。基地以创建“绿色、优质、安全”农产品生产基地为目标，实行优选认证准入制度，进行标准化种植、规范化管理，实现良种覆盖率100%，水肥一体化、增施有机肥减量施肥等绿色增产技术到位率100%。壮大“十仓百企”联盟规模，联合运营有限公司加盟企业达到10家，拥有保鲜能力1500吨、冷冻能力500吨、气调库3000吨。坚持“引进来”与“走出去”相结合，推进农产品宣传、外销平台建设，依托对口援疆省市，在温州建11个拜城县特色优质农产品直销店，向浙江温州及国内其他省市城市发送各类优质农产品10.59万吨，交易金额3.52亿元。

【品牌创建】 2018年，县农业部门围绕优势产业和特色产业，加大招商引资力度，培育新型经营主体，鼓励企业申报创建品牌名牌，申报“新疆好产品”评选活动，新增自治区级龙头企业1家、地区级龙头企业1家，地区级以上龙头企业达到18家，自治区级以上名牌、品牌、商标等8个。支持基地申请“三品一标”认证，组织农产品加工企业（合作社）申报“三品一标”认证，申报绿色产品3个（面粉、蜂蜜、葡萄）、无公害农产品2个（辣椒、大豆），申报创建全国绿色食品原料标准化生产基地2.66万公顷，其中小麦1.86万公顷、玉米6666.66公顷、甜菜1333.33公顷。借力“十城百店”工程，打造“葡萄的故事”“枸杞的故事”“红枣的故事”“克赛故事汇”等系列商标，申报“拜城紫皮大蒜”产地商标。

【电商销售】 2018年，县农业部门探索“互联网+供销”销售新渠道，改造提升传统经营网络，推进网上销售、仓储物流、终端配送“线上线下”一体化经营，筹建供销e家电子商务网，并与浙江、上海等电子商务企业合作。通过电子商务网络销售葡萄干30吨、蜂蜜10吨、黑枸杞5000余盒、其他农产品2800余件，销售收入500余万元，产品远销浙江、安徽、江西、四川、重庆、广东等省市及新加坡。

【种子产业发展】 2018年，县农业部门以打造制种大县为目标，加快良种繁育体系建设，依托龙头企业，扩大小麦、玉米良种繁育面积，全县粮食良种覆盖率达到100%，为全县粮食持续稳产、增产提供坚实保障。在保证粮食安全的基础上，发展良种繁育面积3771.4公顷，其中小麦1799.4公顷、玉米1333.33公顷、马铃薯638.66公顷。为加快小麦产业向优质化、多样化、专用化发展，实现优质中筋小麦高产，补齐新疆优质小麦供给结构性短缺短板，开展高产中筋冬小麦品种筛选及区划布局试验1个，试验小麦品种18个。

【种子质量监管】 2018年，县农业部门加强种子质量监管，检测1950吨库存及调进的76.55吨玉米种子，均达到国家标准；完成2000公顷小麦、1333.33公顷玉米种子田检，合格率100%；开展玉米转基因检测3次，未发现转基因玉米。加强农药经营监管。严格落实《农药管理条例》，严格农药经营许可办理程序，19家农药经营店安装可兼容中国农药数字监管平台的可追溯管理系统，颁发农药经营许可证4个。

【特色作物种植】 2018年，县农业部门发展特色作物，扩大杂粮杂豆、啤酒花、瓜子、打瓜、大蒜、亚麻、籽南瓜、中药材等地方土特产和小品种种植规模，全年共种植面积1333.33公顷。巩固设施基地。以满足市场需求，开展蔬菜集中育苗1.7亿株（秋季2000万株），发展投资少、见效快、群众接受的大小拱棚，全县种植蔬菜4166.66公顷（复播1493.33公顷），其中设施蔬菜面积287.8公顷（拱棚134.46公顷、温室153.33公顷）。

【脱贫攻坚】 2018年，县农业部门依托龙头企业，结合特色产业发展，订单种植马铃薯、甜菜、红米等特色作物70.52公顷，受益贫困户446户，其中马铃薯54.92公顷、甜菜4.86公顷、红米10.73公顷。新建钢架大拱棚581座、菜窖271座、高标准日光温室大棚8座，引导2324户建档立卡贫困户种植蔬菜284.73公顷（含复播）。实施贫困村农副产品订单生产工程，建立以县乡（镇）机关、学校等单位为配送终端的“企业+合作社+贫困户”的订单生产销售产业新模式，销售各类农产品4810吨，其中订单销售2057吨，实现销售收入1202.4万元。延伸贫困地区农产品加工产业链，采用合作社与村集体合作入股共同管理方式，新建烘干房5座、冷库5座，直接受益贫困户817户。实施贫困农民技能提升工程，采用集中培训和示范点观摩方式，培育致富带头人40人、贫困农民721人。提升贫困农民自我发展、自我创业能力，组织贫困户采用“自愿联合、投资入股、民主管理、年底分红”方式，发展种植类农民专业合作社7个。发展新型产业，把黑木耳种植作为脱贫增收工程的又一重大增收脱贫举措，建立黑木耳种植基地2个，生产菌棒4万棒，生产黑木耳24.92吨，销售收入10.41万元，户均收入2669元。

【休闲农业发展】 2018年，县农业部门推进休闲观光农业示范创建、自治区级休闲观光农业示范创建工作，组织申报地区级休闲观光示范企业1个、地区级休闲观光示范点1个，申报全国休闲农业与乡村旅游三星级创建企业2个，申报中国美丽休闲乡村1个（康其乡）。全县开业休闲农庄12家，从业人数216人，其中农民从业人员186人，带动农户数125户。

【农村改革】 2018年，县农业部门开展农村土地承包经营权确权登记颁证整县推进工作，共计清查农户2.75万户，完成率100%，完成权属调查面积8.6万公顷，其中承包地5.24万公顷、机动地3605.86公顷、开荒地1014.13公顷、国有地1932.13公顷；调查承包户30345户，实测承包地块15.03万个；完成151个行政村数据录入工作，完成率100%。全面启动农村集体资产清产核资工作，成立村级清理工作小组151个，确定清产核资工作人员636人，8月1日全面进入清理阶段。加快国有农牧场改革，完成察尔齐农场、大宛其农场、种羊场3个国有农牧场办社会职能移交工作，完成3个农场确权颁证工作，发放大证31个，确权面积31.30万公顷。

【农业科技】 2018年，县农业部门加强农业科技支撑，编制印发《拜城县小麦栽培管理月历》《2018年拜城县正、复播玉米栽培管理月历》《15种常用蔬菜露地栽培技术规程》《10项主要农作物栽培技术规程》，制定黄秋葵膜下滴灌栽培技术、麦后复种油菜栽培技术、“双低”（低芥酸、低硫苷）杂交油菜栽培技术、盐地碱蓬蔬菜栽培技术、枸杞栽培技术、优质春玉米产品质量及生产技术标准、优质稻米产品质量及生产技术标准、优质冬小麦产品质量及生产技术标准8个拜城县农业地方标准。在贫困村建立小麦、玉米、马铃薯、红米、洋葱、紫皮大蒜等高产创建示范基地15个，面积377.13公顷；遴选推介农业主导品种和主推技术，建立杂粮杂豆种植示范田1个3.33公顷，种植各类杂粮杂豆品种20余种；按照“一村一品”发展模式，建立黄花菜示范田6.66公顷。

【新技术推广应用】 2018年，县农业部门推广农作物病虫害绿色防控综合技术，提高农药使用率、降低农药使用量，推广无人机飞防作业技术在粮食作物生产上的应用示范，建立无人机作业示范田1个12公顷，全县推广无人机作业示范1666.66公顷，建立特色作物高产高效高质示范基地1个333.33公顷。实施农村“户户都有科技明白人”培育工程，举办各类科技培训500余期，培训农民5万余人次，培育农业科技示范户200户、新型职业农民70人，现代青年农场主4人、农村实用人才带头人和大学生示范培训2人；开展贫困农民农业实用技术培训82期次，培训贫困农民7210人次，培育贫困村致富带头人40人。

【农业补贴】 2018年，县农业部门落实中央农业保险补贴2184.41万元，投保作物面积3.78万公顷。按照“全县统一办法、注重政策衔接、严格管理程序、实行限额补贴”原则，对符合补贴条件的耕地，以农作物实际播种面积为依据，为种植小麦、青贮饲料、苜蓿、正播玉米等特定作物所有合法的实际农业种植者（含农场职工）发放耕地地力保护补贴5272.18万元，补贴面积6.21万公顷，其中，补贴小麦1.79万公顷，补贴资金3465.39万元；补贴玉米3.38万公顷，补贴资金914.74万元；补贴青贮玉米3410.06公顷，补贴资金511.51万元；补贴苜蓿1583.56公顷，补贴资金237.53万元；补贴加工类作物1448公顷，补贴资金39.09万元；补贴油料作物2025.15公顷，补贴资金54.67万元；补贴杂粮作物1823公顷，补贴资金49.22万元。

【农产品质量监管】 2018年，县农业部门加大农业投入品抽查和督导巡查，梳理农业类市场准入负面清单12项，开展农产品农药残留快速检测6次，检测蔬菜样品600个，检测合格率100%；配合自治区测试中心开展例行监测3次，共抽检畜禽、蛋类、蔬菜、牛羊肉、奶制品、水产品等样品170个，检测合格率为100%。为保障粮食安全，加强种子质量监管检测1950吨库存及调进的76.55吨玉米种子，均达到国家标准；完成2000公顷小麦、1333.33公顷玉米种子田检，合格率100%；开展玉米转基因检测3次，未发现转基因玉米；发放植物调运检疫证书11份，外调合格玉米种子580吨。

【农业执法】 2018年，县农业部门坚持“法定职责必须为，法无授权不可为”，根据有关法律法规及新颁布的农业类法律法规赋予的职权，取消事项8项（行政处罚7项、其他行政权力1项），下放事项1项，保留30项，新增17项（行政许可2项、行政检查1项、行政处罚14项）。经重新梳理细化，重新确定行政权力事项47项，其中：行政许可3项、行政处罚35项、行政强制1项、行政检查6项、其他行政权力2项。严格落实新修订的《农药管理条例》，核发农药经营许可证4个。出动执法人员344人次，开展单独执法及联合执法78次，检查种子、农药、化肥等农资店88个、企业2家，从源头上制止问题农资流入农业生产领域。开展农资质量监督抽查。完成农产品检测9次，抽检样品776个，检测合格率99%以上。签订合法经营责任书88份、种子经营责任书40份；责令退回中氯化肥100吨，封存不符合《新疆维吾尔自治区农田地膜管理条例》规定标准的地膜12吨。处理2017年遗留案件1起，对涉案人员处以2万元罚款。

【社会化合作组织发展】 2018年，县农业部门围绕产前、产中、产后“一条龙”服务模式，以村为单位，发挥科技示范户、种植大户示范作用，发展农民社会化服务合作组织，全县新建合作社20家，其中在贫困村成立6家，全县农民专业合作社342家，规模化种养大户30个，认定家庭农场10家。

【农业项目实施】 2018年，县农业部门扩大农业固定资产投资，夯实农业农村发展基础，投入资金120万元新建冷库5座、烘干房5座；投入资金347.02万元，新建黑木耳种植基地4.86公顷；投入资金857万元新建沼气工程1个；投入资金2905.93万元，新建区域生态循环农业试点基地1个；投入资金5000万元新建年产5000吨玉米芯糖醛生产厂1个；投入资金1.2亿元，新建年产10万吨硫酸钾及12万吨盐酸的新型曼海姆法硫酸钾生产厂1家；投入资金560万元，新建泡菜加工和辣椒加工厂1个。

（郭卫华）

农业机械

【概　况】 2018年，拜城县全县农机总动力46.74

万千瓦，同比增长5.67%，其中拖拉机1.89万台，配套农具3.70万台（套），分别比上年增长4.27%、3.89%。大、中型拖拉机保有量1.05万台，联合收割机559台（小麦273台、玉米286台），播种机3696台，分别增长3.74%、3.43%、4.98%。全县主要农作物耕种收综合机械化水平达88.52%。农机安全监管有效，农机化工作取得成效，创建全国“平安农机”示范县顺利通过国家验收。县农机局获拜城县目标责任考核优良单位。

【农机技术推广】 2018年，拜城县农牧业机械管理局（以下简称“县农机部门”）推广土地深松整地和玉米、甜菜、马铃薯全程机械化技术，在温巴什乡、大桥乡、察尔齐镇、米吉克乡4个乡（镇）召开土地深松整地技术推广现场会。实施深松作业面积2133.86公顷，投入资金96.024万元。推广玉米、甜菜、马铃薯全程机械化技术，种植玉米533.33公顷、马铃薯66.66公顷、甜菜80公顷，投入实施资金15万元，建立全程机械化技术示范区3个，召开现场会2次，发放宣传资料6000余份。

【农机购置补贴】 2018年，拜城县争取中央财政扶持资金购置补贴资金1236.26万元，具体实施补贴资金1236.11万元。补助农机具443台（架）、拖拉机182台、联合收割机13台、500吨粮食烘干房1套、其他农机具247台（架），受益农户363户。

【农机安全宣传培训】 2018年，县农机部门开展农机安全宣传培训，在康其乡、米吉克乡、老虎台乡设3个点，对拖拉机驾驶员开展培训，举办培训班2期，培训农机驾驶员779人。在农机检验、新车上户、农机安全日活动，春耕、夏收、秋收时期，向农机驾驶员宣传拖拉机安全行车知识、安全操作、农机购置补贴政策及法律法规。在各乡镇召开农机安全例会及宣传活动40场，发放宣传单9100余份，受教育群众达2.2余万人。

【农机安全监管】 2018年，县农机部门以拖拉机非法载人专项整治活动为契机，在节假日、农忙时节开展安全生产大检查，严查拖拉机、联合收割机违法载人、黑车非驾、无牌行驶、无证驾驶、未张贴反光标识等违法违规行为，与公安交警部门开展联合执法，确保农机领域安全无事故。出动执法人员533人次，检查农业机械812台，排除隐患236起，整改隐患236起，实施处罚164起，处罚金额3.95万元。年内，新发拖拉机牌证575个，新发联合收割机牌证31个，新申领驾驶证466人。实施反光标识政府补贴50%的优惠政策，发放农业机械反光膜11.4万张。检验农业机械1.8万台，检验率达93.3%。农机挂牌率达95%、农机驾驶员持证率达98%。

【农机跨区作业】 2018年，县农机部门组织实施农机跨区作业，设立15个跨区作业接待站，发放跨区作业证157个，累计跨区机耕5731.5公顷，跨区机收面积1.76万公顷，跨区作业收入702.47万元。

【农机检测】 2018年，县农机部门投入农机安全经费7万元，开展培训2次。拥有无纸化考试室1间，电脑22台，电子桩考仪1套，检测设备2台，检测车1辆，执法记录仪5个。推行农机无纸化和电子桩考工作，无纸化科目一考试222人，电子桩考仪考试338人。运用农机检测设备检验率、初次申领拖拉机驾驶证的驾驶人运用电子桩考率、运用无纸化考试系统考试率均达到30%。推行便民措施，农机监理服务窗口一次性告知办理事项所需的各项程序和材料。实行农机免费安全监理，所有农机上户上牌、换证、年检免费，减轻农机手负担。

【农机产品质量监督】 2018年，县农机部门制定《农业机械质量调查办法》《农业机械质量投诉监督管理办法》《拜城县农机销售市场管理规定》，明确专人负责接待受理农机质量投诉案件。督促农机销售企业对农牧民比较关心的“三包”范围、“三包”期限、维修联系电话、农机质量举报电话制作标识牌悬挂在显眼部位。坚决打击农机补贴过程中可能出现的同一型号市场价高于零售价、向农民乱收费、加价收费、更换购机发票等违法行为，有效监管农机市场。检查农机市场经营秩序、明码标价、价格公示牌、农机产品质量、“三包”售后服务、销售台账、购销合同等6次，检查农机经销企业13家，维修网点8家，农机配件店5家。召开农机经销企业负责人座谈会2次。

（欧阳棠）

畜牧业

【概　况】 2018年，拜城县畜牧局（以下简称“县畜牧部门”）深入贯彻落实中央、自治区、地县农村工作会议精神，加快传统畜牧业向现代畜牧业的转变，全县畜牧业呈现持续发展的良好态势。截至2018年末，全县牲畜存栏达131.53万头（只），比上年增加1.13万头（只），增长0.86%；出栏89.67万头（只），其中，牛4.06万头、绵羊59.27万只、山羊18.15万只、猪7.43万头、马0.31万匹、驴0.45万头，比上年增加1.38万头（只），比上年增长1.56%；出栏率为69.06%。全年产羔53.75万头（只）；家禽出栏155.56万羽；产肉3.85万吨、产蛋3720吨、产奶9005吨。奶牛政策性保险3.06万头。畜牧业总收入16.65亿元，占农村经济总收入的47.12%，比上年增加2.26亿元。畜牧业人均收入4871.6元，占人均纯收入的35.43%，比上年增收660.18元。

【科技培训】 2018年，县畜牧兽医部门开展“户户都有科技明白人”培育工程，从思想上、政策上、技术上、实践上培养养殖明白人，组织技术骨干7人，对15个乡（镇、场）农牧民群众、乡兽医站站长、黄牛配种员、村级防疫员、贫困户开展科学饲养、动物疫病防疫、黄牛配种员实用技术、产地检疫电子出证知识、贫困户实用技术培训51期、培训人员6105人。

【饲草种植】 2018年，拜城县草原工作部门以实现草畜平衡和种养平衡为目标，实施“增草工程”，扩大饲草料生产，满足畜牧业发展饲草料所需，农区以建立合理的“粮—经—草”三元结构、扩大优质饲草种植、推行兼作套种和林下种草为抓手，发展农林牧相结合的复合型饲草生产，人工种草保留面积任务6680公顷，大田、农田种草面积513.33公顷、防护林遮阳带种草面积184.66公顷、小麦套种苜蓿1.1万公顷、果园套种饲草800公顷、间作套种块茎作物1593.33公顷，退耕还草项目种草333.33公顷，粮改饲项目种植玉米733.33公顷。

【饲草加工储备】 2018年，拜城县全年收储饲草110.15万吨，完成任务计划的105%，其中调制青贮饲料34.3万吨，完成任务计划的103.9%；收储农作物秸秆69.35万吨，其中玉米秸秆49万吨、小麦秸秆10.75万吨；收储饲料41.5万吨，其中玉米39.1万吨，全县制作颗粒饲料0.58万吨。全县共动用青贮、收割、加工机械452台，其中，收割机316台、青贮打包机136台，多功能铡草机7033台，颗粒饲料机140台。

【牧草种子市场监督】 2018年，县畜牧部门出动执法人员17人次，执法车辆6辆次，检查种子经营单位8家、农民自产自销15户，整顿规范牧草种子市场秩序，加强牧草种子市场管理，维护草种生产、经营及使用者的合法权益。

【虫鼠害监测】 2018年，全县完成鼠害3个监测点野外路线调查、毛虫5个监测点野外路线调查、蝗虫2个监测点野外路线调查。2018年全县天幕毛虫虫害发生面积2333.33公顷，无严重危害面积；蝗虫虫害发生面积1.66万公顷，无严重危害面积；鼠害发生面积2400公顷，无严重危害面积。

【草原法律法规宣传】 2018年，县畜牧部门加强草原资源保护，做好法律宣传工作，运用广播、电视、入户宣讲、发放普法宣传材料、悬挂宣传横幅、宣传栏等多种形式，深入开展送法下乡活动，并向广大农牧民提供现场法律咨询服务，以农牧民喜闻乐见的方式，讲政策，算细账，使广大牧民群众了解草原保护、利用法规政策和草原生态保护补助奖励机制政策。年内，开展电视宣传1次、广播电台政策法规栏目和乡镇广播宣传15次，设立政策宣传服务台16处，出动宣传车18辆次，制作补奖机制政策宣传册2000余份，印制草原法律法规宣传单8000余份，受教育人数达15余万人次。

【行政执法】 2018年，县畜牧部门加强草原资源监督管理行政执法，全县查处非法开垦草原案件62起、结案62起，破坏草原面积148.65公顷。查处违反禁牧休牧和草畜平衡规定案件7起，结案7起。

【养殖示范】 2018年，县畜牧部门按照自治区、地区、县指示，加快以“四良一规范”（良种、良舍、良料、良法，防疫规范）为示范引领的科学养畜工程建设，完成2个示范村，75户示范户创建任务，建成青贮窖352座、禽舍556座，配置饲草料加工机械92台，制作青贮料22万吨，加快传统畜牧业向现代畜牧业转变。

【畜禽改良】 2018年，全县劣质公畜去势12.04万头（只），其中去势公牛187头（种公牛16头、公犊171头），公绵、山羊羔12.02万只，完成1.95万头黄牛冷配任务，完成小畜品种改良羊58.15万只，购进冻精3.75万支，其中良补冻精1.26万支，冷配任务完成率117%。加强种公羊的调运、配种前后期分群饲养管理等工作，从县种羊场调运扶贫种公羊155只，从萨瓦甫齐牧场调运种公山羊43只，为绵山羊改良任务打下基础。

【动物疫病防控】 2018年，县畜牧部门按照“政府保免疫密度、畜牧部门保免疫质量”和“集中防疫、月月补免”原则，完成动物疫病防疫、体内外驱虫、治疗646.3万头（只）次。牲畜防疫400.3万头（只）次，其中口蹄疫免疫170.6万头（只）次，布病免疫50.93万只，包虫病防治2.5万只，禽流感病免疫229.51万羽次，家禽防疫353.03万头（只）次，体内外驱虫235.9万头（只）次，治疗10.02万头（只）次。

【脱贫攻坚】 2018年，县畜牧部门购买扶贫牛815头、扶贫生产母羊3789只、扶贫种公羊144只、扶贫鸽子1.96万只、油鸡2.13万只，新建牲畜棚圈210座、青贮窖352座、禽舍556座，购置饲草料加工机械92台。

【基础设施建设项目】 2018年，县畜牧部门牵头组织实施基础设施建设类项目10项。至年末，10个项目均完成建设并交付使用。

黑英山乡亚吐尔村养殖合作社建设项目。位于黑英山乡牲畜交易市场以北，占地面积7623平方米，新建牛圈500平方米及饲草料存储场地等相关设施，投资50万元。

克孜尔乡丘纳克买里村托牛所建设项目。位于克孜尔乡乌堂村，占地面积5500平方米，新建500平方米标准化牛舍1栋，无害化处理井1座、消毒池1座、饲草棚200平方米，青贮窖1座500立方米，投资50万元。

赛里木镇硝尔买里村及赛里木村养殖合作社建设项目。位于赛里木镇赛里木村3组信号塔以东，硝尔买里村委会以东1000米处，占地面积1000平方米，新建500平方米标准化牛舍2栋，无害化处理井2座、消毒池2座、饲草棚200平方米2座，投资100万元。

布隆乡托万克布隆村养殖合作社建设项目。位于拜城县布隆乡托万克布隆村范围内，占地面积1万平方米，新建500平方米标准化牛舍1栋，无害化处理井1座、消毒池1座、办公室45平方米，投资50万元。

克孜尔乡蛋鸡场建设项目。位于拜城县克孜尔乡乌堂村东侧戈壁滩，新建2座，占地面积6660平方米，投资140万元。

亚吐尔乡喀拉苏村养殖合作社建设项目。位

于拜城县喀拉苏村，占地面积3.33公顷，牛舍500平方米，青贮窖1000立方米，饲草料棚200平方米，无害化处理井1座，消毒池1座，药浴池1座，配种站100平方米，附属围墙，投资85万元。

黑英山乡墩其木然村养殖合作社建设项目。位于拜城县黑英山乡墩其木然村，占地面积3.33公顷，牛舍500平方米，青贮窖1000立方米，饲草料棚200平方米，无害化处理井1座，消毒池1座，药浴池1座，配种站100平方米，附属围墙，投资85万元。

老虎台乡托普鲁克村养殖合作社建设项目。位于拜城县老虎台乡托普鲁克村，占地面积3.33公顷，牛舍500平方米，青贮窖1000立方米，饲草料棚200平方米，无害化处理井1座，消毒池1座，药浴池1座，配种站100平方米，附属围墙，投资85万元。

察尔齐镇喀依库拉克村养殖合作社建设项目。位于拜城县察尔齐镇喀依库拉克村，占地面积3.33公顷，牛舍500平方米，青贮窖1000立方米，饲草料棚200平方米，无害化处理井1座，消毒池1座，药浴池1座，配种站100平方米，附属围墙，投资85万元。

克孜尔乡墩硝尔村养殖合作社项目。位于拜城县克孜尔乡墩硝尔村，占地面积3.33公顷，牛舍500平方米，青贮窖1000立方米，饲草料棚200平方米，无害化处理井1座，消毒池1座，药浴池1座，附属围墙，投资75万元。

【检疫工作】 2018年，县畜牧部门实施产地检疫45万头（只），其中牛4.99万头、羊37.69万只、猪2.31万头。实施家禽产地检疫45.01万羽，检出病畜禽680只。检疫屠宰家畜9万头（只），其中牛0.5万头、羊7.17万只、猪1.31万头，处理病害猪5头。家禽屠宰免疫25万羽，检疫出病禽350只。全年发生违反《中华人民共和国动物防疫法》案件15起，罚款1.71万元，结案15起。通过严格执法，发案率比上年有所下降。

【安全监管】 2018年，县畜牧兽医部门以确保人民群众身体健康、保护社会公共卫生为职责，加快畜牧业发展步伐，保证更多优质、安全、合格、卫生的无公害畜产品上市。年内，县兽医站检测40份牛奶、206份原料奶成分，各项指标均符合标准；木扎提牛羊定点屠宰场、生猪定点屠宰场开展瘦肉精“盐酸克伦特罗”“莱克多巴胺”“沙丁胺醇”检测。截至年末，检测1350头份，其中猪400头、牛420头、羊530只，均未发现使用瘦肉精情况。组织全县18家兽药店参加地区举办的2018年兽药二维码追溯系统操作运用培训班，完成网上注册18家，其中16家实现兽药产品生产、经营和使用的追溯管理。截至10月30日，上传入库7102条，出库2529条。对全县4个农贸市场、6家超市，每月至少定期检查2次以上，检查各类场所281场次，出动人员78人次，检查牛羊、猪肉、禽肉销售摊点253家，检查牛肉375吨、羊肉840吨、猪肉480吨、禽类产品252吨。

【产业化发展】 2018年，县畜牧兽医部门以“十城百店”工程建设及“百十一”养殖基地建设为契机，加快推动建设优质畜产品基地建设及畜产品生产加工销售、仓储物流、品牌创建等一体化的产业链条，鼓励养殖企业搭建畜产品外销平台。县“萨帕乐”细羊毛种羊场、拜城县永丰农林生态开发有限公司、拜城县宏丰养殖农民专业合作社、拜城县鼎元牛业有限公司、拜城县牧村油鸡原种场、拜城县顺鑫牧业有限公司，为牛羊禽“百十一”基地。全年外调牛5168头、羊2.24万只、生猪1.44万头、家禽19.12万羽、肉75.11吨。

【疫病防疫督查】 2018年，县畜牧部门加大动物疫病检查，检查口蹄疫免疫抗体监测血清共5549份，合格血清4906份，免疫抗体合格率84.5%；禽流感检测鸡血清3327份，合格的2850份，免疫抗体合格率85.6%。布病感染抗体检测：牛血清9168份（市场临调牛5235份，无阳性，屠宰场羊4383份，无阳性）；布病免疫抗体检测：牛血清169份、转阴率92.8%，羊1142份、转阴率64.01%；牛结核病监测1482头，无阳性。

（周贵才）

林　业

【概　况】 2018年，拜城县林业局（以下简称"县林业部门"）贯彻落实自治区特色林果南疆工作推进会、地区农村工作会议和《关于推进南疆特色林果提质增效工作的通知》精神，年内地区下达造林任务1333.33公顷（其中人工造林133.33公顷、封育面积1200公顷），义务植树10万株，秋季在县污水处理厂周边开展全民义务植树，完成306.66公顷生态林建设。实际全年完成造林面积781.18公顷，其中防护林造林面积418.1公顷，经济林造林面积363.08公顷，完成封育面积1200公顷，义务植树14.25万株，完成全年任务的143%。地区下达育苗任务33.33公顷，实际完成林木育苗33.40公顷，其中，经济林3.66公顷，生态林29.01公顷，风景树0.73公顷，完成地区下达育苗任务的100.2%。

【林业新品种引进】 2018年，县林业部门加大林果新品种的引进力度，根据县人民政府批准的拜城县10万亩生态林工程建设规划，利用春季义务植树造林契机，引进新品种翅果油树并栽植66.66公顷、3.52万株。从叶城县和农一师五团引进黑叶杏种条和青皮杏种条1000余株用于黑英山乡发展杏产业，高接改良杏树3.33公顷、1500株，通过嫁接改良果树新品种，调整林业产业结构。

【林业经济】 2018年，全县林果业挂果面积8336.66公顷，果品总产量7.05万吨、果品总产值2.31亿元、人均收入1090.89元，其中核桃挂果面积4590公顷，果品产量8784吨，核桃产值1.41亿元，人均收入661.39元；杏挂果面积1779.33公顷，果品产量2.66万吨，杏产值4265.76万元，人均收入200.75元；葡萄挂果面积1770.66公顷，果品产量3.24万吨，葡萄产值4861.35万元，人均收入228.75元；红枣挂果面积196.66公顷、产量2655吨。

【科技培训】 2018年，县林业部门结合第二十九届"科技之冬"活动和春季林果田间管理工作和林果产业发展需求，本着"缺什么补什么，发展什么培训什么"的原则，培训一批会讲、会操作、会管理的农民技术人员。对林果业有害生物综合防治和春季植树造林进度情况开展现场技术服务指导，共举办林果业科技培训97期，共培训1.8万人次，其中培训深度贫困村54场次，培训贫困人员8150人次。开展10场次林果业致富带头人培训，培训380名致富带头人和721户建档立卡贫困户，完成实名制登记和资金申报工作。

【林业管理】 2018年，县林业部门继续以"林果业管理提质增效"为抓手，针对林果业生产管理技术存在的主要问题加强对广大果农的技术指导和帮扶，结合各乡镇生产实际贯彻落实地区特色林果标准化生产规程，推动林果管理规范，投入到位，林果长势普遍较好，果品产量、品质显著提高。截至年末，建立县乡级"林果业提质增效示范园"87个，面积860.8公顷，其中县级领导示范园8个，面积83.33公顷；乡级领导示范园79个，面积777.46公顷。沤制绿肥40.21万立方米。

【病害防治】 2018年，县林业部门遵循"预防为主、科学防控、依法治理、促进健康"基本方针，狠抓各项措施的落实，圆满完成重大、危险性林业有害生物防控工作的各项任务。无公害防治率达100%。地区下达悬挂杀虫灯1000盏，规范化管理测报点8个，石硫合剂防治面积1.06万公顷，发布预测预报信息10期。购进石硫合剂成品 340.1 吨，石硫合剂喷防 1.13 万公顷，悬挂杀虫灯 1212 盏，首次采用无人机防治病虫害模式，规范运作 8 个测报点，预测预报信息完成 15 期。林业有害生物成灾率控制在 3‰，测报准确率 90% 以上，种苗产地检疫率 100%，无公害防治率 85% 以上。通过采取有效的病虫害防治措施，将杏树梨小食心虫发生率降到最低，使杏树种植户收益明显提高。

【植物检疫】 2018 年，县林业部门抓好苗木产地检疫工作，对从外地调入的城市绿化和造林苗木开展复检，确保苗木质量，从源头抓森林病虫害防治工作，保障林业生态建设健康发展。全年共抽检苗圃 107 个，检疫苗木 405.09 万株，对产地检疫合格的苗木发放 102 份“产地检疫合格证”，送达 5 份检疫处理通知单。全县总复检城市绿化苗木和花卉共 58.46 万株，调运木材 2631 立方米。

【重大林业有害生物调查】 2018 年，县林业部门按照“县不漏乡、乡不漏村、村不漏一点”的原则，针对重大林业有害生物在全县开展逐乡、逐村、逐户、逐地块调查的工作，实行包片负责制。建立健全监测制度，除定期不定期对重大、危险性林业有害生物进行调查外，建立重大、危险性林业有害生物疫情监测点。调查扶桑绵粉蚧 0.4 公顷，苹果蠹蛾疫情发生共抽查果园面积 40 公顷，共调查果数 1300 个，健康果数 1230 个，健康率 97.7%，被害果数 70 个，疫情发生总面积 0.07 公顷，蛀果率达到 3.3%，2.67 公顷松线虫，葡萄蛀果蛾面积 166.7 公顷。光肩星天牛面积 50 公顷，共调查 900 立方米，美国白蛾面积 63.9 公顷，枣实蝇面积 100 公顷。

【苹果枝枯病防治】 2018 年，县林业部门开展全县蔷薇科树种调查，在察尔齐卡点设立林果重大疫病疫情检查站检疫进出植物及植物产品，并对可疑病情及时采样。年内共调查苹果枝枯病寄主树种 52.73 万株（其中，苗圃香梨苗木面积 1.06 公顷、3.5 万株，苹果苗木面积 3.9 公顷、14.02 万株，杜梨苗木面积 1.06 公顷、6.92 万株，榅桲苗木 51 株，海棠苗木面积 0.56 公顷、8300 株）。共普查苹果和香梨发病株数 9586 株，防控 9586 株，防治率 100%。

【森林保护】 2018 年，县林业部门结合“春雷行动”“绿剑行动”有序开展严厉打击破坏森林和野生动物资源违法行为专项行动。执行国家和自治区《中华人民共和国森林法》等林政管理有关法律法规，严厉打击乱砍滥伐等各种违法犯罪活动，确保森林资源安全。全县共办理采伐证 188 份，采伐面积 70.89 公顷，采伐蓄积 8765 立方米、5.62 万株；共完成 8.43 万公顷的国家级公益林管护工作。共查处各类森林案件 23 起。其中擅自开垦林地行政处罚案件 4 起、擅自改变林地用途行政处罚案件 2 起、滥伐林木行政处罚案件 10 起，毁坏林木行政处罚案件 3 起，林业行政处罚 25 人，林业行政罚款 12.75 万元。

【野生动物保护】 2018 年，县林业部门依照野生动物保护法律、法规和政策，促进野生动物的保护、发展和合理利用，打击各种销售野生动物的违法行为。4 月和 10 月利用“飞鹰行动”，协助森林公安分局、工商局等部门开展 3 次执法监查，深入集贸市场、车站、饭店等场所开展专项调查。发挥铁热克镇柳树林管护所永久性野生动物救护中心和乡镇 18 个野外监测点作用，监测野生动物疫病。在国际狩猎场开挖 5 个给野生动物提供饮水用的饮水池。共救助各类国家级野生保护动物 10 只，其中救助国家一级保护野生动物 1 只、国家二级保护野生动物 2 只、其他野生保护动物 7 只。查处非法猎捕杀害野生动物行政处罚案件 3 起，非法采集野生植物行政处罚案件 1 起。损失国家二级保护野生动物鹅喉羚 2 只、损失保护动物野猪 2 头，收缴自治区重点保护野生植物 15 千克，开展法律法规宣传，发放宣传单 1500 余份。

【湿地保护】2018年，县林业部门委托自治区设计院制定湿地保护“十三五”规划。邀请自治区设计院专家对湿地进行初步功能区划，将木扎提河流域湿地保护区划分为核心区、缓冲区、试验区等功能区，并上报自治区林业厅备案。恢复大宛其管委会和托克逊乡已破坏的5.46公顷湿地。制定湿地保护方案，明确职责权限、管理程序和行为准则，制作湿地保护现状图及规划红线图，建立湿地资源日常管理台账，因地制宜地做好湿地恢复建设规划工作，实现对生态湿地更好的管理和保护。全面动员开展宣传教育，通过媒体广播，悬挂横幅，发放宣传单、宣传牌等多种宣传方式，全年开展4次宣传教育，发放宣传单4000余份，提高群众的湿地保护意识。

【天然林保护】2018年，县林业部门抓好天然林区保护，对全县19个重点公益林管护站卡点实行24小时值班制度，以巡护马匹为工具，成立“马背小分队”，开展巡逻工作。根据县防汛指挥部的安排，成立汛期应急防灾领导小组，制定汛期防灾减灾实施方案和应急预案，制作宣传警示牌和宣传单，组织重点公益林管护站护林员做好汛期宣传。

【湿地恢复与保护工程】2018年7月，拜城县召开木扎提河流域湿地保护与恢复“十三五”规划研讨会，这标志着木扎提河流域湿地保护与恢复工程加速推进。该湿地是新疆区域内九大湿地之一，被自治区确定为首批“新疆保护和恢复湿地工程”。该湿地总面积1.75万公顷，其中，河流湿地1.34万公顷，沼泽湿地195.98公顷，人工湿地3885.57公顷。由西向东横跨拜城县9个乡镇，主要植物有沙棘、红柳、甘草、麻黄草等国家二级保护野生植物，湿地内还栖息着雪豹、新疆大头鱼、金雕、北山羊、黑鹳等国家一级保护动物，以及盘羊、鹅喉羚、秃鹫等几十种二级保护动物。根据规划，该湿地保护与恢复重点工程主要有：木扎提河流域湿地保护区勘界，设置界标界桩界碑和界牌，沿河巡视道路建设、供电和通信工程等，在沿河两岸建设管护站4处等。预计用3年全部完成。

【森林防火】2018年，县林业部门提高森林防火队伍的实战水平，于3月在阿勒吞库西国家级公益林管护站开展春季森林防火应急演练，参加人员30余人，共动用灭火机5台，灭火器10台，灭火拖把10把，消防车1台，应急车2辆。

【脱贫攻坚】2018年，县林业部门使用扶贫项目资金在赛里木硝尔买里村建立5.64公顷“黑果枸杞丰产栽培示范园”，按照“专业技术团队+嵌入式合作社+农户”的经营模式组建黑果枸杞合作社，16户贫困户拿到每亩500—600元的土地流转租金。使用扶贫项目资金7.06万元，为布隆乡5个村、托克逊乡阿热吐尔村10户贫困户2.94公顷核桃园、拜城镇肯迪克墩村2户贫困户3亩核桃育苗提供抚育管理。利用森林抚育项目资金90万元，组织农民专业合作社和技术服务队，修剪全县各乡镇核桃园，修剪面积666.66公顷，其中：贫困户核桃面积51.41公顷，涉及207户贫困户。成立以建档立卡贫困人口为主要社员的林果业专业合作社5个，社员101人，其中建档立卡的贫困人口64名；按照阿克苏地区“建档立卡贫困人口生态护林员管理办法”要求，县林业部门将维护林区治安、保障生态安全相结合，实施“生态护林员组建项目”，从深度贫困村招录6名生态护林员，利用中央财政资金共计6万元，确保实现一人就业全家脱贫。

（谭玉鑫）

水　利

【概　况】2018年，拜城县水利局（以下简称“县水利部门”）局机关核定行政编制9名，实有7人，其中领导职数3个。内设办公室、业务室、防汛抗旱办公室，下属事业单位7个，其中全额预算管理单位6个，分别为水利水政监察大队、水利局渔政管理站、新疆大头鱼自然保护区拜城管理站、水利规划设计管理中心、农村饮水安全工作办公室、工程质量监督与造价管理站，自收自支管理单位1个。核定事业编制125名，实有136人（其中参照编制7名，实有6人；全额事业编制37名，实有36人；自收自支编制81名，实有94人）。

【水利规划】 2018年，县水利部门根据国家项目投资导向，及时调整项目前期工作思路，使项目前期工作有的放矢，属于国家重点投资的领域，符合拜城县水利发展综合规划，县水利局先行一步，超前开展和储备一些既有经济效益又有社会效益的水利项目。编制完成《拜城县水利发展“十三五”综合规划报告》《拜城县农田水利综合规划》《拜城县养殖水域滩涂规划（2017—2030年）》《农村饮水安全工程“十三五”规划》《拜城县水土保持规划》《拜城县防洪规划》《拜城县喀拉苏重点中型灌区节水配套改造工程可行性研究报告》等规划。

【水利设施建设】 2018年，全县累计完成农田水利基本建设投资2.09亿元，其中：中央投入专项资金0.47亿元，对口扶贫资金0.28亿元，省级专项资金0.15亿元，地区、县级资金0.15亿元，群众投工投劳1.04亿元。完成主要水利工程项目8个，修复水毁工程17处，完成渠道防渗68.04千米，配套建筑物660座，新增节水灌溉面积1333.33公顷；平整土地800公顷，排碱渠清淤106.64千米，扩建乡镇供水工程3处，新建乡镇供水工程1处，解决安全饮水人口1.5万人、大小牲畜4.9万头（只），维护清理灌溉渠道950.77千米，改善灌溉面积7793.33公顷。

【农业节水灌溉】 2018年，县水利部门完成有效灌溉面积8.33万公顷，其中林地1.22万公顷，草场4666.66公顷，其他6.64万公顷。为促进节约用水，加快建设节水型社会，结合实际，制定《拜城县农业灌溉用水定额管理实施方案》。2018年度全县农业用水总量控制指标9亿立方米，全年农业实际用水量8.88亿立方米，其中地表水8.73亿立方米，地下水0.15亿立方米，实际用水量比计划使用量节约0.12亿立方米，每公顷平均节约用水135立方米，农业用水量比上年下降1%，节约用水总量1020万立方米。

【农村安全饮水工程】 2018年，拜城县共计完成农村饮水安全工程4项，累计投资1268.94万元。

老虎台乡饮水安全巩固提升工程。该工程新建水源井3眼，配套井泵房及供电设备；新建500立方米调蓄池1座，新建调蓄池到供水井汇水管道0.86千米，新建水厂围墙136米，配套水厂安防监控设备1套；新建蓄水池到出山口老管道配水总管1.2千米；新建控制性闸阀井7座，减压排水井8座；新建户表井270座；工程总投资概算564.68万元，其中主体工程投资480.79万元，水土保持投资4.51万元，入户部分投资79.38万元。2018年4月10日开工建设，10月25日建成。

米吉克乡库库拉托格拉克村饮水安全工程。该工程新建供水井1眼，配套井泵房及供电设备，建水源防护围栏236米，新建值班室25平方米，铺设输配水管网11.05千米，新建闸阀井6座，建集中户表井43座，完成171户分体式感应水表安装。工程总投资概算156.76万元，其中主体工程投资141.56万元，水土保持投资2.63万元，入户部分投资12.57万元。2018年4月10日开工建设，7月30日全部完工。

米吉克乡等2个乡319户贫困户自来水入户工程。该工程建户表井194座、入户319户，安装分体式感应水表286套、普通水表33套，受益贫困户319户。至年底，319户贫困户自来水入户完工。总投资63.8万元，全部为自治区财政资金。

拜城县2018年扶贫项目赛里木等5个村饮水

安全巩固提升工程。工程新建水源井1眼，引泉工程1处，铺设管网24.66千米，新建闸阀井11座；建集中户表井380座并安置1191个分体式感应水表。至年底，凿井1眼，水量水质达到设计要求。完成入户通水工程，安装水表1191套。工程总投资483.7万元，其中，中央扶贫专项资金438.7万元，县财政配套45万元。

【重点水利工程项目】 2018年，拜城县完成国家及自治区下达水利项目8个，年内全部完工，完成投资计划建设任务的100%。

拜城县2018年"访惠聚"村级惠民生项目。该项目主要分布在拜城县察尔齐镇、老虎台乡、大桥乡、温巴什乡、米吉克乡、康其乡、亚吐尔乡、托克逊乡、克孜尔乡、黑英山乡的24个行政村，项目总投资1200万元。建设内容主要有防渗渠15.64千米、附属建筑物137个、自来水管道15.79千米、闸阀井12个、户表井69个、防洪堤695米、打井2口、泵房2座，该项目于7月15日开工建设，11月10日完工。

拜城县2018年"以工代赈"水利工程项目。托克逊乡阔纳协海尔村防渗渠建设项目，修建防渗斗渠2条，渠道长度8.38千米，改建渠系建筑物37座（节制分水闸16座、无节制分水闸21座），利用农桥4座，改建连接段1处。工程项目总投资600万元。5月20日开工建设，8月10日完工。受益群众437户2262人。托克逊乡库木格然木村防渗渠建设项目，修建防渗斗渠2条，渠道长度3.06千米，改建渠系建筑物18座（节制分水闸9座、无节制分水闸9座），利用农桥2座。受益188户715人。

拜城县2018年第二批财政专项扶贫资金（扶贫发展）水利工程项目。项目涉及3个乡镇、4个行政村，分别为黑英山乡亚吐尔村防渗渠建设工程（防渗渠3.31千米，配套渠系建筑物19座，包括无节制分水闸14座，农桥5座）；拜城县赛里木镇赛里木村防渗渠建设工程（防渗渠3.32千米，配套渠系建筑物54座，包括节制分水闸6座，无节制分水闸41座，农桥7座）；拜城县康其乡阿热勒村防渗渠建设工程（防渗渠4.05千米，配套渠系建筑物22座，包括节制分水闸14座，农桥8座）；拜城县康其乡赛比墩村防渗渠建设工程（防渗渠3.33千米，配套渠系建筑物55座，包括节制分水闸26座，农桥29座）。项目总投资778万元，8月10日开工建设，9月30日完工。

拜城县2018年度自治区补助资金田间高效节水项目。主要分布在克孜尔、亚吐尔、米吉克、温巴什、大桥5个乡（镇）共1333.33公顷，主要建设内容为新建首部系统19个，清水池、沉淀池各18个，新建泵房19座1026平方米，架设变压器19台、离心泵19台，安装过滤器19台，安装施肥罐19套、变频启动柜19套、田间闸阀井548座，建设排水井475座。工程总投资2199.75万元，其中，2018年中央高效节水补助资金2000万元，县自筹资金199.75万元。

2018年农村饮水安全工程4项。累计投资1268.94万元。主要分布在老虎台乡、米吉克乡、赛里木镇。

拜城县喀拉苏中型灌区节水改造项目。防渗改造渠道总长3.07千米，配套渠系建筑物15座，其中改建节制分水闸3座，无节制分水闸1座，纳洪口2座，跌水4座，过洪涵洞1座，农桥2座，生态闸1座和连接段2处。分段计：喀拉苏干渠1.42千米，沿线建筑物9座，其中节制分水闸1座，纳洪口2座，跌水3座，生态闸1座和连接段2处；托赛干渠0.65千米，沿线建筑物3座，其中节制分水闸1座，过洪涵洞1座，农桥1座；托克逊干渠1千米，沿线建筑物3座，其中无节制分水闸1座，跌水1座，农桥1座。项目工程投资887万元，10月25日工程全部完工。

山洪防灾资金项目。项目建设内容有升级更换RTU3套、雷达水位计1套、雨量计2套、无线预警广播机5台、蓄电池5组、太阳能电池板5套、太阳能电源线5套、电源稳压器5套、市电互补太阳能控制器5套，项目资金20万元。项目于2018年9月1日开工建设，9月30日完工。

【高效节水项目】 2018年，拜城县南疆四地州高效节水补助资金项目主要分布在克孜尔、亚吐尔、米吉克、温巴什、大桥5个乡（镇）共1333.33公顷。工程总投资2199.75万元，该项目于2018年3月10日开工，9月20日完成建设任务。工程投资全部为国家资金，项目全部实施完成，滴灌系统产权按照原所有权归属和工程受益情况确定其所有权和使用权，完全由受益农户自主经营管理滴灌系统，解决以前全部由县财政对滴灌系统进行维修养护的现状。新建防渗渠道68.04千米（完成年度任务的680%），新建滴灌面积1333.33公顷（完成年度任务的200%）。

【灌区续建设配套与节水改造】 2018年，县水利部门完成喀拉苏中型灌区节水改造项目，防渗改造渠道总长3.08千米，配套渠系建筑物8座，其中改建节制分水闸4座、无节制分水闸1座、农桥2座、渡槽1座。该项目工程投资887万元，其中，中央投资708万元，其余为地方配套，工程于2018年10月25日全部完工。

【汛情监测】 2018年，县水利部门加强汛情监测，落实防汛24小时值班制度，及时传递汛情、灾情、险情。制定防洪险工险情排查登记和维修加固方案，落实完成措施和时限。汛前县防洪办安排业务人员详细排查各乡（镇）防洪险工险段，根据防洪险工险段的特点、防洪重点，组织人员，深入沿线，全面、严格、细致地排查安全隐患，对发现的安全隐患，立即研究整治办法，并组织实施确定完成时限。针对各乡（镇）防洪险工险段给出防洪指导意见，合理划定各乡（镇）洪水风险管理区，制定洪水风险图，确定风险等级，明确防洪管理范围。

【防汛物资储备】 2018年，县水利部门根据县防洪应急预案要求备足防汛物资，提高全县防灾减灾的应对能力。储备防洪物资麻袋0.5万条，编织袋7.6万条，照明设备5台，铅丝网片1.9万平方米，铅丝23.85吨，卵石1.2万立方米，砂石料1万立方米，救生衣30件，防洪墩500块。各乡（镇）储备卵石2.62万立方米、铁丝9.11吨、编织袋18.8万条、铅丝笼2810立方米、圆木4357根、三脚架1225个、树梢0.63万立方米，78台挖掘机、93台装载机、14台吊装设备、72辆运输车辆分散在全县各防洪点。堤防建设总投资133万元，新建防洪坝总长1417米。项目主要分布在米吉克乡、温巴什乡、托克逊乡，工程于5月12日开工建设，6月20日完成工程建设任务。

【防汛应急】 2018年，县水利部门根据县防汛应急预案，对5条主要河流、渠首站、山洪沟、防洪坝险工险段开展汛期大检查，下达防汛整改通知书、防汛会商研判信息，防汛工作通知文件30余份。发放山洪预警明白卡及宣传手册1790份，组织开展防洪演练培训9场次，完善县、乡、村三级防洪预案13个。设立县防汛抗旱救灾应急分队1支148人，健全完善县城防汛抢险队伍3支112人。投入7万元在种羊场农业六队、老虎台乡开普台尔哈纳村、老虎台乡科克兰木村、拜城镇吐孜贝希村、亚吐尔乡布吉尕村和克孜尔乡喀日尕依买里村举行6场山洪灾害防御知识培训演练，参与人员453人。

【中小河流治理项目】 2018年，拜城县台勒维丘克和重工业园区—县城段防洪工程自拜城镇吐孜贝希村至红旗北干渠川河的阿合墩涵洞之间，新建防洪堤总长6.99千米，其中右岸防洪堤长度4.71千米、左岸防洪堤长度2.28千米。工程的主要任务是保护拜城镇、布隆乡5万人、2.1万公顷耕地及县重工业园区工矿企业。工程总投资2100万元，其中中央投资1470万元，县配套630万元。工程于8月16日开工建设，11月10日全部完成建设任务。

【水土保持】 2018年，地区下达生产建设项目水土保持督查任务13个。县水利部门监督检查8个生产建设项目水土保持制度落实情况，水土保持监测、监理开展情况，督促项目业主全面落实水土保持方案，提高生产建设单位水土保持法律意识，促进水土保持工作的规范化和长效管理。督促生产建设项目业主落实水土保持开工信息制度，要求生产建设单位按时向县水利局书面报告水土保持工作进展情况，并抄送有关主管部门，直至生产建设项目完成水土保持设施验收工作为止。针对监督检查存在的问题，向项目业主下发水土保持督查意见书，要求建设单位履行水土保持法定义务限期进行整改。

【新疆大头鱼自然保护】 2018年，县水利部门印发《拜城县新疆大头鱼自然保护区管理办法（试行）》，成立县新疆大头鱼自然保护区问题清理整治监督检查领导小组。在拜城县新疆大头鱼自然保护站安装竖立大头鱼保护区示意图公示牌7块，安装竖立警示牌50块。11月7日，在克孜尔水库现场监督公证2018年新疆维吾尔自治区扁吻鱼增殖放流活动。

【水资源管理】 2018年，县水利部门落实最严格水资源管理制度，依据《关于实行最严格水资源管理制度落实“三条红线”控制指标的通知》要求，结合县地下水开发利用现状，制定《拜城县灌溉面积退地减水实施方案》。按照《自治区实行最严格水资源管理制度考核方案（试行）》《拜城县用水总量控制方案》加强水资源管理责任和考核制度，逐级建立目标考核责任制。各乡（镇、场）人民政府（管委会）是《拜城县用水总量控制方案》实施的责任主体，按照《拜城县用水总量控制方案》确定的控制目标和任务，将用水总量控制指标、灌溉面积退减指标、用水效率控制指标、高效节水灌溉面积发展指标等细化分解到各行政村、各河流。水利工程建设严格执行工程项目建设项目法人责任制、工程招标投标制度、工程建设监理制、合同管理制度、竣工验收制5项制度，进行政府强制性质量监督，推行第三方质量检测。

【水利改革】 2018年，县水利部门做好拜城县水权改革工作，探索建立产权明晰、管理规范、运行稳定的小型水利工程管理体制新机制，结合县域实际，制定《拜城县农业和生态用水水权改革试点工作实施方案》，规定农村农牧民二轮承包地水价为0.07元/立方米，达到供水成本价的78%；农牧民二轮承包地以外用水按0.12元/立方米，达到供水成本价的133%。

【水政执法】 2018年，县水利部门加大水行政执法力度，维护正常的水事秩序。通过加大水行政执法力度，依法查处各类水事违法案件，做好水事纠纷的调处工作，水事秩序明显好转，水事违法案件逐年下降，水事违法案件和水事纠纷调处结案率达95%以上。查处阿克苏顺鑫牧业有限公司未经批准擅自凿井案，依法给予罚款4万元及封闭6眼非法机电井的行政处罚；配合县油区办深入大宛其大北9、大北1201等气田气井开展涉水现场勘查。加强河道采砂管理，开展河管理专项执法检查工作。制定《拜城县河道采砂专项整治工作方案》，开展河道采砂专项执法检查工作，关闭非法砂石料厂2家；实地勘查河道采砂情况，对原采砂企业因乱采乱堆、造成河道严重淤积、影响行洪安全且不符合环保要求的，安排砂石破碎企业于7月底至8月20日每日出动2—3台挖掘机、8台翻斗车，共拉运清理弃料8万立方米。

【河长制工作】 2018年，拜城县境内流域面积大于50平方千米的河流共有24条。其中跨县（市）河流7条，由地区领导担任河长、副河长，拜城县领导分别担任河段河长。拜城县境内的17条河流由相关县领导担任河长，相关乡镇场领导担任各河段河长，河流总长度1424.29千米，流域面积1.66万平方千米。县、乡、村三级河长制均建立组织体系，建立健全各项制度，各项工作逐步得到规范落实。印发实施县、乡两级河长制工作方案，建立以县委书记、县长为双组长、双河长，县级分管领导为副总河长的组织责任体系，明确总河（湖）长2人，县级河长34人，湖长2人，覆盖全县跨县河流7条，县境内河流17条，1处湖泊。乡镇级河长覆盖河流65条河段，村级河长覆盖河流79条河段，河长设置、河长名单通过新媒体进行公告。全县共竖立河（湖）长公示牌209块（县级28块、乡级181块），基本覆盖县境内各河流水系。

【河道治理】 2018年，拜城县投资8000万元由城投公司负责新建污水处理厂及地下污水管网工程，为污水收集处理提供硬件支撑；开展城市河沟、河道水环境治理。通过拜城县喀普斯浪河一期治理项目、台勒维丘克河城市水景观项目等城市水生态环境治理项目的实施，大力整治河沟、河道沿线企业和居民倾倒生产、生活垃圾、废水，挤占河道等行为。对河沟、河道两岸进行维修加固，沿途进行绿化，设置警示牌，安装围栏、垃圾箱，修建公共厕所，并将沿岸居民污水管网集中并入城市污水管网，实现城市河道水清、岸绿、景美。集中式饮用水水源水质均达到或优于Ⅲ类；制定地区河湖水域岸线管理利用规划、河道采砂管理规划、生态基流及最低水位划定编制工作方案；按照自治区、地区统一安排部署，在区域内组织开展河湖采砂、河湖“清四乱”等专项整治，共排查出乱建问题1个。

（梁恩浩）

农业综合开发

【重点项目】 2018年，拜城县农业综合开发领导小组办公室（以下简称“县农发办”）实施土地治理项目2个，即大桥乡333.33公顷高标准农田建设项目，总投资630万元，其中，中央财政资金450万元、地方财政配套资金180万元（自治区财政配套资金144万元、地区财政配套资金18万元、县级财政配套资金18万元）；项目区衬砌防渗渠道8.15千米、新建渠系建筑物100座、新建量水设施5座、机耕道路5.35千米，改良土壤25.33公顷；林业植树造林1.33公顷，科学技术培训1890人次。米吉克乡333.33公顷高标准农田建设项目，总投资630万元，其中中央财政资金450万元，地方财政配套资金180万元（自治区财政配套资金162万元、地区财政配套资金18万元）。项目区衬砌防渗渠道7.33千米、新建渠系建筑物62座、新建量水设施2座、机耕道路4.1千米，改良土壤13.33公顷。

【贷款贴息项目申报】 2018年，县农发办争取土地治理项目2个，贷款贴息项目1个，完成中央、自治区、地区级配套资金1369万元。在地区2018年度农发系统工作考评中取得8县1市排名第一的好成绩。申报2018年度农业综合开发中央财政资金贷款贴息项目1个，为1.5万吨特色亚麻原料订单收购及生产加工项目贷款贴息项目，此项目3月下达批复，贴息资金145万元于5月全部到位。

【项目管理】 2018年，县农发办严格执行工程招投标制、工程施工合同制、项目工程监理制、“三专”（专账核算、专户储存、专人管理）制度和县级报账制等农业综合开发各项制度。在项目规划设计中，根据项目区的水系、林网布局、机械构成等情况，按照田块方整化、沟渠标准化、道路网格化、田间林网化和灌溉节水化、渠道防渗化、作业机械化进行规划设计，与保护生态环境相结合，促进农业可持续发展。

【开发效益】 2018年，县农发办通过项目区土地治理，调整土地利用结构，使其逐步趋于合理。改善灌溉土地面积853.33公顷，年节约水量32.35万立方米，直接受益农户1753人，年均增收186.93万元。项目区形成田、林、路、渠配套，提高地力和土壤保水能力，达到田地平整肥沃、水利设施配套、田间道路畅通、林网建设适宜、科技先进适用、优质高产高效目标。

（常　胜）

扶贫攻坚

【组织体系完善】 2018年，拜城县层层压实脱贫攻坚责任，党政主要领导既当“规划院长”，又当“施工队长”，实行党政同责“双组长”制，成立深度贫困地区脱贫攻坚工作领导小组，组建16个脱贫攻坚专班，层层签订责任书、立下“军令状”。2个深度贫困乡各由1名县级领导担任专职第一书记，各配备1名专职副书记，各设立1个扶贫工作站；16个深度贫困村全部由县级领导担任第一书记，成立扶贫工作室，选派59名国家干部担任村党支部书记、172名干部担任第一书记，按照小村5万元、中村10万元、大村15万元的标准，足额保障为民办事经费。

【加强研究部署】 2018年，拜城县县乡领导带队深入深度贫困村蹲点调研，通过查看档案、入户走访、现场座谈等方式，现场解剖麻雀、把脉问诊、寻因找策、破解瓶颈，针对发现的项目实施“垒大户”、干部作风不实等问题，在全县范围内开展“回头看”活动，举一反三、狠抓整改。坚决落实县每月、乡半月、村每周例会制度，先后召开县委常委会5次、现场推进会7次、领导小组协调会11次，专题研究部署脱贫攻坚工作。完善组织体系，落实工作责任。

【形成工作合力】 2018年，拜城县研究制定脱贫攻坚三年实施方案、2018年脱贫攻坚计划，逐人逐户列出脱贫计划，明确时间表、画好路线图。建立容错纠错机制，激励全县广大党员干部投身脱贫攻坚一线，形成县领导示范干、乡领导带头干、第一书记盯着干、社会各界参与干的导向，营造一级做给一级看，一级带着一级干的良好氛围。扶贫工作领导小组办公室（以下简称“县扶贫办”）深入推进抓党建促脱贫攻坚，坚持关口前移、重心下沉，树立驻村工作队就是村级“扶贫办”、工作队员就是村级扶贫干事的理念，确保脱贫攻坚工作谋划在一线、部署在一线、落实在一线。

【扶贫项目实施】 2018年，拜城县争取中央财政专项扶贫资金7414.2万元。其中，中央第一批财政专项扶贫（扶贫发展）资金4355万元，涉及项目32个；以工代赈资金1000万元，涉及项目2个；少数民族发展资金515万元，涉及项目5个；中央第二批财政专项扶贫（扶贫发展）资金1544.2万元、涉及项目11个；自治区专项扶贫资金1213万元，涉及项目19个。中央和自治区财政专项资金共8627.2万元，涉及项目70个。其中竣工项目65个、开工在建项目3个、扶贫资金管理费项目1个、少数民族发展资金管理费项目1个。扶贫领域资金支付情况。支付扶贫项目资金8033.45万元，支出进度93.09%。其中，中央财政专项资金拨付支出6911.79万元，支出进度93.22%；自治区财政专项资金拨付支出1121.66万元，支出进度92.47%。

【精准施策】 2018年，拜城县坚持精准扶贫、精准脱贫基本方略，重点围绕“五个一批”“三个加大力度”聚焦发力。转移就业扶持一批。按照跨县整建制转移、县内就近转移、农业内部转移三种途径，转移400名拟脱贫贫困人口就业。产业发展扶持一批。种植玉米、小麦、马铃薯、大蒜、甜菜、黑枸杞等特色作物405.4公顷，建成小拱棚581座，注册成立种植合作社6个，发展订单生产。贫困村、贫困户蔬菜总产量达4827吨，带动扶持贫困户610户2362人脱贫增收。购买扶贫牛1044头，扶贫生产母羊6892只，购买扶贫种公羊144只，扶贫鸽子1.96万只，扶贫油鸡2.13万只。修建棚圈188座、青贮窖307

座、禽舍556座。土地清理再分配扶持一批。清理土地3260公顷，制定土地清理再分配资金购买公共服务岗位脱贫攻坚管理办法，开发公益性岗位307个。实施生态补偿扶持一批。以国家生态林为重点，按照每人每年1万元标准，安排9名拟脱贫贫困人口担任护林员。社会保障兜底扶持一批。持续推进“农村低保标准线”和“扶贫线”两线合一，拟脱贫人口中纳入农村低保兜底保障42户133人；享受“两项补贴”贫困残疾人504人。落实“三个加大”力度，加大教育保障力度。设立“木扎提河”脱贫助学基金，按照每生每年4000元标准给予补助，受助贫困学生490人；依托援疆资金设立贫困大学生入学助学金，按照每生每年6000元标准给予补助，受助贫困学生56人。加大健康保障力度。累计住院治疗贫困人口934人，发生医疗费用220万元，补偿报销177万元；实施白内障免费治疗，全县119名贫困白内障患者中完成手术28人。加大基础设施保障力度。全面加快道路硬化、安全饮水、惠民超市等基础设施项目建设。279户969人易地扶贫搬迁各安置点全部竣工验收，所有易地搬迁户全部于7月初搬迁入住。

【建档立卡】 2018年，拜城县共有深度贫困乡2个、深度贫困村16个，建档立卡贫困人口6364户23717人。未退出深度贫困村12个、未脱贫2969户11086人；2018年计划退出贫困村5个，其中包括4个深度贫困村，完成脱贫514户2065人。

【退出核验】 2018年，拜城县严格按照《关于印发〈2018年度自治区扶贫对象动态管理和信息采集工作方案〉的通知》规定的时间节点推进信息采集及动态管理工作。完成扶贫对象各类信息采集和更新及台账梳理，贫困户新识别、脱贫户返贫及前期摸底，贫困户家庭成员自然增加313人，贫困户家庭成员自然减少316人，贫困户家庭成员转移28人，贫困户整户转移人员185户644人，贫困户合户2户5人，清退人员（清退后不再补录）9人，家庭成员清退补录（清退后需重新补录）263人，整户清退补录人员（清退后需重新补录）3户8人，综合回退5人。完成2018年脱贫贫困人口核查和退出贫困村自验工作。其中脱贫人口581户2256人，脱贫人口人均纯收入达到3318元以上，脱贫贫困人口家庭中无辍学人员，住房均为安全住房，所有脱贫贫困人口都参加农村基本医疗保险，达到“一超过”（农牧民人均纯收入稳定超过年度国家扶贫标准），“两不愁、三保障”的要求（不愁吃、不愁穿，义务教育、基本医疗和住房安全等方面均能够得到保障）。5个贫困村退出，贫困发生率均在3%以内，集体经济收入均超过5万元，双语幼儿园（中心幼儿园）、便民服务中心（文化体育活动场所）、卫生室等基本公共服务设施齐全符合贫困村退出标准。

（张　博）

工 业

煤炭工业

【煤炭生产】 2018年，拜城县煤炭工业管理局（以下简称“县煤炭管理部门”）确保全县煤炭行业的稳定、安全和生产，实现安全、效益双赢。煤炭行业生产原煤506.13万吨，比上年同期563.22万吨减少57.09万吨，增长率为-10.14%；销售原煤521.01万吨，比上年同期537.83万吨减少16.82万吨，增长率为-3.13%。原煤平均价格为670元，与上年同期持平。截至11月，实现税收0.35亿元（国税0.22亿元、地税0.13亿元），比上年同期0.38亿元增加-0.03亿元，增长率为-5.23%；累计煤炭税收3.21亿元，比上年同期3.01亿元增加0.2亿元，增长率为6.64%。煤炭行业工业产值累计20.58亿元，占全县规模以上工业总产值61.01亿元的33.73%。全年未发生煤矿安全生产事故。

【安全监管】 2018年，县煤炭管理部门牢固树立安全发展理念，严厉打击违法违规煤矿，严格落实检查要求，加大安全检查力度，按照年度监管工作计划和阶段性工作部署执法要求，开展执法检查127矿次，下达执法文书202份，含106份复查意见书，检查提出安全隐患问题1094条，督促整改1066条，整改率97.4%。依法行政处罚22次，共处罚金69.5万元（入财政专库），按要求在政府网站进行公示。

【安全生产】 2018年，县煤炭管理部门加强安全生产、应急救援、培训教育等方面的监管与指导。3月22日至26日、6月30日联同县公安、国土、环保、社保等单位对辖区7处煤矿进行节后复产复工验收。召开煤矿安全生产调度例会8次，与各煤矿签订《安全生产目标管理责任书》。开展辖区煤矿2018年“安全生产月”和“安全生产天山行”活动，于6月12日、6月15日分别组织召开安全生产月专题会议及调度例会，向煤矿企业赠送安全生产书籍、宣传册500余份；举办知识竞赛7次、事故灾害应急演练7次、技术比武2次。辖区生产的7处煤矿均达到三级以上标准化等级，其中东兴泰煤矿、弘扬煤矿、众维煤矿、阿尔格敏煤矿4处达到自治区二级安全生产标准化等级，苏拉合马煤矿达到三级安全生产标准化等级，另有音西煤矿、一成煤矿待自治区二级安全生产标准化验收。

【职工教育培训】 2018年，县煤炭管理部门指导做好煤矿职工专业基础知识普及培训，组织监督煤矿企业安全管理和特殊工种人员到自治区、地区煤矿安全技术培训中心取证培训，聘请中煤科工集团重庆研究院专家进行全员培训，防治水、顶板管理、职业健康、班组长等培训3443人。矿级领导参加自治区的取证培训75人，特殊工种参加地区的取证培训210人。煤矿安全管理人员、特殊工种等从业人员专业素质显著提高，促进煤矿安全生产。

【固定资产投资】 2018年，县煤炭行业固定资产投资项目14个，分别为阿尔格敏煤矿120万吨/年续建项目、苏杭河煤矿45万吨/年续建项目、一成煤矿45万吨/年续建项目、众维煤业环境治理工程、音西煤矿环境治理工程、苏拉合马煤矿环境治理工程、一成投资有限公司120万吨/年洗煤厂建设工程、阿尔格敏120万吨/年露天煤矿附属工程、域内煤矿安防工程、铁热克煤业有限责任公司东兴泰煤矿1101工作面综采设备、峰峰煤焦化有限公司弘扬煤矿出煤系统改造、铁热克煤业有限责任公司35千伏变电所工程、峰峰煤焦化有限公司工矿棚户区改造及基础设施建设项目、阿尔格敏露天煤矿采剥建设工程项目，设计总投资18.39亿元，11月上旬完成全年投资计划。

【民生用煤保障】 2018年，县煤炭管理部门根据拜城县2018年保障冬季民生用煤方案，县煤炭局负责民生保障1.35万吨块煤筹备工作。音西、众维、苏拉合马、一成、阿尔格敏、弘扬、东兴泰煤矿保质保量完成块煤供应，11月15日全部拉运到位。按照《拜城县2018年煤炭供应保供计划方案》，完成民生保障块煤1.42万吨（含新增的环保局1000吨，县发改委实际拉运280吨）。

【招商引资】 2018年，县煤炭行业招商引资项目共计6项，分别为：顺发煤矿60万吨/年建设项目、新疆凯领阿尔格敏矿业有限公司阿尔格敏120万吨/年露天煤矿附属工程项目、县域内煤矿安防工程、煤矿环境治理工程、新疆一成投资有限公司120万吨/年洗煤厂建设工程、天辰矿业资源整合项目。设计总投资51.19亿元，计划投资15亿元，年内实际完成投资16.41亿元。

【救援队伍建设】 2018年，县煤炭管理部门协助指导拜城县峰峰煤焦化有限公司投资700余万元，组建矿山救护中队，建设矿山救护训练场所，购置救护装备及车辆。矿山救护队下设3个小队，编制32人，所有救护队员全部经过自治区矿山救护基地培训取得救护队员资格证。于10月24日通过自治区救援中心质量标准化达标考核验收，为预防和减少煤矿事故伤亡起到保障性作用。

【矿区环境治理】 2018年，县煤炭管理部门全面贯彻落实拜城县人民政府办公室《关于印发拜城县突出环境问题整治工作实施方案的通知》（拜政办发〔2018〕31号），制定《拜城县矿区煤炭开发生态恢复方案》《拜城县辖区煤矿植树造林、绿化矿区工作实施方案》，保护和改善拜城矿区生态环境，打好污染防治攻坚战，煤矿企业投入资金274.2万元绿化矿区，完成植树造林12.52公顷（4.46万株）。投资1060万元实施蓝天工程，建设煤场防风抑尘网7万余平方米，安装高压喷雾装置30个。投资970万元实施绿水工程，建设污水处理站8处。投资1498.06万元，治理河道黑煤水。投资782万元处理煤矸石，清除煤矸石25万吨。弘利等5处煤矿实现燃煤锅炉淘汰。

（罗　文）

【生产企业选介】 拜城县新兴矿业开发有限责任公司。成立于2005年7月，是一家以原煤生产、运输、销售为一体的独资企业。其下属公司拜城县新兴矿业开发有限责任公司苏拉合马煤矿，是拜城县最早一家露天开采煤矿，拥有丰富、优质的矿产资源，年设计生产能力60万吨。自公司成立以来，相继获得阿克苏地区“先进单位”“重点扶优扶强企业”“模范单位”及拜城县“先进单位”“千万元纳税大户”“平安单位”等荣誉称号，成为阿克苏地区1/3焦煤主要生产单位、地区重点扶优扶强企业及自治区“十一五”规划矿井。2018年，总资产达8亿元，其中固定资产近3亿元。有职工198人，有挖掘机27台、装载机22台、钻机4台、推土机3台、空压机5台、翻斗车22辆。

拜城县众维煤业有限公司。成立于2002年7月，公司注册资金700万元，资产总额4.4亿元。2008年3月由河南能源化工集团永城煤电集团有限责任公司接管；2010年6月，永城煤电集团有限责任公司将60%股权转让；2010年10月，由河南能源新疆投资控股有限公司托管众维煤业；2013年12月，完成90万吨/年产能核定。作为河南能源化工集团进疆的桥头堡，公司矿区东西长3.7千米，南北宽3.6千米，面积13.5平方千米，井田地质储量7000多万吨，煤种主要为15号配焦煤，是化工、冶金等行业的原料煤。公司为平硐开拓、上山开采，采煤工作面采用综合机械化放顶煤采煤工艺，掘进工作面采用综掘机、履带挖掘式装载机等机械设备，矿井机械化生产程度达到96%，自2008年以来，累计营业收入24.3亿元，利税总额13.5亿元。2018年，原煤产量55.99万吨，销量57.62万吨，实现纳税4300万元。在册职工464人，其中中高级技术职称14人，取得技能等级鉴定证书151人。自公司成立以来，获得国家“瓦斯治理示范矿井”、国家“一级质量标准化矿井”、国家“一级安全高效矿井”、自治区“双十佳煤矿”、自治区“AA级诚信单位”、自治区“模范职工之家”、地区“重点扶优扶强企业”、拜城县“纳税大户”、拜城县“友好协作单位”等多项国家、自治区、地区和拜城县荣誉称号。共收购科技成果358项，获得国家实用新型专利授权9项、受理专利15项；取得省部级协会科技进步奖2项、自治区科技进步奖1项；有4项科研项目被国家安全监管总局列入国家级科研项目。利用国家及自治区优惠政策，科研项目累计获得自治区财政支持资金55万元，获得加计扣除费用减免税收优惠307.9万元。2018年获得省部级“绿色矿山科学技术奖”一等奖1项、“绿色矿山科学技术奖”二等奖1项、“中国煤炭工业科学技术奖”二等奖1项、中国煤炭协会颁发的“煤炭行业两化深度融合优秀项目”1项。

新疆拜城天辰矿业有限公司。为拜城县招商引资企业，成立于2004年7月，注册资本2亿元，为自治区AAA级诚信企业。公司自成立以来，多次获得地区级安全生产先进单位、先进基层党支部、1050扶贫帮困先进企业、模范职工之家、先进基层工会等荣誉称号。

公司在拜城矿区拥有新疆维吾尔自治区煤炭“十三五”规划建设矿井四对，四对煤矿井田范围内已探明资源储量3.2亿吨，主要为25号主焦煤，煤种为低硫、特低—低磷的优质焦煤，属世界稀缺煤种，是焦化及炼钢必不可少的原料，被誉为“工业精粉”，产品供不应求。公司所属规划内四对矿井分别为苏杭河煤矿45万吨/年（二期90万吨/年规划内十二号井田），齐克勒克煤矿一号井60万吨/年（二期90万吨/年，规划内二十号井田），齐克勒克煤矿二号井60万吨/年（规划内十九号井田），鑫源煤矿60万吨/年（规划内二十一号井田），原煤设计生产能力225万吨/年。苏杭河煤矿45万吨/年项目建成达到生产条件，其他3个矿井正在建设中。公司秉承“安全、和谐、创新、发展”经营理念，实行以煤为主，延长产业链，实施“煤、电、化”并举发展战略，通过创新，引进先进、高效的机械化采煤技术，逐步使4座煤矿原煤生产能力达到300万吨/年，煤炭洗选能力300万吨/年，成为新疆最大的焦煤供应商。2018年主要完善正常营业手续，苏杭河煤矿取得采矿证。

新疆拜城音西铁热克煤业有限公司。隶属于上海兆信恒投资有限公司，位于拜城县西北方向，距离县城65千米。矿井地质储量3807万吨，可采储量为2556万吨。可采煤层为Ⅳ13煤层，为配焦煤（瘦煤），平均厚度8.61米。矿井为《新疆煤炭工业“十五”结构调整规划》矿井，原规划矿井生产能力为30万吨/年。矿井于2004年9月开工建设，2009年6月通过自治区、阿克苏地区的双验收并投入生产，为南疆第一家完成建井验收的30万吨/年矿井。2011年，根据自治区煤管局新煤行管发〔2006〕256号文件要求，委托中煤科工集团武汉设计研究院对矿井通风系统、供电系统和Ⅵ 13煤采煤方法进行改造专项设计，并于2012年1—4月竣工完成，成为拜城县第一家综合机械化开采矿井。2012年7月，委托中煤科工集团武汉设计研究院核定音西煤矿生产能力，并编制《新疆拜城音西铁热克煤业有限公司音西铁列克厄肯煤矿生产能力核定报告》，核定矿井生产能力确定为90万吨/年。2013年1月通过自治区煤管局产能核定批复，核准音西煤矿生产能力为90万吨/年。2014年5月，国家发改委批复自治区发改委《关于审批新疆拜城矿区总体规划的请示》，批复音西煤矿为“90万吨生产矿井”。2018年，产量48.85万吨，营业收入2.26亿元，缴纳税费合计8605.88万元。

新疆凯领阿尔格敏矿业有限公司阿尔格敏露天煤矿。是由新疆凯领投资有限公司斥资7.52亿元规划建设的年产120万吨煤炭项目。2018年3月取得采矿许可证、安全生产许可证。矿区东西宽1200—1410米，南北长1720—2430米，煤矿面积7549平方千米，煤种以1/3焦煤为主，为特低硫、特低磷、特低灰、高黏结性优质配焦用煤。露天开采境界范围内可采储量4135万吨，服务年限29.5年。

（罗 文）

【煤化工企业选介】 新疆八钢南疆钢铁拜城有限公司。于2011年8月经国家发改委授权动工建设，占地面积600余公顷，工程总投资100多亿元，是集烧结、炼钢、炼铁、轧钢、焦化及其配套公辅设施在内的长流程生产线。2015年，由于钢铁行业整体势态下滑，于9月南疆公司铁钢轧产线全线停产，仅焦化厂1号焦炉维持低负荷生产。2016年3月，公司员工解散分流，铁钢轧产线列入集团去产能项目全线封存。2017年5月，2号焦炉复产。2018年，新项目有干熄焦及深度水处理复产项目，投资500万元，6月投产；1号锅炉纯燃焦气改造项目，投资500万元，5月投产，减少动力煤消耗4万吨，降低污染物排放；焦炉煤气深度脱硫项目，投资3000万元，11月投产，为减少二氧化硫排放奠定基础。8月，粗苯系统开工后焦化全部产线投入运行。全年生产焦炭59.51万吨，产量比上年增长50%，全年销售53.63万吨，销售焦末3.7万吨。实现营业收入11.04亿元，上缴各类利税750万元。

新建金晖兆丰焦化有限公司。为一家集煤炭洗选、炼焦生产、煤焦油及粗苯加工、焦炉煤气制LNG等化工产品为一体的大型煤焦化企业，是山西金晖能源集团旗下重点旗舰型企业。公司成立于2012年8月，资产总额27亿元，拥有年入洗能力180万吨洗煤厂1座、JNDK55-07型单热式捣固焦炉2座，设计年产能130万吨，年可产LNG8.8万立方米。2018年，生产焦炭88.13万吨、焦油4.14万吨、粗苯1.18万吨。实现工业总产值10.49亿元，实现利润1.12亿元。全年缴纳税金461万元，其中，增值税75.77万元、附加税7.58万元、印花税144.97万元、个人所得税104.11万元、环保税107.25万元、企业所得税10.43万元、房产税10.89万元。

拜城县众泰煤焦化有限公司。为河南能源化工集团有限公司控股的一家集炼焦生产、煤焦油、粗苯、洗精煤等多种产品生产为一体的煤炭综合利用企业。公司2008年4月开工建设，占地面积137.75公顷，总投资15.37亿元，2009年6月投产运行，2018年已形成年产焦炭60万吨、洗精煤180万吨、煤焦油2.5万吨、粗苯5500吨生产规模，有员工681人。投资50亿元改扩建130万吨煤焦化、20万吨焦炉煤气制甲醇、30万吨煤焦油深加工、8万吨粗苯精制、25兆瓦余热发电综合利用一体化循环经济项目。2018年7月，130万吨焦化项目正式复工。

拜城县峰峰煤焦化有限公司。前身分别是铁热克煤业有限公司、新疆国际煤焦化有限责任公司，成立于2011年8月，是两家世界500强企业——冀中能源集团有限责任公司和新兴铸管集团有限公司，分别下属的峰峰集团有限公司和新疆控股集团有限公司强强联合投资组建，由峰峰集团控股。注册资金5.6亿元，资产总额41.29亿元。公司下辖弘扬、东兴泰、宏鑫、宏远、弘利、城镇、察尔齐共7个煤矿和1个洗煤厂、1个焦化厂，是一家集生产与销售主焦煤、动力煤、洗精煤、焦炭为一体的综合性企业，公司新建HXDK55-09F型捣固焦炉，年产焦炭100万吨。现原煤设计生产能力合计75万吨/年，东兴泰、宏鑫、察尔齐3个煤矿列入自治区“十三五”规划，察尔齐矿90万吨/年改扩建项目正在筹备，到“十三五”末产能将达到210万吨/年。原煤主要品种有瘦煤、15#焦煤、25#焦煤、无烟煤、贫煤等，是南疆地区重要的原煤生产企业；焦炭产品规格齐全、质量优良，深受疆内外客户的信赖和好评。2018年，生产煤化工产品55.72万吨，其中，CSR35冶金焦17.25万吨、CSR56冶金焦5.53万吨、气煤焦11.14万吨、外加工焦煤21.8万吨。全年投入环保设施技术改造资金794.6万元。工业总产值3.88亿元，上缴税收1843.5万元。广泛开展“民族团结一家亲”活动，为困难民族职工发放各类救助金慰问品14万元。公司建成拜城县唯一一家瓦斯实验室，组建矿山救护中队，升级改造监测监控系统和人员定位系统，20余项科技创新成果在峰峰集团获奖，先后获得峰峰集团先进单位和拜城县“五一劳动奖状”“平安企业”“脱贫攻坚奉献奖”等荣誉。

新疆峻新化工股份有限公司。成立于2011年5月，为重点招商引资企业，有年产3万吨新工艺硬质炭黑生产线和尾气余热发电3兆瓦电厂。2012年7月投产运行，2015年通过德国南德公司组织的质量管理体系达标验收，取得国际汽车联盟IATF16949体系资质证书。2018年，能够生产N1、N2、N3系列和改性炭黑10多个品种产品。投资4230万元，新建1条3000吨每年生产特种炭黑装置和1条3万吨炭黑生产装备及配套发电项目，总投资3.4亿元，实现配料、加热、包装等全部生产环节全自动控制。实现营业收入2.36亿元，企业所得税411万元，增值税355万元。

（侯富平）

石油　天然气

【石油销售】 2018年，拜城县有中石油新疆销售有限公司阿克苏分公司拜城销售区、中国石化新疆阿克苏石油分公司拜城片区。

中石油新疆销售有限公司阿克苏分公司拜城销售区（以下简称“中石油拜城销售片区”），前身为拜城县石油公司，1998年整体划入中国石油天然气集团公司，经过1999年重组改制，现为中石油新疆销售有限公司阿克苏分公司下属三级单位，隶属于中石油新疆销售有限公司阿克苏分公司。主要承担拜城县车辆用油保供以及6个乡、3个镇周边工农业用油保供。2018年，有员工65人，其中劳务派遣员工48人，设综合办公室、运营加油站10座，其中三星级加油站3座，占运营加油站总数的33.3%。全年实现成品油销售2.3万吨，比上年增加1964吨，增幅达9.4%，实现非油销售收入900万元。累计实现卡充值额8916万元，比上年增加3861万元，增幅达76.38%。累计发放加油卡1.01万张，比上年增加6173张。全年加油站零售平均损耗率控制在-1.06%，加油站双层改造完成率达100%。在新疆分公司开展的体系审核中，拜城县城西加油站和克孜尔乡加油站位列全疆第三名和第四名。

（孙　磊）

中石化新疆销售有限公司阿克苏分公司拜城销售区（以下简称“中石化拜城销售片区”）。2018年，中国石化新疆阿克苏石油分公司拜城片区有在职职工26人，在营加油站5座，成品油实现销售1.15万吨，非油品销售230万元。

（段振兴）

【石油天然气开采】2018年，拜城县有克深作业区、大北作业区。

克深作业区。截至2018年底，克深区块投产及试采采气井75口，开井生产53口，日产气超过2500立方米，年产气76.12亿立方米，累计产气290.07亿立方米。其中克深1区块已完钻井15口，建成井口产能6.44亿立方米。有8口井投产，开井7口，工业日产气量230万立方米，年产气5亿立方米，累计产气8.62亿立方米，采出程度0.26%，可采储量采出程度0.49%，探明地质储量采出程度0.44%；克深2区块有29口生产井，工业日产气量378.41万立方米，年产气量12.15亿立方米，累计产气量98.47亿立方米，采出程度1.43%，可采储量采出程度3.24%，探明地质储量采出程度11.59%；克深5区块有6口井投产，工业日产气量268.43万立方米，年产气9.31亿立方米，累计产气19.63亿立方米；克深6区块建成井口产能2.31亿立方米，有2口井投产，工业日产气量63.16万立方米，年产气2.2亿立方米，累计产气2.92亿立方米；克深8区块建成井口产能27.89亿立方米，有17口井投产，工业日产气量1013.07万立方米，年产气34.27亿立方米，累计产气134.42亿立方米；克深9区块建成井口产能7.1亿立方米，有6口井投产，工业日产气量312.33万立方米，年产气10.87亿立方米，累计产气22.97亿立方米；克深13区块建成井口产能2.57亿立方米，有5口井投产，工业日产气量67.04万立方米，年产气2.3亿立方米，累计产气2.9亿立方米。2018年，新投产井7口，日增产天然气超过244万立方米，全年生产天然气3.13亿立方米，建成产能6.2亿立方米。措施作业类型主要有酸化解堵、连续油管+酸化解堵和大修，累计完成12井次，其中酸化解堵8井次、连续油管作业2井次、大修2井次；恢复无阻流量超过900万立方米/日，增气量超过2.5亿立方米。至年底，克深气田有1口回注井，日回注240立方米，全年累计回注7.32万立方米。

大北作业区。2018年5月《克拉苏气田大北区块开发调整方案》通过油田公司审查，方案预算整体稳产7年，开发30年累计产气232.27亿立方米，累计产油30.37万吨，天然气地质储量采出程度30.78%，截至2018年底，大北12区块钻井2口（其中开井1口），日产油1吨、产气40.51万立方米，累计产油117吨、产气14.55亿立方米。大北12区块试采天然气进入大北处理厂进行处理。采用多井集气与单井集气相结合的集输工艺，集气站3座（大北101、大北201、大北3井），内部集输集气规模为30亿立方米/年。大北天然气处理厂设有脱水脱烃装置3套，单套处理能力500万立方米/日，凝析油稳定装置1套，处理能力700吨/日，乙二醇再生及注醇装置2套，单套装置处理量为68吨/日。2018年处理天然气26.4亿立方米，外输天然气26.1亿立方米。

（刘绪秋）

农副产品加工　建材　盐业

【农副产品加工企业选介】2018年，拜城县农副产品加工企业主要有新疆天玉种业有限公司、新疆疆达薯业有限公司、新疆裕润酒业有限公司、新疆金富祥亚麻有限公司。

新疆天玉种业有限公司。成立于2004年1月，是一家产、学、研相结合，育、繁、推一体化的现代种业公司，注册资金3000万元，总资产1.26亿元，固定资产5800多万元。有员工107人，本科以上学历16人，大专以上57人，其中育种专家12人、博士学位2人、研究员3人、副研究员2人、高级专家顾问4人。下设新疆天玉种业育种研究院、良种加工厂和现代化职能育苗中心。公司在北京和新疆昌吉州、伊犁州、阿克苏等地设有分公司，种子远销吉林、辽宁、山东、河北、湖北、四川等省份。先后荣获“新疆十佳种子质量信得过企业”“新疆AAA级诚信企业”“自治区就业先进企业”“自治区农业产业化重点龙头企业”“全国科普惠农兴村先进单位”等称号，所生产、销售的“天玉牌”种子被评为“中国名优品牌”“中国市场放心种子”“新疆名牌”“新疆农业名牌产品”等，“天玉”商标被评为“新疆著名商标”。2018年，新疆天玉种业参加自治区、国家玉米品种审定实验15个品种，其中国家实验3个、自治区实验12个。

新疆疆达薯业有限公司。为拜城县2008年农业产业化重点招商引资企业，成立于2008年4月，注册资本3033万元，占地20公顷，主要生产、销售马铃薯原原种、原种、一级种、商品马铃薯、马铃薯精制淀粉、纯马铃薯水晶粉皮（丝）。先后荣获“全国农产品加工示范企业、自治区产学研联合产业化重点龙头企业、自治区扶贫龙头企业、自治区产学研联合开发示范基地”等荣誉。马铃薯淀粉荣获“新疆农业名牌产品”，疆达牌商标荣获“第十届新疆著名商标”，具有自主进出口经营权。2018年，新建马铃薯液体有机肥生产线1条，年生产液体有机肥3000吨，新建固体有机肥生产线1条，生产颗粒有机肥4900吨。有马铃薯种植基地2万亩，鲜薯销售网点43个，省级淀粉代销商36家。年内产马铃薯脱毒良种2500余吨，收购原料马铃薯1.9万余吨，生产马铃薯淀粉3300余吨，实现销售收入2800余万元。被阿克苏地委、阿克苏地区行署授予“阿克苏地区农业产业化突出贡献企业”称号、通过“自治区农业产业化重点龙头企业”“自治区扶贫龙头企业”复审。

新疆裕润酒业有限公司。是一家专业生产葡萄酒类产品的公司，注册资金1000万元，成立于2010年6月，公司占地面积7万平方米，是拜城县招商引资合作项目，先后荣获“阿克苏地区级龙头企业”“自治区级林果业重点龙头企业”。公司有固定员工57人，季节性从业人员160余人，本科以上学历8人，大专以上学历12人，知识产权工作人员6人。主要产品为葡萄原汁、高度葡萄蒸馏酒，系列干红、干白葡萄酒等。公司拥有国内先进的发酵蒸馏设备，储罐容量达6000吨，全自动灌装设备每小时可达3000瓶。建成集葡萄原汁、葡萄酒精、葡萄白酒、干红、干白等葡萄酒类产品生产线，有大型发酵罐32个。公司与烟台张润葡萄酒股份有限公司、醴泉酒业有限公司长期合作。先后有2项专利应用，“裕润牌”商标获QS生产许可证。

新疆金富祥亚麻有限公司。属于劳动密集型产业和间接出口、涉农加工企业，是阿克苏地区招商引资项目，生产加工为全年性。有正式员工32人，其中工程技术人员20人、行政管理人员12人，常年用工150余人。2018年，新疆金富祥亚麻有限公司资产总额5180万元，其中固定资产2100万元，流动资产1965万元。公司占地面积62公顷，有2条打成麻生产线及其他配套设备，年吞吐亚麻原料1.5万吨，长、短亚麻纤维3100吨，实现营业收入6320万元，企业所得税0.34万元，增值税3.8万元。

（侯富平）

【建材企业选介】 2018年，拜城县建材企业有拜城县圣基新型环保建材有限公司、拜城县亚飞混凝土建材制品有限公司、拜城县众和机电有限公司、拜城县鑫隆玻纤有限公司。

拜城县圣基新型环保建材有限公司。成立于2011年8月，为拜城县招商引资企业，公司建设项目有年生产1.2亿块煤矸石烧结构，占地约13.33公顷，投资5600余万元。2018年，实现营业收入2800万元，企业所得税11.5万元，增值税150.5万元。

拜城县亚飞混凝土建材制品有限公司。成立于2018年，总投资1000万元，占地面积1.3万平方米，公司设有营销部、综合部、售后部、技术部等，有员工100人，主要产品有电线杆、涵管、路缘石、彩砖、墙面建材等。

拜城县众和机电有限公司。成立于2013年1月，注册资本1.3亿元，是河南能源化工集团新疆公司的独资子公司。公司位于拜城县工业园区，占地面积10.67公顷，主营矿山支护产品和市政防护工程产品、机修、电修以及机加工等。2018年，公司设有矿用支护产品和市政防护工程产品生产车间1个、维修车间1个、机加工车间1个。支护车间配备全自动化刀片刺网机、锚杆和金属网自动化生产线、焊网机、钢板网机、钢丝网编织机及自动化浸塑设备等矿山支护产品和市政防护工程的生产设备。矿山支护产品年生产能力各类麻花锚杆、左旋无纵肋锚杆等强锚杆120万套，各类金属网220万平方米，锚固剂300万支。

拜城县鑫隆玻纤有限公司。为一家生产原材料玻璃料块和生产微纤维玻璃棉于一体的民营企业，2014年10月成立，注册资金1000万元，2015年12月投产。产品具有隔热、绝缘、耐高温、耐腐蚀的优点，广泛应用于阀控式免维护铅酸蓄电池、电子技术、洁净技术、航空领域、空气过滤等行业，市场前景广阔。2015年10月被中国硅酸盐学会玻璃分厂授予“最具有发展潜力”奖。2018年，公司占地面积2.2公顷，有3个生产玻璃棉车间，3条生产线，有职工123人。实施技术改造，新建1座46平方米马蹄焰窑炉，生产管理及控制采用全自动仪表控制系统。在中国硅酸盐学会组织下，参与制定《微纤维玻璃棉工业用玻璃料块标准》。年生产玻璃料块2万吨，年生产微纤维玻璃棉1万吨，实现营业收入2000万元，增值税141.98万元。

（侯富平）

【盐业生产企业】 2018年，拜城县盐业生产企业有拜城县同维盐业有限责任公司。该公司位于县城西北23千米处，矿体东西长约800米，南北宽约450米，面积0.37平方千米。矿区属大陆山区气候，矿区内降雨量较少，年降水量210—300毫米，常年可以开采。拜城县同维盐业有限责任公司于2010年10月首次取得采矿许可，主要从事盐产品生产加工，生产规模为4.6万吨/年。2018年，生产工业用盐2000吨。2018年1月，被阿克苏地区盐务局、中盐新疆阿克苏盐业有限责任公司授予“2017年度盐业工作先进集体”。

（周 荃）

电力工业

【概 况】 2018年，国网新疆电力公司拜城县供电公司（以下简称“县供电公司”）设有综合管理部、财务资产部、运维检修部、党建工作部、客户服务中心（营销部）、发展建设部、安全监察部，下辖9个乡镇供电所（亚吐尔乡供电所、温巴什乡供电所、铁热克镇供电所、托克逊乡供电所、赛里木镇供电所、大桥乡供电所、黑英山乡供电所、察尔齐镇供电所、老虎台乡供电所）和5个专业班组（营业班、高压供电服务班、拜城镇供电所、带电作业班、配电运检班），有职工145人（长期在岗职工97人、宏安职工48人），中级职称5人，初级职称45人；高级技师5人，技师26人，高级工26人，中级工27人，初级工1人。全员培训率100%，高技能人才比例66.67%。有变电站24座，其中220千伏变电站1座，容量36万千伏安；110千伏变电站12座，容量197.45万千伏安；35千伏变电站11座；线路42条，共1467.8千米。

【经营管理】 2018年，县供电公司累计完成售电量7.65亿千瓦时，完成年计划6.68亿千瓦时的114.53%。累计实收电费3.65亿元，收回率100%。全年完成售电均价477.64元/千千瓦时，完成付费购电比重达99.96%。全年累计全网完成线损率4.42%，较年度计划4.7%下降0.28个百分点。

【电网发展】 2018年，县供电公司完成主网新建拜城西部矿区 110 千伏输变电工程，10 月 10 日新铁热克 110 千伏变电站投入运行，1016 铁恰线、1019 铁众线、1021 铁电线 3 条 10 千伏配套送出线路接入运行。完成 35 千伏康众线和 110 千伏拜康线防洪大修项目。完成 10 千伏及以下农配网建设工程 23 项，其中农网项目 2 项（温巴什乡配网建设工程，投资 2216.6 万元；西部矿区 10 千伏配套送出项目，投资 83 万元）。生产技改大修成本项目 21 项（2017 年续建防洪项目 2 项、自治区公司项目 5 项、阿克苏供电公司项目共两批 14 项），总投资 4926.65 万元，工程规模主要新建 10 千伏线路 62.35 千米，改造 10 千伏线路 43.90 千米，新建 0.4 千伏线路 32.47 千米，改造 0.4 千伏线路 105.94 千米，改造 0.22 千伏线路 18.15 千米，增换变压器 123 台，总容量 20.4 兆伏安。完成跨河段防洪灌注桩 98 个、变压器接地网 115 个，拉线大修 1000 条，安装标识牌 3700 块。

【脱贫攻坚助推】 2018 年，县供电公司按照县委政府脱贫攻坚任务，制订年度扶贫计划和方案，按照“三通七有”要求，完成 16 个贫困村未通生活用电户排查，升级改造米吉克乡墩买里村配网薄弱线路，改善供电环境。落实电力扶贫项目，8 月全面完成拜城县 2018 年扶贫移民搬迁 48 个安置点的通电任务，共涉及 15 个乡（镇、场）279 户村民和工业园区。架设供电线路 4.1 千米、安装变压器 3 台、户表箱 200 个、安装电表 372 块，投资 81 万元。全年投资 160 余万元，保障 5 个养殖合作社和养殖场、2 个扶贫车间、5 个烘干房、5 个冷库、17 个惠民超市、6 个种植合作社和 1 个面粉加工厂的正常供电。为产业扶贫架设高低压线路共 5.5 千米，安装变压器 8 台，总容量 2315 千伏安。

【安全生产】 2018 年，县供电公司全年安全运行 365 天，长周期安全运行 527 天。1—12 月累计考核 10 千伏八级电网、设备事件 18 次；城网和农村供电可靠率分别为 99.84%、99.74%；城市和农村综合电压合格率分别为 100%。开展“春秋季安全检查”“安全月大检查”“安全生产大检查”“防人身伤害事故措施”“隐患大排查”等专项安全活动，发现缺陷 1733 条，缺陷消除率 100%。及时消除人身、电网、设备的各项安全隐患，保证电网安全稳定运行。按照“月计划，周安排，日管控”工作，开展计划检修工作 340 项，完成率 100%，带电作业 1248 次，减少停电时户数 15.41 万户。严格执行作业现场到岗到位制度，检修现场到岗到位监督卡共执行 394 份，到岗到位监督 137 人次，现场到位率达 100%。开展人员安全教育、消防知识、应急管理知识及带电作业培训 175 人次。

【市场营销】 2018 年，县供电公司完成营销业务稽查工单 3000 余条，全年共发现违窃电案件 41 起，追补电量合计 16.89 万千瓦时，追补电费 10.58 万元；违约用电 14 起，追补违约使用电费 32.11 万元。营配数据全年梳理公、专网线路 53 条，其中公网梳理 43 条、专网梳理 10 条。梳理低压台区 45 台，低压普查 7.94 万户，高压普查 1005 户，GIS 采集完成公网 10 千伏及以上采集 4 个，400 伏采集 634 个，计量箱采集 634 个，建模公网采集 45 台区，专线专变实际建模 70 个，建模完成率 99.92%。完成拜城辖区涉及调价用户 7.77 万户，其中非工业 206 户、普通工业 3057 户，居民用户 7 万户（其中中小学教学用电 274 户）、商业用户 4406 户，共发生投诉 5 起，其中营销类 1 起，生产类 4 起。

（南淑红）

工业园区

【园区经济】 2018 年，拜城产业园区（以下简称“县产业园区”）总投资 11.4 亿元，18 家投产企业，12 家停产，5 家季节性生产，完成工业增加值 8.8

亿元，比上年增长22.22%，超额完成11.11%。完成工业总产值35.7亿元，比上年增长7.53%；工业增加值9.65亿元，比上年增长9.66%；实现销售收入33亿元。生产焦炭207万吨，销售190万吨，库存22万吨；产精煤约189万吨，比上年上升35%，销售180万吨，生产水泥30万吨。截至2018年底，实现就业3856人。

【规划编制】 2018年，县产业园区编制《拜城产业园区总体规划环境影响报告书》等意见（新建规函〔2018〕18号）。拜城产业园区管委会委托新疆天合环境技术咨询有限公司编制《拜城产业园区总体规划（2018—2030）环境影响报告书》，于2018年10月12日经自治区环保厅审核通过并出具《关于拜城产业园区总体规划修编（2018—2030）环境影响报告书的审查意见》（新环函〔2019〕1483号）。

【固投建设】 2018年，拜城产业园区完成投资8.65亿元，其中续建项目2个，年度投资1.4亿元；新建项目3个，年度投资7.25亿元。推进众泰煤焦化20万吨/年焦炉煤气制甲醇、130万吨/年焦化项目建设开工创造条件，130万吨/年焦化项目2018年7月复工，至年底，正在安装调试设备，20万吨/年焦炉煤气制甲醇项目与总包方商谈复工协议。中泰化学—金晖兆丰100万吨/年PVC循环经济项目建设，正式启动复工。在县委、县政府的全力支持下，成立拜城县重大项目建设协调领导小组，园区管委会作为成员单位，常驻金晖兆丰，助推众泰科技—金晖兆丰100万吨/年PVC循环经济项目建设，2018年9月7日举行后续项目复工仪式，项目一期工程总投资108亿元，其中投资78亿元，用于建设年产50万吨PVC、40万吨烧碱、75万吨电石项目；投资30亿元，为项目配套煤炭、石灰石、盐石等矿产资源。鑫隆玻纤有限公司玻璃窑炉改扩建项目。建设一条年产1.8万吨玻璃块窑炉和年产5000吨玻璃纤维棉生产线及附属工程，截至年末，玻璃块窑炉技改完成95%，11月投入使用，3条玻璃纤维生产线正常生产。峻新化工年产3万吨炭黑项目建成投产。峻新化工年产3万吨炭黑、配套6000千瓦尾气发电装置项目，完成总投资1.2亿元，炭黑正常生产，尾气发电正式运行。拜城县正邦400万件套服装加工厂项目建设，项目占地面积11.53万平方米，总建筑面积3.93万平方米，新建3.02万平方米钢构厂房，两层2919平方米框架结构办公楼，3275平方米职工宿舍、食堂、澡堂、锅炉房、配电房、厕所、警卫室。4套厂房正常使用并投产运行，为本地劳动力提供就业岗位220个。

【园区服务】 2018年，园区管委会做好“一企一策”解困工作，由县领导带队，走访调研园区内企业经济运行情况，通过调研摸排，完成八钢、众泰、金晖、峻新化工解困工作，了解企业生产经营情况，登记造册存在的困难，发挥自身优势，与相关部门合力解决，为企业发展排忧解难。为做好园区污水集中处理，2018年8月，园区污水处理厂建成，处理污水量约180万吨/年，节约用水量约130万吨/年，COD减排量约820吨/年，氮减排量达100吨/年，剩余污泥干泥量约700吨/年。全年共检查生产企业15次，发现安全生产隐患90处。查找薄弱环节6处，不定期督导各企业开展应急处突演练，维护园区健康有序发展。

【园区环境治理】 2018年，园区管委会加强园区环境整治力度。维护和调试3个园区150万平方米13万株苗木绿化树木的浇水、施肥、锄草、病虫害防治以及绿化管网及设备，确保对园区栽植的各类林木、草坪的健康生长。加大道路维护、清扫及过往车辆管理力度，治理污染、超载、破坏基础设施的车辆，确保道路整洁，加大基础设施建设和园区绿化美化，提高园区承载力。

（牛志敏）

城乡建设　环境保护

住房和城乡建设管理

【城乡规划】 2018年，拜城县住房和城市建设局（以下简称“县住建部门”）委托新疆佳联设计院对《拜城县城总体规划（2018—2035）》进行调整，完成调研、修编资料收集等前期工作，7月18日完成评审，9月11日获地区行署批复。结合新发展理念及地区“76331”战略、“十三五”规划、城镇体系规划、产业发展规划、商贸物流发展规划、特色小城镇建设对《拜城县城市总体规划（2010—2030）》进行重新梳理，在城市建设用地范围、城镇体系规划、城区近远期期限等方面进行调整，调整后城区近期规划面积12.64平方千米，远期规划面积19.31平方千米。

【园区规划】 2018年，县住建部门结合实际做好园区规划。按照“产业园区化、园区产业化、产业聚集化”发展思路，推进产业园区扩区规划及报批工作，该规划以加大园区基础设施投入力度，实施优势资源转化和大企业大集团战略，构建“大园区、大项目、大循环、大发展”格局，根据产业园区规划环评要求，对园区用地结构、产业布局、基础设施等方面提出具体要求和完善，规划面积31.39平方千米，西区规划面积4.1平方千米，北区规划面积15平方千米，新区规划12.29平方千米。

【规划审批及管理】 2018年，县住建部门严格做好规划审批及管理。全年办理规划初审意见216份，其中办理乡村规划预审意见170份，办理用地规划预审意见46份。核发《建设项目选址意见书》2份，核发“建设用地规划许可证”24份，核发“建设工程规划许可证”43份，核发“乡村建设规划许可证”127份，核发“建设工程规划竣工认可证”20份。

【城市基础设施建设】 2018年，县住建部门负责实施集中供热、绿化、台勒维丘克河河道综合治理、城区道路维修等项目，实施城区节点绿化、滨河公园改造、中心及周边配套设施等基础建设项目，基础设施建设投资9570.4万元。截至年末，滨河公园南侧水系建成，培训中心基础设施、铁热克峰峰煤矿矿区供热项目完工。新增水面4.5万平方米，新增绿化面积5.2公顷，铺设给排水管道13.2千米，铺设供热管道2.8千米，新建道路2.43千米，县城建成规模约9.2平方千米，城区道路总长56.69千米，共热管线79千米，城镇垃圾集中处理率达100%，集中供热普及率87.8%。

【乡村建设项目】 2018年，县住建部门重点打造克孜尔乡和铁热克镇基础设施建设，助力旅游事业发展。统筹推动铁热克镇大众温泉洗浴、克孜尔乡基础设施建设项目及丝路驿站建设项目、米吉克乡亚曼苏村休闲旅游项目工作。大众温泉洗浴项目总投资3000万元，占地约1.5万平方米，新（改）建温泉服务中心、室内温泉区等建筑3500平方米，建设温泉室外疗养池1个、热身池1个、儿童娱乐池1个、温泉泡浴池20个，可同时接待旅客600人，年内完成汤池垫层浇筑、地下机房基础阀板混凝土浇筑及回填。在克孜尔亚吐尔村实施丝路驿站项目，总投资1000万元，年内完成建筑主体工程；克孜尔乡基础设施建设项目投资1000万元，主要为沿街改造、排水管网铺设、绿化建设。米吉克乡亚曼苏村乡村旅游项目完成地形图测绘及方案的设计。

【棚户区改造】 2018年，县住建部门全年棚户区建设目标任务为1000户，其中铁热克镇300户，城区700户。9月中旬成立征收工作领导小组，抽调10名干部专门负责城区棚改区房屋征收工作，截至11月4日，1003户棚改任务全部完成。除铁热克镇300套公租房外，对城区703套棚改居民房屋进行货币补偿，补偿金额9107万元。

【富民安居工程建设】 2018年，县住建部门按照“一村一策、一户一计”和“布局合理、特色鲜明、功能齐全”要求，抓好富民安居工程建设。年初地区下达富民安居建设任务为4365户，全县开工建设富民安居房4365户，至年底，竣工4365户，入户4365户，入住率100%。网上电子档案录入4365户，完成年初工作目标。

【房地产市场开发】 2018年，县住建部门在抓好温州城房产续建项目的同时，采取租售并举措施，引导房产企业开展“去库存”，完成“去库存”947套16.67万平方米，其中，住宅销售717套，销售面积8.52万平方米，商铺销售230套，销售面积8.15万平方米，实现销售金额2.62亿元。全年房产开发6800平方米，房产开发投资1360万元。至2018年底，有5家企业落户园区，温州城、美景花园5号商住楼、水岸公馆小区、固废综合处理7个招商项目落实资金3.79亿元。

【保障性住房分配】 2018年，县住建部门对违规享受、转租转借、擅自改变用途、退出机制执行不力等情况进行整治，清退保障性住房330套，催缴租金417.8万元。改善城镇住房条件，解决城镇低收入群体、引进人才、大中专毕业生、外来人员住房困难问题，按照公租房屋分配制度分配保障性住房400套，新建公租房700套。

【物业管理】 2018年，县住建部门以提升物业小区服务质量为重点，加强和规范物业管理，提升物业小区服务水平。年内从事物业服务企业17家，其中本地注册15家，阿克苏市物业分公司1家，库车县物业分公司1家，服务管理全县48个住宅小区（房产企业代管小区6个），服务管理房屋（住宅、商业、办公）面积191.09万平方米。

【市政环卫设施】 2018年，县住建部门坚持建管并重原则，常态检修维护城区市政设施，确保市政环卫设施的正常运行。全年维修果皮箱3个、新装果皮箱140个。城区累计设置垃圾箱459个、水冲式公厕41个；有污水处理厂1座，日处理能力8000立方米，年处理污水约210万立方米。有清扫车4辆、洒水车4辆、垃圾收运车8台、垃圾处理场1个，占地面积20公顷，有效库容50.48万立方米，年处理生活垃圾3.28万吨。

【市容环境整治】 2018年，县住建部门督促城管大队联合市政环卫中心、质监站，从扬尘治理、规范停车、拆除乱搭乱建等方面入手，开展市容环境卫生专项整治，净化城区环境。对挂带泥沙、渣土或有明显污迹的车辆引导冲洗，净车行驶。督促施工单位严格落实工地扬尘控制措施，设置高度符合要求的围墙，外架密目网，硬化进出口道路，设置沉沙井、排水沟、安装车辆冲洗设施，每天坚持对施工现场场地洒水，进行降尘处理。建筑垃圾进行棚布覆盖、统一清运，所有建筑垃圾全部运到建筑垃圾填埋场进行破碎、平整、填埋处理。在商场、超市、单位门前划停放线、设置指示牌，规范乱停乱放车辆行为。城区主次干道实行机扫人保、全天保洁，生活垃圾做到及时清运。拆除乱搭乱建、清理城区小广告、纠正占道经营行为，全年累计拆除构筑物70宗，清理小广告638条，清理流动摊点1318个，纠正占道经营、乱堆乱放杂物2683起，清运生活垃圾3.65万吨，清除卫生死角30余处。

【园林建设】 2018年，县住建部门以巴依路西延段、四中南侧及团结北路道路绿化为重点，以突出园林造景为主题，打造绿化、美化、彩化为重点，利用春秋两季绿化时节，实施城区园林绿化提升计划，推进城区园林绿化建设，坚持以专业绿化和社会绿化并举，对第四中学南侧拆迁片区、巴依路西延段、团结北路及老城区进行绿化补种，在胜利路、交通路、环城路、建设路、温泉路设置中央隔离花箱1980个，新增绿化面积5.2公顷。采取向市场购买服务形式，对中央公园、喀河公园、城区水系等重点绿化项目进行养护管理。截至年底，城区园林绿化面积达370.63公顷。

【集中供热】 2018年，拜城县投资约470余万元，实施培训中心热力管网工程，该工程9月开工，11月中旬完工，铺设供热管网2.8千米。在铁热克镇实施铁热克峰峰煤矿矿区供热设备、管网配套工程，项目投资约70万元，8月中旬开工，10月底竣工，铺设热力管网600米、安装锅炉1台。截至年末，城区有供热企业2家（昌恒热力公司、天源热力公司），供热站4座；城区集中供热面积240万平方米。

【城市燃气】 2018年，拜城县共有燃气企业4家（天山燃气公司、汇通燃气公司、晗锦能源公司、石油天然气公司），铺有天然气管网160千米（城区129千米、乡镇31千米），建有加气站9个、LPG储备站1座、液化气换气点1个。全县液化气用户8000户、液化气年用气量800吨。天然气用户1.6万余户（城区1.48万余户、农村1200户），天然气年用气量5910万立方米（民用2100万立方米、商用610万立方米、车辆用气3200万立方米）。天然气价格居民生活用气1.2元/立方米、商业用气1.6元/立方米、车辆用气2.52元/立方米。

（蔺　鑫）

建筑业

【概　况】 2018年，全县从事建筑工程施工的企业7家，其中，三级企业3家（阿克苏恒基建筑工程有限公司、新疆恒盛泰达建设工程有限公司、拜城县城乡建设投资发展集团有限公司），二级企业4家（拜城县日新建筑安装工程有限责任公司、新疆昊远建设有限责任公司、新疆万源建设有限责任公司、拜城县康晨建筑工程有限责任公司）。全县建筑业从业人员644人，完成建筑业生产总值6.45亿元。

【工程招标】 2018年，县住建部门严格按照《中华人民共和国建筑法》《中华人民共和国招标投标法》《房屋建筑和市政基础设施工程施工招标投标管理办法》和阿克苏地区《加强建设工程招标投标活动监督管理实施意见》管理招标代理机构，规范招标代理机构从业人员行为，执行《关于阿克苏地区招标代理机构从业人员业务知识考核的情况通报》，对招标代理业务人员考核不及格的，禁止参与招投标活动。全年组织实施房建类施工招标39个标段，市政类施工招标4个标段，监理招标3个标段。新建建筑面积10.65万平方米，施工中标价2.16亿元。

【建筑业安全生产管理】 2018年，县住建部门对城乡建设工程开展7次质量安全执法检查，下发建筑工程质量安全监督通知书37份，下达停工整改通知书1份。与县劳动监察大队联合开展农民工工资隐患排查4次，帮助农民工落实工资4300余万元，预防和遏制矛盾纠纷的产生。监督建筑工程160个，面积20.2万平方米。县第二中学教学楼、克孜尔滨湖旅游开发建设项目被评为“2018年度自治区建设工程施工安全生产标准化工地”，县日新建筑安装工程有限责任公司、县康晨建筑工程有限责任公司获“2018 年度地区优秀建筑施工企业”。

（蔺　鑫）

城市建设投资

【固投项目建设】 2018 年，拜城县城乡建设投资发展（集团）有限公司（以下简称拜城县城投公司）共组织开展 3 个固定资产投资项目。

县民生实业创业基地厂房建设项目：总投资 2000 万元，资金全部由县民生实业有限公司自筹。项目建筑面积 5142.04 平方米，新建 481.87 平方米地上一层框架结构办公室：新建钢架结构保洁配送车间 948.32 平方米、净菜车间 948.32 平方米、蔬菜储存库房 948.32 平方米、打馕车间 814.87 平方米、备用车间 836.14 平方米、库房 120 平方米、砖混结构值班室 44.2 平方米。项目 2018 年 8 月 21 日开工，11 月 30 日竣工。

县看守所扩建项目：总投资 2700 万元，资金全部由县汇鑫房地产开发有限公司自筹。建筑面积 3196.65 平方米，建设内容为 1 栋地上二层建筑物及附属设施。为上年续建项目，2018 年 4 月 10 日竣工。

县综治中心等政法系统零星维修改造工程项目：总投资 3000 万元，资金全部由县财政筹措。项目建设内容：新安装电梯 1 部，整栋楼房的暖气改造及双回路电源工程，警亭改造及信息化设备安装等。

【融投资建设项目】 2018 年，拜城县城投公司共完成 8 个政府类融资续建项目。

富民农村公路建设项目：9 条道路，总里程 101.3 千米，总投资 6.3 亿元，申请农发行贷款 4.7 亿元，承贷主体为县交通建设投资有限公司。该项目采用 EPC（设计、施工）为一体的总承包模式，截至年末，富民农村公路建设项目中的 9 条道路除一级路 X346 线半幅施工完成外其余道路均完成施工建设，完成率 100%。

乡镇农村公路建设项目：9 条道路，总里程 175.1 千米。总投资 5.6 亿元，申请农发行贷款 4.15 亿元，项目资本金正在对接，承贷主体为县城乡建设投资发展（集团）有限公司。该项目采用 EPC（设计、施工）为一体的总承包模式，截至年末，乡镇农村公路建设项目中的 9 条道路全部完工，通车率 100%。

农牧区农村公路建设项目：6 条道路，总里程 164.5 千米。总投资 6.56 亿元，申请农发行贷款 4.9 亿元，承贷主体为县腾达交通投资建设有限公司。该项目采用 EPC（设计、施工）为一体的总承包模式，截至年末，农牧区农村道路中的 6 条道路全部完成施工的有 2 条，分别是 Y351 线、Y387 线，完成率 90%，剩余 4 条道路路基结构基本完成。

县职业技术学校建设项目：总投资 2.26 亿元，申请农发行 1.75 亿元，承贷主体为县城乡水务建设投资有限公司。该项目采用 EPC（设计、施工）为一体的总承包模式，项目于 2018 年 9 月 1 日竣工投入使用。

西城区基础设施建设项目：总投资 6.3 亿元，申请农发行贷款 4.95 亿元，承贷主体为县汇鑫房地产开发有限公司。该项目采用 EPC（设计、施工）为一体的总承包模式，截至年末，暂时停建。

铁热克特色小镇建设项目：总投资 14.2 亿元，申请贷款 13 亿元，承贷主体为县温泉小镇生态开发有限公司。该项目采用 EPC（设计、施工）为一体的总承包模式，年内，第一项目部滨河北路加温泉饮水线管网工程沥青路面清除 8604.9 平方米，清废拉运 3700 立方米，拆除房屋 243.36 平方米，开挖污水管 6699.48 立方米，开挖给水管 2545.16 立方米，开挖温泉管网 7094.75 立方米；第二项目部修防洪坝和温泉路，完成铁河防洪坝 4 米马道 1758 米，完成格宾石笼护岸 700 米，温泉路开挖1.2万立方米，清淤1.4万立方米，换填碾压完成1000米，合计换填土石方5000立方米；第三项目部修筑防洪坝6400立方米格宾石笼，清理河道2万平方米，清除土石方约2万立方米，基槽开挖土石方约8500立方米；第四项目部温泉度假酒店，修筑临时施工道路15千米，修筑过河桥涵1座，宾馆土方开挖3.67万立方米。

红旗北干渠防渗渠改造及河道防洪除险加固工程：总投资3亿元，申请贷款2.4亿元，承贷主体为县城乡水务建设投资有限公司。至年末，项目未启动实施。

克孜尔特色小镇建设项目：总投资5.08亿元，申请贷款4.87亿元（农发行贷款4.06亿元、资本金贷款0.81亿元），承贷主体为县惠民保障性住房投资建设管理有限公司。至年末，项目暂搁置。

（汪新芳）

城市供排水

【经济指标完成情况】 2018年，拜城县给排水公司年度营业总收入770万元，比上年同期增加97万元。年度营业总成本779万元，比上年同期增加142万元，其中支付职工薪酬308万元，比上年同期增加52万元；污水厂化学药剂86万元，比上年同期增加30万元；电费支出94万元，比上年同期增加24万元，折旧费44万元，比上年增加10万元。实现利润总额4万元，比上年减少56万元。

【供水排水】 2018年，拜城县给排水公司以“保障供水、服务用户、奉献社会”为宗旨，全年完成总供水量约500万立方米，其中自来水销售319万立方米，绿化用水约120万立方米，公厕用水约2.5万立方米。全年安装IC卡水表700块，更换水表电池400块；补IC卡90张，抢修供水主管道92次，检查阀门36次，维修检修加压泵、深井泵12次，新铺设排水管网5000米，改造排水管网176米，疏通管道607米，冲洗管道184米，疏通蹲便器及地漏17个；挖6米深井8口，清理深井63口，清理化粪池1135立方米，新接入城区排水管网用户54户。城区污水处理厂处理污水158.4万吨，处理率达66.3%，比上年增长1.58%。

【技术创新】 2018年，拜城县给排水公司加大技术创新力度，如期完成污水处理及节能降耗。污水处理厂新建调节池项目于8月底完成管网对接并投入使用，新增加的超细格栅、除油池及调节池对进场污水进行除渣、曝气、除油，在进入主管道进行加药处理，此项工艺降低后期处理压力，增加污水处理量，日处理量比上年同期增加1200立方米，达标率比上年稳定。公司污水处理厂为节约成本，延长设备使用寿命，降低设备维修率，组织职工对所有车间设备和构筑物进行检修和清理，做好设备保养，按季度对曝气风机和反冲风机更换4次机油，每月维护所有机电设备加黄油、机油。

【重点供排水项目】 2018年，拜城县给排水公司抓好4个重点工程建设。新建水源地水厂及输管网工程。该项目2014年3月向自治区申报，总投资约7500万元，建设规模为新建水源井9眼（远期增加到14眼），输水管道总长约2.27万米，规划近期2020年日供水量3万吨，远期2030年日供水量5万吨，2018年完成项目可研、水文论证、地质勘查、施工图纸设计、环境影响评价报告等工作。县园区污水处理及再生回用水厂。该厂位于县城西约17千米、S307线北侧2.5千米处，占地面积约4.5万平方米，总投资1.13亿元，设计建设规模为日处理5000立方米，建设内容有污水处理厂区和管道工程，其中厂区工程有总建筑面积4095平方米的15座构筑物及厂区附属管道、绿化和围墙等工程，管道工程有农业园区至污水处理厂约10千米的污水压力输水管线及2.4千米的重力污水管线。该工程于2018年9月交由县给排水公司监管试运行，11月停止生产。木材市场安装下水管道工程。建设内容为新铺设450米的下水管，解决拜城镇花园社区居民生活污水排放。

（彭一建）

环境保护

【概　况】2018年，拜城县环境保护局（以下简称“县环保部门”）为正科级单位，内设职能股室2个，即办公室、业务室。核定公务员编制6个，实际在职7人，其中领导干部3人（正科级干部2人、副科级干部1人），一般干部2人，工勤人员1人，县自聘人员1人。下设环境监察大队，正股级，参照公务员管理，全额预算管理。核定管理岗位编制6个，实际在职人员5人，其中工勤人员1人。下设环境监测站，相当于股级，全额预算事业单位。核定专业技术岗位编制3人，实际在职2人。

【环境状况】2018年，拜城县未发生重大以上集中式饮用水水源地污染事故，出厂水、管网末梢水的水质符合《生活饮用水卫生标准》，饮用水水源地保护区内无任何排污企业。地表水3条河流（喀普斯浪河、克孜尔河、木扎提河），1个水库（克孜尔水库）监测各项指标均达到地表水Ⅲ类标准，达标率为100%。根据拜城县空气监测子站数据显示，2018年1月1日至12月31日，二氧化硫平均值16，有效天数70天，超标天数为零，二氧化氮平均值2，有效天数83天，超标天数为零；PM_{10}平均值129，有效天数151天，超标天数39天；一氧化碳平均值0.5，有效天数23天，超标天数为零，O_3—8H平均值61，有效天数156天，超标天数为零；$PM_{2.5}$平均值56，有效天数151天，超标天数36天。全年环境质量状况总体平稳，空气、水、声环境质量呈现向好趋势，土壤环境质量保持良好，电离、电磁辐射环境较为安全，生态环境状况整体好转。

【大气污染防治】2018年，县环保部门从调整优化产业结构、加强煤炭管理与油品供应监管、加大燃煤小锅炉整治、推进工业大气污染治理、加强城市扬尘污染防控、开展矿山开采扬尘综合整治、做好机动车污染防治等方面全面开展大气污染防治，坚决打赢污染防治攻坚战。截至年底，全县16个加油站全部实现清洁能源采暖供热，淘汰计划内燃煤小锅炉19台、计划外燃煤小锅炉3台，4家焦化企业开展挥发性有机物（VOCs）综合整治并按照要求开展自行监测，淘汰黄标车、老旧车辆310辆，八钢、峰峰、众泰、金晖煤焦化等重点企业向自治区企业信息发布平台发布排污信息及自行发布率达到100%，5家豆腐小作坊和18家废旧物资收购点划行入市、规范经营。

【水污染防治】2018年，县环保部门制订有效措施打好碧水保卫战。严格控制污染物排放：现场检查油气田开发企业环境保护情况，对存在的环境问题要求限期整改。加强油、气开采区生活污水规范处理，督促油气企业提升改造污水处理设施，污水达标排放后全部用于植树造林灌溉，生活污水处理设施完成在线监测设备安装、使用，有效解决新兴矿业苏拉合马煤矿、音西煤矿和众维煤矿“黑煤水”污染问题，建设雨水收集池、挡水墙，实现黑煤水收集洒水降尘等综合利用，要求煤矿企业每周对运输道路清理清扫，防止该区域黑煤水排入洪沟污染水体。加强城镇污染治理：完善城镇污水处理基础设施建设，建成城镇污水处理厂污水调节池，城镇污水处理厂经处理后达标排放的污水全部用于林地灌溉。保障水生态环境安全：对全县所有乡镇饮用水水源地开展专项检查，收集全县21个水源地环境基础信息，掌握乡镇饮用水水源地环境状况。加强水资源保护：全面推行河长制，定期开展辖区各河流巡查，河流两岸污水排放问题得到全面控制。推进防治畜禽养殖污染：严格审查新建养殖场（小区）选址，从源头杜绝因选址不当造成的污染问题。年内，三利生猪养殖场停止养殖、新建木扎提屠宰厂，更新改造16个加油站双层罐。加强科技支撑：督促全县所有监控企业单位安装在线监测设备，县人民医院和县维吾尔医医院安装污水在线检测设备并正常运行。众泰、峰峰、八钢、金晖等焦化企业安装水质在线监测设施。深化工业污染防治：产业园区污水处理厂于8月15日建成，8月28日进水调试运行。推进清洁生产技术改造：峰峰焦化、金晖水泥完成清洁生产审核，金晖焦化启动清洁生产审核工作。5月20—22日，县环保部门检查辖区内水源地，对存在问题的黑英山阿热盖买村水源地、温巴什吉格代力克村水源地、赛里木镇明吉格代村水源地、温巴什开外孜力克村水源进行整改，消除环境安全隐患。

【土壤污染防治】 2018年，县环保部门推动监督性监测和企业自主监测，引入专家会诊整治。开展绿色矿山行动，开展土壤污染状况详查，实施农用地分类管控、建设用地准入管理，加快土壤污染综合防治先行区和土壤治理与修复试点项目建设，构建土壤环境管理体系，夯实各部门土壤污染防治责任，加强固体（危险）废物环境监管和处置能力建设，坚决打好净土保卫战。年内邀请第三方机构监督性监测全县17家企业，推动重点污染源单位定期开展自行监测；先后两次邀请环保专家对辖区21家重点企业逐一会诊，梳理环境风险隐患71条，以督办的形式督促制定相关专项整改方案，推动整治；组织辖区重点企业、油气田、煤矿、非煤矿山共计投入7496.81万元，开展以生活污水处理、固体废物处置、扬尘治理、土壤环境治理、锅炉烟气治理以及植树造林美化环境为重点指标的集中整治工作，督促14家土壤污染重点企业签订土壤防治目标责任书、完成辖区土壤环境质量调查。引入江汉石油、华新晟固废（危废）处置企业，提升处置能力，强力推动油、气产区历史遗留固废等危险废物规范化处置工作。核实农用地详查点位64个，划定土壤多环芳烃测试点位4个、重点污染源影响区采样点位58个，确定各重点污染源影响区土壤样品采集点位的特征污染物。对全县1.83万公顷小麦、3.35万公顷玉米、3480公顷青贮玉米、1620公顷苜蓿开展耕地优先保护行动。

【农村环境治理】 2018年，县环保部门持续推进农村人居环境整治工作，加大农村废水的收集处置力度，严禁向河流周边及村庄范围倾倒垃圾、乱排生活污水，加强农业面源污染防治。全年争取资金350万元实施农村环境综合整治项目7个，其中，托克逊乡亚吐尔村、拜城镇协力克买里村、亚吐尔乡喀拉苏村、老虎台乡开普台尔哈纳牧业村、米吉克乡希尔尕塔依村、铁热克镇铁热克村、温巴什乡托格拉克勒克买里村7个村每个村采购容积5立方米的摆臂式垃圾箱41个，240升垃圾桶84个，16吨压缩带摆臂式垃圾车1辆。全县共采购摆臂式垃圾箱287个，垃圾桶588个，16吨压缩摆臂垃圾车7辆，1万余名农牧民受益。

【环境应急管理】 2018年，县环保部门督促重点风险源县峰峰煤焦化有限公司、滴水铜矿、城镇垃圾填埋场、城镇污水处理厂、辖区内油气开发企业等17家企业及时修订和备案突发环境事件应急预案。组织企业及有关单位开展环境安全隐患排查治理，建立重大风险源数据库，开展应急演练11次。对18家企业开展环境监测，监测内容包括无组织废气、废水、地表水、生活污水、固定污染源废气、土壤等方面，根据企业提供的自行监测结果显示，无组织废气等指标均未超标。争取援疆资金21.3万元，新增便携式全体检测仪、多参数水质分析仪、浊度分析仪、pH计、溶解氧测定仪、电导率测定仪、多功能声级计、GPS定位仪、甲醛仪、执法记录仪、烟气综合分析仪等环境监测设施设备，提升环境应急处置能力。5月22—23日，县环保部门配合南疆危险废物管理中心重点监督检查辖区金晖焦化、峰峰焦化、八钢焦化、众泰焦化等企业危险废物产生、贮存、转移处置利用等各环节。煤焦化企业生产区域和周边居民区域空气环境质量良好，氨、硫化氢、苯、二氧化硫、氮氧化物、颗粒物等废气污染物的浓度达到《炼焦化学工业污染物排放标准》（GB 16171-2012）的各项标准。

【环境执法】 2018年，县环保部门规范环境执法行为，提升环境执法能力，加大对环境违法的查处力度。全年累计出动执法人员240余人次，立案查处20起环境违法案件，处罚金额200.5万元，其中运用4个配套办法办理案件5起。解决人民群众反映强烈的突出环境问题，受理群众环境投诉电话、信函8起，办结8起，所有信访投诉均按规定进行受理、调查、答复和反馈，来信来访处理率和结案率达100%，所有案件均按要求完成所有法定程序。

【污染减排】 2018年，全县共完成1个工业结构调整减排项目、6个工业企业污水治理项目、3个工业企业二氧化硫治理项目和1个工业园区污水处理厂减排项目、2个畜禽养殖业污染治理项目、4个工业烟粉尘治理重点项目、4个工业挥发性有机物（VOCs）综合整治重点项目和19个燃煤锅炉煤改电煤改气淘汰关闭项目。

【全国第二次污染源普查】 2018年，县环保部门印发《拜城县第二次全国污染源普查工作落实方案》，召开污染源普查推进会3次，引入第三方机构新疆吉方坤检测技术有限公司参与普查管理工作，配备普查人员25人，组织参加上级部门举办专题培训4次，县财政前期投入普查专项经费50万元，为普查提供人力、财力保障。2018年6月，全面完成前期准备阶段普查监测、清查建库、质量核查与阶段性验收各项工作，进入全面普查阶段。入户调查工作全面完成普查，共入户调查309家污染源和177个行政村。

【中央环保督察反馈问题整改】 2018年，拜城县对中央环保督察反馈的11项问题加大整改力度，完成8项整改，其中，生态文明建设和环境保护工作重视程度不够、自然保护区建设管理思想认识不到位、落实最严格水资源管理制度不力、取缔地条钢工作落实不力以及非法机井取缔不到位5项已销号，并通过政府门户网站进行公示。梳理突出环境问题（燃煤锅炉淘汰、畜禽养殖业环境整治、万通洗煤厂环境安全隐患和矿区黑煤水影响水环境质量、违法违规建设项目清理整顿、石油天然气勘探开发造成的历史遗留环境污染和生态破坏问题、城区空气质量下降、对“小散乱污”企业清理整顿工作滞后、园区大气环境治理、城区餐饮油烟污染、娱乐场所噪声污染）10项，按照“党政同责、一岗双责”要求，分行业分领域开展综合治理工作，落实环境问题整改的责任主体。截至年末，10项问题基本完成整改。

（张志刚）

交通　通信

交通运输

【概　况】2018年，拜城县交通运输局（以下简称“县交通运输部门”）内设办公室和业务股，核定行政编制9个，其中领导职数3个，核定事业编制6个。办公室负责综合协调机关工作，协助管理局机关起草综合性报告、文件等日常事务；业务股分县农村公路质量监督站和县城市客运管理办公室，均隶属县交通运输局管理的事业单位，机构规格相当于股级，县农村公路质量监督站负责全县农村公路及所辖范围内专用公路、农村客运站的建设管理，制定全县农村公路质量监督管理和养护标准并组织实施和监督检查等；县城市客运管理办公室负责县城市公交、出租汽车行业管理，培育和发展城市客运市场，维持城市客运正常交通秩序，贯彻执行国家、自治区和地区有关城市客运管理的法律、法规、规章和方针、政策，并组织实施和监督检查等。县交通运输部门加强农牧区基础设施建设，113个项目建设总里程586.54千米，包括桥梁165.64延米，总投资6.6亿元；完成建设项目109个，建设里程422.34千米，完成投资6.22亿元。托克逊乡、克孜尔乡2个客运站新建项目于2018年10月开工。

【基础设施建设项目】2018年，县交通运输部门以交通便民、惠民为目标，组织实施好基础设施建设项目：加强农牧区基础设施建设，新建、续建、提升农村公路360千米。实施交通基础设施建设项目113个（含城投公司12个），建设总里程422.34千米，桥梁165.64延米；总投资6.60亿元；完成建设项目109个，建设里程372.72千米；完成投资6.22亿元。续建项目61个：县城投公司负责12个，建设里程130.7千米，完成投资5.71亿元；县交通运输局负责49个，建设里程65千米，完成投资2724万元。分别为：2017年村级惠民生建设项目48个，建设里程57.6千米，完成投资2400万元；2017年撤并建制村建设项目1个，建设里程7.48千米，完成投资324万元。新建项目48个：县交通运输局负责48个，建设里程99.84千米，完成投资4026.2万元。分别为：2018年第一批建制村及窄路加宽建设项目8个，建设里程27.98千米，总投资1100万元；2018年村级惠民生建设项目35个，建设里程57.42千米，投资1750万元；2018年第二批建制村通硬化路建设项目2个，建设里程10.9千米，总投资741.2万元；2018年扶贫农村公路建设项目1个，建设里程3.54千米，总投资110万元。托克逊乡、克孜尔乡2个客运站新建项目，总占地面积6000平方米，总投资250万元。

【农村公路管理】2018年，县交通运输部门将“四好”（建好、管好、护好、运营好）农村公路建设作为推进脱贫攻坚、保障安全出行的民生工程，加强农村公路养护，建立完善农村公路管理养护机制，县级专职从事管理养护人数2名，先后设立16个乡（镇、场）农村公路管护站，乡镇兼职路管人员32名、建制村公路养护协管员171名，初步形成“统一领导、分级管理、以县为主、乡村配合”的管理养护机制，保障农村公路的完好、安全和畅通。

【农村公路修护】 2018年，县交通运输部门组织技术人员全面普查县域内农村公路，针对路面坑洼路段、里程碑、标志牌缺失等问题制订修养护计划，修护黑英山乡、克孜尔乡、赛里木镇、托克逊乡、亚吐尔、康其乡、拜城镇、米吉克、大桥9个乡镇路面坑洼路段、里程碑、标志牌缺失等，修补坑槽1.49万平方米，安装里程碑114块、标志牌112块、示警桩180个，加宽路基土方300立方米，出动铲车、摊铺机、压路机等小修养护器械4台，出动小修养护人员260余人次，投入资金120.75万元，9月29日小修养护工程全部竣工。为打造农村公路文明样板路，结合县环境卫生整治工作契机，开展道路清洁治理、公路扬尘治理、道路环境美化治理等行动，指导各乡（镇、场）利用农闲时间组织动员沿线农牧民，对公路路肩、边坡进行日常维修养护，通过参与养路护路活动，营造人人爱路护路、保护公路路产路权的良好氛围。

【城市客运市场监管】 2018年，县交通运输部门以安全生产领域改革发展为主线，以有效防范和坚决遏制道路交通较大事故为重点，明晰职责，建强队伍，严格监管，加强预防，深化治理，夯实安全生产基础，提升客运市场安全监管水平。加强安全生产舆论宣传，提高行业安全监管、事故处置、宣传教育能力，从“人、车、路”方面开展隐患排查整治，分析研判隐患问题，限期督办整改隐患。截至年底，全县实有客运企业4家、出租汽车378辆、公交车52辆，从业人员689人。突出重点以行业安全生产大检查活动、“两客一危”（从事旅游的包车、三类以上班线客运车和危险化学品、烟花爆竹、民用爆炸物品的道路专用车辆）重点车辆安全生产专项治理，货物运输车辆、运输企业及配货站场专项治理等工作为抓手，常态化开展监督检查，督促企业落实安全生产主体责任，共出动检查组150次（其中联合检查44次），检查人员498人次，检查企业262家次，排查整治隐患问题302处。为广大群众出行营造干净、舒适、安全的交通出行环境。

【运输行业从业人员宣传教育】 2018年，县交通运输部门加强行业安全生产红线意识、坚守道路交通安全生产红线底线，加强行业从业人员法律宣传普及。通过深入基层企业开展安全生产事故警示教育、组织开展行业企业安全员和GPS监控员培训考试学习、执法人员在执法现场对交通违法行为人进行面对面教育，组织行业单位全面开展普法宣传月活动等多种形式常态化加强法治宣传。年内，行业共组织开展普法及安全学习教育63场次，宣传教育9206人次。制作交通安全、普法宣传展板7块，制作并发放法制宣传单、汛期安全、防火和逃生自救等交通安全宣传单、《家庭安全知识手册》等1.18万余份。通过普及法律法规知识及道路交通生产安全应急常识，提升行业从业人员和社会大众学法遵法自觉性，确保行业日常生产经营安全和群众出行安全。

（张　丽）

道路运输管理

【概　况】 2018年，拜城县拥有客运班线线路76条，营运客车217辆7483座，营运客车比上年减少6辆120座。其中市级线路3条，班车9辆；县际客运班线13条，班车61辆；县内客运班线60条147辆。全年全县完成客运总量249.74万人次，比上年减少78.68万人次，旅客周转量14737.76万人千米，比上年减少4294.32万人千米。全县有营运性货车291辆1930吨位，比上年减少81辆350吨位，其中大型货车72辆936吨位（比上年减少16辆208吨位），小型货车219辆994吨位（比上年减少63辆124吨位）。无危险货物运输企业及车辆。全年完成货运总量39.96万吨，货物周转量6340.42万吨千米。全县道路运输经营业户207户，其中客运站1家；客运企业2家；成建制货运企业9家，单车单户42家；各类修理厂146家，其中二类修理企业4家；驾培机构6家；汽车综合性能检测1家。

【道路运输经营业户年度审验及管理】 2018年，县道路运输管理局业务窗口共审验客运、普货及教练车辆600余辆，发现并整治道路运输车辆未进行车检行为20余起。同县交警大队、车管所配合，开展道路运输车辆“清零”活动，依法注销辖内3家货运企业8辆连续两年未年检车辆。依法注销180天内未投入车辆企业8家，个体49个。利用《新疆维吾尔自治区道路客运包车（旅游）客运管理信息系统》，对2家客运企业126辆次车辆进行包车业务备案。发放2015—2017年3年油价补贴1900余万元。

【开展“两证”清理】 2018年，县道路运输管理局对辖区50余家道路运输企业及个体进行经营许可证到期换证工作，其中依法延续道路运输经营许可证及个体23家。3月使用新“道路运输管理机构综合管理信息系统”，对350余家道路运输企业和个体进行企业信息补录，在“国家企业信用信息网”上公示行政许可、行政处罚等信息。

【驾培管理】 2018年，拜城县辖区有驾培机构6家，其中机动车驾校5家（拜城县好运机动车驾驶员培训有限责任公司、拜城县鑫顺机动车驾驶员培训有限公司、拜城县新育机动车培训有限公司、拜城县新峰驾校、拜城县环通驾驶员技术培训中心），摩托车驾校1家（拜城县兴民摩托车驾驶员培训有限公司），全县各驾校共有教练员86人，教练车108辆。有机动车考试场地1个，年内考试学员5438人。

【道路运输执法】 2018年，县道路运输管理局开展打非治违，提高行政执法水平。整顿货运企业，取缔一批辖区内存在的“三无”（无车辆、无人员、无资质）货运企业，并处罚一批对车辆无法形成有效监管的企业。辖区所有货运企业全部安装和使用第三方监控。在春节、“五一”、国庆节等重点节日期间，组织执法人员排查客运站、人员密集场所安全隐患，重点对客运企业、成建制货运企业、驾校及二类维修企业进行安全生产大检查，从市场准入、从业资格、客运车辆调度、客运站场等方面全方位开展检查，利用“12·2”交通宣传日、安全月等节点开展安全生产宣传活动6次，发放各类宣传材料500余份，深入企业开展宣讲4次，宣传受众1400余人。8家货运企业由第三方监控，道路稽查大队在石油公路、307省道及县乡道设点，稽查货运车辆资质及驾驶员证件。全年检查企业270余家次，查出一般隐患219项，隐患整改率达100%；打击违法违规行为85起，共处罚款35.3万元。

（高春花）

公　路

【公路养护管理】 2018年，阿克苏公路管理局拜城分局（以下简称“拜城公路分局”）承担3条公路（即S307线、G579线、Z639线）311千米养护任务。全年，机械清扫路面任务215.28万立方米，实际完成清扫288.3万立方米。年初计划处理沉陷路面1128平方米，实际处理1150平方米。年初计划处理路面坑槽663平方米，实际完成3186平方米。年初计划处理桥头跳车路面48平方米，实际完成208平方米。年初计划清除路面土方277立方米，实际完成280立方米。整修路肩26.03万平方米，整修边坡145.68万平方米，修筑边坡357立方米，填补路基缺口1072平方米，刷新桥梁防撞墙两端1328平方米，刷新里程碑182平方米。

【统计管理】2018年，拜城县公路分局对管养的S307、Z639和G579线进行公路技术状况数据采集，对路面病害情况准确记录，分析病害原因和形成发展情况，制定相应的病害处治和养护措施，建立准确的路基路面基础数据库、桥涵基础数据库、沿线设施技术档案。至年底，优等路97.64千米，良等路85千米，优良路率达82.52%，公路技术状况评定指数（MQI）值91.26分。对克孜尔自动观测站和察尔齐自动观测站交调负责人员每天网上查询传输情况，并且登记备案，发现问题及时汇报。分局每月组织检查和抽查做到均衡性，各观测站点对分局检查的内容进行记录。分小时抽查机动车误差率不高于2%，非机动车不高于5%—10%。

【设备管理】2018年，拜城公路分局设备管理和安全部门联合举办各类安全生产操作培训班及考试9次，参加人员达180人次，提高机驾人员的安全觉悟和技术操作水平。3月、8月根据机车的使用情况和完好状况，检查机械设备，制定机车设备维修管理制度和维修计划，技术状况达不到要求的责令其重修并复检，不合格严禁投入使用，定期安排机车进行维护保养情况检测。3月16日、8月13日两次联合安全管理办专项检查大小机车灭火器配备情况以及临时停车警示标志的使用。车辆总行驶里程16.71万千米，机械工作181个台班。完成货物周转量577.29万吨千米，汽车完好率98%，筑路机械完好率97%。汽车工作率72%，机械工作率68%，保交通应急机械完好率99%。

【应急保障】2018年，拜城公路分局建立应急领导机构，确定管理机构和人员职责，完善应急管理制度，制定内容详尽的灾害预防预案。达到应急保障队伍人员稳定，基本的应急物资、应急装备齐全的要求。利用老道班闲置场所，建立应急物资储备库房，储备防洪丝笼700个、编织袋1.4万余条、麻袋600条、工业盐20吨、8#铁丝200千克、卵石1000立方米，做好应急前期准备。

【安全生产】2018年1月22日至3月，拜城公路分局做好冬季养护工作，共用65吨工业盐保障S307线路段的安全畅通。2月，分局投入1万余元更换和更新195个到期的灭火器，保证灭火器的安全性和有效性，清理整顿库房不合格标志牌15块，撤换安全锥200个，并对掉漆严重的150个安全锥进行喷漆。新购买1000个高于90厘米的安全锥。推进职工安全意识宣传教育工作，成立冬季培训领导小组，组织全体干部职工学习《中华人民共和国安全生产法》《中华人民共和国道路交通安全法》《安全生产岗位职责及操作规程》《阿克苏公路管理局的安全生产管理办法及重大事故追究制度》等法规、制度以及公路小修保养专业知识。

（林 静）

路政海事

【概 况】2018年，拜城县路政海事局（以下简称“县路政海事部门”）有工作人员8人，有路政执法车1辆，海事执法车1辆，管辖公路Z639线K0—K9.6、S307线K0—K180（其中K0—80千米为三级路面、K80—K180千米为二级路面），公路附属设施有桥梁63座、涵洞309道、标志牌510块、平交道口54个、里程碑181块、百米桩1615个、波形护栏7208米，管辖水域有克孜尔水库及渭干河。截至年末，共发生路政案件21起，查处并结案21起，结案率100%。路产赔偿款5.77万元，罚款2320元。公路控制区内违章建筑发现率达100%，查处率100%。许可案件款项8万元。

【路政管理】2018年，县路政海事部门制定《安全生产事故应急救援预案》《突发事件应急预案》《恶劣天气应急救援预案》《安全生产应急处置预案》等11个应急预案，加强对重点领域的整治，制定完善安全生产应急预案，加大对道路交通、危险物品的专项整治，在日常巡道中及时清理公路垃圾。共出动执法车辆280余辆次，出动执法人员750余人次，向公路分局出具37份公路附属设施修复及隐患排查告知单。在元旦、春节、“五一”等重大节假日，组织力量对道路交通、危险物品及社会消防等开展巡防排查，开展消防安全、电气火灾专项综合治理、抗震救灾、恶劣天气、汛期、平安交通等安全生产工作。与公路分局联合排查辖区公路安全隐患30余处，整改20余处。

【安全宣传】 2018年，县路政海事部门组织开展5次安全生产教育，组织全体路政人员深入学习《中华人民共和国安全生产法》《中华人民共和国公路法》等法律法规，提高全员安全意识，利用各种会议、标语、专栏、安全生产活动月案例等向广大干部群众宣传安全生产法律法规及业务知识。发放《中华人民共和国公路法》《超限运输车辆行驶公路管理规定》和交通运输部2016年第62号令等法律法规宣传单1500余份。组织开展消防安全演练，开展防灾减灾宣传教育，在活动过程中，设置展板2块、咨询台2个，发放宣传资料250余份。

（马晓峰）

客运站

【概　况】 2018年，拜城县客运站下辖8个乡镇客运站（康其乡客运站、赛里木镇客运站、黑英山乡客运站、大宛其管委会客运站、察尔齐镇客运站、老虎台乡客运站、铁热克镇客运站、大桥乡客运站）。拜城镇客运站于4月并入县客运站本部，有1个快件托运部，担负着10个乡（黑英山乡、老虎台乡、亚吐尔乡、布隆乡、托克逊乡、克孜尔乡、大桥乡、米吉克乡、康其乡、温巴什乡）、4个镇（察尔齐镇、铁热克镇、拜城镇、赛里木镇）及大宛其管委会、种羊场的16条线路。有县市线路2条（拜城—阿克苏、拜城—库车），有运行车辆110辆，其中大车50辆、小车60辆；区外线路2条（拜城—乌鲁木齐、拜城—库尔勒），其中拜城—乌鲁木齐有运行车辆5辆、拜城—库尔勒有运行车辆3辆。全年累计发车3.71万车次，累计发送旅客40.59万人次，售票收入1331.76万元，上缴税金16.58万元。

【安全生产】 2018年，拜城县运输站坚持“安全第一、预防为主、综合治理”的安全生产方针，建立安全生产领导小组，配备专职安全生产管理人员。与各部门、各岗位层层签订安全生产目标责任书，明确各自安全责任。站领导和工作人员实行“一岗双责”责任制，落实各项管理规定，严格执行车辆安全例检制度、危险品查堵制度，把住客运站安全生产源头关，预防和杜绝因管理不到位而引发的安全生产事故，确保全年安全事故零发生。

（陈　玲）

通信管理

拜城县邮政分公司

【经营概况】 2018年，新疆邮政拜城县分公司（以下简称“拜城邮政分公司”）拓展邮政新业务，形成以邮政业务、速递物流业务、邮政金融业务三大板块为主体，以邮政农资、分销、代开税票、代售火车票、代办交管业务等10余种业务为辅助，通过17个邮政网点，为新农村建设、新型工业化及中小企业提供多元化服务。2018年计划收入780万元，实际完成812万元。其中：速递收入完成215.53万元，较上年增长8%，占比26.25%。函件收入完成3.78万元，占比2.3%。增值业务完成59.17万元，占比7.2%。集邮业务完成53.4万元，占比6.84%。分销业务完成35.7万元，占比5.14%。报刊业务完成135.49万元，占比17.42%。包裹收入195万元同比增幅39%。代理金融业务完成309万元，占比37.6%，截至年底储蓄余额2.21亿元。拥有自动柜员机（ATM）2台、自助存款机（CRS）1台、移动展业1部。

【增值业务】 2018年，拜城邮政分公司与税务部门合作办理车购税、税票业务，全年共办理税票2.11万笔，办理车购税3961笔。为方便农民工返乡拜城邮政开设火车票、飞机票等业务，共销售火车票4695张，销售飞机票1124张，同比增长17%，实现业务收入57万元。

【集邮业务】 2018年，拜城邮政分公司分多面开展集邮业务，通过与多家单位合作宣传集邮知识，邀请兰州大学教授、甘肃集邮协会副会长到县进行集邮知识讲座，拜城县集邮协会共有会员126人，年内新入会会员46人，集邮品销售53.4万元，同比上年增长11%。

【邮政农村电商】 2018年，拜城邮政分公司依托新疆邮政微信商城、新邮寄、邮乐小店、阿克苏邮政平台等优势，加大县特色产品线上销售。全年累计销售拜城县“颂蜂源”牌蜂蜜432瓶、黑枸杞128千克、“疆达”牌粉条2850余包，实现寄递业务收入8465元，推进邮掌柜布放39户。

【邮政能力建设】 2018年，拜城邮政分公司对14个农村邮政所各配备安检门，与车管所合作交管业务，在解放路邮政支局开办交通管理业务（包括驾驶证、车牌照、行驶证审验、遗失补证），为广大客户提供“一站式”服务。承担拜城县城及乡（镇、场）的普遍服务和特殊服务义务，有服务网点17个，其中城市网点2个、农村网点15个（含代办网点12个）。农村14个网点全部实现电子化营业，城市3个电子化营业网点和农村14个电子化营业网点各配置1台营业终端，含电子化综合营业系统、包裹收寄系统，电子化营业网点优化收寄、封发系统，实现无袋牌、无清单封发发运，提升邮件运输时限。6月，开通县城至黑英山乡、至老虎台乡、至铁热克镇自办邮路，开通偏远地区周五班邮路，全县所有行政村全部通邮，共有邮运和投递人员22人，投递邮路1376千米。至年末，全县有邮路54条，其中农村邮路49条。

（张　霞　李富平　艾合麦提·阿不来提）

中国电信股份有限公司拜城分公司

【概　况】 2018年，中国电信股份有限公司拜城分公司（以下简称“县电信公司”）全年完成业务收入5393万元，完成年度预算的115.57%，移动净增完成13485户，净增宽带用户7264户，净增天翼高清用户4286户，签约2269个班班通项目。

【网络工程建设与维护】 2018年，县电信公司适应市场需求，开通互联网电路35条，开通专用电路6条，改造6个行政村光纤入户（FTTH），接入视频监控电路45条，全县视频监控在线率从年初的67%提升到年底的95.6%。完成第三批19个行政村普遍服务，总投资252.9万元，FTTH滚投项目总投资196万元，新增401个电信端口箱，新增端口6416个。农村最后一批ONU改造完成。投资6.7万元，完成拆铜800线对千米。

【窗口服务】 2018年，县电信公司全体员工坚持“用户至上、用心服务”理念，竭诚为广大用户提供优质、高效的服务。以“一流管理、一流服务、一流人才、一流业绩”深化服务品牌，延伸服务内涵，注重提供全方位、多样化、差异化服务，配置新业务演示台，为客户演示各类电信新业务。营业大厅内配有各类业务宣传单页、画册，方便客户阅览。增设自助服务终端，专设客户座椅便于与客户面对面交流，以抓好微笑服务、挂牌服务、统一着装、使用文明礼貌用语等形象服务，推出“五心”（即耐心为客户做好咨询导购服务，把各种作业流程解释明白；热心接待用户来访和查询，及时为用户排忧解难；诚心宣传电信业务，让客户尽享信息新生活；细心为用户办理业务，做到一台清；虚心接受用户意见建议，提高服务水平）。

（于文雅）

中国移动通信集团新疆有限公司拜城县分公司

【概　况】2018年，中国移动通信集团新疆有限公司拜城县分公司（以下简称“县移动公司”）内设综合部、市场部、网络工建部、政企客户中心、营业厅，共有员工42人。以第四代移动通信技术（4G）发展为核心，深化家客、集客运营，紧抓基础通信和产品销售“两张网”建设，加快储备4G发展能力，围绕网络、终端、套餐、流量、换卡5个关键要素，做好第五代移动通信技术（5G）能力储备。至年末，有线宽带用户8309户，网络电视客户6171户，移动电话用户6.46万户。

【市场业务】2018年，县移动公司以“一体两翼战略方针、主抓渠道建设、市场份额”为目标，拓宽业务渠道，提升市场份额。截至10月底，实现计费收入584.2万元，比上年增长1.42%，累计实现营业收入5947.3万元，比上年增长3.68%，客户份额达50.62%，环比下降6.59%。总收入较上年有小幅增长，主要由于外来务工客户导致全年收入有不同程度增长和下降。有社会渠道52家，其中双专厅占比64.52%。

【网络工作】2018年，县移动公司有在网运营2G基站216个，3G基站182个，4G基站222个，年内新建2G宏站基站25个、3G基站13个、4G基站43个、待开通4G基站10个。有室外直放站4座，在网基站和基站短距离传输（PIN）网元278个，基站和基站长距离传输（OTN）25个。全县光缆总长度3400千米、管道70千米，在网使用OLT 59个。家客立项开通小区182个（城区及乡镇），集客专线1299条，汇聚机房6座。集客维护人员完成片区内2657条集客专线的日常巡检，新开通各类集客专线1427条，处理故障次数1162次，整改集客专线基站18个，搬迁专线36条，设备替换49个，其他各类随工、工程及业务验收、勘查，配合网络调整1428次，开展应急通信保障8次。

【业务培训】2018年，县移动公司学习基础管理办法和服务规范，按照规范要求执行。协助营业厅经理、片区经理做好营业厅人员的培训和指导工作，组织营业厅人员开展82次培训及考试，通过培训及考试提升营业员业务水平，加强客户经理工作积极性，业务拓展能力更精准、高效。加强业务培训等流程管理，通过利用早晨10分钟，开展业务交流、经验分享等活动，增强团队意识，拉近客户经理的关系，提升员工凝聚力。

（闫美贞）

中国联通股份有限公司拜城分公司

【基础管理】2018年，中国联通拜城县分公司（以下简称“县联通公司”）认真践行“复兴之路”规划，以“深化精准营销，提升发展实效”为总体工作目标，围绕“农村市场要规模、城市市场要效益”的营销发展思路，承上启下、创新发展，业务收入、通信能力、服务水平、企业基础管理及安全生产等各方面都有所提升。优化产品结构、调整渠道结构，增强用户感知，实现城区主街道区域和乡镇4G网络全覆盖，行政村4G网络覆盖率达70%，全年累计完成主营收入2640万元。

【市场经营】2018年，县联通公司加大电渠业务发展，通过加强对线上订单的有效转化及线上业务的推广，提升互联网产品腾讯网卡的推广及发展。制定重大项目闭环管理流程，理顺保障大客户项目各环节实施落地，落实支撑人员帮扶和项目快速落地，提高用户满意度，继续加强对9大行业的商机走访，对地区分公司已经成功落地的行业项目加快复制推广。

【渠道建设】2018年，县联通公司加强营销渠道建设，有效利用公司政策激励代理渠道，加大对代理商巴扎营销的支持力度，通过宣传，提升发展量。通过每两个月组织辖区代销商对公司下发的各类业务知识、服务用语、服务礼仪等进行培训，提升代理渠道规范性，加强营销政策的梳理扶持，提升各渠道的积极性。做好乡镇网点的合理布局，建成合作营业厅和专营店32家，在人口较多的赛里木镇和察尔齐镇购置营业厅，基本实现城区主干道及主要乡镇网点的全覆盖。

（鄢江波）

经济监督与管理

发展和改革

【固定资产投资】 2018 年，拜城县发展和改革委员会（以下简称“县发改部门”）组织实施固定资产投资项目 89 个，总投资 50.68 亿元，同比上年增长 1%。投资项目中，涉及农林水利项目 20 个，总投资 3.22 亿元；交通项目 6 个，总投资 5.41 亿元；能源项目 27 个，总投资 26.86 亿元；社会事业项目 8 个，总投资 2.1 亿元；城镇基础设施项目 10 个，总投资 3.92 亿元；房地产项目 1 个，总投资 1.85 亿元；轻工业制造项目 6 个，总投资 2.61 亿元；其他领域项目 11 个，总投资 4.71 亿元。三次产业结构比为 19.2∶52.3∶28.5，第一产业投资 1.12 亿元，同比减速 24%；第二产业投资 27.54 亿元，同比增速 86.06%；第三产业投资 22.03 亿元，同比上年下降 35.04%。

【重大项目实施】 2018 年，县发改部门共实施重大项目 15 个，总投资 333.65 亿元，完成投资 24.32 亿元。按建设性质分为续建项目、新建项目、预备项目。

续建项目 8 个。总投资 174.18 亿元，年度完成投资 20.75 亿元。1. 新疆一成投资有限公司一成煤矿 45 万吨 / 年建设项目，总投资 5.95 亿元，完成投资 1.85 亿元，截至年末，进入生产阶段。2. 新疆凯领投资有限公司拜城矿区阿尔格敏露天煤矿 120 万吨 / 年建设项目，总投资 6.5 亿元，完成投资 1.7 亿元，截至年末，进入生产阶段。3. 拜城天辰矿业有限公司苏杭河煤矿 45 万吨 / 年建设项目，总投资 6.54 亿元，完成投资 1.6 亿元，土建工程、机电设备采购及安装工程全部完成，矿建工程完成 95%。4. 拜城县木扎提河三级水电站项目，总投资 14.36 亿元，完成投资 2.6 亿元，首部枢纽、隧洞开挖、发电厂房等主体土建工程完成。5. 县煤层气开发利用先导性试验项目。总投资 1.70 亿元，完成投资 0.11 亿元，已竣工。6. 县众泰煤焦化有限公司 130 万吨 / 年焦化项目，总投资 16.93 亿元，完成投资 11.45 亿元，建筑工程总量完成 90% 以上，安装工程完成总体 70%。7. 县正帮 400 万件套服装加工厂建设项目，总投资 2.2 亿元，完成投资 1.4 亿元。一期建设项目完工，600 台设备安装完毕进入生产阶段。8. 阿克苏地区特色小城镇建设项目，总投资 120 亿元，完成投资 0.03 亿元，完成图纸设计，开挖基础。

新建项目 4 个。总投资 82.67 亿元，年度完成投资 3.57 亿元。1. 新疆金晖兆丰能源 100 万吨 PVC 循环经济配套（一期）项目，总投资 72 亿元，完成投资 0.2 亿元，完成 PVC、烧碱、电石等工程初步设计，完成总图布置方案、各项技术方案与评审、设计。2. 新疆峻新化工股份有限公司 3 万吨 / 年新型高性能炭黑及 6000 千瓦尾气发电工程。总投资 0.99 亿元，完成投资 0.99 亿元，完成前期手续办理，开工建设。3. 县温泉康养中心建设项目，总投资8亿元，完成投资0.7亿元，完成前期手续办理，开工建设。4. 2018年县安居富民建设项目，总投资1.68亿元，完成投资1.68亿元。

预备项目3个。总投资76.8亿元。1. 县40万吨/年天然气制乙二醇项目，总投资40亿元，签订投资合同。2. 县温泉水利枢纽工程，总投资10.8亿元，县人民政府和阳光智慧能源控股公司成功签约。3. 新（和）至拜（城）资源铁路支线项目，总投资26亿元，项目选址、地质灾害危险性评估、节能评估报告、水土保持方案、社会稳定风险评估、环境影响评估、建设用地预审、洪水影响评价、未压覆矿产资源9个报件取得地区或自治区批复。

【援疆项目实施】 2018年，县发改部门围绕中央第二次新疆工作座谈会、第六次全国对口援疆新疆工作座谈会议和中央东西部扶贫协作座谈会议精神，加强与温州援疆指挥部进行对接，推动援疆项目谋划，全年共实施项目23个，总投资3.07亿元，涉及援疆资金1.35亿元，其中涉及产业类项目7个，总投资0.32亿元；涉及民生项目5个，总投资0.87亿元；涉及基层稳定5个，总投资0.05亿元；涉及教育3个，总投资0.05亿元；涉及干部人才培养2个，总投资0.05亿元；涉及两地文化交流交往项目1个，总投资0.01亿元。

【节能减排】 2018年，拜城县认真践行“绿水青山就是金山银山”的绿色发展理念，严格落实环境准入，严禁“三高”项目落地拜城，完成工业结构调整减排项目1个、工业企业污水治理项目6个、工业企业二氧化硫治理项目3个和工业园区污水处理厂减排项目1个、畜禽养殖业污染治理项目2个、工业烟粉尘治理重点项目4个、工业挥发性有机物（VOCs）综合整治重点项目4个和燃煤锅炉煤改电煤改气淘汰关闭项目19个，16个加油站全部完成双层罐更新改造，医院、化工园区、重点企业全部安装水质在线监测设施。

【简政放权】 2018年，县发改部门按照《企业投资项目核准和备案管理条例》《政府核准的投资项目目录（2017年本）》要求，规范项目备案核准立项手续办理，印发《拜城县投资项目在线审批服务指南》《操作流程》，推进网上审批，让企业和群众足不出户即可在线办理各项手续，实现投资项目“平台受理、在线办理，限时办结、依法监管、全程监察”，项目申报资料在各部门之间实现网上并联审批。通过实行网上申报、网上受理、网上监管“一条龙”服务，将纳入投资项目在线审批的13个部门所需要的申报材料由原来的48项精简至34项，精简率达29.2%；办事流程由原来的5项减少至3项，减少率达40%；审批时限由原来的69个工作日加快至44个工作日，加快率达36.2%。变“群众来回跑”“企业四处找”为“部门协同办”，变“被动服务”为“主动服务”，最大程度达到利企便民，让企业和群众少跑腿、好办事。

【价格管理】 2018年，县发改部门按照职责划分严格贯彻执行国家、自治区和地区价格政策规定，对在定价目录权限范围内的商品价格、服务价格进行管理，制定和调整政府管理的重要商品和服务价格，对政府管理的价格进行监管，对在价格监管系统监管平台审批备案的55个行政事业性单位的收费进行事中事后监管，如期完成一年一度的收费单位收费情况统计报告和公示公告工作。加强物业服务收费管理，规范物业服务收费行为，促进物业管理健康发展、保障业主和物业管理企业的合法权益，根据《中华人民共和国价格法》和《物业管理条例》，结合实际，制定出台《拜城县物业服务收费管理实施办法》。加强液化气价格动态管理，严格审核液化气公司的液化气进购价格，通过测算成本测算及时调整液化气销售价格。监审天然气价格成本，6月，按照地区发改委授权，县发改委委托新疆新华瑞有限责任会计师事务所核算拜城天山燃气有限公司

2015年至2017年配气成本，为地区发改委调整地区天然气销售价格提供依据。公福用气在成本监审的基础上为天山燃气企业申请0.19元/立方米财政补贴，共补贴76.15万元。

【价格执法】 2018年，县发改部门在春节、开斋节、古尔邦节等节日期间，对万客隆超市、佳佳超市、新世联华超市和都市生活超市及农贸市场、菜市场等市场开展节日期间价格巡查，对万客隆超市、佳佳超市及菜市场周边小超市存在未按规定明码标价的行为专项督查。开展电信领域、物业服务收费、殡葬领域以及转供电环节清理等各项专项检查，规范县鑫盛物业公司违规收取老步行街84户业主的二次供暖泵费、电费、水费、物业费等违规收费行为，清理清退违规收费价款3.97万元。深入开展转供电环节加价行为清理工作，严格按照自治区、地区发改委通知要求，会同县供电公司摸排辖区43家转供电单位涉及转供电用户共计10741户（居民用电户8120户、一般工商业用电户2621户），对已经收取电费的用户，由转供电企业按照实际售电量折算差额电费向用户进行清退或从电费、物业费和租金等其他费用中分摊等方式将多收价款予以清退。截至12月30日，转供电单位企业累计退费39.74万元，其中，清退居民生活用电电费30.01万元、一般工商业用电电费9.72万元。加强舆论宣传，在政府网站、融媒体等平台对电价政策进行公示公告并设立价格举报咨询电话，及时处理相关价格举报和政策咨询，受理涉及物业服务收费、景区门票价格、交通运输方面等各类举报和价格咨询案件14件，协调解决14件。

【价格监测】 2018年，县发改部门对全县涉及农副产品、经济作物、粮油、副食品、建材、农资、重要服务、房地产、工业产品等138种商品的价格进行监测，并按要求于每月5日、15日、25日前分别对常规监测的价格旬报、价格月报等8类报表报送地区发改委价格监测中心。密切关注市场价格运行情况，及时在县人民政府网站发布粮油、蔬菜水果、肉蛋禽、农资等重要商品价格信息，每月定期分析重要商品价格运行情况，对涉及民生领域的重要商品价格出现较大异常波动时提出价格预警，制定有效的价格调控措施和调控建议，截至年底，市场秩序良好，各类商品价格运行平稳，未出现较大波动。严格按照程序，受理公、检、法等司法机关和税务部门委托涉案、涉税价格认定工作，全年受理各类价格鉴证业务424件，评估金额6800.6万元，其中，涉案物品价格鉴定19件，鉴定标的33.6万元，涉税房屋价格鉴定405件，鉴定标的6767万元。

【农本调查】 2018年，县发改委落实自治区和地区成本调查工作安排部署，开展小麦、玉米和种良羊畜产品等农副产品生产成本调查。在托克逊乡筛选18户种植大户和养殖大户作为农本调查对象，在年底前摸清农户的种植意向、种植和生产成本、存售粮情况，为确保农本调查数据的真实性和准确性，为18户农调户发放农本调查补贴1.08万元（其中，小麦玉米调查户9人，每人每年900元，共计8100元）。在农本调查过程中事先规划好调查点和时间，深入到调查点和调查户家中全面了解和掌握农本调查户的种植成本和种良羊畜产品的养殖成本，并按要求按时给地区上报农本调查各类报表10余次，畜产品调查户9人、每人每年300元，共2700元，为自治区制定相关政策提供基础有效数据，提高农本调查户积极性，为数据真实性和准确性提供保障。

（李和平）

市场监督管理

【登记管理】 2018年，拜城县市场监督管理局（以下简称“县市监部门”）持续深化商事制度改革，激发发展活力。落实“多证合一”登记制度改革。全年累计发放加载统一社会信用代码营业执照2666张，其中企业357张，个体工商户2237张，农民专业合作社72张。为51家企业开展企业简易注销工作，办理注销登记手续。推进企业注册登记全程电子化，累计办结企业全程电子化登记业务28件，半流程网上登记业务106件。实施“先照后证”改革，全县实有市场主体1.11万户（其中企业1163户，农民专业合作社335户，个体工商户9578户），比上年同期增长11.24%。集中开展“僵尸”企业清理工作。累计完成38户“僵尸”企业的吊销、清理工作。

【企业信息公示年报】 2018年，县市监部门按照“谁监管、谁年报、谁录入”的原则，采取多种措施，有效提升年报进度。拜城县2017年度应年报的各类市场主体9731户，年报公示9654户，年报率为99.21%，年报工作居阿克苏地区第一。

【市场秩序规范】 2018年，县市监局创新监管理念、拓宽监管领域和规避监管盲区，营造公平竞争的市场交易环境。对群众关注的焦点、热点问题及消费者投诉较集中的领域开展专项摸排，主要对物业、农资、供气供暖及三大通信运营商等关系民生的重点行业进行全面摸底，集中力量对销售不合格农资行为、销售不合格农副产品等行为开展专项执法。全年共检查公用企业8户次，下达责令整改通知书2份。全年抽检蔬菜、水果、畜禽肉类、粮油农副产品231批次，抽检样品2402批次，完成率为100.43%，其中合格230批次，合格率达到99.57%，不合格食用农产品1批次，罚没款5000元，抽检信息公示率100%。开展“红盾护农”行动，全年检查农资经营户81户次，查获不合格化肥70吨，过期农药3件220瓶，罚款10万元。开展酒类打假行动，立案2起，查扣假酒劣酒195箱1170瓶，罚款3.5万元。

【消费维权】 2018年，县市监部门维护消费者合法权益，全年处理消费投诉、举报78件，办结77件，立案1件，办结率95%，挽回经济损失43.44万元。发布消费警示22期，“12315”网络运行情况通报统计分析11期。县消费者协会被评为2016—2017年度全国消协组织先进集体。开展“品质消费教育乡村行”活动，普及科技及商品知识，宣传维权法律法规，共组织送法下乡8场次，发放宣传资料2600余份，接受咨询126人次。加快建设企业消费维权快速通道，清退停业企业5家，新增企业2家，本年度全县共有消费维权“快速通道”成员7家。联合各单位集中开展销假活动，销毁标值21万元假劣商品。

【商品广告监管】 2018年，县市监部门加强对广播、电视、印刷品、显示屏等重点违法商品广告领域的监管，全年共监测媒体广告100条次、固定形式印刷品广告信息650余条次。明确广告审查细则，及时清理含有不良内容及提供不良服务的短信、声讯服务广告和电视点播节目。组织全县26家广告经营单位审查员和负责人召开行政约谈会2次，签订《杜绝违法广告发布责任书》26份。并加强重点行业、区域广告监管，累计拆除虚假违法广告105张，拆除整改不规范门头牌匾54块。查处广告案件6件，罚没款7.9万元。

【商标品牌建设】 2018年，县市监部门持续净化商标品牌竞争环境，塑造良好营商环境。联合多部门深入宣传《中华人民共和国商标法》《商标法实施条例》及专利、版权等知识产权法律法规，发放宣传资料1200余份。打击商标违法行为，保护注册商标专用权，共查处商标侵权案件1件，罚没款3万元。注重商标培育，推进“品牌兴县”战略实施，形成驰名商标引领发展、著名商标联动发展的良好格局，年内发展商标6件，完成率达100%。

【合同监管】 2018年，县市监部门加强诚信体系建设，推进“守合同重信用”工作，推广合同示范文本，免费发放各类合同文本510份。对2017年度11家“守合同重信用”企业进行公示命名，并开展回访，回访率达到100%。查处格式合同，打击“霸王条款”案件，本年度共查办合同案件

3件，罚没款0.8万元。

【计量监管】 2018年，县市监部门加强民生计量检查，对与群众生活密切相关的集贸市场计量器具、企业使用的电子汽车衡和燃油加油机开展计量检定工作，要求企业对检定不合格的报警器及时更换。在重要节假日前期对集贸市场、超市、商铺内的小型计量衡器开展专项整治。检查集贸市场3个，商店（超市）30余家。全年共检定计量器具3940台（件），其中免费检定集贸市场在用小衡器324台（件）、各类天平68台、各类小衡器663台、报警器650块、电子汽车衡120台、燃油加油机245枪、压力表1670块、血压计200块。

【特种设备安全监察】 2018年，县市监部门通过日常监督检查和专项治理检查相结合的形式，开展特种设备监督检查。检查特种设备使用单位245家（次），消除隐患1000余条，对15家单位下达安全监察指令书并要求限期整改，办理案件5起，罚没款16万元。组织开展电梯工作推进会和应急演练观摩会，责令相关单位停用和整改存在隐患的10部电梯；摸底排查全县84台承压锅炉，发现并整改隐患50余条；监督检查气体充装单位规范操作、持证上岗、规范记录等情况，发现并整改隐患20余条；按期对8家企业进行年度审查；联合新疆晗锦燃气有限公司，组织察尔齐加气站开展压力容器超压处置演练；全县加气站和5000余个车载气瓶全部安装电子标签封闭运行系统，98%以上本地车辆粘贴电子标签并能全封闭运行；全县液化气钢瓶1.7万余个，发放用户卡8188张，绑定电子标签1.11万个。

【食品安全基层责任网络建设】 2018年，县市监部门实施食品药品安全目标管理责任制，将食品安全工作纳入各成员单位的年度目标考核范畴，与34个成员单位签订《2018年度食品安全管理目标责任书》，落实监管责任，形成食品安全齐抓共管的良好局面。落实食品安全“监管责任网格化—监管执法痕迹化—层级管理规范化”管理制度，实现执法全覆盖，监管无盲区，设立4个基层中心市场监督管理所规范化建设任务，各村（社区）聘请义务监督员37名，信息员37名，协管员289名，“三员”（义务监督员、信息员、协管员）聘请率达100%。形成县、乡、村三级监管体系，全面提升基层监管能力。

【食品示范创建工程及食品等级量化分级】 2018年，县市监部门持续加强示范街店创建工程。定期完成餐饮行业动态管理量化分级，全县持证餐饮经营户812家，量化分级餐饮单位771家（其中A级182家、B级563家、C级26家，待评定16家），新办证25家，完成餐饮单位量化分级率94.9%。推进“明厨亮灶”工程，社会大中型餐饮与食品生产加工企业安装73套，修建改造透明厨房32家，学校食堂安装147套。创建食品安全示范街3条、示范乡镇3个、示范店63家。7月，拜城县荣获“自治区食品安全城市”荣誉称号。

【食品薄弱环节治理】 2018年，县市监部门持续开展对学校、幼托机构等重点场所专项整治工作，全年共检查学校及托幼机构食堂512家次，学校周边食品经营户176户次，下达责令整改通知书143份。联合市场开办单位，加强对集贸市场食品安全督查，严查无合法来源食品和原料的违法行为，规范食品生产经营行为，严禁侵权仿冒食品进入集贸市场，全年共检查集贸市场及周边经营户560家次，下达责令整改20份，停业整顿4户，立案查处2件，罚没款1万元。制定《拜城县2018夜间餐饮服务专项整治方案》，以夜间就餐高峰期为契机，随机巡查餐饮服务单位，开展夜间餐饮服务食品安全专项整治，严肃市场监管秩序，检查食品经营单位670家次，下达责令整改通知书106份，立案查处违法案件8起，结案8起，罚没款4.5万元，查扣“问题食品”120千克。开展食品流通环节经营户“备案+承诺+可追溯”专项工作，统一制作配送车辆备案号，并张贴“食品配送车辆”标识93个；开展“小散乱污”企业专项整治，将4家小、散、乱、污豆腐加工小作坊进行规范化整治。

【管理药品保化品】 2018年，县市监局开展经营企业信用体系建设，对全县53家药店开展诚信等级评定，其中A级6家、B级40家、C级7家，信息建档率达100%。开展药品医疗器械及化妆品不良反应/事件监测，上报药品不良反应141例，医疗器械不良事件58例，化妆品不良反应14例，检查医疗机构用药、医疗器械使用情况，下达责令改正通知书33份，查处使用环节药品违法案件2件、医疗器械使用环节违法案件7件、化妆品违法案件6件、药品案件7起，推进化妆品监管，建档登记，摸清底数，对85家化妆品经营单位备案登记，对79家化妆品经营店进行信用等级评定。

【重点要素管控】 2018年，县市监部门加强重点要素的管控，督促经营单位建立进销货台账，使用新疆危爆物品治安管控平台进行实名销售登记。加强手机及关联电子产品市场监管，共检查经营户46户次，对2家手机经营户销售手机未实名登记台账落实不到位的责令限期改正或停业整顿学习。加强剧毒（高毒）农药管理，实行经营许可和销售备案管理，认真落实实名登记制度。不定期督查人员密集场所、各大商场、超市、个体户落实开包检查、安保措施等情况，督促安保人员提升维稳意识，全年共出动执法人员189人次。

（郭晓影）

统　计

【机构概况】 2018年，拜城县统计局（以下简称“县统计部门”）下设社会经济调查队、普查中心2个事业单位，局机关在职人数15人，其中领导3人。内设办公室、业务股2个职能股室。

【主要经济数据】 2018年，拜城县全县实现地方生产总值68.95亿元，同比上年增长9.2%。其中：第一产业增加值13.27亿元，同比上年增长6.5%；第二产业增加值36.77亿元，同比上年增长15%；第三产业增加值18.91亿元，同比上年增长2.3%；完成固定资产投资50.68亿元，同比上年增长1%；城镇居民人均可支配收入3.03万元，同比上年增长9.01%。

【统计监测服务】 2018年，县统计部门研究制定《拜城县主要经济指标应统尽统工作实施方案》，将主要经济指标任务落实到每个部门，明确责任单位，为推进全县经济稳中有进、高质量发展奠定基础。落实工作目标责任制，按照统计工作规范要求，完成农业、工业、固定资产投资、房地产、建筑业、能源及GDP核算、贸易、城乡住户调查、劳动工资、统计信息化、重点服务业等各行业报表工作，做好数据联审、评估、分析工作，严把数据质量关，确保统计数据有据可查，客观反映全县经济运行情况。围绕全县经济增长目标，每月及时向县领导汇报经济增长目标完成进展情况。加强统计分析研判，主动加强和经济部门沟通联系，解决统计中存在的问题，为实现全年经济预期增长目标发挥统计职能作用。编辑出版《拜城县统计年鉴（2014—2016）》，发布《2017年拜城县国民经济和社会发展统计公报》，编印《拜城县统计经济要情》9期（月刊），上报各类统计信息290篇，编发统计预警、监测、分析报告33期。

【全国第四次经济普查培训】 2018年，做好拜城县第四次全国经济普查清查工作，成立县第四次全国经济普查领导小组，设立办公室，具体负责统计协调指导。8月13日，举办全县第四次全国经济普查推进会暨全面清查摸底第一期视频会培训班；8月19日，组织全县第四次全国经济普查指导员、普查员180余人，在县政协六楼会议室召开拜城县第四次全国经济普查清查工作业务培训；9月14日，县“全国第四次经济普查”启动仪式在拜城镇协力克买里社区召开，确保应统尽统。为提高调查业务能力，确保统计数据的真实性，拜城镇组织24名经济普查指导员和普查员参加统计法知识宣讲、清查阶段基本单位表等业务培训以及PAD数据采集与处理系统的操作。

【全国第四次经济普查】 2018年，县统计部门开展拜城县经济普查清查工作。从9月12日开始，分3个阶段：2018年为普查准备阶段，主要是组建普查机构，开展宣传动员，制定普查实施方案，完成人员选调与培训，组织开展普查试点和单位清查等；2019年为普查登记、数据审核处理和普查结果发布阶段；2020年为普查资料开发应用和普查总结阶段。普查的对象是县域内从事第二、三产业活动的法人单位、产业活动单位和个体户，普查在行业上涵盖除农业外的各行各业，普查内容包括：基本属性、财务状况、生产经营情况、生产能力、原材料和能源消耗、科技活动、从业人员等方面，调查表式有42种，调查指标1000多个。12月11日，组织全县第四次全国经济普查指导员、普查员80余人在便民服务中心三楼会议室召开四经普普查方案及宣传工作部署培训。全县共普查法人单位2402家，产业活动单位113家，抽样各类个体经营户1158户。

【统计法制建设】 2018年，县统计部门加强统计执法力度，夯实统计基础建设。年初，制定印发《2018年法治工作要点》，明确统计执法工作内容，做到法治工作与业务工作同计划、同部署、同落实。开展统计执法检查，按照《关于开展规模以上工业生产数据定期核查工作的通知》精神，迎接自治区统计局对辖区内的部分规模以上企业进行执法检查，加强企业基础建设和统计数据质量。引导统计调查对象自觉规范统计行为，统计报表质量显著提升。开展法制宣传工作，营造依法统计、依法治统的良好氛围。

【统计队伍建设】 2018年，县统计部门加强乡（镇、场）统计站建设，各乡（镇、场）按照上级要求挂牌成立统计站，完善乡（镇、场）统计基础建设，落实专职、兼职统计员的选配，完善县、乡、村三级统计网络结构建设。组织全县各乡（镇、场）统计员40余人到阿克苏参加为期3天的自治区统计局乡镇统计人员岗位知识培训班，加强对乡镇统计员的统计理论、统计调查制度、统计调查技能、统计法律、法规以及现代信息技术的培训教育，全面提高乡镇统计人员队伍整体素质。

（刘　磊）

审　计

【机构概况】 2018年，拜城县审计局（以下简称“县审计部门”）设有办公室、审计业务股等5个股室及经济责任审计中心，核定行政编制11名，其中领导职数4名，其中正科2名、副科2名，核定事业编制8名。年内，实际在职16名。

【审计概况】 2018年，县审计部门完成审计项目19个，查出的主要问题金额5.31亿元，其中，违规金额347.3万元；管理不规范金额5.27亿元；非金额计量问题42个；损益（收支）不实2.13亿元；审计期间整改金额70.82万元；审计处理处罚金额36.67万元；出具审计报告17篇。

【国家重大政策措施跟踪审计】 2018年，县审计部门抓住项目落地、资金保障、简政放权、政策落实、风险防范5个方面，重点审计重大项目推进、精准脱贫、加快完善社会主义市场经济体制、防范和化解重大风险4个方面政策落实执行情况，重点关注去产能、去库存、去杠杆、降成本、补短板等任务的落实情况，及时发现和纠正有令不行、有禁不止的行为，促进政令畅通。加大对不作为、慢作为、假作为等重大履职不到位问题，以及重大失职渎职、重大损失浪费、重大风险隐患、重大违纪违法等问题的揭露和查处力度，推动整改问责。

【财政审计】 2018年，县审计部门对2017年度本级预算执行和其他财政财务收支情况进行就地审计，审计中以促进健全统一完整的政府预算体系，提高预算管理水平，有效推动财政政策落实为目标，着重关注收支真实性、执行严肃性、资金使用合法性，提高财政管理科学化和精细化。审计结果表明：县财政部门紧紧围绕社会稳定和长治久安总目标，按照全县总体工作思路和布局，深入贯彻落实财政政策，以推进供给侧结构性改革为主线，组织财政收入，做好稳增长、促改革、调结构、惠民生、补短板、防风险各项工作，落实以营改增为主的结构性减税政策，加强政府债务置换，有效化解债务压力，优化支出结构，提升民生保障水平，社会大局保持和谐稳定，经济持续健康发展，各项事业取得显著成绩、取得突破性进展。重点开展对县本级财政预算执行审计，年内，对县残联、工会2个单位开展部门预算执行和财务收支审计，增强审计单位依法理财意识，规范财经制度，加强财务管理，取得审计效果。

【政府投资审计】 2018年，县审计部门围绕“保增长、扩内需、调结构、促发展”宏观经济政策目标，对政府投资建设项目开展跟踪审计。通过委托政府投资项目审计中介审计的方式，开展政府投资项目工程造价和竣工决算审计。重点关注政府投资的立项审批和计划下达、资金使用和建设管理、土地环保和投资效益等情况，促进完善投资管理，提高投资管理综合效益，致力打造“放心工程、廉洁工程”。截至10月30日，完成政府投资工程项目结算委托审计212个，审计资金5.24亿元，核减资金5546.08万元，核减率13.9%，其中完成对扶贫基建类项目委托审计28个。

【经济责任审计】 2018年，县审计部门紧扣“权力运行”和“责任落实”两条线，聚焦守法、守纪、守规、尽责，立足权力运行与责任落实，全面关注政策执行、经济发展、财政管理、民生改善、资源保护、风险防控、党风廉政建设等各个方面履职尽责情况，促进领导干部更好地践行新发展理念，依法作为、主动作为、有效作为。重点对任期内未进行过经济责任审计的领导干部开展经济责任审计，开展领导干部离任（任中）审计6人，其中任中审计5人、离任审计1人。审计查出问题金额1.7061亿元，其中：违规金额94.54万元（主管责任），管理不规范金额1.6967亿元（主管责任8901.14万元、领导责任8066.05万元），提交经济责任审计报告和结果报告5篇，提出审计建议26条，被采纳审计建议26条。

【扶贫资金审计】 2018年，县审计局对县扶贫办2014—2015年财政扶贫项目资金的分配管理及使用情况审计，对康其乡、亚吐尔乡、托克逊乡、赛里木镇、克孜尔乡、黑英山乡、米吉克乡、老虎台乡8个乡镇13个村延伸审计。审计结果表明，2014—2015年县扶贫办基本能够按照中央、自治区党委的扶贫相关政策和规定及时安排使用扶贫资金，取得一定的成效，但在扶贫项目实施、扶贫资金管理使用中存在资金去向不明、资金使用不精准、资金闲置、扩大补助范围等问题。

【援疆项目审计】 2018年，县审计部门对2018年援疆发展资金项目（不含交钥匙项目）涉及的12个援疆项目开展跟踪审计和审计调查，审计投资总额2.45亿元，其中援疆资金1.22亿元，到位援疆资金9317万元。审计结果表明：援疆项目实施成效显著，民生、公共服务、公安维稳能力明显提高，教育、安居富民等基础设施项目的援建，促进教学水平的明显提高，农牧民居住条件明显改善，社区服务更加全面。审计发现，援疆项目各建设单位存在对项目论证不充分，导致个别项目无法实施；个别项目先施工、后补办招投标手续、工程项目进度缓慢，资金拨付不到位等问题。通过对援疆项目的审计促进中央支持新疆发展各项政策措施落实到位，保障援疆资金管理和项目建设规范有序，促使援疆项目发挥效益，确保援疆审计工作扎实推进。

【保障性安居工程跟踪审计】 2018年，县审计部门对2017年保障性安居工程（含公共租赁住房、经济适用住房、限价商品住房等保障性住房和各类棚户区改造、农村危房改造的计划、投资、建设、分配、运营等情况及配套基础设施建设情况）进行审计，重点审计安居工程政策落实、管理绩效和遵守法律法规情况。审计结果表明：2017年，拜城县通过货币化安置、新建安置住房等方式实施棚户区改造，保障棚户区居民259户。通过发放租赁补贴、配租配售保障性住房等方式，保障中低收入住房困难家庭334户，通过农村危房改造保障居住在危房中的农村贫困家庭5200户。拜城县采取多项有效措施，推进城镇棚户区和城乡危房改造及配套基础设施建设等各项安居工程，在深化住房制度改革、改善困难群众居住条件、推进新型城镇化建设、拉动投资消费和带动就业、促进房地产市场平稳健康发展、优化城市功能、改善干群关系和维护边疆稳定等方面取得明显成效。

【审计整改】 2018年，县审计部门促进2017年财政预算执和财务收支审计查出问题的整改落实，根据县督考办《关于第二次县（市）委书记月工作例会安排的重点工作任务及有关问题整改落实进行督办的通知》要求，按照审计回访制度要求，对审计中发现的问题，采取发放回访调查表、直接到被审计单位查看相结合的方式进行回访，督促各单位对2017年拜城县本级预算执行和其他财政收支审计查出问题进行整改。对审计中发现的问题及时督促、整改，及时向县委、县政府报送审计专题报告、综合性报告及重要信息。

【审计公开】 2018年，县审计部门为增强审计透明度，扩大审计影响，提高审计质量，更好发挥专项资金使用效益，在县政府网站上发布审计公告5个，分别为《拜城县2017年城镇保障性安居工程跟踪审计结果公告》《拜城县2017年度税收征管情况审计结果公告》《拜城县农机局局长姚源同志2017年1月至2018年6月任职期间履行经济责任及财务收支情况审计审计结果公告》《拜城县2017年90所农村双语幼儿园建设项目审计结果公告》《拜城县畜牧畜医局2016年退牧还草工程建设项目审计结果公告》，接受干部群众监督。

【队伍建设】 2018年，县审计部门合理安排和组织审计力量，按照绩效管理要求，加强对审计人员进行绩效考核，有效调动审计人员工作积极性。在确保审计任务完成的基础上提高审计人员专业素质。按照审计项目组成审计组，合理调配业务，在实践中培养业务骨干，使每个审计人员都能参加到各个审计项目中；采取专题培训、自学和相互交流等多种方式进行业务学习，保证学习制度贯彻执行；鼓励审计人员参与岗位培训和各种专业职称、专业证书考试。建立内部审计人才库，健全考核考评机制，推进职业化建设，激发内部审计人员工作积极性。继续开展“师徒结对”活动，以老带新，促进年轻审计干部尽快成长。加快人才培养步伐，坚持分类指导、整体推进，及时制订干部学习培训计划，开展培训教育活动。适时岗位交流，鼓励干部拓宽学习的深度和广度，提高综合能力，适应不同岗位要求。

（林　早）

油区管理

【概　况】 2018年，拜城县油区工作委员会办公室（以下简称“县油区办”）按照先定井位、后补手续的方式，会同国土资源、林业、草原、水利、文物、环保等相关涉油部门协助塔里木油田分公司完成克深1、9、13区块，大北11、12区块，博孜3区块11个地面工程、30口井及其附属工程12宗322.31公顷土地的临时征地手续办理，确保新井顺利开钻。截至年末，中石油塔里木油田分公司在县境内相继探明有大宛其油田、克拉2气田、大北气田、克深1、克深2、克深5、克深6、克深8、克深9、克拉8、克深16、博孜等多个油气区块，探明石油储量613万吨，天然气储量1.18万亿立方米（克拉区块储量2840.86亿立方米、克深区块储量7865.6亿立方米、大北区块储量1960.24亿立方米）。

【油气生产】 2018年，县油区办加强对油气生产企业的协调，计划外输原油8.49万吨，天然气161.46亿立方米（克拉作业区66.54亿立方米、克深作业区67.27亿立方米、大北作业区27.65亿立方米）。1—10月，县境内累计外输天然气131.22亿立方米（克拉作业区55.19亿立方米、大北作业区21.16亿立方米、克深作业区54.87亿立方米）。大北作业区累计外输天然气比上年同期14.29亿立方米增加6.87亿立方米，增幅达32.4%，生产原油6.72万吨，比上年同期8.78万吨减少2.06万吨，降幅为23.4%；克深作业区累计外输天然气比上年同期40.45亿立方米增加14.42亿立方米，增加幅度达35.65%；克拉作业区累计外输天然气55.19亿立方米，比上年同期60.31亿立方米减少5.12亿立方米，降幅为8.5%，生产原油0.22万吨，比上年0.33万吨减少0.11万吨。

【外来施工单位管理】 2018年，油区办加强对外来施工单位的管理力度。针对外来施工企业流动大、工作场所不固定、管理难度高的特点，以静制动加强外来施登记备案管理，按照“属地管理”的原则，施工单位必须按照《油区企业备案登记程序说明》要求准备相关材料，将施工工期、施工人数、施工地点等情况及时纳入管理，严格落实“拜城县油区维稳审批表”审核，确保无任何安全隐患方可进场施工。截至年末，共为60家施工单位办理登记备案手续。

【物探协调服务】 2018年，油区办协助东方地球物理勘探有限责任公司塔里木物探处分公司3个队伍开展地震勘探部署工作。协助完成2018年度克深5开发三维物探作业项目，作业部署满覆盖150平方千米，项目总投资7000万元；克深10三维地震勘探项目，作业部署共计测线面积183平方千米，项目总投资3200万元；吐北401三维物探作业项目，作业部署满覆盖400平方千米181束线，项目总投资3500万元。

【天然气入户及气化工程】 2018年，县油区办协调天然气公司实施天然气入户及乡镇气化工程。年内，乡镇民用居民用户360户，天然气供应达约30万立方米；公共服务业用户4户，天然气供应约15万立方米；汽车用户约18.25万辆，天然气供应约900万立方米，未出现中断供应情况。实施克孜尔乡天然气入户及乡镇气化工程，完成天然气入户安装115户，铺设克孜尔乡周边输配中压管网18千米，铺设输配低压管网8千米。实施察尔齐镇天然气入户及乡镇气化工程，完成天然气入户安装260户，铺设察尔齐镇区周边输配中压管网11千米，铺设输配低压管网6千米。

【油地共建】 2018年，油区办争取地方企业参与油气田建设，全年协助地方企业承揽涉油项目工程总量达5606万元，上缴税收989.7万元。争取资金援助50万元，协调塔里木油田分公司给予县儿童福利院50万元补助资金。引进3家企业，完成2.7亿元的招商引资任务，其中中石化江汉石油工程有限公司拜城环保分公司总投资5317万元；新疆阿克苏华新晟环保工程有限公司总投资12000万元；新疆阿克苏绿创石油科技服务有限公司总投资9800万元。

【油区安全】 2018年，油区办会同国土资源、安监、林业、草原、水利、文物、环保等部门深入各油气田作业区、各钻井单位及物探队伍，在亚欧博览会和2018年中非合作论坛北京峰会及古尔邦节、中秋节、国庆节期间，做好安全生产及防恐维稳工作，采取相应措施，牢固树立稳定压倒一切的责任意识，开展输油气管道安全、生产安全、爆破安全、环境保护等工作进行督导检查，指导油区单位制定安全生产、安全防范等专项应急预案，规范油区秩序，确保油区各企业安全稳定。全年开展油区综合执法检查每周不少于3次。在1—10月安全隐患排查行动中，召开专题会议11次，出动检查计123人次，检查各作业区、井队。对拜城县境内油区油田开发建设中危险废物处置情况及落实环境保护法律法规情况进行全面检查。明令要求各油区企业严禁向草场、林地、农田、水体等排放各类污染物；严禁在勘探开发过程中打柴和狩猎活动。对2018年新布井场的沉砂池及放喷池必须要求使用全防渗处理，消除环保隐患。通过大检查加强油气田建设单位对油区环境保护意识，加强油区环境风险防范。

（高建哲）

国土资源管理

【机构队伍】 2018年，拜城县国土资源局（以下简称“县国土部门”），挂拜城县测绘地理信息局牌子（简称县测绘地理信息局）、拜城县不动产登记局（简称县不动产登记局）牌子。正科级建制，为县人民政府工作部门。截至2018年底，共有编制40个，其中机关行政编制8个，实有人数4人，副科级以上领导干部1名；15个国土资源所参公编制18个，实有人数12人；土地收购储备中心事业编制2个，实有人数1人；不动产登记中心事业编制10个，实有人数9人；工勤编制2个，实有人数3人。

【土地利用状况】 2018年，拜城县辖区农用地面积85.57万公顷，占土地总面积的53.85%，其中，耕地面积8.32万公顷，园地面积0.62万公顷，林地面积4.4万公顷，草地面积68.26万公顷，其他农用地面积3.97万公顷；建设用地总面积1.52万公顷，占土地总面积的0.95%；其他土地面积71.82万公顷，占土地总面积的45.2%。

【耕地保护】 2018年，县国土部门在维持耕地整体布局稳定的情况下，通过土地整理，提高耕地集中连片程度。通过统筹协调基本农田与基础设施建设用地的关系，在保证基本农田数量和质量的前提下，优化基本农田布局，降低基本农田被占用的风险。年内，耕地保护目标责任书确定耕地面积7.39万公顷，基本农田面积6.38万公顷，完成基本农田建设任务6.38万公顷。全县16个乡（镇、场）签订县乡耕地保护目标责任书32份，157个村签订乡村基本农田保护目标责任书314份，3.08万户农民与村签订基本农田保护责任书6.17万份，做到保护面积、保护人员、工作责任三落实，全面落实耕地保护目标责任制，坚守耕地和基本农田保有量“两条红线”。

【建设用地管理】 2018年，县国土部门严控新增建设用地规模，加大存量建设用地挖潜力度，拓展建设用地新空间。坚持以工业化推动城镇化，加强城镇产业支撑，合理安排城镇工矿用地规模、结构和时序。坚持土地城市化和人口城市化相协调，防止盲目扩张城镇用地，发挥建制镇对广大农村地区经济社会发展的融合和服务保障功能，逐步缩小城乡差距。依据区域交通，地形等条件科学合理制定相关布局模式，做到主次分明、结构合理。保障水利、交通、能源城市建设和民生工程等重要项目建设用地，根据下发的建设用地指标合理、科学布局建设用地选址申报，节约集约利用土地资源，对于工业项目严格按照国家下发“工业用地控制指标”进行核定，对工业项目建设布局、厂区设施建设进行严格审核把关，使每一分土地都合理运营。全年共办理建设用地预审169起，办理建设用地批准书85起，办理土地招牌挂6宗土地，共计挂牌出让面积73.76公顷，收取土地出让金337.34万元。上报报件2批次12个，5个单独选址，6个建设用地预审报件。

【国有农林牧场确权登记发证】 2018年，县国土部门对大宛其管委会、察尔齐镇、种羊场3个国有农牧场31宗国有土地进行重新确权登记。大宛其管委会涉及6宗国有土地，核定面积1.31万公顷，察尔齐镇涉及15宗国有土地，核定面积9076.06公顷，种羊场涉及10宗国有土地，核定面积29.08万公顷。对核定的52宗31.31万公顷国有土地进行重新确权登记，并发放“土地使用证”。

【农村地籍调查】 2018年，县国土部门为夯实农村地籍管理基础，明晰农村土地产权，建立现代化地籍管理和土地产权管理制度，保障农民合法权益。对11个乡（镇、场）开展农村地籍调查，收集权属材料1.62万宗，调查界址（含权利人指界、界标设置等）1.87万宗，填写、签章地籍调查表8555宗，布设控制网4500个，绘制完成工作底图1.56万宗，完成测量宗地数1.92万宗，完成房屋调查1.92万户，宗地图制作6284宗。

【不动产统一登记】 拜城县不动产登记中心于2016年10月正式挂牌。2018年，拜城县不动产登记管理部门共办理各类登记3827件，其中变更登记17件，初始登记61件，抵押登记413件，转移登记2017件，更正登记88件，换证登记681件，预告登记550件。可办证范围覆盖全县45个证宅小区（商铺）、43个单位家属区约370栋住宅楼，以及工业园区、农副产品加工园区和农村大部分企业。基本满足群众办证需求。

【地质灾害防治】 2018年，县人民政府印发《2018年地质灾害防治方案》《拜城县突发性地质灾害应急预案》，成立突发性地质灾害应急指挥部。汛前，县人民政府与各乡（镇）人民政府、县国土资源局与各矿山企业签订地质灾害防治工作目标责任书，签订责任书60份，发放防灾工作明白卡24份、避险明白卡12份，对重要地质灾害易发区设立6个警示牌，做到任务明确，责任落实，措施细化。各乡（镇）人民政府坚持汛期24小时值班值守、动态巡查和灾情（险情），领导亲临现场、靠前指挥，避免地质灾害群死群伤事件的发生。为贯彻落实《国务院关于加强地质灾害防治工作的决定》，开展好地质灾害监测、预警和防治，国土资源部门与气象部门按照“全面合作、优势互补、平等协商、资源共享、共同发展”原则，联合开展全县地质灾害气象预警预报、防灾减灾工作。

【土地矿产卫片执法监督检查】 2018年，国家共下达拜城县片遥感监测图斑212个，其中包括：国家和自治区重点工程项目图斑5个，合法图斑44个，临时用地图斑57个，农村道路用地图斑6个，设施农用地图斑7个，实地伪变化图斑50个，违法图版2个，自行纠正9个。所有图斑均严格按照国家、自治区、地区文件要求依法核查。其中2个违法图斑均以立案查处并结案，其他图斑均完成实地核查、验收工作。

【矿产资源保护】 2018年，县国土部门为加强矿产资源的保护力度，严格按照矿产资源总体规划，认真查找和整改矿产资源领域存在的违法违规问题。对无证勘查开采，以采代探、越界开采等违法行为，坚决打击，依法查处。严抓安全生产工作，加大执法监察力度，联合公安、安监、煤炭、环保、市监、水利、电力等部门对砖瓦黏土、砂石料矿山进行联合执法，有效维护矿山安全生产和社会稳定工作；严厉打击违法采矿行为，进行动态巡查106次，下达责停通知书41份，并要求限期整改。

【矿产普查】 2018年，拜城县境内有各类矿产58种，占全国已发现171种矿产的33.9%，占新疆已发现138种矿产的42%；探明储量的矿产15种，上矿产储量表的矿产12种；重要非油气矿产56种，产地达146处。优势矿产有石油、天然气、煤、铜、铌、钽、岩盐等。探明天然气储量5000亿立方米，累计查明煤炭资源量11.76亿吨。岩盐、石灰石地质储量巨大。能源矿种有石油、天然气、煤，黑色金属矿产有锰、铁，有色金属矿产有铜、铅、锌、锑，贵金属矿有金，稀有金属矿有铌、钽矿，非金属矿有岩盐、花岗岩、麦饭石、霞石正长岩、石灰岩、大理岩、红柱石等。煤矿、岩盐矿、铜矿主要集中分布在库拜盆地。拜城县波孜果尔铌钽矿勘探面积17.8平方千米，探明矿石量7.73亿吨，该矿权已通过自治区矿产资源储量评审中心审查并备案。县黑英山霞石正长岩矿勘探面积7.14平方千米，探明矿石量14.57亿吨。

【执法监察】 2018年，县国土部门始终保持土地执法的高压态势，重点查处非法侵占国土资源、侵犯农民权益以及非法圈地和非法批地用地等违法行为，建立土地矿产动态巡查巡查月报制度，提高乡镇国土资源所监察网络的作用。通过巡查累计立案查办违法案件69起，结案69件，罚没款271.83万元，其中矿山违法案件11件，罚没款50.77万元，土地违法案件58件，罚款221.06万元。

【考核管理】 2018年，县国土部门加强对《中华人民共和国土地管理法》《基本农田保护条例》等法律法规的宣传，采取不同形式和途径，加大政策宣传力度和广度，提高全社会耕地和基本农田保护意识。全面建立国土执法快速反应机制，设立实时监控信息平台，组建综合执法队伍，实行网格化巡查，加强责任落实，严格捆绑式奖惩考核，将土地执法监管责任机制落到实处。开展土地执法模范乡镇创建活动和土地民主管理示范村活动，将乡镇社区、国土所和村级协管员一起纳入土地管理考核体系，转变土地管理“一家管、大家用”的被动局面。以土地矿产卫片执法检查为契机，加大对违法用地的打击力度。

【政策宣传】 2018年，县国土部门利用广播、电视、报刊、网络等宣传平台宣传相关政策和法律法规。以“3·19”矿法宣传日、“4·22”地球宣传日、“5·12”防灾减灾日、节能宣传周、“6·25”土地日为契机，面向群众集中开展宣传活动，出动宣传人员32余人次，制作宣传展示牌5个，条幅11个，发放宣传资料800余份，提高全社会对集约节约利用土地的重视以及对国土资源工作的支持。

（韩　鹏）

商贸　旅游

商　贸

市场与商务

【概　况】 2018年，县商务和经济信息化委员会（以下简称“县商经部门”）坚持稳中求进、改革创新，突出发展“第一要务”，推进供给侧结构性改革，企业解困、降本增效成效明显，主要经济指标稳中向好。全县实现地方生产总值68.95亿元，比上年增长9.5%；全口径工业增加值28.14亿元，比上年增长14%；社会消费品零售总额10.55亿元，比上年增长11%；完成外贸出口额215.83万美元，比上年下降11.05%。共承担扶贫和“访惠聚”村级惠民生项目15个（扶贫项目10个、惠民生项目5个）。制定《拜城县全力推进在建项目实施工作方案》，共梳理产业类项目21个，总投资35.44亿元，截至年末，完成投资24.21亿元。

【商贸物流】 2018年，县商经委着力编织物流运输网络，依托远洋物流项目，建设连接重化工工业园区，农副产品加工园区的疆内外进出货物运输龙头中心物流园。全县共有物流园区3家，仓储企业6家，冷链物流企业1家，托运部11家，快递企业9家，基本满足全县进出疆商品运输需求。推进3个农贸市场改造升级，依托瑞丰物流园、利华商贸城、金福祥家装建材、万源农资、温州商城、名品广场等大型商贸项目和步行街、创业街、民族街等特色街区，打造服务一流、管理一流、门类齐全、功能完善的一刻钟商业圈。项目总投资11亿元，占地17公顷，建成商业网点1000余家，餐饮业门面300余家，大型零售商业网点3家，住宿餐饮20余家，年均销售收入1亿元以上，100%支持顾客信息化移动支付，满足群众的生产生活需求。

【助企解困】 2018年，县商经部门为精准帮扶企业，建立规上企业全覆盖常态化帮扶机制，制定并实施《拜城县帮扶企业解困工作方案》《拜城县县级领导联系服务企业工作方案》，将帮扶规上企业责任分解到四套班子县级领导和县直部门，做到每个规上企业都有一名县级领导和一个县直部门负责帮扶。坚持分类指导、一企一策、规范服务、一帮到底，推动帮扶企业解困工作精准实施、取得实效。共梳理并解决企业生产要素保障、运输、融资等方面困难问题30个，帮助中小微企业申请贷款3.5亿元。

【扶持政策落实】 2018年，县商经部门落实上级各类优惠政策，稳存量，促增量，培育新增长新动能。密切关注、深入研究国家、自治区出台的产业政策，优化服务，跟踪指导，为企业申报项目，争取资金。为滴水铜矿申报自治区绿色工厂项目；推荐2家服装企业为援疆被装生产供应商，金晖兆丰能源公司为2018年两化融合管理体系贯标试点企业；帮助峻新化工6000千瓦尾气余热发电自备电厂落实备用费减半政策；组织金晖、众泰、峻新、疆达4家企业申报工业节能项目；帮助县域9家企业获得直购电1.13亿千瓦。建立完善纺织服装企业数据台账，做好企业网上备案、数据更新。落实纺织服装产业优惠政策，申报发展纺织服装产业专项补贴资金，制定《拜城县2018年纺织服装产业带动就业行动方案》，向正邦服饰公司拨付厂房建设补助资金790万元。

【规模企业培育】 2018年，县商经部门提升“企升规”企业培育发展质量，促进企业转型升级，将“企升规”工作作为带动全县经济的重要增长点，根据地区2018年下达2家“小升规”的工作目标，制定《拜城县“小升规”企业培育工作方案》。新疆凯领阿尔格敏矿业、拜城县绿盈番茄制品有限公司成功升级为规模企业，完成目标任务的100%。

【行业安保监管】 2018年，县商经部门把保安全、促稳定作为行业监管的重中之重，集中人力、集中时间，加大力度，加强督查检查，确保快递、加油站、民爆等监管行业的安保维稳措施落到实处、见到成效。年内开展检查80余次，出动检查人员350人次，对加油站停业整顿22次，查处并整改各类隐患47条。推进双层罐改造，全县15个加油站全部完成双层罐改造任务。

【电子商务推进】 2018年，县商经部门实施“互联网+流通”行动计划，推动商业业态创新，培育新型消费需求，破解工业品下乡和农产品进城的“最后一公里”问题，促使一产、二产向三产的部分产能转型。在拜城镇挂牌建设3个电子商务孵化站点，开展电商培训2期，培育人员100人。鼓励支持全县百货零售业、连锁超市、社区便利店、餐饮业、生活服务业利用移动互联网进行升级，在店内布设Wi-Fi，开展在线预订、移动支付等，全县各类商铺Wi-Fi覆盖率在90%以上，在线支付率在85%以上。鼓励、引导、支持开设微店微商，将电子商务与“大众创业、万众创新”相结合，县域企业、个体户、个人注册的各类网店、微店达100个，涉及服装、化妆品、日用百货、保健品等多个领域，带动300余人创业就业。完善县、乡、村三级农村电商服务网络，持续实施“电子商务进农村”工作，加快推进电子商务进农村县、乡、村三级服务网络建设，建成乡村服务站点3个。

（陈　勇）

招　商

【概　况】 2018年，拜城县招商局（以下简称“县招商部门”）共实施招商引资项目39个，落实区外到位资金63.33亿元，完成年度目标任务77.7亿元的81.51%。其中新建项目32个，落实区外到位资金53.04亿元；续建项目7个，落实区外到位资金10.28亿元。签约项目25个，完成签约金额113.36亿元，新签约项目到位资金24.21亿元，资金到位21.36%。完成策划包装项目17个，其中番茄加工项目、3万吨硬质炭黑项目、油基泥岩屑环保处理项目等4个项目完工，年产5000吨糠醛项目、2万吨硫酸钾项目、5万套油鸡养殖加工项目、华美达服装培训及加工等项目在建，形成招引一批、建设一批、投产一批、储备一批的良好格局。重大项目实现历史性突破。中泰与金晖集团100万吨PVC后续项目、上海源晗等离子体制乙炔联产乙二醇及炭黑项目、河南中鹤三产融合发展项目、煤炭资源整合开发等超10亿元以上投资项目均成功签约，重大项目招商引资实现历史性新突破。企业盘活取得丰硕成果。金晖、天辰矿业、顺发矿业、众泰煤焦化等企业均通过以商招商，找到合作伙伴，停建项目全面复工。中粮屯河拜城番茄厂实现起死回生，县绿盈番茄厂完成对中粮屯河拜城番茄厂的整体收购，并当年建立种植基地，当年建成投产。

【项目策划】 2018年，县招商部门围绕重点产业、首位产业和特色产业，深入分析研究天然气、煤化工、农业产业化、煤层气开发与利用等招商优势和重点，加强招商策划定位，加强产业链条招商，按照“建链、延链、补链、强链”原则，紧盯国家产业政策，瞄准目标企业，高标准策划、论证和包装天然气精深加工、煤化工、综合物流园、旅游业等近20个重点招商项目。规范项目征集、筛选、论证、储备等程序，及时补充新项目和大项目进入项目库。

【健全招商机制】 2018年，县招商部门研究制定《拜城县推进招商引资项目落地建设方案》《拜城县招商引资奖励办法》《拜城县2018年度招商引资目标任务考评办法》。组织重点项目专班，推进重大项目招商，成立100万吨PVC及循环配套项目、等离子体制乙炔联产乙二醇及炭黑项目、铁热克温泉康养中心项目、商贸物流园项目等多个专班，完善项目包装，制定招商专案，协调要素支撑，主动联系对接内地企业，争取项目落地。建立县级领导及县直部门联系重点工业企业制度，协调落实企业帮扶政策，及时解决企业生产经营情况及遇到的困难和问题，主动为企业发展出谋划策，推动企业做强做大做优。建立招商引资重点项目跟踪服务制度。对重点项目，实行“一个项目，一名领导，一个承办单位，一套工作方案，包项目落实、包施工进度、包竣工投产”的“四个一、三个包”责任制。

【重点招商项目】 2018年，拜城县确立8个重点招商引资项目，分别为：天然气化工项目（40万吨乙二醇项目）、100万吨PVC及循环配套项目、煤层气开发项目、煤炭资源整合项目、煤化工产业延伸项目、铁热克镇温泉养生小镇项目、玉米淀粉深加工项目、综合商贸物流园项目。制定《拜城县县领导及县直部门联系重点招商引资项目方案》，每个项目对应确定1名联系县领导，并确定1个牵头单位，协调推进项目建设。落实项目落地移交制度，重点负责招商项目的策划包装、招商洽谈、签约落地等前端工作，后端服务交由行业主管部门全程协调，招商引资项目合同签订后，行业主管部门立即接手项目，指派专人负责，全程跟踪服务。

【重大招商活动】 2018年，拜城县立足产业基础和资源优势，先后组织成立招商小分队赴河南、河北、山西、上海、江苏、浙江、江苏、北京等地开展天然气化工项目、煤化工项目、农业产业化项目、煤层气开发与利用项目等重点招商引资项目进行洽谈对接和上门招商活动。县主要领导带头招商，县委书记带队，在温州召开拜城县旅游及特色农产品推介会，推介拜城县优势资源和项目。县委副书记、县长带队到河南考察现代农业产业化示范区暨三产融合发展项目，促成该项目落地，扩大招商引资成果。

【优化招商环境】 2018年，县招商局坚持把加强项目跟踪服务作为招商引资工作的着眼点和着力点，牢固树立“硬件不足软件补、政策不足服务补”的招商理念，严格落实项目协调推进工作制度，对招商引资签约项目在公司注册、用地审批、项目登记备案、环保审批等前期手续办理中限时办结，转交各责任单位全程跟办、帮办、代办，实施招商引资项目“保姆式”服务。

（罗盼盼）

粮 油

【粮食收购】 2018年，拜城县小麦播种面积1.79万公顷，小麦总产量12万吨；玉米播种面积3.38万公顷，玉米总产量44万吨；水稻播种面积306.66公顷，水稻总产量0.28万吨。为推进自治区小麦收储制度改革，停止执行现行收购环节小麦直补政策，将“敞开收购、敞开直补、政府定价”调整为“市场化收购+优质优补”，建立“政府引导、市场定价、多元主体收购，生产者补贴，优质优价、优质优补”的小麦收储新机制。累计收购小麦4.98万吨，小麦收购均价2.35元/千克，其中：补自治区地方储备粮轮换0.5万吨，帮地区良信集团收购1万吨，县国有粮食购销企业收购贸易周转粮3.45万吨。小麦加工企业收购1.25万吨，其他收购主体1.26万吨。

【粮食管理】 2018年，拜城县国有粮食购销企业承担储备粮任务4.39万吨（国家临时储备粮3.14万吨、自治区地方储备粮0.75万吨、县级储备粮0.5万吨），收购贸易周转粮3.45万吨。为保障储粮安全，确保粮食数量真实、质量完好、储存安全，县发改委（粮食局）牵头成立联合执法检查小组，监督检查国有粮食购销企业、11家粮食农民合作社、6家粮食经营企业、13家面粉加工厂、2家大米加工厂在落实安全及检化验仪器、粮食经营台账、粮食经营报表等，下达责令整改通知书20份，并与22家涉粮企业签订《安全生产责任书》，对未建立粮食经营台账或未按时上报粮食经营报表的6家粮食企业给予警告。

【粮油调控】 2018年，县粮食部门坚持“国以民为本，民以食为天”管理理念，严格要求粮食经营、加工企业执行最高、最低库存标准制度；建立粮食应急供应网点，确定5家粮食应急加工企业，签订《拜城县应急粮油加工供应合同》，做到应急时有粮可用、有粮可调，有效预防粮食市场供求波动，为粮食市场供应和价格基本稳定提供保障。加强粮油市场监控，密切关注粮油市场需求及价格变化动态，定期对拜城县粮油价格变化情况进行跟踪调查，稳定市场价格。年内，组织开展农户粮食供需平衡调查8次，调动统计人员40人次，调查结果显示，全县粮源充足，国有粮食购销企业库存充裕，粮食供求平衡有余，全县粮食安全保障有力。

（李和平）

供销合作

【基层组织】 2018年，拜城县供销合作社联合社（以下简称“县供销系统”）下设13个基层供销社，其中中心社4个：大桥乡中心社、察尔齐镇中心社、赛里木镇中心社、康其乡中心社，基层社9个：老虎台乡供销社、大宛其管委会供销社、米吉克乡供销社、温巴什乡供销社、托克逊乡供销社、黑英山乡供销社、克孜尔乡供销社、亚吐尔乡供销社、布隆乡供销社。开展服务功能的有察尔齐镇供销社、大桥乡供销社、大宛其管委会供销社、米吉克乡供销社、布隆乡供销社、康其乡供销社、赛里木镇供销社、黑英山乡供销社，温巴什乡托格拉克勒克村综合服务社。

【供销系统经营】 2018年，县供销系统实现商品销售额1004万元，其中供销合作总公司销售342万元，供销电子商务公司销售522万元，供销农资有限公司销售140万元，实现利润总额73万元。累计向浙江等地发送马铃薯2.89万吨、山羊6500只、葡萄6864吨、葡萄干60吨、蜂蜜1.53吨、黑枸杞1260盒、“疆达”牌系列农产品1345件。共销售各类农资3.81万吨。

【服务“三农”】 2018年，县供销系统为市民提供鸡蛋800余吨、猪肉1080吨，分别占市场份额的70%、40%，生产销售各类饲料7000吨，基本满足市场需求。加油站销售汽柴油3000吨，各面粉厂兑换加工面粉280吨，销售各类化肥1.22万吨，举办服装培训5期，培训农民62人次。“十城百店”实现销售收入2233万元，注册“葡萄的故事”“枸杞的故事”“红枣的故事”“克赛故事汇”等系列商标。

【新网工程】 2018年，县供销系统加快推进供销合作社现代流通网络体系建设，围绕农牧民生产生活需求与当地特色产业、优势产业进行有机结合，在巩固已建农产品专业合作社、村级综合服务社基础上，继续推进“新网工程”建设，新建、改造网点2个，在大桥乡、察尔齐镇和拜城镇建设3个电子商务中心，在黑英山乡和赛里木镇开设供销社日用品超市2家，基层社覆盖率达到94%。

（帕孜力亚·吐尔逊）

旅 游

【旅游规划】2018年，拜城县旅游局（以下简称“县旅游部门”）根据《2018年地区旅游产业发展各县（市）地直相关单位目标任务分解落实方案》确定的目标任务，研究制定《拜城县全域旅游三年行动方案》《拜城县贯彻“旅游兴疆战略”加快旅游业提质增效发展的实施方案》，出台《拜城县人民政府关于促进旅游产业发展奖励暂行办法》《拜城县招商引资优惠政策（暂行）》。县旅游局委托北京绿维公司编制《拜城县全域旅游发展规划（2018—2025年）》《康其湿地旅游开发建设规划》《克孜尔丝路驿站建设规划》。按照“重点突出、各有特色、多点开花”原则，统筹抓好铁热克温泉特色小镇、喀普斯浪河景观带、克孜尔乡湖滨度假村3个核心，康其乡湿地公园、米吉克乡民俗村两个重点，木扎提河湿地、克孜尔魔鬼城、美丽乡村示范点等多个特色旅游项目建设。

【旅游布局】2018年，县旅游部门以“丝路体验、水韵漫游、健康养生”三大品牌为引领，构建“一核两翼两资源”（“一核”即以城区为核心，依托喀普斯浪河景观带、台勒维丘克景观带、中央公园、特色餐饮街区、旅游购物街区、宾馆酒店等要素，将拜城打造为南疆一流的多功能现代化旅游度假区；“两翼”即城东的康其乡湿地公园、城西的米吉克乡亚曼苏民俗村，加快建设健康养生、观光农业、休闲娱乐等旅游新业态；“两资源”即世界文化遗产克孜尔千佛洞、铁热克温泉康养小镇）。集中打造克孜尔观光旅游、城区水韵漫游、铁热克镇健康养生、康其乡湿地、米吉克乡生态休闲及省道307观光旅游黄金线，提升拜城旅游产品市场竞争力和生命力，加快推进处处有景、随处可游的全域旅游新格局。

【线路开发】2018年，县旅游部门围绕“丝路体验、水韵漫游、健康养生”三大旅游品牌建设，构建克孜尔乡—拜城镇—铁热克镇“二核一区”旅游布局，依据县旅游资源和旅游景区的空间分布，开发“一日游”和“二日游”、产业游、探险游等旅游产品，加快创建“旅游康养休闲区”，推动旅游业向战略支柱产业迈进。依托拜城县公路路网，打造连接克孜尔魔鬼城、克孜尔千佛洞、克孜尔水库（含漂流和滑雪场）、拜城县城、铁热克温泉特色小镇、乌孙古道、夏特古道、三大园区等文化游、休闲游、工业游等系列旅游线路，以点串线，形成点点相接的拜城旅游环线。以喀普斯浪河、台勒维丘克河、中央公园、环城路景观带、丝路阁、福乐城、红旗苑广场、图书馆等一体化工程和环城水系为依托，打造公园成串、绿廊遍布、湖河交映、步道相连的城区绿色休闲旅游线路。开发“拜城度假疗养与生态两日游”“克孜尔千佛洞文化一日游”“农家乐、垂钓休闲游”“康其湿地一日游”“县城生态一日游”“温泉一日游”6条精品旅游线路。通过拜城休闲度假、餐饮购物、户外科考探险等特色旅游线路打造、推介、拓展客源市场，提升拜城旅游美誉度、知名度和市场竞争力。

【旅游收入】2018年，县旅游部门围绕社会稳定和长治久安总目标，落实“1+3+3+改革开放”和“旅游兴疆”战略部署，开拓创新，整合开发旅游资源，完善服务设施建设，宣传“丝路体验、水韵漫游、健康养生”旅游品牌，打造“两核一区”旅游布局，推进拜城旅游业高质量发展。全年累计接待游客83.43万人次，完成目标任务的112.4%，比上年增加26.47万人次，增长46.47%；实现旅游总收入2.86亿元，完成目标任务的110.85%，比上年增加9500万元，增长49.74%，再创历史新高。

【旅游援疆】2018年，县旅游部门主动与温州援拜指挥部对接，争取项目资金1000万元，实施克孜尔乡丝路驿站旅游建设项目，打造龟兹文化旅游目的地；依托康其乡333.33公顷湿地资源，借助援疆资金补助80万元，扶持康其乡阿热勒村建设美丽田园项目，撬动民间资本开发攀岩、滑雪、卡宾车、7D电影、民俗演绎等旅游娱乐项目。8月签订《温州市旅游局、拜城县人民政府、温州市援疆指挥部旅游援疆框架协议》，深化旅游援疆工作，建立沟通交流机制，加强旅游人才、技术等方面互动，加强双方旅游行政管理部门、旅游景区、星级饭店管理人员交流，为拜城旅游发展通过人才和智力支持。借助温州市旅游发展的先进理念、经验和人才优势，编制《康其湿地生态旅游建设规划》《米吉克乡七彩湾生态湿地公园建设规划》，推介拜城旅游品牌。借助温州电视台《乐玩路线》栏目，宣传推介拜城特色文化旅游资源、精品线路，让更多人了解拜城、向往拜城、畅游拜城，拓展客源市场，推动游客温拜互动双向旅游。

【旅游扶贫】 2018，县旅游部门发挥旅游业关联度高，辐射面广的优势，推进乡村旅游发展，助力脱贫攻坚。制定《拜城县2018年旅游扶贫实施方案》，将加强和推动发展乡村旅游发展作为推进新农村建设、统筹城乡发展、助力脱贫攻坚、拓宽农民增收渠道、促进农村富余劳动力转移就业、提升农村精神文明程度和农业经济发展的重要抓手常抓不懈，按照“一乡一景、一村一品”发展思路，因地制宜，引导开发特色“农家乐”旅游项目。康其乡、黑英山乡、铁热克镇等乡镇，借助资源优势，结合脱贫攻坚，创新实施“旅游＋扶贫”措施，创建各类乡村旅游经营点达30家。年内，康其乡阿热勒村发展乡村旅游带动200余名贫困人员就地就业，实现旅游收入140余万元，16户贫困户45人脱贫，人均增收1863元。黑英山乡玉开都维村在浙江省温州市援疆指挥部与乡党委的指导、帮助和强有力的资金支持下成立黑英山乡玉开都维村民宿乡村度假旅游农民专业合作社，依托乌孙古道，开展民宿、马匹运输等旅游服务，接待游客2000余人，盈利13万元，为18人解决就业问题，共收益3.18万元，户均增收7950元，4户12人全部脱贫。

【宣传促销】 2018年，县旅游局创新工作思路，加强旅游宣传力度，围绕“新疆是个好地方”“丝路古龟兹，神奇阿克苏”“丝路重镇，魅力拜城”主题，采取“走出去”“请进来”等方式，落实旅游宣传。组织策划诺鲁孜节农民运动会、苏杭村杏花节、铁热克温泉游泳比赛、“世界文化遗产日”、环城自行车赛文体、农民丰收节、冰雪旅游节旅游宣传和文体活动，赴温州市举办旅游和特色农产品推介会，深化与援疆省市的交流合作。在县电视台、拜城零距离、拜城政府网站等开设旅游专栏，制作旅游宣传视频，利用消息、通讯、评论、访谈、综述、图片、视频等，筹备系列宣传推介活动。参加自治区旅发委、地区旅游局组织的新疆春季旅游产品展销会、“多浪·龟兹文化旅游节”系列活动、阿克苏美食节、“丝路古龟兹、神奇阿克苏”十城联动旅游宣传促销、上海旅交会、温州农博会等活动，举办“丝路明珠·大美拜城”冰雪旅游节系列活动，集中展示拜城地域风情和丰富文化旅游资源，宣传推介克孜尔观光旅游、城区水韵漫游、铁热克健康养生三大特色旅游品牌、精品旅游线路，提升拜城县知名度和美誉度。

【行业监管】 2018年，县旅游部门完善旅游总监监管长效机制，建立跨部门联合执法机制。依法依规监督管理旅游行业。制定工作职责，加强对假日期间环境卫生、安全、综治维稳、游客疏导、应急处置假日旅游经济统计分析等工作，确保假日旅游秩序安全、有序、和谐。加强联合执法，在旅游旺季、节假日假期及重要时间节点，与市场监督管理局、物价、公安、消防等相关部门联动，提高旅游市场综合监管力度，加强对旅游行业管理和调控力度，推进旅游产品、旅游设施、旅游管理标准化、信息化建设。在宾馆、景区设置“12301”“8623164”投诉电话，由专人负责处置旅游投诉案件，结合“3·15”消费者权益保护月活动，旅游企业落实旅游服务明码标价、宾馆酒店淡旺季房价、旅游景区（点）门票及对现役军人、残疾军人、青少年、老年人价格优惠政策情况督查。年内，共组织开展旅游消费价格督查、消防、食品卫生、旅游景区交通、游乐设施专项检查等各类联合执法检查6次，开展游客满意度测评2次，营造秩序井然的旅游环境，维护游客的合法权益。结合爱国卫生活动，开展主要旅游线路沿线风貌集中整治，在重点旅游景区和村镇实行“改厨、改厕、改客房、整理院落”和垃圾污水无害化、生态化处理，优化旅游环境。

【固定资产投资】 2018年，县旅游部门以特色旅游资源为依托，结合台勒维丘克河景观建设、克孜尔乡丝路驿站建设项目、铁热克温泉、旅游厕所等项目建设，对县道346线旅游线路完成投资1.3亿元，滨河公园完成投资5200万元，克孜尔乡丝路驿站建设项目投资320.5万元，投资100万元，完成温泉小镇、丝路驿站、中央公园等5座旅游厕所完成基础施工和主体墙体、主体现浇板浇筑。

（武 斌）

财政　税务

财　政

【财政收支】 2018年，全县地方财政收入累计完成15.57亿元，完成年初预算的98.85%，比上年同期13.88亿元增收1.68亿元，同比增长12.1%。其中，公共财政预算收入累计完成15.22亿元，完成年初预算的97.56%，比上年同期13.53亿元增收1.69亿元，同比增长12.49%；政府性基金预算收入累计完成3502万元，完成年初预算的233.47%，比上年同期3546万元减少44万元，下降1.24%。全县地方财政支出累计完成36.04亿元，比上年同期31.88亿元增支4.16亿元，增长13.05%。其中，公共财政预算支出累计完成35.53亿元，比上年同期31.63亿元增支3.9亿元，增长12.33%；政府性基金支出完成3710万元，比上年同期2556万元增支1154万元，增长45.15%；国有资本经营支出完成1427万元，同比增长100%。

【预算管理】 2018年，拜城县财政局（以下简称“县财政部门”）推进绩效管理与预算管理紧密结合，实行预算编制、执行、监督全过程的绩效管理工作机制；加强预算绩效目标管理，着力提升绩效目标质量；加强绩效评价结果应用，将预算资金支出绩效财政重点评价结果运用于预算编制，根据考核结果实行奖优惩劣；加强预算执行管理，加强预算执行通报制度管理。绩效管理实现较大突破，涉及资金20.01亿元，加强资金使用单位的主体责任，绩效监控覆盖部门278个，绩效自评全面实施涉及金额20.01亿元。

【国库集中支付】 2018年，县财政部门建立和完善内控制度，完善国库集中支付工作职责、业务流程和管理办法，完善重点单位、重大项目、重要领域资金的支付审核制度，规范和完善各项收缴管理制度，完善市政维护、园林绿化等支出标准，加大国有资本收益征缴力度，推动国库集中支付改革。县本级258个预算单位（包括二级预算单位）全部实施国库集中支付改革，覆盖率达100%；资金范围涵盖所有纳入预算管理的资金（包括基本建设资金）、纳入财政专户管理的预算外收入资金和社保基金。全年累计办理集中支付业务6.26万笔，支付金额52.72亿元。其中，财政直接支付5.47万笔，支付金额34.564亿元，占支付金额的65.56%；财政授权支付5303笔，支付金额2112万元，占支付总额的0.4%；实拨支付2640笔，支付金额17.94亿元，占支付总额的34.04%。全县共有2361人办理公务卡，激活公务卡1972张，共有50个预算单位在大平台系统公务卡管理模块中使用公务卡报账。公务卡支出刷卡消费261万元，报账金额为261万元，公务卡结算率100%。

【政府采购】 2018年，拜城县采购中心以提高服务标准，提升工作效率为工作目标，完善规章制度，规范采购行为。1—10月，共完成采购招标业务651次，比上年同期增加260次。政府采购资金达到2.17亿元，比上年同期减少729.68万元，节约财政资金2407.73万元，资金节约率为10%，比上年同期减少830万元，节约率降低2.6%。2018年3月通过公开招标的方式重新确定拜城县行政事业单位协议供货（定点采购）供应商175家，涉及电器设备、办公自动化、耗材及网络设备、办公用品、印刷品、办公家具、公务用车维修及装潢等，采购中心翔实了解和掌握政府采购协议供货及定点服务执行中存在的问题，依据定点供应商公开招标报价并严格落实协议供货审核程序，严把质量价格关，夯实日常协议供货（定点采购）工作基础。

【非税收入】 2018年，县财政部门严格按照国务院和自治区的收费规定和标准，对照清理全县行政事业性收费项目收费标准，核减上级要求取消和不合理的收费项目。自2018年4月1日起，将残疾人就业保障金征收标准上限由当地社会平均工资的3倍降低至2倍。其中，用人单位在职职工平均工资未超过当地社会平均工资2倍（含）的，按用人单位在职职工年平均工资计征残疾人就业保障金；超过当地社会平均工资2倍的，按当地社会平均工资2倍计征残疾人就业保障金。公安部门收取的居民身份证工本费，自2018年4月1日起，停征首次申领居民身份证工本费。全县自接到文件之日起已停征此项收费，并在政府网站上予以公示。机关、企事业"五险"（基本养老保险、基本医疗保险、失业保险、工伤保险、生育保险）征缴，自2018年5月1日起，企业职工基本养老单位按19%比例缴费，失业保险单位缴费部分按0.5%执行期至2019年4月30日。

【财政监督】 2018年，县财政部门推进专项资金动态监控管理工作，加强对重点民生工程、重大项目建设等重要领域资金使用的监督检查，推进政府及县直部门预（决）算、"三公"经费、扶贫资金等信息公开工作。开展党政机关和事业单位"小金库"专项治理工作，没有发现各乡镇场存在私设"小金库"问题。及时下发《关于进一步清理和规范公务机票管理工作的通知》，开展自查清理工作，清退单位11个，涉及14人，清退金额7784.2元。自查机关事业单位违规发放奖励金及话费补助，清理范围为全县各乡（镇、场）、县直单位，重点清理各机关事业单位2013年以来违规发放绩效考评奖励金及话费补助情况，共清理261个预算单位（含各乡学校及各乡卫生院、各乡镇站所），清退47个单位，清退金额157.35万元，其中，应清退奖励金144.74万元，应清退话费补12.61万元，全部清退完毕。清理15个乡（镇、场）所有账户。清理乡镇和村级账户161个，保留30个账户，其余131个账户全部在2018年5月底撤销完毕。

【财政扶贫资金管理】 2018年，县财政部门加大扶贫资金拨付力度，为脱贫攻坚工作提供资金保障。上级下达拜城县财政扶贫资金1.62亿元，其中中央资金7414.2万元，自治区资金8812.7万元，其中中央财政扶贫发展资金5894万元，主要用于道路、防渗渠、核桃提质增效、养殖羊牛、棚圈、青贮窖、家禽养殖、贴息等项目；以工代赈资金1000万元用于道路、防渗渠建设项目；少数民族发展资金520.2万元用于牛羊、水利设施项目、灌溉渠道建设项目、给水管道建设项目、道路、防渗渠建设项目。自治区财政扶贫资金（发展资金）1213万元，主要用于贫困户牛羊补助、棚圈、青贮窖、家禽养殖2900只油鸡、禽舍建设556座、拱棚243座、菜窖195座、淀粉马铃薯10.8公顷、甜菜4.86公顷、大蒜7.66公顷、养殖合作社、319户自来水入户、劳动力转移就业技能培训、农牧业实用技术培训、致富带头人培训、惠民超市4座、贫困户贷款贴息。易地扶贫搬迁归还银行贷款资金1188.55万元，专项扶贫1926.65万元，第五批地方债券4484.5万元。

【财政存量资金盘活】 2018年，县财政部门做好财政存量资金清理和结余结转资金的清查、审核工作，建立定期清理机制，盘活财政存量资金，提高资金使用效益。2018年，收回存量资金8020万元，收回的存量资金全部纳入财政专户，由县上统筹安排使用。

【农业综合开发资金管理】 2018年度，县财政部门组织农业综合开发办及监理、施工等相关单位，严格按照中央及自治区的项目实施方案进行项目管理，推进农业综合开发向纵深发展。年内涉及农业综合开发资金2055万元，其中上级财政资金2019万元，本级财政资金36万元。实施农业综合开发土地治理项目3个：米吉克乡333.33公顷高标准农田建设项目、大桥乡333.33公顷高标准农田建设项目、中央财政资金1.5万吨特色亚麻原料订单收购及生产加工项目贷款贴息项目，实施2017年未完工的农业综合开发喀拉苏河中型灌区节水配套改造项目（部门项目）。

【社会保障经费运行】 2018年，拜城县完善社会保障制度，加大对城乡最低生活保障制度的管理力度，实行动态管理。县社会保障资金预算执行数为4.47亿元，其中：社会保障和就业1.88亿元，医疗卫生2.59亿元，预算执行进度为95%。全县累计征收基本养老、基本医疗、失业、工伤、生育“五险”缴费3.59亿元，累计发放基本养老、基本医疗、失业、工伤、生育“五险”共计3.29亿元。全县参加城乡居民医疗人数达到20.74万人，征集个人缴费3733.38万元，累计支付城乡居民医疗补偿金额3.02亿元；收到城乡居民医疗县级补助资金1390万元，收到中央补助及自治区补助7936万元。截至年末，征收城乡居民社会养老保险缴费2565.79万元，收到县级财政补助资金972万元，收到上级补助2619万元，累计发放养老金3126.59万元。收新机关事业养老保险缴费1.81亿元，收到上级补助2468万元。累计发放养老金1.95亿元。筹集困难群众救助补助资金8086万元，其中上年结余234万元，上级拨付低保金4724万元，县级安排3128万元。享受城市低保补助的对象达到4833人，享受农村低保补助的对象达到1.95万人，发放低保金7052万元。其他特困人员991人，发放特困人员生活补助1034万元。

【农村综合改革项目】 2018年，县财政部门贯彻落实农村综合改革政策，巩固和完善惠民生工程及农村税费改革成果。共下达农村综合改革资金730万元，其中“访惠聚”村级惠民生“一事一议”项目下达资金450万元，涉及6个乡镇9个项目，包括：1个村民服务中心项目、1个文化广场项目、1个村内公共活动场所项目、2个村内绿化植树项目、4个路灯项目。美丽乡村建设项目（米吉克乡墩买里村美丽乡村建设试点）下达资金200万元，主要用于该村路灯项目及公路沿线绿化，配备垃圾清运车、抽渣车、垃圾船；下拨国有农牧场改革转移支付资金80万元至种羊场，用于该场企业办社会职能以及国有农牧场面临的非生产性困难等方面。

【国有资产管理】 2018年，县财政部门理清工作思路，健全国有资产管理制度，创新资产管理。加强信息化管理，组织全县206个行政事业单位填报自治区行政事业单位资产管理信息系统数据，规范国有资产管理；加强国有资产动态监管，开展行政事业单位及国有企业产权登记及年检工作，做好全县14户国有企业、14户国资监管企业和38户非监管企业决算工作，逐月做好企业财务快报审核上报工作，完善行政事业单位国有资产划转、处置台账。截至12月31日，处置行政事业性资产1953.45万元，其中无偿调拨1471.57万元，报废481.87万元，上缴处置收入22万元。

【金融服务】 2018年，县财政部门加强对县互联网风险专项整治工作的组织领导，促进互联网金融规范有序发展，成立拜城县互联网金融风险专项整治工作领导小组，建立拜城县互联网金融风险应急处置预算，加强互联网金融风险的职责与分工，最大限度减少互联网金融突发事件对经济社会造成的危害和损失。按照自治区P2P网络借贷风险防范处置工作会议精神，组织开展为期两个月的P2P网络借贷风险专项整治活动，鼓励广大群众参与防范和打击非法集资工作，及时发现非法集资线索，加强正面激励，印发维、汉文打击非法集资宣传单2万份，发动和鼓励广大群众多渠道搜集非法集资线索，开展好群众防群治工作。

【惠农补贴资金管理】 2018年，县财政部门将惠农补贴资金的监管作为乡镇财政资金监管的重点，实现惠农资金效益最大化。加大公示力度，公开公示补助资金政策信息、补助标准和补助金额，促进补助资金信息公开化、透明化；规范发放程序，以安全、快捷、便民为原则，建立“乡镇管底册、部门管审核、财政管资金、银行管发放”的发放机制，确保资金安全高效运行。共发放补贴资金1.14亿元，其中中央退耕还草专项资金补贴330.64万元，退耕还林粮食补贴543.46万元，退耕还林现金补贴114.17万元，农机补贴1522.24万元，耕地地力保护补贴5272.29万元，草原生态保护补助资金3616.93万元。

（付　飞）

税　务

【概　况】 2018年，国税地税征管体制改革全面推开，7月20日，国家税务总局拜城县税务局（以下简称“拜城县税务局”）正式挂牌成立，原拜城县地方税务局与拜城县国税局机构合并，成立国家税务总局拜城县税务局，内设办公室、法制股、税政股、社会保险费和非税收入股、纳税服务股、征收管理股、收入核算股、税源管理股、风险管理股、人事教育股10个机构；派出机构有第一税务所（办税服务厅，设在县行政服务大厅，主要开展纳税服务）和第二税务所（设在胜利路24号原地税局，主要承担重点税源企业涉税和管理）；设事业单位信息中心、纪检组和机关党委（党建管理股）。核定编制96个，其中行政编94个、事业编2个，领导职数6名。

【税收收入】 2018年，拜城县税务局实现组织各项收入28.19亿元，较上年下降1%，减收4104万元，组织各项税收收入275156亿元，比上年下降1%，减收2552万元；组织非税收入6800万元，比上年下降19%，减收1551万元；组织本级税收收入6.84亿元，比上年下降9%，减收6934万元；石油税收20.66亿元，比上年增长2%，增收4383万元；组织公共财政预算收入13.89亿元，比上年增长7.31%，增收9458万元。

【税收特点】 2018年，拜城县税务局组织收入呈现以下特点：税收收入总体呈现小幅态势，本级税收下降较为明显，石油税收呈增长趋势，石油税收增长较为明显，主要是划拨以前年度耕地占用税2.1亿元。煤炭行业的税收对拜城县税务局的本级税收具有决定性的影响，随着国家和去产能政策效果逐步显现，疆内煤炭、焦化、钢铁行业态势出现好转，煤炭产品供不应求，直接带动税收的增长。全年煤炭产量436万吨，销量442万吨（库存6万吨），煤炭行业实现税收收入2.47亿元，占本级税收收入6.84亿元的36.11%。

【深化改革】 2018年，拜城县税务局深入推进国务院7项减税政策落实工作，开展国务院7项减税政策等培训4期，涉及税务干部300余人次，分批次对纳税人辅导培训7次，涉及纳税人1500余户次。举办14期纳税人学校培训，涉及1800余户纳税人。推进增值税税率改革，辖区内502户纳税人享受17%降16%的增值税税率改革，占比约84.8%，累计减税1346万元。推进增值税一般纳税人转小规模工作，一般纳税人转登记为小规模纳税人54户，占辖区内一般纳税人比例

9.12%，87户企业享受小型微利企业所得税优惠政策，减免税额193.56万元。2户纳税人享受研发费用价计扣除优惠政策，涉及金额1328.03万元。推进个人所得税改革第一阶段工作，举办7期新个税纳税人培训，并在11月以专题辅导等方式向重点企业介绍税改政策。

【综合治税】 2018年，拜城县国税局开展税收风险防控，完成20户税收风险防控，评估入库税款2310.56万元。开展税收执法大督察工作和税收执法日常督查，发现问题10个，追究经济责任15人次。联合地税局制定《拜城县国地税税务行政处罚裁量基准（试行）》，统一拜城县税务行政裁量权基准尺度；积极履行税收法制责任，建成“税之魂”等6项主题的税收法制示范基地，被县人民政府命名为拜城县法制示范基地。借助综治平台落实税收共治，收集“综合治税”平台数据5万余条，对工程服务的外地企业进行税款征收，累计征收税款1843.76万元，为地方财政提供公共预算收入915.1万元。完善税收征管推进清缴欠税，采取冻结账户等形式对欠税企业进行强制清缴，共清理欠税1300余万元。做好基础工作落实汇算清缴。

【税收执法】 2018年，拜城县税务局开展两次税收执法督察自查工作，严格落实执法过错责任追究制。做好减免税管理工作，加强优惠政策的宣传落实，严格对各类涉税减免事项的审查核实，做好备案类减免税的后继监督管理工作。落实新出台各项税收优惠政策，利用业务学习时间对相关优惠政策进行传达，利用办税服务大厅电子显示屏对最新出台的优惠政策进行滚动播放宣传。重视对已办结的备案类减免税事项的后继审核监督，对政策执行错误及减免到时限的，及时下达作废减免税文书，把好税收政策关，避免因新旧政策的衔接、更新等原因造成政策执行错误，落实自治区“七五”普法规划，弘扬宪法精神和社会主义法治精神，通过开展系列宪法宣传活动，普及宪法知识，弘扬宪法精神，维护宪法权威，增强广大干部群众的宪法意识。

【纳税服务】 2018年，拜城县税务局推进“放管服”改革，落实简政放权各项举措，细化5大类16小类77条措施，共压缩各类审批事项60%以上，办税环节、办税次数、办税时间等平均减少45%以上。实施办税服务厅功能转型，推广以电子税务局为主体的线上办税模式，实现窗口办理向线上办理、自助办理转变，辖区内单位纳税人利用网上申报、缴税的纳税人占到95%以上。开展“两会委员话春风”“纳税人开放日”主题活动，邀请两会委员、纳税人、新闻记者体验快捷办税，受到广泛欢迎，开展2018年纳税信用等级评定工作，对1257户纳税人进行数据采集和集中评价；健全专家技术服务团队，开展12期共21场“纳税人学堂”培训班，对2300余户纳税人进行培训，纳税人及时了解税收政策和办税程序，税收环境得到持续优化。

【电子税务管理】 2018年，拜城县税务局推进“放管服”改革，借“一站式”套餐服务，推动落实“三证合一”工作，全年新办该类纳税人848户，其中企业163户、个体685户。实施办税服务厅功能转型，配齐配全网上办税服务体验厅基础设施和人力资源，推进办税服务厅软硬环境建设，通过13场网厅操作实务培训，夯实税务干部在线辅导能力和纳税人网上自主办税能力，推广以电子税务局为主体的线上办税模式，实现182项主要业务由窗口办理升级为线上办理和24小时自助办理，网上办税服务厅办理业务1.57万笔，占比81.09%。

【税种管理】 2018年，拜城县税务局加大税源监管。其中：增值税入库3.45亿元，税收占比50.42%，占全县税收构成的最大比重；资源税入库1.01亿元，资源税入库占比变大；所得税方面，企业所得税入库7763万元，个人所得税入库7487万元；消费税入库7万元；城市维护建设税入库1759万元；房产税入库994万元；城镇土地使用税入库1008万元；印花税入库824万元；土地增值税入库160万元；车船税入库533万元；车辆购置税入库1972万元；耕地占用税入库18万元；契税入库481万元；环境保护税入库887万元；其他税收收入-88万元。

【廉政建设】 2018年，拜城县税务局召开全面从严治党工作会议，层层签订党风廉政建设目标责任书。节前开展警示教育大会，发送廉政提醒短信，签订《禁酒令保证书》《税务人员拒收礼品礼金承诺书》，纪检组在机构改革中发挥监督执纪作用。积极落实机构改革督导工作，按照督导清单逐条逐项进行监督，询问工作进度，了解工作情况，提出工作建议，对工作落实情况进行逐项销号，新机构成立后，结合“三定”工作对人员的调整，开展“一把手”与领导班子成员廉政谈话，“一把手”与股室主要负责人、临时负责人廉政谈话，初任公务员廉政谈话，推动机构改革顺利进行。

（梅　明）

金　融

银　行

中国人民银行拜城县支行

【货币政策执行绩效】 2018年，中国人民银行拜城县支行（以下简称“人行拜城县支行”）深入贯彻落实《中国人民银行关于支持南疆四地州经济发展和社会稳定的意见》，定期组织召开金融运行分析和货币信贷工作会议，加强对金融机构的政策指导，灵活运用政策工具，提升货币政策绩效。截至年末，拜城县金融机构各项存款余额77.82亿元，比年初减少6.06亿元，同比降低7.23%，存贷比为75.2%。争取和落实金融支持南疆四地州差异化信贷政策，拜城县享受扶贫再贷款利率下调1个百分点。牵头成立金融支持拜城县脱贫领导小组，累计向3833户贫困户发放扶贫小额贴息贷款9283.25万元。不良贷款余额7534.82万元，不良贷款率为2.85%。

【防范金融风险】 2018年，人行拜城县支行以“零”容忍安全事故为目标，全面落实各项风险防控措施，确保维稳责任全覆盖、维稳措施无漏洞。加强应急管理，构建科学完备、高效实用的应急预案体系。加强金融风险监测、评估和预警机制落实，防范金融风险。加强存款保险评级工作组织保障，做好保费核定和督促缴纳工作，加强对投保机构经营风险和流动性的监测管理。建立不良贷款协调机制，及时化解金融风险。引导金融机构落实相关金融政策，要求各金融机构围绕人民银行金融调控重点和方向，主动作为、赢得地位，推动和扩大对薄弱环节的金融支持。推动“两管理、两综合、一保护”工作，借助“3·15”消费权益保护日、“金融知识宣传月”组织辖区金融机构开展金融消费权益保护宣传和咨询活动，推进金融知识普及。加强对金融机构信贷投向和支持县域经济发展中各项金融政策措施落实情况的监督检查。全年召开金融联席会3次，约谈商业银行高管人员5次。依法对辖区金融机构开展银行业同业结算账户检查、反洗钱工作现场检查、人民币收付业务检查、国库集中收付业务检查、防范电信诈骗现场督察、金融IC卡受理环境检查6次，加强对辖内金融机构风险监测，保证全县金融稳定。

【征信管理】 2018年，人行拜城县支行会同县人民政府开展中小企业信用培植工程建设、诚信民营企业创建，打造信用品牌，塑造企业新形象。深入推动农村信用体系建设，推动农户信用评价结果与贷款授信审批相结合，形成“农户＋征信＋信贷”业务模式。截至12月末，县支行查询个人信用报告1245份，查询企业信用报告40份；推广应收账款融资平台应用，扩大企业融资渠道。

【金融精准扶贫】 2018年，人行拜城县支行金融扶贫围绕自治区三年脱贫攻坚实施方案，抓重点、攻难点、强弱项、补短板，确保符合信贷政策和条件的建档立卡贫困户应享尽享、应贷尽贷。截至12月31日，拜城县有贫困村20个，建档立卡贫困户数6169户，贫困人数2.28万人，有信贷需求户数3833户，实际获得贷款户数3833户，贷款金额9283.25万元（全部为扶贫小额贴息贷款）。为促进辖区贫困人口脱贫致富，全年为拜农信社共计发放扶贫再贷款余额4.5亿元，并督导拜农信社通过对接县扶贫开发领导小组，所有向建档立卡贫困户发放的扶贫小额信贷，须经“三级联审”审批通过，保证扶贫小额信用贷款得以精准投放。

【货币信贷监测】 2018年，人行拜城县支行围绕“监测、分析、引导、管理、服务”的货币信贷工作思路，按照“提高金融调控科学性、前瞻性、有效性”要求，提高货币信贷管理水平，发挥中央银行窗口指导作用，疏通货币政策传导渠道，提高货币政策实施效果，支持地方经济平稳快速发展。按季召开金融运行分析会，及时把各项货币政策传递给商业银行，全面掌握县域金融机构发展动态，发挥基层央行引导作用。发展普惠金融，引导支农信贷规模合理快速增长。至年末，各项贷款余额58.94亿元，比年初减少6.02亿元，同比下降9.28%，总体看，金融机构对实体经济仍然保持较强的支持力度。

【支付管理】 2018年，人行拜城县支行加强银行账户管理，提高支付结算管理水平，加快社会资金周转速度，提高县辖结算质量。根据上级行“放管服”工作要求，拜城县支行积极落实中国人民银行在全国范围分批取消企业银行账户许可决定。截至12月末，共有特约商户1039户，ATM77台，累计安装POS机1378台，单位结算账户开户3506户，个人结算账户92.6万户，借记卡发卡量76.56万张，信用卡发卡量2.58万张，有助农取款服务点98个，财政涉农补贴0.31万笔3374万元。

【农村支付环境建设】 2018年，人行拜城县支行推进助农取款补贴试点工作，根据《中国人民银行乌鲁木齐中心支行办公室关于开展2018年助农取款补贴摸底调查及试点申报工作的通知》要求，全面调查摸底拟实施补贴的地区，结合实际申报助农取款补贴试点，新增助农取款点8个（深度贫困村3个、拟退出贫困村5个），10月底完成取款点布放，兑现补贴款2400元。

【经理国库】 2018年，人行拜城县支行加强经理国库管理，提升国库工作水平，及时、准确、规范处理日常国库会计核算业务。围绕《中华人民共和国预算法》的规定，履行《中华人民共和国预算法》赋予人民银行经理国库的职责，做好预算执行的监管，确保财政收支运行稳定。加大国库监管力度。及时通过柜面监督有效制止不合规收入业务、支出业务，推进财税库银横向联网系统推广工作。截至12月31日，辖区应纳税单位有4431户，其中地税部门2357户，签订三方协议1807户，TIPS系统上线率为76.67%。国税部门2074户，签订三方协议1667户，TIPS系统上线率为80.38%。截至10月末，国库部门办理各项收入入库29.58亿元，其中中央级入库6.24亿元，省级入库54.91亿元，地市级入库1994.39万元，县级入库12.58亿元，办理预算支出34.08亿元，预算收入退库2371.35万元，预算收入更改2203.77万元。协调配合做好国库前置系统上线工作，系统4月上线，至10月末，共办理直接支付362笔，授权支付190笔。

【金融服务小微企业】 2018年，人行拜城县支行以支持地方经济发展为己任，立足自身优势，坚持做散、做小的普惠金融机构定位，统筹分析区域、行业、客户、产品等因素，拓宽金融服务领域，为地方经济、社会发展提供优质金融服务。截至10月末，指导信用社发放各类小微法人企业贷款4.66亿元，占比达到企业贷款的61.04%，比上年同期增加6312万元，增幅达15.66%；个体工商户贷款余额3478万元。

【生源地国家助学贷款落实】2018年，人行拜城县支行把生源地国家助学贷款作为民生金融一项重点和“亮点”工作来抓，与县教育部门、民政部门沟通，督促信用社做好相关贷款的发放。县农村信用社向考入高等院校的学生发放生源地助学贷款1405笔823.11万元，其中2018年新发601人，发放贷款金额348.11万元，同比增长37.53%，发放生源地国家助学贷款人数名列地区各县市第一。

【人民币管理】2018年，人行拜城县推动人民币净化工程，指导金融机构做好反假货币和人民币收付管理工作，市场流通中假钞含有量和残损币数量大幅降低。共收缴假币3.15万元，同比减少7.29万元，下降69.8%。拜城县支行在人员少货币发行任务重的情况，一手抓坚决贯彻新疆总目标，一手抓提供优质高效的现金服务为己任，支持拜城县基础设施建设、棚户区改造等重点领域的现金供应，保证辖区现金供应满足市场发展需求。截至10月末，全县投放现金6.07亿元，回笼4.84亿元，净投放1.22亿元。

（高　翔）

中国工商银行股份有限公司拜城支行

【概　况】2018年，中国工商银行股份有限公司拜城支行（以下简称“工行拜城支行”）有营业网点1个，配置自动存取款机14台，主要分布在支行营业部、县人民医院、县行政服务中心、驻军营区等；配置有网上银行终端、自动查询转账机、自动发卡机等自助银行设备16台。有员工24名，全行员工中，35岁以下17人，占总人数的71%，35岁以上7人，占29%，平均年龄36岁。具有本科学历员工16人，占员工总数的67%；大专学历员工5人，占21%；大专以下3人，占12%。

【存款业务】2018年，工行拜城支行制定存款业务中长期发展规划，组织全员开展个人存款劳动竞赛活动，将员工个人存款竞赛业绩和专项奖励、绩效工资挂钩，加强激励机制。以个人理财、代发工资、代理保险、贵金属产品等个人零售业务为重点，突出抓好理财及保险大客户、代发工资单位客户发展工作，壮大优质客户群体，拓宽储蓄存款业务发展源头。业务主管行长带领客户经理深入公司企业，及时准确掌握客户业务需求及存款信息，及时跟进吸收存款或满足客户的多元化业务需求，提升客户依赖指数，保证存量高端客户存款应存尽存，稳增不流失。截至12月底，支行各项存款余额11.68亿元，其中对公存款余额5.73亿元，个人存款余额5.94亿元，各项存款余额比上年同期增加1.96亿元。

【贷款业务】2018年，工行拜城支行采取宣传、营销、服务“三位一体”举措，持续发展个人信贷业务，提高个人贷款客户满意度，提升个人信贷业务市场竞争力。发挥支行个人贷款种类较多、利率较低、期限适中的优势，吸引更多融资客户，推进个人信贷业务发展。组织客户经理到各房地产开发公司、中小规模企业，广泛挖掘个人贷款优质客户，扩大个人贷款增量。截至年末，各项贷款余额5.27亿元，较年初增加2688万元，其中企业贷款4.76亿元，较年初增加4740万元，不良贷款率为零。

【中间业务】2018年，工行拜城支行针对中间业务发展提出深化项目攻坚和重点产品攻坚措施，促进全链条、全产品提质增效策略，重点发展效益好、风险低、潜力大的金融产品，拓展新业务领域，推进中间业务增收来源。建立“行长主抓、部门配合、上下联动”机制，对住房公积金、代理保险、养老金、银证业务、贵金属业务等指标进行细化，对收入情况及时比对分析，挖掘增收潜力。畅通营销渠道，巩固结算业务，做大代理业务，推进投资银行业务，做优国际业务，推动电子银行业务、信用卡分期付款和车贷业务，有选择营销和推介理财产品、贵金属等高附加值、品牌类业务品种。全年实现中间业务收入251万元，经营利润2452万元。

【内控管理】 2018年，工行拜城支行以开展“强监管严问责年”暨“固本强化年”活动为契机，夯实内控管理基础。通过密切关注业务风险重点热点，加强立行立改，加强案防整改，提升案防成效。坚持每两月召开一次案防形势分析会议机制，引导员工主动参与内控案防工作，主动抵制违规违章行为，促进内控管理质量。开展案件警示教育，以案例分析和违规管理、违规操作典型案例为切入点，开展多种形式的警示教育活动，提高防范意识。每季度开展员工异常行为排查，加强关键环节控制，实现内控管理健康发展。

（刁先明）

中国建设银行拜城支行

【概　况】 2018年，中国建设银行股份有限公司拜城支行（以下简称“建行拜城支行”）实现一般性存款余额11.44亿元，较年初减少4300万元，比上年下降3.76%。其中公司存款余额4.78亿元，较年初减少1.37亿元，同比增长–28.71%；个人存款余额6.65亿元，较年初新增9434万元，比上年增加14.17%；全年各项贷款余额3.42亿元，比年初减少1117.65万元，同比下降3.27%。其中公司贷款余额1.94亿元，比年初减少1114万元，同比下降5.75%；个人类贷款余额1.48亿元，比年初减少3万元。累计发放小微企业贷款1838万元，信用卡分期贷款2100万元。全年实现移动支付交易额2995.93万元，有效客户数1.55万户，手机银行活跃客户新增7110户，资金结算服务套餐167个，对公网银158笔，对公结算卡73户，通存通兑205户，自助终端新签约137户，代发工资新增4户，代发工资个人客户新增850户，信用卡完成1346张，特约商户净增143户。发放丝路主题卡3700张，对公账户新增98户，ETC签约650户。实现利润1996.86万元。

【中间业务收入】 2018年，建行拜城支行实现中间业务收入605万元，比上年同期增加10万元，其中：公司中间业务收入15万元，个人中间业务收入249万元，借记卡收入19.53万元、收单业务15万元、电子银行收入25万元、保险销售收入11万元、信用卡及循环分期130万元。

【业务转型】 2018年，建行拜城支行紧跟时代步伐，减少高低柜柜台，利用电子银行渠道，发展自助银行、智慧银行、手机银行，全年电子银行金融替代率达89%。代理发行全县40%的社保卡，推出建行手机银行银社通缴费查询平台，方便用户通过手机实现社保查询、缴费。通过在普惠金融领域贷款拓展方面狠下功夫，在普惠金融工作方面取得较好业绩，截至12月30日，普惠金融净新增51户，贷款金额较年初增加124万元。公私业务全面开花，支行持续做好农民工工资代发重点，代发全县重点煤矿等企业农民工工资；以手机银社通、银医通、聚合支付、手机缴费APP为通道，成功批量办理1.36万张社保卡，为支行客户储备奠定坚实基础。

【内控内管】 2018年，建行拜城支行持续开展全行员工学习相关通报及警示案例，让大家明白违规就在身边，认识到差错形成的原因。经常性开展业务培训，采取以老带新、师徒结对等方式，手把手教，提升新职工业务能力。在持续深入开展案件警示教育、规章制度学习和合规文化传导基础上，组织开展全员自查自纠，在鼓励员工自查自纠的同时，突出问题为导向，加大层级和条线业务检查和员工行为排查力度，从源头上遏制违规行为发生。加强对现金备付率及ATM自助设备开机率及缺钞率的控制，使开机率、备付率及缺钞率控制在地区分行核定指标以内。

（顾鼎振）

中国农业银行股份有限公司拜城支行

【概　况】 2018年，中国农业银行股份有限公司拜城县支行（以下简称“农行拜城支行”）地处拜城县胜利路32号，全行有员工51人。内设三农金融部、综合管理部、支行营业部和胜利路支行，营业网点设有对外服务窗口柜台10个，有24小时自助服务终端10台。年内，推出3项新业务，即微捷贷业务、静态二维码、惠农E贷业务。支行设党总支1个，下设5个党支部，党支部覆盖率达100%。有党员39名，在职党员25名，占党员总数的64.1%。年内，支行营业部党支部和胜利路支行党支部在2018年自治区分行窗口单位星级评定中均被评为四星级党支部。

【存款业务】 2018年，农行拜城支行各项存款余额12.29亿元，比年初减少1.78亿元。其中，个人存款余额7.43亿元，比年初增加0.7亿元，存量市场份额15.37%，在同行业（含农村信用社合作联社）排名第二；对公存款余额4.86亿元，比年初减少2.48亿元，存量市场份额20.79%，在同行业（含农村信用社合作联社）中排名第四。

【贷款业务】 2018年，农行拜城支行各项贷款余额7.99亿元，比年初减少0.03亿元，存量市场份额占比18.29%，在同行业（含农村信用社合作联社）中排名第二，较年初持平。全年累计发放贷款129笔，金额4.85亿元，其中：农户贷款累计发放79笔，金额893万元；公司类贷款发放10笔，金额7.12亿元（微捷贷2笔102万元、新增小微贷款1笔490万元、贴现5笔900万元）。

【中间业务】 2018年，农行拜城支行实现中间业务收入400万元，比上年减少26万元，完成全年计划的85.75%。实现营业收入4893万元，比上年增加176万元，完成年度计划的96.41%。完成拨备前利润3548万元，比上年增加116万元，完成年度计划的94.31%。实现净利润2628万元，比上年减少362万元，完成年度计划的97.15%。

（林彦斌）

中国农业发展银行拜城县支行

【概　况】 2018年，中国农业发展银行拜城县支行（以下简称“农发行拜城支行”）内设办公室、信贷业务部、会记结算部，有员工21人。全年累计投放贷款3.75亿元，其中粮食收购贷款9400万元，中长期贷款2.81亿元；累计收回贷款9.17亿元，其中收回粮食收购贷款9271万元，收回中长期贷款8.24亿元。年末，贷款余额15.15亿元，其中中长期贷款余额14.34亿元；各项存款总额2.224亿元，日均存款4.89亿元；账面利润2426.05万元，剔除拨备利润3011.85万元。配合县人民政府清理政府违规举债，提前收回贷款6笔，其中结清2笔并终止合同。支持农村公路、水利和改善人居环境等建设，7个中长期贷款融资模式政府购买服务模式进行贷款事项变更为PPP模式，还款来源由政府购买服务合同变更为本项目PPP合同约定的可用性服务费及运维绩效补贴，7个项目贷款信贷事项变更批复6个，并实现投放。

【粮食收购】 2018年，农发行拜城支行落实国家和自治区人民政府粮食收储政策，及时足额供应资金，确保粮食收购顺利实施。落实“多收粮、收好粮、防风险”总体要求，支持自治区政策性小麦收购。年内，完成粮食收购企业信用评级、授信、贷款资格审查、粮食收购用信工作。全年发放购销贸易企业小麦收购贷款9400万元，累计收购小麦4.18万吨，累计销售1.48万吨，购销比35%，贷款收回率39%。完成5笔储备粮贷款的展期工作，合计金额2312.72万元。做好粮食贷款贷后检查、库存监管工作，保证粮食库存真实。

【经营增效】 2018年，县农发行加强存款组织管理，牢固树立存款增效意识。扩大财政资金来源。6月与县财政部门签订800万元财政性资金存款协议；加强存贷款一体化和账户营销，年内，新增非贷款企业7户。全年累计收回贷款利息7812.06万元，实现收息综合率99.97%，剔除拨备后利润达3000万元。加强财务管理，从财会基础工作入手，学习相关制度办法，健全岗位责任制、明确岗位分工，增强营业部人员执行制度的自觉性。

（曹国庆）

中国邮政储蓄银行拜城县支行

【概　况】 2018年，中国邮政蓄银行拜城县支行（以下简称“邮储银行拜城县支行”）落实支持“三农”与支持小微企业相关政策，在服务大众、服务城乡、服务全县经济社会发展中发挥应有作用，扩大农户联保贷款和公职人员消费贷款等个人贷款业务，截至12月底，办理城市个人贷款业务67笔，余额846.7万元，发放农户联保贷款551笔，金额2171.8万元。累计完成金融收入411.58万元，完成年度计划的60.62%，比上年同期减少227.42万元，其中信贷收入357.76万元，个金收入53.82万元。截至12月底，发放信用卡163张，累计结存卡1642户，完成全年发卡任务的38.8%。

【信贷业务】 2018年，邮储银行拜城县支行累计发放贷款620笔，贷款金额3028万元，比上年同期减少2992.78万元。截至12月底，贷款结余722笔3771.93万元，比上年同期减少2044.26万元，其中农户贷款结余442笔，金额1627.79万元，比上年同期减少1370.1万元；商务贷款结余61笔，金额951.67万元，比上年同期减少482.42万元；综合性消费贷款结余219笔，金额1192.46万元，比上年同期减少191.74万元。不良贷款结余17笔，金额62.59万元，比上年同期增加11笔，不良金额减少0.92万元。

（王　伟）

中国银行股份有限公司拜城支行

【概　况】 2018年，中国银行股份有限公司阿克苏地区分行拜城县支行（以下简称“中国银行拜城支行”）有员工10人，其中中共党员3名，共青团员7名，全行员工平均年龄38.3岁，大学本科8人，大专1名，中专1人。内设经营性机构1个。截至12月底，各项存款余额4.41亿元，比年初减少7806万元，下降15.05%，其中公司类存款减少8674万元，下降33.23%，余额2.35亿元；个人存款新增3927万元，增幅23.71%，余额2.05亿元。各项贷款余额4625.2万元，比年初增长702万元，增幅14.09%；不良贷款余额492万元，比年初新增36万元，不良率为10.64%。实现营利性收入952.11万元，其中非利息收入64.35万元，实现净利润469.3万元。在依靠人工检查的基础上，借助GMAP系统，提高内控质量。

（曲永红）

拜城县农村信用合作联社

【经营概况】 2018年，拜城县农村信用合作联社（以下简称“拜城县联社”）狠抓业务经营工作。截至年末，实现营业收入1.93亿元，比上年增加1804万元，增长10.32%；营业支出1.83亿元，比上年增加1345万元，增长7.95%；当年计提拨备7768万元，比上年增加649万元，增长9.12%；考核利润9422万元，比上年增加1217万元，增长14.83%。全年提取拨备7296.79万元，比上年增加327.39万元，年末净利润11万元，比上年减少483万元，下降97.78%。全年累计缴纳各项税收756万元，比上年增加107万元，增长16.48%。

【存贷款业务】 2018年，拜城县联社狠抓存贷款业务。截至年末，资产总额39.39亿元，比年初增加2.53亿元，增长6.86%。其中各项存款31.49亿元，同比上年增加2.76亿元，增长9.61%。负债总额36.46亿元，比年初增加1.99亿元，增长5.78%，其中各项贷款余额26.46亿元（其中票据转贴现8.59亿元），同比上年减少2751万元，下降3.1%。

【金融精准扶贫】 2018年，拜城县联社认真履行金融扶贫攻坚职责，全年为全县建档立卡贫困户发放9481.35万元扶贫贴息贷款，贷款余额3651户8359.84万元。加快“农贷通”产品落地，开展农户集中统一评级授信工作，年末“农贷通”余额1183.44万元。加快金融机具、IC卡、网银的布放和推广工作，年末特约商户数373户，机具数502台，普通收单POS机具363台（含助农取款90台机具），转账POS机具15台，社保POS机具130台，条码支付商户936户。

【并购重组】 2018年7月12日，拜城县联社召开中层干部会议，自治区联社负责人出席会议，并宣布阿克苏农村商业银行有限责任公司并购重组工作组进驻拜城县联社。7月13日，联社协调拜城监管办召开全县各金融机构联席会，对联社并购重组工作进行准确解读。11月30日，联社并购重组工作组进行调整。年末，不良贷款余额7534.82万元，比年初增加1008.43万元，不良贷款率为2.85%，比上年减少0.44个百分点；贷款损失准备1.18亿元，当年计提7296.79万元，比上年多计提327.39万元，非信贷资产减值准备3228.58万元，当年计提471.52万元，比上年多计提322.08万元，一般准备1.23亿元，拨备覆盖率156.28%，贷款总拨备率9.11%，资本充足率为14.36%，同比上升2.98个百分点。各项拨备相对充足，风险总体可控，监管指标回归正常。

【社员代表大会】 2018年3月24日，拜城县联社召开第四届社员代表大会第四次会议。会议听取和审议《拜城县农村信用合作联社2017年度理事会工作报告》《拜城县农村信用合作联社2017年度监事会工作报告》《拜城县农村信用合作联社2017年度财务决算报告（草案）》《拜城县农村信用合作联社2017年度利润分配方案（草案）》《拜城县农村信用合作联社2018年财务预算报告（草案）》《拜城县农村信用合作联社章程（修正案）》。第四届社员代表大会代表参加会议，各网点主任，解放东路信用社、新市区信用社、城镇信用社全体员工列席会议。7月18日，召开第四届社员代表大会第五次会议，第四届社员代表参加会议，联社工作组全体成员、综合办公室全体人员、律师列席会议。特邀人行拜城县支行、拜城监管办、县金融办等相关部门领导参会。12月9日，召开第四届社员代表大会第六次会议，审议通过《拜城县农村信用合作联社定向募股方案》《拜城县农村信用合作联社增资扩股方案》《拜城县农村信用合作联社聘请中介机构的提案》。

【第三届职工代表大会暨工会委员换届】 2018年9月22日，拜城县联社召开第三届职工代表大会暨工会委员换届改选会议。会议宣读《拜城县联社第三届职工代表大会暨工会换届选举办法》《拜城县联社工会第三届委员会候选人建议名单、经费审查委员会候选人建议名单、女职工委员会候选人建议名单、劳动争议调解委员会建议名单》。选举产生拜城县联社工会第三届委员会委员，新当选的工会主席武文军作表态发言。会议审议并通过《关于解除与阿力木·尼牙孜劳动合同（关系）的议案》。

【金融知识进万家活动】 2018年9月4日，拜城县联社印发《拜城县联社2018年“金融知识进万家”活动方案》，活动时间为9月1—30日。活动主题是针对不同人群金融知识的薄弱环节和金融需求，开展金融知识普及活动，面向金融消费者，尤其是低净值人群和广大网民，提供获取金融知识的途径和防范风险的技能，引导消费者合理选择金融产品和服务，自觉抵制网上金融谣言和金融负能量，共建清朗网络空间，使金融的发展更好地满足人民日益增长的美好生活需要。宣传系列口号为“提升金融素养，争做金融好网民”“普及金融知识，追求美好生活”“拒绝‘校园贷’‘现金贷’，营造健康学习环境”“警惕高利诱惑，远离非法集资”。2018年11月9日，拜城县联社在老虎台乡科克亚村举行普惠金融教育基地揭牌仪式，联社下沉干部职工、老虎台乡党委、“访惠聚”工作队及村两委班子、村民代表等100余人参加。

【业务培训】2018年，拜城县联社56人次参加自治区联社内部资金转移定价暨存贷款利率定价、核心业务系统、第一批数据仓库应用平台、农村信用社系统党员干部“学习贯彻十九大精神”集中轮训、征信查询前置系统信贷管理系统及信贷报表系统培训、银行卡业务培训、财税培训、档案专业继续教育初级培训等及参加阿克苏地区金融办组织的地方金融人才培训。6月28日，选派选手9人参加阿克苏地区农村信用社业务技能选拔赛。9月10—11日，选派选手参加全区农村信用社第五届业务技能比赛，获财务管理系统项目第六名，受到自治区联社表彰。

（董东科）

保 险

中国人民财产保险股份有限公司拜城支公司

【机构概况】2018年，中国人民财产保险股份有限公司拜城支公司（以下简称“人保财险拜城支公司”）下设经理室、农险部（下辖4个营销服务部）、理赔分部、客服中心、车险部、非农非车部、综合部，有从业人员42人，机构网络健全。

【业务概况】2018年，人保财险拜城支公司实现保费收入9243.85万元，比上年同比增加1916.16万元，增长26.15%。与县交管部门合作，设立4个“放管服”服务点，办理机动车辆保险业务。稳步开展玉米、小麦保额及畜牧养殖保险、农业商业保险业务，实现农险签单保费4746.58万元，其中种植业保险签单保费2889.26万元，承保作物3.82万公顷，其中玉米2.09万公顷、小麦1.71万公顷、水稻213.62公顷。养殖业签单保费1857.32万元。全年累计纳税478.3万元（含代缴车船税357.42万元）。

【团队建设】2018年，人保财险拜城支公司主动承担社会责任，在高考期间，开展“爱心助力高考”活动，免费为考生、家长及执勤交警提供饮用水，提升国企品牌形象。注重企业文化建设和人文关怀，年内看望慰问员工16人次，为员工赠送鲜花、蛋糕42人次。开展“三亮三讲”（亮身份、亮职责、亮承诺，讲服务、讲团结、讲素质）活动，5名党员主动佩戴党徽亮身份，激发党员干事创业热情，开展岗位技能比拼，促进党建与企业发展同频共振。年内人保财险拜城支公司被中国人保财险集团公司授予2018年度“先进集体”称号，是新疆唯一一家受表彰的县区支公司；被自治区分公司授予2018年度“县区支公司经营管理奖A级公司”称号；被阿克苏地区分公司授予“2018年标杆县支公司A级”称号；被自治区分公司授予2018年度“先进党支部”称号。

（闫 华）

中国人寿保险股份有限公司拜城支公司

【概 况】2018年，中国人寿保险股份有限公司拜城支公司（以下简称“拜城县人寿保险公司”）共有员工91人，其中正式员工6人、劳务派遣4人、业务员81人。下设个险营销部、团险营销部、银保部及客户服务中心4个部门，个险营销主要面向独立个体客户销售健康险、意外险、养老险等，团险销售部主要面向团体、企事业单位、乡镇、厂矿、学校销售人寿意外险、雇主责任险等，银保部主要负责商业银行代理保险业务的培训和管理工作。客服中心负责保单理赔、保单保全、咨询服务等。实现保费收入3769.59万元。年内参加地区举办的各种培训班10期120人次，开展风险管控、反洗钱、打击非法集资等宣传12次，举办各类合规考试6场。

【业务发展】2018年，拜城县人寿保险公司利用电话、互联网等多种便民服务模式，先后制定开通国寿E宝APP、国寿E保通及E服务，实现客户在电脑及手机上就可以查询保单状况、缴费、变更、借款、生存金红利领取等系列服务。个险长险首年期交保费805.61万元，长险10年以上期交保费244.58万元，标准保费257.92万元，保障型产品10年期交保费175.67万元，新单含短险1110.75万元，团短险保费208.13万元，其中短险业务32.5万元，学平险95.06万元，农机险61.03万元，小额信贷18.64万元。

【理赔服务】 2018年，县人寿保险公司理赔服务从单一的柜面受理扩展到95519电话、手机电话、微信报案受理，提升理赔速度及品质。索赔金额3000元以下，1个工作日内赔款，2万元以下，3个工作日内赔款，2万元以上，7个工作日内赔款；市区内30分钟达到事故查勘现场，异地出险可就近索赔。全年向社会给付各类赔款金额420.84万元，同比增长16.34%。在金融行业风险审核认定中被中国人民银行拜城支行评为B级信用。

（谭　鑫）

中华联合财产保险股份有限公司拜城支公司

【概　况】 中华联合财产保险股份有限公司拜城县支公司（以下简称“中华联合财险拜城支公司”）2002年11月开业，公司经营场所位于温泉路日新花园三区。

【业务经营】 2018年，公司有从业人员10名，其中营销人员4名，内设办公室内勤和财务，外设3个乡镇网点。实现非财车险150.35万元，比上年减少580.13万元；实现车辆交强险177.44万元，比上年减少20.15万元；实现机动车商业险165.03万元，比上年增加7.12万元。短期借款人保险78.87万元，比上年减少79.41万元，试保农险31.04万元。全年非车财险赔款4.5万元，交强险赔款122.43万元，机动车商业险239.53万元，短期人险35.29万元。

（李　猛）

平安保险股份有限公司拜城支公司

【概　况】 中国平安人寿保险股份有限公司阿克苏中心支公司拜城县支公司（以下简称“平安人寿拜城支公司”）于2011年8月成立。下辖1个营业部，有内勤人员2名，保险代理员80人。经营范围有承保人民币和外币各种人身保险业务，包括各类人寿保险、健康保险、意外伤害保险、各种法定人身保险、证券投资基金销售、代理国内外保险机构检验、理赔及其委托的其他有关事宜等。服务内容包括各种合同内容变更、收取续期保费服务、保单借款、保险理赔、理赔申请免填单服务、寿险全国异地理赔等方面。

【业务经营】 2018年，拜城支公司实现保费收入547.4万元，比上年增加55.2万元，增长11.2%，占寿险公司市场份额的35%，市场份额位于全县寿险市场第三位。全年支付理赔款1748.34万元，比上年增加153.05万元。

（姚彦文）

教 育

基础教育

【师资概况】 2018年，拜城县中小学校总数105所，高中2所，初中9所，九年一贯制学校7所，小学86所，职业高中1所；有教学点13个，幼儿园132所。中小学、幼儿园班级1682个，其中高中班105个，初中班231个，小学班780个，学前教育班566个。中小学、幼儿园学生总数5.67万人，其中普通高中5052人，初中9323人，小学2.44万人，学前教育在园幼儿1.61万人，职业高中1871人。中小学、幼儿园教职工数4447人，其中普通高中494人；初中970人；小学1904人；幼儿园993人；职业高中86人。中小学、幼儿园专任教师3687人，其中高中438人，女228人；初中849人，女467人；小学1711人，女1102人；幼儿园626人，女567人；职业高中63人，女23人。中小学专任教师文化结构小学专任教师研究生2人，本科824人，专科863人，中专高中22人；初中专任教师研究生2人，本科684人，专科163人；高中专任教师研究生15人，本科420人，专科3人。

【教学管理】 2018年，拜城县教育局（以下简称"县教育部门"）加强教学常规管理，规范教学行为，指导全县中小学校全面落实"日查、周清、月结、季巩固"制度，少数民族教师"教学内容课前过关"制度，通过每月两次教材教法"引路式"培训指导教师掌握课改教学方法、规范落实教学常规、正确传授知识等措施，教育教学质量得到较大提高，县向阳小学一年级语文平均分95.2分、数学平均分95.05分，排地区第一；第一小学一年级语文平均分93.47分、数学94.83分，排地区第三。2018年6月，地区一、七年级质量监测中，2所普通话示范校成绩位居地区第一名，双语一年级位居地区第三名，全县双语一年级语文、数学两科平均分69.96分，首次突破双语教学成绩不及格线，七年级双语班成绩由排名全地区第七名上升至第四名。

【基础设施建设】 2018年，县教育部门坚持"办好人民满意的教育"理念，争取国家、自治区各类资金及温州援疆资金支持，实施第一中学维修改造项目、第一小学义务教育学校项目、义务教育薄弱学校及校舍维修改造项目、地债资金及安全补助资金项目以及园舍维修改造项目，利用县财政资金实施寄宿制学校浴室盥洗室维修改造项目及高考考点电力维修改造项目，实施总面积2.65万平方米，实施塑胶运动场3.43万平方米，涉及项目学校和幼儿园65所，累计投入资金1.11亿元，其中中央资金6001万元、自治区资金4196.26万元、县财政资金760.5万元、温州援助资金150万元。学校基本办学条件得到改善，促进了教育资源的均衡，提高了现代教育资源普及程度。

【信息化建设】 2018年，县教育部门实施教育信息中心服务平台建设，加快“三通两平台”建设（“宽带网络校校通、优质资源班班通、网络学习空间人人通”，建设教育资源公共服务平台和教育管理公共服务平台），坚持不懈推进教育信息化，利用信息化手段扩大优质教育覆盖面，通过教育信息化实现区域、城乡优质教育资源共享，促进教育公平。推进“一师一优课，一课一名师”活动，鼓励教师利用信息技术创新教学模式，推动形成“课堂用、经常用、普遍用”的信息化教学新常态，实施全县中小学及幼儿园2269间教室及功能房“光纤进班”项目，高标准配备、整合、更新教学机房124间，义务教育学校生机比达到9∶1。

【学前教育】 2018年，全县有幼儿园132所，其中，公办幼儿园129所、民办幼儿园3所；城区10所（公办）、乡村122所，中心园24所（城区10所、乡镇14所）；有教学班565个，其中大班173个、中班185个、小班207个；学前教育在园幼儿数1.61万人，女生7897人。教职工993人，专任教师626人。开设科目有语言、科学、艺术、健康、社会等。3—6岁适龄幼儿学前三年入园率达到100%。

【义务教育】 2018年，全县有小学86所，教学班780个，在校生2.44万人；教职工数1904人，其中专任教师1711人。有初中学校16所，教学班231个，在校生9323人；教职工数970人，专任教师849人。有高中学校2所，教学班105个，在校生5052人，其中女生2927人；教职工数494人，专任教师438人。有职业高中学校1所，在校生1871人；教职工数86人，专任教师63人。小学招生4564人，初中招生3315人，普通高中招生1548人，职业高中招生906人，幼儿园入园5412人。小学毕业3368人，初中毕业3011人，高中毕业1981人，职业高中毕业479人，幼儿园毕业4560人。落实控辍保学责任制，县城区小学适龄儿童、初中适龄少年入学率达到100%；农村小学达99%以上，初中达98%以上；牧区小学、初中达98%以上。保证小学在校生巩固率达95%以上，初中达96%以上。小学升入初中阶段比例100%，初中毕业生升入高中阶段比例99.65%。

【普高教育】 2018年，县教育部门加强普通高中教育管理，提升普通高中教育水平。将普通高中教育纳入目标考核体系，多种渠道向群众、学生宣传高中阶段的教育各项优惠政策；推进教育教学改革，建立教师评价制度，抓好备课、上课、作业批改、测试、辅导5个环节。普通高中招生人数1548人，高中生总数5052人。获自治区批准为国家教育标准化普通高考区，设2个考点，135个标准化考场，县财政累计投入资金886.37万元，完成指挥平台、监控系统、保密卷库、广播系统、屏蔽系统、校舍维修改造、电力改造等项目建设。实施县域内就地高考工作第一年，全县高考再创历史佳绩，1760名学生参加高考，本科上线人数811人，本科上线率为46.1%；专科以上上线人数1721人，专科以上上线率达到97.8%。县第四高级中学取得历史性突破，本科上线人数达到667人，上线率达到54.8%。

【内初、内高、内职班考录】 2018年，县教育部门继续深入实施招生考试“阳光工程”，贯彻落实上级部门的相关文件政策，维护考生的切身利益，防止投机报考等问题的出现。在学校宣传各类考试政策，把好报名资格审查关，信息录入关、信息校对关等环节，有计划、有步骤地做好电子摄像、信息上报、体检、准考证发放、组织考试、政策加分资格审查、贫困生认定、建档等一系列工作，考前制定详细方案，加强部门之间协调配合，层层签订责任书，保证各类考试工作的顺利进行，加大对招生录取工作的管理和监督力度，确保招生录取工作公开、公平、公正。2018年初中毕业生3011人（本县2851人、内初班毕业生160人），报考内高班学生551人（本县391人、内初班报考160人），录取120人；内职班报考200人，录取64人；小学毕业报考内初班529人，录取85人。

【规范办学】 2018年，县教育部门保证义务教育阶段适龄儿童少年免试入学，并通过各种形式向社会公布招生入学信息，通过多种途径为家长、学生和社会提供咨询指导和服务。关注特殊、弱势、留守儿童、进城务工随迁子女就学、关爱等工作并建立健全相关档案。2018—2019学年有留守儿童30人，进城务工随迁子女1456人。保障平等享受教育的权利，同等享受惠民政策。继续做好中小学学籍管理、复核工作，完成转学、休学、问题学籍处理，身份信息核实等相关工作，完善教育信息管理系统数据录入、维护工作。年内办理异动申请1813份（跨省转入118人，转出152人；跨县转入281人，转出152人；本县内转学955人，跳级32人，休学18人，关键数据变更65人，处理问题学籍40人）。完成小学新生学籍注册3863人，初中招生3315人，普通高中招生1548人。在全国中小学生学籍信息管理系统上完成小学3368名，初中3011名应届毕业生的毕业办理。规范办理程序，简政放权，优化服务，取消教育行政部门对纸质转入学籍盖章程序；坚持“拜城县中小学学生到校、辍学情况统计月报表”层层上报制度，做好统计、汇总、分析和情况通报工作。

【中考工作】 2018年，县教育部门坚持从维护广大考生和家长的利益出发，从维护社会和谐稳定，加强责任意识，加强服务意识。教育部门认真做好中考体育、艺术、综合素质评价工作。初中毕业生3011人，初中毕业升入普通高中1812人，其中本县普通高中1548人、内高班120人（本县7人、内初班毕业生113人）、外县144人；职业高中1029人，其中本县职业高中907人、内职班63人、外地区中专院校59人，高中阶段入学率99.65%。

【高考工作】 2018年，普通高考考区落地拜城，本县1760名学生实现就地高考。投入886.37万元建立1个县级高考指挥平台、2个校级指挥平台，完善监控系统、广播系统、屏蔽系统等3个系统，配备监测大师、作弊克、CD机，新建保密卷库，维修考点校舍及电力改造。选派工作队员、监考教师、后勤保障等697人参与高考工作，高标准完成首届本地高考工作，得到自治区、地区的一致好评。考后，组织专业指导教师就志愿填报进行指导和培训。高考重点上线235人（一中18人、四中217人），上线率13.35%，比上年提高1.75个百分点。二本上线576人（一中126人、四中450人），上线率32.73%，较上年提高7.53个百分点。专科以上上线1721人，上线率97.8%，比上年提高0.22个百分点，实现首届本地高考工作“开门红”。

【国家通用语言文字教育】 2018年，县教育部门以慢不得、等不得的危机感，坚持国家通用语言文字教育从娃娃抓起的思路，牢牢抓住学前、小学、初中一年级“三条线”关键基础阶段，推进国家通用语言文字教学。2018年秋季学期，国家通用语言文字教学幼儿园及义务教育阶段覆盖率达100%，高中覆盖率达94.97%，全县学前教育、义务教育阶段实现国家通用语言文字教学全覆盖，中小学生国家通用语言交流能力明显提升。发挥优质学校示范引领作用，在城区创建2所国家通用语言示范校，在赛里木镇成立国家通用语言教育工作室，辐射片区中小学、幼儿园。通过利用每天1小时、每周1天、每年寒暑假不少于50天的时间，在全县各校开展国家通用语言文字强化培训工作，做好国家通用语言文字“幼小衔接”“小初衔接”“初高衔接”教学工作，深入推进国家通用语言文字普及攻坚工程。2018年教育局利用寒暑假对1.61万名学生开展全县幼小、小初衔接班培训，县财政拨付专项资金730万元，用于支持国家通用语言文字强化培训工作。

【学校体育】 2018年，县教育部门开展“第二课堂”“体育艺术2+1”活动督促学校按课程设置标准开足开齐音、体、美等课程，全县所有中学和乡镇中心小学都举行校级体育运动会和“六一”儿童节大型艺术活动。年内创建足球特色学校1所，按照足球特色学校项目计划，7月，选派7名教师参加国家级足球教练及管理人员培训，选派书法教师1名参加全国中小学书法教师培训，选派1名教师参加自治区中小学体育教师球类项目培训，选派8名教师参加科技辅导项目培训。各校在利用校园现有条件和资源下，发展社团和兴趣小组，并按照教育局体育艺术年活动方案，向教育部数据库上报学生体质健康监测数据，上报率100%，合格率达95%以上。县教育局组织开展第三届青少年国际象棋、中国象棋、魔方比赛活动，全县各学校167名学生参加比赛。通过举办运动会、各类球赛、红歌赛、绘画作品展、才艺大赛、百日文化、民族团结文艺会演和诗文诵读等系列活动展示学生们的精神风貌。参加地区教育局、科技局组织的科技各类比赛，6所学校、25名学生分别获得一等奖2名、三等奖23名，15名教师被评为优秀辅导员。

【爱国卫生】 2018年，县教育部门制定下发《拜城县教育系统校园环境卫生整治方案》，营造优美整洁、文明有序、和谐共享的育人环境，实现校园环境“校在绿中，人在景中”的绿色生态格局。打造“绿色校园”“卫生校园”“文化校园”“文明校园”，为广大师生营造美丽、整洁、和谐、优雅的校园环境。爱国卫生工作紧扣“坚持预防为主，深入开展爱国卫生运动，倡导健康文明生活方式，预防控制重大疾病”的主旋律，在全县各中小学、幼儿园开展爱国卫生活动，以健康教育为中心，引导师生养成良好的健康生活方式，宣传各类传染疾病预防知识，对校园专兼职卫生保健老师培训专业知识，配合卫生部门做好入园学生免疫接种、学校禁毒等工作，配合卫生部门落实全民体检工作，4.01万名学生参加全民健康体检。将学生体检数据上报《新疆学校卫生工作综合管理信息平台》，督促各校做好校园“四害”消杀及创卫工作，县城西幼儿园成功申创地区卫生红旗校园，县第一中学成功申创自治区级卫生红旗校园。

（王祎璠）

学校安全

【安全培训】 2018年，县教育部门注重校园安全，教育局与各学校、幼儿园签订安全稳定、消防安全、食品安全、平安建设及综合治理5项责任书。完成地区、县维稳指挥部、安委会对校园安全工作的专项检查。联系协调公安、消防、卫生部门，承担教育系统举行的大型活动等工作，确保各项活动顺利完成。对学校安全管理人员进行安全管理岗位培训，邀请县市场监督管理局、县公安局消防大队、县疾控中心等单位专业人员在县二中、三中、四中举办为期6天的学校安全管理人员安全管理岗位培训，培训479人。

【应急演练】 2018年，县教育部门做好全县中小学幼儿园安全工作，有效预防、及时控制和妥善处理各类突发公共事件，提高快速反应和应急处理能力，建立健全应急机制，保障广大师生的生命和财产安全，保证正常的教育教学秩序，制定并发放16项配套应急预案，各学校举行消防、地震、应急疏散演练1212次；由教育局牵头，公安、政法、消防、市监、文体、民政等部门配合，对校园及周边环境开展排查整治4次。

【安全设施】 2018年，县教育部门通过政府购买服务投入1804万元为教育系统250所学校、幼儿园配备474名保安人员，为师生安全与教育的发展保驾护航。加强安全防范和治安保卫工作，加大安全保卫工作的人力物力投入。检查值班备勤情况38次，保证教育系统的安全稳定。全面落实“人防、物防、技防”，严格落实24小时领导带班及教职工值班制度，做好安全稳定工作台账，对教育系统稳定工作底数明、思路清，加强安全教育，加大安全隐患排查整改力度，开展各种应急演练，确保教育系统安全稳定。

【民办非学历机构的管理】 2018年，全县有民办教育机构17所，其中办理办学许可证的4家，没有办理办学许可证的13家。建立校外培训机构专项治理联席会制度、上下联动查找隐患、督促督查机制。构建“政府统筹，教育部门牵头，民政、人社、市场监管、公安、物价、消防及乡镇（社区）等部门共同参与的工作机制”，明确各职能部门的主要职责；印发《拜城县关于切实减轻中小学生课外负担开展校外培训机构专项治理实施方案》，下发拜城县人民政府办《关于印发拜城县进一步加强民办教育机构管理工作实施方案的通知》《关于对阳光幼儿园、天艺幼儿园、蓝天幼儿园等民办幼儿园办学许可证内容进行调整的通知》《拜城县幼儿园“小学化”专项治理工作方案》《拜城县教育系统规范校外培训机构发展工作实施方案》等文件。组织召开成员单位协调会议5次，全面排查中小学校教师教育教学行为，杜绝中小学校与校外培训机构利益联系，加强督导检查。多部门联合专项督查4次，关停家庭式培训班35家，关停非法校外培训黑窝1处。

（王祎璠）

队伍建设

【党组织建设】 2018年，县教育部门以加强农村中小学党组织建设为重点，着力推进基层党组织全覆盖，加强中小学领导班子建设。通过公开竞聘、组织推荐等形式，选拔20名优秀的干部到城区和农村中小学任校长、党组织书记。对党员人数普遍较少的乡镇学校、幼儿园（包括民办幼儿园），分别采取建立联合党支部和选派党建指导员的方式，推进党组织建设。以创建学习型党组织为抓手，坚持“三会一课”制度，领导干部带头每月定期讲党课，累计授课320余场次，优化党员队伍建设。年内，共发展22名党员，规范党员组织管理，做好党员动态管理工作。调整、优化106个党支部。增设城区幼儿园党支部8个、乡镇学校党支部18个，调整撤并党支部1个，截至年底，教育系统共有党总支16个，党支部131个（其中联合党支部74个），党小组137个，选派党建指导员40名，党组织覆盖面达到100%。

【教师队伍建设】 2018年，全县中小学及幼儿园教职工总数4092人，其中专任教师3941人（幼儿园572人、小学1663人、初中1118人、普通高中588人）。实施人才引进工程，优化教师队伍结构。全年教育系统新录用专任教师814人，分流安置不胜任国家通用语言文字教学老师728名。完善留人机制，通过改善住宿条件、学校开设食堂、组织交友联谊等各项工作加大对新教师关心关爱，制订“一对一”帮扶计划、培训方案，按时足额兑现待遇。814名新招录教师全部在岗在位。搭建新教师成长平台，按照“一年合格、三年成熟、六年成骨干、九年成名师”教师成长计划，利用“万名支教计划”浙江援疆支教教师优势，通过“青蓝工程”“一对一帮扶”等有效措施，促进新聘教师专业成长。

【对口支援】 2018年，全县有援疆教师67名，其中教育局援疆副局长1名，教育局教研室教研员5名，城北新区幼儿园4名骨干教师，第二中学9名骨干教师，第三中学12名骨干教师，第四小学10名骨干教师，第一小学11名骨干教师，第一中学12名骨干教师，团结小学4名骨干教师。在城区内的城北幼儿园、第一小学、第四小学、第一中学、第二中学和第三中学建立6个温州援疆教师工作室。购置38座宇通大客车1辆、15座客车2辆，解决援疆教师上下班接送问题。组织支教老师参加浙江省援疆千人大会暨深化“四比四创”活动，争做“四有”援疆干部人才；搭建“走亲教学”平台。开展“送教下乡”活动19次，陈乐云等50余位老师为老虎台乡联盟校等上示范课40节、开展专题讲座30次。成立“万名教师援疆支教计划”温州市支教团管理委员会，召开温州援疆教师支教团会员大会，选举产生温州援疆教师支教团工会委员会。城区8所中小学与23所乡（镇、场）中学、中心小学，乡（镇、场）中学、中心小学与所辖村级学校继续在学校管理、教育教学、教师专业发展、校园文化建设等方面开展中小学结对帮扶工作。

【教师表彰】 2018年，县教育部门为弘扬社会尊师重教的良好风尚和教师与教育工作爱好者爱岗敬业、无私奉献的精神，激励广大教师和教育工作者献身教育事业，建设一支高素质教师队伍和教育管理干部队伍，促进教育事业的改革和发展，开展优秀教师、优秀教育工作者、优秀班主任和优秀德育工作者评选活动，经过各乡镇场和县直学校民主评选，教育部门审核，共表彰179名教师，其中模范班主任42名、优秀教师107名、先进教育工作者20名、优秀援疆教师10名，以身边事激励身边人，在全县教育系统营造学习先进、争当先进的浓厚氛围。

（王祎璠）

助学助教

【在校中小学生助学】 2018年，县教育部门建立从学前至大学各阶段的教育资助政策体系，全县247所幼儿园（不含3所私立幼儿园）、中小学、高中阶段5.63万名公办学校（幼儿园）在校学生全部纳入15年免费教育，实现建档立卡贫困学生资助全覆盖。全县129所公办幼儿园1.56万名在园幼儿每生每年享受2800元补助，全年落实学前教育补助资金3974.03万元。105所（含13个教学点）中小学3.37万名中小学在校生全部享受免费教育政策。其中2.76万名学生享受每年800元农村义务教育阶段营养改善计划，下拨资金2307.6万元；8068名家庭经济困难寄宿制学生享受每年1250元或1500元的生活费补助，下拨资金989.5万元；3.37万名义务教育在校生下达公用经费2465.22万元。全县6923名高中阶段（普通高中5052名、职业高中1871名）在校学生全部享受人均2000元国家助学金补助；为5052名普通高中学生发放国家助学金997.1万元、补助免学费资金719.54万元；841名一、二年级职业高中学生享受国家助学金158.85万元；为1302名职业高中学生补助免学费资金229.08万元，享受教材费和住宿费补助134.05万元。全部免除普通高中阶段在校生的学杂费、教材费和住宿费。67名品学兼优的普通高中建档立卡贫困生，享受人均2000元的中央专项彩票公益金“滋蕙计划”共13.4万元。

【大学生助学】 2018年，县教育部门除幼儿园、小学、初中、高中阶段的在校生享受15年免费教育外，贫困家庭的大学生也可获得多渠道的资助项目。如有“木扎提河”扶困奖学教育基金、“浙江援疆资助考入内地普通高校拜城籍学生助学金”、“木扎提河”贫困户教育脱贫助学金、“中央专项彩票公益金‘润雨计划’（家庭经济困难大学新生入学资助项目）”、“慈善助学”和生源地国家助学贷款项目等，为贫困大学生完成学业提供保障。资助全县1100名贫困大学生452.3万元（其中，“木扎提河”扶困奖学教育基金400人80万元、“浙江援疆资助考入内地普通高校拜城籍学生助学金”155人93万元、“木扎提河”贫困户教育脱贫助学金76人20.1万元、生源地国家助学贷款423人253.8万元、普通高校家庭经济困难大学新生入学资助项目（中央专项彩票公益金“润雨计划”38人3万元、“慈善助学”项目8人2.4万元），确保建档立卡贫困大学生资助全覆盖。

【结对帮扶】 2018年，县教育部门结对帮扶贫困户42户147人，投入帮扶资金16.7万元。投资5.45万元为帮扶村贫困户修建庭院门口的道路、小桥；筹资3.53万元开展“新五小工程”等扶贫活动；为建档立卡贫困户购买冬季取暖用煤56.2吨；教育局全体干部利用下沉、结对结亲时机慰问、帮扶贫困户233人次，投入资金4.36万元（购买的物品有化肥、水果、粮油、生活用品、学习用品、课外书籍等）。中央专项彩票公益金设立“励耕计划”和“幼儿教师资助项目”，为35名在岗在编经济特别困难的教师人均资助1万元，共下拨资金35万元，减轻家庭生活负担。

（王祎璠）

思想政治教育

【师德师风】 2018年，县教育部门利用寒暑假政治学习、教职工大会、法治讲座等有利时机，组织教职工深入学习《教育部关于建立健全中小学师德师风建设长效机制的意见》《中小学教师违反职业道德行为的处理办法（2018年修订）》等篇目，增强教职工师德理论能力。开展师德师风专题讨论会115场次，发放调查问卷（师生家长）585份，召开师德师风座谈会35场次，各学校设立意见箱收集师德师风线索，组织教职工撰写“争做四有教师”稿件。开展警示教育活动，利用教职工大会和集中政治学习等时机学习各类违纪违规人员处理通报，观看警示教育片，加强教职工的思想政治教育，引导广大教师提高政治觉悟，严明工作纪律，纯洁教师队伍。通过深入开展“师德师风建设年”活动、“争做四有教师　潜心立德树人”主题教育活动、“聚焦总目标　作风再整顿”等活动，深入开展教育系统师德师风专项整治。全县教育系统广大教职员工工作作风、教风、学风和言行着装等方面有明显转变。

【民族团结】 2018年，县教育系统聚焦社会稳定和长治久安总目标，利用学校教育主阵地，持续深入开展“民族团结一家亲”和民族团结联谊活动，加强民族团结教育，注重学科教学渗透民族团结，开展“课堂三分钟”民族团结教育，增进各民族师生交流，培养中华民族共同体意识。2018年5月，开展教育系统民族团结宣传教育月活动，通过开展民族团结主题班（团）队会、“大美新疆·大爱故事”演讲比赛、主题板报征文征集，民族团结进步模范单位、科室、宿舍、班级评选等活动推动中小学民族团结进步创建工作全面开展。以下沉住户走访、结对帮扶、扶贫济困等活动为载体，深入开展“民族团结一家亲”等相关活动。全县党员领导干部、学校教职工结对帮扶覆盖全县105所中小学校、132所幼儿园、13个教学点、1682个班级，民汉教师结对3650对，民汉师生结对1.32万对，学生家庭结对3652对。

【德育教育】 2018年，县教育部门坚持社会主义办学方向，全面贯彻党的教育方针，以立德树人为根本，持续完善全员育人、全方位育人、全过程育人的工作机制，利用教学阵地和宣传阵地，创新德育工作载体，加强思政课建设，构建学校、家庭、社会“三位一体”的德育网络。广泛深入开展理想信念教育、社会主义核心价值观、中华优秀传统文化、生态文明、心理健康教育等活动，深入开展“德育示范校、依法治校示范校”、文明校园创建活动，带动学校德育教育规范化、常态化，创建地区级“德育示范校、依法治校示范校”10所。至年末，全县共有自治区级“德育示范校、依法治校示范校”4所（县第一中学、第二中学、第二小学、第四中学），地区级“德育示范校、依法治校示范校”39所，县级“德育示范校、依法治校示范校”89所，全国文明校园1所（第二小学），自治区级文明校园1所（第二中学），地区级文明校园2所（新星幼儿园、第四中学），县级文明校园18所。

【国防教育】 2018年，县教育部门贯彻《全民国防教育大纲》，加强学生的国防教育、爱国主义教育。把国防教育和传统美德教育贯穿于平时的教学中，引导学生正确处理“义利”关系；教育学生抵御拜金主义、享乐主义等不良思潮的影响；开展“弘扬和培育民族精神月”“十个一”爱国主义教育主题活动，坚持每周一升国旗、唱国歌，观看红色电影、唱红色歌曲、用红色资源、树红色典型等活动。结合国庆等节假日开展活动，以学生为主体，教师为主导，用好军民共建单位教育资源，与共建单位紧密配合，开展国防教育主题活动。加强青少年国防教育，做好少年军校和学生军训工作，每年对初高中新入学学生进行为期15天的军训，对县一中、二中、四中等学校开展新生军训国防教育，参加军训学生共2051人。在全县部分中小学利用少年军校开展少年军训活动，为培养德、智、体全面发展的社会主义“四有”新人奠定坚实基础。各学校在元旦、“八一”、国防教育日、国庆节等时机开展国防教育。通过课堂教育和社会教育资源有效结合，实践体验，开展形式多样的“我的中国梦”主题教育活动，引导各族师生牢固树立“三个离不开”思想和中华民族共同体意识，引导各族师生牢固树立共产主义远大理想和中国特色社会主义共同信念。为增强学生国家观、国防观念，提高维护国家安全稳定的意识，宣传国防和军队现代化取得的巨大成就，宣传军队和人民群众的血肉联系，丰富国防教育的形式和内容，使广大学生增强国防观念和国家安全意识，激发学生爱国热情。

【综合实践】 2018年，各学校将校园环境、社团活动、阳光体育活动建设和开设第二课堂，作为推动校园文化建设的重要组成部分，在地区教育局组织的“红旗飘飘　引我成长”主题演讲朗诵比赛中，参赛选手荣获全地区第三名；通过举办形式多样的综合实践活动，丰富师生的校园文化生活，为发展师生特长提供平台，使校园文化建设呈现多样化、群体性、艺术性的特点。全县有1所县级青少年校外活动中心和7所中央专项彩票公益金支持乡村学校少年宫项目、3所自治区民生项目支持乡村学校少年宫项目，配合核算中心联合完成9所乡村学校少年宫设施设备采购完善工作。各学校依托乡村学校少年宫各功能室，开展形式多样、丰富多彩的文体娱乐、经典诵读等活动，以提高学生的综合素质。

（常　磊）

职业教育

【师资建设】 2018年，县职业技术教育学校进行重建，2018年9月建成，占地面积17.06公顷，建筑面积6.5万平方米，建设有实训楼3栋，教室78间，宿舍楼4栋，可容纳3200名学生。在县职业技术学校培训学生1810人，涵盖11个技术专业。计划招生700人（中职400人、技工300人），实际完成招生906人，毕业478人，就业386人，就业率达到80.8%。参加高考学生20人，其中升入高职院校13人，升学率65%。获地区职业院校技能大赛一等奖1个、二等奖3个、三等奖10个，教师组织奖和学校优秀组织奖各1个。组织新成长劳动力开展创业培训和短期职业技能培训。开设专业有服装裁剪与制作、烹饪、西式面点、焊接、汽车修理等专业，培训580人次。

【校企合作】 2018年，拜城县职业技术学校与新疆煤炭技师学院签订联合办学协议，和阿克苏科宁袜业公司、阿克苏工业园区新疆锦丽源服装有限公司、阿克苏工业园区雅戈尔纺织有限公司、阿克苏工业园区华孚标信纤维有限公司、阿克苏昌吉际华755职业装有限公司、阿克苏工业园区弘康棉纺公司、阿拉尔洁丽雅集团等企业合作创办实训基地，签订联合办学协议，为企业培训员工，实现学校、企业、学生的和谐共赢。年内，新疆煤炭技校选派教师到县支援，援助15万元的汽车实训设备，解决实训设备不足的问题。温州市瓯海职业中专集团学校专家指导职业教育工作。

【助推就业】 2018年，县教育部门围绕“就业一人，脱贫一人，致富一人”的目标，推进技能人才培养工作和就业工作，拜城工业园区、阿克苏工业园区等地建立稳定的就业基地，培养毕业生成为技术骨干，很多成为致富能人。年内，毕业生中386人（其中171人在地区内各个企业就业）在地区内各个大小企业和机关就业，月工资2000—3500元。三年级433名学生当中，219名学生在阿克苏工业园区新疆锦丽源服装有限公司、昌吉际华7555职业装有限公司等各大公司参加顶岗实习；208名学生在县内亚新汽车修理厂等汽修厂、雪莲等各大餐厅、玉素甫江理发店等理发美容店、学校食堂等处顶岗实习。进行顶岗实习的学生，实习工资1500—3500元。

（常　磊）

教育科研

【学校教学】 2018年，县教育部门依托每周二、周三开展小学“集约化”大教研活动，结合教研员蹲点工作，加强教研活动指导。重点针对各乡镇开展的集体备课、汉字书写听写大赛、计算能力100题、几何图形绘制技巧、同课异构、说课、微课、现场课等比赛及课改课例研讨、语数月考分析会、复习研讨会等教研活动进行指导，使教研活动更加规范化，2018年累计开展集约化大教研活动68场次，有效提升乡（镇）一级教师教学基本功，在全县形成完善统一的教研制度和教研模式。全面落实“日查、周清、月结、季巩固”工作，抓好教师教学内容课前及学生学习内容课后过关落实情况及每日听写背诵、每周复习回顾、每月各学科月考及每季活动落实，借助每天不少于1小时的“晨读、午诵、暮吟”一日三读活动，培养学生国家通用语言文字交流及学习能力。完成学前、小学、初中3个学段语文、数学、物理、化学、生物、语言、艺术等学科共30节双语远程直播课，通过磨课、听评课活动，教师交流等有效促进教师专业成长。鼓励教师晒课，组织开展“一师一优课”评课1008节；向地区推送优质课25节，向自治区报送优质课43节。

【教学管理】 2018年，县教育部门紧抓教学管理工作，坚持开展教学常规督查及教研员蹲点指导工作。按照《拜城县教育局教研室教研员定点包联乡镇、学校工作方案》要求，从学校管理、课堂教学、学生发展等方面深入全县15个乡（镇）进行督查，合计督查中小学118所、幼儿园22所，形成督查通报5期。依托常规督查在新星、城北新区、城东、彩虹、米吉克乡中心幼儿园及大桥乡九年一贯制学校6所园、校召开拜城县幼儿园、中小学教学常规管理现场会，规范各乡镇学校常规及教学管理。办园行为督导评估工作。根据教育部幼儿园办园行为要求，深入15个乡（镇）全面开展学前和义务教育阶段校（园）规范化办学（园）行为全面自查工作，同时完成县级53所（城区9所、乡镇44所）幼儿园评估工作。开展双语教育示范性校（园）评选活动。按照《关于开展2018年学前和义务教育阶段双语教育示范性校（园）评选活动的通知》要求，推荐申报义务教育阶段学校5所、幼儿园3所。

【教学研赛】 2018年，县教育部门开展各项教学研赛，提高教师整体素养。2018年在阿克苏地区及自治区第三届中小学教学能手评选中，3名教师获得自治区教学能手、5名教师获得阿克苏地区教学能手的荣誉称号。在2018年开展的县级学前青年教师技能大赛中，评选出单项奖6名、综合奖12名，其中综合奖分别由6名城区教师和6名乡镇教师获得，小学及初中语文、数学学科共评选出“一等奖”16名、“二等奖”26名、“三等奖”41名，高中物理、化学、生物学科共评出一等奖8名、二等奖11名、三等奖16名。地区“高效课堂”优质课研赛活动中，分别取得小学语文汉语言组三等奖2个，国家通用语言组一等奖2个、二等奖1个、三等奖1个；小学数学国家通用语言组二等奖1个；地区初中物理教学大赛中荣获二等奖1个、三等奖3个；高中化学优质课研赛中获得国家通用语言组三等奖1个。在自治区相关研赛活动中，共荣获一等奖12个、二等奖12个、三等奖11个；国家级研赛活动中荣获一等奖1个、三等奖3个。通过开展各类教学研赛活动、促进课堂教学改革工作，提高课堂教学效率。认真组织课堂教学评比及自治区、地区教学能手评选系列活动。相继举办拜城县小学语文“高效课堂”、小学数学“高效课堂”优质课（汉语言组）研赛、初中物理教学大赛、高中化学优质课研赛等系列教学研赛活动及自治区第三届教学能手评选活动。开展中小学教师教学基本功“大练兵、大比武、大提升”活动，活动涉及各学段各学科，以“备课、说课、评课、讲课”4个方面教学基本功为主要内容，渗透新课程改革理念，做到教师全员参加，既增强教师职业技能基础，同时提高课堂教学效率，提升教学质量。

【课题管理】 2018年，县教育部门完成2017年自治区级4个、地区级1个课题结题申报，2018年47个以校为本的小课题立项，从中推荐18个课题参与地区评审，其中3个课题被自治区予以立项、1个课题被地区予以立项；同时撰写并上报县级重点课题调研报告。2017年3个自治区级以校为本小课题、1个地区级小课题准予结题。

办学条件

【义务教育薄弱学校建设项目】 2018年，县教育部门实施薄弱学校改造项目，项目实施总面积1.58万平方米，包括新建教辅、教学及生活用房，运动场改造，还有大门、围墙、供暖改造、上水、排污改造、强电改造、校园硬化及校舍维修改造等附属设施建设。项目学校15所，计划总投资6072.8万元，其中中央资金3453万元、自治区资金2517.8万元、县财政配套资金102万元。至年底，所有项目竣工，并投入使用。

【学校校舍维修改造项目】 2018年，县教育部门实施校舍维修改造项目，项目实施总面积6566平方米，包括新建教辅、教学及生活用房，运动场改造，还有大门、围墙、供暖改造、上水、排污改造、强电改造、校园硬化及校舍维修改造等附属设施建设。项目学校10所，计划总投资2336万元，其中中央资金886万元、自治区资金1450万元。至年底，所有项目竣工，并投入使用。校舍安全补助资金项目：实施校舍安全补助资金项目，实施总面积1029平方米，包括新建教学及辅助用房、生活用房、围墙，供暖改造，上下水改造，强电弱电改造，校园硬化及校舍维修等附属设施建设。项目学校2所，计划总投资309万元，均为中央资金。至年底，所有项目竣工，并投入使用。寄宿制学校浴室盥洗室维修改造项目：实施寄宿制学校浴室盥洗室维修改造项目，包括校舍维修、给排水改造、购置热水设备等，计划总投资483.5万元，均为县财政资金。至年底，所有项目已竣工，并投入使用。第一小学义务教育学校项目：实施第一小学义务教育学校项目，实施总面积2988.46平方米，包括教学及辅助用房，运动场改造，还有供暖改造、上下水改造、强电弱电改造、校园硬化等附属设施建设，计划总投资1103万元，均为中央资金。至年底，所有项目竣工，并投入使用。园舍维修改造项目：争取自治区园舍维修改造资金及温州援助资金，实施6个幼儿园园舍维修改造项目，包括新建124平方米的教学用房，园舍维修改造及购置玩教具，教学仪器设备及厨具，计划总投资378.46万元，其中自治区资金228.46万元、对口援助资金150万元。至年底，所有项目竣工，并投入使用。争取中央资金实施第一中学维修改造项目，包括校舍维修及设备购置安装等建设内容，计划总投资250万元，均为中央资金。至年底，所有项目竣工，并投入使用。高考考点强电维修改造项目：县教育部门争取县财政资金实施高考考点强电维修改造项目，包括强电改造、发电设备购置并安装等建设内容，计划总投资175万元，均为县财政资金。至年底，所有项目竣工，并投入使用。

（王祎璠）

科 技

科学技术管理

【科技项目申报与管理】 2018年，拜城县科学技术局（以下简称“县科技部门”）指导、鼓励本县中小型科技企业、农民专业合作社申报地区级“科技兴阿项目”，年内申报“科技兴阿项目”7项：新疆农科院拜城农业试验站“南疆特色枸杞高效水肥管理技术研究与示范”项目、“新型黄腐酸有机无机配方肥在黄瓜、白菜上的应用效果研究”项目，新疆峻新化工股份有限公司“新型高性能炭黑生产技术的应用与推广”项目，县众泰煤焦化有限公司“重选中煤精细化适度破碎及高效分选关键技术研究”项目，县滴水铜矿开发有限责任公司“提高难处理低品位氧化铜矿选矿回收率研究与应用”项目，县农业产业化服务办公室“拜城县农产品产地热风烘干技术推广”项目，县富国生态畜牧养殖农民专业合作社“杜泊羊胚胎移植技术应用推广”项目。申报专利转化项目申报2项，成功立项2项：县众泰煤焦化有限公司/中国矿业大学“一种适用于细颗粒物料浓缩的螺旋浓缩装置的研制开发”项目和新疆峻新化工股份有限公司“3000吨/年高纯净半补强炭黑研发项目”，共获得项目资金20万元。

【科技成果】 2018年，县科技部门根据项目技术主要内容和知识产权执行情况，推荐县滴水铜矿开发有限责任公司“难处理砂岩型氧化铜矿高效浮选新工艺研究及应用”项目、众维煤业“基于复合线缆和无线自组网技术矿山应急救援侦察与搜救系统的研制”项目参加申报自治区2018年度科技成果进步奖提名，县滴水铜矿开发有限责任公司“难处理砂岩型氧化铜矿高效浮选新工艺研究及应用”项目获2018年自治区科技成果进步奖励三等奖。

【科技特派员服务】 2018年，县科技部门结合实际工作，共选派44名科技特派员，其中选派2名科技特派员至阿克苏地区35个贫困县开展科技服务，根据科技特派员在贫困村全覆盖的要求，选派16名科技特派员深入全县贫困村，通过举办科技培训班、科技讲座、印发科技小册子等多种形式，开展科技明白人培训，提高农牧民科技文化素质。科技特派员参加所在服务乡村的农业、畜牧业、林果业技术服务队，到田间地头做示范面对面宣讲，利用周一升国旗、现场培训会等方式宣传各种使用栽培技术、科学技术管理、养殖技术和法律法规、知识政策等进行广泛宣传。2018年6月，召开全县科技特派员暨行政村科技副职培训，140余名农村科技带头人参加培训，贫困村科技特派员科技服务实现全覆盖。

【科技培训】 2018年，县科技部门组织各成员单位加强科普宣传活动，以举办科技培训、科普培训、特色讲座、咨询服务等方式开展一系列惠及民生的科普活动，提高全民科学素质。联合县市监局、文体局等成员单位开展科技宣传活动，宣讲创新驱动发展战略和乡村振兴发展战略，宣讲科技知识、农牧民群众实用技术等近年来群众关心的热点问题知识，科技下乡、科技咨询、科技服务等活动，重点帮忙农民解决生产中遇到的实际问题，发放宣传资料700余份，宣传达2000人次，咨询400余次。联合县农技推广站、新疆农科技院拜城试验站、新疆天玉种业有限责任公司及拜城玉米核心种植区米吉克乡、温巴什乡、大桥乡、察尔齐镇对科技兴新项目——拜城县玉米高效种植技术示范推广及产业化项目进行验收。截至2018年末，累计培训农牧民群众4.77万人次，并在全疆推广种植玉米，带动农民群众种植优质品种玉米，增加产量，带动农民增收，以项目实施带动农牧民培训致富，增强全县科技创新活力。

【科技明白人】 2018年，县科技部门高度重视，根据成员单位人员变动，及时调整充实领导小组成员，印发《关于调整充实拜城县农村“户户都有科技明白人”培育工程领导小组成员的通知》。5月，组织科技特派员到各乡（镇、场），对基层群众开展“户户都有科技明白人”培育工程示范宣讲，以养殖技术、科学知识等主要内容，开展7场次实用技术培训示范宣讲。培育工程共开展培训2448期17.25万人次，宣传、宣讲、宣教620场次10.48万人次，利用各媒体宣传科技知识1270条3556次，发放各类宣传资料3.03万份（本），加快全县农村劳动力转移、解决农牧民就业5224人，建立师资库247人，帮带困难户1584户，全县“科技明白人”户数占总户数的81.56%，“科技明白人”总人数占劳动力总人数的83.81%。

【知识产权】 2018年，县科技局围绕消费维权主题，开展“3·15”国际消费者权益日活动和“4·26”知识产权宣传周活动，联合成员单位开展知识产权专项执法、全县普法考试、科技知识产权宣传进校园、知识产权专利专题培训进企业等系列宣传活动，发放《中华人民共和国消费者权益保护法》宣传册、知识产权宣传资料，解答维护消费权益热点问题，宣传专利产品的专利号商标申请的相关规定等科普知识，参与900余人次、接受咨询200余次。联合市监局等单位进行联合执法检查，共进行执法检查6次，检查商品300余件，通过开展执法活动办理专利侵权案件6件。

【专利申报】 2018年，县科技部门深入企业开展专利申请服务，邀请专利代理机构专家至各企业进行实地调研走访，讲解知识产权专利咨询、专利转化项目申报流程、专利补助政策等，帮助企业深挖专利，开展专利申请和保护宣传工作，补助2017年申请专利的单位或个人、集体，共发放补助资金0.5万元。申报专利26项（其中发明专利3项：县滴水铜矿开发有限责任公司专利——高泥质高碱性脉石低品位难选氧化铜矿的选矿方法、县众泰煤焦化有限公司专利——一种配煤自动控制系统及其配煤方法、县众泰煤焦化有限公司专利——一种智能加热警用防刺服）。截至年末，全县获专利总数达135件，其中发明专利20件。

（廖智慧）

气 象

【气候概况】 2018年，拜城县气候较为异常，开春早、气温高、降水少。5月多风、多雨；6月降水天气增多，气温接近常年，林果生长进程减缓；7—8月气温偏高，7月中下旬和8月上中旬均出现高温天气，对林果生长影响不大，7—8月光热充足的气象条件对果实生长较为有利。本年度平均气温8.6℃，比历年平均值偏高0.4℃；年最高气温36℃，出现在7月24日；年最低气温-21.5℃，出现在1月29日；年总降水量92.9

毫米，比历年值偏少43.7毫米。年总日照时数3073.5小时，比历年偏多126.2小时。春季平均气温比历年偏高1.5℃，降水量22.2毫米，较历年平均值偏少9.2毫米。夏季平均气温较历年略偏高，降水量55毫米，比历年偏少8.1毫米。秋季平均气温比历年偏低0.4℃，降水量12.6毫米，比历年同期偏少18.2毫米。12月平均气温较历年偏低1.7℃，12月无降水量，较历年偏少2.6毫米。

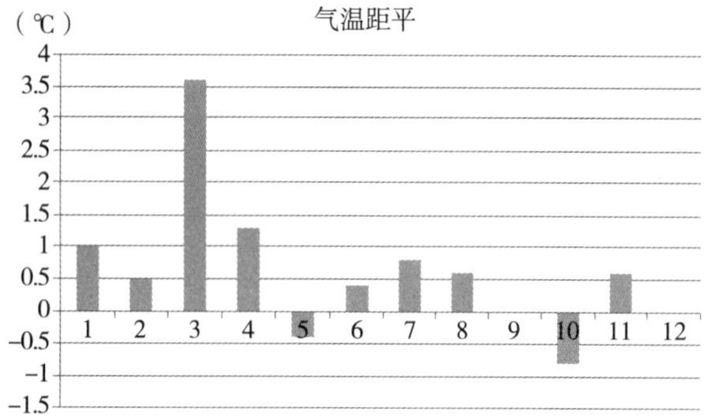

图1　2018年拜城县逐月气温距平图

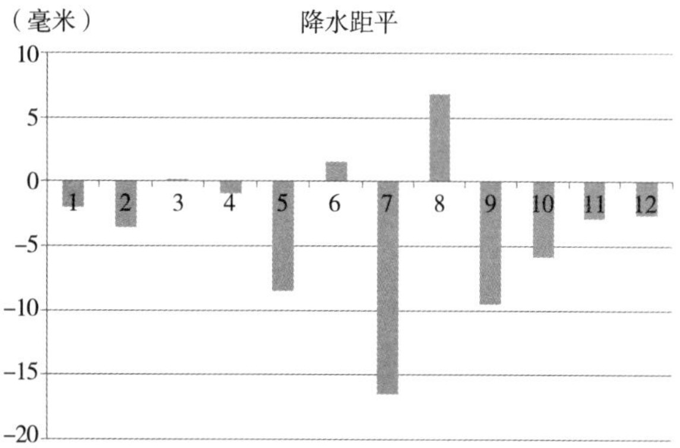

图2　2018年拜城县逐月降水图

【气象业务】 2018年，拜城县气象局（以下简称“县气象部门”）基础业务工作保持稳定运行，自动站资料上传正常，严格按照各项规章制度及规范技术要求值好每一个班，及时做好MDOS数据反馈，按照规定填报ASOM平台各类维护日志。每月定期召开质量分析会，及时解决业务中存在的问题。按照业务规范，组织做好每一次小麦、玉米及物候的观测发报，为气象服务“三农”提供第一手资料。依法保护探测环境，每月按时上报探测环境变化月报告，业务可用性、数据可用率、观测质量综合指数均为100%。MDOS平台的疑误信息反馈及时率达100%，到报率为98.73%，农气观测基数1—10月3582个，错情率为零。

【气象服务】 2018年，县气象部门建立健全预报服务体系，成立汛期气象服务工作领导小组，把春季气象服务和汛期气象服务工作作为重中之重，加强会商和守班制度，应对每一次天气过程，提高重大灾害性、关键性、转折性天气的预报准确率，有较强天气出现时坚持24小时守班，春季和汛期服务期间业务人员无节假日。做好气象服务工作，共发布《短期气候预测》11期、《气象灾害预警信息》91期、《拜城农情播报》32期、周报46期、《实时气象服务报告》51期、气象服务信息32期、《春运气象服务专报》38期，分发气象服务材料1.15万份。2018年拜城首次设立高考考点，为做好高考期间的气象保障服务工作，成立高考气象服务工作领导小组，明确职责分工，负责高考气象服务工作中重大事项的决策，协调高考气象保障服务和应急服务工作。高考期间加强天气预报预测会商，针对可能出现的高温、强降水、雷电等天气，密切跟踪天气变化情况，做好精细化预报、预警气象服务，及时向政府决策部门提供高考气象服务专题预报。

【气象建设与培训】 2018年，县气象部门配合地区装备保障中心按照要求改造区域站5个（华云改为无锡），新建能见度自动观测仪、日照自动观测仪、称重降水传感器、大型蒸发超声波蒸发传感器各1套，争取援疆资金新建2套6要素为农服务区域自动气象站，在北部山区新增称重降水传感器4套，实现山区降雪量的自动化观测，提高山区冬季暴雪监测能力。全年开展设备维护、维修85次。1—10月先后利用“3·23”气象日、“5·12”防灾减灾日、“安全生产月”等开展气象宣传。开展3次气象协理员、信息员培训活动，开展2次气象科普进校园活动，共发放宣传材料1000余份，气象宣传手册500本，发送科普短信200余条人次。

【气象执法】 2018年，县气象部门加强对矿山企业、危险化学品、易燃易爆场所、人员密集场所的检查，针对重点企业建立档案，推进行政执法规范化。与自治区局执法大队、地区局执法支队联合执法4次，与县相关单位（安委会、农林水牧专委会）联合执法检查14次，检查企业47家，下达整改通知书1份。贯彻落实自治区人民政府令〔2011〕169号《新疆维吾尔自治区雷电灾害防御办法》地区相关政策法规，有效减少和控制雷击灾害发生，确保人民生命和国家财产安全，维护社会稳定，采取多种形式，深入广泛宣传《中华人民共和国气象法》《防雷减灾管理办法》等法律法规，全面开展防雷减灾工作。

【防灾减灾】 2018年，县气象局完善气象信息发布和多部门联席会商制度。加强同农、林、水、牧、民政、国土等部门的业务联系和沟通交流，完善部门联防联动机制，与县国土局签订《拜城县地质灾害气象预报预警协议》，制定地质灾害气象预报预警工作实施方案，建立气象预警、预报联合发布机制，全年共召开多部门联合会商会4次，收集意见建议11条。开展灾情调查和评估工作，及时搜集、上报灾情，加强气象灾害影视频素材的上传。

（方 敏）

地 震

【地震监测预报】 2018年，拜城县地震局（以下简称“县地震部门”）加强地震监测台网建设和日常管理，按照观测规范及时进行仪器标定。年内，共有地震监测仪器2台、自治区级地震宏观观测点2个、地区级地震宏观观测点6个、无人值守的网络化地震监测台站2个。截至10月28日，共监测≥3级地震10次，分别为：3月11日3.4级地震，3月19日3.2级、3.8级地震，3月31日4.2级地震，10月20日3.2级、4.5级地震，10月21日4.2级、3.1级地震，10月22日3.3级地震，10月24日3级地震。共向地区上报3Ms以上《震情通报》4期。

【震害防御体系建设】 2018年，县地震局加强机构建设，成立由县长任组长，县委、县政府分管领导为副组长，各乡（镇、场）、相关县直单位为成员单位的防震减灾工作领导小组，明确各应急救援单位的具体职责、任务分工、操作步骤，确保地震应急指挥体系完整、责任明确、运转高效；坚持把加强地震应急预案体系建设作为防震减灾应急准备工作的中心环节，及时修订完善《拜城县地震应急预案》，督促各成员单位、乡（镇、场）、村（社区）、学校、企业立足实际，编制配套应急预案，做到应急处置流程、职责任务、应急资源、应急保障等内容分解细化，提高应急预案的针对性、实用性和可操作性。全县共制定专项预案27个、部门预案82个、配套预案184个，乡（镇、场）、村（社区）、学校、企业等制定配套预案823个。坚持群防群测工作，8个地震宏观异常观测网点、8名地震宏观观测员实时监测，提升监测预报能力。开展各类防震减灾知识讲座10余次，举办防震减灾知识专题培训5次、地震宏观观测员培训2次。

【震灾应急保障】 2018年，县地震部门会同县应急办、民政局，对救灾物资储备情况进行定期检查和日常管理，共储备棉被褥、床、棉大衣、帐篷、雨衣、雨鞋、绒衣、绒裤等足够满足1000余人应急使用的应急救灾物资，储备水泵8个、发电机15台、应急包41个、应急灯22个、救济面70吨、救济大米30吨、救济矿泉水1万瓶，防护设备948套（件）、医疗救护35件、器材工具2541件（套）。新建城区应急避难场4所，总面积达33.4万平方米，可同时容纳17万人应急避难，配套安装应急避难场所标识牌。同时组织住建、交通、电力、水利等部门对应急避难场所的应急用水、电、公共厕所等基础设施进行定期维护；在农村富民安居房建设严格落实抗震设防标准检验，提升富民安居房防震抗震能力。至2018年底，累计建设完成富民安居房3.6万套。

【加强防震减灾应急队伍建设】 2018年，县地震部门依托县公安局消防大队和县政府专职消防中队组建县级综合应急救援队伍，定期组织公安、医疗急救、矿山救护、森林防火、电力应急抢修、通信抢修等专业队伍进行专项培训，确保关键时刻拉得出、用得上、应得急。组建消防队和矿山救护队27人，综合应急队伍159支1742人，事故灾难类救援队伍5支117人，公共卫生类救援队伍19支（包括乡镇卫生院）245人，配备消防抢险车10辆、急救车24辆；将提升防震减灾处置能力纳入各乡（镇、场）和各单位的民兵应急处突分队、各大型企业自建的专职消防队、社区志愿服务队、防汛抗旱群众组织、企事业单位专兼职队伍、应急志愿者队伍的日常训练内容，提升非专业救援队伍，防震减灾处置能力。共登记社区应急志愿者队伍16支400人、基层信息员180人。

【应急演练及防震减灾宣传】 2018年，县地震局在全县范围内组织开展“5·12”防灾减灾日、“7·28”防灾减灾日专项防震减灾应急演练，开展地震应急桌面演练2次，指导各人员密集场所开展防震减灾应急疏散演练584场次。于5月12日汶川地震十周年、第十个全国防灾减灾日、5月7—13日开展主题为“行动起来，减轻身边的灾害风险”防灾减灾宣传周活动；组织开展“7·28”唐山地震纪念日防震减灾宣传周各项活动。在超市、商场、市场、繁华街道等人员密集场所，设立宣传栏、张贴海报、拉横幅，面对面普及群众地震科普知识。依托乡村巴扎、群众大会、周一升国旗以及干部常态化下沉住户等群体工作载体，广泛宣传防震减灾应急知识，提高农牧区群众防震减灾应急知识和自救互救能力。发挥网络、媒体、电视广播等宣传媒介作用，在政府门户网站、拜城零距离等网络平台开辟防震减灾应急救援以及地震科普知识宣传专栏，扩大防震减灾知识科普宣传覆盖面，营造浓厚的宣传氛围。全年发放各类防震减灾知识宣传单1.35万余份、设置宣传版面100余块、横幅30余条，开办培训讲座50余场次。

（郭岸雄）

防 雹

【概 况】 2018年，拜城县人工影响天气办公室（以下简称“县人影办”）有编制20名，在职职工28人。下设雷达站1个、基层作业点3个，有高炮3门、火箭作业车6辆、火箭发射系统6部、对讲机10部。县人影办开展人工影响天气防雹、增雨减灾工作，全年投入防雹减灾经费366万元，加强基础设施建设，提高防灾减灾能力，为农牧业生产发展、农民增收保驾护航。

【防雹减灾】 2018年，县人影办全年开展雷达站监测对流天气68天次，雷达开机419小时，3个基层防雹作业点作业28天次，出动作业火箭车149次，行程1.66万千米，全年消耗火箭弹779枚，炮弹3673发，没有发生冰雹灾害，最大程度保护全县6.66万余公顷农作物，获自治区、地区2018年度人影系统先进集体荣誉。

【装备年检】 2018年4月，县人影办配合自治区、地区人影办装备年审工作组对高炮、火箭发射架和XR-05型发控箱进行审验。12门高炮、12个火箭发射架、8部XR-05型发控箱、5部吉林3305厂发控箱全部通过2018年年检审验，报废8个过期火箭架。

【安全生产】 2018年，县人影办抓好安全生产工作，根据《人工影响天气条例》规定，做好安全生产工作，保证人工增雨防雹作业区域人民群众的人身、财产安全，利用电视、广播等媒体在全县范围播报人工影响天气作业公告，做到家喻户晓。加强操作人员安全教育培训，提高作业人员安全防范意识和实际操作技能，提升人影作业整体水平。截至年底，举办安全生产、业务培训2次，培训56名职工并通过地区人影办复训考核，全部获得上岗证。

（张广军）

文化 体育

文化事业

【文化阵地建设】 2018年，拜城县有县艺术团体（克孜尔歌舞团）1个、文化馆（美术馆）1个、公共图书馆1个、文物局（博物馆）1个、体育活动中心1个、电影放映中心1个、广播电视台1个、乡镇文化站16个，建有村级综合性文化服务中心144个。年内，投资300万元完成县足球场建设项目；投资350万元，完成广播电视发射台基础设施建设一、二期建设项目；投资128万元，采购16个村综合文化服务中心基础设施建设和文化体育设备；投资60万元，完成县客运站微型图书室和拜城镇滨河社区总分馆制的自助阅览室个自助阅览室建设项目。公共图书馆图书总藏量4.3万册（件），电子图书2.6万册。县图书馆在国家级图书馆评估中被评为“国家一级馆”。

【图书服务】 2018年，拜城县文化体育广播影视局（以下简称“县文体部门”）延伸公共图书服务触角，抓好流动图书“六进”活动。主动开展图书进校园、进乡村、进社区、进清真寺、进军营、进机关等活动72场次，受教育群众达3.45万人次。做好借阅图书整理、上架，方便读者借阅，发放借书证2800个，借阅9320人次，积极争取援疆资金56万元，在地区率先实施总分馆制，在拜城镇滨河社区新建24小时自助阅览室，每季度对自主阅览室的图书进行更新，每次400册。在客运站大厅装设电子阅览设备，为读者提供办证咨询和图书查询等帮助。图书馆藏书总量4.3万册，电子视频5000种。加强“农家书屋”基础设施建设，创新图书配送方式，以先征集农牧民群众意愿，再配送图书的“菜单模式”，提高农牧民阅读兴趣，增加阅读量，全县“农家书屋”与东风工程藏书78.3万册。年内，共举办“绿色网吧”与“农家书屋”管理员培训班5场次，参加培训人员137名，下乡开展图书分类管理等业务指导和图书服务工作310天。

【浙阿文化交流】 2018年，县文体部门组织参加阿克苏地区第二届浙阿“同心杯”——“浙阿同心·携手圆梦”中华优秀传统文化才艺秀大赛。《中华民族风》获阿克苏地区第二届“同心杯”——“浙阿同心·携手圆梦”舞蹈类一等奖，《阿西里西》获阿克苏地区第二届“同心杯”——“浙阿同心·携手圆梦”最佳表演奖；《紫竹调》获阿克苏地区第二届“同心杯”——“浙阿同心·携手圆梦”古典乐器演奏三等奖；《沙家浜》获阿克苏地区第二届“同心杯”——“浙阿同心·携手圆梦”戏曲类三等奖。体育类在阿克苏地区第二届浙阿“同心杯”系列体育赛事总决赛中荣获个人第一名，男子乒乓球获团体第二名，乒乓球女子个人第二名。县文化体育广播影视局在阿克苏地区第二届“同心杯”——“浙阿同心·携手圆梦”诗词朗诵大赛中荣获优秀组织奖。

【民间艺人培训】 2018年，县文体部门对民间艺人管理工作实施新的管理规定，集中培训民间艺人3次，培训59名民间艺术创作人员，以先进文化为根基，创作、展示突出本土特色的优秀艺术精品，推进拜城县基层文化发展。组织民间艺人围绕贯彻党的十九大自创、自编、自导快板、小品、说唱等文艺节目，在黑英山乡、米吉克等乡镇演出反响良好。

【文物资源】 2018年，拜城县有各级文物保护单位190个。其中克孜尔千佛洞被列为全国级文物保护单位；多岗古墓群、克孜尔水库古墓葬、乌堂古城、坦塔木佛寺遗址、吐尔塔木佛寺遗址、喀尔巴格艾肯古墓群、库台克吐尔艾肯古遗群、刘平国治关城、却勒塔格炼铜遗址、盐山炼铜遗址、亚布依烽火台、沙拉依塔木烽火台、塔什吐尔烽火台、库依巴格戍堡、库鲁克艾肯古墓群15个文物保护单位被列为自治区级文物保护单位；县级文物保护单位172个。在第一次全国可移动文物普查中登录的各级馆藏文物共194件，其中二级文物1件（金耳环），三级文物8件（小陶罐、单耳圆口彩陶釜双耳圆口釜、单柄灰陶杯、单耳彩陶盆、灰陶钵、铜带饰、玻璃项链），一般文物185件。

【文物宣传保护】 2018年，县文体部门与新疆龟兹研究院共同举办2018年文化和自然遗产日暨第六届新疆非物质文化遗产周系列活动，设立展位4个。发放《文物保护法》《博物馆管理办法》《拜城县博物馆简介》等宣传资料400份，制作60块“新疆四史”展板在各乡（镇、场）、行政村（社区）、学校进行宣传，组织居民参观克孜尔史前文物展500人次。举办2期自治区级野外文物保护单位看护员业务培训开班，与22名看护员签订《阿克苏地区野外文物保护单位委托看护协议书》。对亚吐尔乡多岗墓群、克孜尔乡水库古墓葬、坦塔木佛寺遗址、图尔塔木佛寺遗址、乌堂古城、察尔齐镇却勒塔格炼铜遗址、盐山炼铜遗址、老虎台乡喀尔巴格古墓群、种羊场库台克吐尔艾肯古遗址、拜城镇库鲁克艾肯古墓群等10个自治区级重点文物保护单位树立保护标识牌。全年累计出动文物执法车47次，文物执法人员489次，未发生文物安全事故。

【非物质文化遗产传承与保护】 2018年，县文体部门调查非物质文化遗产保护项目传承人现实表现及人员现状，对已去世的传承人进行登记造册，对部分保护项目没有传承人的，重新确定传承人。参加2018年新疆“文化和自然遗产日”非物质文化遗产展，县维吾尔族帕拉孜纺织技艺等5个项目参加展示活动。开展国家级保护项目维吾尔族帕拉孜纺织技艺保护工作，加大对传承人的保护力度，购置传承过程中所需的纺织材料，并组织传承人参加自治区2018年“文化和自然遗产日”活动。截至年底，投入经费3万余元，开办“非遗”传承人培训班2期，培养传承人40多人，其中举办维吾尔族帕拉孜纺织技艺传承人培训班1期，参加培训30人。有各级“非遗”保护项目51项，其中国家级1项（维吾尔族帕拉孜纺织技艺），自治区级2项（斗石鸡、维吾尔族染眉习俗），地区级11项。在黑英山基层综合性文化中心设置国家级“非遗”保护项目维吾尔族帕拉孜纺织技艺传承中心，在拜城镇博斯坦社区居民家庭设置县传统手工技艺传承中心。

【电影放映】 2018年，县文体部门组建10支农村放映队，其中2支为直属放映队。放映重点影片有《厉害了，我的国》《塔克拉玛干鼓声》《湄公河行动》《帕米尔新娘》《穿越硝烟的歌》《库尔班上北京》《大河》《红海行动》《百团大战》《我的长征》《革命到底》等，科教片有《高效节水灌溉》《农村环境整治》《太阳能开发》《友好型肥料》《低盐保健康》等。为基层农牧民放映电影1920场（故事片1568场、科教片352场），覆盖16个乡（镇、场）151个行政村。其中在16个深度贫困村放映240场，观众达2.5万人，覆盖率100%。荣获由新疆维吾尔自治区农村电影发行放映管理中心颁发的2018年度新疆农村电影工作节目管理优秀单位荣誉称号。

【文化市场管理】 2018年，拜城县文化市场经营场所145家。其中互联网上网服务经营业场所6家、音像制品经营场所1家、文化娱乐场所28家、台球厅9家、图书音像制品店5家，棋牌室51家、印刷厂5家、打字复印店40家。县文化市场执法队共出动执法人员483人次，检查各类场所1305家次。依法收缴各类非法出版物1.28万件，其中书刊1.06万册，影碟2203盘。

【文化扶贫】 2018年，县文体部门自筹资金、设备等，为5个深度贫困村112户安装机顶盒，并维护所有贫困村广播电视设备，维修大喇叭22个、机顶盒460个。申报争取自治区体育局投资100万元扶贫资金，提升克孜尔乡喀日尕依买里村和亚吐尔乡休相村基础设施建设。与中央电视台《农广天地》栏目组合作拍摄拜城县油鸡专题片，时长40分钟。

（李　永）

档案工作

【概　况】 2018年，拜城县档案局（馆）（以下简称"县档案部门"）隶属拜城县委办公室管理，正科级事业单位，内设3个职能股室（综合股、业务股、编研股）。核定参照公务员管理编制12名，在职12名。档案局（馆）建筑面积5600平方米，包括档案库房、办公用房、业务用房、陈列大厅、服务用房等，馆库面积1068平方米，框架结构4层。档案馆馆藏全宗144个，案卷7.26万卷，其中明清档案1卷、民国档案716卷。资料2.16万册（本），底图1043张，照片档案1.85万张，录音档案321盘，不同时期印章276枚。案卷目录343本，全引目录500本，归档文件目录184本。

【查阅利用】 2018年，县档案部门共接待查阅利用者1053人次，调阅档案1083卷/8538件次，提供知青登记表、招工录用表、转正定级表、工资表、调动介绍信存根、干部任免文件、婚姻登记材料等内容的复印件1670余份，为利用者在办理退休、缴纳养老统筹金、核实工龄、工作调动、婚姻情况证明、干部身份认定、编史修志等方面提供第一手资料。

【档案接收】 2018年，县档案部门根据《新疆维吾尔自治区精准扶贫档案管理办法》的具体要求协助县扶贫办指导、规范赛里木镇人民政府及赛里木镇赛里木村2014—2017年形成的精准扶贫档案91卷/785件，并于5月4日在赛里木镇赛里木镇村召开全县精准扶贫档案规范化整理现场会，以点带面，有序推进精准扶贫档案资料的规范化管理。7—8月对县"访惠聚"驻村办2014—2017年形成的档案进行归档指导，共整理994件，其中永久576件，30年92件，10年326件，2018年11月按照《新疆维吾尔自治区农村土地承包经营权确权登记颁证档案管理办法》的具体规定，指导县农经局完成12个示范村"一户一档"资料的收集整理，完成自治区土地确权领导小组办公室验收。指导新疆一成投资有限公司拜城矿区一成煤矿、拜城众泰煤焦化有限公司做好企业项目档案规范化指导。采取以干代训、现场操作、电话讲解等方式指导县直单位、乡（镇、场）完成2017年度文件材料归档。

【档案鉴定开放】 2018年，县档案部门依据《中华人民共和国档案法》《各级国家档案馆开放档案办法》《各级国家档案馆馆藏档案解密和划分控制使用范围的暂行规定》，经县保密委审批，县档案馆第十一批自形成之日起保管满30年向社会开放的档案共计86个，全宗473卷。

【信息公开查阅】 2018年，县档案部门制定政府公开信息的移交、接收等制度，认真落实政府公开信息的登记、汇总、统计、分类、整理、查询利用各项制度。按照《中华人民共和国政府信息公开条例》相关要求，共接收55个单位主动公开文件539份，依申请公开文件576份，电子文件1015份，为提高政府工作透明度，有效地保障公民的知情权，为全县经济社会科学发展创造良好的环境。

【馆库建设】 2018年，县档案局为贯彻落实国家档案局加强档案安全保障体系建设的精神，防范、降低、化解档案安全风险，确保档案安全，县级财政拨款277万元，对档案馆库进行改造，改造面积5599.33平方米，改造内容包括档案馆库房改造、安装及更新部分消防设施、屋面防水处理。项目于2018年3月开工，12月17日通过消防工程验收，12月28日通过项目工程验收。

（许秀青）

广播电视

【宣传工作】 2018年，拜城县广播电视台（以下简称“县电视台”）坚持正确的舆论导向作为广播电视工作核心，牢牢把握宣传工作的指导思想和原则，坚持团结、稳定、鼓劲和正面宣传为主的方针，牢牢把握正确导向，唱响主旋律，打好主动仗，完成好各项重大宣传任务。坚持新闻节目“三贴近”，改进新闻宣传的创新报道方式，丰富节目形式，自办汉语广播栏目达11个，每天早中晚三个时段播出，每个时段30分钟。截至年末，完成中央广播电视总台上稿15条（其中汉语电视12条），新疆台上稿226条，新疆台广播上稿12条，地区级电视上稿212条，地区级广播上稿384条。

【广播节目】 2018年，县电视台广播节目丰富多彩。截至12月末，维吾尔语、汉语广播自办栏目达到19个，除常规《拜城新闻》栏目外，兼顾《农牧天地》《祖国大家庭栏目》《法制讲堂》《少儿节目》等节目。新开辟《和谐新疆》《健康与生活》《计划生育》《“三病”治防专栏》等栏目，新开《安全生产》《十九大精神学习》等专栏，继续办好《环保专栏》《禁毒专栏》《网络安全》《民族团结一家亲》等栏目和自办栏目，将群众路线、计划生育、“三病”防治、环保、安全生产、党风廉政等工作纳入日常宣传，定期与相关单位联系，了解工作进程，更新宣传内容，转变宣传形式，丰富节目内容，达到宣传的目的。汉语广播每天一个半小时播出自办栏目，转播新疆台的总时长每天12小时。维吾尔语广播每天3个小时播出自办栏目。

【电视栏目】 2018年，县电视台以“传达县委县政府声音，悉心关注百姓冷暖”为节目宗旨，发挥电视宣传作用。打造《拜城新闻》《一周要闻》品牌栏目，共播出《拜城新闻》885期，《一周要闻》178期；调整播出脱贫攻坚、“访惠聚”驻村工作、创先争优、民族团结、访惠聚活动、去极端化、安全生产、环境保护、人口与计划生育、普法、党风廉政建设等专栏及公益性宣传标语；策划打造《与你有关》栏目，解读民生政策、教育、交通等社会热点问题，共开办17期；开办《适应新常态 展现新作为》访谈栏目12期；开办《辉煌成就》新闻专栏45期。

【精品节目】 2018年，县电视台获自治区优秀精品作品6件，100%完成任务，其中电视台摄制的《请你留下来》专题片荣获团中央、中华全国学联、全国少工委联合授予“全国优秀国学教育文艺作品”。拍摄专题片《拜城》，并在全县播放。专题片《拜城把城市建在花园里打造气候适应型城市》荣获第28届新疆新闻奖三等奖，《健康你我他》获地区级三等奖。

【设施维护】 2018年，拜城县文化体育广播影视局加大“村村通”“户户通”“大喇叭”维修力度。维修户户通机顶盒2761台，调整卫星天线、数字地面接收天线1460多次，维修大喇叭870次，维修收扩机375台，维修大喇叭线圈2210

个（25瓦），维修地面数字中转站设备检修8次。主动送服务到基层，排查检修乡镇广播站设备41次，全县电视广播综合覆盖率达98.5%。调整卫星接收天线及地面数字接收天线450个，维修大喇叭684个，收扩机335个，排查中继站16次，联合调试数字信号6次，开展地面卫星专项整治行动6次。

（李　永）

新华书店

【机构概况】 2018年，阿克苏地区新华书店拜城县连锁分店隶属于阿克苏地区新华书店，为国有分支机构，在职职工8人（含内退2人）。

【主要业务】 全年完成销售任务1677万元，比上年同期减少185万元。全年累计发放教材教辅价值1237万元，其中免费教材价值936万元，教辅发行301万元，比上年同期减少204万元。一般图书销售440万元，比上年同期增加19万元。年内，与县图书馆联合开展"4·23"世界读书日活动，开展国庆节图书进军营活动，开展送书下乡18次。县新华书店在原址进行重建，建设面积1.3万余平方米，预算投资4100余万元。截至年末，工程主体建设完工。

（王　玲）

新疆广电局2071台

【播出运行】 2018年，新疆广电局2071台共有76米中波天线2副，102米调频天线1副，负责转播4套中波广播节目和1套调频广播节目，分别为中波频率558千赫兹播出新疆广播电视台维吾尔语综合广播；中波频率738千赫兹播出新疆广播电视台汉语综合广播；中波频率981千赫兹播出中央广播电视总台中国之声广播节目；中波频率1305千赫兹播出中央广播电视总台维吾尔语广播节目；调频频率94.9兆赫兹，播出新疆广播电视台汉语新闻广播节目。五套广播节目每天累计播音106.17小时，全年共播出3.46万小时，其中中波播音2.78万小时，调频播音6803小时。

【设备运行维护】 2018年，新疆广电局2071台持续做好设备维护及设备更新改造，坚持小故障不隔夜，大故障及时诊、及时报。24小时随叫随到，确保播出设备的运行安全稳定可靠。按照中心发射台维护检修制度，利用每周二的停机检修时间，对照周检、月检、季检、半年检、年检项目，做好发射设备、供配电系统、音频前端的检修维护。针对中九卫星因接收天线面积较小，在夏季时雨衰对信号的影响较大情况，新安装一套直径2.5米的中九卫星接收天线，并更换3台中九专用卫星接收机，作为新疆台的备路接收信号和调频的主路信号，避免了因前端信号中断而引发的安全播出事故。

【安全播出】 2018年，新疆广电局2071台修订和完善机房管理制度，出台《关于进一步规范机房值班管理补充规定》《机房技术人员职称聘任有关办法》等制度，为安全播出工作的顺利开展保驾护航。严格落实总带班、总值班、值班员三级值班制度，各值班人员各负其责，互相协作，确保重要保障期的安全播出。结合主要节假日和各类重要播出保障期，主导技术自查8次，查找出各类技术隐患47处，整改42处。2018年度荣获节传中心技术维护与安全播出先进单位三等奖。2名职工在中心技术能手竞赛中获奖，新疆广电局2071台被中心评为2018年度节传中心技术能手竞赛先进单位二等奖。

【党的建设】 2018年，新疆广电局2071台党支部班子建设不断完善，支部书记改选，支委分工调整，增设纪检委员、2名支委，班子成员结构和人员配置进一步合理化、规范化、科学化，党的核心领导作用增强。全年参加各类党务知识培训9次。支部委员和党员讲党课12次，开展主题党日活动13次，组织党员、发展对象、积极分子等10人参观库车林基路纪念馆并举行重温入党誓词宣誓活动。截至年末，共有党员10人，占全台在台职工人数的50%。

（张国祯）

体 育

【概 况】 2018年，全县有县级体育馆1个，县级体育总会1个，乡（镇）级体育总会15个，社会足球场2个，滑雪场1个，滑冰场1个，全民健身路径工程167个，单项体育协会8个，足球示范学校3所，青少年体育俱乐部8个，社会体育指导员320名。县文体部门以“我运动、我健康、我快乐”的原则，积极组织开展“迎新春”乒乓球、台球比赛，庆“三八”职工趣味运动会，庆“五一”职工篮球、羽毛球比赛，“庆‘十一’·迎国庆”职工体育活动，进一步提高各族群众通过体育活动求健、求美的参与意识和积极性，有效促进拜城县社会主义体育事业建设。

【全民健身】 2018年，拜城县文化体育部门以“全民健身”活动为契机，常态举办县、乡、村级体育赛事。2018年8月，组织开展第十个“全民健身日”篮球比赛，5个代表队70余人参加，观众500余人次；组织开展乒乓球比赛，男子和女子组30余人参加，观众500余人次；组织开展广场舞比赛，7个代表队300余人参加，包括柔力球、莲花扇、广场舞等，观众达1500人次；组织开展羽毛球比赛，30余人参加，观众500余人次。在社会上营造“我运动、我健康、我快乐”的良好氛围，提高各族群众通过体育活动求健、求美的参与意识和积极性。

【群众体育】 2018年，拜城县文化体育广播影视局在春节前，组织开展系列群众体育大型活动4场次。分别是“迎新春”乒乓球、台球比赛，庆“三八”职工趣味运动会，“五一”职工篮球、羽毛球比赛，“庆‘十一’·迎国庆”职工体育活动。其中参加比赛的运动员达1500人次，观众累计达5万人次。利用“农村百日文体活动”、“五一”、“民族团结一家亲”、第十个“全民健身日”、“十一”等各类节假日以及农闲季节，以乡（镇、场）为重点，根据实际情况，因时、因地、因情而定，组织和指导农牧民群众开展喜闻乐见的篮球、排球、乒乓球、台球、羽毛球、负重跑、拔河、押加、斗鸡、斗羊等活动。全年共开展各类乡级体育活动达48场次，参与群众1万余人次，观众累计7万余人次。

【竞技体育】 2018年，县体育活动中心坚持“选好苗子，着眼未来，从小培养打好基础，系统训练”的业务工作方针，重视和加强少年儿童体育学校、体育传统学校的建设，形成以县体育活动中心为重点，体育训练项目定点体育馆、学校，体育传统项目学校和体育协会共同参与的业务格局，探索体教结合，全面落实体育后备人才训练布局。县体育活动中心布局运动员人数为108人，训练设定足球、篮球、排球3个比赛项目，成立小学生足球队、中学生足球队、中学生男子排球队、中学生女子排球队、中学生男子篮球队5支训练队，依托8个基础好的训练点（康其乡小学男子足球依托训练点、康其乡中学男子足球依托训练点、亚吐尔乡中学女子排球依托训练点、托克逊乡中学男子排球依托训练点、赛里木镇中学男子排球依托训练点、县第二中学男子篮球依托训练点、县第三中学男子篮球依托训练点、县第四中学男子篮球依托训练点）。在参加的阿克苏地区青少年体育比赛中，足球代表队获得第六名，篮球代表队获得第六名，女子排球队获得第四名，男子排球队获得第六名。

【校园体育】 2018年，全县共有体育教师191名（专职136名、兼职55名）。校园体育围绕竞技体育展开，县业余体校常年向学校开设田径、足球、篮球、排球、摔跤5个训练项目，县业余体校在训队员250余人。

【场馆开放】 2018年，县体育活动中心把发展体育事业作为促进人民身体健康、提高全民整体素质、维护社会稳定、拉动经济增长、社会可持续发展的大事来抓，积极发挥阵地作用，促进县体育馆向社会免费开放，让人们自觉、科学、便利地健身。县体育馆免费开设篮球、羽毛球、乒乓球、台球4个体育项目，各项目根据群众的需要每天分时段开放，满足城区广大健身爱好者的需要。累计接待篮球爱好者1万余人次，羽毛球爱好者7000余人次，乒乓球爱好者3000余人次，台球爱好者500余人次。

（李　永）

卫生　医疗

卫　生

卫生管理

【**机构概况**】 2018年，拜城县卫生局（以下简称“县卫生管理部门”）内设4个机构，综合办公室（基层党委与组织人事股）、医政医改股、县深化医药卫生体制改革领导小组办公室、疾病控制室（基层卫生与妇幼保健股）。核定行政编制6个，其中领导职数4人（正科级2个、副科级2个），一般干部编制2个，机关工勤事业编制2个。实有在职人员10人，其中领导4人、一般干部5人、机关工勤事业人员1人。

【**工作概况**】 2018年，县卫生管理部门推进医药卫生体制改革，完善县域内医疗卫生机构新建和改扩建项目，县乡医疗机构现有设备进入数字化、信息化时代。通过实施“人才兴卫”战略，构建人才发挥平台，人才队伍建设明显提升。通过打基础谋长远，儿童免疫屏障有效建立；妇幼管理体系更加健全；重大传染病、地方病得到有效控制；突发公共卫生事件应急体系完善；全民健康体检工作落实落地；公立医院改革有序推进，健康扶贫政策有效解决因病致贫返贫问题，通过各项医疗惠民举措扎实推进，群众看病难、看病贵的问题得到明显缓解。基本实现小病不出乡、大病不出县的阶段目标，各族群众的卫生意识和自我保健能力逐渐增强。

【**医共体建设**】 2018年，县卫生管理部门为有效整合县域医疗卫生资源，重构群众就医新秩序。成立紧密型县域医共体改革试点工作领导小组，印发《关于印发拜城县域医疗服务共同体建设工作方案》，对乡镇卫生院行政后勤管理、财务管理、基本医疗服务、公共卫生服务、村卫生室管理等全方位管理和运营。将赛里木镇、大桥乡、拜城镇卫生院列为全县紧密型医共体试点单位，由县级两家公立医院进行托管。投入93万余元对未安装信息化的7家乡（镇）卫生院进行信息化建设，实现远程会诊、医学检验、影像、心电资源共享，县外远程会诊比上年同期增长17%，县、乡远程会诊7423例（医学影像远程会诊6241例、心电网络远程会诊1182例）。投入900余万元开展标准化手术室、门诊部、住院部及集中供养人员、下派人员周转宿舍，多媒体教学会议室、食堂、产房、供应室、医疗污水处理等基础设施改造提升。利用对口支医累计下派临床、医技骨干30人，加大临床带教和业务指导力度，促使医共体卫生院恢复外科手术、住院分娩能力，发展2—3个特色科室。

【**基层医疗机构标准化建设**】 2018年，县卫生管理部门持续巩固乡镇卫生院（村卫生室）标准化建设，改善硬件设施、提升医护人员素质和能力，加快构建农村卫生服务体系，保障和增进农牧民健康。结合美丽乡村建设，争取150万元援疆资金，实施克孜尔乡卫生院旧房改造项目，新建500平方米业务用房，新建业务用房投入使用。累计投入567.78万元对各乡镇卫生院、村卫生室等基础设施进行改造提升，全县所有乡镇卫生院、村卫生室标准化建设覆盖率均达到100%。发挥乡村两级卫生服务网络枢纽作用，制定下发《拜城县乡镇卫生院奖励性绩效考核办法》，按医疗纯收入的20%用于奖励性绩效工资发放，按业绩定绩效、按实绩发绩效的内部分配激励机制，调动基层医务人员工作积极性。制定《拜城县乡村医生基本养老保险实施方案》，全县224名在职村医全部参加城乡居民基本养老保险，有效解决乡村医生养老问题。为15个乡（镇、场）卫生院累计下拨1321.67万元（其中，上级拨付基本公共卫生服务资金1282.17万元，县级配套39.5万元）。村级基本公共卫生服务支出占比为41%。

【分级诊疗实施】 2018年，拜城县以打造县域内医共体建设、推进家庭医生签约服务，完善医疗卫生县乡村一体化管理，提升基层医疗医务人员激励机制改革为切入点，出台《关于加快推进拜城县分级诊疗工作实施方案》，通过医共体牵头医院下派医生跟踪服务和远程会诊跟踪服务方式，实施“基层首诊、双向转诊、急慢分治”。全县门诊急诊48.75万人次，其中，基层医疗机构门诊急诊27.22万人次，占全县门诊急诊人次的44.4%；全县住院4.62万人次，其中，乡镇卫生院住院2.27万人次，占全县住院人次的35.2%，比上年增长306%，县级医院下转3891人次，比上年同期增长98.3%，县域就诊率达91.57%。提供中医药服务的乡（镇）卫生院占比达100%、村卫生室达76.7%；基层医疗卫生机构中医诊疗量占比45.3%。

【家庭医生签约】 2018年，全县组建153个家庭医生服务团队，结合全民健康体检阳性病人情况，采取家庭医生组团对行动不便者、“空巢”老人、慢性病患者等重点人群上门服务，针对签约居民复查及慢性病患者复查开通绿色通道，优先检查、优先诊疗，一般人群家庭医生服务签约12.17万人，签约率达83.88%；重点人群签约10.89万人，签约率达92.86%（其中建档立卡贫困人口、低保户、“五保户”、计划生育特殊家庭医生签约率达100%）。按照《拜城县家庭医生签约服务工作实施方案（试行）》《拜城县家庭医生签约服务绩效评价指导意见（试行）》，按照每人每年25元标准落实专项经费，根据服务次数及服务量核定，实行结算资金拨付与签约任务完成情况挂钩，拨付家庭医生服务经费55.04万元（含县财政23.17万元），拨付率达100%。

【医政医管】 2018年，县卫生管理部门对583家卫生监督对象实行全方位执法监督，共立案25起，结案25起，处罚金额9.5万元，没收违法所得1.56万元，有效遏制无证行医现象的发生和蔓延。全面加强卫生服务能力建设，集中整治医疗服务质量安全隐患，加大疾病预防控制力度，加强卫生全行业监管。完善县级医疗质量管理与控制体系，把控制公立医院医药费用过快增长作为重点，加强监督考核，实行动态管理。拓宽投诉渠道，完善受理举报投诉制度，制定受理投诉举报排班表，主动寻找线索。建立医疗废物管理委员会，设置医疗废物分类收集及废弃物产生地点、贮存地点醒目标识，详细记录运送废弃物处理人员的工作交接。加强医疗护理质量管理委员会队伍建设，规范病案、药事、医院感染及消毒技术等医疗护理工作。

【人才引进培养】 2018年，县卫生系统引进招聘干部人才39人，至年底实有37人，其中本科23人，医疗人员22人，高等护理1人。内地院校毕业13人，新疆医科大学毕业4人；招聘专科毕业生14人均为医疗人员，均为内地专科院校毕业。依托卫生培训中心，借助温州“组团式”医疗援疆政策，加大医疗人才培训、培养力度。制定

《人才工作室工作制度》《医疗人才工作室职责》《安全管理制度》《教学管理制度》《科教管理考核评分表》《医疗基础技能培训及要求》《科研管理办法》等制度，加强基层医务人员轮训、培训工作，加强现有人才在岗培训和继续教育，对口支医传帮带教等方式，促进知识更新，提升专业水平。县、乡两级技能培训3308人次，中青年骨干人才和学科带头人外派进修136人次。通过“传帮带教”，基层医疗机构服务能力大幅度提升。

【全民健康体检】 2018年，县卫生管理部门按照《阿克苏地区全民健康体检常态化实施意见》，制定《关于开展2018年拜城县全民健康体检对象摸底调查工作的通知》《2018年拜城县全民健康体检工作实施方案》。6月1日正式启动，12月30日结束，拜城县多方筹措，落实全民健康体检经费2292.8万元，到位率、下拨率均达100%。投入医务人员306人，参加全民免费健康体检20.54万人，体检过程中，医务人员利用各种形式宣传保健知识，倡导科学、健康生活方式。发现阳性疾病3.53万人，对阳性病人通过及时反馈、随访、确诊，纳入慢性病及传染病管理，各体检医疗机构结合基本公共卫生服务、传染病防治、家庭医生签约等工作，加强阳性疾病患者管理，确保慢性病、传染病等患者得到及时有效治疗管理。在乡镇卫生院住院治疗1203人，县级医疗机构住院治疗605人，地区医疗机构转诊住院治疗10人。

【健康扶贫】 2018年，县卫生管理部门突出重点地区，重点人群、重点病种的分类救治，做到精准到户、精准到人、精准到病，分批分类精准精细推进健康扶贫工程。核准需救治贫困户390户466人，符合乡级医疗机构治疗的64人，县级医疗机构治疗的288人，地区级医疗机构治疗的85人，自治区级医疗机构治疗的29人。建档立卡贫困户住院治疗3696人次，总发生费用1101.88万元、社保补偿费用869.91万元、大病支付17.06万元、民政医疗救助19.94万元，个人自付费用214.9万元。门诊4.95万人次，总医疗费用155.73万元，社保补偿费用122.46万元，个人自付费用33.27万元。制定下发《农村贫困人口大病专项救治方案》，对54名贫困户白内障患者免费进行手术治疗，大病患者住院治疗128人次，产生医疗费用104.9万元，补偿78.9万元，享受大病救治费用12.29万元。153个家庭医生团队和健康扶贫专干与6364户2.37万名建档立卡贫困户签订家庭医生服务协议，建档立卡贫困户签约率、履约率为100%。全县2个县级医疗机构和16个乡级医疗机构全面落实“先诊疗后付费”“一站式”结算服务，享受民政医疗救助（兜底）贫困户患者619人次，享受医疗救治资金17.16万元。

【“两票制”管理】 2018年，县卫生管理部门继续实行《县级公立医院“两票制”管理实施方案》，并将“两票制”（即药品从药厂卖到一级经销商开一次发票，经销商卖到医院再开一次发票）纳入医改督导考核内容，规范药品进购过程中不合规经营现象。8月，乡（镇）卫生院启动“两票制”工作，药品品种总数量1953种，实行“两票制”品种1878种，占比96.16%，药品总金额54.28万元，实行“两票制”金额52.96万元，占比97.57%。

【行政审批改革】 2018年，县卫生管理部门制定下发《拜城县卫生局行政审批事项事中事后监管方案》，优化9项行政审批事项行政许可流程，加强事中事后监管。制定下发《拜城县卫生系统推进监督检查随机抽查工作实施方案》，明确学校卫生、公共场所卫生、饮用水卫生、传染病防治、放射、医疗卫生监督6个专业的37家国家级“双随机”单位（自愿关闭3家），完成率100%。医疗机构电子化注册达到100%、护士电子化注册达到100%、医师电子化注册达到100%。投入资金30余万元，改变传统结账模式，开展“一键式”床旁结账系统。做到病人床旁入院、床旁充值、床旁结算，群众满意度大幅提升。

【基本公共卫生服务】 2018年，县卫生部门对辖区内居民建立居民健康档案23.97万人，建档率99%。为辖区65岁及以上老年人建立老年人专档1.55万人，开展老年人健康体检1.21万人，健康管理率78%，达到地区67%的目标。更新乡级健康教育宣传栏141期、村级362期，开展主题日宣传259场次，乡级举办知识讲座160场，村级举办知识讲座495场，开展健康咨询156次。利用信息管理平台对全县所有乡（镇、场）疫苗接种情况进行接种率评估，评估结果达到国家免疫规划疫苗报告接种率、调查接种率、全程合格接种率均在90%以上、及时接种率在95%以上的指标要求。为高血压患者1.44万人建立专项档案，管理率115%，高血压患者管理率115%，规范管理率98%；为Ⅱ型糖尿病患者5088人建立专项档案，管理率106%、规范管理率98.5%；为严重精神障碍患者建立专项档案1212人，规范管理率100%，全县严重精神障碍患者检出率5.03‰，达到自治区4‰的目标要求。

（汤怀颖）

爱国卫生运动

【环境卫生整治】 2018年，拜城县爱国卫生委员会办公室（以下简称“县爱卫部门”）深入开展“城乡环境卫生整治”活动，下功夫治理“脏、乱、差”现象。制定《拜城县农村人居环境整治三年行动实施方案（2018—2020）》，农村环境卫生综合整治突出“五清五改”，垃圾处理采取“户分类、村收集、乡镇转运”处理模式，做到及时清运处理。结合“美丽乡村”“美丽庭院”建设，开展“治五乱”（柴草乱放、粪土乱堆、垃圾乱倒、污水乱泼、畜禽乱跑），抓“四改”（改水、改厕、改灶、改环境），促“三进”（健康知识进户、卫生习惯进户、清洁卫生进户）活动，从源头上解决影响村容村貌和严重污染环境的问题。活动参与群众5万余人，共清运垃圾80余吨。为深入推进全县城乡环境卫生综合整治，联合文明办下发《关于大力开展2018秋季城乡环境卫生整洁喜迎国庆、中秋的通知》，开展城乡环境卫生大整治，增强居民的文明意识、卫生意识、环境意识、家园意识。印发《关于大力开展2018年喜迎元旦春节爱国卫生活动的通知》，在全县范围内开展迎双节爱国卫生活动，共清理垃圾35余吨；印发《关于开展2018年春季爱国卫生运动做好春季传染病防控工作的通知》，对25条主要干道、120余条背街小巷和日新、瑞丰物流园等市场开展综合治理，清除卫生死角180余处，清理垃圾150余吨。

【健康教育】 2018年，县爱卫部门按照《国家基本公共卫生服务项目规范（第三版）》中《健康教育服务规范》要求，播放影像资料种类6种，更换宣传栏525期，发放健康教育宣传资料77.77万份，开展健康知识讲座425场，受益5.71万人，开展主题宣传278场次，开展健康咨询473次，受益1.18万人。在第30个爱国卫生月期间，下发《关于开展第30个爱国卫生月活动的通知》，全县共悬挂宣传横幅102条，刊出卫生健康知识板报126块，举办健康知识讲座30次，发放宣传资料1.42万份，咨询人数2.66万人次，受教育3万人次以上。

【三级联创】 2018年，县爱卫办以农村“厕所革命”为抓手，开展以“改厕改厨改居”为内容的农村“三改”（改厨、改厕、改居）工程，巩固自治区卫生县城创建成果，推动卫生红旗单位、卫生示范乡镇（村）等“细胞”创建，建设无害化卫生厕所1.55万个，完成目标任务的347%。创建自治区级卫生红旗单位2个、自治区卫生示范村2个、地区级卫生红旗单位1个、地区级卫生示范乡（镇）2个、地区级卫生示范村5个。

（张殿军）

卫生监督

【监督对象现状】 2018年，县卫生监督部门对辖区583家单位进行监督，其中公共场所255家（城区184家、乡镇71家），中小学校103所，托幼机构31所，县级医疗机构4家，个体医疗机构13家，单采血浆站1家，乡村级医疗机构146家，城市自来水供水单位1家，农村集中供水单位9家，餐具集中消毒单位2家，开展放射诊疗活动的医疗机构17家（县级医疗机构3家、乡级医疗机构14家），职业健康检查单位1家。

【卫生综合监管】 2018年，县卫生监督部门严把卫生许可关，实行一次性告知、服务承诺、公开审批程序，办理公共场所卫生许可证100件。对全县168家医疗卫生单位相关传染病防治、医疗废物专项整治工作进行检查，并对检查发现的问题下达监督意见书，覆盖率达100%，监督频次446户次，下达监督意见书892份。对12家诊所进行监督管理，规范医疗服务行为，保障医疗安全，建档率和公示率达100%。全县公共场所被监管单位255家，重点对城区184家住宿业、洗浴场所、游泳场所及美容美发场所进行量化分级评定，乡（镇）小型公共场所未列入量化分级，量化分级率达100%，共检查621户次。对餐饮具消毒单位检查4次，抽检16套12件样品，合格120件。对全县药店、超市、大型批发部和眼镜店的消毒产品进货验收、索证、铭牌、说明书等进行检查、就相关要求现场培训，检查27户次，下达监督意见书54份。加强医疗机构医疗行为的监管，对使用非卫生技术人员、超范围执业等行为的医疗机构进行立案查处，共检查348户次，下达监督意见书696份。对显现职业卫生、放射卫生监督检查17家，下达监督意见书68份。加强市政供水、乡（镇）供水单位监督，共检查21户次，下达监督意见书42份。

【卫生立案结案】 2018年，县卫生监督部门共立案25起，结案25起，其中公共场所立案13起，结案13起；非法行医案件立案10起，结案10起；医疗类案件立案2起，结案2起。处罚金额9.5万元，其中公共场所案件处罚2.5万元，非法行医案件处罚6.5万元，医疗类案件处罚5000元，没收非法所得1.56万元。

（汤怀颖）

疾病控制及地方病防治

【疫苗管理】 2018年度，拜城县疾病预防控制中心（以下简称“县疾控部门”）协调全县各预防接种单位建立健全生物制品管理和使用制度，实现疫苗出入库、接种记录本、预防接种本、儿童信息系统客户端、儿童信息系统平台“五个相符”。

【疫苗接种】 2018年，县疾控部门开展免疫规划预防接种工作。全年卡介苗应种2132人，实际接种2048人，报告接种率96.06%；乙肝疫苗应全程接种2605人，实际接种2565人，报告接种率98.46%；脊髓灰质炎疫苗基础免疫应全程接种5735人，实际接种5606人，报告接种率97.75%；百日咳—白喉—破伤风三联疫苗基础免疫应全程接种3644人，实际接种3496人，报告接种率95.94%；白破疫苗应种4814人，实种4721人，报告接种率98.07%；麻风疫苗应种2613人，实际接种2551人，报告接种率97.63%；麻腮风疫苗应种3440人，实际接种3168人，报告接种率92.09%；A群流脑疫苗应全程接种2568人，实际接种2520人，报告接种率98.13%；甲肝疫苗应种3472人，实际接种3369人，报告接种率97.03%。

【入学入托儿童接种证查验】 2018年，县疾控部门分别于2月和8月2次对承担预防接种的各医疗机构疫规划业务专干、县直各小学、幼儿园负责接种证查验的兼职老师2次120余人进行入托、入学儿童预防接种证查验和疫苗补种专项师资培训。全县查验227所托幼机构和小学，共计查验

1.64万人，查验时无证4人，补证4人，补证率100%。其中托幼机构查验总数133所、查验新入学及转入学生1.17万人，查验时无证3人，补证人数3人，补证率100%；全县小学查验总数94所、查验新入学及转入学生4622人，查验时无证1人，补证1人，补证率100%。全县卡介苗、脊灰、百白破、白破、麻疹、甲肝、A群、乙肝疫苗补种率均达到95%以上。

【传染病监测与突发性公共卫生管理】 2018年，县疾控部门以控制甲肝、乙肝、麻疹、流脑、脊髓灰质炎、肺结核等传染病为重点，加强疫情报告和管理，逐步完善疫情报告网络直报系统，构建高效防控网络系统，确保不发生重大疫情。全年无报告甲类传染病。乙丙类传染病共报告16种2813例，发病率1133.62/10万；呼吸道传染病发病4种1827例，占总病例数的64.95%；肠道传染病发病3种26例，占总病例数的0.92%；血源及性传播疾病发病4种813例，占总病例数的28.9%；自然疫源及虫媒传染病1种91例，占总病例数的3.24%；其他非法定传染病发病5种98例，其中水痘56例、结核性胸膜炎30例、尖锐湿疣6例、AFP病例6例；均按《中华人民共和国传染病防治法》要求调查处理，没有发生因措施不力引起的传染病疫情蔓延现象，无传染病漏报、瞒报和谎报现象，避免疫情蔓延形成暴发疫情或突发性公共卫生事件。

【结核病防治】 2018年，县疾控部门全面落实国家、自治区惠民政策，严格落实自治区制定的相关文件精神，开展全面结核病防治工作，重点从“普查普治”和健康教育工作等方面严抓落实。自6月28日自治区人民政府改进完善全区新时期医疗卫生有关工作视频会议后，拜城县制定下发《拜城县结核病患者集中隔离治疗实施方案》，投入65万余元改造县人民医院原有病房，设立结核病集中收治病床56张，配备医务人员13名，其中医生5名、护士8名。利用“3·24”结核病防治宣传日，发放宣传单1万余份，悬挂横幅50余条，咨询1100余人，发放手提袋2000余份。在原有结核病防治惠民政策的基础上，将农牧民肺结核患者门诊报销费用提高到100%，住院费用提高到90%（贫困患者100%）。截至年末，全县结核病患者享受国家免费诊疗费用113.05万元，为患者提供营养早餐60.2万元。县各级医疗卫生机构结核病患者转诊率100%；疾控中心开展病人追踪率100%，追踪到位率91.85%，患者整体到位率99.06%；活动性肺结核患者系统管理率96%；TB/HIV检查率100%；新涂阳患者密切接触者筛查率97.6%；涂阳患者治愈率85.8%；复制涂阳、初治失败和2月、3月末未转阴患者痰培养率为100%。在病人督导、随访管理上，疾控中心严格按照《结核病防治规范化管理指南》要求，共督导乡级结核病防治工作10次，开展访视患者活动，保证每例结核病患者得到规范化管理治疗。

【碘缺乏病防治】 2018年，县地方病防治部门以“5·15”碘缺乏病宣传日活动为契机进行碘缺乏病进行宣传，悬挂横幅20条、宣传面板20个，发放宣传单2.5万余份、宣传折页2000张、宣传画500张，咨询200余人次，宣传手提袋1000个。全县15个乡（镇、场）学生和家庭主妇碘缺乏病防治知识知晓率分别为95%、98%。开展重点人群应急补碘工作，应补碘6149人，实际补碘6110人，投服率99.37%，未发现异常反应。对大桥乡、温巴什乡、拜城镇、托克逊乡、种羊场5个乡（镇、场）、20个行政村开展居民碘盐监测。共监测300户（碘盐296份、非碘盐4户），居民碘盐食用率为98%，碘盐覆盖率98%。并在地区协助下，对温巴什乡、大桥乡、老虎台乡、拜城镇、托克逊乡学生及孕妇开展碘缺乏病高危监测，学生监测200人，甲状腺肿大率小于5%，尿碘中位数254.55微克/升，孕妇尿碘监测100人，尿碘中位数239.3微克/升。对5个乡（镇、场）200名学生开展甲状腺肿大B超筛查及尿碘监测和100名孕妇进行尿碘监测及食用盐碘含量监测，甲状腺肿大9名，肿大率4.5%。在察尔齐镇、米吉克乡、布隆乡、赛里木镇对120名学生及60名家庭主妇开展碘缺乏病防治知识基线调查和效果评估。按自治区卫计委要求开展碘缺乏病现症患者个案调查，经调查发现148例病人，经自治区审核确诊113例（甲肿94例、克汀病19例）。为2.03万贫困农牧民发放食用碘盐补贴，按照每人3千克发放标准，共发放免费碘盐61吨。县财政自筹资金10.85万元购买加碘盐，按照每人2千克发放标准，共发放免费碘盐50吨。

【麻风病防治】 2018年，在第65个世界麻风病日，县地方病防治部门共悬挂宣传横幅18条，发放宣传单8000余份、宣传手册200本、宣传画300余张，咨询540余人。活动期间，县地病办组织县红十字会、民政局、残联、疾控中心对麻风病残疾和生活困难人员慰问，发放面粉、大米、清油、棉被及生活用品。

【包虫病监测】 2018年，县地方病防治部门开展包虫病筛查、犬驱虫及犬感染率监测，B超筛查9000人，完成项目任务的100%，对发现的包虫病人12人进行手术和药物治疗，对1.3万多条犬进行犬驱虫管理，调查1400多条犬感染率，感染率低于5%。计划完成驱虫犬次数4.8万次，共完成驱虫13.32万犬次。

【布病监测防治】 2018年，县地方病防治部门抽查4个乡镇（黑英山乡、大桥乡、察尔齐镇、种羊场）共监测各类高危人群444人，其中阳性14人，阳性率为3.2%。根据《拜城县人间布鲁氏菌病“三位一体”实施方案》要求，县地方病防治部门将布鲁氏菌病筛查工作纳入全民体检，共监测各类高危人群4908人，其中阳性60人，阳性率1.22%。感染率相对较高的乡（镇、场）有老虎台乡、亚吐尔乡；20—29岁、30—39岁、40—49岁年龄段感染率较高，男性感染率明显高于女性；农民、牧民明显高于其他职业。按照病人治疗管理要求，各乡（镇、场）卫生院能够及的将新发现的病人严格按照布鲁氏菌病诊疗指南纳入治疗管理，规范治疗管理率在95%以上。疾控中心定期对布鲁氏菌病病人治疗、管理情况进行督导。县财政拨付资金30万元，用于布病防治工作，发病率明显低于前几年。

【农村、城区生活饮用水监测】 2018年，县疾控中心利用项目资金，在全县开展农村、城区生活饮用水水质卫生检测工作，全年共检测84份水样，经过检测拜城县农村、城区生活饮用水基本达到国家生活饮用水水质卫生标准。

（武　梅　杨国平）

妇幼保健

【妇幼公共卫生服务】 2018年，拜城县妇幼保健院（以下简称“县妇幼保健部门”）管理孕产妇1836人，孕产妇系统管理率89.21%；筛查高危孕产妇1254人，高危筛查率68.3%；高危孕产妇住院分娩率100%；产后访视2049人，访视99.56%。0—6岁儿童保健管理25477人，保健覆盖率97.07%，3岁以下儿童系统管理8524人，系统管理率94.66%；对5岁以下儿童进行营养评价，5岁以下儿童检查1.79万人，检查低体重者437人，患病率2.44%。无孕产妇死亡；5岁以下儿童死亡44人，死亡率21.37‰；婴儿死亡21人，婴儿死亡率10.2‰。新生儿死亡10人，死亡率4.85‰。

【预防艾滋病、梅毒和乙肝母婴传播项目】 2018年，县妇幼保健部门加大艾滋病、梅毒和乙肝母婴传播项目预防力度，全县孕产妇1968人，孕产妇艾滋病、梅毒、乙肝检测、咨询人数1966人次，检测、咨询率100%，孕产妇孕期检测率99.89%，艾滋病感染孕产妇及所生儿童抗艾滋病毒药物服用率达100%以上，18个月龄艾滋病抗体检测率达100%，母婴传播率为零。梅毒感染孕产妇梅毒治疗率达100%，规范治疗率达73.33%，所生儿童预防性治疗率达100%，乙肝感染孕产妇21例，乙肝感染孕产妇所生儿童免疫球蛋白注射率达100%以上。

【农村孕产妇增补叶酸预防神经管缺陷项目】 2018年，县妇幼保健部门通过宣传栏，宣传资料等形式向准孕妇女及孕早期妇女宣传叶酸补服的好处，领取叶酸的程序及服用方法等。加强妇幼人员对项目知识的培训，要求对辖区内的待孕妇女进行摸底造册，并组织发放小剂量叶酸片，做好发放登记、信息归档及上报工作。将叶酸补服项目与免费优生优育检查工作相结合，提高育龄妇女对服用小剂量叶酸知晓率、依从率和服用率。免费增补叶酸3018人，服用率达99.96%，依从率为107.68%。完成任务数的100.6%。

【农村妇女宫颈癌筛查项目】 2018年，县妇幼保健部门利用医共体合作关系，与自治区妇幼保健院达成协议，请自治区妇幼保健院专家阅片。加强院内培训提高技能，成立技术指导小组负责该项目的筛查技术工作，选派医师到自治区参加项目培训班，明确各项制度规范，工作记录齐全。完成35—64岁农村妇女宫颈癌初筛4500例，初筛任务完成率100%，其中结果异常307人，完成阴道镜检查295人，取活检进行组织病理学检查139人，发现恶性肿瘤9人、癌前期病变41人。

【婚前医学检查及新生儿疾病筛查及听力筛查项目】 2018年，县妇幼保健部门开展免费婚前医学检查2968人，婚检率100%，检出患病人数167人。并按要求进行“一对一”的婚前医学指导。遗传代谢性疾病筛查人数1958人，筛查率99.49%；听力筛查初筛人数1879人，筛查率95.47%。

【优化服务】 2018年，县妇幼保健部门设立产科急救办公室，成立以妇产科、内科、医务科等相关科室人员为专家的领导小组。为使家庭经济困难及高危重症孕产妇能得到及时有效的医疗救治，降低孕产妇及围产儿死亡率，制定下发《拜城县救助贫困高危孕产妇实施方案》，设立贫困及高危孕产妇专项救助基金，加强妇幼保健机构内部管理和基础质量管理，加强重点环节、重点区域、重点人员管理，改进服务质量，确保医疗安全，开展孕期产后访视和全程跟踪随访服务，做到“孕前宣传教育服务、孕情监督服务，孕产期保健服务、产后随访服务”。产后访视2049人，产后访视率99.56%。加强产科质量管理与督查，开展妇幼保健专业技术人员业务培训，加强县人民医院产科急救中心建设，开展危急重症转诊模拟培训，畅通危急孕产妇及新生儿转诊“绿色通道”，有效保障母婴安全。为确保高危孕产妇有效管理，建立妊娠风险筛查与评估制度。县、乡两级保健机构负责开展孕妇首次建册，进行孕产妇风险因素初筛、评级，按“色标法”分类管理，对不符合本单位管理评级及分娩的转诊到对危重孕产妇救治中心。建立高危孕产妇专案管理制度，年内无1例孕产妇死亡。

【宣传教育】 2018年，县妇幼保健部门利用婚前学校与孕妇学校，定期开展健康教育宣传，加强健康教育宣传与业务培训。利用重大节日，通过建立健康教育咨询室、提供义诊咨询等形式开展“干部职工下沉”活动，向育龄妇女发放妇幼卫生宣传单、宣传册、宣传挂图等，举办集中式讲座4次，参加人员800多人。健康宣传活动3次，参加人员300余人。发放宣传单、宣传册等2000余份，发放宣传品400余份。针对夏季儿童意外伤害死亡频发，卫生局、妇联联合下发“珍爱生命、预防儿童意外伤害死亡”倡议书，发放至各个乡镇，利用周一升国旗的机会干部入户对群众进行宣讲，为有效降低儿童死亡发生率普奠定基础。对全县各基层医疗机构妇保儿保人员40余人次开展妊娠风险筛查评估，妊娠风险分类管理、孕期保健、危重孕产妇救治、流程、预案等培训工作，提高全县妇幼保健人员业务水平和工作能力。利用援疆资源开展专业人员培训，派送优质专业技术人员到上级单位培训，参加各类培训15次，接受培训660人次。

（巴哈古丽·托合提）

计划生育

【政策宣传】 2018年，拜城县计划生育委员会（以下简称“县计生部门”）设立拜城计划生育微信公众平台，在县广播电台设立计划生育专栏；将计划生育相关政策纳入县委党校培训计划中，受教育人次达270人；在各乡（镇、场）开展党的民族宗教政策、自治区新修订的《条例》、“少生快富”典型家庭宣讲会等活动156场次；将《条例》制作成微视频，并进行专业灌音，在各村（社区）循环播放；利用村级每周一升国旗、村民夜校等有利时机，开展计划生育法律法规、奖励优惠政策宣传510场次；开展婚育新风进万家集体婚礼15场，参加的新婚夫妇104对；开展贫困母亲救助活动、“生育文明户评选”表彰宣讲会、“5·29”计划生育协会纪念日、返乡大学生政策宣讲等活动64场次；举办计划生育知识竞赛32场次、计划生育文艺活动28场次，参加群众30万余人次；在18所学校建立青春期教育基地，开展计划生育知识进校园活动80场次，参加师生5.6万余人；将计划生育宣传标语及有奖举报电话嵌入1629个楼栋单元亮相牌中，在城区人口密集场所新建人口文化示范小区、人口文化园、人口文化社区10余个，营造良好人口文化氛围。

【全员系统建设】 2018年，县计生部门建立计划生育与公安、妇幼、疾控、民政、社保等部门数据核查比对机制，对2015年10月1日至2018年9月30日近三年新出生孩子信息、妇幼分娩活产信息、疾控乙肝第二针数据、城镇居民基本医疗、公安落户人员和非医疗机构办理出生医学证明数据进行核查比对，对重复录人、误差信息进行补录，做到实际出生人数和全员系统数据一致，核查后误差人数为零、数据准确率达99.5%以上。全县人口信息与公安户籍信息、教育幼儿园孩子信息、民政婚姻信息进行核查比对，全员系统人口个案信息与每户曾生育子女信息、违法生育人员信息进行核查补录；组织各乡（镇）开展流动人口清理清查工作，对流动人口数据进行核查比对，删除重复录入的信息86条，流动人口平台与全员系统平台数据保持一致。开展新一轮自治区计划生育优质服务先进单位创建活动，提升计划生育优质服务水平，全县13个县、乡两级计划生育服务站纳入基本医疗保险定点医疗机构。

【依法行政】 2018年，县计生部门制定印发《拜城县违法生育专项治理工作实施方案》《拜城县违法生育专项治理“回头看”活动实施方案》，开展历年来违法生育家庭清理清查工作；坚持依法行政、文明执法，在全县范围内组织执法人员开展“一对一”“一对多”“多对一”等形式的业务培训，提高执法人员工作水平及能力，对全县2018年计划生育违法生育案卷开展3次交叉检查，每次案卷交叉检查数量不低于案卷总数的80%，对有问题的案卷做到立查立改，对疑难案卷进行攻坚深挖，力争案件公平公正，杜绝发生优亲厚友、人情案、从中谋利等情况。全面开展违法生育案卷评查“大练兵、大比武”活动，规范执法，提高案卷质量；严肃查处计划生育领域出现的收押金、打“白条”、发错生育服务证、再生育指标审批等违纪违规行为，对违法生育、违规收养子女情况进行再次集中清理清查，重点摸排生育双胞胎、收养送养遗弃、特批再生育等情形的生育行为，做到敢于动真碰硬并张贴公示千余份《拜城县违法生育有奖举报通告》，接到违法生育举报5起，核实3起，均兑现奖励金。

【药具管理】 2018年，县计生部门规范避孕药具管理工作，开展国家免费避孕药具流入市场清理清查专项治理活动，定期不定期实地指导，并在全县范围内建立规范化药具库房。在大型企业、煤矿流动人口居多地配备二代身份证刷卡自动取套机17个，县、乡、村三级避孕药具自助服务发取机（箱）190个，在福乐城新增1台“互联网+”电子自动发套机，满足育龄群众的需求。

【利益导向】 2018年，县计生部门实施国家自治区计划生育奖励优惠政策，为1.11万户1650人面对面发放计划生育奖励金4730.7万元，其中，中央配套3772.74万元、自治区配套564.18万元、县级配套393.78万元。年内新增农牧民领证2898户，自动放弃生育三孩指标领取农村计划生育光荣证2898户，累计农牧民领证1.86万户，比上年提高7.77%；确定符合计划生育家庭子女享受升学加分政策362人。

【流动人口服务】 2018年，县计生部门提升流动人口均等化服务质量，流动人口计划生育手术免费服务率达90%以上，流入已婚育龄群众避孕药具免费发放率达90%以上，保障流动人口均等化服务工作落到实处。开展“把健康带回家”流动人口计划生育关怀关爱专项行动暨“健康幸福过大年”宣传活动，向流动人口健康家庭开展知识讲座、义诊咨询、政策法规咨询、赠送健康支持工具包等活动，形成全社会服务流动人口健康的良好氛围。做好返乡流动人口优质服务宣传工作，按时限进行见面谈话，发放宣传资料上千份，签订流动人口计划生育告知书，提供政策咨询523人次。

（龙雪蓉）

医疗

拜城县人民医院

【机构概况】 拜城县人民医院（以下简称“县人民医院”）是一家集医疗、教学、科研、康复、预防保健为一体的综合性二级甲等医院。总占地面积2.66公顷，有业务用房5.46万平方米。设有急诊、内科、外科、妇科、产科、儿科、新生儿科、骨科、五官科、口腔科、皮肤科、中医理疗康复科、血液净化等19个临床科室，有检验、放射、功能、内镜中心等医技科室9个。编制床位365张，开放床位500张。有正高职称14人、副高职称24人、中级职称35人、初级职称251人，专业技术人员占全院实有人员的89.11%。其中，医生171人、医技人员51人、具有执业证99人、执业助理证11人、护理人员174人（具有护士执业证165人）、财务人员22人、后勤保卫部30人、工勤技能人员36人。

【救治概况】 2018年，县人民医院做好患者救治工作。全年门诊量24.22万人，住院病人2.39万人次，出院病人2.36万人次，完成手术6064例（急诊手术1295例、择期手术4769例），微创手术1241例。急危重症抢救成功率89.5%；实际病床使用率109.11%；平均住院日7.66天。实施73个病种进行临床路径管理工作，临床路径病种人1.5万人次，基药使用占比67.89%；抗菌药物使用率41.69%，使用强度39.5DDD，I类切口抗菌药物使用率10.4%。全年实现收入1.38亿元。

【医联体、医共体建设】 2018年，县人民医院与阿克苏地区第一人民医院、地区第二人民医院、兵团第一师医院、自治区第六人民医院、浙江省温州市人民医院、新疆医学院、自治区人民医院、建立良好的医联体合作关系，与地区第二人民医院建立结核病专科联盟、胸疼中心，农一师医院外派2名骨干到县人民医院心内科工作。实施远程医疗及会诊，与医联体协作医院进行远程会诊302例。3月，与赛里木镇、拜城镇卫生院签订医共体协议书。投资600万元，对赛里木镇卫生院进行改造提升，改善乡（镇）卫生院就医环境。通过远程医疗服务，为乡（镇）卫生院进行心电远程会诊1001例，放射远程会诊8601例。

【新技术应用】 2018年，县人民医院口腔科成功开展“口腔种植牙手术”治疗项目，种植牙的临床应用，改变传统的修复方法，避免磨损邻牙的痛苦，同时解决齿槽骨严重吸收无牙颌修复难题，填补拜城县口腔种植牙手术的空白。内二科首次开展的冠状动脉造影术获得成功，此项手术是诊断冠心病的“金标准”，为冠心病诊断提供可靠的解剖和功能信息，为评价预后、介入治疗、冠脉搭桥术方案的选择提供科学依据，标志着县心血管病治疗技术迈进一大步。儿科开展的儿童康复评定及早期干预疗效观察分析项目，为脑瘫儿童的早期发现、早期规范干预提供技术支撑，打破县脑瘫儿童发现率低、转院率高的困境，填补脑瘫儿童预防治疗的空白。儿科开展的小儿支气管镜技术，可使许多隐藏在气管、支气管及肺内深部难以发现的疾病在没有体表创伤的情况下得以诊断及治疗，填补儿科开展的小儿支气管镜技术空白。

【护理服务】 2018年，县人民医院各科室皆有“特色服务”，一科一品牌，为患者提供优质服务，提高患者满意度，护理单元在2017年基础上，继续固化“6S精细化管理”，在温州市援疆指挥部的支持下，投入资金30余万元启动实施6S精细化管理项目，采取柔性援疆方式，从温州市中心医院引进护理专家开展现场指导6S精细化管理，整个过程包括“整理、整顿、清扫、清洁、素养、安全”为要素的6S管理。通过改进固化6S精细化管理，各科室杂乱无章的工作环境明显得到改善，所有物品都能规范摆放、物件能分类收纳，经过管理，改变工作环境、工作态度，提升工作理念和工作习惯，就医环境、工作效率大幅度提高。通过“迷你临床考核”，培养护理人员临床观察、操作、沟通等服务能力，提高专业技术水平。加大出院随访力度，为出院一周内患者提供贴心指导，每个科室每月随访率达出院病人的80%—90%，提高患者的信任度。在“5·12”国际护士节举办文艺会演，对参加地区护理技能大赛取得优秀奖选手、优秀护士进行表彰，并组织护理人员召开专题座谈会，提出为护理人员提高待遇。4月，举办自治区一类继续教育“质量管理工具在护理管理中的运用”培训班，培训全县护理工作者。

【医疗设备】 2018年，县人民医院引进大型医疗设备移动医疗体检车1台，为南疆首台。医院引进德国卡瓦口腔颌面锥形束计算机体层摄影设备（口腔CT）及种植系统，提升了口腔科整体设备水平，是第一家开展种植牙手术的县级医院。购进日本拓普康眼科YAG激光治疗仪，散瞳、免瞳一体机，高功率激光光凝系统，填补眼底病治疗空白；添置医用血管造影X射线机、便携式彩色多普勒超声诊断系统、德国史道斯妇产科腹腔镜。

【医疗科研】 2018年，县人民医院获得地区扶持资金项目2项、拜城县组织部人才项目立项4项，并评选出院级新技术、新项目二等奖2项，三等奖3项，鼓励奖3项，全院发表论文28篇。全年申报并举办继续医学教育项目5项，其中自治区级1类3项、地区级Ⅱ类2项，共计培训940人次。选派业务骨干赴疆内外进修、培训133人次。年内，县人民医院内二科举办自治区级1类继续教育项目“冠心病诊治及护理新进展”学习班，全地区心内科医师200人参加培训；超声科举办自治区级继续教育项目“介入性超声及超声新技术临床应用”学习班，全县各医疗机构、各乡（镇、场）卫生院超声科医师近百人参加培训。

（盛国玲）

拜城县维吾尔医医院

【机构概况】 拜城县维吾尔医医院（以下简称“县维吾尔医医院”）占地面积1.9万平方米，建筑面积1.14万平方米，是一所以中医维吾尔医为主、中西医相结合，集医疗、教学、科研、康复、预防、妇幼保健为一体的公立性医疗机构，为拜城县三类医保定点单位。2018年，有床位180张，实际开放230张，医院职工220人（含聘用），医疗技术人员占比76%。有高级职称6

人，中级职称16人。医师37人，其中执业医师25人、助理医师12人。中医维吾尔医临床医师29人、西医医师12人，护理人员60人（其中执业护士55人），药学人员12人（中医维吾尔医药学人员9人、西药人员3人），医技人员15人，检验人员9人。内设康复理疗科、内科、外科、妇科、皮肤科、门诊、急诊科、药剂科、医技科、财务科、医务科、精神科、公共卫生科、后勤科、行政科、护理部、保卫科17个科室。

【医疗质量管理】 2018年，县维吾尔医医院派出专业技术人员7人，分别到浙江省杭州市、温州市，自治区等地医院进修学习、轮训，长期和短期培训人次达22人次，发表论文28篇。开展抗菌药物专项治理，抗菌药物合理应用，使用率控制在40%；严抓病历质量，归档病历7337份，病案三天内归档率96.5%。组织参加疑难、危重等会诊20余次，提高医务人员综合素质和责任心，以监督环节病历为手段督促医务人员在收治患者的过程中重视一般查体、勤于和患者沟通，做到从细微环节杜绝安全隐患。年内，没有出现各种医疗事故，最大限度保证医疗安全。

【临床科室建设】 2018年，县维吾尔医医院按照中医民族医院临床科室设置要求，加强科室建设和管理。医院下设临床科室有外科、内科、妇科、皮肤科、康复科、急诊科，各临床科室的主任、护士长的配备均符合标准。各临床科室均有常见病、优势病种的诊疗方案，在临床上推广应用。临床治疗始终突出中医维吾尔医特色，中医维吾尔医药处方占门诊总处方比例达81.3%。特色治疗技术25种，均制定技术操作规范，保证治疗技术规范化，开展中医维吾尔医非药物治疗法，非药物治疗人次占门诊总人数的10.2%。编制专科优势病种和常见病的中医维吾尔医诊疗方案，优势病种以中医维吾尔医治疗率达80%以上。

【医疗护理】 2018年，县维吾尔医医院按照《护士管理条例》和医院“十三五”规划中的护理工作发展规划，合理配置护理人力资源，病房护理人员总数与床位数比例达到1:0.51，做到持证上岗，确保护理质量。开展优质护理示范工程，制定《优质护理示范工程活动实施方案》，3个临床科室实施优质护理示范工程。制订护理人员中医维吾尔医医药知识与技能培训计划、具体措施及常见病中医维吾尔医护理常规和护理技术操作规范，开展中医维吾尔医特色健康宣传教育活动，让患者认识和感受中医维吾尔医特色优势。

【医疗服务】 2018年，县维吾尔医医院诊疗病人2.9万人次，出院患者7337人次，其中治愈961人次，治愈率达到13.1%，好转6265人次，好转率达85.4%，转院196人次，死亡11人，抢救病人433人，平均住院天数9天，抢救成功率97%，床位使用率96.2%。全年业务收入2450.84万元，其中门诊收入407.3万元，住院收入2323.1万元，药品收入1619万元，住院次均费用2629.3元，门诊次均费用135.5元。对1.76万名辖区居民、学校学生进行健康体检。

【医共体建设】 2018年，县维吾尔医医院推进医疗资源逐步向基层医疗机构转移。4月，医院自筹资金343万余元，为大桥乡中心卫生院新建850平方米中医馆及会议室项目；6月，与大桥乡中心卫生院共建为“医共体”，选派6名医务骨干常驻大桥乡卫生院，开展医疗、教学、健康教育，进行实例病情分析，接诊门诊诊疗324人次，中医民族医门诊人次215人次，教学查房186人次，会诊疑难病例讨论32次，急诊诊疗67人次，业务培训42人次，开展健康教育693人次。

（杨　杰）

社会生活

民 政

【机构概况】 2018年，拜城县民政局（以下简称“县民政部门”）有在职干部35人，其中副科级以上领导干部（含虚职）8人，公务员及参照公务员24人，机关工勤1人，事业编制8人。内设办公室、社会保障科、社会事务科3个科室。下辖县社区建设领导小组办公室、县居民最低生活保障办公室、康宁福利院、殡葬所、社会福利院（下辖老虎台、察尔齐、米吉克、黑英山分院）8个事业单位。11月，民政局原优抚安置办所有工作移交给拜城县退役军人事务局。

【救灾救济】 2018年，拜城县全年发生风雹、洪涝等自然灾害6起，全年累计下拨救助资金385万元。灾害发生后，民政部门迅速响应救灾机制，深入重灾区核查灾情，从救灾物资储备库调取救灾物资，开展抗灾自救和群众、财产安全转移等工作。全年累计发放救济粮85.8吨、清油8385千克、大米25.1吨、取暖用煤5000吨，救济人口达2.34万人次。县民政部门在原有救灾物资的基础上，另加购50万元救灾物资，完善自然灾害救灾投入机制，加大救灾物资储备，提高灾害救助应急能力，做到资金、物资和救助措施“三到位”，确保群众生活和财产安全。

【城乡低保】 2018年，县民政部门按照自治区民政厅、财政厅《关于提高全区城乡低保标准的通知》，及时提高城乡最低生活保障标准，农村居民最低生活保障标准由每人3200元/年提高到每人3456元/年；城市居民最低生活保障标准由每人4752元/年提高到每人5136元/年，实现农村低保线与扶贫线“两线合一”工作。截至年末，为8894户1.96万名农村低保对象累计发放农村低保金4246.43万元；为2061户3848名城市低保对象累计发放城市低保金1386.02万元。1—10月，全县新增城乡低保户799户2290人（城市44户93人、农村755户2197人），清退城乡低保3060户5315人（城市795户1297人、农村2265户4018人）。

【城乡医疗救助】 2018年，县民政部门落实各项医疗救助政策，改善救助方式，开通医疗救助“一站式”结算服务，将低保对象、特困供养人员等重点救助对象个人自负部分纳入医疗救助，将因病致贫的建档立卡贫困人口纳入医疗救助范围。资助农村低保对象、特困人员参加基本医疗保险工作，对经基本医疗保险、城乡居民大病保险和商业补充保险等报销后个人仍有困难的群众，加大救助帮扶力度。全年城乡医疗救助共3701人，医疗救助金额达482.25万元，其中住院救助1335人次，支出医疗救助资金362.5万元；“一站式”服务住院救助2366人，救助资金119.75万元。

【临时救助】 2018年，县民政部门落实临时救助制度，规范救助标准和程序，为群众提供方便，给各乡（镇、场）拨付临时救助资金，根据群众困难情况，实施符合1000元以下救助的乡（镇、场）直接救助，困难较重的上报民政局审核进行救助，缓解群众突发性、紧迫性、阶段性基本生活困难，为城乡困难群众1032人实施临时救助，发放救助资金112万余元。

【流浪乞讨人员救助】 2018年，县民政部门落实生活无着流浪乞讨人员救助措施，与公安、卫生部门协调配合，坚持真情服务，对流浪乞讨人员做好劝导、劝返、提供救助服务，对流浪乞讨人员中的危重病人实行“先救治、后结算”的措施，做好流浪乞讨人员救助管理工作。全年累计救助流浪乞讨人员37人次，其中送上级救助管理站3人、县内救助34人次。

【“五保”老人与孤儿供养】 2018年，县民政部门推进“双集中”（到2020年实现有意愿“五保”老人全部集中供养、孤儿全部集中收养）和养老服务体系建设，提高服务标准。截至年底，全县集中供养“五保”老人281人、“五保”分散供养97人，集中收养孤儿194人，有意愿的“五保”老人和孤儿集中供养率100%，完成地区下达“双集中”指标任务。落实“五保”集中供养资金182.85万元，落实分散供养“五保”资金83.05万元，为孤儿194人落实供养资金177.49万元，“五保”对象和孤儿基本生活得到有效保障。

【助力脱贫攻坚】 2018年，县民政局制定印发《2018年民政兜底扶贫攻坚实施方案》，明确目标任务，细化责任分工，提出具体举措，开展农村低保和社会保障兜底脱贫对象认定清理工作。明确脱贫攻坚责任科室和责任人，落实人员、经费、办公场所等，推动综合社会保障兜底脱贫工作顺利开展。经识别，贫困建档立卡5347人，其中60岁以上老人1070人、未成年人1747（其中0—3岁185人）、重度残疾人127人、重病290人，其他2113人。2018—2020年，脱贫人口通过综合社会保障措施兜底2444人，已享受农村低保1193人，其中60岁以上的老人787人、重病人123人、未成年人121人（其中0—3岁104人）、重度残疾人67人，其他95人。全面掌握纳入低保兜底和建档立卡贫困人口的情况，对农村低保对象和建档立卡贫困人口实施动态管理，将符合农村低保条件的建档立卡贫困家庭，全部纳入农村低保范围，做到应保尽保并针对不同致贫原因予以精准帮扶。截至年底，深度贫困村综合社会保障兜底纳入农村低保42户133人，其中4户12人享受农村低保，2018年第二季度有38户120人纳入农村低保，从1月开始补发；建档立卡贫困残疾人721人，其中享受低保建档立卡贫困残疾人504人，享受残疾人“两项补贴”（贫困残疾人生活补贴和残疾人护理补贴）的建档立卡贫困残疾人504人，就业公益性岗位的建档立卡贫困残疾人17人。

【双拥优抚】 2018年，县民政部门广泛开展拥军优属工作，完善双拥优抚工作推进落实机制。利用重大节日，对驻拜军警部队开展慰问，送去慰问金30万元，各乡（镇、场）、基层单位共投入20余万元开展慰问。全年为186名优抚对象发放各类优待抚恤金310万元，对义务兵家属发放124.7万元家属优待金。为优抚对象拨付20.3万元进行康复疗养，对退役士兵自主就业开展一次性经济补助，组织16名自主就业人员参加退役士兵技能培训（驾校培训），及时兑现军休人员退休费和补助金80万元。

【基层政权建设】 2018年，县民政局根据自治区民政厅关于转发《民政部办公厅关于做好基层群众性自治组织特别法人统一社会信用代码赋码工作的通知》要求，对151个行政村和20个城乡社区基础信息、基层组织社会信用代码数据进行比对，对所有村（居）委会进行颁证。

【社团登记管理】 2018年，县民政部门加强规范社会组织登记管理工作，制定《拜城县打击非法社会组织专项行动实施方案》，严格名称审查，全年依法登记社会团体 2 家，注销 1 家，变更 1 家。完成第四次全国经济普查单位名录（社会团体、民办非企业单位）录入。截至年底，全县依法注册登记的社会组织 18 个，其中社会团体 11 个，民办非企业单位 7 个，注册资金总额 101 万元，会员从业人员数 1.02 万人。

【婚姻登记管理】 2018 年，县民政部门深入开展便民服务、文明服务、政策法规宣传服务活动，婚姻登记服务水平明显提升。新建 105 平方米的婚姻登记颁证大厅并投入使用。全年共办理婚姻登记 2477 对，其中，结婚登记 1309 对、离婚登记 270 对、补发结婚证 854 对、补发离婚证 12 对、维汉登记结婚 32 对。协助计生办开展计划生育法律法规政策宣传和优生优育、婚前知识及婚前检查等知识，全年累计宣传 2618 人次，婚前体检 1309 对。

【收养登记管理】 2018 年，县民政部门严格执行《中华人民共和国收养法》《外国人在中华人民共和国收养子女登记办法》有关法律法规，依法办理收养手续，全年办理收养手续 2 件，收养合格率为 100%。

【殡葬事业管理】 2018 年，县民政部门加强殡葬服务行业管理，开展殡仪馆文明窗口创建活动。全年建设公益性生态公墓共 46 处 9585 个墓穴。截至年底，第一殡仪馆安葬遗体 72 具、民族殡仪馆安葬遗体 194 具。接运遗体去阿克苏或库车火化 16 具，安葬孤寡老人 1 人，为困难群众申请丧葬补助 3 人，申请临时救助共计 1500 余元。倡导文明低碳祭扫，利用宣传栏、警示牌、横幅等，引导群众文明低碳祭扫，倡导骨灰树葬、花葬等生态葬法，制止纠正节日期间的违法装修老坟和超面积修建建筑性坟墓的行为。在清明节等节日祭祀人员较多时，安放“交通管制”“交通疏导”等提示牌，设立安全检查员（巡查员）、引导员，做好应急预案，引导群众文明祭祀，确保祭扫安全。

【福彩慈善事业】 2018 年，拜城县民政部门共设立 15 个电脑福利彩票销售点，3 个即开型福利彩票销售点，共销售 2700 万元福利彩票，争取 890 万元福彩公益金，用于社会福利事业。出台《拜城县加快社会养老服务业的实施意见》，研究制定政府购买养老服务、福利机构公建民营等政策措施，并开展试点试验，引导社会力量参与养老服务事业。为 80 岁以上老人发放高龄津贴 102 万元，投入 14 万元组织高龄老人免费体检，建立高龄老人津贴发放档案和免费体检档案。

【区划地名管理】 2018 年，县民政部门做好第二次全国地名普查成果转化工作，及时上报第二次全国地名普查有关资料，地名总条目 2489 条（行政区域类 15 条、非行政区域类 51 条、群众自治组织类 160 条、居民点类 707 条、水利电力通信类 141 条、陆地地形类 425 条、陆地水系类 20 条、交通运输类 186 条、纪念地类 169 条、建筑物类 18 条、单位类 597 条）。做好地名地址编码工作，对 6.1 万户村（居）民门牌进行编码，绘制 178 张地名地址编码图，建成地名地址库系统。对 6 个带有宗教色彩的地名名称进行更名，对大宛其管委会 7 个连队改制为 1 个行政村，种羊场 5 个连队改制为 5 个行政村。完成拜城县与巴州和静县边界联检工作，双方签订行政区域处理突发公共事件应急预案、行政区域界限管理联席会议制度和平安边界睦邻友好公约；完成中华人民共和国标准地名词典（新疆部分）和阿克苏地区地名图志（拜城部分）编撰上报工作；编撰完成 52 万字的《拜城县地名图志》和修改完善《拜城县行政区划图》，争取到 59 万元资金对印制《拜城县地名图志》《拜城县行政区划图》进行招投标。

（熊晓文）

人力资源和社会保障

【干部考核】 2018年，拜城县人力资源和社会保障局（以下简称“县人社部门”）组织开展全县干部考核工作，全县公务员（含参照公务员法管理）单位人员实际参加考核1564人，其中优秀等次393人、称职等次1017人、基本称职等次2人、不称职等次6人、不定等次146人。不参加考核6人。完成2018年度公务员、参照公务员管理单位科级及其以下人员年度考核等次及嘉奖审核审批工作。全县事业单位工作人员（含行政工勤、参照工勤）应参加考核6583人，实际参加考核6552人，其中优秀等次934人、合格等次4738人、基本合格等次21人、不合格等次252人、不定等次607人。不参加考核31人。

【公务员招录与选调】 2018年，县人社部门组织开展公务员招录和选调工作，共公开考录公务员72人，招录留疆战士44人。组织开展2018年县直单位面向乡（镇、场）公开选调工作人员工作，通过报名、资格审查、笔试、考察、调剂、公示等程序，选调43名优秀乡镇工作人员充实到部分县直单位。完成地直单位公务员遴选推荐工作，推荐全县机关事业21名公务员（参照公务员管理的工作人员）参加阿克苏地区地直单位公务员遴选。

【公务员信息化管理】 2018年，县人社部门组织开展公务员统计年报和信息管理数据库校核，2017年底实施公务员法单位29个，公务员1292人，实施参照公务员法管理单位42个，参照公务员444人，首次公务员统计实现数据库和年报系统信息完全一致。

【公职务职级晋升】 2018年，县人社部门落实职务职级晋升制度，协助组织部门对符合职务与职级晋升到副科级条件的27人进行摸底、考核、公示、审批，职务与职级并行制度使工作在基层一线的工作人员的待遇得到提升。

【事业单位人事制度改革】 2018年，县人社部门完成全县事业单位全员聘用第四个聘期有关工作。按照地区人社局要求，开展全县2018年度引进优秀人才工作，共引进11名优秀人才。办理全县事业单位新招聘234人的岗位等级确定和聘用手续，其中教育系统121人、其他系统113人。办理388人岗位变动手续，其中371人岗位等级晋升，17人岗位等级降级。办理82人解聘手续，其中30人辞职解聘手续，52人开除解聘手续。开展全县干部人才队伍基本情况摸底统计，建立事业单位人员信息数据库，完善事业单位管理信息系统。对2013—2018年机关事业单位及其他系统流失、流入人员情况进行摸底，完成2018年事业单位年报的汇总、上报工作。

【专业技术人员管理及职务评审】 2018年，县人社部门依据2005—2017年下发的评审、初定职文件规定，统计2005—2017年专业技术人员分年度取得任职资格情况，2637人取得初级职称。贯彻落实《关于对参加“访惠聚”驻村专业技术人员予以职称政策倾斜的通知》职称新政精神，实现全县“三类专业技术人员”、“三免”（“访惠聚”驻村、驻村管寺、学前双语“支教”的专业技术人员继续教育免学、计算机应用能力免考、职称晋升免答辩），办理免学免考审批手续。截至年末，全县共有专业技术人员5757人（高级职称271人、中级职称1167人、初级职称2756人、无级别1563人），其中事业单位专业技术人员5425人（高级职称248人、中级职称1091人、初级职称2523人、无级别1563人），企业专业技术人员332人（高级职称23人、中级职称76人、初级职称233人）。

【专业技术人员培养】 2018年，县人社部门抓好专业技术人员继续教育，督促指导各行业主管部门通知本单位、本部门专业技术人员参加继续教育学习，保障专业技术人员继续教育权利。实施自治区天山英才计划第二期培养工作，为第二期天山英才第二层次人选拨付培养经费5万元。根据2018年享受政府特殊津贴人选推荐工作要求，通过个人申报、县人社局初审，向地区人社局推荐1名2018年享受政府特殊津贴人选。根据地区《关于对阿克苏地区各系列（专业）中（初）级专家评委库人员进行复核的通知》，推荐和复核全县各系列（专业）中（初）专业技术职务任职资格评委会（学科组）专家评委库进行，共申报44名专业技术人员作为专家库推荐人选。根据自治区对职称统计要求，统计全县企事业单位截至2017年末专业技术人才队伍总数，分类别的专业技术人才队伍数，按性别、学历、年龄、专业技术任职资格级别、从业领域、部门（单位）的层级及性质等内容总数。

【军队转业干部安置】 2018年，县人社部门掌握军队转业干部分布情况，特别是不在本县居住的人员信息，为信息平台开通运行、信息采集打好基础。根据自治区统一安排，参加南疆片区退役军人和其他优抚对象信息采集培训班，利用自主择业军转干部信息平台，准确录入全县自主择业军转干部相关信息并做好年度登记。做好军转干部的安置和解困帮扶工作，落实好各项军转政策，开展节前慰问。

【就业和再就业培训】 2018年，县人社部门做好就业工作，全县开展“去冬今春”职业技能培训班18期，培训900人，包括建档立卡的贫困户学员333人，完成全年培训任务900人的100%。其中，西式面点师500人、中式烹调师50人、美发师50人、美容师200人、砌筑工100人。培训后通过各种途径自主创业、灵活就业580余人。

【工资福利】 2018年，县人社部门做好全县机关、事业单位工作人员工资年报统计、机关事业单位按考核结果晋升增资工作，审批全县事业单位“正常晋升薪级”5525人，机关（参照）单位“两年”考核工资1256人，机关（参照）单位“五年考核工资”207人。审核办理全县机关事业单位定级高定工资394人，职级晋升、技术等级变动工资364人，审核兑现低职务工资18人。办理全县机关事业单位县内调（流）动人员68人、公务员考录46人、事业单位引进人才15人工资核定工作。审核办理全县机关事业单位工勤人员退休28人并下发退休证和退休批复，完成全县机关事业一般干部及工勤人员78人退休（职）费核定工作。调整机关事业单位艰苦边远地区津贴标准，全县机关工作人员2334人符合调标，人均增资249元；事业单位工作人员5985人符合调标，人均增资248元。调整机关事业单位基本工资标准，全县机关工作人员2419人符合调标，人均增资261元；事业单位工作人员5978人符合调标，人均增资286元。完成全县执行人民警察法定工作日之外加班补贴、执勤岗位津贴兑现工作，全县政法专项编制内执行公务员工资制度的人民警察499人，人民警察加班补贴人均月增资233元；执勤岗位津贴人均月增资667元。

【高校毕业生登记服务】 2018年，县人社部门做好高校毕业生登记及服务工作。全年高校毕业生报到463人，先后3次从地区人力资源市场接收高校毕业生档案650份，为应届、往届高校毕业生出具调档函及档案证明，出具以调档函为依据的相关证明，为171名大学生办理档案转移手续，为61名人员出具相关证明，接待档案查询500余人次，接待毕业生咨询1100人次。从6月初至11月，通过查询户籍、电话回访核实、下乡实地调查摸底，登记核实2018届1071名离校未就业高校毕业生实名数据信息。

【劳动争议仲裁】 2018年，县人社部门依法受理劳动人事争议案件，推进仲裁机构实体化建设，加强案件分类处理和指导，规范办案程序及办案机制，提高办案效率和仲裁服务水平，维护劳动者合法权益。截至年末，处理各类劳动争议案件105件，立案105件，结案105件，涉案金额300余万元，涉及劳动者230余人，结案率100%。

【劳动保障监察】2018年，县人社部门加强劳动保障执法监察工作，推进劳动保障监察网格化管理，开展农民工工资支付专项检查，对643家用工单位进行劳动用工网上书面审查及备案，受理劳动保障违法投诉案件146件，化解143件，化解率97.9%；立案侦办6件，涉及支付工资和最低工资标准案件5件，涉及229人，追讨农民工工资592万元，涉及参加社会保险和缴纳社会保险案件1件，处罚金额3.21万元。加大《中华人民共和国劳动合同法》《中华人民共和国劳动法》宣传力度，结合劳动保障日常巡查、专项检查、劳动用工年审等工作监督检查；在建筑、餐饮服务等季节性较强、流动性较大的行业和加工制造等中小微企业中推行简易劳动合同等措施，增强用人单位与劳动者的劳动合同意识，全县各类用人单位与劳动者签订劳动合同签订率达96%。推动企业与职工就劳动报酬、工作时间、休息休假等劳动权益开展维护工作。

【养老保险】2018年，县人社部门做好养老保险工作。全县参加企业职工基本养老保险1.35万人，其中基本养老保险参保缴费9208人，征缴养老保险基金1.32亿元。截至年末，全县有企业离退休4348人，累计发放养老金1.32亿元；参加机关养老保险1.22万人，其中机关养老保险参保缴费9109人，征缴养老保险基金1.81亿元，机关离退休3141人，累计发放养老金1.95亿元；参加城乡居民基本养老保险11.77万人，个人征缴养老保险基金2549万元，享受待遇1.91万人，累计发放基础养老金2834万元。

【医疗、工伤、失业、生育保险】2018年，县人社部门做好医疗、工伤、失业、生育保险工作。全县参加职工基本医疗保险2.33万人，征缴医疗保险基金1.17亿元，支付医疗保险费5519万元；参保城乡居民基本医疗保险20.82万人，征缴医疗保险基金8334万元，基本医疗保险待遇支出1.12亿元。参加工伤保险1.48万人，征缴工伤保险基金1040万元，享受工伤保险待遇104人，支付工伤保险费834万元。参加失业保险1.48万人，征缴失业保险基金975万元，领取失业保险金人员48人，失业保险金支出28万元，医疗补助金支出13万元，技能提升补贴支出4.5万元，稳定岗位补贴支出8万元。参加生育保险1.67万人，征缴生育保险基金522万元，享受生育保险待遇385人，支付生育保险费322万元。

【社会保障服务】2018年，拜城县社会保险工作以创新“互联网+社保”经办模式为重点，加强“七险一金”管理，促进社会保险事业快速发展。探索“互联网+社保”的综合柜员制经办模式。将社保标准化经办流程固化嵌入“拜城12333”平台，参保对象在“网上大厅”提交申请，社保经办机构“点对点”审批，查询、经办、审批流程“透明化”“无纸化”，推行异地业务“不用跑”、证明材料“不用交”、表格信息“网上填”，方便参保单位和个人，实现“数据多跑路，群众少跑腿”。打造“社银一体化”生态圈。依托社保卡功能，构建银行、医疗机构和县、乡、村经办服务网络格局，搭建以社保牵头，银行、医疗机构相融合的庞大生态圈，形成社保平台提交制卡数据信息、银行受理申请办卡，医疗机构通过社保卡便民服务，群众用卡即时结算的“闭环”体系。修改和完善标准化体系，制定规范、科学、适用的各项标准169项，其中引用国标78项、企业标准10项、自主编撰行标81项。

【社保“先行城市”创建】2018年，拜城县推进社会保险标准化建设国家级“先行城市”创建工作。2018年10月16日，由人社部社保中心会同陕西省社保局、天津市社保中心、四川成都市社保局、自治区社保局、自治区质量技术监督局、自治区标准化研究院组成的验收评估专家组一行8人，试点验收拜城县国家级社会保险标准化建设“先行城市”工作，对社会管理和公共服务综合标准化试点进行中期评估。经专家组现场评估检查，拜城县通过人社部首批社会保险标准化建设“先行城市”试点验收及第四批社会管理和公共服务标准化试点中期评估。

（赵晓刚）

老龄工作

【老龄事业统计】 2018年，拜城县老龄工作委员会办公室（以下简称“县老龄委”）根据自治区老龄事业统计要求，统计全县老龄事业发展状况，并和各成员单位对接有关数据，于2018年3月初完成自治区老龄事业统计工作。统计结果显示，全县共有老年人2.23万人，其中男性1.14万人、女性1.09万人。农村老年人1.63万人，空巢老年人有690人，失能老人1856人，失智老人87人，“四老”人员1011人。百岁老人25人。

【老龄事业发展规划】 2018年，县老龄工作部门应对人口老龄化趋势，加快发展老龄事业。以县发改委的名义出台发布《拜城县老龄事业发展第十三个五年规划》。坚持“党政主导、老龄委协调、部门尽责、社会参与、全民关怀”的老龄工作方针，用实际行动适应人口老龄化的发展趋势。建立更加完善的社会养老保障体系，保障能力提高。完善老年人基本医疗保障体系，老年人医疗卫生服务水平提高。建立以居家为基础，社区为依托、机构为支撑的养老服务体系，基本实现90%的老年人在社会保障体系和服务体系的支持下通过家庭照顾养老，7%的老年人由社区提供日间照料和托老服务，3%的老年人入住养老服务机构。增加老年文化、教育和体育健身活动设施，扩大各类老年大学（学校）办学规模。健全和完善老年工作体系，建立职能明确，协调高效、社会参与的老龄社会管理体系。健全老年维权机制，老年人优待服务水平提高。发展老龄产业，形成初步规模的老年产业发展体系。

【高龄老年人基本生活津贴发放和免费体检】 2018年，县老龄工作部门做好高龄老人基本生活津贴发放和免费体检工作。截至2018年底，全县共有80周岁以上高龄老人1403人，其中80—89周岁1189人，90—99周岁196人。为80周岁以上高龄老人每月发放基本生活津贴8.66万元，截至年末，共发放高龄老人基本生活津贴103.88万元。投入13.92万元为80周岁以上高龄老人全部进行免费体检。

【老年优待证办理】 2018年，县老龄工作部门落实《自治区优待老年人规定》，对符合申请条件的老年人及时办理“老年优待证”。年内共办理优待证100本，累计办理“两证”9753本（优待证9144本、优惠证609本）。

【“敬老月”活动】 2018年，县老龄工作部门把“敬老月”纳入年度工作重要议事日程和考核内容，下发《关于深入开展2018年“敬老月”工作的通知》，紧紧围绕“营造敬老爱老社会氛围、纪念改革开放40周年”活动主题，全县各乡（镇、场）、各单位开展敬老爱老教育、走访慰问、老年维权、岗位敬老、重阳节趣味等形式多样活动。10月17—22日，拜城县组团参加地区举办第十一届老年人运动会，参与广场舞、柔力球、门球、国际象棋、中国象棋、乒乓球、钓鱼、台球等比赛项目8个。在团体项目中，台球获全地区第一名、广场舞获第三名、中国象棋获第四名、钓鱼获第四名、柔力球获第六名、乒乓球女子团体获第六名。1人获台球项目个人第二名，1人获中国象棋项目个人第三名，1人获台球项目个人第六名，1人获钓鱼项目个人第六名。拜城县代表团获优秀组织奖和体育道德风尚奖。

（崔海涛）

民族　宗教

民族事务

【民族团结进步创建】 2018年，拜城县民族宗教事务委员会（以下简称“县民宗工作部门”）制定印发《拜城县民族团结进步创建活动实施方案》《拜城县民族团结宣传教育“八进”工作方案》，细化责任分工，明确工作责任，把民族团结教育纳入党政机关干部政治学习计划，采取党校培训、全员培训、专题辅导等方式，分层次、分类别，按照不同群体抓好学习。利用横幅、宣传标语、黑板报、广播电视等各类媒体，在全县宗教活动场所、城乡各级中小学校、厂矿企业，宣传民族团结知识及民族团结先进典型事迹。截至年末，有自治区级民族团结模范集体2个，地区级民族团结进步模范集体18个；地区级民族团结进步创建示范单位2个；地区级民族团结进步教育基地1个，县级民族团结进步模范集体194个。国家级民族团结进步模范个人1人，自治区级民族团结进步模范个人6人，地区级民族团结进步模范个人42人，县级民族团结进步模范个人280余人。

【民族团结一家亲和民宗团结联谊活动】 2018年，县民宗工作部门以“民族团结一家亲”和“民族团结联谊活动”与干部进村住户走访“双覆盖”工作为抓手，推进民族团结结亲联谊活动。全县各级干部及个体工商户赴基层与4.25万户农牧民群众结对认亲，实现干部职工结对认亲全覆盖，促进各民族互相交流。通过联谊会、座谈会、茶话会、文体比赛等干部群众喜闻乐见的民族团结联谊活动，与各族群众交往互动，坚持互相往来、经常走动。组织干部职工与结亲群众开展“共同串串门、共同聊聊天、共同跳跳舞、共同唱唱歌、共同吃顿饭”多层次、多方式、多形式的联谊活动，推动形成干部走下去、群众请上来双向互动、交友联谊的良好氛围。全年开展各类民族团结联谊活动1.62万场次，组织走访互动、谈心谈话2259场次。

【少数民族发展项目】 2018年，拜城县争取少数民族发展项目8个，资金515万元，其中人口较少民族发展项目2个资金218万元（水利项目），传统手工艺项目（变更至黑英山乡亚吐尔村实施水利设施项目）1个47万元，存量项目5个250万元。项目管理费5.2万元，总计520.2万元。

【语言文字工作】 2018年，县民宗工作部门研究制定《拜城县国家通用语言文字普及攻坚三年工作方案》。通过行业部门抓，自我主动学、集中培训、结对互助学等多种方式增强学习效果，将推广普及国家通用语言文字作为一项社会系统工程，坚持“以党政机关为龙头、学校为基础、新闻媒体为榜样、公共服务行业为窗口、城乡居民为重点”的总体部署，做好国家通用语言文字学习运用。

（阿里木·库尔班）

宗教事务

【宗教活动场所管理】 2018年，县民宗工作部门按照清真寺优化提质工作要求，稳步推进宗教活动场所规范化建设，宗教活动场所硬件设施逐步完善，信教群众的合理宗教需求得到保障和满足。做好清真寺内部安全防范工作，落实敏感节点和常态宗教活动安全防范设施风险隐患检查，及时查找薄弱环节，堵塞漏洞，确保宗教活动场所安全和信教群众生命安全。

【宗教教职人员培训】 2018年，县民宗工作部门加强宗教教职人员的学习教育工作，推进社会主义核心价值观引领，弘扬中华优秀传统文化，加强对宗教教职人员、信教群众的教育管理。14批次选派宗教教职人员130人参加国家、自治区及地区集中培训。

【宗教教职人员关爱】 2018年，县民宗工作部门关爱宗教教职人员，全面落实医疗、养老保障政策，解决生产生活困难和问题。引导宗教教职人员和寺管会成员开展“学国家通用语言文字，用国家通用语言文字”工作，提高宗教教职人员综合素质和文化水平。

【宗教活动管理】 2018年，县民宗工作部门依法加强宗教事务管理，严格落实伊斯兰教讲经解经工作制度，规范讲经内容，确保宗教活动正常有序，宗教领域和谐稳定。规范宣讲内容，学习宣传习近平新时代中国特色社会主义思想，倡导宗教教职人员和信教群众坚持爱国主义传统，培育和践行社会主义核心价值观教育。

【和谐清真寺和先进爱国宗教教职人员评选】 2018年，县民宗工作部门加强宗教事务管理和规范，开展和谐清真寺和先进爱国宗教教职人员评选创建工作。评选县级“和谐清真寺”39座清真寺，评选县级“先进爱国宗教教职人员”45人。

【平安宗教活动场所创建】 2018年，县民宗工作部门把宗教活动场所平安创建工作纳入全县平安创建系列活动中，纳入宗教事务管理和服务的日常工作中，有效开展创建活动，促进全县宗教活动场所各项建设全面提升。

（阿里木·库尔班）

乡（镇、场）

拜城镇

【概　况】 拜城镇是一座有近2000年历史的古城，历史悠久，地理位置优越，同时是古丝绸之路北道重镇之一。1958年公社化时成立镇公社，1961年亚吐尔人民公社的布隆和乌斯开木管理区所辖的8个大队并入镇公社。1972年公社改为团结公社，1980年镇社分家，恢复拜城镇。拜城镇是全县政治、经济、文化的中心。东邻康其乡，西南与米吉克乡相连，北与布隆乡接壤，辖区面积120.15平方千米。城区东西长1.9千米，南北宽1.35千米，面积2.84平方千米，海拔1254.9米，全镇有耕地816.47公顷。2018年，辖16个城市社区、5个行政村。全镇常住总户数2.01万户，常住总人口5.01万人。5个村民委员会有22个村民小组，设69个网格。全镇核定编制总数248个，其中，核定行政编制54个，参照编制3个，事业编制191个，实有263人，其中行政73人、参公2人、事业188人。年内，招录军转干部10人、南疆四地州干部2人，引进内地高校毕业生8人。全镇坚持“一盘棋”，促进民族团结，维护社会稳定，经济建设、生态文明建设全面协调发展，城乡居民收入提高，群众的幸福指数逐步提升。

【经济概述】 2018年，拜城镇农村经济总收入1.66亿元，其中种植业收入2107万元，林果业收入94万元，畜牧业收入1.06亿元，第二、三产业收入3479万元，劳务创收296万元，农牧民人均收入1.36万元，较上年增加1014元，增长8.3%。

【农牧业生产】 2018年，拜城镇发挥地缘优势，全面落实各项惠民政策农作物田间管理，确保粮食种植面积，冬小麦播种面积158.46公顷，灌水面积158.46公顷；玉米种植面积521.98公顷，油料作物种植面积7.6公顷，蔬菜种植面积55.14公顷。庭院经济以养殖育肥为主，推进标准化羊圈

2018年拜城镇行政村基本情况一览表

表2

村名	党支部书记	村委会主任	合作社（个）	村民小组（个）	耕地（公顷）	人工草场（公顷）	牲畜存出栏数（头只）		粮食总产（吨）	其他产物总产（吨）	集体总收入（万元）	人均纯收入（元）	贫困人口	
							存栏	出栏					户数	人数
蔬菜村	买合木提·艾山	买买提·吐米尔	0	5	86.67	0	556	104	432	—	238.7	18642	20	66
肯迪克墩村	沙迪克·沙吾提	玉山·托乎提	3	5	140	3	2400	4311	846	—	16.4	14010	31	110
协力克买里村	托乎提·达比提	托乎提·达比提	1	6	216.5	0	1500	1000	2500	—	19.8	13875	0	0
铁提尔村	牙生·吾斯曼	牙生·吾斯曼	2	4	160	3	4085	5023	1308	1840	13.8	7640	21	89
吐孜贝希村	亚克亚·艾山	阿布都拉·吾守尔	0	2	213.3	0	6800	4140	1563	—	9	13907	27	105

2018 年拜城镇主要经济指标一览表

表 3

项目			单位	数据
农业	农村经济总收入		亿元	1.66
	经济作物	面积	公顷	620
		总产量	吨	1845
畜牧业	存栏		万头（只）	1.53
	出栏		万头（只）	1.45
	产肉		吨	784
林业	造林面积		公顷	57.8
	人工造林成活面积		公顷	66.67
广电	广播覆盖率		%	100
	电视覆盖率		%	100
	电话覆盖率		%	100
财政	总收入		万元	4124.69
	总支出		万元	4124.69
教育	中学		所	0
	小学		所	2
	教职工总数		人	37
	教职工职称	无职称	人	4
		初级	人	25
		中级	人	6
		高级	人	2
	在校学生总数		人	123
卫生	镇卫生院		所	0
	村卫生室		所	5
	专业技术人员		人	7
	床位		张	10
农机	推土机		台	—
	收割机		台	5
	播种机		台	47
	打草机		台	—
	其他机械		台	94
机车	拖拉机		台	357
	汽车		辆	250
人口	总人口		人	56816
	总户数		户	20087
	农牧民人均收入		元	12593
	人口自然增长率		‰	11.76
富民安居房			户	0

改建修缮等优惠政策及补给，完善动物疫病防控体系，确保畜牧业生产安全，提高畜牧业效益。牛羊总数达到 2.34 万头（只），家禽总数 2.96 万只（羽）。推广测土配方施肥、病虫害综合生物防控等农业技术，严格落实农机补贴，鼓励农民购置农机，推动农机作业由种植业向林果业转移，林果总面积 57.8 公顷，累计培训 20 余次，参与人数达 2500 人次。争取援疆项目资金 20 万元，为 25 户农牧民发放 1 万只油鸡鸡苗，成活率达到 95% 以上。抓好招商引资工作，建立肉牛标准化规模养殖场，总投资达 1700 万元。抓好粮食生产，加强农作物田间管理，提高单产效益，落实各项惠民政策，小麦总产量达 28.8 吨，总收入 306.22 万元；玉米总产量 6344.5 千克，总收入 1078 万元；设施蔬菜总收入 262.8 万元；瓜果收入达 220 万元。

【基层组织建设】 2018 年，拜城镇党委以深入开展党组织全覆盖年为契机，注重以党务、政务、警务融合为主导，整合便民警务站、网格化等平台，优化基层党组织设置形式，构建全方位覆盖的基层组织依法治理网络，使党的组织、群众工作覆盖到各领域。建立完善区域型党建机制，依托社区大党委，共建立社区网格党支部 69 个，楼栋党小组 151 个，对辖区不具备组建条件的新兴组织和民营网站下派党建指导员，所有便民警务站党组织应建尽建，形成“一个核心、多个堡垒”的组织新格局，让党的触角延伸到社区每一个角落。建立完善村“两委”抓村民小组带“十支队伍”联系千家万户和“社区大党委”管“网格党支部”用“楼栋党小组”联系城市居民三级组织体系。坚持以村级组织“星级化”创建管理和社区“四化”建设为“总抓手”，严格社区准入制度，在对村（社区）下达任务时，化繁为简、便于操作，明确工作标准、完成时限、具体举措，减轻村（社区）负担。以机关、村、社区党支部为单位，每周一次组织学习开展习近平新时代中国特色社会主义思想三十讲、新疆若干历史问题研究座谈会纪要和重要会议精神等内容，促使党员干部用新思想武装头脑、指导实践、推动工作，提升党员干部维护社会稳定和服务群众的能力水平。建立党建责任清单、任务清单、问题清单、整改清单四张“清单”，压实基层党建责任，增强基层党组织书记“主业”意识。

【人居环境整治】 2018年，拜城镇将人居环境整治纳入村规民约，利用每周一升国旗、入户走访、农民夜校等方式进行宣传和引导，制发人居环境整治倡议书，引导村民自觉做好院内、院外、屋内各“三件事”，养成文明卫生习惯，提高群众认识。开展进村入户宣传教育2650人次，发放宣传资料7443份，张贴宣传标语616条。采取“户集—村收—村转运”的垃圾转运机制，投入资金69.16万元，每户配备1个小型垃圾桶，建立16个固定巷道垃圾收集中心，广泛发动群众对村主要道路、路边林带进行垃圾清理，共清理农村生活垃圾数量1147吨；集中开展污水坑沟的清理工作，处理清理村内沟渠52.1千米；组织联户长定期对所辖河坝巡查，对违法倾倒垃圾的情况劝导，共清理淤泥数量129吨。抓好庭院整治。发动群众全面拆除危旧房屋，及时清理修缮院内院外残垣断壁、破损棚舍，拆除33户；种植区利用闲置土地合理种植葡萄、香梨、无花果等，养殖区畜禽集中饲养。完成“三改”1347户，未完成73户，完成率95%，落实睡觉上床、吃饭上桌、学习有课桌702户。小资金撬动大杠杆。发动群众投入到“三改”及乡村环境整治工作中，县财政投入50万元全部使用完毕；争取社会公益赞助水泥500吨，价值28万元；争取绿化植被2万元，文化宣传牌3万元，给排水管网200米，价值1.2万元；争取“访惠聚”后方资金15万元、水泥2680吨；各村群众自行投入共计800万元，建成水泥硬化路18千米，群众餐饮休闲广场1处，安置2户贫困户就业；建成40平方米污水处理池2处，受益群众62户220人，基本实现示范点农村道路的全部硬化，“脏乱差”面貌有效改善，村容村貌大为改观。

【群众工作】 2018年，拜城镇多形式、分层次、全覆盖开展宣讲教育活动。组织集中宣讲教育105场次，累积参加人数达6300人次。采取入户住户、走访谈话、座谈会等形式，倾听群众的想法和诉求，收集困难诉求，认真分析研判，建立困难诉求销号台账，能解决的抓紧解决、能解答的及时解答。坚持统筹安排、严格标准、规范流程、完善制度。各联户单元形成责任共担、权益共享、互帮互助、相互扶持的良好局面，发现并解决隐患问题379条。

【维护稳定】 2018年，拜城镇坚持以总目标为根本遵循和行动指南，采取入户住户、走访谈话、座谈会等形式，倾听群众的想法和诉求，树立“群众有理、干部有过、问题有解”的思想，全面收集群众困难诉求，认真梳理汇总、分析研判，建立困难诉求销号台账，能解决的抓紧解决、能解答的及时解答。共搜集解决困难诉求650条，解决634条，均向群众告知。以“培养法律明白人”为契机，持续提升群众知法明理的能力和水平，通过“县级宣讲、乡镇复制、到村实施”的形式，按照“谁来讲、对谁讲、讲什么、怎么讲、达到什么效果、讲不好怎么办”的流程，以镇党委书记牵头、政法书记负责，抽调3名工作人员，明确措施，持续组织群众宣讲。共开展宣讲312场次，覆盖人数达6.24万人次，全面落实“巩固年”各项任务，持续夯实维稳基层基础。

【脱贫攻坚】 2018年，全镇127名干部（镇科级领导38人、机关一般干部69人、“访惠聚”驻村工作队员20人）对99户贫困户全覆盖包联，结合贫困户实际有针对性地制定帮扶计划、帮扶措施，帮助拓宽就业门路、增加创收渠道，做到不落一户、不落一人。按照“五个一批”的要求，拜城镇做到因户施策、因人施策，对所有建档立卡贫困户逐人逐项分类扶持。通过举办职业技能培训等方式，加大贫困人口转移就业力度，累计转移就业93人，其中建档立卡贫困人口93人。按照“一户一人一技”培训目标，分类开展农村实用技术培训，确保贫困家庭至少有1名劳动力掌握一门就业技能。增加工资性收入。把发展产业作为贫困人口增收的核心，坚持宜农则农、宜果则果、宜牧则牧，完善产业扶持政策促农增收。通过发展畜牧业促增收。鼓励贫困户联合组建养殖合作社，托养等方式受益，推广扶贫牛托管养殖模式，培养专职放牧人，引导贫困户与合作社签订托管养殖协议，建立合作养殖长效机制，每头每年按不低于40%的利润向贫困户进行分红。

【安全生产】 2018年，拜城镇分别在16个社区、5个行政村成立21个微型消防站、21支应急队伍和志愿者应急队伍。每个消防站队员不少于6名，设备不少于8套。根据辖区平房区多且房前房后道路狭窄，消防车无法进入的情况下，采用设计改装消防摩托车的方法，经过反复演练，效果良好。11辆消防摩托车已投入使用。对辖区内605家小店铺、小作坊、8个重点居民区及人员密集场开展消防隐患排查整治活动。在全镇范围内持续不间断的开展农机安全生产大检查12次，坚持镇农技站指导各村自查与政府督查相结合，监督检查与严格执法相结合的原则，全面排查与重点检查相结合，及时有效管控安全风险，整治安全隐患34处，推动农机安全作扎实开展。

【理论武装】 2018年，拜城镇利用全民教育有利时机，加强思想理论教育。发挥部队警示教育基地和法治学校的阵地作用，加强对学员和教职工的党性教育，增强党性意识，牢固树立社会主义核心价值观和民族团结思想。组建“送理论到农家”义务宣讲队深入田间地头、房前屋后宣讲社会主义核心价值观和民族团结典型事迹，宣讲党的理论方针政策，通过义务宣讲活动，引导党员干部牢记党员身份，发挥先锋模范作用，做讲政治、有信念，讲规矩、有纪律，讲道德、有品行，讲奉献、有作为的合格党员。组织群众参观部队团史馆27次，开展到村（社区）宣讲活动274次，受教育群众达4.9万人次。

【计划生育】 2018年，拜城镇与县计划生育服务站联合对辖区内的所有社区、村每季度开展一次巡回义诊活动，围绕群众所需所求，推进优生优育服务，倡导孕前保健、开展避孕宣传等工作。加强计划生育宣传，开展“今冬明春计划生育知识巡回宣讲”，利用节假日大型宣传58次，参与者8300人次。采取周一升国旗、农牧民夜校学习、干部入户住户等途径开展计划生育知识宣传，全面提高群众知晓率。加强流动人口管理，杜绝工作死角，镇计生办指定专人录入全镇流动人口信息，并负责流动人口信息的接收和反馈工作。将流动人口清理清查工作纳入常规，开展由镇政府牵头，以计生办为主导，各部门协同的流动人口清理清查活动，摸清流动人口现状。

【宣传教育】 2018年，拜城镇把意识形态工作作为首要任务，纳入宣传工作计划并将具体任务分解到各村（社区）党支部，成立由党委书记任组长、党委委员、宣传干事任副组长的意识形态工作小组，组员由各办公室抽调业务能力强、政策领悟能力好、善于做群众工作的14名骨干组成，并成立4名成员的专项督查组，负责每月督查指导意识形态工作。按照每周走访一次要求，到结亲对象家中走访慰问。以楼栋、村民小组为单元，选择兴趣相投、话语投机的左邻右舍进行结对认亲，经常性深入结亲对象家中拉家常，加深彼此间感情。各级干部职工1765人与辖区6812户群众结亲。其中64名科级干部结亲335户，892名一般干部结亲3492户，657名专业技术人员结亲2562户，其他152名干部结亲423户；商铺与群众之间结亲430户，汉族与少数民族群众结亲1590户。

【共青团工作】 2018年拜城镇加强共青团工作。每月一次召开工作例会、每季度一次召开季度总结会来指导团干部、进行培训，下气狠抓基础团务规范工作，在团干部工作例会和培训中，做好基础性工作和，对团员发展、团费收缴、团员档案管理和组织关系转接、推优“入党”四项基础团务进行培训指导。落实团员发展程序、执行团员发展纪律、落实入团积极分子教育培养制度、从入团前规范档案管理，把好团员队伍“入口关”，上半年纳新团员14名。各团支部按时缴纳团费（每月主题团日活动后一周内交上团费）。镇团委设立档案专柜，负责管理团员一人一档；团组织关系按照“先网下、再网上”顺序，转出团委在收到回执单后，再在“智慧团建”系统进行网上操作。摸排28岁以下团员，并进行推优入党，经统计，递交入党申请书的团员共有60人，成为入党积极分子有31人，加入党员（预备党员）队伍的有17人。

（赵忠祥）

奥依巴扎社区居委会

【概　述】 拜城镇奥依巴扎社区成立于2001年，位于县城东侧，东起东大桥，南至交通路，西至建设路，北至解放路，总面积0.52平方千米。共划分3个大网格、9个小网格，辖区内共有居民1108户3181人，常住户1008户2928人。辖区内有人武部、试验站等4个机关、企事业单位。有商铺615间，出租商铺316间，社区工作人员27人（事业在编11人、自聘6人、县聘6人、计划生育专干2人、社保干事2人），有46个楼栋，居民共青团员8人，居民共产党员42人，楼栋长37人。

【工作概况】 2018年，拜城镇奥依巴扎社区采取多措并举，推进组团宣讲常态化开展及全方位多层级，有效组团推动宣讲深入人心，成立10人小组的组团式宣讲团，共发放宣传册1032余份，开展宣传教育活动45场次，受教育人数达2102人次。通过宣传教育，辖区内共有1540名居民参加全民体检，2021人参加全民参保，举办国家通用语言培训，参与335人，241名居民实现就业。本着“民思我想、民困我帮、民求我应，群众利益无小事”的原则，利用住户入户以及共驻共建单位进社区报到为契机，把为民服务时刻装在心中，着力解决居民困难诉求，紧急事情领着办、合理诉求立刻办、无理诉求函告办，共收集困难诉求185条，解决148条（其中解决公共安全类2条），帮扶解困类15条，民生诉求类131条。党支部按照定期开展主题党日活动，为老党员发放书籍报纸39余份，上流动党课2次。打造社区一社多品，把辖区内商圈、居住圈共同整个资源共同纳入网格，在温拜同心街打造网格党支部办公室以及党员活动室。

（于新华）

热斯坦社区居委会

【概　述】 热斯坦社区成立于2001年，位于拜城县老城区解放东路3号，东起滨河路，南至解放路，西至交通路，北至胜利路，总面积0.8平方千米。辖区内有邮政公司、工行拜城支行、信用社解放路支行、福乐城幼儿园4个机关、企事业单位，辖区居民2330户6172人。2018年社区共有干部31人，其中在编干部10人、县自聘7人、镇自聘1人、公益性岗位6人、社保专干3人、计划生育专干3人、天池计划1人。社区党支部党员64人，大党委所辖7个网格党支部，15个楼栋党小组，347名党员，楼栋长66人。

【工作概况】 2018年，热斯坦社区以宣传贯彻落实惠民政策为抓手，宣传教育引领群众，为辖区内居民群众解决困难诉求72条，为辖区内411户居民群众提供社会性保障住房，为辖区内生活困难家庭提供城市最低生活保障456户698人，组织辖区居民3500余人参加全面免费体检。利用升国旗宣讲九项惠民政策。每周一及重大节假日，组织辖区内居民群众、党员干部开展升国旗活动，以群众听得懂、接地气的语言，向群众宣讲惠民政策，为社区居民群众一一细数各项惠民政策给居民带来的实惠，使惠民政策落到实处。医疗惠民：社区组织居民群众召开全民体检动员大会，对于辖区内年老、行动不便的居民，社区联合中医院对居民进行上门体检，做到不漏户、不漏人，3429名居民参加全民体检。就业惠民：加强各族群众之间语言互学、文化互融，增进共同认识，提高就业率，促进各民族在生活和工作上的交流和了解，189名居民实现就业。利用国家通用语言夜校，提升自身素质。提高和普及居民群众国家性通用语言文字的使用水平，便于居民群众在日常生活工作中各民族相互交流交融，增强居民群众认同感，树立中华民族共同体意识，为维护新疆社会稳定和长治久安夯实思想基础。

（王　龙）

新苑社区居委会

【概　述】 新苑社区成立于2001年12月，辖团结路以东，建设路以西，解放路以北至奶牛场，包括第一中学、第二中学、团结小区、振科小区、人社局等10个机关、企事业单位。总面积1.2平方千米。辖区居民总户数1548户4064人。社区党支部党员60人，大党委所辖4个网格党支部，33个楼栋党小组，居民党员375人，楼栋长20人。2018年社区共有干部21人，其中在编干部10人、镇自聘干部5人、单位下派干部1人、公益性岗位干部3人、计划生育专干2人。

【工作概况】 2018年，新苑社区开展民族团结一家亲联谊活动，形成“月月有主题、周周有载体、天天有活动、夜夜有歌声”宣传氛围。集中教育培训辖区15—70岁的城镇居民，培训人数426人。在党员干部中开展每月为居民办一件实事好事活动，社区24名党员干部为居民办实事好事26件，社区24名党员干部结交不同民族朋友46名，开展各类交朋友活动128次，结对帮扶不同民族困难家庭25户，开展各类帮扶活动56次。开展党员先锋日主题活动，组织党员干部开展帮扶解困、志愿服务等活动，帮助弱势群体解决生产生活中的困难，发挥党员先锋模范作用。成立低保金发放领导小组，核清享受低保户16户25人，2类7户15人。为辖区755居民提供计划生育免费服务。加强党员的教育管理；每月按照不同主题开展“5+X”活动，提升党支部的凝聚力和战斗力。社区大党委下设4个网格党支部、6个楼栋党小组。2018年，网格党支部结合在职党员进社区工作，帮助社区解决实际困难26件。结合干部入户住户、“民族团结一家亲”、居民国家通用语言夜校、每周一升国旗等活动开展大学习87场次。成立低保金发放领导小组，核清享受低保户16户25人，2类7户15人。为辖区755名居民提供计划生育免费服务。

（王贵平）

英巴扎社区居委会

【概　述】 英巴扎社区成立于2001年12月，位于拜城县中部，东起大十字南，南至交通路北，西至商业街东，北至解放路南，辖区总面积0.5平方千米。辖区内有人民银行、寿险公司联通公司等7个机关、企事业单位。有居民1416户4183人。辖区内共有个体门面商铺229户（空房31户），经营的门面商铺198户437人。党支部在册党员59人，其中流动党员7人。

【工作概况】 2018年，英巴扎社区加强民族团结工作。干部分别与各族群众开展结对认亲活动，社区各类群体结对262对，开展各类联谊活动4场次。利用社区文化活动中心，组织好宣讲教育活动，做到“每天有活动、每周有载体、每月有主题”，通过草根宣讲员讲事例、知识竞赛学政策、文艺演出增知识等活动，将社会主义核心价值观、党的民族宗教政策、地方发展变化融入其中，组织开展各类文化活动20场970人次。通过升国旗、唱红歌，激发居民的向心力。采取“请进来”方式，每周按人群、片区分组，分时间段常态化开展大宣讲，由居民代表、典型模范上台，邀请共建单位、司法专干进行宣讲，开展大宣教活动32场次。

（杨黎明）

北大桥社区居委会

【概　述】 北大桥社区成立于2004年9月，位于拜城县城以北，东起博斯坦社区，南至台勒维丘河以北，西与原奶牛场相望，北与布隆乡接壤，总面积为1.5平方千米。辖区内有林垂午幼儿园1个、预制厂等3个，辖区居民1813户4943人。社区党支部党员47人，大党委所辖5个网格党支部，10个楼栋党小组，共有干部26人。

【工作概况】 2018年，北大桥社区始终把民族团结作为最大的群众工作，牢固树立民族团结生命线，探索推行“1234”，以一种各民族相互“嵌入式”的社会结构和社区环境，推进民汉共居，实现居住“嵌入”，建立民族团结自治工作和民族团结宣教常态2个机制，明确结对认亲、互动走亲、精准帮亲“三步”走，做实四个5+微行动：“五共”（共晒家庭合影、共享家庭聚会、共庆传统佳节、共参联谊活动、共约组团旅游）、“五学”（学普通话、学歌曲、学舞蹈、学技能、学风俗）、“五微”（参与“微行动”、抓好“微宣讲”、打造“微文化”、选树“微典型”、做好“微记录”）、“五好”（班子成员结对争当“好搭档”、干部职工结对争当“好同事”、左邻右舍结对争当“好邻居”、各族群众结对争当“好兄弟”、青年群体结对争当“好朋友”）。全年开展宣传教育108场、“舞台大家演”活动12场、“电影大家看”活动26场、“故事大家讲”活动3场、“好事大家赞”活动2场、“典型大家评”活动4场，商户结对认亲24对、楼栋长（巷道长）结对认亲17对、居民群众之间结对认亲304对，党员干部结对认亲79对。形成各民族和睦相处、和衷共济、和谐发展的良好氛围。

（宋　琰）

铁提尔社区居委会

【概　述】 铁提尔社区成立于2004年10月，以峰峰路、天辰路为界，辖区含资源路以东，团结路以西，峰峰路、天辰路以北，工业园区以南，西接拜城镇协力克买里村，包括第四小学、党校等12家行政事业单位、3个物业小区1个平房区、5家企业、7户个体商铺，辖区面积共计3.5平方千米。辖区总户数249户769人。社区工作人员16人，访惠聚工作队员5人，居民党员69人。社区大党委下设2个网格党支部、4个楼栋党小组。

【工作概况】 2018年，铁提尔社区构建党建引领下的新模式，将党建工作覆盖到网格，实行网格长兼任网格党支部书记工作模式：依托社区“大党委”工作机制，根据社区实际将辖区划分为两个网格，并成立2个网格党支部，4个楼栋党小组，小组成员均由居民党员、驻区单位党员干部组成。创新社区党建服务，社区党支部依托网格，设立“红色奉献”党员服务、“橙色护航”平安护卫、“黄色爱心”便民服务、“绿色希望”环境保护、“青色生命”健康守护、“蓝色智慧”法律咨询、“紫色便捷”流口服务7个服务项目，发挥党员主观能动性，结合居民群众生产生活中需要的服务事项及实际困难，社区组织各类服务队成员常态化的开展服务活动，排查各类风险隐患12个，化解矛盾纠纷21起，开展民族团结一家亲活动16场次，实现平安共建、群防群治。

（周　强）

花园社区居委会

【概　述】 花园社区成立于2005年，位于交通路6号，东起康其乡边界，南至307省道，西隔台勒维丘河，北临建设东路，总面积0.8平方千米。

辖区内有快乐双语幼儿园、地区水文站2个事业单位。共划分3个大网格，4个党小组，辖区内常住居民839户2561人。辖区内有商铺206间，出租商铺196间，社区工作人员17人（事业在编9人、镇自聘1人、县聘4人、计划生育专干2人、社保干事1人），7个片区，团员8名，党员41名。

【工作概况】 2018年，花园社区党支部严格党员发展程序，严把党员入口关，有计划壮大党员队伍，建强基层组织。抓党员干部教育管理，开展学习教育活动10余次，开展自查自省活动，党政廉风教育、谈心谈话50多余次。结合社区大党委，构建网格平面图，为无职党员设岗定责，共设置网格长3名，党小组组长4名，巷道长39名。同时发挥党员干部争先创优品质，设置党员示范服务岗，争做服务群众的表率，选出党员先锋岗9人。用好激励、推荐、回炉3项机制，以学、促、比相结合的方式，以周、月、季为时间节点，比出成绩、比出成效与能力，来督促国家通用语言学用的积极性。保障师资力量配备，科学制定教学计划，精准分班，定期研判改进教学方式方法，分类分层次多样式推进。社区参加国家通用语言学习学员617人，共分11个班，其中快班1个、中班4个、慢班6个，配备国家通用语言授课教师20人。

（韦　健）

协里克买里社区居委会

【概　述】 拜城镇协里克买里社区成立于2012年8月，位于县城城北新区，东起团结路，南至胜利路，西至资源路，北至幸福路，总面积1.8平方千米。共划分5个大网格，辖区内共有居民2266户6524人，常住户2087户6193人。辖区内有便民服务中心、财政局、排水公司、彩虹幼儿园等64个党政、企事业单位，商铺445间。社区工作人员20人（事业在编3人、自聘5人、县聘7人、计划生育专干3人、社保干事2人），有楼栋165个，团员3名，党员49名。

【工作概况】 2018年，协里克买里社区在创建“自治区平安县市”活动中，以社区“大党委”试点为基础，形成以社区党组织为核心，辖区单位党组织、党员共同参与的工作新格局。定期召开联席会议，着力解决辖区治安联防力量不均衡、扶贫帮困渠道少、流动人口清查难、党员教育资源缺乏等问题。辖区单位党组织发挥自身优势，协同社区党组织做好创建活动和宣传44场次，矛盾纠纷化解12个，安全生产隐患排查68次，消防演练28场等，携手共创平安社区。建立备案制、公示制度和奖惩制度等相关制度，通过党务公开栏等多种形式进行公示，自觉接受群众监督，并对群众意见、建议等进行备案。

（陈　静）

肯迪克墩社区居委会

【概　述】 肯迪克墩社区成立于2012年8月，辖建设路以西，团结路以东，交通路以南，环城路以北，总面积0.4平方千米。辖区内有机关、企事业单位7个。辖区有居民981户2712人。社区干部23人（在编7人、县编6人、镇聘3人、公益性岗位4人、专干3人）。社区党支部党员在册党员31人，大党委所辖4个网格党支部，7个楼栋党小组。

【工作概况】 2018年，肯迪克墩社区开展各项宣传工作，倡导文明向上的社会风尚、促进社区的精神文明建设。突出宣传主题，深化宣传效果，社区利用周一升国旗为全体居民进行宣讲，周一至周五以不同群体和不同年龄段分类宣讲，共宣讲254场次，参加培训11430人次，宣讲内容有党的各项惠民政策、民族团结、各项法律法规等。组织开展“庆元旦·迎新春”、“民族团结一家亲”、“民族团结大锅饭”、“三八”妇女节、“迎‘五一’、庆五四”、“党旗映天山——庆

‘七一’喜迎建党97周年”、中秋·古尔邦节联谊等大型活动，根据居民爱好举办广场舞排练及比赛活动，提高居民业余生活质量。加强组织志愿者服务队，社区共有6支志愿服务队30人，先后组织政策宣讲，帮老助残、清除垃圾、维护交通秩序、乱搭乱建整治活动等，促进相互关照邻里和谐的良好局面；开展精神文明创建工作，坚持每季度组织居民和学生进行民族团结事迹教育和爱国教育活动。发挥宣传阵地作用，利用宣传栏、宣传墙等引导教育居民，打造稳定和谐社区。

（茹大平）

团结社区居委会

【概　述】 社区成立于2016年，位于拜城县新城区团结路2号，东起团结路，南至环城路，西至西大桥，北到交通路，总面积0.8平方千米。辖区内有文体广影局、市政站、电视台等5个机关、企事业单位。辖区居民2040户6253人。社区支部共有党员46人，其中党员干部20人，居民党员26人。社区党支部党员46人，大党委所辖5个网格党支部，17个楼栋党小组，党员46名，楼栋长63名。有干部、职工共19人，其中31—40岁8人，41—50岁3人；中大专以下学历8人，大专学历7人，大学学历4人。

【工作概况】 2018年，团结社区本着“民思我想、民困我帮、民求我应，群众利益无小事”的原则，根据社区实际情况探索社区服务工作新方法、新路子，以求真务实之精神，为社区居民服好务。认真做好就业工作，全年提供就业岗位140个，帮助就业140余人。丰富居民群众精神文化生活，举办群众喜闻乐见的文化文体活动8场。完善工作体系，利用数字化社区、平安锁金钥匙超等平台，做好为民服务。推进医疗惠民工程，落实免费体检政策，社区全民体检达813人。坚持以民生第一的原则，以“访惠聚”工作和“两学一做”活动为契机，持续推进民生建设，群众生活改善，为民办实事好事37余件，慰问辖区困难群体70余人。落实城市最低生活保障制度和优抚政策，以亲民、惠民、富民为出发点和落脚点，按时按标发放最低生活保障金。建立残疾人康复中心，配备专门的残疾人康复指导员，为辖区残疾人提供免费康复宣传和康复训练。

（叶新洲）

前进社区居委会

【概　述】 前进社区成立于2016年9月，辖区位于万源步行街以东、新商业街以西、解放路以南、交通路以北，总面积0.5平方千米。辖区内有县第四中学。辖区居民525户1444人。社区党支部党员16人，大党委所辖2个网格党支部，2个楼栋党小组，党员16人，楼栋长8人。

【工作概况】 2018年，前进社区党支部在创建党员队伍活动中，以“党员干部队伍好”的要求为目标，每周一开展“两学一做”活动，成立“网格”党组织，结合“学习型社区”创建活动。在加强党员发展、教育和管理方面，开展社区“党员设岗定责”的同时，在职党员中开展“党员奉献在社区”活动。对社区内的在职党员、离退休干部、职工党员、无业党员的身份在居民中亮出来，以便更好地发挥党员的带头作用和先锋模范作用，也让党员的日常行为接受群众的监督，加强党群关系，通过此项活动使党员在社区发挥先锋模范作用。通过开展共建活动，使在职党员在社区发挥作用，定期召开党建联席会，向共建单位汇报每季度的工作开展情况。做好民政救济工作，帮助社区孤、老、病、残、特困家庭，逐户走访低保家庭，并填写走访记录。做到对低保户的初审、复审、申报工作，通过上下齐心努力，完成低保工作任务。截至年末，社区有低保户8户，做到应保尽保，严格把关，不符合条件的坚决不保。居委会成立低保评议小组，接受居民群众的低保申请后，通过认真调查摸底、入户核实、评议小组的评议，张榜公示，核实走访所有低保对象家庭、调查就业及收入变化情况，低保补差有升有降，管理实行分类，实行动态管理。

（张　霞）

胜利社区居委会

【概　述】 胜利社区成立于2016年9月，于12月1日迁至原民政局、教育局楼内，辖环城路以东，团结路以西，胜利路以南，解放路以北，面积1.1平方千米。辖区总户数1596户4491人。常住人口1459户4106人，出租户137户385人。辖小区5个、楼栋50个，有单位家属院1个、学校1所、商业街1条，有个体工商户245户，公司企业24家，社区有共驻共建单位6个。社区配备工作人员22人，其中在编12人、县自聘6人、镇自聘1人、劳保协理员1人、计生专干2人。划分4个网格片区。辖区有党员399名，有网格党支部3个（锦绣园小区、日新小区、世纪新城小区），楼栋党小组38个（锦绣园10个、日新20个、世纪新城8个），团员3人。

【工作概况】 2018年，胜利社区依托维稳服务中心，立足社区整体服务职能，分类制定服务菜单，将80余项服务分别以“代办服务”“‘一站式’服务”“上门服务”“预约服务”4种服务形式兑现，在简化办事程序、方便群众办事的同时，扭转干部作风，提高工作效率，激活社区大党委组织神经末梢。按照“不漏户、不落人”要求，定期集中组织开展群众困难诉求大排查，征集各类困难诉求68条，按照责任到人的原则分类予以解决。持续开展以结对认亲、互动走亲、精准帮亲为载体的“民族团结一家亲”活动。采取党员干部示范引领、牵线搭桥、自由结亲的形式扩大结对认亲覆盖面。并通过共照家庭合影、共享家庭聚会、共庆传统佳节、共参联谊活动等形式，做到互动走亲常态化。干部带头结亲20对，少数民族与汉族居民结对120对，引导门面店铺少数民族与汉族业主结亲198对。

（孙　亮）

幸福社区居委会

【概　述】 幸福社区成立于2016年9月，位于北苑路1号，东起喀普斯浪河，南至峰峰路、天辰路，西至团结路，北至迎宾路、幸福路、杏花路，总面积2平方千米。辖区划分为4个网格区域，大党委下设4个网个党支部，10个楼栋党小组，党支部下设党小组2个。有5个住宅小区、73个楼栋，共2276户，其中空房649户，实有1627户4810人，无业306人，退休人员216人，社区干部18人，共驻共建单位5家。

【工作概况】 2018年，幸福社区加强党员发展、教育和管理，对辖区内的在职党员、离退休干部、职工党员、无业党员，开展分类管理，使党员的身份在居民中亮出来，以便更好地发挥党员的带头作用和先锋模范作用，也让党员的日常行为接受群众的监督，加强党群关系，通过此项活动使党员在社区发挥先锋模范作用；通过开展共建活动，使在职党员在社区发挥作用，定期召开大党委联席会，向共建单位汇报每季度的工作开展情况，建立一个共驻共建的工作机制，突出一个便民利民的社区服务。加强社区居民自治建设，做好社区综合治理、文化教育、计划生育、环境卫生、社会保障等方面工作。打通“最后一公里”，结合社区党员、居民的分布情况，实行网上公众号约、网下电话办的方式，确保社区在服务与群众更近一步，提升居民的信息化支撑的现代化功能。截至年底，收集处理群众反映各类困难诉求110余件。通过开展共建活动，使在职党员在社区发挥作用，做好社区综合治理、文化教育、计划生育、环境卫生、社会保障等方面工作；累计开展在职党员走访慰问活动 60 余场次 1200 余人次。

（王 森）

清风社区居委会

【概 述】拜城镇清风社区成立于 2016 年 9 月，位于胜利路以北，台勒维丘克河西岸至人民医院，与北大桥社区隔河相望，总面积 0.7 平方千米。辖区内有县人民医院、许昌团结小学等 2 个企事业单位。社区共有干部 25 人（在编干部 10 人、县聘干部 4 人、镇自聘干部 5 人、公益性岗位 1 人、社保专干 2 人、计划生育专干 2 人、天池计划 1 人）。辖区总户数 2168 户（4 户平房拆迁）5504 人，其中实际住户 1969 户 5504 人。辖区内共有 48 个楼栋，分为 5 个大网格 24 个小网格 8 个楼栋党小组，组织关系在社区的党员 50 人，团员 8 人。

【工作概况】2018 年，清风社区发挥在职党员干部进社区 8 小时之外服务优势，为居民集中开展医疗保健、信访知识等宣传 12 次受教育群众 1200 余人。整合辖区各类资源开展为民服务工作，共建单位县人民医院在职党员干部为行动不便老人上门义诊 6 次 35 人，为辖区 128 名学生送去学习用品。推行办理业务“预约服务制”给前来社区办事的居民提供方便。在镇党委、社区多方协调下，平安夜市于 2018 年 7 月建成，占地面积约 9000 平方米，共设有民汉餐饮零售娱乐等 62 家商铺摊位，举办 2 个培训班次 130 余人参训；协调社会力量免费为夜市提供 600 套桌椅，解决辖区就业 72 人。以社区大党委建设为统揽，建立健全“镇党委 + 社区大党委 + 网格党支部 + 楼栋党小组”四级组织体系架构。做好发展党员工作，开展“五 +X”活动，组织支部党员每季度开展一次“书记讲党课”，提升党的凝聚力和向心力。

（李 江）

博斯坦社区居委会

【概 述】博斯坦社区成立于 2016 年 8 月，由原来的花园社区拆分而成，驻地管理范围处于城乡接合部，东临康其乡康其村，南至解放路，西临台勒维丘克河，北接布隆乡，辖区总面积 0.4 平方千米。辖区内有拜城县中医院、拜城县福利院、拜城县七彩花幼儿园 3 个企事业单位，商铺共有 63 家。辖区总共居民 709 户 2032 人。社区党支部党员 18 人、团员 7 人，干部 27 人，1 个大党委辖 6 个网格党支部，4 个楼栋党小组，楼栋长 37 名。建立 1 个网格党支部，6 个党小组，调动网格党支部成员、各党小组、辖区单位党组织和广大党员参与区域性事务的主动性和积极性。

【工作概况】2018 年，博斯坦社区打造显性党建特色，加强服务网格建设：社区党支部组建居民理事会和志愿者服务队及党员之家，促进群众自我管理、自我教育、自我服务。完善党小组会、党员大会的工作制度，使群众参与社区的事项决议。在干部服务、群众参与的过程中，为确保事项的公开公正，由居民理事会进行监督。结合环境整治工作，按照规范、有序、整洁、便利的理念，争取镇党委解决 20 吨水泥，社区居民自发捐赠沙子和石子，将巷道内未硬化的 1000 多米的路段进行硬化，解决 16 户居民“雨天一身泥”的窘相。深入推进便民服务。在棚户区针对车辆乱停、乱放的现象，利用巷道内比较宽阔的地带，修建便民服务停车场，为确保秩序，在每个巷道口专门设置限速警示和导向指示牌。为解决居民电动车充电问题，社区干部自行捐款 5700 元从网上购买 4 套充电设备。

（陈先柱）

滨河社区居委会

【概 述】滨河社区成立于 2016 年 9 月，位于建设路以东、滨河路以西、交通路以南、环城路以北，总面积0.7平方千米。辖区内有客运站、运管局、三中等9个机关、企事业单位。辖区居民1392户3938人，常住户1260户3592人。辖区共有楼房29栋，平房234间。廉租房527户1311人，公租房30户75人。社区工作人员25人（事业编10人、自聘9人、公益岗3人、社保干事1人、计划生育干事2人）。社区大党委辖4个网格党支部，1个社区党支部，12个楼栋党小组，党员251人。楼栋长47人。

【工作概况】 2018年，滨河社区以党建为统领，创新提出“智慧党建＋志愿服务”的工作模式，带动提升社区党组织服务能力和水平，居民对党组织的认同感显著增强，社区党组织成为服务群众、引领群众的坚强战斗堡垒。以网格为单位，以“党员＋团员＋群众”的模式，建立完善“1+1+3+X”（1指志愿服务站站长，即社区书记；“1”指志愿服务队队长，即网格长；“3”指志愿服务活动组织协调者，即网格员；“X”指若干志愿服务者，配备网格工作力量），与物业公司、共驻共建单位建立3支志愿者队伍，共69人。组织开展文明劝导、宣传教育、义务巡逻、矛盾调解、结对帮教、电器维修等志愿服务。为更好地增添服务动力，促进常态化开展志愿服务活动，通过7种途径扩充志愿者队伍。做好民政救济工作，帮助社区孤、老、病、残、特困家庭，逐户走访低保家庭。帮助20人实现就业，2694名居民参加全民体检，1521人参加全民参保，办国家通用语言文字培训班12期，参与人数585余名。整合便民警务站、网格化、“双联户”、共驻共建等平台，采取单独组建、区域联建、行业统建等方式建立党组织，共建立社区网格党支部4个，楼栋党小组12个，对辖区9家不具备组建条件的新兴组织和民营企业下派党建指导员。

（古丽其曼·艾莎）

铁热克镇

【概　况】 铁热克镇位于拜城县西北部，距离县城40千米，地处喀普斯浪河中段地域。东至乔格塔勒（拜城县种羊场和布隆乡），西至米吉克乡，南接拜城镇、米吉克乡、大桥乡，北临天山，铁热克镇因铁热克山得名。“铁热克”，维吾尔语，意为“杨树”。全镇东西南北纵横20多千米，所辖面积114.2平方千米。境内地域复杂，由于受山沟和邻近各乡牧区分割限制，形状极不规则，多数地方分布在铁热克山沟和台勒丘克河上游及喀普斯浪河两岸。海拔1600—2000米，属山区高寒、干旱气候。境内水源充沛，牧草繁茂。煤、铁、黏土、萤石、石灰石、页岩等矿藏储量丰富，其中以煤炭储量最丰、品质最佳而著名。境内有南疆第一温泉——铁热克温泉和铁热克森林公园，是县域内著名的休闲地和旅游地。2018年，辖恰木古鲁克村委会、铁热克村委会、苏干村委会3个村民委员会，1个农村社区（铁热克镇温泉社区），共有农牧民699户2170人，耕地面积523.8公顷。

【经济概述】 2018年，铁热克镇推动产业结构调整，贯彻新发展理念，落实高质量发展要求，以农业稳步增产、特色畜牧业发展、林果业提质、旅游业增效为动力，经济效益稳步提升，农民增收渠道拓宽。2018年，全镇经济总收入3375.8万元，其中种植业收入599万元，林果业收入28万元，畜牧业收入2417.8万元，二、三产业收入26万元，劳务输出创收305万元，农牧民人均纯收入1.34万元，比上年同期增加961.4元。

【乡村旅游】 2018年，铁热克镇以“温泉小镇”为核心，推动温泉康养、森林公园（蝴蝶谷）、美丽苏杭湿地公园建设，改善旅游环境和基础设施，促进乡村旅游有序发展。鼓励群众成立旅游服务合作社，以畜牧业发达的自然优势，为旅客提供骑马、摄影服务及新鲜安全的畜产品，组建旅游服务合作社1家，辐射带动周边群众40户。打造蔬菜

2018 年铁热克镇行政村基本情况一览表

表 4

村名	党支部书记	村委会主任	合作社（个）	村民小组（个）	耕地（公顷）	人工草场（公顷）	牲畜存出栏数（头只）		粮食总产（吨）	其他产物总产（吨）	集体总收入（万元）	人均纯收入（元）	贫困人口	
							存栏	出栏					户数	人数
铁热克村	克然木·买买提	亚森·吾斯曼	3	5	176	14.24	9922	2115	500	948	67.7	11350	43	135
恰玛古鲁克村村	吐尼亚孜·铁木尔	毛尼牙孜·艾力尼牙孜	3	3	222.7	10	4730	1540	469	538.2	33.1	13472	33	103
苏杭村	麦热艳木·肉孜	麦热艳木·肉孜	1	1	125.1	71	2060	465	134	25	4.5	13478	2	7

供应基地，结合温泉小镇建设及苏干村、森林公园景点建设，改造恰木古鲁克村 3 组 20 座老旧温室，为旅游景点及辖区厂矿企业提供绿色无公害的绿色蔬菜，扩大内需，带动本地群众致富增收。建设温泉小镇、森林公园、苏杭湿地公园旅游合作社，全年接待游客 1 万余人次，城乡道路、环境整治深入推进，出行更方便、环境更优美。

【民生改善】 2018 年，铁热克镇全年落实扶贫专项资金 16.79 万元，乡贫困户发放生产母羊 134 只、牛 1 头、饲料机械 3 台，建设小拱棚 2 座，实现贫困群体转移就业 29 人。以温泉小镇、森林公园、苏杭湿地公园餐饮旅游项目为内生动力，带动 23 户本地群众致富增收。通过招商引资项目，筹建卫星工厂 1 座，解决 40 余人就业，依托自身优势，转移富余劳动力 327 人，在思想、生活、生产上拓宽村民致富门路。教育优先发展战略顺利实施，教学质量稳步提升，3 名学生被重点高中录取，16 名高中毕业生进入大学校门接受高等教育。加大对老弱病残弱势群体和困难群体的社会救助力度，13 户 36 名困难群众新纳入低保，发放低保金 90.1 万元，为 7 名重病人员解决临时救助资金 1.3 万元。实施安居富民工程，新建安居富民房 20 户，完成农村改厕 108 座，为创建舒适优美的生活环境、整洁美丽的村容村貌奠定基础。加强企地合作，协调 X346 项目部、宏鑫煤矿、万通洗煤厂等企业帮助铁热克村 3 组修建通行桥梁，解决村民出行难题，搭建起农村通向发展的坦途，被村民称为“暖心桥”“发展桥”。

2018 年铁热克镇主要经济指标一览表

表 5

项目			单位	数据
农业	农村经济总收入		亿元	0.33
	经济作物	面积	公顷	84.71
		总产量	吨	165.2
畜牧业	出栏		万头（只）	0.41
	产肉		吨	242
林业	造林面积		公顷	298
	人工造林成活面积		公顷	298
广电	广播覆盖率		%	100
	电视覆盖率		%	100
	电话覆盖率		%	100
财政	总收入		万元	1040.65
	总支出		万元	1040.65
教育	中学		所	0
	小学		所	2
	教职工总数		人	33
	教职工职称	无职称	人	1
		初级	人	27
		中级	人	5
		高级	人	0
	在校学生总数		人	405
卫生	镇卫生院		所	1
	村卫生室		所	2
	专业技术人员		人	12
	床位		张	20
农机	推土机		台	0
	收割机		台	1
	播种机		台	38
	打草机		台	27
	其他机械		台	137
机车	拖拉机		台	154
	汽车		辆	0
人口	总人口		人	2170
	总户数		户	699
	农牧民人均收入		元	13472
	人口自然增长率		‰	2.34
富民安居房			户	20

【民族团结】 2018年，铁热克镇贯彻落实“巩固发展民族团结，当好加强交往交流交融的排头兵”具体要求，健全活动机制、丰富活动形式、深化活动内涵、提升活动成效，深入推进“民族团结一家亲”和“企地共建”活动，涌现一批先进企业、派出单位和民族团结进步先进个人，各民族交往交流交融的氛围更加浓厚。有效开展“民族团结一家亲”和民族团结联谊活动，统筹机关、站所、工矿企业、工作队原派出单位219名干部、职工包联结亲689户次，做到全镇干部群众结对认亲全覆盖，各级党员干部结亲入户、慰问帮扶、宣讲教育，真结亲、结真亲、真融情、融真情。利用主题板报、知识竞赛、悬挂横幅等多种形式，使民族团结教育贴近实际、贴近生活。创建爱心衣橱，送“衣”点爱心，捐“衣”点温暖，传递爱与关怀。

【群众工作】 2018年，铁热克镇深入开展帮扶解困服务群众工作，畅通群众反映困难诉求渠道，严格按照群众困难诉求收集登记、分析研判、分级解决、跟踪问效、公开公示、评议评价工作法，确保群众反映的每一条困难诉求都有人收集、有人解决、有人督办、有人告知，累计收集群众反映的各类困难诉求176条，其中需镇级协调解决的修桥、修路、灌溉等问题70条，需村级协调解决的修缮房顶、无劳动力翻地种田等问题107条，均给予解决、答复。

【志愿服务】 2018年，铁热克镇成立镇、村两级“小红帽”志愿服务队和为民服务事项评审团，对入户住户、日常走访、群众反映等方式收集上来的困难诉求逐一核查、评议、表决，并利用每周一升国旗进行公示宣布，接受广大群众监督，对符合条件的困难诉求及时组织“小红帽”志愿服务队开展帮扶，同时不定期对群众反映的困难诉求情况、群众满意度、“小红帽”帮扶情况等由评审团牵头逐一进行回访，认真听取群众的意见和建议60余条，确保把好事办好、实事办实。运行积分超市激发群众参与村级事务新活力，结合实际，按照“带头参加志愿活动服务类、带头参与村级事务管理类、带头助力村域发展类、带头奉献爱心类”推行村级积分超市，常态化让参与群众有积分得实惠，为132户村民兑换价值近1万元商品。

【访惠聚工作】 2018年，铁热克镇严格落实“访惠聚”驻村工作“1+2+5”工作机制，坚持“因人而异、按需施教”原则，建立“一对一”“一对多”结对帮带机制，坚持“按需设岗，以岗练兵”原则，根据后备干部优缺点、培养方向，设置不同岗位，使之在岗位上发挥最大作用。开办“相约国家通用语言半小时”学习栏目，对村干部及后备干部强化国家通用语言培训，提升村级后备干部队伍整体素质。持续精准扶贫助力脱贫攻坚，将保障改善民生作为“访惠聚”工作的着力点，扶贫方式由“大水漫灌”变为“精准滴灌”。全镇共78户贫困户脱贫64户。按照“一户一策”思路，通过干群结对子帮扶、转移就业搭桥、大病救助帮衬等，在扶贫攻坚工作中做出较大贡献。全镇干部按照科级领导干部（含“访惠聚”工作队成员）“一对一”、一般干部“二对一”的帮扶方式进行“捆绑式”帮扶，全方位促贫困户脱贫致富。镇党委、政府、工作队合力为贫困户、“四老”人员（老党员、老干部、老军人、老模范）和家中缺少壮劳力人员解决生产难题，参与群众春耕、组织夏粮秋收73.33公顷，协助村民卖粮增收80余吨；累计协调资金36万余元，铺设自来水管道3000余米，修建蓄水池4个，共214户728人受益。

【党的建设】 2018年，铁热克镇党委深入开展“两学一做”学习教育常态化、制度化，“聚焦总目标 作风再整顿”，党的十九大精神学习等专项活动，领导班子建设、干部队伍建设、党员队伍建设加强，党内政治生活得到加强和规范。规范党员发展流程，推进党建“项目化”工程，明确重点，细化分工，村级组织工作实现规范化、常态化、项目化运行。镇党委加强村支部书记的培养和选任，把政治强、能力强、敢抓敢管、群众威信高的干部选拔到党组织书记岗位上来，选派2名国家干部担任村党支部书记，选派8名乡镇机关、站所干部赴村任职。注重后备干部培养，将后备干部培养、发展党员作为永葆基层党组织战斗力、凝聚力的主要源泉，落实农牧民党员“25154”发展机制，发展预备党员6人，发展对象8人，入党积极分子15人，充实村级后备干部库。选拔储备村级年轻干部，通过驻村力量推荐、各类优秀人才自荐，建立“一对一”“一对多”的结对帮带机制，有针对性地制定帮带措施。以群众工作督导为抓手，以“零容忍”的态度监督执纪，全年立案查处违反政治纪律案件6起，党纪处理6人，组织处理57人，队伍得到净化、风气明显好转。

（张刚年）

赛里木镇

【概　况】 赛里木镇位于拜城县城以东30千米处。东与克孜尔乡相连，南与新和县以却勒塔格山为界，西与托克逊乡接壤，北依天山中段南麓群山。东西宽15.5千米，南北长70千米，总面积971.75平方千米，地势北高南低，北部为山区，南部为平原，平均海拔1201—1396米。307省道穿境而过，交通便利。属中温带大陆性干旱气候。年平均降水量88毫米。年平均气温8.5℃，1月平均气温-15.6℃，7月平均气温23.8℃，全年无霜期150—160天左右。北部林区有雪豹、旱獭、雪鸡等野生动物，山区储藏有煤、石油等矿产资源，为县域资源富集区之一，作为县内主要粮食生产基地，盛产小麦、玉米、马铃薯等作物，种植棉花、瓜果等经济作物。有较丰富的地下水资源，现代农业、设施农业较发达，为著名粮油生产基地、葡萄基地和奶源基地。地方民族文化、民间艺术、风俗习惯及传统手工艺制品有独特优势，民间歌舞赛里木赛乃姆、赛里木酸奶名扬疆内外。全镇耕地面积3896公顷，草场面积4.4万公顷，夏草场多分布在北部天山中高山区，冬草场多分布在低中山区。2018年，辖15个行政村、53个村民小组，总户数4527户1.82万人。全镇有党员634人，团员263人。有中小学7所、幼儿园7所，教师184人，在校（园）学生3659人。

【经济概述】 2018年，赛里木镇农村经济总收入3.24亿元，同比上年增加1632万元，同比增长5.3%，其中种植业收入1.17亿元，同比增加1170万元，增长9.9%，林果业收入2305万元，同比增加221万元，增长9.5%，畜牧业收入1.25亿元，同比减少1281万元。农牧民人均纯收入1.31万元，同比增收712元。

【农牧业生产】 2018年，赛里木镇农业产业结构优化，小麦产量8826.4吨、玉米产量1.31万吨、油菜产量352.5吨。种植核桃910公顷，林果业产量8151吨。加快畜禽、畜种结构调整，牲畜家禽养殖稳步增长，截至年末，产肉1583吨，产蛋344.5吨，产羊毛116吨，产牛奶446吨，畜牧业创收1.25亿元。第二产业收入2689万元，同比增加891万元，同比增长33%；第三产业收入3294万元，同比增加814万元，同比增长24.7%。新特产业得到发展，成立赛里木镇老酸奶加工合作社，从业人员5人，月销售量1000余盒，带动周边贫困户就地就业，月收入达3700元，采取“合作社+养殖基地+农户+市场”发展模式，实现种养循环的现代农牧产业一体化链条。

【民生建设】 2018年，赛里木镇深入实施九项惠民工程，各族群众的获得感、幸福感、安全感明显提升。转移农村富余劳动力就业3700余人次，其中稳定就业1600人，引导自主创业37人，劳务创净收入2153万元，比上年增加182万元，

2018 年赛里木镇行政村基本情况一览表

表 6

村名	党支部书记	村委会主任	合作社（个）	村民小组（个）	耕地（公顷）	人工草场（公顷）	牲畜存出栏数（头只）		粮食总产（吨）	其他产物总产（吨）	集体总收入（万元）	人均纯收入（元）	贫困人口	
							存栏	出栏					户数	人数
硝尔买里村	热合曼·艾力	热合曼·艾力	4	5	241	46.6	4607	2579	1474	1375	7.2	13430	173	740
乌希买里斯村	肉孜·米吉提	司马义·达比提	4	5	395	122.3	11191	5931	3811	2683	19	14199	10	30
夏合买里斯村	热合曼·牙森	热合曼·牙森	0	6	323	68.5	3003	1591	2981	2220	8.4	13706	8	24
拉帕村	木塔力甫·依米提	木塔力甫·依米提	1	4	270.6	45.1	1857	984	2642	1655	6	13325	11	44
赛里木村	买买提·肉孜		5	3	188.5	36.1	3085	1635	2373	1313	3.2	12684	153	588
喀拉敦布拉克村	坎吉·托合提	坎吉·托合提	0	3	225	32.1	2485	1317	2260	1201	9.1	13071	0	0
托克买里村	买合木提·阿巴斯	木塔力甫·艾山	1	4	177	25.7	1784	945	1697	1504	7.8	12434	10	38
托喀其买里村	买买提·依不拉音	阿力木·吐尼亚孜	3	3	372	19.8	3680	1950	3738	1019	1.1	13921	5	16
明吉格代村	司马义·艾沙	司马义·艾沙	1	3	266	63.7	2650	1404	2778	1097	7.2	13606	0	0
喀拉亚尕奇布拉村	库尔班·吐尼亚孜	阿力木·阿布拉	2	3	247	22.1	1743	923	2761	1100	1.2	14066	12	43
布干村	库尔班·伊扎克	库尔班·伊扎克	0	3	241.4	39.1	2130	1128	2654	1421	5.4	14231	11	40
库台买村	毛尼亚孜·那曼	毛尼亚孜·那曼	0	3	275.6	70.8	1847	978	2804	1230	18	14385	11	41
英巴格村	吐尔孙·艾沙	吐尔孙·艾沙	0	4	201	60.2	2958	1567	1698	1647	5.6	12522	13	50
英买里村	阿巴拜克热·阿布里克木	阿巴拜克热·阿布里克木	1	2	159	33.9	1393	738	1442	974	6	13708	1	9
英赛买里村	塔力甫·艾海提	塔力甫·艾海提	1	2	198.8	56.2	1592	843	2034	1418	5.4	12918	0	0

增长 8.4%。全镇 7 所幼儿园常态开班，68 名教师配备到位、1368 名幼儿应入尽入，入园率达 100%。实施全民健康体检工程，累计体检 9142 人，体检率达 100%。统筹开展人口和计划生育工作，深入开展违法生育专项治理，发放计划生育补贴 405.15 万元。全面实施全民参保计划，做到全民参保、应保尽保，参保率达 100%。865 户 2091 人享受农村低保，发放低保金 284.3 万元；为 18 名“五保户”发放补助 7.78 万元；为 80 岁以上 106 位老人发放补助 4.3 万元；发放优抚金 1.1 万元，临时救助 35 人，发放救助金 1.85 万元，对生活困难的 328 户家庭发放生活物资 10.48 吨。

【脱贫攻坚】 2018 年，赛里木镇争取上级扶贫资金 1321.73 万元，实施贫困项目 21 个，实现 258 户 1012 人脱贫，硝尔买里村、赛里木村 2 个深度贫困村整村退出。全镇转移输出贫困人员 316 人，208 人签订务工合同，实现长期稳定就业。建成 10.66 公顷特色林果业园、10 公顷黑枸杞种植示范基地、13 个黑木耳种植大棚、112 座小拱棚、1 座 50 吨冷库、5 座 20 吨烘干房，养殖合作社和牛羊托管所正常运行，灯笼加工、扶贫车间有效带动 45 户贫困户增收脱贫。重新发包开发 29.33 公顷土地，提供 26 个公益岗位。实施生态补偿扶持 2 人就业，低保贫困户、残疾贫困家庭 338 人享受“两项补贴”，实现应纳尽纳、应兜尽兜。全镇 30 名贫困大学生享受“木扎提河”助学金，492 名建档立卡适龄人员全部就学；440 户 1754 名贫困人口参加免费体检，享受医疗补偿 17.5 万元。

2018 年赛里木镇主要经济指标一览表

表 7

项目			单位	数据
农业	农村经济总收入		亿元	3.24
	经济作物	面积	公顷	355.28
		总产量	吨	2536.5
畜牧业	存栏		万头（只）	4.70
	出栏		万头（只）	2.49
	产肉		吨	1583
林业	造林面积		公顷	62
	人工造林成活面积		公顷	57.04
广电	广播覆盖率		%	100
	电视覆盖率		%	100
	电话覆盖率		%	90
财政	总收入		万元	2050.9
	总支出		万元	2053.2
教育	中学		所	1
	小学		所	6
	教职工总数		人	184
	教职工职称	无职称	人	21
		初级	人	114
		中级	人	39
		高级	人	10
	在校学生总数		人	3659
卫生	镇卫生院		所	1
	村卫生室		所	15
	专业技术人员		人	41
			人	1
	床位		张	48
农机	推土机		台	0
	收割机		台	42
	播种机		台	285
	打草机		台	39
	其他机械		台	2480
机车	拖拉机		台	1301
	汽车		辆	308
人口	总人口		人	18199
	总户数		户	4527
	农牧民人均收入		元	13461
	人口自然增长率		‰	6.59
富民安居房			户	389

【富民安居】 2018 年，赛里木镇坚持“政府主导、农民主体、援疆支持、社会帮扶”思路，改扩建 90 平方米以下的住房，提升改造 90 平方米以上房屋，优先考虑贫困户，低保户建房，四类人员新建面积控制为 60 平方米，减少贫困户，低保户等生活困难群众的建房成本，坚持“面积实用、功能提升和降低成本，不因建房而返贫，不因建房增加负担”原则，加强组织领导、落实工程质量、建筑标准和 7 个 100% 要求，全面完成各项任务。制定《赛里木镇 2018 年安居富民实施方案》，控制建房价格，每平方米控制在 720 元以内；四类重点对象国家补助 4.4 万元（中央补助 1.52 万元 / 户，自治区 8000 元 / 户，对口援疆省补助 2 万元 / 户，地州补助 895.85 元）；一般户国家补助 2.93 万元（自治区 1.85 万元 / 户，对口援疆省补助 1 万元 / 户，地州补助 895.85 元）。落实“三个一”和“三个清”（即一户一方案，一户一个明白卡，一村一个工程质量农民监督团队；做到建房户对所建房屋布局和功能清，惠民补助和自筹资金清，工程质量、施工要求和竣工、入住时限清）。安居富民工程建设任务 389 户（贫困户 6 户、低保户 142 户、“五保户”1 户、一般户 240 户），其中新建 80 户，改扩建 309 户，总补助资 1362.53 万元。安居富民电子档案录入 389 户，电子档案录入率达 100%，完成纸质档案 389 户，完成率达 100%。

【赛里木老酸奶】 赛里木镇酸奶历史悠久，据考证，3000 年前当地居民就已经开始制作酸奶。当地农牧民以家庭养殖的牛所产的牛奶为原料，采用传统工艺技术制作，由于当地无任何工业污染，环境处于原生态状态，奶源纯净无污染，制作过程中不加任何添加剂，所产“赛里木克特克”（“克特克”，维吾尔语，译为“酸奶”）牌酸奶属于原生态纯天然绿色食品，其外观呈乳白色或稍带黄色，表面光滑，凝乳结实，组织细腻，质地均匀，酸甜适口。赛里木镇通过打造“合作社 + 养殖基地 + 农户 + 市场”的发展模式，扩大黄牛养殖规模，推进产业扶持，提高产量，实现养殖循环的现代农牧产业一体化链条。2018 年，全镇奶源奶牛存栏 6051 头，年产鲜奶 380 吨，制作酸奶的农牧民有 128 户，日产“赛里木克特克”

牌酸奶1280碗，年产酸奶450吨。

【文化引领】 2018年，赛里木镇落实意识形态工作责任制，开展习近平新时代中国特色社会主义思想和党的十九大精神进万家活动，开展社会主义核心价值观教育，各族干部群众听党话、感党恩、跟党走的信心更加坚定。全年累计开展各类比赛125次，参与人数8.7万人次。开展全民宣传教育活动1000余场次。国学进校园活动广泛开展，传统节日开展各类活动400余场次，参与人数9万余人次。深入实施文化惠民工程，以开展全员教育培训为载体，文化、科技、卫生、法律等服务下乡活动常态开展，文化活动中心、爱国教育基地、村民服务活动中心配套设施完善、常态开放，群众性文化活动更加丰富多彩。评选优秀“文明家庭”15户、“平安家庭”15户、“每月之星”12人，推选“感动拜城十大人物”4人、“最美阿克苏人”1人。

【民族团结】 2018年，赛里木镇紧抓民族团结宣传教育不放手，“民族团结一家亲”和民族团结联谊活动制度化常态化开展，“五个认同”、中华民族共同体意识进一步筑牢，各民族交往交流交融的氛围更加浓厚。稳步推进“五个嵌入”，深入开展“四同”和“十个在一起”活动，国家通用语言文字教育持续加强，各族群众共居共学共事共乐的良好局面持续巩固。开展“民族团结一家亲”和民族团结联谊活动，举办“我身边的感人故事”故事会、“我们都是一家人”“大美新疆·大爱故事”“民族团结从我做起”“寻找好声音·唱响新时代”等主题宣讲活动和“党的十九大精神进万家”活动。各级党员干部下沉基层、真情融入，走亲、探亲、帮亲实现常态化，全镇各级干部共结对认亲3327户，各民族交往交流交融更加深入。

【乡村振兴】 2018年，赛里木镇按照产业兴旺、生态宜居、乡风文明、治理有效、生活富裕总要求，建立健全城乡融合发展机制和政策体系，加快推进农业农村现代化。加强农村环境卫生整治，解决农村突出环境问题，改善农村人居环境，推动实施乡村振兴战略，坚持示范带动，重点打造示范村。全镇改厕1289户，改厨2350户，改居976户。19户家庭获县级“美丽庭院”称号，1户家庭获地区级“美丽庭院”称号。持续改善农村人居环境，新建富民安居房389套，修建村内部道路110千米，改造饮水管网10.3千米，新建惠民超市2个。修建防渗水渠7.42千米，新建村民服务活动中心6座，安装路灯1500盏，22个村民小组实现美化亮化。

（马海军）

察尔齐镇

【概　况】 察尔齐镇位于天山中段南麓木扎提河上游南岸，拜城县西部，距离县政府驻地直线距离48千米，省道307穿镇而过，地理位置优越，素有县“西大门”之称。东与大桥乡、温巴什乡接壤，南与新和县及兵团农一师五团相连，西与温宿县博孜墩乡交界，北与大宛其管委会、老虎台乡、种羊场毗邻，东西长50千米，南北宽30.26千米，辖区总面积1513平方千米。镇人民政府驻地巴扎村。全镇有耕地6325公顷，实际耕地4733.33公顷，草场5.35万公顷，林场1266.67公顷，果园300公顷，是一个以种植业为主、林果业为辅的乡镇。2018年，辖13个行政村，69个村民小组，总户数4897户，总人口1.83万人。辖区内有卫生院1所、派出所1个、小学7所、初中1所，教师229人，学生3777人。

【经济概述】 2018年，察尔齐镇农村经济总收入达4.9亿元，比上年增加7084万元，增长17%。种植业收入达2.36亿元，比上年增加4008万元，增长20.4%，畜牧业收入1.85亿元（占农村经济总收入的38%），比上年增加3075万元，增长20%，林果业收入3350万元（占农

2018 年察尔齐镇行政村基本情况一览表

表 8

村名	党支部书记	村委会主任	合作社（个）	村民小组（个）	耕地（公顷）	人工草场（公顷）	牲畜存出栏数（头只）		粮食总产（吨）	其他产物总产（吨）	集体总收入（万元）	人均纯收入（元）	贫困人口	
							存栏	出栏					户数	人数
孜尔克里克村	付崇运	付崇运	2	6	944	0	2900	991	16038	0	30	19475	0	0
恰克其村	亚库甫·马木提	亚生·热合曼	0	7	769	202.3	4609	1630	10522	17385	104.63	12988	12	33
喀依库拉克村	麦尔顿江·艾拜不拉	艾尼瓦尔·吾布力	1	6	768	3.33	5159	1080	5269	6108	47.59	11675	5	21
阿热硝尔村	艾则孜·亚森	阿不来提·阿不力孜	0	5	633	2.67	2335	1520	8171	6570	68.78	16716	13	44
巴扎村	卡哈尔·局曼	艾克拜尔·艾尔肯孜	0	10	491	11.81	2350	1479	5840	1495	47.11	10386	16	47
兰干村	阿不都外力·库尔班	艾尔肯·赛麦提孜	2	7	582	25.24	4210	2312	6363	4331	87.68	12945	23	76
博孜村	阿肯木·木合塔尔	艾斯卡尔·阿布都热依木	0	7	1301	40.36	11386	2314	14204	11263	203.11	13304	4	17
木扎提村	依米提尼亚孜·托乎提	依米提尼亚孜·托乎提	1	3	1043	95.6	9886	2974	11093	10338	167.40	21718	0	0
博斯坦村	古扎努尔·哈力克	艾尼瓦尔·艾力	1	4	769	69.52	5188	1051	14826	15300	228.76	18400	13	31
依力克其村	阿布都肉苏力·艾沙	阿布都肉苏力·艾沙	1	4	818	22.53	5953	1052	8382	9199	135.82	17484	1	3
红旗村	苏力但·依司马伊力	玉素甫·沙依提	0	3	860	202.2	7967	993	9294	17725	153.17	19398	0	0
阿克布隆村	阿不都萨拉木	阿布都艾尼·艾沙	0	4	839	2.07	3832	1037	8487	1819	30.26	15634	0	0
吾斯塘布依村	艾克木·艾依提	艾克木·艾依提	1	3	1141	270	4400	1023	12696	1742	170.80	20072	2	3

村经济总收入的 6.8%），比上年增加 1010 万元，增长 4.3%，第二、三产业收入 3526 万元，劳务创收 1485 万元（占农村经济总收入的 3%），比上年增加 521 万元，增长 54%。农牧民人均纯收入 1.46 万元，比上年增加 1078 元，增长 8%。

【基层组织建设】 2018 年，察尔齐镇全面推进村级党总支建设，建立 2 个村级党总支，形成“一总多支”工作格局。统筹推进新兴组织党组织全覆盖，单独组建党组织 1 个，挂靠、联合组建新兴组织党组织 3 个，选派党建指导员 14 人，推动党的组织和工作“双覆盖”。坚持强村抓示范、中村抓规范、弱村抓整顿，健全完善党建示范点抓巩固提升、村党支部抓规范运行、软弱涣散抓整顿“三张清单”，提升基层党组织规范化建设水平。严格落实“三务”公开，以“四议两公开”为抓手，推动村级组织运行规范化、制度化。坚持典型引领，示范带动，打造地区级党建示范点 1 个，县级党建示范点 2 个，召开县级党建现场推进会 2 次，镇级现场会 4 次，形成以点带面、辐射带动、整体提升、全面进步的良好局面。

【党员干部队伍建设】 2018 年，察尔齐镇落实一线工作法，机关在职干部三分之二下沉到村开展工作，重点向软弱涣散村和深度贫困村倾斜，选派 34 名干部到村下沉锻炼。对各村办公场所进行规范整合，将阵地改造成图书室、绿色网吧、谈心谈话室、红色影院、儿童娱乐室等群众活动室，发挥村级阵地“吸引群众、教育群众、服务

2018 年察尔齐镇主要经济指标一览表

表 9

项目			单位	数据
农业	农村经济总收入		亿元	4.9
	经济作物	面积	公顷	187
		总产量	吨	103275
畜牧业	存栏		万头（只）	7.02
	产肉		吨	3780
林业	造林面积		公顷	106
	人工造林成活面积		公顷	103
广电	广播覆盖率		%	100
	电视覆盖率		%	100
	电话覆盖率		%	100
财政	总收入		万元	1812.47
	总支出		万元	2152.51
教育	中学		所	1
	小学		所	7
	教职工总数		人	230
	教职工职称	无职称	人	98
		初级	人	93
		中级	人	29
		高级	人	10
	在校学生总数		人	3813
卫生	镇卫生院		所	1
	村卫生室		所	13
	专业技术人员		人	26
	床位		张	48
农机	推土机		台	14
	收割机		台	49
	播种机		台	186
	打草机		台	19
	其他机械		台	2048
机车	拖拉机		台	1529
	汽车		辆	392
人口	总人口		人	18354
	总户数		户	4814
	农牧民人均收入		元	14643
	人口自然增长率		‰	11.5
富民安居房			户	446

群众、凝聚人心”的作用。开展村干部国家通用语言强化、素质提升、选拔培养工程，建立“N+1”捆绑帮带机制，对全镇 13 名村级党组织书记覆盖式轮训，推荐 49 名村级后备干部参加县委党校封闭式国家通用语言强化培训；采取“1 月党校强化 +1 月跨村实践锻炼”模式，培训村干部、后备干部。把好党员“入口关”，严格落实《察尔齐镇培养联系人和入党介绍人责任追究办法》，倒逼培养联系人和入党介绍人发挥作用。发展党员 63 名，确定入党积极分子 86 名，接受入党申请人 263 名。

【脱贫攻坚】 2018 年，察尔齐镇按照“规划到村、帮扶到户、责任到人”的总体思路，因地制宜，突出特色，培育支撑贫困人口增收致富的优势、特色产业。采取“分类指导、区别对待、因户施策、逐户落实”方法，实施有针对性扶贫，增强群众脱贫致富“造血”功能，提高农村扶贫对象收入水平和自我发展能力。收集整理贫困户反映的各类热点、难点问题 86 条，对其中涉及民生的问题按照，短、中、远三期进行分类，制定相应解决措施，向县扶贫办申请到村类项目 1 个，入户类项目 7 个，帮助喀依库拉克村新建牲畜棚圈 20 座，每座补助 8000 元，建设实施各类民生项目 9 项，投入资金 144.4 万元。为贫困户提供就业岗位信息 500 余个，实现就业 320 人，人均增收 3000 元以上。

【林果生产】 2018 年，察尔齐镇坚持把发展特色林果业作为促进发展农村经济的战略举措，推进特色林果业持续发展，提高综合效益。全镇有林地面积 2270.46 公顷，其中防护林 1405.53 公顷，经济林 865.93 公顷（核桃树 641.2 公顷、杏树 166.66 公顷、西梅树 35.03 公顷、苹果树 23.03 公顷）。杏树挂果面积 160 公顷，平均亩产 1100 千克，总产 2650 吨。林果业收入 3350 万元。推进双向示范园管理，97.53 公顷高产果园由 11 名镇领导干部分片管理，创建标准化示范园 200.8 公顷。预防护林春尺蠖面积 807.86 公顷，防治核桃腐烂病 641.2 公顷，使用石硫合剂量 12 吨；预防杏树梨小食心虫面积 166.66 公顷，预防杏树桑白蚧面积 166.66 公顷，预防防护林杨蓝叶甲面积 1404.53 公顷。

【富民安居】 2018 年，察尔齐镇坚持坚持“乡镇问题、一户一档、全程管理、确保质量”原则，建造抗震安居房 446 户。重点在房屋面积达标、户型结构合理，配套功能完善，庭院改造上下功夫，改善群众生产生活条件，将喀依库拉克村定位为安居工程建设示范村，通过政策补贴措施，坚持高起点，高水平、高效益的规划建设原则，按照新时代社会主义新农村建设10—20年不落后要求，结合镇村实际，把实施安居工程、乡村规划、水、电、路、通信、就医、就学、文化娱乐等基础设施配套及村容村貌综合环境整治相结合。全镇建设446户（其中贫困户新建26户，一般户危砖房改新建62户，面积不达80平方米房子贫困户改扩建106户，一般户改扩建252户），竣工446户，竣工率达100%，入住446户，入户率达100%。农村改厕810户，规范放置垃圾桶1472户，村级垃圾箱14个，完成房前屋后清污清淤1267户，创建“美丽庭院”10户。人居环境整治不断加强，村容村貌进一步美化。

【社会事业】 2018年，察尔齐镇坚持“以人民为中心，为民服务”工作理念，继续完善民政社会保障体系建设，建立完善城乡低保、“五保”供养、灾害救助、临时救助保障线。发展农村社会事业，加大新型农村合作医疗、加大各项惠民生项目组织实施，全面宣传惠民政策，投资520万元实施村级“亮化工程”、国家通用语言教学基地建设、村级阵地建设等惠民生项目。发放残疾人“两项补贴”资金23.61万元，减免残疾人家庭农业水费89.53公顷8.46万元。为生活困难群体发放救助面粉3600千克、大米1080千克、菜籽油360千克，慰问困难群体75户136人、发放扶贫碘盐2675吨，发放救助煤324吨。城乡低保及“五保”供养工作持续规范管理。清理不符合低保政策条件的157户272人。纳入新增低保人员64户149人。享受农村最低生活保障的660户1154人，享受城市最低生活保障的29户涉及49人，发放农村低保资金246.22万元，发放城市最低生活保障资金23.35万元。确定分散“五保”对象17人，发放“五保”供养资金11.74万元。全年人口自然增长率11.5‰，人口出生率16.5‰，享受计划生育各类奖励、优惠政策1650人，发放金额800万元。

【民族团结】 2018年，察尔齐镇始终高举各民族大团结旗帜，将同吃一桌饭、同唱红歌、同台竞演，喜事同贺、生产互帮、有难互助融入人们的生活工作中。引导各民族相互信任、相互尊重、相互学习，共建美好家园。注重引导青少年的民族团结意识，推进民族团结教育进机关、进学校、进医院、进社区，结对认亲实现“三个全覆盖”。全镇753名各级党员干部职工与3466户各族群众结对认亲，累计开展各类联谊和文体活动419场次，举办座谈会16场次，解决困难诉求1181条。开展“破陈规、除陋习”工作，加强对群众的宣传教育，引导群众树立文明现代的生活观念，各级干部为群众购买脸盘、毛巾、脸盆等洗漱用品2300余套。

【群众宣传教育】 2018年，察尔齐镇依托组织阵地、广播、“草根”宣传队、农家书屋等宣传阵地和村级文艺演出队、党员活动中心等作用，组织开展农牧民运动会、红歌比赛、厨艺比赛、每周文艺演出等群众喜闻乐见的文化体育活动。灵活运用“八必问、八必讲”，采取多种宣传方式，形成宣传合力，结合“入户走访”开展拉网式的宣传教育活动。组织开展宣讲800余场，开展联谊教育文艺活动690余场次，入户发放“困难诉求调查问卷”“便民联系卡”4000余张、宣传单2000余份，累计宣传教育群众2.51万人次。将党的十九大精神编排成群众喜闻乐见的快板、小品、歌舞等，教育引导群众“尊老爱幼、家庭和睦”，组织青年为父母洗脚、儿媳为婆婆梳头等活动，推动家庭形成互敬互爱，家庭和睦。组织团员、返乡大学生等群体开展志愿活动，开展志愿服务活动32场次，开展民族团结联谊活动62场次，组织观看红色电影和爱国主义等题材的电影60余场次。

【人才引进】2018年，察尔齐镇抓好疆外各类人才落户拜城工作，发挥地缘辽阔优势，动员内地籍干部、辖区汉族户和科技副职当好“宣传员”，让各类人才了解落户享受的各项优惠政策，明白各项政策“一站式”代办服务流程，最大限度提供优质、高效、便捷的服务，使人才及时享受政府承诺的红利。疆外流入非新疆户口人数292人，落户43户92人，年内落户19户36人，办理准迁证6户18人。

【廉政建设】2018年，察尔齐镇党委坚持以人民群众满意为标准，加强作风建设，提高服务社会的水平和能力。坚持每周开例会安排，每月开总结会归纳，每季度开进度分析会，通报各项工作落实完成情况，对执行政策不力、顶风违纪的人员坚持“零容忍”。严格做好党务、政务、财务公开工作，做到“公平、公正、公开”。共办结违反政治纪律案件28件，处置问题线索191件，立案调查71件，结案71件，党纪处分71人，挽回经济损失10.36万元。组织党员干部观看《蜕变》系列警示教育片3场次，编印发放《拜城县察尔齐镇警示教育录》14册。与支部书记进行廉政谈话13次，完成农村集体的“三资”清查，健全完善相关管理制度。

（李晓强）

黑英山乡

【概　况】黑英山乡位于天山山脉中段南麓，县城东北部阿克塔什盆地。乡政府驻地喀赞其村，距拜城县县城110千米，是全县乡镇中距离县城最偏、最远、面积最大的一个乡，总面积5544平方千米。“黑英山”系维吾尔语“克音”一词音译而来，意为“桦树”。北部与特克斯县凭天山交界，东北与巴音郭楞蒙古自治州和静县接壤，东与库车县毗邻，南与克孜尔乡接壤，西部为丘陵地带。境内大部分为山区，盆地约占总面积的1/5，有可耕地4000公顷，草场10.4万公顷。黑英山乡气候属亚温带大陆性高山型气候，春季气温回升较慢，夏季气温较低，冬季降霜较早，无霜期120—130天，农作物产量较低。2017年10月，被自治区确定为深度贫困乡。2018年，全乡有乡级中学1所、村级小学3所、村级幼儿园13所、乡级幼儿园1所。有农村信用社、卫生院、供电所、文化广播站、水管站、农经站、村镇规划站、社会保障站、司法所、财政所、乡派出所、兽医站等企事业单位，每星期天为集日。2018年下辖13个村、52个村民小组，总人口3834户1.36万人。

【境域特点】盆地内绿洲上泉流网布，河沟纵横，当地群众称之为“明布拉克”（“明布拉克”，维吾尔语，意为“千泉”）。境内自然资源丰富，天山阴坡上生长着胡杨、云杉、柏树等林木，并有雪莲、胡参、当归等中草药材。野生动物种类繁多，绝大多数为国家保护级动物，著名的老虎台—黑英山国际狩猎场就在境内。山区蕴藏着丰富的矿产资源，已探明矿藏有铜、铁、煤、云母、石墨和其他稀有金属，具有较大开采价值。2010年1月15日，黑英山乡油鸡被列入国家畜禽遗传资源名录。

【经济概述】2018年，黑英山乡全年农村经济总收入2.07亿元，比上年增加3129万元，增长17%。农村经济总收入中种植业收入6388万元，比上年增加445万元，增长6.9%；畜牧业收入1.26亿元，比上年增加2185万元，增长17.23%；其他收入1727万元，比上年增加199万元，增长11.5%。从各项收入情况分析，畜牧业收入占农村经济总收入的60.97%，种植业收入占农村经济总收入的28.88%，其他收入占农村经济总收入的10.15%。农民人均纯收入达1.07万元，比上年增加955元，增长10.22%。

2018 年黑英山乡行政村基本情况一览表

表 10

村名	党支部书记	村委会主任	合作社（个）	村民小组（个）	耕地（公顷）	人工草场（公顷）	牲畜存出栏数（头只）		粮食总产（吨）	其他产物总产（吨）	集体总收入（万元）	人均纯收入（元）	贫困人口	
							存栏	出栏					户数	人数
喀赞其村	阿曼古丽·吐尔逊	阿曼古丽·吐尔逊	3	6	309	66.1	7896	2986	2909	80.6	25.9	10156	57	212
明布拉克村	吐尼牙孜·吐尔洪	吐尼牙孜·吐尔洪	3	6	354	79.3	8843	3594	2865	89.4	22.8	10634	63	231
墩其木然村	买日也木·阿布力孜	吐尔逊·克热木	1	4	212	51.2	8697	3312	1998	109.9	26.6	11345	132	486
亚吐尔村	艾力·克热木	乃扎尔·买买提	1	4	289	52.9	21351	7125	2623	105.68	27.6	10263	151	570
都维勒克村	吾斯曼·依布拉依木	吾斯曼·依布拉依木	1	6	119	66.6	7217	2156	2068	119.5	25.3	10991	260	938
推普斯孜村	吐尔逊·沙吾提	艾力尼亚孜·阿布都热依木	1	3	289	94.3	39736	14563	2558	10.4	32.3	10898	13	50
尤勒衮亚喀村	阿力木·吾吉	阿力木·吾吉	0	4	245	46.2	5529	1941	2139	14.8	26.3	10965	128	427
喀拉果勒村	凯撒尔·卡哈尔	依米尔·吐尔逊	0	3	312	61.5	7712	2895	1837	53.3	25.3	10580	34	128
博斯坦铁热克村	热比古丽·依米尔	买买提·牙森	2	4	208	53.5	8312	2793	1898	44.16	14.4	10365	40	140
玉开都维村	艾斯卡尔·吾斯曼	马热牙木·依米提	1	3	189	70.3	8687	2715	1457	29.04	23.1	10234	41	146
克尧勒促	吾斯曼·巴拉提	吾斯曼·巴拉提	0	3	215	53.3	7812	2958	1500	17.76	17.1	10720	21	81
阿尔盖买村	吐尔洪·牙生	孜亚旦木·玉努斯	2	4	197	59.7	6781	2056	1289	19.92	35.4	10965	116	438
米斯布拉克村	艾沙·木沙	阿娜古丽·艾海提	1	2	63	68.6	4198	1422	1255	17.54	12.1	11347	78	303

【种植业生产】 2018 年，黑英山乡全年共播种农作物 3001.8 公顷，比上年增加 259.8 公顷，增长 9.47%。从种植类型及面积分析，种植冬小麦 1400 公顷，比上年增加 52 公顷，占总播种面积的 46.63%，增长 3.71%；种植玉米 800 公顷，比上年增加 132 公顷，占总播种面积的 26.65%，增长 16.5%；杂粮 31 公顷，比上年增加 6 公顷，占总播种面积的 1.03%，增长 19.35%；蔬菜 60.3 公顷，和上年持平。粮食生产自给有余，全年粮食总产 2.73 万吨，比上年增收 827 吨，增长 3.14%。从各类作物产量分析，小麦 1.24 万吨，较 2017 年增收 537 吨，占粮食总产量的 45.72%；玉米 1.4 万吨，较 2017 年增收 219 吨，占粮食总产量的 51.66%；豆类及其他杂粮 712 吨，比上年增收 71 吨，占粮食总产量的 2.62%。农牧民人均纯收入增长 8.6% 以上。全年种植业收入 6388 万元，比上年增加 445 万元，人均种植业收入 2996 元。

【畜牧业生产】 2018 年，黑英山乡通过进行培训专业养殖技术人员，年内对全乡范围内的牛羊由粗放式放养改为更精细化的饲养与管理，526 户农牧民牛羊进行集中托养。接种疫苗总计 43.99 万头（只），禽流感疫苗接种 1.65 万只，同比增长 0.61%；扩大优质饲草养殖，青贮饲料 49 万吨，畜牧养殖稳中有升，带动养殖示范户 12 户。新建牲畜棚圈 11 座，青储窖 96 座。新成立农民合作社 6 个，新建标准化养殖基地 2 座，新建扶贫车间 2 座，新建冷库 1 座。年末，牲畜存栏 14.27 万头（只），比上年减少 1.28 万头（只），牲畜出栏 7.35 万头（只），同比增长 5.62%；产肉 6086 吨，畜牧业收入 1.26 亿元。

【劳务经济】 2018 年，黑英山乡结合畜牧优势，为全乡贫困户家中老弱劳动力购买扶贫羊、扶贫

2018 年黑英山乡主要经济指标一览表

表 11

项目			单位	数据
农业	农村经济总收入		亿元	2.07
	经济作物	面积	公顷	60.3
		总产量	吨	712
畜牧业	存栏		万头（只）	14.27
	产肉		吨	6086
林业	造林面积		公顷	50.7
	人工造林成活面积		公顷	46.7
广电	广播覆盖率		%	100
	电视覆盖率		%	100
	电话覆盖率		%	98.8
财政	总收入		万元	1719.26
	总支出		万元	1719.26
教育	中学		所	1
	小学		所	4
	教职工总数		人	120
	教职工职称	无职称	人	25
		初级	人	61
		中级	人	31
		高级	人	3
	在校学生总数		人	1610
卫生	乡卫生院		所	1
	村卫生室		所	13
	专业技术人员		人	23
	床位		张	55
农机	推土机		台	22
	收割机		台	10
	播种机		台	205
	打草机		台	14
	其他机械		台	410
机车	拖拉机		台	1276
	汽车		辆	311
人口	总人口		人	13690
	总户数		户	3834
	农牧民人均收入		元	9801
	人口自然增长率		‰	0.5
富民安居房			户	418

鸡苗、扶贫牛等发展家庭养殖。引导并鼓励贫困户开展庭院种植，利用院内空地种植蔬菜和花卉，在自给自足的基础上，又可拿到集市售卖以赚取收入贴补家用。有 215 名贫困劳动力与企业签订劳动合同长期就业，同比增长 10.7%，在乡内短期就业贫困人口 527 人，同比增长 19.2%，自主创业贫困人口 111 人，同比增长 21.5%，季节性外出务工 1319 人，同比增长 15.8%。全年农村富余劳动力转移 1765 人次，其中长期外出 562 人次，全乡实现劳务收入 1329 万元，人均劳务收入 7530 元，比 2017 年增加 1065 元。

【脱贫攻坚】 2018 年，黑英山乡争取财政扶贫项目资金共 18 类 1079.77 万元。为贫困户推广订单淀粉马铃薯种植 66.66 公顷，推广荞麦、燕麦、黍子等特色小杂粮种植 46.66 公顷。购买西门塔尔牛 299 头、美利奴细毛羊 3330 只、种公羊 118 只、拜城油鸡 1.52 万只、鸽子 9150 羽。新建棚圈 11 座，新建青贮窖 96 座，共扶持贫困户 258 户 565 人。新成立农民合作社 6 个，新建标准化养殖基地 2 座，新建扶贫车间 2 座，新建冷库 1 座，新建惠民超市 4 座。土地清理开发公益性岗位 98 个，为 98 户贫困户提供就业岗位，2 个深度贫困村饮水到户改造工程铺设管道 6 千米，入户 403 户，建户表井 135 座，181 户 681 人（亚吐尔村 143 户 546 人、玉开都维村 38 户 135 人）贫困人口实现“一降五通七有”，村集体经济收入超过 5 万元以上，发放脱贫资金 1363.49 万元，亚吐尔村、玉开都维村 181 户 681 人实现脱贫。

【特色旅游】 2018 年，黑英山乡依托乌孙古道旅游资源丰富，类型多样，自然景观、人文景观独具特色。在浙江省温州市援疆指挥部指导、帮助和资金支持下，成立黑英山乡玉开都维村民宿乡村度假旅游农民专业合作社，合作社由 17 户成员组成，项目投资 60 万元，改造 10 户群众闲置富民安居房，其中套房 1 户，面积 80 平方米，标准房 9 户，面积 40 平方米，房屋配备单双人床、热水器、抽水马桶、电视柜、电视、无线网络、洗漱台、吊顶、餐桌、床头柜等，购买 10 匹成年马，用于骑行服务。乌孙古道天堂湖旁建设 100 平方米天堂湖营地，为游客提供住宿和补给，合作社于 2018 年 9 月营业。累计为 15 户贫困户 18 人解决就业问题。刘平国遗址、乌孙古道和玉都开维村民宿旅游创收 40 余万元。

【社会事业】2018年，黑英山乡全面完成低保人数扩面，做到应报尽保，全年“新农合”参合1.2万人，参合率达100%，发放农村低保360.45万元，发放城市低保17.99万元，为80岁以上老年人发放高龄补贴3.79万元，为“五保户”发放生活补贴6.76万元。协助做好困难群众大病补充医疗保险工作，全乡4043名贫困人口享受医疗补贴60.64万元，贫困人口医疗保险、养老保险覆盖率100%。利用广播、宣传、横幅、板报、标语、宣传单等为载体，对全乡农牧民开展预防麻疹、艾滋病、计划免疫、结核病、碘缺乏病等内容进行宣传教育，专项健康知识宣传教育21场次。村村通有线广播、电视，有线电视用户3950户，入户率100%，全乡户户通实现全覆盖。对全乡1008户厕所改造，改善人居环境，13个行政村52个村民小组建立16处垃圾集中收集填埋坑。科学畜禽养殖培训、农村安居工程、挖掘机操作技术、缝纫、美发、化妆等大型技能培训19场次，共700余人参加。

【基础设施建设】2018年，黑英山乡全年新建农村学前幼儿园8所。新建安居富民工程31户、扩建387户，竣工率、入住率均达100%。发放惠农补贴2332.07万元，新建防洪坝1500米、防渗渠1000米、农田防洪坝250米，改造自来水管道8千米，建设自来水管道4850米，建设机井2口，农村建桥1座。安装路灯180盏，建设村内道路7.4千米、过水路面320米；新建村民活动室4座1120平方米，为150户家庭建设温室大棚，发展庭院经济；新建60—80平方米养殖棚圈90座，建设1000平方米牲畜交易市场1座。为5个村庭院改造每户补助5000元。

【精神文明建设】2018年，黑英山乡以社会总目标“社会稳定和长治久安”为主题，开展主题宣传和“理清两笔账、感恩共产党”“听党话、感党恩、跟党走”为主题的大宣传大教育活动，抓实乡、村两级宣传队工作实效。组织文艺工作者创作反映农村生活、贴近农民群众的文化精品，加强村级文化队伍建设，把年纪轻、文化高、素质好、热爱文艺的人员选到村级队伍中，持续开展“我们的节日”系列活动，利用各种法定节假日结合党的十九大精神积极组织开展各类宣传、文艺演出活动26场次、知识竞赛80余场次、宣讲90余场等，利用农民大舞台，举办文化系列演出活动107场，参与活动农牧民达到1.3万余人次。全年开展专项宣传活动201场次，参加总人数1万人次。开展宣传教育活动498场次，悬挂颂扬民族团结横幅、宣传图106条（幅），举办综合性文体演出活动88场次。组织群众开展各类宣传教育活动1096场次。

【党的建设】2018年，黑英山乡党委以党建工作统揽全局，加强党建责任，狠抓任务落实，全年发展党员75名，对全乡168名村级“两委”班子及后备干部系统培训137场次，补齐工作中理论知识短板，解决村级干部队伍后继无人的现象。开展“聚焦总目标、作风再整顿”工作，加强干部队伍作风建设，12名违反工作作风、生活作风的党员干部受到诫勉谈话、警告等处分。坚持把国家通用语言文字三年普及攻坚工作与脱贫攻坚三年规划结合，常态推进国家通用语言文字学习培训，各村分设快、中、慢班提高村干部、农牧民国家通用语言文字应用能力，年底50岁以下农牧民国家通用语言文字普及率达到31%。针对软弱涣散的2个村党组织及1个易滑坡党组织，制定整顿措施，选派2名留疆战士、内参生到村任职，乡党建办干部蹲点帮扶、督促。

（张玉强）

克孜尔乡

【概　况】克孜尔乡位于拜城县东部50千米处，坐落在喀拉尔丘岭和却勒塔格山之间，素有拜城县“东大门”之称。北与黑英山乡毗邻，西与赛里木镇为邻，东与库车县接壤，南接新和县以却勒塔格山为界，全乡南北宽约 44.4 千米，长约 35.4 千米，总面积 1127.8 平方千米。307 省道横贯全境，“克孜尔”系维吾尔语，意为“红色”，因其北部喀拉尔丘岭、南部却勒塔格山沙土均为红色，刮风时红土飞扬，下雨时洪水携带红色泥沙顺河而下，沿河沉积处均为红色而得名。地势北高南低，海拔 1146—2130 米，较县城稍高。境内名胜古迹、旅游景点众多，有克孜尔千佛洞、魔鬼城、克孜尔水库、克拉 2 大气田等景区景点。境内北面山区有天然气、煤、铜、石墨、石膏等矿产资源。耕地 1996.3 公顷，其中经济田 1648.5 公顷，经济林 347.8 公顷。主要农作物有小麦、玉米、油菜、蔬菜和瓜类，特色农产品为葡萄、鹰嘴豆、红米等。2018 年，全乡下辖 9 个行政村、29 个村民小组，辖区总人口 2848 户 9621 人，其中男性 4987 人，占总人口 51.83%；女性 4634 人，占总人口 48.17%。辖内有卫生院、村级卫生服务站 9 个、派出所 1 个、幼儿园 7 所、小学 6 所、中学 1 所、加油站 2 座。

【经济概述】 2018 年，克孜尔乡发展多元化种植，加强科学种植培训，提高种植业产量，改变以往种植单一化，改善种植设施。农村经济总收入 1.46 亿元，其中农业收入 5506 万元，畜牧业收入 6612 万元，第二产业收入 285 万元，第三产业收入 2040 万元；农牧民人均纯收入 1.21 万元，比上年增长 9.2%。

【种植业生产】 2018 年，克孜尔乡全年粮食种植面积 1230.8 公顷，其中小麦种植面积 782.15 公顷，玉米面积 376.1 公顷，青贮玉米 59.3 公顷，水稻 13.3 公顷。经济作物种植面积 883.08 公顷，其中油菜种植面积 19.5 公顷，瓜果 55.1 公顷，蔬菜 43.6 公顷，鲜果类 148 公顷，其他作物 616.9 公顷。全乡粮食播种面积占总播种面积的 58.2%，粮食总产 1.2 万吨，其中小麦产量 5637 吨，占粮食总产量的 47%；玉米 6269 吨，占粮食总产量的 52.2%。小麦单产达 480.5 千克 / 亩，玉米单产 960 千克 / 亩。成立特色小拱棚种植合作社，新建小拱棚 96 座（96 户贫困户），主要以种植反季辣

2018 年克孜尔乡行政村基本情况一览表

表 12

村名	党支部书记	村委会主任	合作社（个）	村民小组（个）	耕地（公顷）	人工草场（公顷）	牲畜存出栏数（头只）		粮食总产（吨）	其他产物总产（吨）	集体总收入（万元）	人均纯收入（元）	贫困人口	
							存栏	出栏					户数	人数
铁提尔村	库尔班·艾依提	库尔班·艾依提	0	4	196.10	241.56	3192	633	1389.1	83.7	12.18	13269	54	218
米斯买里村	艾力·吐尼牙孜	佐热古丽·阿尤甫	1	4	191.40	28.38	3214	877	1234.965	131.65	20.74	13386	68	246
吉格代力克村	托尔迪·艾买提	托尔迪·艾买提	0	4	283.07	42.9	2864	580	1649.96	6213.8	16.15	12941	40	138
乌堂村	要力瓦斯·阿不力孜	塔依尔·牙生	1	3	138.13	21.78	3476	742	1040.86	130	18.60	12457	168	608
墩硝尔村	坎吉·艾买提	艾尔肯·派祖拉	0	3	160.67	33	1878	982	1133.13	448.4	14.84	12849	109	416
丘纳克村	买买提·亚森	吾尼且木·阿不力孜	1	2	76.13	4.62	1952	523	384.85	172.4	9.98	12228	129	526
喀日尕依买里村	阿迪力·吾吉	阿迪力·吾吉	0	2	70.07	11.22	1155	285	415.165	8.4	13.22	11935	25	101
拜格其买里斯村	阿力木·吐尼亚孜	托尼亚孜·依明	0	4	146.47	16.5	2546	627	1104.82	91.2	28.91	13040	36	120
克孜尔吐尔村	依明·克热木	依米提·阿不拉	0	3	190.47	44.66	2932	563	1244.62	1188	24.38	12419	47	149

2018 年克孜尔乡主要经济指标一览表

表 13

项目			单位	数据
农业	农村经济总收入		亿元	1.46
	经济作物	面积	公顷	4257
		总产量	吨	8453.7
畜牧业	存栏		万头（只）	2.32
	产肉		吨	138
林业	造林面积		公顷	7.2
	人工造林成活面积		公顷	5.04
广电	广播覆盖率		%	100
	电视覆盖率		%	100
	电话覆盖率		%	100
财政	总收入		万元	1974.73
	总支出		万元	1980.73
教育	中学		所	1
	小学		所	6
	教职工总数		人	149
	教职工职称	无职称	人	38
		初级	人	65
		中级	人	15
		高级	人	1
	在校学生总数		人	1837
卫生	乡卫生院		所	1
	村卫生室		所	9
	专业技术人员		人	17
	床位		张	20
农机	推土机		台	2
	收割机		台	4
	播种机		台	71
	打草机		台	12
	其他机械		台	35
机车	拖拉机		台	741
	汽车		辆	118
人口	总人口		人	9621
	总户数		户	2848
	农牧民人均收入		元	12816
	人口自然增长率		‰	1.62
富民安居房			户	59

椒、茄子、西红柿等绿色农产品为主，共收入 4.5 万余元。

【基础设施建设】 2018 年，克孜尔乡完善水利设施，平整土地 210 公顷，维修防渗渠道 3 千米，修建农村公路 25 千米，新挖排碱渠 1.1 千米，清淤渠道维修 133.7 千米。新建防洪坝 916 米、维修防洪坝 1230 米，新增的节水灌溉面积 103.33 公顷。新建闸口 16 套，新建农桥 4 座，新建入户桥 23 座，维修闸口 2 套。改善 154 户安全饮水，安装电子水表 144 户，改换自来水管道 6350 米。

【林果业生产】 2018 年，克孜尔乡坚持发展特色林果，扩大种植面积，优化林果品质，拓宽林果销路，形成产业化的原则，稳定葡萄种植面积，促进林果业提质增效。全经济林嫁接 1400 株，经济林（葡萄）补造 256 公顷。扩充林果地（葡萄）44.7 公顷。平整土地 1066.7 公顷，修建克赛葡萄基地，完成土地平整、葡萄架搭建等硬件设施。科学灌溉，推行配方施肥，适度修剪，加强果园病虫害综合防治，开办技术指导现场会培训 16 场次，共 1350 人参加田间管理培训。改变以往批发、零售的销售模式，采取自主采摘销售，全年顾客自主采摘 500 余人次，增产 5 万余元。由于天气原因，全乡葡萄挂果面积达 197.3 公顷，同比 2017 年挂果面积下降 53%，葡萄总产量达 4440 吨，总收入 1110 万元。

【畜牧业生产】 2018 年，克孜尔乡打牢畜牧业根基，宣传各惠农政策，调动群众畜牧养殖积极性，逐户逐圈检查指导卫生及注意事项，逐步推进畜牧业健康发展。以“畜牧业发展推进年”为契机，统筹兼顾数量、质量、效益，做好饲草料储备工作和人工种植牧草增草工作，畜禽养殖规模不断扩大，出栏 5800 余头（只），存栏牲畜 2.32 万头（只），出栏家禽 2.42 万只。动物检驱治总数达 22.6 万头（只）次，禽流感防疫 8.37 万羽次，畜牧产地检疫 9217 头（只），黄牛冷配 760 头，绵羊改良 1.63 万只，山羊改良 1.2 万只，外购畜牧 2990 头只，新增人工种草面积 84 公顷，在林带种植的草苜蓿 10.4 公顷，制作青储饲料 7900 吨，新建棚圈 460 座。发放扶贫牛 161 头、羊 24 只、种公羊 1 只，养殖鸽子 1950 羽、油鸡 3200 羽，改扩建牲畜棚圈 7 座、青贮窖 47 座，新增饲料加工机械 1 台。开展肉食品检疫 1483 头，食品检疫产肉 138 吨。

【精准扶贫】2018年，克孜尔乡按照精准扶贫、精准脱贫方略，坚决打好打赢脱贫攻坚战。转移就业937人，其中贫困户稳定就业352人。季节性就业（主要是以去新和县捡棉花）750人，其中贫困户198人，平均每人每天150元。建设蔬菜拱棚96座，以托养等形式鼓励贫困户发展“短平快”畜牧养殖和育肥项目，利用“拜城县2018年财政专项扶贫资金（扶贫发展）项目”为有意发展养殖业的贫困户发放扶贫牛161头、羊24只、种公羊1只，发放家禽养殖鸽子1950羽、油鸡3200羽，改扩建牲畜棚圈7座、青贮窖47座，购置饲料加工机械1台。建立生态工程、生态就业、生态产业、生态补偿“四位一体”扶贫模式，落实国家新一轮草原生态保护补助奖励政策，在建档立卡贫困人口中选聘3名草原管护员，按照每人每年1万元标准，实现生态改善和脱贫双赢。对老弱病残、鳏寡孤独、丧失或部分丧失劳动力的贫困人员应纳尽纳、应兜尽兜，建档立卡贫困户中享受低保有370户1002人。设立“木扎提河”脱贫助学基金，按照每生每年4000元标准给予补助，资助贫困学生47人。报销住院医疗费用68.79万元，年内112户447人脱贫，1个村退出贫困村（贫困发生率降至3%以下）。

【劳务输出】2018年，克孜尔乡以劳务输出、发展产业为主要措施，做好劳务输出岗前培训、国家通用语言培训，保障劳务输出准确、高效性。深入村组、市场宣传，通过广播、宣传栏、板报、宣传单等群众喜闻乐见的方式广泛宣传就业政策，发布岗位信息。开展技能培训397人次，其中，砌筑工50人次、电焊工247人次、汽车维修工50人次、服装裁缝50人次。组织转移劳动力815人，自行转移就业劳动力933人，其中，乡内309人，县内就业204人，地区内就业947人，新疆内就业人数265人，内地就业23人，其中，就业扶贫人数528人。外出务工就业人员1748人，其中，长期就业823人，季节性就业925人，短期就业8328人次。实现劳务创收2487.9万元，人均增收1185元。

【人居环境改善】2018年，克孜尔乡以乌堂村为试点，以改善人居硬件设施，促进乡村人居环境改善。乡政府与浙江温州援拜指挥部联系，共投入资金355万元，建设公共厕所1座、庭院葡萄架改善、S307省道两侧沿街墙体及房屋立面的改造、污水处理系统及分支管网和“百村千厂”建设，建设污水处理管道1.5千米，接通分支管168户，受益608人，“百村千厂”带动乌堂村集体收入17万元。改造街面墙体1千米，改造75栋房屋立面，修建公共厕所1座，占地面积120平方米，日均流量50—70人次，改善葡萄架20户。

【民生优先】2018年，克孜尔乡坚持民生优先，培训务工人群适应社会快速发展需要的技能，减轻创业就业办理流程，惠民政策家喻户晓的工作理念，保障民生民态。社保工作全覆盖宣传工作开展通过在村公示栏、广播、入户宣讲等形式，宣传城乡居民养老保险最新政策和保费代扣代缴的方法流程，确保政策家喻户晓。征缴采取城乡居民基本养老保险移动POS机终端进行征缴。年内，发放救助物品面粉4485千克，大米1310千克，清油410千克，碘盐8416千克。参加医疗保险8985人，新增养老保险376人、医疗保险41人，养老保险享受待遇人员799人（养老金月/140元）。新建富民安居房59户、扩建42户、易地搬迁42户、移民房4户。自助贫困家庭学生724人，医疗保险报销68.79万元。建设冷库1座，成立种植合作社1个、托牛所2个、蛋鸡养殖场1个、标准化养殖基地1个，新建惠民超市4座。建设村内通达公路2.5千米，铺设农村饮水管网7.5千米。

【文明创建】2018年，克孜尔乡以现代文化为引领，以新疆“四史”为主，开展全民宣传教育。采取“访惠聚”入户走访、干部下沉住户、举办农牧民夜校等方式，加强宣传引导，通过学习宣传现代文化、科学知识、文明礼仪等，做到现代文明普及，普及率达100%。累计开展文化活动文艺演出212场次，“党的十九大精神”知识竞赛对抗赛70场次，大型巡回宣讲37场次，演讲比赛对抗赛76场次，歌曲大赛、舞蹈大赛及书画摄影、手工艺品大赛各开展58场次，参加活动6800余人。开展宣传教育活动108场次，6000余名群众开展大讨论11场次；开展乡风民风大评比11场次、组织开展“婚育新风进万家集体婚礼”等系列活动2场次，结合“志愿者服务日”组织开展志愿服务活动共22场次。

【党的建设】 2018年，克孜尔乡党委坚持全局思维、问题导向、底线意识，着力织密基层组织网络，夯实基层执政根基。干部队伍建设方面，选派6名国家公职人员到村担任党支部书记，29名干部下沉到村开展工作，兼任村民小组第一小组长，充实农村基层党建工作力量。村党支部抓村民小组带“十支队伍”联系千家万户三级组织架构，将党的领导延伸到全乡29个村民小组。突出加强新兴组织等薄弱区域基层组织建设，为全乡11个农民合作社及非公企业选派党建指导员。按照“一村一策”“一党组织一策”制定整顿方案和工作措施整顿软弱涣散党组织3个。按照“控制总量、优化结构、提高质量、发挥作用总要求”发展预备党员58名，发展团员25名。团支部每月组织一次文体活动，共计120余次，组织返乡大学生带头开展活动、教授国家通用语言。

（郭　松）

托克逊乡

【概　况】 托克逊乡位于拜城县东侧，距县城直线距离18千米。“托克逊”一词由“托合提逊”演变而来，维吾尔语意为“停住”。相传此地从前并无人家，当时居住在伊犁赛里木湖一带的一些人先后辗转于吐鲁番、拜城、察尔齐等地放牧。当他们返回赛里木湖时路过托克逊，见这里土壤肥沃，水源充足，首领传令“托合提逊！”后人称此地为“托合提逊”。北缘为天山山脉南麓，南部与温巴什乡隔木扎提河相望，西部与康其乡、亚吐尔乡接壤，东部与赛里木镇毗邻，乡政府驻阿娜克孜兰干村。东西宽16千米，南北长54千米，总面积765.4平方千米。地势北高南低，海拔1174—1680米，年平均气温7.6℃，无霜期150—160天，年均降雨量88.5毫米。平原土质为沙壤细土，以农业为主，主要农作物有小麦、玉米、棉花、油料等，是以种植业、畜牧业、林果业、劳务输出为主要经济支撑的农业大乡，是县域主要粮油产区之一。全乡耕地面积3848.66公顷，2018年，全乡辖11个村民委员会，54个村民小组，有4406户1.76万人。

【经济概述】 2018年，托克逊乡全年实现农村经济总收入3.36亿元，同比上年减少6807万元，降低20.3%，其中种植业收入1.35亿元，人均7840元，同比增长10.3%；林果业收入2914万元，人均1693元；畜牧业收入8082万元，人均4697元；劳务创收3245万元，人均1885元；二、三产业收入5863万元。农牧民人均纯收入1.38万元，较上年增加1014元，同比上年增长7.3%。

【种植业生产】 2018年，托克逊乡全乡种植业播种总面积5716.8公顷（含复播），其中小麦1569.7公顷，占总播种面积的30.2%；玉米播种2827.9公顷，占总播种面积的54.2%。经济作物面积615.8公顷，占总播种面积的11.2%，特色经济作物面积282.1公顷，其中色素辣椒83.2公顷，酱番茄150.2公顷，瓜子50.8公顷，打瓜13.3公顷，薯类44.9公顷，西瓜75.2公顷，甜瓜3.7公顷，占总播种面积的4.4%。粮食总产4.5万吨，其中，小麦1.2万吨，玉米3.3万吨，经济作物总产2.3万吨，比上年增产0.8万吨，增长51%。特色经济作物总产1.8万吨，比上年增产1.3万吨，增长28.8%. 全年种植业收入1.35亿元，

2018年托克逊乡行政村基本情况一览表

表14

村名	党支部书记	村委会主任	合作社（个）	村民小组（个）	耕地（公顷）	人工草场（公顷）	牲畜存出栏数（头只）		粮食总产（吨）	其他产物总产（吨）	集体总收入（万元）	人均纯收入（元）	贫困人口	
							存栏	出栏					户数	人数
吉格郎村	吐尔迪·阿西木	吐尔迪·阿西木	0	5	789.4	0	4850	1940	6288.5	480	35	16180	0	17
亚吐尔村	卡哈尔·阿不力孜	吾西尔·尼亚孜	2	6	508.5	0	4274	1710	5712	1718	38	13289	16	69
巴拉克孜村	吾古兰木·买买提	吾古兰木·买买提	3	5	361.5	0	2969	1188	3649	837	27	15940	11	40
阿娜克孜兰杆村	张满福	张满福	3	3	370.5	0	3542	1117	2988	138	18	19958	28	130
布隆村	居马·达尼西	居马·达尼西	1	5	459.4	23.3	4098	1639	3521.6	788	13	17505	19	69
尤喀克托克逊村	阿不都拉·玉素甫	阿不都拉·玉素甫	0	5	538.4	0	3903	1561	3212.4	1226	17	18976	28	105
阔纳协海尔村	阿里木·阿布拉	吾斯曼·库尔班	1	7	557.7	0	8320	3328	3698.5	1300	17	9754	202	783
坎其铁米村	阿布都热合曼·肉孜	艾麦尔·阿布拉	0	3	568.4	0	4524	1809	4822.2	965	28	23110	32	112
阿热吐尔村	库尔班·艾沙	库尔班·艾沙	1	5	761.1	0	7457	2983	6068	864	23	23326	33	133
吉塞克喀依古村	艾合太木·巴拉提	艾合太木·巴拉提	2	5	521.8	0	4913	1965	3214.7	1227	15	18618	24	103
库木格热木村	艾合买提·亚库甫	艾合买提·亚库甫	0	5	280.1	0	12548	5019	1979.3	501	15	10213	108	408

比上年增加1397万元，人均种植业收入7840元。年内有核桃7865.9公顷，亩产98.5千克，杏子5944.7公顷，亩产220千克。

【畜牧业生产】 2018年，托克逊乡实施畜牧强乡战略，坚持“购母畜、繁小畜、育肥畜”工作思路，扩大母畜群，加快繁育速度，实现规模养殖。依托畜牧兽医站，狠抓高致病性禽流感和动物疫病防治工作，全年完成动物防疫驱治61.4万头（只），推广畜牧业生产“四良一规范”（良种、良舍、良料、良法和规范化防疫）综合配套技术，提高畜牧业养殖效益。全乡畜牧存栏6.14万头（只），出栏2.46万头（只）；家禽存栏11.5万只，产肉1465吨、产奶681吨，产蛋320吨，完成绵羊剪毛104.82吨。畜牧业收入8082万元。

【脱贫攻坚】 2018年，托克逊乡争取财政扶贫15类937个，总投资947.65万元，实施畜牧养殖、创业基地、庭院经济等入户项目新建小拱棚140座、禽舍248座、自来水入户286户，为贫困户购买羊114只、牛10头，配套修建棚圈11座、青贮窖5座，新修渗渠1.14千米、惠民超市2家、托牛所1座。开展林果业种植科技、砌筑工、国家通用语言等实用技能培训24场3783人次，开展贫困群众政策宣讲44场3616人次，贫困户覆盖率达100%。通过“木扎提河”教育脱贫工程，解决56名贫困大学生上学问题，通过联系民政部门解决136户462人家庭最低生活保障金。为813户1887名低保户、6户9人“五保户”发放生活补助495.27万元，为96名80岁以上老人发放补贴8.27万元。全乡建档立卡贫困户519户2024人，2018年未脱贫308户1206人，脱贫成效稳固提升。

【文化引领】 2018年，托克逊乡以丰富群众业余生活为目标，结合“大培训、大宣讲、大教育”活动，开展以“现代文化为引领”的文艺活

2018 年托克逊乡主要经济指标一览表

表 15

项目			单位	数据
农业	农村经济总收入		亿元	3.36
	经济作物	面积	公顷	615.8
		总产量	吨	23148.2
畜牧业	存栏		万头（只）	6.13
	出栏		万头（只）	2.42
	产肉		吨	1465
林业	造林面积		公顷	316.2
	人工造林成活面积		公顷	300.4
广电	广播覆盖率		%	100
	电视覆盖率		%	100
	电话覆盖率		%	100
财政	总收入		万元	2062.5
	总支出		万元	2052.9
教育	中学		所	1
	小学		所	9
	教职工总数		人	183
	教职工职称	无职称	人	89
		初级	人	58
		中级	人	32
		高级	人	4
	在校学生总数		人	3206
卫生	乡卫生院		所	1
	村卫生室		所	11
	专业技术人员		人	29
	床位		张	50
农机	推土机		台	2
	收割机		台	31
	播种机		台	315
	打草机		台	4
	其他机械		台	0
机车	拖拉机		台	1845
	汽车		辆	253
人口	总人口		人	17610
	总户数		户	4406
	农牧民人均收入		元	13812
	人口自然增长率		‰	8.12
富民安居房			户	400

动 110 余场，丰富 3550 名群众的业余生活。利用“道德讲堂”“健康知识进万家”“文明乡村建设”等活动为载体，开展妇女思想教育 21 次，家庭教育 16 次，健康知识讲座 58 次。通过举办一系列培训与活动，群众的业余生活丰富了，参与的热情明显提高。完成 5 个村的基层文化中心建设。整合乡村两级妇联、群团组织、各村力量，成立“美丽庭院”创建领导小组，成立 11 个志愿者服务队，广泛发动妇女青年积极参与“美丽庭院”创建活动，营造美丽和谐、乡风文明的人居环境。有 109 户家庭被各级表彰为“美丽庭院”（地区级 2 个、县级 25 个、乡级 82 个）。

【民生工程】 2018 年，托克逊乡全年争取国家农机购置补贴专项资金 131.1 万元，购置拖拉机、旋耕机及附属设备等农机具 48 台（套），受益农户 48 户。新修防渗渠 1.14 千米。全面落实水费收缴工作，计收水费 38.3 万元，实施安全饮水工程，受益群众 9275 户。落实草原补贴、良种补贴、“退耕还林”补贴、计生补贴、安居富民房等各类补贴资金 2367.05 万元，累计惠及农户 5186 户。开展防汛抗旱工作，新建防洪坝 2305 米，维修防洪坝 2778 米。

【党的建设】 2018 年，托克逊乡有党组织 20 个，其中党委 1 个、党总支 3 个、16 个党支部，党员 532 名。全年发展党员 48 名。常态化全覆盖对全乡 76 名村级“两委”班子及后备干部系统培训 36 场次。“聚焦总目标、作风再整顿”专项活动深入开展，巡视反馈问题整改到位，全年处置各类问题线索 162 条，办结案件 46 件，给予党纪、政纪处分 46 人，清退各项违规资金 2.82 万元。针对软弱涣散的 1 个村党组织及 2 个易滑坡党组织，严密制定整顿措施，定期分析研判，选派 2 名国家干部到村任党支部书记，包村乡领导常态化蹲村帮扶、指导。

（甘　波）

亚吐尔乡

【概　况】 亚吐尔乡距县城东北部 12 千米，是著名的大红杏之乡，东与托克逊乡接壤，西与布隆乡毗邻，南隔库—拜公路与康其乡为邻，北以天山为屏。东西宽 23 千米，南北长 58 千米，辖区占地总面积 1033.15 平方千米。乡境地处拜城盆地中部，耕地面积 5454 公顷，海拔 1220—1360 米，年平均降水量 88.5 毫米，无霜期 150—165 天，境内适宜种植小麦、玉米、油菜、胡麻等作物，是以种植业、畜牧业、林果业、劳务输出为主要经济收入的农业生产大乡。2018 年，下辖 13 个行政村、71 个村民小组，总人口 4764 户 1.86 万人。境内有乡卫生院、信用社、派出所、供电所、兽医站等企事业单位，有九年一贯制学校 1 所，小学 13 所，幼儿园 14 所。

【经济概述】 2018 年，亚吐尔乡实现全年农村经济总收入 4.49 亿元，同比上年增加 1.34 亿元，增长 43%，其中农业收入 1.98 亿元，同比上年增加 957 万元，增长 0.5%；畜牧业收入 1.51 亿元，同比上年增加 3746 万元，增长 33%；林果业收入 732.4 万元，同比上年增加 228.4 万元，增长 45.3%；第二产业收入 1465 万元，同比上年增加 276 万元，增长 81%；第三产业收入 907 万元，同比上年增加 59 万元，增长 90.3%；劳务创收 6860 万元，同比上年增加 3360 万元，增长 96%。农民人均收入 1.32 万元，同比上年增加 2058.5 元，增长率 18.5%。

【种植业生产】 2018 年，亚吐尔乡围绕抓重点，抓民生，促民生，保稳定，统筹谋划工作，农村经济得到提升。农业生产稳步发展，全年农作物

2018 年亚吐尔乡行政村基本情况一览表

表 16

村名	党支部书记	村委会主任	合作社（个）	村民小组（个）	耕地（公顷）	人工草场（公顷）	牲畜存出栏数（头只）		粮食总产（吨）	其他产物总产（吨）	集体总收入（万元）	人均纯收入（元）	贫困人口	
							存栏	出栏					户数	人数
库木买里村	乃麦提·奴尔	艾斯开尔·库尔班	0	4	335.39	0	2640	428	2850	7.2	3.8	11277	16	52
喀孜干村	买买提·扎衣提	热比古丽·吐尔逊	4	4	305.16	0	1504	280	1625	4.35	8.2	12130	17	59
塔格其村	阿里木·买合木提	艾尼瓦尔·斯迪克	4	8	534.42	0	7579	1253	318	1.67	9.5	11340	291	1105
欧特贝希村	艾克拜尔·木沙	尤里达西·毛尼亚孜	0	4	547.29	0	2810	143	2598	5	10.6	12750	12	41
英兰干村	玉山·吉力力	玉山·吉力力	0	5	509.79	0	2655	135	2906.5	100.2	31.65	13120	21	91
布吉尕村	艾尼瓦尔·吾吉	艾尼瓦尔·吾吉	0	8	464.29	0	7800	1500	3903	520	20	12112	17	55
依希塔其村	依明·买提尼亚孜	依明·买提尼亚孜	1	5	316.55	0	2385	741	2942	93.7	9	11028.52	34	130
喀拉苏村	毛尼亚孜·吐拉甫	毛尼亚孜·吐拉甫	3	10	767.71	0	8587	344	5068	164.1	12.5	11770	264	985
亚吐尔村	沙地里·沙吾提	沙地里·沙吾提	0	6	400.67	0	3450	1350	2730.3	25.5	1.32	12170	24	84
帕什塔其村	吐尼亚孜·卡斯木	吐尼亚孜·卡斯木	0	6	596.02	0	3790	1672	4000	1217.5	8	10700	59	220
欧勒旁村	司马义·买买提	司马义·买买提	0	5	362.39	0	4962	451	230	5	8.4	12118	36	114
古勒阿塔村	艾尼瓦尔·吐尔地	艾尼瓦尔·吐尔地	0	3	182.53	0	2580	500	400	50	5	1.1	18	59
休相村	托合迪·买买提	吉力力·古吉	2	3	132.35	0	23090	7100	811	65	100.02	12012	27	85

2018年亚吐尔乡主要经济指标一览表

表17

项目			单位	数据
农业	农村经济总收入		亿元	4.49
	经济作物	面积	公顷	609.6
		总产量	吨	31340
畜牧业	存栏		万头（只）	7.38
	出栏		万头（只）	1.58
	产肉		吨	1501.3
林业	造林面积		公顷	26
	人工造林成活面积		公顷	23.4
广电	广播覆盖率		%	100
	电视覆盖率		%	100
	电话覆盖率		%	100
财政	总收入		万元	4606.01
	总支出		万元	4589.79
教育	中学		所	1
	小学		所	13
	教职工总数		人	241
	教职工职称	无职称	人	90
		初级	人	106
		中级	人	41
		高级	人	4
	在校学生总数		人	3506
卫生	乡卫生院		所	1
	村卫生室		所	12
	专业技术人员		人	34
	床位		张	40
农机	推土机		台	11
	收割机		台	30
	播种机		台	181
	打草机		台	147
	其他机械		台	202
机车	拖拉机		台	1857
	汽车		辆	341
人口	总人口		人	18644
	总户数		户	4764
	农牧民人均收入		元	13213.5
	人口自然增长率		‰	3.0
富民安居房			户	585

种植面积3905.93公顷，总产量39414吨。其中粮食作物3720.33公顷，占总耕地面积82%；小麦1559公顷，年产11097吨；玉米2152公顷，年产28293吨，豆类及其他杂粮9.2公顷，年产24吨。建立蔬菜标准化生产示范基地2个，落实面积73.33公顷，亩产3.65吨；建立小拱棚标准化生产示范基地2个，总面积17公顷，平均每亩经济效益4000元；小拱棚面积69公顷、大拱棚256座10.8公顷，设施农业总面积达102.2公顷，亩均效益6211.4元。

【畜牧业生产】 2018年，亚吐尔乡把畜牧养殖作为农业增效和农民增收的“强乡产业”来推动，全年牲畜存栏数达7.38万头（只），出栏总数1.59万头（只），出栏率22%，产肉1501.3吨、产奶652吨、产蛋153吨、绵羊毛产量160.3吨、山羊毛24.3吨、山羊绒9.7吨；推广全程免疫式家禽养殖23.3万羽，家禽年收入699万元。动物防检驱治65.13万头（只）。全年实现畜牧业收入1.51亿元，畜牧业人均净收入1.2万元。

【林果业生产】 2018年，亚吐尔乡深化“林果业管理增效年”活动，以发展林果业为抓手，核桃为主的特色林果业得到发展。新增经济林面积26公顷，补植1.12万株，成活率都在90%以上。嫁接核桃59.3公顷1.28万株。提升科学管理林果业力度，抓好林果业施肥管理，果树施肥473.3公顷，果树修剪115.3公顷；开展果树病虫害防治面积646.7公顷，喷施石硫合剂面积172.6公顷，新增杀虫灯30盏，林果有害生物无公害防治率90%，林业有害生物成灾率控制在5%以下，林果有害生物成灾率控制在3‰以下。举办农民林果业实用技术培训班5期，培训农牧民6000余人次。全乡果树挂果面积62公顷，果品总量364.9吨，林果业总收入732.4万元。

【人居环境整治】 2018年，亚吐尔乡按照乡村振兴要求，改善农村人居环境。推进农民安居房建设，不断完善农村基础设施，完成新农村相关配套设施建设，新增585套富民安居房。对庭院进行合理布局，共整治庭院3000余户，实施“三区分离”3000余户，在房前屋后新建栅栏1万余米，推进绿化美化亮化，新栽各种树木1.3万余株。对13个行政村703户家庭进行庭院改造，共修水泥路17千米，完成改厕1380户，组织村民清理庭院周围生活垃圾，以10户为单位配备环保垃圾箱，在沿线村设置垃圾集中处理点10处。

【农田水利建设】 2018年，亚吐尔乡白地灌水1666.7公顷，小麦灌水1733.3公顷，林地灌水1066.7公顷。组织人员对全乡16个水渠闸门进行日常维护和保养，确保全乡水闸安全运行。组织人力、物力，出资出劳按照要求做好各项清淤、防洪，维修配套等工作。清渠440千米（防渗渠40千米、土渠400千米），清理湿地500米，对原有12千米灌溉水渠进行加宽加深处理。

【党建工作】 2018年，亚吐尔乡党委下辖4个党总支，21个党支部，677名党员，其中农村党支部19个610名党员，机关党支部2个67名党员。以建强基层组织建设为目标，本着常规工作抓规范，重点工作抓突破，探索型工作抓创新的工作思路，全面推进发展党员“25154”工作机制，“双语”夜校工作，全年共发展党员56名，举办村干部培训6批128人，举办入党积极分子培训2批120人次，党务工作者培训2批56人次。严格按照“星级化”评定相关制度，2018年获得10颗星的村级党组织1个，8颗星以上的村级党组织7个，按照自治区软弱涣散10条的相关要求，加大对软弱涣散党组织的整顿力度，年内库木买里村党组织顺利脱帽。全年共召开党建专题会议12次，班子成员学习会24次。坚持民主集中制原则，完善工作、议事和管理制度，增强党委班子对重大问题的科学决策能力。

【精神文明建设】 2018年，亚吐尔乡以现代文化为引领，推进公民道德建设。通过开展公民道德宣传教育系列活动，促使干部群众增强爱国守法的责任意识。深入开展“主题教育、主题文化”等活动，组织宣讲团深入各村、站（所）讲解马克思主义“五观”（国家观、民族观、历史观、文化观、宗教观）、党史、地方史、民族团结先进典型事例等。全年开展宣讲活动100余次，受教育人数达1.8万人次，举办民族团结教育知识竞赛活动2次。开展文艺会演村级37场、乡级14场、县级2场，深受群众喜爱。结合大宣传活动宣传效果，创新学习方法。全年累计播放广播680次2163小时；全面加强村级文化阵地建设，丰富农牧民群众精神文化生活。全年各村文化阵地拥有各类图书3.6万册，征订报纸5种、杂志9种。阅览室读书人数达3000人次，文化室活动人数达3600人次；定期举办形式多样的文化体育活动，投入3万余元举办大型文艺会演7场次、知识竞赛12余次、读书活动10次、大型宣传活动13次；开展乡级篮球比赛5场次、排球比赛6场次、乒乓球比赛3场次、拔河比赛16场次、其他类11场次，累计参加人数达1.5万人次。

【人大主席团工作】 2018年，亚吐尔乡人大代表共收集反映社情民意信息16条，调处解决14条，化解率98%，群众满意度100%，为群众办实事好事26件。完善重大事项议事规则，加强和改进乡村人大工作建设，发挥人大监督作用，抓好人民群众普遍关注的热点难点问题。全年组织专题视察询问2场次，开展工作评议58人次，乡人大主席团监督工作得到规范。年内，乡人大依法分类处理和化解各类信访问题38件66人次、初访案件及时受理率100%，按期办结率100%，群众满意率96.5%以上。开展“人大代表讲堂”“民情论坛”等专项活动13次，落实廉政学习14次，人大工作持续提升。严格按照干部审议、监督、任免程序。先后召开20次会议，依法任免6人次。

【妇联工作】 2018年，亚吐尔乡累计开展培训26次，举办5场次缝纫和手工类大型培训活动，推进妇女创业就业工作，鼓励4名妇女成立合作社，带动50多名妇女就业，5户贫困户脱贫。组织开展“百日文体活动”、庆“三八”、“庆‘五一’迎五四”等大型系列活动10余场次，表彰各类生活中涌现出来的“文明家庭”“平安家庭”“巾帼创业标兵”13户。全年走访慰问贫困妇女42名，发放慰问资金4000元，组织乡合作社负责人为学校开展“爱心赠送”活动3次，结合农村境清洁专项行动，组织妇女开展“美丽庭院”活动，建立村巾帼志愿者队伍，全年累计参与志愿服务活动150余次。

【医疗卫生】 2018年，亚吐尔乡为广大群众提供更加方便、快捷、高效的公共卫生和医疗服务，加强医院的建设和管理，提高医务人员业务水平，推进农村卫生保健工作，解决群众看病难、看病贵的问题。全年，门诊病人1.32万人次，为群众提供免费健康检查，受检人数1.46万人。新生儿建卡率达100%，人数为171人。推进居民健康档案建设，为居民建立健康档案1.85万份，建档率98.8%。举办各类知识讲座和健康咨询活动300余场次，发放各类宣传材料6000余份，接受健康教育1.3万人。

【计划生育】 2018年，亚吐尔乡计划生育工作坚持“一把手”负总责和计划生育“一票否决”制度，层层分解，责任到人，形成横向到边，纵向到底的目标管理体系。加大对村级计生专干培训力度，打破以往“你说我听”的传统模式，采取“我问你答”的互动方式进行，累计培训300人次。执行计生相关法律法规，开展计生宣传和服务，使文明婚育观念逐渐深入民心，全年举办的各类宣传培训128场次，共发放宣传资料3393份（册），受教育人数达1.71万人次。稳定人口低生育水平，计划生育率100%，人口自然增长率控制在13‰以内。按照“少生快富”工程目标人群标准，新增符合“计划生育奖励金”标准的有146户，享受“南疆特殊奖励”993人，享受“奖励扶助”138人，兑现各种奖励补助387.8万元。

【劳动和社会保障】 2018年，亚吐尔乡落实农村低保政策，安排困难群众的生产生活问题。纳入“五保”供养户7户7人，享受农村最低生活保障人数达到982户2473人，累计发放生活保障金624.74万余元。落实大病医疗救助1.79万人，全乡38户137余名困难群众得到救助。加快社会保障体系，社保工作成效显著提高。引导农村富余劳动力外出务工，培训252人，常年在外务工人员4320余人。全乡参加新型合作医疗人数达到1.79万人，参合率达100%，新型农村社会养老保险参保人数达9653人。为103名“四老”人员累计发放补贴资金64.31万元。

（毕龙龙　乔瑞娇）

康其乡

【概　况】 康其乡位于县城东南部，乡人民政府驻地库尔玛村距县城2.8千米，北与布隆乡、亚吐尔乡相邻，南与温巴什乡以木扎提河为界，东与托克逊乡接壤，西与拜城镇、米吉克乡毗连，总面积635.15平方千米。地处拜城盆地中部，海拔1200—1360米，地势较为平坦，土质为沙壤细土。乡西北部有喀普斯浪河、台勒维丘克河，南部有木扎提河，水资源十分丰富，总灌溉面积2668公顷以上。年降水量98毫米，无霜期150—160天。全乡耕地面积2634.7公顷，人均耕地3亩。“康其”为维吾尔语，意为“矿工”“采矿人”“炼矿人”，古时即为采矿、铸造集中之地。特色产品有紫皮大蒜、恰玛古、瓜子等。省道307线穿境而过。自然环境优越、各类资源丰富，依托资源优势、区位优势建设康其湿地景区、康其茶馆、康其院子、花园公社、康其客栈、库尔玛村花鸟鱼交易市场等多个景点，成为县域有名的全域旅游景点。2018年，下辖12个行政村、62个村民小组，总人口4919户1.87万人。辖内有中学1所，小学8所，幼儿园10所，教职工286人，学生4161人（含幼儿园）。有水管站、财政所、派出所、司法所、供水站、农经站、畜牧兽医站、文化广播服务中心、计划生育指导站、劳动和就业保障所等23个机构。

2018 年康其乡行政村基本情况一览表

表 18

村名	党支部书记	村委会主任	合作社（个）	村民小组（个）	耕地（公顷）	人工草场（公顷）	牲畜存出栏数（头只）		粮食总产（吨）	其他产物总产（吨）	集体总收入（万元）	人均纯收入（元）	贫困人口	
							存栏	出栏					户数	人数
墩艾日克村	西日普丁·尔西	合力力·努尔	1	10	414.23	0	4390	6733	3090	4191	30.42	13925	10	44
阿热勒村	阿里木·依不拉音	司马义·苏力坦	1	5	275.2	0	4356	6208	2446	642.4	38.39	13930	79	351
库依巴格村	斯坎达尔·萨木萨克	斯坎达尔·萨木萨克	1	7	435.85	0	4015	7229	3267	4009	52.13	19929	18	72
曲结村	吐尔地·买买提	吐尔地·买买提	1	8	370.9	0	4402	6853	2438	4360	24.7	13930	29	112
欧斯库依村	买买提艾力·吾甫尔	买买提艾力·吾甫尔	0	5	270.4	0	2805	5141	2539	2016	21.62	13929	11	50
贝勒克其村	阿布杜沙拉木·吐尼亚孜	托合提·孜亚吾屯	0	3	125.1	0	2692	4869	1043	59.6	10.6	13922	18	67
赛比墩村	塔依尔·努尔	塔依尔·努尔	2	5	261.95	0	4699	7836	2072	1014	12.81	13925	101	369
康其村	亚生·依不拉音	艾山·司马义	1	6	186.52	0	2351	8349	1374	65.4	30.84	13935	38	128
库尔玛村	依明江·阿木克	依明江·阿木克	6	4	71.7	0	1525	8319	516	0	23.33	13933	19	66
尕勒村	土拉汗·肉孜		0	4	122.35	0	1825	3373	929	20	60.33	13921	16	50
欧勒旁村	艾克拜尔·卡斯木	艾克拜尔·卡斯木	4	3	50.18	0	1757	3660	2013	202	16.49	13925	9	38
和谐村	李和平	李和平	2	2	50.18	0	173	820	383	0.64	6.95	13900	0	0

【经济概述】 2018 年，康其乡把发展现代农业作为新农村建设的首要任务，用现代化科学技术改造农业，用现代产业体系提升农业，用现代经营模式推进农业，用现代发展理念引领农业，持续优化农业产业结构，为突破增收瓶颈积蓄力量。农村经济 3.46 亿元，其中第一产业收入 2.84 亿元，第二产业收入 1476 万元，第三产业收入 4669 万元；人均收入 1.39 万元，增收 1091 元，同比增长 8%。

【种植业生产】 2018 年，康其乡种植农作物总面积 3166.6 公顷（含复播）。在种植结构上，坚持“传统 + 特色”模式，以种植玉米、小麦、油菜等传统作物为主，其中种植冬小麦 959.01 公顷，占总播种面积的 30.28%，种植玉米 1184 公顷，占总播种面积的 37.39%，种植水稻 162 公顷，占 5.14%，种植马铃薯 26.2 公顷，占 0.8%；适度酱番茄、紫皮大蒜、恰玛古、瓜子等特色作物，种植酱番茄 119.4 公顷，占总播种面积的 3.77%，巩固和提高设施农业生产，种植温室大棚 20 公顷，年内新建中型拱棚 1271 座。全年实现农业总收入 7280 万元，比上年增长 3%，占全乡经济总收入的 20.81%。

【林果业生产】 2018 年，康其乡结合实际，做大做强林果业，全年造林 245.8 公顷，主要栽植林果品种为核桃，果木栽植面积 867.3 公顷，占林果总面积的 99.07%，挂果面积 574.4 公顷，占核桃面积的 66.22%，杏子 10 公顷。实现林果业总收入 1443 万元，占农村经济总收入的 4.04%，比

2018 年康其乡主要经济指标一览表

表 19

项目			单位	数据
农业	农村经济总收入		亿元	3.46
	经济作物	面积	公顷	663.93
		总产量	吨	24898
畜牧业	存栏		万头（只）	3.49
	出栏		万头（只）	6.95
	产肉		吨	2626.9
林业	造林面积		公顷	245.8
	人工造林成活面积		公顷	232.33
广电	广播覆盖率		%	100
	电视覆盖率		%	100
	电话覆盖率		%	100
财政	总收入		万元	2395.31
	总支出		万元	2378.31
教育	中学		所	1
	小学		所	12
	教职工总数		人	289
	教职工职称	无职称	人	106
		初级	人	108
		中级	人	52
		高级	人	8
	在校学生总数		人	4161
卫生	乡卫生院		所	1
	村卫生室		所	12
	专业技术人员		人	29
	床位		张	40
农机	推土机		台	311
	收割机		台	22
	播种机		台	95
	打草机		台	307
	其他机械		台	18
机车	拖拉机		台	1024
	汽车		辆	570
人口	总人口		人	18706
	总户数		户	4919
	农牧民人均收入		元	13928
	人口自然增长率		‰	2.9
富民安居房			户	455

上年增长 31%。

【畜牧业生产】 2018 年，康其乡实施“科技兴牧”战略，抓好畜禽良种繁育体系建设，加大良种引进、改良、推广力度，逐步实现畜牧产品升级。依托地缘优势，狠抓畜牧扩繁，实现牲畜存栏 3.45 万头（只），家禽存栏 9.62 万羽，年内出栏 6.95 万头只，家禽出栏 39.14 万羽，加强病虫防治，开展内外治疗 1.12 万头（只），开展牲畜防病治病 35 万余次，开展口蹄疫防治 8.5 万头（只），禽流感免疫 18.12 万羽，药浴 7.1 万只、驱虫 9.02 万只、羊痘防御 2.81 万只。年内增加 2 家农牧民养殖合作社。年末存栏 3.49 万头（只），产肉 2626.9 吨，产奶 667.2 吨，产蛋 180.4 吨。畜牧业总收入 1.97 亿元，比上年同期增长 48%，人均畜牧业收入达 1.05 万元。

【特色旅游】 2018 年，康其乡利用区位优势，挖掘潜力，打造“两个旅游环线”（即围绕“康其湿地”打造湿地旅游小环线。结合乡村人居环境整治、农业产业结构调整打造“一村一品”旅游大环线），营造以“康其湿地”为吸引、沿线各村有景点的全域旅游格局。采取“旅游 +”模式，实现乡村振兴战略，加大农业产业结构调整力度，通过土地流转、合伙经营，调整经济价值低的传统种植品种，改种农旅结合的农作物，推行“一个点子致富一个家庭”精准扶贫模式，采取乡干部、包联干部、驻村干部选项目、垫资购买景区所需产品、交付贫困户经营、回本还资的模式，带动群众发展特色旅游业。至年末，建成自驾游营地、水产养殖游地、飞行小镇游地、嬉水乐园游地 4 个景区营地，项目总投资 2050 万元，其中政府各类资金投资 450 万元、社会资本投资 1600 万元。景区有农家乐等餐饮商铺 40 余家、大型儿童游乐园 5 个，年内接待游客 18 万人次，实现旅游全口径收入 1150 万元，提供创业就业岗位 246 个，户均增收 1.08 万元。

【新农村建设】 2018 年，康其乡坚持科学发展观、因地制宜、统筹规划、稳步推进总目标，实现建新房、建新村、见新貌的局面。以乡党委牵头发动，村党支部组织开展，无职党员紧密配合，广大群众参与，形成分工明确、广大群众参与，改善人居环境的良好氛围。全乡 12 个社会主义新农村建设全面推进，新建富民安居房 455 户

（其中，贫困户26户、“五保户”2户、低保户188户、一般户239户），开工率、竣工率、入住率均达100%。完成农村改厕2012户。引进项目资金312万元，新修农村公路15.6千米，维修村组公路12千米，清淤水渠78.7千米，维修罐区2千米，新建防洪坝1298米，维修饮水管道及设施27次，新增饮水入户145户，检修农业机械1570台次。

【脱贫攻坚】 2018年，康其乡有建档立卡贫困户348户1347人，未脱贫122户454人。全年实施扶贫项目11项，总投资556.32万元，至年末，投入使用扶贫项目11项。投入援疆资金100万元，在贫困村新建养殖合作社1个；投资14万元，新建50吨冷库1座；投资18.45万元，建成惠民超市50平方米；投资381.35万元，为重点贫困村新建防渗渠5.8千米；为全乡14户贫困户新建蔬菜拱棚14座，落实补助资金4.2万元；为6户贫困户购买生产母羊53只，落实补助资金5.3万元，为1户贫困户购买生产母牛1头，落实补助资金1.4万元；新建羊圈7座，落实补助资金5.6万元，新建青贮窖16座，落实补助资金6.4万元，帮助21户贫困户购进饲料加工机21台，落实补助资金3.12万元，落实庭院经济项目33户，落实补助资金16.5万元。

【社会事业】 2018年，康其乡社会各项事业发展稳步推进。优化教育教学环境，合理调整小学布局，中小学入学率、巩固率分别达到100%和99.7%，小学入学率达99.8%，中学入学率达99.45%。医疗卫生一体化管理规范，新型合作医疗参合率达到100%。民政工作加强，全年有低保户923户2162人，有优抚人员8人，发放各类救助金9.03万元；为“五保户”发放生活补助5.19万元，为49人发放临时救助金5.5万元，为80岁以上高龄老人发放高龄补贴7.03万元，为14名家庭困难学生发放资助金1.4万元，为199名重度残疾人发放护理费23.04万元。广播电视事业步入正轨，有线电视光纤工程覆盖全乡。

【劳务创收】 2018年，康其乡结合辖内人多地少、劳动力资源丰富、劳务创收潜力大的现状，紧紧抓住劳务输出政策优惠条件，加大劳务输出创收宣传力度，为具备一定劳务技能的人员争取更多外出务工机会，增大劳务输出量。常态组织农牧民开展蔬菜、黑木耳种植、油漆工、面点师、农机具维修、家电维修、汽车维修、家具木工、水电安装、园林绿化、建筑、美容美发等劳动技能培训。全年组织劳动技能实用技术培训171人次，有计划分批次组织劳务输出4006人次，实现劳务创收3521.9万元，比上年增加3200万元。转移贫困人口就业324人。

【卫生和计划生育】 2018年，康其乡有乡卫生院1座，占地面积1.06万平方米，内设中西医药房、针灸科、收费室、防疫室、妇产科、住院部、放射科等。有DR机1台、彩色B超1台、全自动生化分析仪2台、全自动血细胞分析仪2台、洗胃机1台，病床40张，固定资产503万元。实现村村都有卫生室。全年门诊1.1万人次，门诊报销1.1万人次，补偿金额26.66万元。住院报销1778人次，补偿金额144.86万元。孕前优先检查157人次，年内享受自治区“少生快富”工程6人，发放补助9000元，享受计划生育伤残死亡家庭国家特别辅助政策21人，兑现补助11.22万元，享受农村部分计划生育家庭奖励扶助政策109人，发放补助101.46万元，享受南疆地区农村计划生育特殊奖励政策818人，发放补助352.94万元。办理生育服务证171个。

【基层党建】 2018年，康其乡围绕“抓党建促社会经济发展、抓党建促社会稳定、抓党建促脱贫攻坚”工作思路，引导党员干部增强责任意识，树牢群众观点，党的基层组织战斗堡垒作用和党员先锋模范作用得到增强，党群、干群关系大为改善。截至年末，有党委1个，辖党支部16个，其中村（社区）党支部12个，有党员552人，其中农牧民党员 491 人，年内新发展党员 55 人，培养入党积极分子 258 人。

（王易杰）

布隆乡

【概　况】 布隆乡位于县城以北 2.4 千米处。地处拜城盆地中部，东与亚吐尔乡毗连，西、南与拜城镇为邻，东南与康其乡接壤，西北与老虎台乡相连，北靠天山。地势北高南低，境内大部分为平川，少部分处在山沟河谷之中，属中温带大陆性气候。全乡总面积 504.56 平方千米。“布隆”为维吾尔语，意为“角落”，因其地处喀普斯浪河与亚吐尔乡之间的戈壁滩南部一角而得名。全年平均气温为 7.6℃，无霜期 163 天左右，年降水量 96 毫米，农业用水主要靠天山冰雪水，境内水渠纵横交错，县红旗北干渠三支干横穿全乡，耕地几乎全是水浇地，适宜各种农作物生长。布隆乡以农为主，兼营牧业和小型工业。有耕地 1837.8 公顷，以种植小麦、玉米、油菜、胡麻等传统农作物为主，核桃为本乡的特色作物，畜牧养殖业较为发达，主要以牛、羊、鸽子、鸡为主。全乡总人口 2657 户 9737 人，下辖 7 个行政村，34 个村民小组。全乡有 12 所学校（含幼儿园），1 所卫生院，7 个村卫生室，1 个派出所。有司法所、财政所、农经站、兽医站、水管站、农业发展服务中心、城镇规划服务中心、文化广播服务中心、社会保障服务中心 9 个站所。

【经济概况】 2018 年，布隆乡农村经济总收入 1.67 亿元，同比上年增长 10.9%，其中，种植业收入 4537 万元，增长 21.9%；林业收入 1248 万元，降低 0.7%；畜牧业收入 6665 万元，增长 12.33%；第二、三产业收入 4201 万元，降低 3.8%。农民人均纯收入 1.33 万元，同比增长 17.5%。从各项收入情况分析，种植业占农村经济总收入的 27.2%，畜牧业占农村经济总收入的 40%，林业占农村经济总收入的 7.5%，其他收入占农村经济总收入的 25.3%。

【种植业生产】 2018 年，布隆乡推广使用机械种植模式，开展大田电动农机铺膜、播种、施肥、喷药等作业，农业机械化水平达到 85% 以上。全年播种粮食作物 1230.26 公顷，从农作物种植总

2018 年布隆乡行政村基本情况一览表

表 20

村名	党支部书记	村委会主任	合作社（个）	村民小组（个）	耕地（公顷）	人工草场（公顷）	牲畜存出栏数（头只）		粮食总产（吨）	其他产物总产（吨）	集体总收入（万元）	人均纯收入（元）	贫困人口	
							存栏	出栏					户数	人数
奥依买里村	吐尔洪·赛买提	吐尔洪·赛买提	0	4	245.08	0	4168	2842	1105	6702	5	13786	33	136
阿克墩村	阿布拉·努尔墩	阿布拉·努尔墩	0	6	306.09	0	4825	4502	1628	6713	8	13402	31	114
牙斯热木库鲁奇村	阿布艾尼·托乎提	阿布艾尼·托乎提	1	4	207.41	0	4242	3575	1309	808	5.4	13572	24	85
欧吐拉布隆村	艾来提·努尔	艾合麦提·麦麦提	1	6	300.92	0	6270	5232	1203	11798	5.8	11661	32	103
托万克布隆村	胡加米尼亚孜·托合尼亚孜	库尔班·吾斯曼	3	8	306.98	0	6334	5560	2068	7417	8	13585	190	742
牙斯热木因阿依马克村	吾斯曼·达比提	吾斯曼·达比提	1	4	269.92	0	4140	3553	1763	3520	7.6	13978	35	136
乌斯开木村	木合塔尔·艾则孜	吐热克·买买提	0	2	201.38	0	3905	3000	1717	111	8.4	14307	18	64

2018 年布隆乡主要经济指标一览表

表 21

项目			单位	数据
农业	农村经济总收入		亿元	1.67
	经济作物	面积	公顷	308
		总产量	吨	36968
畜牧业	存栏		万头（只）	3.4
	出栏		万头（只）	2.8
	产肉		吨	1243.2
林业	造林面积		公顷	28.54
	人工造林成活面积		公顷	28.54
广电	广播覆盖率		%	100
	电视覆盖率		%	99
	电话覆盖率		%	94
财政	总收入		万元	1431
	总支出		万元	1483
教育	中学		所	1
	小学		所	4
	教职工总数		人	140
	教职工职称	无职称	人	41
		初级	人	59
	教职工职称	中级	人	33
		高级	人	7
	在校学生总数		人	1112
卫生	乡卫生院		所	1
	村卫生室		所	7
	专业技术人员		人	19
	床位		张	20
农机	推土机		台	6
	收割机		台	39
	播种机		台	72
	打草机		台	7
	其他机械		台	0
机车	拖拉机		台	830
	汽车		辆	24
人口	总人口		人	9737
	总户数		户	2657
	农牧民人均收入		元	13306
	人口自然增长率		‰	-0.001
富民安居房			户	270

面积分析，比上年降低 2.3%，亩产比上年平均降低4.9%，粮食生产基本持平。粮食总产 1.07 万吨，粮食收入 2348 万元。从农作物类型及面积分析，主攻高产高效示范田，产业经济效益稳步提升。种植小麦 766.73 公顷，比上年增长 11.6%，占总播种面积 62.3%，亩产 481 千克，小麦总产 5532 吨，比上年提高 1.1%。种植玉米 463.3 公顷（其中制种玉米 139.86 公顷），比上年降低 17.1%，占总播种面积 37.7%，亩产 757 千克，总产 5260 吨，比上年降低 1.9%。调整小麦、玉米种植面积，优化调整种植结构，增加产量收入。推进番茄、大蒜、蔬菜、西瓜等特色农作物的种植促进农业经济稳步提升，以特色农产品蔬菜、酱番茄为主，发挥品牌效应，促进特色农产品瓜类特色作物创收 60.12 万元；酱番茄面积 308.06 公顷，创收 1458.4 万元，蔬菜面积 17.26 公顷，创收 171 万元；油料面积 38.93 公顷，创收 43.8 万元。

【林果业生产】 2018 年，布隆乡以“抓质量、重投入、增效益”为重点，在农牧民群众中普及林果栽培技术，加大林果业管护力度和措施，开展核桃树嫁接改良，提高坚果品质（嫁接品种型号：温 185、新新 2、扎 353）大树嫁接成活率 80%，小树达到 95% 以上，嫁接 130.33 公顷 4301 株，达到总株数的 92%。通过悬挂杀虫灯、石硫合剂防病、防虫，用农家肥、油渣、尿素、二胺、钾肥进行追肥，田间修枝管理，提高林果产量。举行农民技术员培训 31 场 3785 人次，到田间地头实际指导 123 次。全乡林果业面积达 461.13 公顷，其中经济林挂果面积达 302.8 公顷。嫁接经济林 2328 株；病虫害防治面积 534.15 公顷；果树施肥面积 302.48 公顷。种植核桃 293.8 公顷，面积比上年增加 16.2%，亩产 600 千克，年产 2644 吨，比上年增加 17.4%，单价比上年上涨 5.3%。

【畜牧业生产】 2018 年，布隆乡抓住城乡接合部的地缘优势，发展畜牧业，在疫病防治、大户培育带动小户养殖、畜产品产销等环节上下功夫，加大畜牧业养殖政策扶持和倾斜力度，扶持农村畜牧养殖合作社 2 个。配置 7 名科技副职到村对养殖大户定期帮扶指导。乡兽医站干部到村进行疾病预防、养殖技术、相关政策等知识培训 21 次，到农户家中实际指导 360 户次。落实各种疫病预防措施，完善防控方案，提高养殖户加大畜牧业投入意识，增强养殖积极性，保持畜牧业强劲的发展势头。全乡畜牧存栏3.4万头（只），出栏2.8万头（只），家禽出栏1.1万只，产肉1243.2吨，产奶1311吨，产蛋49.4吨。畜牧业收入5454万元，人均纯收入5816元，同比增加464元。

【农田水利建设】 2018年，布隆乡保障全乡农牧民饮水安全，新挖自来水管道2700米，修理自来水管道3千米。完善水利基础设施，完成防渗渠保护维修230米，维修加固防洪坝950米，清淤灌溉渠道16千米，修理水渠阀门4个，新修防洪坝360米。

【发展合作社】 2018年，布隆乡加强农业、手工业、养殖业等合作社加强指导和管理，以“合作社+农户”的模式带动农业产业发展，促进农民增收致富。截至年末，全乡共有合作社6个：分别为牙斯热木库鲁奇村核香园核桃种植专业合作社、欧吐拉布隆村新时代裁缝店、托万克布隆村拜合提房屋修缮队、拜合提农产品农民专业合作社、富隆奶牛养殖专业合作社、牙斯热木英衣玛克村提拉林果农民专业合作社。

【民族团结】 2018年，布隆乡紧扣“民族团结就是新疆各族人民的生命线”，结合开展“访惠聚”驻村活动，通过入户走访、入户住户、意见箱等多种形式，主动受理和妥善处理群众反映的诉求和意见，全年累计办实事办好事14.23万件。各村通过周一宣讲、双联户晚间学习宣讲、驻村管寺干部定期宣讲、入户住户点对点宣讲等方式，在全乡33个村民小组深入开展学习传达党的十九大精神宣教活动。全年开展全乡村民参加的宣讲活动51场次，受教育群众1.29万人次。年内，组织干部群众宣传教育275场次，参加人数2.72万人次。结亲认亲干部294人，结亲户数1833户，累计开展各类联谊活动5860场次、参与人数6.35万人次。

【社会救助】 2018年，布隆乡开展社会救助工作，对困难群众、低保户、“五保户”、孤儿等发放救助物资面粉4740千克、大米1420千克、清油475千克，为困难群众救助取暖煤366吨，为1042名贫困群众发放食用碘盐3025千克。为提升城乡低保规范化管理水平，保障困难群众基本生活，详细摸底全乡范围内的低保户经济情况，核准应享受低保待遇群众629户1391人，其中享受农村最低生活保障612户1365人，发放低保263.52万元；享受城市最低生活保障17户26人，发放低保8.72万元。为11名“五保”对象发放补助8.15万元，为88名80岁以上老年人发放补助5.28万元，为29名退伍军人、7名优抚对象按时足额发放各类抚恤金5.16万元，并做好7名优抚对象免费享受60岁以上养老保险生活费工作。60周岁以上347名特困老年人纳入农村低保，发放老年人提高标准金额12.07万元。

【残联工作】 2018年，布隆乡共有持证残疾人330人（其中：一、二级123人，三、四级207人），占全乡总人口的3.4%，其中集体供养19人。为符合政策的残疾人落实享受农业用水水费减免政策，按照一、二级残疾人享受5亩，三、四级残疾人享受3亩的标准，共减免残疾人家庭农业灌溉面积82.4公顷。做好残疾人就业技能培训，组织开展缝纫、烹饪培训2次，7人参加培训；开展种植业、养殖业、林果业等农村实用技术培训2次，30人参加培训。协调解决3名残疾人就业，平均月工资1466元。3名残疾学生享受“爱心天使助学基金”。为9名符合条件的残疾人兑现残疾人机动轮椅车燃油补助2340元，为102名白内障患者免费检查，对13人免费开展复明手术，免费提供智力、肢体康复训练4人，享受安居富民政策306人。31名29户残疾人家庭被列为低保户，为残疾人办理生活补贴、护理及生活补贴200人13.87万元。

【劳务创收】 2018年，布隆乡开展农民务工意向调查，加强农村劳动力转移的组织和协调，引导农村剩余劳动力外出务工。全乡劳动力4978人，其中贫困劳动力749人，残疾劳动力174人。围绕企业和市场需求，加强实用技能的培训力度，提高对用工市场的适应能力，常态开展国家通用语言学习、职业技能、就业创业培训，通过举办职业技能、基本劳动素质、公共服务岗位、电子商务等大型培训班，培训22次1300人次。全年转移就业富余劳动力3007人，其中本县内就业人员1666人（企业就业179人），本县及外地转移就业人员1186人（企业就业人159人），疆内其他地州转移就业人员有136人（企业就业95人），赴内地省市就业人员16人。就业6个月以上678人，6个月以下2326人，其中季节性务工1076人，短期务工1086人，城镇灵活就业164人。累计实现劳务创收2147万元，比上年增长16.6%。建档立卡贫困户中就业、脱岗再就业344人。

【计划生育】 2018年，布隆乡全乡总人口9737人（含流动人口），有已婚育龄妇女1732人，完成查孕1607人次，完成率64.4%，出生人口73人。人口计生服务机构、队伍建设完备，设置7个行政村计划生育办公室，1个乡计划生育服务站，配备计划生育专职工作人员14名。每周召开周例会，采取以会代训的方式，提升计生干部整体素质能力，在全乡内开展2次计划生育知识竞赛、宣讲比赛，提升村级专干的宣传能力和业务能力，培养一支宣讲服务一体化的优秀村级专干队伍。开展宣传活动93次、咨询服务77次。

【美丽庭院创建】 2018年，布隆乡深入开展创建美丽庭院工作。整合乡妇联、团委、各村力量，成立“美丽庭院”创建工作领导小组，下设办公室。健全“美丽庭院”长效管理制度，村委会与创建家庭签订“美丽庭院”责任书达到80%。村委会公开栏设有“美丽庭院”创建公示内容。各村成立创建“美丽庭院”志愿者服务队，建立“今天我值日”制度，做到每天清扫每月督查，每季评比，年底有表彰，开展志愿者服务活动。广泛动员全乡妇女参与创建“美丽庭院”活动，参加每月至少一次志愿者活动，全乡7个村均成立妇女志愿者服务队，每月开展1—2次志愿者服务活动，全年共开展志愿服务活动168场次，9840人参加。

【脱贫攻坚】 2018年，布隆乡落实扶贫项目，全年争取财政扶贫项目资金11类189.48万元，完成畜牧养殖、创业基地、庭院经济等扶贫项目，为贫困家庭购买生产母羊295只、种公羊19只、生产母牛38头，修建养殖合作社1座，核桃提质增效项目2.54公顷，补助资金5.71万元，修建羊圈20座、拱棚9座、葡萄架45户、青贮窖12座，饲料加工机械1台。扶贫实用技能培训（劳务输出转移技能培训）111人次。引导贫困人口在本县乡开展安居富民等工程建设帮扶就业的贫困户54人，组织外出拾棉花贫困户139人，将2011年以来未享受过安居富民补助的12户贫困户，全部纳入2018年安居富民建设任务。全乡建档立卡贫困户363户1380人，脱贫299户1146人，未脱贫64户234人。

【党的建设】 2018年，布隆乡有党组织13个，其中党委1个，党总支1个，11个党支部，党员298人，入党积极分子124人，团员212人；“四老”人员36人；村“两委”干部44人，村民小组长34人，村民副小组长99人，后备干部80人，年内发展党员28人。乡党委加强对党建工作的领导，第一书记统筹，党支部书记具体负责，班子成员合理分工。在“访惠聚”工作队员中设立党建岗，与负责党建工作的支委会成员捆绑结对，工作同干，责任共担；抓好队伍建设，建立干部成长激励机制，做好机关干部内部轮岗交流和下村任（挂）职干部选拔、培养和跟踪管理；制定加强国家通用语言学习实施方案，分层次有重点地推进国家通用语言普及工程，农牧民夜校推进工程；全面开展党建常规自查和交叉检查、上级督导问题整改；严格落实《中国共产党党支部工作条例》，抓好“三会一课”、党员民主评议、组织生活会等基本党内制度，确保党建工作规范化发展。

【党员干部队伍建设】 2018年，布隆乡落实“一周一天一揽子工作法”；结合作风整顿活动，成立专门督导组，定期到村开展工作指导，下发督查通报7期，问责干部13人次；加强村级阵地建管用，年内重点打造1个村党建示范点，完成5个村民活动中心项目建设，打造“村干部培训基地”“儿童乐园”等功能室；加大村干部管理，建立村级干部培训中心，培训村后备干部80人，入党积极分子109人；开展聚焦总目标、作风再整顿工作。认真开展专题学习，通过“七个一”机制、悬挂亮相牌，制作红黑榜，开展社情民意大征集活动，共征集到559条意见和建议，抓实干部作风整顿；常态做好住户入户工作。将民族团结一家亲活动与住户入户工作结合，做到认真访、真情访；做好人才迁户后续工作，完成宅基地区块选址、划图和集体土地整合工作，共完成落户134户389人。选优配齐专职团干部1名，村级团干部31名。241名团员全部参加组织生活会，开展主题团日活动。

（张 腾）

米吉克乡

【概　况】 米吉克乡位于拜城县城西南5千米处，东隔喀普斯浪河与县城相望，南隔木扎提河与温巴什乡为界，西部和大桥乡毗连，北部大部分为戈壁滩，地势北高南低。307省道贯穿乡境，东西最宽22.2千米，南北最长26千米，总面积971.5平方千米。农区面积148平方千米，耕地面积4859.7公顷，是一个以种植业为主，养殖业为辅的鱼米之乡，享有“千亩鱼塘万亩水稻”美誉。2018年，辖15个行政村，56个村民小组，总户数4238户，常住人口1.78万人；全乡核定编制98名，实有在岗人员103人。

【经济概况】 2018年，米吉克乡农村经济总收入达4.16亿元，比上年增收3013万元，增长7%，其中农业总收入1.44亿元，林业总收入3220万元，畜牧业总收入1.69亿元，渔业总收入3671万元，第二、三产业总收入3270万元。

【种植业生产】 2018年，米吉克乡按照“稳定面积打基础、主攻单产增效益、依靠科技上水平”发展思路，坚持粮食发展战略不动摇，抓好田间管理，推广测土配方施肥技术，主攻单产，完善品质。冬小麦播种面积868.75公顷，玉米播种面积3678.75公顷，水稻播种面积79.06公顷，菜辣椒101.88公顷，马铃薯70.25公顷，瓜菜96.31公顷，其他42.13公顷。推广农业新技术，实行良种良法配套，将测土配方、种子包衣增产增效技术落实到冬小麦生产中，调运冬小麦种子410吨。创建500千克小麦高产田670.93公顷，550千克高产田79.63公顷。落实复播面积390.41公顷，其中复播玉米251.59公顷，糜子75.46公顷，马铃薯9.76公顷，西瓜13.93公顷，白菜12.12公顷，胡萝卜15.04公顷，恰玛古4.27公顷，饲草8.25公顷。重视蔬菜生产，全乡共有温室大棚55座，总面积102公顷，每座大棚经济效益达1万元；有大拱棚627座，面积200.9公顷，推广引导“春提早、秋延后”栽培早熟瓜菜，每座大拱棚收入2500—3000元。

【畜牧业生产】 2018年，米吉克乡本着“扩量、提质、增效”原则，狠抓畜牧业发展。外购能繁母畜落实3243头，母牛政策性保险落实3120头，新增家禽养殖落实36.7万羽，其中林下养鸡2.8万羽，家禽出栏32.7万羽。动物防疫、驱虫、治疗落实49.6万头（只），其中，口蹄疫防疫9.2万头（只），少反刍兽疫3.5万只，布病防疫2.9万头（只），羊痘3.8万只，家禽防疫30.2万羽。黄牛冷配1700头，绵羊改良2.21万只，山羊改良5320只，购进种公山羊21只。新增苜蓿、套种甜菜、胡萝卜等饲草料140公顷，制作青贮饲

2018 年米吉克乡行政村基本情况一览表

表 22

村名	党支部书记	村委会主任	合作社（个）	村民小组（个）	耕地（公顷）	人工草场（公顷）	牲畜存出栏数（头只）		粮食总产（吨）	其他产物总产（吨）	集体总收入（万元）	人均纯收入（元）	贫困人口	
							存栏	出栏					户数	人数
团结村	尼加提·吐尔逊	魏白朝	3	2	206	0	1105	248	3070	2553.8	38	16238	17	63
亚阔坦村	吐尔洪·托乎提	吐尔洪·托乎提	0	7	492.40	48.4	4125	1368	4032	2079	80	16232	67	285
墩买里村	阿布都外力·买买提	阿布都外力·买买提	5	4	212.87	44.1	3284	694	3979	2350.9	14	16246	12	57
亚曼苏村	艾力·米吉提	艾力·米吉提	0	4	317.60	19.9	2524	1168	4466	2197.6	75	16269	4	16
阿尔其格村	阿里木·吾守尔	阿里木·吾守尔	0	5	290.13	32.3	2773	927	4840	2318.4	65.9	16224	5	22
尤喀克阿尔其村	艾合买提·吐尼亚孜	艾合买提·吐尼亚孜	6	2	160.33	11.8	843	346	3260	2059.6	20.9	16230	2	8
库木买里村	比拉力·托乎提		3	4	256.67	10.7	1732	843	4260	2360.4	40	16246	5	17
库木墩村	古丽凯买尔·阿布力孜		2	3	245.07	46.4	2121	984	4747	2740.8	27	16282	8	35
欧勒旁村	史广宇	买买提·斯迪克	0	4	425.67	31.2	2988	1463	4695	3746.9	36	16238	13	64
喀纳依买里村	吐尔洪·库尔班		2	4	408.53	124.4	3782	1995	4800	3119	43	16241	9	45
米斯铁米村	艾合买提·哈斯木		6	5	593.00	65.33	3123	1353	5478	5831.2	79.8	16231	12	58
索克索克力克村	吐尔逊·托乎提	吐尔逊·托乎提	6	4	447.20	51.5	3321	1245	5190	5767.1	48	16263	14	76
库库拉托格拉克村	毛来买提·沙木沙克	毛来买提·沙木沙克	2	4	517.27	55	4028	1567	6455	5691.5	115	16347	102	350
希尔尕塔依村	古力克孜·热扎克	吐尔洪·库尔班	0	3	253.87	214.4	7749	3162	6003	2419.6	94.6	16559	32	124
园艺村	申广来		3	1	33.07	0	1367	3368	380	1859.3	3.7	14545	0	0

料落实 3.12 万吨。截至年末，牲畜出栏 2.07 万头（只），肉类总产量 2448 吨，产奶 492 吨，产蛋 1756 吨，畜牧业总收入 1.69 亿元。

【林果业生产】 2018 年，米吉克乡以农民增收为核心，加强科学管理，稳定核桃、杏子、葡萄种植面积，促进林果业提质增效。林果业总面积 2479.06 公顷，人均 0.1 公顷，其中经济林总面积 1100.19 公顷，挂果总面积 640.69 公顷（核桃挂果面积 584.38 公顷，杏子挂果面积 26.31 公顷，葡萄挂果面积 30 公顷），生态林 1378.88 公顷。年内完成植树造林 76.27 公顷（其中春季完成 16.36 公顷，秋季完成 59.91 公顷），主要栽植核桃、葡萄、苹果等经济苗木分别为 45.18 公顷、0.75 公顷、7.59 公顷，杨树、沙枣、柳树分别为 21.56 公顷、0.44 公顷、0.75 公顷，义务植树 17.59 万株。截至年末，全乡有核桃 893.37 公顷，果蔬整形修剪 807.56 公顷，加强病虫害防治，喷施石硫合剂 26.14 吨，悬挂杀虫灯 112 盏。年内育苗 3.09 公顷，其中核桃 0.06 公顷、杜梨 0.28 公顷、杨树 2.38 公顷、杏树 0.13 公顷、苹果 0.25 公顷，春季嫁接果园 4 公顷 4306 株。创建核桃示范园，全乡有 13 个核桃示范园，总面积 109.13 公顷，其中高产高质示范园 8 个，面积 63.66 公顷，低产低质改良园 5 个，面积 45.46 公顷。

2018 年米吉克乡主要经济指标一览表

表 23

项目			单位	数据
农业	农村经济总收入		亿元	4.16
	经济作物	面积	公顷	464.9
		总产量	吨	17207.9
畜牧业	存栏		万头（只）	4.49
	出栏		万头（只）	2.07
	产肉		吨	2448
林业	造林面积		公顷	78.2
	人工造林成活面积		公顷	76.2
广电	广播覆盖率		%	99
	电视覆盖率		%	99
	电话覆盖率		%	100
财政	总收入		万元	1602.53
	总支出		万元	1432.19
教育	中学		所	1
	小学		所	9
	教职工总数		人	191
	教职工职称	无职称	人	35
		初级	人	105
		中级	人	47
		高级	人	4
	在校学生总数		人	2695
卫生	乡卫生院		所	1
	村卫生室		所	13
	专业技术人员		人	17
	床位		张	20
农机	推土机		台	34
	收割机		台	88
	播种机		台	248
	打草机		台	7
	其他机械		台	64
机车	拖拉机		台	1950
	汽车		辆	518
人口	总人口		人	17817
	总户数		户	4238
	农牧民人均收入		元	16192.2
	人口自然增长率		‰	8.1
富民安居房			户	831

【劳务创收】 2018 年，米吉克乡结合农民自身实际和就业意向，开设 1 个职业技能培训班，重点开展国家通用语言、餐厅服务、中式烹调等培训。全乡 15 个村均建立村级劳动保障站，加大宣传力度，鼓励引导无业青年学习致富技能，提升增收本领。年内，全乡转移富余劳动力就业 2724 人（本县就业 1107 人、地区内转移就业 1585 人、疆内就业 21 人、内地转移就业 11 人、建档立卡贫困公益性岗位就业 11 人）。按时限分，短期外出务工 2329 人，长期外出务工 82 人；按岗位性质分，季节性转移就业 1275 人，临时性外出人员 1125 人。长期转移劳务创收金 1.36 万元，季节性劳务创收 574.36 万元，总劳务创收金额 574.36 万元。人均劳务创收 8290 元。

【脱贫攻坚】 2017 年，米吉克乡实行“资金跟着项目走、项目跟着规划走、规划跟着脱贫需求走”的原则，坚持每半月召开党政班子专题会议，研究解决工作中存在的问题。年内，党政主要领导对全乡 302 户贫困户走访入户全覆盖，组建 15 个扶贫工作站，实现所有村扶贫工作站全覆盖。年内落实专项扶贫资金 148.02 万元，落实扶贫小额信贷资金 28.5 万元，惠及贫困户 14 户。转移贫困人口就业 143 名；建成小拱棚 10 座、冷库 1 座；注册成立种植合作社 1 个，实行订单生产、销售，贫困户种植马铃薯产量达 28 吨，带动 25 户贫困家庭增收；购买扶贫牛 33 头、扶贫生产母羊 2401 只，扶贫鸡 5900 只；开展土地清理再分配，清理整合土地 80 公顷，购买开发公益性岗位 11 个；纳入农村低保兜底保障 27 户 84 人。为 13 名贫困家庭学生补助 2.6 万元（每人 2000 元），为住院治疗贫困人口补助报销医疗费用 7.75 万元，新建惠民超市 1 座，惠及 2 户贫困户。

【民生建设】 2018 年，米吉克乡全面落实党的惠民政策，让各族群众感受到党和政府的温暖与关怀。医疗保障方面，参加新型合作医疗保险农合 1.36 万人，累计补偿 655 万元，享受养老保险 1311 人，16—59 岁村民续保 6699 人，新参保 287 人，全年累计发放养老保险 206.82 万元。组织开展第 28 届“科技之冬”活动，举办科技培训班 43 期，培训 7929 人次，开展科普活动 15 场次，参与人数 3295 人。为贫困户购置牲畜 1573

头只，帮助117户贫困户办理小额贷款300万元，400户安居富民房完成并投入使用，群众生活得到新改善。

【党的建设】 2018年，米吉克乡党委始终把加强基层组织建设作为实现总目标的基本路径。建立党建工作月例会工作制度，第一书记、村党组织书记每月述职、交流，以点带面、压实“书记抓、抓书记”主责。选配21名干部下沉到村，调整32名工作能力弱、表现差的村干部。从乡集体收入中划拨8万元，补贴到4个村集体经济较弱的村，保障工作运行。严格落实党员发展“五步两卡一纪实”工作机制，新发展党员101名，预备党员转正87名。全面实施村干部国家通用语言强化、素质提升、选拔培养，选派15名村级后备干部跨村培养，选拔7批58名村干部到县委党校培训锻炼。选优配强12名村科技副职，为每名科技副职解决经济地20亩，倡导科技副职领办合作社和企业，激发科技副职干事创业积极性，在1个软弱涣散后进村、1个深度贫困村和符合条件的行政村建立村党总支，成立2个“访惠聚”驻村工作队党支部，形成“一总多支”工作格局。拓宽活动载体，全面实施“新五小”助学工程，为困难家庭学生发放“小课桌、小板凳、小台灯、小字典、小文具”等学习用品564套。收集解决群众困难诉求875条，群众基础更加牢固。

（温政局）

温巴什乡

【概　况】 温巴什乡地处木扎提河南岸，位于拜城县西南，直线距离17.5千米。东南以却勒塔格山与新和县为界，西接察尔齐镇，北与大桥乡、米吉克乡、康其乡、托克逊乡隔木扎提河相望。东西宽52.4千米，南北长14.4千米，总面积688.6平方千米，耕地面积7616.16公顷。温巴什乡辖境为一个狭长地带，地势由西向东略有倾斜，土地较为平坦，境内引水灌溉便利，水土资源丰富，光热充足，土地肥沃，物产丰富，气候宜人，宜农宜牧，主产小麦、玉米、水稻、油菜，是全县主要产粮区，故有丰谷“粮仓”之称。2018年，下辖农经站、计生站、农机站、派出所、司法所、财政所、邮政所、供电所、信用社、卫生院等单位。有学校18所，其中中学2所、小学6所、幼儿园10所。教职工196人，在校学生2140人。有14个行政村、45个村民小组，总人口4584户1.67万人。

【经济概况】 2018年，温巴什乡全乡大力发展种植业、畜牧业、林果业，农村经济总收入4.43亿元，农牧民人均收入1.6万元，比上年增加1129元。

【种植业生产】 2018年，温巴什乡落实粮食作物种植面积4953.37公顷（含复播），粮食作物中小麦1818.13公顷（冬小麦1671.35公顷、春小麦146.78公顷）、常规玉米3071.84公顷、水稻63.4公顷。种植特色经济作物面积1659.93公顷，其中油菜143.6公顷、甜菜238.73公顷、瓜类136.33公顷、蔬菜87.93公顷、其他杂粮1053.34公顷。小麦单产470千克/亩，总产1.28万吨，收入3204万元；玉米亩均单产900千克，总产4.15万吨，收入7057万元；水稻亩均单产650千克，总产618吨，收入216万元；油菜亩均单产165千克，总产355吨，收入213万元；甜菜亩均单产4950千克，总产1.77万吨，收入833万元；瓜类亩均单产3400千克，总产6953吨，收入348万元；蔬菜亩均单产2650千克，总产3496吨，收入874万元；其他杂粮亩均单产5000千克，总产7.9万吨，收入1.58亿元。

【畜牧养殖】 2018年，温巴什乡牲畜存栏9.01万头（只），其中能繁母畜6.31万头（只），母畜比例可达70%。牛存栏7064头，接羔育幼成活率达98%。完成动物防检驱治48.11万头（只）次，黄牛冷配2061头，绵羊改良3736只，山羊改良

2018 年温巴什乡行政村基本情况一览表

表 24

村名	党支部书记	村委会主任	合作社（个）	村民小组（个）	耕地（公顷）	人工草场（公顷）	牲畜存出栏数（头只）		粮食总产（吨）	其他产物总产（吨）	集体总收入（万元）	人均纯收入（元）	贫困人口	
							存栏	出栏					户数	人数
吉格代力克村	艾力·阿不都热依木	艾力·阿不都热依木	1	3	522.39	0	5411	4540	3664	276	52.86	14978	25	94
阿瓦提村	塔依尔·阿里木	塔依尔·阿里木	1	2	283.68	0	4276	3405	2627	260	24	13678	21	71
乌堂村	扎尔巴提·苏力坦	扎尔巴提·苏力坦	1	3	556.13	0	6499	5628	6044	539	57.77	20688	19	65
墩买里村	艾买尔·坎吉	艾买尔·坎吉	1	3	381.77	0	5516	4640	3205	278	33.3	17780	10	39
尤喀克温巴什村	巴拉提·巴斯提	巴拉提·巴斯提	2	2	374.11	0	6518	5647	2540	265	38.46	11128	10	31
托喀依买里村	毛尼亚孜·买买提	毛尼亚孜·买买提	0	3	372.41	0	4974	4103	3236	314	31.73	16404	17	60
托万温巴什村	木合甫力·沙比尔	木合甫力·沙比尔	5	3	479.05	0	6855	5984	4392	601	75.51	13590	8	27
阔纳吐尔村	库尔班·阿吾提	库尔班·阿吾提	1	4	679.21	0	7550	6675	3887	613	43.11	12464	22	83
开外孜力克村	艾力·塞买提	艾力·塞买提	2	3	779.95	0	9048	8177	4556	843	48.35	12363	23	84
托万开外孜力克村	依斯坎达尔·吐拉甫	依斯坎达尔·吐拉甫	1	3	632.97	0	4690	3819	4867	1063	54.24	15589	18	65
托格拉克勒克买里村	达比提·阿比提	达比提·阿比提	1	4	741.59	0	8976	8105	4489	841	70.65	17448	24	100
乔木喀村	阿不都外力·巴拉提	阿不都外力·巴拉提	0	3	625.96	0	8427	7556	4926	3168	42.89	15842	19	78
奥依库木什村	尼亚孜·买买提	尼亚孜·买买提	0	3	809.65	0	5870	4999	4494	843	40.53	24991	11	33
博斯坦村	托乎尼亚孜·阿布拉	托乎尼亚孜·阿布拉	1	6	377.01	0	5490	4622	2022	901	38.4	18076	0	0

2771 只，家禽养殖 11.58 万羽、集中育雏 10.9 万羽。全乡牲畜出栏 7.79 万头（只），产肉 2323 吨，产奶 451 吨，产蛋 154 吨，产毛 178 吨。年内，新建青贮窖 147 座，制作青贮饲料 1.67 万吨。全乡共培育畜牧业类农民专业合作社 10 家，建成科学养畜示范大户 159 户。建立畜牧兽医技术服务部 1 个，以村级防疫员作为主要成员，乡村兽医、养殖大户通过自身技术入股，负责重大动物疫病集中强制免疫期间的各项防疫工作，平时负责常规的诊疗、驱虫、抽血等多种与养殖有关的经营性服务，服务费 5.6 元 / 次，其中 1.5 元用于防疫员绩效。截至年末，收入 23.52 万元，支出 13.94 万元。年内未发生重大动物疫情蔓延和畜产品安全事故。

【宣传教育】 2018 年，温巴什乡宣传教育群众工作开创新局面，营造健康向上的文化氛围，动员国家干部、青年团体、妇女代表、“草根”宣讲员、“四老”人员等宣传队伍资源，结合贯彻落实党的十九大精神进万家活动，共开展宣传教育活动 48 场次，宣讲人数 269 人次，上报宣讲稿件 320 篇，为展示宣传教育效果，共开展知识对抗赛 18 场次，举办歌曲大赛、舞蹈大赛及书画摄影、手工艺品大赛 14 场次、文艺会演 40 场次。安排专人播放电影 70 场次，观看群众达 4.2 万人次。开展“美丽庭院”创建，创建“美丽庭院”454 户，受地区表彰 2 户，受县级表彰 25 户，受乡级表彰 155 户。落实“改厨改居改厕”1095 户。

【医疗卫生】 2018 年，温巴什乡有卫生院 1 所，村卫生室 13 所，专业技术人员 29 人，床位 20 张，

2018 年温巴什乡主要经济指标一览表

表 25

项目			单位	数据
农业	农村经济总收入		亿元	4.43
	经济作物	面积	公顷	1659.93
		总产量	吨	107529
畜牧业	存栏		万头（只）	9.01
	出栏		万头（只）	7.79
	产肉		吨	2323
林业	造林面积		公顷	115.33
	人工造林成活面积		公顷	115.33
广电	广播覆盖率		%	100
	电视覆盖率		%	100
	电话覆盖率		%	100
财政	总收入		万元	2290.32
	总支出		万元	2290.32
教育	中学		所	2
	小学		所	6
	教职工总数		人	196
	教职工职称	无职称	人	54
		初级	人	84
		中级	人	53
		高级	人	5
	在校学生总数		人	2140
卫生	乡卫生院		所	1
	村卫生室		所	13
	专业技术人员		人	29
	床位		张	20
农机	推土机		台	78
	收割机		台	88
	播种机		台	136
	打草机		台	21
	其他机械		台	120
机车	拖拉机		台	30
	汽车		辆	130
人口	总人口		人	16734
	总户数		户	4584
	农牧民人均收入		元	16072
	人口自然增长率		‰	0.78
富民安居房			户	416

固定资产总值 500 万元。截至 12 月，开展计划免疫宣传 1 次，发放传单 2400 份。对 12 种疫苗进行及时接种。为增强农牧民的健康意识，共开展 26 次结核病预防宣传，发放传单 8800 份，开展艾滋病宣传 30 次，发放传单 8000 份，对地方病宣传 30 次，发放传单 1500 份，加碘盐使用率达到 100%。全乡新出生人口 156 人，符合政策生育率为 100%，查孕 3348 人，完成率 101%。发放计划生育各类奖励金 524.22 万元。

【民族团结】 2018 年，温巴什乡全面贯彻党的民族政策，将“民族团结”贯穿于各项工作之中，推动各族守望相助、深度融合，深入开展“民族团结一家亲”和民族团结联谊活动 125 场次，坚持领导带头、全员参与，主动与贫困户结对认亲，走亲、帮亲、探亲实现常态化，通过定期组织开展形式多样、生动活泼的联谊活动，各族干部群众在共同生产生活和工作学习中加深了解、增进感情。全年全乡 586 名干部职工与 4122 户群众结对认亲，其中领导干部 15 人，驻乡“访惠聚”单位 12 个，“访惠聚”驻村工作队干部 80 人，其中贫困户 227 户，累计开展联谊活动 162 场次，帮助亲戚解决困难 758 件。

【从严治党】 2018 年，温巴什乡推进全乡党风廉政建设与反腐败工作。制定《温巴什乡 2018 年党风廉政建设和反腐败工作意见》，并与各村党支部书记签订《2018 年党风廉政建设责任书》。成立“群众工作督导组”，建立常态化督查机制，定期不定期地进行督查暗访，先后印发督查通报 36 期，提醒谈话 22 人，诫勉谈话 16 人。严肃问责履责不到位、侵害群众利益等行为，截至 12 月，乡纪委立案 55 起，结案 52 起（3 起案件移送地区办理），协助县纪委监委办理案件 2 起，移交县纪委监委案件线索 2 起。其中查处违反政治纪律案件 32 起，查处违反反分裂斗争纪律案件 6 起，查处违反工作纪律案件 5 起，查处违反国家法律法规案件 16 起，查处违反组织纪律案件 3 起，查处违反“四风”“四气”案件 7 起，查处损害群众利益案件 4 起，查处扶贫领域案件 2 起。

【基层党建】 2018 年，温巴什乡党委严把选人关、政审关、培训关，按照 1∶3 的比例选配村级正职后备干部 42 人，副职后备干部 222 人，使用正职后备干部 1 人，副职后备干部 9 人。做好党员发展工作，按照党员发展 16 字方针，发挥“访惠聚”工作队作用，坚持个别吸收原则，做到成熟一个发展一个，共发展入党积极分子129名，发展预备党员58名，转为正式党员52名。做实群众工作，协调解决困难523件，排查化解矛盾纠纷102起。加大党建带团建力度，全乡共有团组织15个，其中基层团支部14个、团工委1个。有团干部60人，其中专职团干部15人，兼职团干部45人，团员总数464人，常态化落实“三会两制一课”，完成464名团员青年信息录入。新发展团员9名，为党员队伍新鲜血液的注入提供后备军。做好党建带妇建工作，2018年6月12日召开温巴什乡妇女第一次代表大会，重新选举妇联主席、副主席、执委委员，发挥妇女群体的作用。为全乡贫困家庭的儿童送去书桌、椅子、书包等学习用品120余套，婚姻调节28人次，来信来访64人次，法律救助25人次，开展各类累计13场次，受益妇女达3625人次。

【人大工作】 2018年，温巴什乡人大主席团以落实总目标为指引，服务社会稳定、服务脱贫攻坚等，严格履行人大代表的权利和义务，发挥“人民选我当代表、我当代表为人民”的作用。将人大代表按实际情况4—5个村划分人大代表小组。开展帮扶帮教活动62次，法律法规宣传教育32场次，收集建议意见350多条；在“人大代表之家”接待选民3245人次，处理信访案件155起；发现和捕捉苗头性和倾向性问题2条，社会动态2条，解决群众困难诉求20条，把握群众的思想动态和脉搏。参与整治环境污染问题3条，协调解决群众出行、就医难点问题7条，重大项目推进跟踪监督活动4次，执法检查活动2次，乡人大集中专项督查16次，组织开展视察活动7次，组织人大代表调研活动7次。组织开展环境保护宣传教育活动32场次，与18名群众结亲，开展民族团结联谊活动7场次，帮扶贫困户脱贫18户，组织开展村振兴战略宣讲12场次，文化活动10场次。

【脱贫攻坚】 2018年，温巴什乡加强组织领导，制定《温巴什乡2018年脱贫攻坚实施方案》等各类文件10余份，召开党委会议20次专题研究脱贫攻坚工作，集中组织干部学习脱贫攻坚各类文件12次，全乡贫困户共227户830人，包联干部191人，纳入低保扶持的42户110人。扶贫项目涉及资金55.7万元；其中第一批中央财政专项扶贫发展资金0.6万元，用于新建2座小拱棚；2018年自治区财政专项扶贫资金（扶贫发展）8.1万元，用于购买81只扶贫羊；2018年第二批中央财政专项扶贫资金（扶贫发展）18.8万元，用于购买8头扶贫牛、40只扶贫羊，购置4台饲料机械，新建1座青贮窖、2座羊圈；2018年第三批中央财政（扶贫发展）资金（庭院经济项目）23.5万元，用于新建47座葡萄架。组织贫困户参加职业培训61人、双语培训60人，帮助实现务工216人，组织秋季外出捡棉花110人，自主创业2人。

【民生保障】 2018年，温巴什符合城乡养老保险参保条件的为8656人，占全乡总人口52%；全乡享受人员1530人，认证1515人，认证率99%，缴费8197，缴费率95%；新参保率达183.9%（满16岁人员）；医疗保险应缴费1.41万人，缴费1.13万人，缴费率80.1%；社保卡应发放1.67万人，实际发放1.59万人，发放率95%；每个月报备死亡人员台账和60岁到龄人员台账。2018年，全乡共新增农村低保对象35户84人，取消农村低保对象243户422人，取消城市低保对象6户14人。截至10月，全乡有农村低保对象559户1117人，发放农村低保金249.14万元，城市低保对象8户14人，发放城市低保金4.86万元。救助困难群众250人，保障困难群众的医疗需求。有农村“五保”对象5人，发放农村“五保”供养经费4.07万元。救助生活无着落2人，共有困难残疾人生活补贴对象210人，其中1—2级104人、3—4级106人，发放重度残疾人护理补贴

9.98万元、3—4级生活补贴5.08万元。建成村级公益性公墓3个。考核验收32户双拥合格申报，共有重点抚恤优抚对象10人，发放抚恤补助金8.72万元。全乡农村安居富民工程建设任务为430户，其中四类重点对象184户，一般户232户。截至年末，430户全部竣工，入住率达89%。

【残联工作】 2018年，温巴什乡致力发展残疾人事业，在残疾人康复、教育就业、扶贫等工作取得较大进展。截至年末，全乡办理“中华人民共和国第二代残疾证”457人，其中肢体残疾232人，语言、听力功能残疾115人，视力残疾49人，精神智力残疾52人，多重残疾9人。0—18岁残疾青少年共有27人，学龄残疾儿童27人，就读残疾学生14人，重度残疾原因未就读儿童13人。患有白内障的15名，县人民医院为他们免费做手术使他们重见光明，治愈率达到100%。减免16岁以上393名残疾户的95.87公顷地农业用水水费，做好残疾人“两项补贴”（重度残疾人护理补贴和困难残疾人生活补贴）工作，为210名低保户残疾人发放补贴15.07万元。做好燃油补贴工作，享受补贴残疾人13名，发放金额3380元（每人260元）。做好建档立卡贫困残疾家庭脱贫工作，有建档立卡贫困残疾家庭18户，其中2户建档立卡贫困残疾家庭享受安居富民工程政策。利用科技之冬活动，对50名残疾人开展种植业、园艺业、畜牧业、养殖业知识培训。

（黄凤辉）

大桥乡

【概　况】 大桥乡位于拜城县西南部，307省道沿线，距县城直线距离31千米。因与察尔齐镇交界处有一座大桥而得名。东与米吉克乡接壤，西与大宛其管委会、察尔齐镇相邻，南连木扎提河北岸，北依喀普尕依丘陵。地处木扎提河北岸冲积平原中段，西、北、东三面为低山坡沙砾地，地势由西北向东南倾斜，海拔1278—1400米。东西宽20千米，南北长4千米，全乡总面积378.6平方千米，农区面积85平方千米，耕地面积4367.2公顷。2018年，辖9个行政村、1个啤酒花队、1个俊宏农场、37个村民小组。全乡总人口2873户1.02万人。辖内有卫生院、供电所、邮政所、派出所、农村信用社等单位，有中学1所，小学6所，幼儿园6所，在校学生1926人，其中中学363人，小学1041人，幼儿园522人。

【经济概况】 2018年，大桥乡全乡实现农村经济总收入2.74亿元。其中，种植业收入1.21亿元，畜牧业收入1.15亿元，林果业收入1331.9万元，劳务输出收入2268万元，农牧民人均纯收入1.48万元，比上年增加1059元。

【种植业生产】 2018年，大桥乡小麦、玉米、甜菜、土豆等农作物播种总面积4573.2公顷（含复播）。从农作物播种面积看，依次为玉米、小麦、土豆、甜菜等。其中小麦种植面积500.89公顷，占种植业播种总面积的10.95%，平均亩产达到486.6千克，完成小麦亩产500千克高产创建基地148.33公顷，亩产550千克高产创建基地11.33公顷。玉米种植面积3254.25公顷，占总播种面积的71.15%，平均亩产达到913千克，正播玉米1000千克高产创建基地733.33公顷。马铃薯种植面积409.72公顷，占总播种面积的8.95%。甜菜种植面积299.86公顷，占总播种面积的6.55%。其他农作物133.21公顷，占总播种面积的2.91%。建设农业标准化土豆生产示范基地13.33公顷，加大反季节蔬菜种植，共计种植小拱棚1222座；推广测土配方施肥技术3254.25公顷，农作物病虫害防治技术推广面积2536.4公顷。全年实现种植业收入1.21亿元。

【林果业生产】 2018年，大桥乡完成植树造林面积72.26公顷，完成经济林补植补造150.99公顷，其中核桃补植136.93公顷、防护林补植14.06公顷。经济林核桃嫁接8708株。经济林挂果面

2018 年大桥乡行政村基本情况一览表

表 26

村名	党支部书记	村委会主任	合作社（个）	村民小组（个）	耕地（公顷）	人工草场（公顷）	牲畜存出栏数（头只）		粮食总产（吨）	其他产物总产（吨）	集体总收入（万元）	人均纯收入（元）	贫困人口	
							存栏	出栏					户数	人数
阔纳买里村	托乎提·依买尔	艾山·亚生	2	4	504.3	0.27	2145	1875	5656.7	962.6	56.9	13943	18	62
央都玛村	买买提·依马木尼亚孜孜	亚生·依明尼亚孜	2	4	494.7	0.67	2578	2046	5085	1081.5	63.4	14245	2	9
塔合塔村	艾尼瓦尔·尤努斯	卡地尔·布热汗	0	5	581.4	5.67	5962	4268	5822.8	1207.5	80.8	13775	20	80
奥吾其格村	热合曼·克热木	亚尔肯·亚生	2	4	597.7	0.83	4627	4025	6165.2	1260	86.92	14403	1	4
库西提米村	吐尼亚孜·吾斯曼	帕合提·吐尼亚孜	4	5	546.6	0.47	4258	3872	5952.2	585.5	79.13	13806	1	3
吐格曼贝希村	麦合木提·艾根	艾斯卡尔·阿不力孜	4	4	321.7	1.6	3642	3026	3580.2	525	30.61	13775	25	95
阔纳乌堂村	艾尼瓦尔·努尔	瓦热斯江·孜明	1	4	363.4	0.6	3576	2986	3402	630	95.26	14155	13	39
台斯坎力克村	谢京都	谢京都	4	4	577.9	0	1242	896	8063.3	0	39.99	15671	1	5
英买里村	吐尼亚孜·坎吉	阿依古丽·沙吾提	0	3	379.1	1.33	4126	3675	4534.3	595	134.69	18141	0	0

积 690.39 公顷，其中，核桃挂果面积 635.73 公顷，占经济林挂果面积的 92.08%；杏子挂果面积 26.66 公顷，占经济林挂果面积的 3.86%；葡萄挂果面积 28 公顷，占经济林挂果面积的 4.06%。林果产量 1836.9 吨，其中，产核桃 917.4 吨，占林果总产量的 49.94%；产杏子 381 吨，占林果总产量的 20.74%；产葡萄 538.5 吨，占 29.32%。从面积和产量看，核桃是主要林果经济，其次是杏子和葡萄。全乡苗木面积 13.73 公顷，全部为杨树育苗。年内，建立标准化示范园基地 14 个，总面积 181.42 公顷，"两高一优"林果示范基地 12 个，面积 163.93 公顷；建立低产林果示范园改造 6 个，面积 50.06 公顷。修剪、施肥果树面积 660.88 公顷。核桃腐烂病防治 43.33 公顷，蓝叶甲防治 4.33 公顷，悬挂杀虫灯 107 盏，喷洒石硫合剂 26.3 吨，沤制绿肥 3.47 万立方米。全年林果业收入 1331.9 万元。

【畜牧业生产】 2018 年，大桥乡牲畜存栏 3.22 万头（只），牲畜出栏 2.67 万头（只），产肉 4501 吨，产奶 381 吨，产蛋 116 吨，产蛋 115 吨，购进公山羊 6 只，完成黄牛冷配 992 头，参与政策性奶牛保险 1251 头，全乡动物防检驱治 43.69 万头（只）羽次，其中接种牛羊口蹄疫 6.54 万头（只）次、羊痘 2.98 万只（次）、驱虫 5.85 万头（只）次，药浴 5.99 万只次、禽流感 8.99 万羽次、牲畜内外治疗 1.95 万只次、布病 2.08 万只次、小反刍兽疫 2.78 万只次、炭疽 3.18 万只次、新城疫 3.35 万羽次。产地检疫 2.01 万头（只），屠宰检疫 945 头（只）。全年畜牧业总产值 1.15 亿元。

【民生建设】 2018 年，大桥乡注重民生工程。县教育局选派县直学校 20 名优秀教师对全乡幼儿大班升小学一年级、小学六年级升初中一年级学生开展 1 个月国家通用语言强化培训，全年引进优秀教师 32 人。社会保险参保 4802 人，其中新参保 330 人、重疾残疾 51 人、低保户 182 人、计划生育家庭 619 人、一般户参保 3620 人。参保率 100%。参加城乡居民医疗保险参保 9904 人，其中低保户 650 人、城市享受低保户 22 人、"五保"对象 1 人。清退不符合享受低保条件 72

2018 年大桥乡主要经济指标一览表

表 27

项目			单位	数据
农业	农村经济总收入		亿元	2.74
	经济作物	面积	公顷	977.1
		总产量	吨	41018.4
畜牧业	存栏		万头（只）	3.22
	出栏		万头（只）	2.67
	产肉		吨	4501
林业	造林面积		公顷	72.2
	人工造林成活面积		公顷	72.2
广电	广播覆盖率		%	100
	电视覆盖率		%	100
	电话覆盖率		%	100
财政	总收入		万元	1823.74
	总支出		万元	1823.74
教育	中学		所	1
	小学		所	6
	教职工总数		人	153
	教职工职称	无职称	人	67
		初级	人	62
		中级	人	23
		高级	人	1
	在校学生总数		人	2376
卫生	乡卫生院		所	1
	村卫生室		所	9
	专业技术人员		人	29
	床位		张	60
农机	推土机		台	0
	收割机		台	14
	播种机		台	50
	打草机		台	21
	其他机械		台	0
机车	拖拉机		台	1268
	汽车		辆	370
人口	总人口		人	10195
	总户数		户	2873
	农牧民人均收入		元	13786
	人口自然增长率		‰	0.79
富民安居房			户	182

户 112 人，重新纳入 17 户 51 人。为 11 名优抚对象按月发放城乡低保户各项补助 1.79 万元；8 名孤寡老人全部送县福利院集中供养，5 名儿童在县儿童福利院集中供养，为 1287 户 286 名困难群众发放救灾面粉 23 袋、大米 18 袋、清油 14 桶、煤炭 118 吨、碘盐 2218 千克。全年共办理低保户医疗报销 41 人次，为 47 名 80 岁以上老人按月发放补助，发放临时救助费 2.3 万元，做到弱势群体帮扶全覆盖。投入 23 万元，新打水井 1 口，解决农牧民饮水难问题。投入 52.83 万元，更换、维修老化损坏自来水管道。投入 3.6 万元，维护现有 3 眼水井。

【农村基础建设】 2018 年，大桥乡加强农村基础设施建设，改善农村农牧民住房环境，完成农村安居工程 182 户，其中一般户 135 户，四类重点对象 47 户（建档立卡贫困户 7 户、低保户 40 户）。实施并完成自治区 2018 年“访惠聚”村级惠民生工程项目 8 个，共投入资金 400 万元。分别为：阔纳买里村、吐格曼贝希村庭院改造项目，库西提米村、台斯坎力克村村民文化活动中心建设项目，塔合塔村庭院硬化项目，奥吾其格村村内柏油路建设项目，央都玛村自来水入户项目，英买里村村委会阵地绿化硬化项目。完成中央预算项目 2 个，分别为：阔纳买里村农业综合开发建设项目，投入资金 600 万元；央都玛村至阔纳乌堂村乡村主干道柏油路建设项目，投入资金 2300 余万元。完成 110 户水库移民搬迁户后期附属工程，投入资金 140 万元。申报移民安置区水利设施建设项目 150 万元，有效提升移民安置区居民的灌溉需求，申请项目资金 25 万元，安置太阳能路灯 48 盏，美化亮化居住环境。

【农田水利工程建设】 2018 年，大桥乡狠抓农田水利基础设施建设。投入资金 17.57 万元，维修小型灌溉水渠 1.2 千米、中型灌溉渠 9000 米、U 形灌溉渠 286 米，新修田间灌溉渠道 1 条 5000 米，投入项目资金 6.5 万元，维护闸门 34 座。成立拜城县丰谷供水公司，负责辖区自来水管道维护、管理等工作。投入资金 2.3 万元，新修防洪坝 300 米，维修防洪坝 1800 米。投入机械共 129.5 小时，投入费用 4.14 万元，完成小麦灌溉 433.33 公顷，占小麦播种面积的 86.51%，玉米灌溉 3200 公顷，占玉米播种面积的98.33%，甜菜灌溉2933.33公顷，林果灌溉733.33公顷，蔬菜灌溉20公顷，提高农作物和林果产量。

【农机管理】2018年，大桥乡检修农机具1400余台，检修率达99%；农机购置补贴政策全部落实到位。截至年末，协议购置各类农机具120台（套），受益农户120户，拉动农民投入农机化发展资金118余万元，农机购置补贴政策落实的整体效果良好，加快农业生产方式的转变。健全完善农机安全生产预案，加强应急演练。成立联合检查组，加强排查各类运输车辆，常态化清查无牌照、无驾驶证、未贴反光膜的农机。共设置减速带123个，反光柱185个，检查企业个体单位570家次，发现安全隐患80条，下发整改通知书80份，整改80条，检查各类农业机械385台次，有效排除各类安全隐患8起。

【精准扶贫】2018年，大桥乡根据贫困户实际情况，制定"一人一策"帮扶措施及明白卡，从转移就业、发展产业、低保兜底三项措施进行对贫困户帮扶巩固。1月1日，在央都玛村召开2017年度劳务输出先进个人表彰大会暨2018年度脱贫攻坚推进会，表彰奖励获得2017年度助脱贫攻坚"劳务输出"先进24名。全年通过转移就业扶持68人，发展产业扶持88人，健康扶贫和低保兜底144人。其中：贫困人口中低保兜底47户86人、"五保户"1户1人、残疾17人、患有大病3户3人、慢性病患者8户8人。贫困学生90人，其中4人考取大中专院校；孤寡老人5户5人，0—3岁婴幼儿8人。完成贫困户自行缴纳医疗保险人员核查，对64户194人自行交纳医疗保险人员发放补助资金2.91万元。落实2户未脱贫贫困户棚圈建设项目，涉及资金1.6万元，3户已脱贫贫困户巩固提升项目涉及资金3万元，全部落实并验收。依托援疆资金150万元，探索"公司+村集体+贫困户"产业扶贫模式，以建档立卡贫困人口入股的形式建设"新疆粮益佳农业开发有限公司"，以分红、就近就业促进贫困户巩固脱贫增收。截至年末，3名贫困人口稳定就业，85户278人享受分红，其中普惠性分红10.5万元，每人377元，勤劳致富先进典型进行奖励4万元，给予大中专高校学生奖励0.5万元。

【人居环境整治】2018年，大桥乡以农村垃圾、厕所粪污、生活污水处理和村容村貌提升为主攻导向，全面推进"五清五改"工作。提高厕所使用率，完成改厕1049户，使用率达70%，完成501户改厨改居，以点带面实施庭院改造，对庭院内外做到农具、柴草等物品码放整齐、堆放有序，能够及时利用处理，保持院内外整洁，制定垃圾清理管理制度，纳入契约化管理，确保"三区"隔离，院内有种植区、院外有果园；通过庭院改造清理整合土地53.33公顷种植吊干杏，形成一村一品促进庭院经济发展。共评选乡级"最美家庭"10户、地区级"美丽庭院"1户、县级"美丽庭院"20户、乡级"美丽庭院"135户。

【整顿集体经济】2018年，大桥乡开展土地确权登记工作和村集体资产核资工作，对全乡9个行政村集体所有的经济田承包合同、承包面积与实际面积、承包价格、承包期限等不合理的经济田进行清理整顿并重新测量，共清理土地343.33公顷，以公开、公正、公平的原则进行再拍卖；清查各村长期未收回款项以及登记在案的台账，清理出农民拖欠村集体欠款总额89.15万元，防止村集体经济流失，壮大村集体经济。

【卫生健康】2018年，大桥乡各村群众到医院就诊8553人次，住院766人次，总费用达35.74万元，参加全民体检7321人，体检率93%。2018年8月，乡卫生院按照行政管理、人员、资产、财务后勤、业务、绩效考核、村卫生室管理、信息化、设备药品、法律责任"十统一"的原则，与维吾尔医医院建立医共体关系，实行基层首诊、双向转诊、技术帮扶，完成包皮手术

56例、脂肪瘤5例。全乡贫困户因病施策制定一人一治疗措施，先后在阿克苏地区第一人民医院住院治疗1例、县人民医院住院治疗3例，光明工程白内障免费手术治疗4人，累计住院18人42次。

【计划生育】2018年，大桥乡有育龄妇女2705人，已婚育龄妇女1959人。办理独生子女光荣证和计划生育父母光荣证210户。全乡严格落实外出人员签订《外出人员计划生育管理合同书》制度，全年流出人口362人，其中男性169人、女性193人。流入19人。全年出生人口71人，死亡人口63人。

【群众工作】2018年，大桥乡通过常态化举办丰富多彩的文体活动，开展手拉手、心连心、结对子、交朋友、互走访等“民族团结一家亲”活动，共开展各类文体活动50余场次，参与群众达8000人次。各村村民、学校师生紧紧围绕十九大，用小品《学习十九大精神·走向新时代》、歌曲《不忘初心》、三句半《夸夸我们十九大》、诗朗诵《站起来、富起来、强起来》、音乐快板《精准扶贫谱新篇》等自编自演节目歌颂伟大祖国、伟大党。结合“访惠聚”入户走访、干部下沉住户、农牧民夜校等宣传现代文化、科学知识、文明礼仪等倡导农牧民健康饮食、普及现代服饰、传承文明语言，共宣讲6515场次，参加3万人次。常态化开展“五学五比聚人心　全民行动促和谐”活动，组织群众学习学习国家通用语言82场次，受教育群众6570人，开展村民小组赛20余场次。开展妇联的各类宣讲100余场，村级开展宣讲550余场。

【基层党建】2018年，大桥乡党委坚持以“两学一做”活动为抓手，结合“天周月季年”工作方法，有效推进“三会一课”制度运行，狠抓政治学习。培养选拔村级入党积极分子和后备干部，依托乡党校，共开办1场乡级后备干部培训班，受教137人，开办村级干部培训班12批次，轮训党员干部和后备干部180人次。全年新增入党积极分子175人，发展党员36人，新增后备干部32人。全年推动341名干部入户住户，服务联系群众，多渠道收集群众问题困难1573件次，解决群众困难诉求1235件次。

（李　楠）

老虎台乡

【概　况】老虎台乡位于拜城县西北部，乡人民政府驻地距县城约79.8千米。全乡东西长约30千米，南北宽4—6千米，北靠天山支脉阿尔喀亚依拉克山，南以喀普其尕依丘陵为界与大宛其管委会接壤，西南隔木扎提河与察尔齐镇相望，东与铁热克镇相连，西邻拜城县种羊场。辖区面积929平方千米。“老虎台”系蒙古语“瑙哈特”音译变音而来，意为“狗多的地方”。清初准格尔时代，此地系大面积草场，蒙古人曾在此居住，喂养牧羊犬较多，地名由此而得。维吾尔语称老虎台为“喀拉巴格”，意为“葱郁的林园”，因从前此地人烟稀少，处处长满高株灌木，绿油油一片，犹如果园而得名。境内沟谷较多，地势起伏大而呈波浪状。自然村均分布在狭长山谷平川之内。山谷东北西南走向，地势北高南低，土地肥沃，无盐碱。山区草原海拔高度在1961—4006米。野草品种繁多，小乔木和灌木成林；山地阴坡和半阴坡稀疏地长有云杉、松、柏；野生动物有狼、熊、雪豹、羚羊、野猪、野兔等。老虎台乡夏季温凉，冬季寒冷，昼夜温差较大，无霜期短，平均为120—135天，播种季节比平原地区迟15天左右，并伴有季节性缺水，年均降雨量在100毫米以上，农作物受气候限制生长缓慢，农区仅占全乡的四分之一。共有耕地4583.3公顷，人均耕地0.32公顷。2018年，下辖7个行政村，31个村民小组，总人口3416户1.23万人。

2018 年老虎台乡行政村基本情况一览表

表 28

村名	党支部书记	村委会主任	合作社（个）	村民小组（个）	耕地（公顷）	人工草场（公顷）	牲畜存出栏数（头只）		粮食总产（吨）	其他产物总产（吨）	集体总收入（万元）	人均纯收入（元）	贫困人口	
							存栏	出栏					户数	人数
开普台尔哈纳村	艾尼瓦尔·木塞克	艾尼瓦尔·木塞克	0	4	544	48	14250	7859	2102	3284	9.22	11372	34	127
科克亚村	吐尔逊·吐尔地	吐尔逊·吐尔地	0	4	651	51	14298	7885	2910	4810	9.82	11365	15	45
科克兰木村	木沙·塔西	艾斯卡尔·铁木尔	1	5	680	80	13140	7247	3327	4304	24.12	11220	21	63
亚木古鲁克村	赛麦提江·艾买提尼亚孜	赛麦提江·艾买提尼亚孜	4	5	879	75	19539	10776	4314	3168	14.31	11868	20	70
科台克吐尔村	吐尔洪·合力力	热依木·吾守尔	2	4	757	63	26058	14371	3348	7001	8.5	11062	303	1112
托普鲁克村	木台力甫·买买提	木台力甫·买买提	1	6	834	123	33639	18552	2215	10625	20.05	11389	209	759
乔喀塔什村	亚生·乃买提	吐尼亚孜·依斯热依力	2	3	238	8	27503	15168	1308	428	29.88	12706	3	12

【经济概况】 2018 年，老虎台乡实现农村经济总收入 2.24 亿元，比上年增加 1618 万元，增长 7.22%。其中，种植业总收入 6811 万元，比上年增加 138 万元，增长 2.02%。畜牧业收入 1.13 亿元，比上年增加 1095 万元，增长 9.62%。劳务创收 1327 万元，比上年增加 113 万元，增长 8.51%。林果业收入 268 万元，比上年增加 175 万元，增长速度较快。二、三产业收入 2627 万元，比上年减少 1067 万元。农牧民人均收入 1.16 万元，同比增加 1849 元。

【种植业生产】 2018 年，老虎台乡结合气温凉、气候干燥的特点，以高产、优质、高效、绿色农业为发展方向，调整产业结构和种植方法。在种植结构上，坚持稳定粮食面积，重点发展土豆、亚麻等经济作物。种植小麦 2254.3 公顷、玉米 757.5 公顷、马铃薯 99 公顷、亚麻 176 公顷、油料作物 746 公顷。推广农业测土配方施肥技术面积 1452.36 公顷。通过科学种植、示范带动、大户引导、精品种植，农作物产量提高，小麦亩均单产 403 千克，比上年亩均增产 8.4 千克，小麦总产 1.36 万吨，比上年增收 1572 吨；马铃薯亩均单产 2.5 吨，总产 3700 吨；玉米亩均单产 519 千克，总产 5897 吨；亚麻亩均单产 410 千克，总产 1086 吨。组织 105 户贫困户种植 7 公顷大蒜，建成大蒜种植基地。在 2018 年县“丰收节”期间，老虎台乡大蒜以味美、个大荣获“大蒜王”称号。

【畜牧业发展】 2018 年，老虎台乡发挥粮多、草多和草场资源丰富等优势，把畜牧业作为全乡的支柱产业做大做强。全年进行签订“防控重大动物疫病”责任书、安排口蹄疫、禽流感防治工作的具体措施、全乡完成动物防检驱治 68.53 万头（只），其中，气肿 3256 头（只）、口蹄疫 6.16 万头（只）、禽流感 31.49 万翅、羊痘 5.93 万只、驱虫 31.5 万头（只）、小反刍兽疫 7.19 万头、布病 3.57 万头（只）、产地检疫 6.07 万只、屠宰检疫 2094 头（只）。配种母牛 876 头，发放鸡苗 27.3 万羽（其中拜城油鸡 15.6 万只）。办理奶牛保险 1984 头，小麦套种草苜蓿 2070 公顷、播种植紫花苜蓿 254 公顷。为更好地保障冬季牲畜有充足的草料过冬，整理圈出草场 926 公顷。截至年底，牲畜存栏数 14.84 万头（只），比上年增加 5708 头（只），出栏 8.18 万（只），比上年增加 2823 头（只），产肉 1890 吨，全乡畜牧业收入比

2018年老虎台乡主要经济指标一览表

表29

项目			单位	数据
农业	农村经济总收入		亿元	2.24
	经济作物	面积	公顷	1521.6
		总产量	吨	23730
畜牧业	存栏		万头（只）	14.84
	出栏		万头（只）	8.18
	产肉		吨	1890
林业	造林面积		公顷	62
	人工造林成活面积		公顷	50
广电	广播覆盖率		%	100
	电视覆盖率		%	100
	电话覆盖率		%	100
财政	总收入		万元	1741.69
	总支出		万元	1739.4
教育	中学		所	1
	小学		所	5
	教职工总数		人	155
	教职工职称	无职称	人	53
		初级	人	70
		中级	人	29
		高级	人	3
	在校学生总数		人	2567
卫生	乡卫生院		所	1
	村卫生室		所	6
	专业技术人员		人	28
	床位		张	30
农机	推土机		台	0
	收割机		台	64
	播种机		台	218
	打草机		台	9
	其他机械		台	246
机车	拖拉机		台	1385
	汽车		辆	316
人口	总人口		人	12329
	总户数		户	3416
	农牧民人均收入		元	11568
	人口自然增长率		‰	4.64
富民安居房			户	225

上年增加1095万元。

【水利设施建设】 2018年，老虎台乡加大以农田水利为中心的农业基础设施建设，发动农牧民新挖小型水渠12千米，维修防渗渠5千米，清淤渠道45千米。维修新旧防洪坝1540米。加大水利设施养护维护工作力度，施行每15天停水1次，全面检查水渠、河道，及时修补损坏渠段，提高节水用水效率，平整土地50公顷。加固维修防洪坝1859米，对辖区内各河段进行不间断巡逻，全年参加河流巡视工作的人员达2720人次。

【新农村建设】 2018年，老虎台乡开展人居环境整治工作，完成富民安居工程任务225户，其中“四类重点对象”45户、一般户180户，入住率达100%。投入资金28万元修建羊圈35座；开展爱国卫生运动活动，全年共出动劳力2.37万人次，动用机械车辆10辆，拉运生活垃圾380吨，修整庭院1142户，改厕936座，改居1024户，改厨864户。在人居环境整治过程中，各村村民参与，清理林带16.53公顷，比上年增加6.66公顷；平整乡间道路20余千米；清理河道沟渠垃圾35吨，提升农牧民热爱环境的意识，增强建设美丽乡村的积极性，改变生活中的陈规陋习，提高生活质量。

【劳务输出】 2018年，老虎台乡统筹指导全乡劳动保障工作。以乡、村劳动保障服务所（站）为纽带，以村劳动保障协理员为基础的农民就业三级信息网络，做好政策宣传、社会保险、信息发布、用工登记、建档建卡、劳动维权等工作，为农牧民提供方便、快捷服务。常态开展国家通用语言、使用技能培训，提高民工整体素质和劳动本领和就业能力，全年参加各类培训的贫困户330人，转移就业3631人，其中自行转移就业1889人、组织转移就业1742人。贫困劳动力转移就业446人，其中组织转移104人、各类企业就业62人、自主创业6人、其他行业247人、公益性岗位27人。

【惠民实事】 2018年，老虎台乡通过送政策、送技术、送资金、送生产资料等方法，压实各级包联帮扶干部责任，定期进行帮扶，鼓励贫困群众外出务工，增加经济收入，全年帮助12户43名农村贫困人口实现脱贫。1万人参加全民体检，做到早发现早治疗。参保社会保险人员6377人，其中建档立卡贫困户和低保户1022人，残疾人员57人，享受待遇人员1491人，其中正常发放人员902人、暂停发放人员161人、终止发放人员428人。开展计划生育宣传17场，参加宣传的群众5637人次。落实计划生育奖励政策，为11户计划生育“少生快富”家庭兑现奖金1.8万元，计划生育南疆特殊奖励金补助744户312.65万元。

【基层组织建设】 2018年，老虎台乡党委理清思路、转变作风，立足创新，加强责任，坚持把基层党建工作摆在头等重要位置，将做好党建工作作为事关全乡发展方向、发展速度、发展质量的大事。全乡新发展党员67名，写入党申请书67名。通过购买、置换等方式建立村民小组支部阵地4个，建立组织制度，布置文化氛围和桌椅，基本实现组织有阵地、活动有场所目标。持续抓好发展党员工作，制定发展党员工作操作表，将发展党员工作分解到月落实到日，每周督促提醒各支部按照时间节点落实。研究制定《老虎台乡关于严格规范党内组织生活的实施方案》，将“三会一课”主要任务和具体要求进行明确，教会党务工作怎么抓、怎么干。抓实支部组织生活每月“5+X”活动，把每月第二个星期五作为“5+X”活动日，建立第一书记指导、支部书记落实的工作机制。

【骨干队伍建设】 2018年，老虎台乡依托“选拔培养、质提升、国家通用语言强化”三大工程，始终把选好支部书记、抓好村“两委”班子建设、带好后备队伍，作为抓好村级党组织建设的核心所在，调动村“访惠聚”工作队生力军和“传帮带”的积极性，提升村党支部书记和村“两委”班子对队伍的执行力。注重加强对干部的教育培训，尤其是加强年轻干部的“传、帮、带”工作，立足工作实际、干部特点，全面提升各级党员干部能力素质。树立“三个不吃亏”的用人导向，注重乡、村两级后备干部的培养，认真落实干部绩效考评制度，力推能力够强、素质够硬的优秀干部。

（张文杰）

大宛其管委会

【概　况】 大宛其管委会位于天山南麓中段，县城西北部，与县城直线距离48千米；地处木扎提河冲积平原，北以卡普其尕依丘陵为界，与老虎台乡接壤，西南隔木扎提河，与察尔齐镇相望，东南与大桥乡相连；总面积390平方千米，农业耕种区为扇形，土地属沙地、盐碱地，平均海拔1415米，气候较为湿润。2018年，下辖6个行政村，其中和谐村于2018年4月18日经县人民政府批准、县民政局备案，由原农业生产队改制成立。辖内有兽医站、林管站、农经站、农技站、文化站，辖区配设派出所、卫生院、邮政所、农村信用社、粮站及九年一贯制学校1所、中心小学1所、村级小学2所、村级幼儿园3所，学生827人。辖区石油、天然气、煤炭等矿产资源储量丰富。2018年，辖区人口1628户6275人。

【经济概况】 2018年，大宛其管委会经济总收入9873万元，比上年增加929万元，增长10.38%；种植业收入6030万元，比上年增加243万元，增长4.19%，林果业收入231万元，比上年增加44万元，增长23.52%，畜牧业收入2940万元，比上年增加553万元，增长22.74%，第二、三产业收入672万元，比上年增加89万元，增长15.26%，劳务输出收入719万元，比上年增加102万元，增长16.53%。人均收入达到1.34万元，比上年增加1015元，增长8%。

【农牧生产】 2018年，大宛其管委会坚持稳粮优果强畜，探索发展特色产业。优化产业结构，适度扩大玉米种植面积25公顷、小麦种植面积9.66公顷，全年粮食面积稳定在2252.4公顷以上，粮食产量达到1.77万吨以上。通过补息贷款购买、

2018 年大宛其管委会行政村基本情况一览表

表 30

村名	党支部书记	村委会主任	合作社（个）	村民小组（个）	耕地（公顷）	人工草场（公顷）	牲畜存出栏数（头只）		粮食总产（吨）	其他产物总产（吨）	集体总收入（万元）	人均纯收入（元）	贫困人口	
							存栏	出栏					户数	人数
托万买里村	吐拉・热依木	吐拉・热依木	2	4	466	1	4033	2056	3456	2356	30	11950	19	78
奥吐拉买里村	买合木提・毛尼亚孜	加马力・加郎	2	3	230.33	0	1661	548	3235	2645	33	11832	9	30
阿克塔木村	艾山・依米提	艾山・依米提	2	4	439	7	1937	1245	3856	4879	60	13250	21	70
阿热恰特村	塔依尔・吐尼亚孜	吐尔村・吐尼亚孜	0	4	440.08	11	8157	3763	3583	3154	70	13160	11	25
科台克吐尔村	玉苏甫・艾木都拉	依不拉音・阿尤铺	0	4	438.43	13	5004	2608	3541	3320	68	12837	23	75
和谐村	孟维斌	孟维斌	8	3	873.33	0	971	378	0	5562	0	14430	0	0

扶贫项目扶持等措施，持续扩大畜禽养殖规模，做强支柱产业，牲畜存栏 2.17 万头（只），出栏 1.05 万头（只），产肉 629 吨。加快培育农民合作社、专业协会等多种经营主体，全年新成立农业合作社 6 所。2018 年 10 月成立管委会产业孵化中心，2018 年 9 月建成阿热恰特村养驴场，引进优质驴（山东德州驴）81 头，配备专门饲养员、兽医集中管理。继续扩大马鹿养殖规模，购置新品种马鹿 12 只，马鹿养殖规模达到 32 只，与市场衔接，延伸鹿茸、鹿血、鹿肉、鹿皮等鹿产品产业链，增加收入。继续做好 159 吨啤酒花管理、采摘、外销，实现啤酒花创收 12 万元。扶持鸽子、辣椒等其他各类规模性种植、养殖，深化优化生产经营体系。

【民生建设】 2018 年，大宛其管委会注重扶贫与扶智、扶志相结合，巩固 83 户 278 人脱贫攻坚成果。实施全民参保计划，做到应保尽保，基本养老保险、基本医疗保险参保率稳定在 95% 以上，困难群众享受低保实现全覆盖。组织动员管委会中心学校教师 4 名下沉到村级学校支教，引进 32 名内地大学毕业生充实优化教师队伍。白内障、肺结核等病情患者实行免费治疗 76 人，4596 人享受免费全民体检服务。实施人居环境“三改”和“美丽庭院”工程，完成“改居、改厕、改厨”641 套，庭院提升改造 313 户，实施富民安居房 150 户。通过自筹资金、争取项目支持等途径，新建水利防渗渠 450 米，翻新村级阵地部分设施，完成主干道拓宽工程、延伸饮水管道 1265 米，推动基础设施优化完善，向偏远散区延伸拓展。

【生态治理】 2018 年，大宛其管委会发扬柯柯牙精神，实施环境整治。以戈壁绿化和原有林带完善修复为基点，借助各类志愿活动和全民义务植树活动，全年植树造林累计达 76.13 公顷，其中集中完成荒漠化生态林 45.33 公顷。开展环境整治、生态保护等专题讲座、宣讲 42 场次，结合环境整治工程，教育引导“绿水青山就是金山银山”理念深入人心。加大生活垃圾集中处置力度，发挥垃圾箱、垃圾车、垃圾点的作用，坚决落实集中收集、集中处理措施，提升村容村貌。严格落实生产生活污水零排放和产业“白色污染”全部回收政策，生活生产污水分片集中储存处置，对农业生产“白色污染”收集与土地管理补贴发放相挂钩，倒逼生产污染物坚决全部回收处置，保护好生态体系，为可持续发展奠定基础。

【群众工作】 2018 年，大宛其管委会坚持将群众工作作为基础工作抓在手上。跟进做好“户户通”“村村通”“大喇叭”和村级文化大舞台等文化设施管护，利用百姓舞台广泛开展群众性文化竞技活动 94 场次，通过村组早晚定时大喇叭播放，传播现代文化理念和行为方式，推广国家通

2018 年大宛其管委会主要经济指标一览表

表 31

项目			单位	数据
农业	农村经济总收入		亿元	0.9873
	经济作物	面积	公顷	632.77
		总产量	吨	21916
畜牧业	存栏		万头（只）	2.17
	出栏		万头（只）	1.05
	产肉		吨	629
林业	造林面积		公顷	76.13
	人工造林成活面积		公顷	76.13
广电	广播覆盖率		%	100
	电视覆盖率		%	100
	电话覆盖率		%	100
财政	总收入		万元	963.5
	总支出		万元	963.5
教育	中学		所	1
	小学		所	3
	教职工总数		人	230
	教职工职称	无职称	人	98
		初级	人	93
		中级	人	29
		高级	人	10
	在校学生总数		人	827
卫生	管委会卫生院		所	1
	村卫生室		所	5
	专业技术人员		人	15
	床位		张	20
农机	推土机		台	0
	收割机		台	9
	播种机		台	0
	打草机		台	13
	其他机械		台	943
机车	拖拉机		台	674
	汽车		辆	118
人口	总人口		人	6275
	总户数		户	1628
	农牧民人均收入		元	12910
	人口自然增长率		‰	6.09
富民安居房			户	150

用语言学习使用，丰富各族群众的精神食粮，拔高群众思想觉悟，提升生产生活水平。以村为单位，机关干部分组到村到户，“访惠聚”后方结对单位定时到位，每月一次常态开展“民族团结一家亲”和民族团结联谊活动，用好民族团结“结亲周”载体，持续开展融情活动；探索推进农牧民群众互信互爱，鼓励民汉群众协作建立生产合作社，每季度定期举办生产技术交流座谈会，促进各民族群众相互走动、相互帮扶、相互结亲，建立唇齿相依的深厚感情；有力开展民族团结“微行动”，使“三个离不开”思想深深扎根在各族群众的心田，及时收集解决困难。

【基层党组织建设】 2018 年，大宛其党工委高标准坚持党的新时期治党方略，将组织建设作为一切工作的总抓手。管好村级事务。依托“访惠聚”工作，规范落实强基层强基础 12 项措施；党支部书记负总责，抓好“四老”人员服务管理、“星级化”创建、“契约化”管理等工作；用市场经济思维，盘活集体生产资料，利用集体土地、集体资金创办合作社 3 所、养殖场 2 个、农副产品加工厂 1 个，壮大集体经济实力，增强村级组织为群众解难事、为集体办大事的能力，建设一支忠诚、规范、担当的基层先锋队。

【党员干部队伍建设】 2018 年，常态化、制度化推进“两学一做”学习教育，精心组织开展“不忘初心、牢记使命”主题教育，严格落实党内政治生活制度，用力打造思想高度统一、行动高度一致、规矩高度规范的党员干部队伍。加大对村干部、后备干部培养帮带力度，按照“缺什么、补什么”的原则，采取“定点培养、集中培训、跟班学习、实践锻炼、交流体会”的方式进行业务培训、能力强化，全年举办培训班 8 场次，定人包责培养 9 人，外派学习锻炼 4 人。在总结经验的基础上，探索推广农牧民党员“设岗评星”工作，让农牧民党员在先进示范中得到荣誉、激发动力，在履职尽责中提升本领、发挥作用；充实党员队伍、优化党员队伍，全年吸收优秀青年 22 人加入党组织。

【执纪监督】 2018 年，大宛其党工委抓好财务集中报审工作。全年集中清查村级账目 6 次。通过周三例会部署工作，周日集中检查验收工作，发现工作落实中的问题，对工作作风漂浮，落实工作打折扣、搞棚架的党员干部进行追责问责。按照好干部标准规范干部言行，抓干部日常和“冬季集中轮训”党员干部业务能力和基本素质大幅提高，全年集中开班干部学习提升办18场次。运用监督执纪“四种形态”，无禁区、全覆盖、零容忍、重遏制、强高压、常震慑，惩治政治、经济、作风交织的问题和群众身边的腐败问题，全年查处各类案件12起，诫勉谈话、教育批评14人。

（雷攀飞）

种羊场

【概　况】 拜城县种羊场位于拜城县城西北部，西与温宿县隔河相望，北与昭苏县接壤，全场总面积2978平方千米，其中可耕地493.33公顷，可利用天然草场7.33万公顷。2018年，辖4个牧业队、1个农业队，全场共657户2346人。

【经济概况】 2018年，种羊场农村经济总收入4377.8万元，其中，畜牧业收入2626万元，占总收入的60.0%；种植业收入1501万元，占总收入的34.2%；第二、三产业收入250.8万元，占6.8%；农牧民人均收入1.15万元。

【科技强牧】 2018年，种羊场坚持因地制宜原则，深化认识，明确思路，统筹规划，促进产业科学开发。坚持以市场为导向，以思想创新和机制创新为动力，确保以“萨帕乐”羊毛及“中国美利奴（新疆型）细毛羊”两个品牌为基础的畜牧产业规范发展、科学推进。引进的布鲁拉新品种，配种母羊产双羔率达到140%，为农牧民增收开辟新渠道。出场种公羊培育扎实推进，在引进细型和超细型主配种公羊的基础上，淘汰年老体弱、生产性能低下的主配种公羊，通过选种选配和4次鉴定。自主培育出场种公羊750只，通过鉴定合格730只。集成优化细羊毛产业化生产技术，实行机械剪毛细毛羊2.85万只，羊毛分级85吨，生产品牌羊毛69吨，国际国内羊毛市场行情上涨，原毛均价达到49.5元/千克，生产羊绒3.4吨，原绒均价达到293元/千克，羊毛、羊绒销售价格较为理想，羊绒羊毛销售价格均高于其他乡镇。

【项目强牧】 2018年，种羊场把畜牧业项目建设作为工作重点，针对畜牧业市场的新变化，坚持理论与市场观念紧密联合，争取各级畜牧发展项目，依靠科技项目做强畜牧业。总投资602.1万元，实施“德国美利奴细毛羊良种繁育基地建设”项目，新建羊舍8座，共2400平方米，兽医师及防疫室240平方米，青贮窖2栋，精饲料库房1栋400平方米，堆粪场500平方米，安全掩埋井1座。争取中央财政资金50万元，实施自治区“国家绒毛用羊产业技术体系拜城综合试验站建设”项目，加大新品种引进、选种选育、遗传评估及生产性能测定等技术方面的投入，在拜城、温宿等5个示范县推广种公羊730

2018年种羊场行政村基本情况一览表

表32

单位	合作社（个）	人口		从业人数（人）	实际经营耕地（公顷）	实际经营园地（公顷）	实际经营林地（公顷）	年末畜牧存栏头（只）	私有畜存栏头（只）	家庭年均收入（元）	天然草场（公顷）	人工草场（公顷）	参加养老统筹（人）	离退休人员（人）
		户	人											
牧一队	1	181	561	203	3.2	—	0.33	23173	6850	31730	32.8	275	87	65
牧二队	0	148	532	425	133.6	1.33	19.67	15725	7198	26910	32.8	142	74	51
牧三队	1	108	340	201	74.93	1.33	6.2	12035	3535	25170	21.9	208	65	49
牧四队	0	52	159	172	56.4	0.13	2.73	12560	4093	24117	21.9	351	50	28
农六队	2	105	430	296	183.73	5.2	8.07	1534	1100	21052	—	51	72	62
机关		53	124	124	16.07	0.77	3.53	42	895	33400	—	48	53	13

2018 年种羊场主要经济指标一览表

表 33

项目			单位	数据
农业	农村经济总收入		亿元	0.43
	经济作物	面积	公顷	352.6
		总产量	吨	211
畜牧业	存栏		万头（只）	6.5
	出栏		万头（只）	1.3
	产肉		吨	394
林业	造林面积		公顷	6
	人工造林成活面积		公顷	6
广电	广播覆盖率		%	98
	电视覆盖率		%	98
	电话覆盖率		%	85
财政	总收入		万元	—
	总支出		万元	—
教育	中学		所	0
	小学		所	1
	教职工总数		人	19
	教职工职称	无职称	人	0
		初级	人	17
	教职工职称	中级	人	2
		高级	人	0
	在校学生总数		人	79
卫生	场卫生院		所	1
	村卫生室		所	4
	专业技术人员		人	12
	床位		张	8
农机	推土机		台	0
	收割机		台	3
	播种机		台	24
	打草机		台	2
	其他机械		台	45
机车	拖拉机		台	26
	汽车		辆	12
人口	总人口		人	2346
	总户数		户	657
	农牧民人均收入		元	13523
	人口自然增长率		‰	8.2
富民安居房			户	20

只；投资 24 万元，实施自治区“阿克苏地区良种补贴”项目。

【品种选育】 2018 年，种羊场以发展生态、特色、现代畜牧业为目标，以基础设施建设为着力点，优化种源，突出利用细毛羊种公羊性状优点，有针对性地选择种羊对细毛型、超细毛型细毛羊生产母羊群选种选配，从新疆科创引进布鲁拉种公羊 2 只，布鲁拉种公羊达到 3 只，选育出多胎中国美利奴（新疆型）核心群母羊进行选配，发挥布鲁拉美利奴羊的多胎优势。自主培育中国美利奴（新疆型）细毛羊种公羊上水平。出场种公羊经过 4 次鉴定，采取集中选育办法，自主培育出场种公羊 750 只，鉴定合格 730 只。其中特级 580 只，占 79%；一级 150 只，占 21%，特级种羊比例明显提高。自主培育 730 只中国美利奴（新疆型）细毛种公羊销售推广到温宿县、阿瓦提县、温泉县、博湖县等 5 个示范县及南北疆细毛羊产区。

【疫病防治】 2018 年，种羊场坚持春秋两季牲畜疫病防疫工作，采取畜牧技术人员分连包片、进连入户等措施，安排专职人员和同住村工作组、村干部，深入牧区转场一线跟踪防疫，按照“村不漏户、户不漏畜、畜不漏针”的原则，进行检查牲畜疫病防治工作情况。建立健全牲畜防疫及补免档案，仔细排查摸底购入、代出的牲畜，对未免疫的牲畜进行补免，确保免疫无盲点。做到真打针真有效，保障辖区内全年无重大疫病发生，确保农民增收。全年注射疫苗 18.58 万头（只），免疫率达到 100% 以上，完成细毛羊布病检测 0.3 万只（份），完成绒山羊布病检测 0.2 万只（份）。

【农业生产】 2018 年，种羊场依托牧区独特的气候优势，深入挖掘牧区种植业潜力，提升适合本场气候特征的蔬菜产品质量和种植水平，实现无公害蔬菜规模化种植，促进牧民增收致富。粮食播种面积 269.6 公顷，其中冬小麦 222.9 公顷、春麦 46.7 公顷，落实地膜玉米种植面积 352.6 公顷、油料种植面积 63.15 公顷，粮食总产量 2050 吨。种植经济作物 352.6 公顷，总产量 211 吨。苜蓿新种植面积 13.76 公顷、草场保留面积 7.33 万公顷、其他 38.67 公顷。

【安居富民】2018年，种羊场按照城乡一体化建设要求进行统一规划，整队推进，连片建设，推进安居富民工程建设。发动场干部及“放惠聚”驻村工作队员结对帮扶52户177人贫困户，实化细化帮扶措施，确保帮扶效果。新建富民安居房20户，庭院改造18户，易地扶贫搬迁户3户。对牧一队实施整队推进，加大乡村道路和林带整治力度，改善农村村容村貌。将爱国主义教育、现代文化教育、民族团结教育、法制教育内容分解到周，分群体开展爱国主义故事大家讲、“感党恩、赞家乡”乒乓球、台球、惠农政策及民族宗教政策知识竞赛、“双语”学习等活动，结合实际，坚持“政府搭台、干部带头、群众唱戏”，同步开展政策法规大家学、“舞动乡村”等活动，确保活动不断线、宣教不断档、群体全覆盖。

【惠民补贴】2018年，种羊场加强监督制约，确保各项惠民补贴政策不折不扣得到贯彻落实，全年落实农民享受国家各种补贴总额111.37万元，其中享受春小麦综合补贴按115元/亩进行补助，冬小麦综合补贴按130元/亩补助，共向农民发放小麦综合补贴51.45万元；小籽粒玉米按18元/亩补助，共向农民发放小籽粒玉米补贴4.15万元；青贮玉米按100元/亩补助，共向农民发放青贮玉米补贴36.2万元；苜蓿按100元/亩补助，共向农民发放苜蓿补贴19.55万元。

【综合服务】2018年，种羊场全年输出劳动力117人，外出务工收入18.8万元。加大流动人口管理，为外出务工人员办理便民联系卡105份。将25户71名建档立卡贫困人口纳入社会保障，22名16—60岁贫困人员纳入职工养老统筹，44名贫困人口参加城乡养老保险，10名贫困人口参加农村养老保险，174名贫困人口参加城乡医疗保险和农村新型农村合作医疗。开展医疗惠民全民免费体检，全场完成1681人的体检工作。组织开展文体活动38场次，参与群众1700余人。

【基层党建】2018年，种羊场“围绕党建抓稳定，抓好稳定促发展”思路，推进“聚焦总目标、作风再整顿”等专项活动开展，加强党员干部思想政治建设，选派村科技副职5名，完成人才落实3户8人。发展党员29名，转正党员2名。立足偏远牧点管理难实际，推行网格化管理工作法，新成立临时党支部4个，党小组9个，马背宣传队7支，做到党组织全覆盖、轮值工作全覆盖、宣传教育全覆盖、考核问责全覆盖。

【社会事务】2018年，种羊场加大办实事好事的力度，完成铺设柏油路3.6千米，投资60万元购买垃圾车、垃圾船，实现垃圾桶入户全覆盖工程，清洁美化乡村环境和群众家园，协调援疆资金790余万元，对辖区场部260户群众饮水工程进行改建，新修建防渗渠2000米。注重生态文明建设，投资18万元，在乡村新植绿植景观树种10余种4200株，新种植集中连片生态杏子园12公顷，新增绿化面积16.66公顷。

（刘建强）

驻拜城单位

新疆龟兹研究院

【石窟文物保护】 2018年，新疆龟兹研究院加强文物保护与项目实施。组织实施克孜尔石窟二期危岩体加固项目，温巴什石窟第11窟岩体加固项目，温巴什石窟第11窟壁画修缮项目，玛扎特哈石窟第1号、8号窟修缮项目，库姆土喇石窟沟口区1—19号窟危岩体加固项目。编写上报《阿艾石窟抢险加固方案》《台台尔石窟危岩体抢险加固方案》，申请对濒危洞窟进行抢救性保护修复，向国家文物局申报《古代壁画现状调查规范》行业标准的修订项目。完成《中国世界文化遗产地监测报告》填报，完善2014—2017年修复日志，补充病害图147张，竣工图82张，局部施工加固图69张。完成院藏654件文物的纸质与电子藏品档案的信息核对，补录库姆吐喇石窟群揭取壁画、彩绘泥塑纸质藏品档案。

【学术研究】 2018年，新疆龟兹研究院组织提供丝绸之路上的龟兹石窟和龟兹石窟流动博物馆南疆三地州的巡展活动大纲及相关图片，编写克孜尔石窟、克孜尔尕哈石窟讲解词，核对克孜尔石窟、库姆土喇石窟、森木塞姆石窟16—25窟324张洞窟照片的核对。在全国博物馆馆刊上发表《克孜尔石窟第38—40窟调查简报》《克孜尔石窟第205窟调查简报》《龟兹石窟誓愿图的初步调查和研究》。申报完成新疆师范大学西域文化史中心课题《西域回鹘佛像画研究》，参与完成《西域石窟艺术》撰写，与国内外高校和科研机构合作交流，接待国内外学术机构考察，与兰州市委宣传部合作开展“青年学者丝路行”活动，和中国互联网新闻中心联合举办“从长安到龟兹”大型学术交流活动。

【文化遗产展示交流】 2018年，新疆龟兹研究院组织与麦积山石窟艺术研究所、上海喜马拉雅美术馆联合举办“佛国山水·造像深处”——龟兹石窟与麦积山石窟艺术联展，国家艺术基金资助项目“海外克孜尔石窟笔画及洞窟复原影像展”，参加中国美术家协会壁画艺委员会与四川美术学院主办的“‘一带一路’：壁画论坛——传统壁画的复制与修复研究暨作品展”。在文化和自然遗产日活动中与上海美术学院联合完成实验教学项目“中国岩彩绘画创作研究班”龟兹壁画摹写课程体验，排版、设计克孜尔石窟陈列馆“时光的留痕——龟兹石窟文化遗产事业40年成果展”“花落菩提——流失海外龟兹石窟壁画展”，与中国艺术研究院对接“古丝绸之路沿线地区壁画摩制及推广项目”，完成在克孜尔石窟、库姆土喇石窟的临摹，在克孜尔石窟举行“中国艺术研究院龟兹壁画研究中心”揭牌仪式。

【旅游接待】 2018年，新疆龟兹研究院累计接待国内外游客71710人次，其中国内游客68900人次（疆内17800人次、疆外51100人次），国（境）

外游客2810人次。和上年相比，游客接待总数增加52%。

（贾伟加）

新疆克孜尔水库管理局

【概　况】 克孜尔水库位于阿克苏地区拜城县境内，坝址西距拜城县约60千米，东距库车县约70千米，是塔里木河水系渭干河流域上的一座大型控制性水利枢纽工程。新疆克孜尔水库管理局（简称水库管理局）机构规格相当于县级，主要负责克孜尔水库的运行管理等工作。承担水库计划供水、防洪度汛、安全保卫、渔政宣传教育、水库周边地区的水土保持和水库的环境绿化、库区周边范围内大头鱼的放养和保护等工作。2018年，克孜尔水库管理局内设机构12个，机构规格相当于乡（科）级。内设机构有办公室、组织人事科、计划财务审计科、保卫渔政科、安全生产与信息管理科、工程机电管理科、水库运行调度中心、水产养殖技术推广站、总工办、党群工作办公室、纪检监察室、后勤服务中心。核定事业编制120人，领导职数5名，专业技术人员比例75%以上，经费实行差额预算管理，正式职工95人。累计收取农业水费1302.28万元、发电水费389.33万元。

【防洪抗旱】 2018年，水库管理局发挥水库调蓄作用，做好防洪度汛与蓄供水工作。实行领导带班和24小时防汛值班制度，时间长达4个月，成立防洪度汛工作领导小组和防洪抢险应急小分队、明确水库防洪度汛责任、设立防汛专用号码并向社会公示、编制上报防洪度汛方案并开展演练、做好防洪度汛检查，完成全年的防洪度汛任务。按照灌区作物计划种植面积和需水计划，以水库实际蓄水量、河道天然来水及用水变化情况作动态调整，做到“灵活调度”。坚持每月水情分析会商，制定严格的灌溉调度方式，科学指导抗旱和灌溉工作。上游河道天然来水与前两年相比偏少，相继采取减水、关闸闭孔蓄水等方式完成调蓄工作，全年累计关闸蓄水36天，调蓄水量4.08亿立方米，龙口实测供水总量26.4亿立方米，较上年度的31.13亿立方米减少4.7亿立方米。水库在死水位下运行22天，最低水位达历史新低1116.93米。完成人工观测第一形变站365次，右坝肩截渗墙裂缝154次，坝后渗流30次，方山测压管12次，坝面水平垂直位移各2次。4月2—23日，采用空库敞泄的方式排沙393万吨。

【水库工程设施维修养护】 2018年，水库管理局利用公益性维修养护经费和专项资金，完成克孜尔水库泄洪闸门防腐和止水更换、克孜尔河上游防洪提水毁修复、渭干河克孜尔水库水资源与安全监控系统——水情自动测报系统主要设备采购及安装、克孜尔水库坝后高低压供电线路改造等工程。

【渔业资源保护与增殖】 2018年，水库管理局加大渔业资源保护与增殖力度。11月，在自治区水产局水产科研所、阿克苏水利局的指导和监督下，完成新疆扁吻鱼增殖放流，共放流25—30厘米扁吻鱼2万尾。加大对库区巡逻检查密度，共收缴各类刺网1500余米，打击偷捕行为，为扁吻鱼生存繁殖和种群恢复提供有力保障。做好扁吻鱼养繁育工作。共有亲鱼200多条，完全性成熟，孵化车间配套设施齐全，可以进行规模化人工繁殖。

【安全生产】 2018年，水库管理局集中开展10次安全生产大检查，包括重要节点前安全检查、“打非治违”专项整治、电气火灾综合治理、汛前汛中汛后专项隐患排查、“拉网式”安全隐患排查等，重点对水库大坝、水工建筑物、施工现场等地开展大检查，建立安全隐患统计台账。下发隐患整改通知单16份，整改安全隐患16处，隐患整改率100%。每季度召开1次安全生产分析检查会议，每月按时上报安全生产信息，健全安全生产台账。通过开展现场咨询、发放宣传单、观看警示教育片、参加培训考试等多种形式广泛开展安全生产宣传教育活动。累计进行7次专题宣传教育培训，悬挂张贴安全横幅17幅，印制宣传册近200份，发放宣传单100余份。20人取得安全资格管理证书，2人参加水利安全生产监督管理人员培训班，1人参加电梯操作培训取证，1人参加特种设备安全管理负责人培训考核。加强对网络、监控设备的安全管理，修复监控故障40余起，处理计算机网络故障90余起。

【技术管理】 2018年，水库管理局开展国家级水利工程管理单位创建活动，推进水库规范化管理。按照水利部《水利工程管理考核办法》《水利工程管理考核标准》，开展深孔闸门止水、金属结构防腐、闸实墙面翻新、边坡整治、管理设施维护等工程整改。组织全体职工对坝面、方山平台、码头等地进行打扫清理。制定《克孜尔水库技术管理实施细则（试行）》，10月8日，水库管理局以938.4分的成绩通过中国水利工程协会专家组的验收。

【平安创建】 2018年，水库管理局开展“平安细胞”创建活动，按照年初目标评选出12个“平安科室”和63户“平安家庭”，参加拜城县的2018年度“平安单位”复验。2018年2月，水库管理局获得“阿克苏地区文明单位”称号。

（郑松林）

新疆农业科学院拜城县试验站

【科技项目】 2018年，新疆农科院拜城农业试验站（以下简称“县农试站”）结合拜城县农业生产实际，在农业科技项目申报、项目课题合作、试验研究、农技推广等方面主动作为，全年主持参加科研项目12项，其中主持项目8项，参与项目4项，项目总经费205.2万元，到位总经费81.1万元，生产及科研副产品创收17.5万元。

【科技推广】 2018年，县农试站做好新品种示范推广和新技术推广。新品种示范推广方面：引进枸杞新品种宁杞7号、宁杞9号，种植枸杞示范地1.33公顷。引进推广麦后复播饲草油菜品种1个（华油杂1号），在拜城县康其乡、布隆乡建立示范点2个，推广面积33.33公顷。新技术推广方面：推广新技术2项，即滴灌玉米高产水肥管理技术推广与应用，推广面积333.33公顷，滴灌玉米栽培亩均增产50千克，亩均节本增效80元，增收总产值40万元；马铃薯全程机械化栽培技术示范推广面积66.66公顷。引进推广黄腐酸型液体肥料，对发展绿色有机农产品，农药化肥“双减”起到积极作用。

【交流合作】 2018年，县农试站与拜城县温州援疆指挥部合作交流，引进援疆项目2项，申请资金70万元。由新疆农科院国际合作交流处牵头，与甘肃农科院合作，引进藜麦新品种12个。参与土肥所开发项目，生产黄腐酸果树专用滴灌配方肥450吨，开发收入20万元。引进植保所专利成果“一种杀蚧类害虫的增效农药组合物”一项，在县域杏树产业上开展专利转化应用，有效防治桑白盾疥蔓延。继续加强与县直部门的联系，与阿克苏地区科技局，拜城县水利局、科技局、农业局，康其乡等部门的沟通联系，通过开展各项业务工作联系，在科研项目申报、新技术新品种推广应用等方面建立良好合作关系，提高单位的整体影响力，为推进各项工作进步起到积极作用。

【科技创新】 2018年，县农试站论文产出及知识产权较上年有较大提高，全年发表论文3篇。授权实用新型专利4项，分别为：“一种油菜收割机”，专利号：ZL201720410394.7；“一种多功能果树修剪刀”，专利号：ZL201721775404.3；“一种背负式果树追肥装置”，专利号：ZL201721814534.3；“农药喷洒装置及农药喷洒

2018 年县农试站主持参与项目及开发创收经费到位情况一览表

表 34　　　　单位：万元

序号	项目（课题）名称	主持或参与	主持人	财政拨款	年度到位经费	说明
1	科技援疆项目“新疆南疆地区枸杞高效水肥管理技术引进及应用”	主持	张彦红	30	6	
2	专利实施转化项目“防治杏树桑白盾蚧害虫的增效农药组合物的生产及应用”	主持	张彦红	15	0	2017 年全部到位
3	新疆农科院拜城农业试验站四小队庭院经济提升建设项目	主持	刘国宏	25	25	
4	拜城县万亩亿元工程“新疆农科院拜城农业试验站多肉植物大棚繁育建设项目”	主持	刘国宏	40		立项
5	自治区农牧团场危旧房维修改造项目	主持	刘国宏	37.6		
6	自治区公益性科研院所基本科研业务经费“不同黄腐酸产品对红枣、核桃、设施辣椒生长的影响”	主持	孟阿静	15	7.5	
7	2018 年自治区边远贫困县市科技人员专项计划	主持	魏彦宏	1.8	1.8	
8	2018 年自治区边远贫困县市科技人员专项计划	主持	吐尔洪・玉山	1.8	1.8	
9	“北方一熟区耕地培肥与合理农作制”	参与	许咏梅	15	15	
10	“‘真友增’产品活性单一微量元素（铜、锌离子）对新疆经济作物增产试验研究与示范”	参与	王则玉	4	4	横向项目
11	农业基础性长期性科技工作国家农业环境数据中心拜城标准站工作	参与	杨涛	0	0	
12	土肥所科技开发横向项目	参与	王新勇	20	20	开发创收
本年度合计			205.2	81.1		

车”，专利号：ZL201820022429.4。

【基础设施建设】 2018 年，县农试站全年投入资金 120.1 万元，其中争取国家危旧房维修改造资金 37.6 万元，自筹资金 55 万元，改善基础条件。利用自治区国营农牧团场危旧房维修改造项目，新建和维修改造房屋 18 套（新建 12 套、维修改造 6 套）。以项目带动，加大小队基础条件建设投入，利用援疆项目“水果枸杞庭院经济建设项目”，投入 25 万元，打造枸杞新村，规划平整土地 0.93 公顷，规划道路 300 米，整理农户庭院 20 户，加强代管实验站 4 小队环境整治，治理环境“脏乱差”现象，改善村容村貌，添置办公桌椅 100 把，创办农民夜校，改善办公条件。投入 2.5 万元，购置小麦条播播种机 1 台、旋耕机 2 台，有效弥补生产设备不足，改善科研生产条件。

【人才培养】 2018 年，县农试站贯彻落实农科院人才强院战略始终，坚持“以人为本、团结协作、公平竞争、稳步推进”发展理念，坚持自主培养和新人引进相结合，培养业务骨干，加强团队建设，壮大科技实力。依托自治区“三区”（边远贫困地区、革命老区、边疆少数民族地区）人才支持计划科技人员专项项目、少数民族青年人才培养项目及农科院青年基金项目，鼓励科技人员参与院所和本单位各类科研项目，提高业务素质和执行项目能力。按专业需求和发展要求，引进硕士研究生、博士等专家人才，带动基层一线科技人员水。通过安排技术人员到农科院研究所及机关处室学习锻炼，鼓励技术人员加强专业理论学习，拓宽知识面，提高业务技能。

（张彦红）

附　录

主要机构及负责人名录

中共拜城县委员会

书记：秦加友（—2018 年 2 月）
　　　彭　刚（2018 年 2 月—）

副书记：艾则孜·买买提
　　　（维吾尔族，—2018 年 2 月）
　　　买买提江·莫力
　　　（维吾尔族，2018 年 2 月—）
　　　艾海提·司马义（维吾尔族）
　　　张　洪（援疆）
　　　孔伟雄（2018 年 4 月—）

常委：巴哈尔古丽·艾麦提（女，维吾尔族）
　　　张　钦（女，回族，—2018 年 2 月）
　　　汪克礼（—2018 年 7 月）
　　　肖　森（—2018 年 8 月）
　　　李　轶　张兵恒　何　科　白永强
　　　黄诚骞（援疆）
　　　高云波（2018 年 2—6 月）
　　　宋　涛（—2018 年 2 月）
　　　窦有红（2018 年 4 月—）
　　　吴宝辉（2018 年 7 月—）
　　　杜　翀（2018 年 8 月—）
　　　王松鹤（2018 年 9 月—）

县委各部、委、办负责人

拜城县委办公室

主任：王世刚

副主任：张　垒（援疆）　王　慧

拜城县保密委员会办公室

主任（局长）：张　焱（女,—2018 年 11 月）

拜城县机关后勤服务办公室

主任：刘　勃

副主任（接待科科长）：
　赛买提·热合曼（维吾尔族）　张天虎

拜城县督查考评办公室

主任：刘　勃

副主任：王绿林

拜城县机要局

局长：王　慧

副局长：肖桂东

专用通信局

局长：董文强

拜城县委改革办

副主任：杜胜利

拜城县委组织部
部长：汪克礼（—2018 年 7 月）
吴宝辉（2018 年 7 月—）
副部长：赵 萍（女） 田安平
牟景艳（女，—2018 年 2 月）
肖文统 徐 静（女）
吴承专（援疆）

拜城县基层组织建设领导小组办公室
主任：滕明松（苗族）
副主任：阿布拉江·买买提
（维吾尔族，2018 年 5 月—）

拜城县人才领导小组办公室
副主任：陈县平

拜城县党员电教办公室
主任：唐镇东

温州市对口支援新疆拜城县指挥部
拜城县委副书记、指挥长、党委书记：张 洪
副指挥长、党委副书记、纪委书记：周建强
拜城县委常委、副县长、副指挥长、党委委员：黄成骞

拜城县委宣传部
部长：张 钦（女，回族，—2018 年 2 月）
高云波（2018 年 2—4 月）
张兵恒（2018 年 4—6 月）
李 轶（2018 年 7 月—）
副部长：魏 波
古丽吉米兰·阿木提
（女，维吾尔族，2018 年 3 月—）

拜城县精神文明建设委员会办公室
副主任：张玉飞

拜城县对外宣传办公室
副主任：吴雅梅（女）

拜城县社会科学联合会
主席：吴雅梅（女）

拜城县委政法委员会
书记：彭 刚（—2018 年 4 月）
孔伟雄（2018 年 4 月—）
副书记：陈秀兵 金成珂（回族）

拜城县社会治安综合治理委员会办公室
主任：陈秀兵
副主任：艾力·克热木
（维吾尔族，—2018 年 12 月）

拜城县委网络安全和信息化委员会办公室
党工委副书记、主任：牟进斌
党工委副书记、专职副主任：刘 斌

拜城县委员会防范和处理邪教问题领导小组办公室
主任：袁礼平

拜城县法学会
秘书长：陈 坤

拜城县网格化服务管理中心
主任：秦祖文（2018 年 7 月—）
副主任：西亚力·买买提
（维吾尔族，2018 年 7 月—）

拜城县委统一战线工作部
部长：艾海提·司马义（维吾尔族）
副部长：李景春 陈学忠
依买尔江·买买提（维吾尔族）

拜城县政治学校
校长：艾尔肯·尼亚孜（维吾尔族）
副校长：托乎提·喀森木（维吾尔族）

拜城县群工部（信访局）
群工部常务副部长：艾合麦提·库尔班（维吾尔族）
群工部副部长、党支部书记：
吐尔逊·尼亚孜（维吾尔族）
群工部副部长、信访局局长（兼党支部副书记）：
牟景波
信访局副局长：玉素甫·艾依提（维吾尔族）

拜城县老干部局
局长：徐　静（女）
副局长：游思强

拜城县县直机关工作委员会
书记：梁小平（—2018 年 1 月）
张　焱（女，2018 年 11 月—）
副书记：阿里木·吐尼亚孜（维吾尔族）

拜城县委机构编制委员会办公室
主任：蒋玲红（女）
副主任：刘新华（女）

拜城县事业单位登记管理局
局长：凯赛尔·吐尼亚孜（维吾尔族）

拜城县委农村工作办公室
主任：刘新革
副主任（兼扶贫办主任）：刘万勇

拜城县档案局（馆）
支部书记、副局长（馆长）：曹丽荣（女）
支部副书记、局长：阿孜古丽·买买提（女，维吾尔族）

拜城县委党校
校长：汪克礼（—2018 年 7 月）
吴宝辉（2018 年 8 月—）
副校长：杜梦晓（—2018 年 11 月）
李向东（2018 年 11 月—）
艾拜都拉·斯拉木（维吾尔族，兼党支部书记）
张英彪（—2018 年 12 月）

拜城县史志编纂委员会办公室
主任：张世杰
副主任：侯富平

群众团体

中国共产主义青年团拜城县委员会
团县委党组书记、团县委书记：
古丽娜尔（女，哈萨克族，—2018 年 11 月）
李　婷（女，2018 年 11 月—）
团县委副书记：张怀玉
肖凯提·帕尔海提（维吾尔族）

拜城县妇女联合会
党组书记、主席：阿孜古丽·吐尼牙孜（女，维吾尔族）
党组成员、副主席：
李青萍（女，—2018 年 5 月）
古丽加玛力·吐尼牙孜（女，维吾尔族）
王小芸（女，2018 年 12 月—）

拜城县科学技术协会
书记：库尔班·艾买提（维吾尔族）

拜城县工商联合会
专职副主席：张金民

拜城县总工会

党组书记、主席：刘学全

党组成员、副主席：

屈华雄

阿依木古丽·卡迪尔

（女，维吾尔族，2018 年 5—）

拜城县残疾人联合会

党支部书记、副理事长：

王峰林（—2018 年 5 月）

宋信明（2018 年 5 月—）

理事长：吐尔地·衣不拉衣木（维吾尔族）

拜城县红十字会

会长：徐生军

中国共产党拜城县纪律检查委员会

书记：巴哈尔古丽·艾麦提（女，维吾尔族）

副书记：杨俊河

艾则孜·吐尼牙孜（维吾尔族）

常委：段吉全

阿达来提·艾拜都拉（女，维吾尔族）

陈 钊（回族） 王小芳（女）

拜城县监察委员会

主任：巴哈尔古丽·艾麦提

（女，维吾尔族，2018 年 1 月—）

副主任：杨俊河（2018 年 1 月—）

艾则孜·吐尼牙孜

（维吾尔族，2018 年 1 月—）

委员：段吉全（2018 年 1 月—）

王乾坤（2018 年 1 月）

武星南（2018 年 1 月—）

王小芳（女，2018 年 1 月—）

拜城县人大常委会

拜城县第十六届人大常委会党组

书记：彭 刚（—2018 年 4 月）

孔伟雄（2018 年 4 月—）

副书记：艾力·热麦提（维吾尔族）

成员：陈军杰

艾合麦提·库尔班（维吾尔族）

艾尔肯·依不拉音（维吾尔族）

李 梅（女）

拜城县第十六届人大常委会

主任：艾力·热麦提（维吾尔族）

副主任：陈军杰

艾合麦提·库尔班（维吾尔族）

艾尔肯·依不拉音（维吾尔族）

李 梅（女）

拜城县人大常委会办公室及工作委员会负责人

拜城县人大常委会办公室

主任：李扬虎

副主任：尼亚孜·达吾提（维吾尔族）

法制工作委员会

主任：徐海波

副主任：吐尔逊·阿不力孜（维吾尔族）

代表人事委员会

主任：蒲 刚

副主任：艾海提·米吉提（维吾尔族）

财经工作委员会

副主任：达尼牙孜·吐尼牙孜（维吾尔族）

教科文卫委员会

主任：仝 平

副主任：买合木提·阿巴斯（维吾尔族）

拜城县人民政府

拜城县人民政府党组

书记：艾则孜·买买提

（维吾尔族，—2018年2月）
买买提江·莫力
（维吾尔族，2018年2月—）
副书记：肖　森（—2018年8月）
王松鹤（2018年9月—）
党组成员：高云波（—2018年2月）
海尔古丽·沙吾提（女，维吾尔族）
赵　鹏
买买提·艾则孜
（维吾尔族，—2018年4月）
李　杰（2018年3月—）
玉苏甫·依明
（维吾尔族，2018年6月—）
杜　翀（2018年8月—）
县长：艾则孜·买买提
（维吾尔族，—2018年2月）
买买提江·莫力
（维吾尔族，2018年2月，代理）
常务副县长：肖　森（—2018年8月）
王松鹤（2018年9月—）
副县长：黄成骞（温州援疆）
高云波（—2018年2月）
海尔古丽·沙吾提（女，维吾尔族）
赵　鹏
买买提·艾则孜
（维吾尔族，—2018年4月）
李　杰（2018年3月—）
玉苏甫·依明
（维吾尔族，2018年6月—）
杜　翀（2018年8月—）

拜城县人民政府办公室及内设科室
拜城县人民政府办公室
主任：王小军
副主任：方泰宽
艾尼江·艾买提（维吾尔族）
党总支书记：艾合买提·买买提（维吾尔族）

拜城县应急管理办公室
副主任：何文彩

拜城县人民政府法制办公室
主任：艾尼江·艾买提（维吾尔族）

拜城县电子政务管理办公室
主任：艾尼宛尔·依明（维吾尔族）

外事侨务办公室
主任：王小军

拜城县归国华侨联合会
主席：方泰宽

中国人民政治协商会议拜城县委员会

政协拜城县党组
书记：吐逊·玉山（维吾尔族）
副书记：王忠毅
成员：古丽拜克然木·艾则孜
（女，维吾尔族）
艾斯卡尔·艾麦提（维吾尔族）
云立文

政协拜城县第十五届委员会
主席：王忠毅
副主席：蒋加强
古丽拜克然木·艾则孜
（女，维吾尔族）
艾斯卡尔·艾麦提（维吾尔族）
秘书长：云立文

政协拜城县委员会各科室负责人
拜城县政协办公室
主任（兼）：云立文

副主任：袁　颖

提案委员会

副主任：阿迪力·吐尼亚孜（维吾尔族）

政协专门工作委员会

主任：赵建平（女）

拜城县人民法院

党组书记、副院长：吴多敏

党组副书记、院长：

依力哈木·亚森

（维吾尔族，—2018年11月）

买买提·马木提

（维吾尔族，2018年11月—）

党组副书记、纪检组组长：

薛　明（2018年11月—）

党组成员、副院长：

汪卫东

吐热合买提·肉孜

（维吾尔族，2018年11月—）

拜城县人民检察院

党组书记、副检察长：黄晓明

党组副书记、检察长：

开赛尔·热合曼（维吾尔族）

黄太平

党组成员、纪检组组长：管　平

党组成员、副检察长：

艾力·阿不力米提（维吾尔族）

拜城县人民政府各部门负责人

拜城县发展和改革委员会

党组书记、副主任：张　艺（女）

党组副书记、主任：刘继忠

党组成员、副主任：周　宏

副主任：李晓凡（女）　刘　闯（援疆）

拜城县粮食局

局长：周　宏

拜城县商务和经济信息化委员会（招商局）

党工委书记、副主任：

卡哈尔·铁米尔（维吾尔族）

主任：徐建龙

副主任：原建华

蒋小鹏（兼招商局局长）

拜城县人力资源和社会保障局

党组书记、副局长：

艾合麦提·阿克木（维吾尔族）

党组副书记、局长：田安平

党组成员、副局长：

艾合买提江·米吉提（维吾尔族）

徐　威（2018年12月—）

劳动监察大队大队长：刘　滨

拜城县社会保险管理局

局长：徐　威（—2018年12月）

副局长：王新珍（女）

公共就业服务局

局长：帕海丁·甫拉提

（维吾尔族，—2018年5月）

拜城县产业园区管理委员会

党工委书记、副主任：杨小飞

党工委副书记、主任：梁　刚

党工委委员、副主任：

阿布力米提·塔西（维吾尔族）

规划建设管理办公室

主任：谢兰贺

拜城县财政局
党组书记、副局长：何黎明
党组副书记、局长：余　杰（—2018年11月）
周训疆（2018年12月—）
党组成员、副局长：
卡哈尔曼·卡迪尔（维吾尔族）
副局长：张炳东（援疆）

拜城县乡镇财政管理局
副局长：艾合买提·艾力木（维吾尔族）

金融工作办公室
专职副主任：王新疆

农村综合改革办公室
专职副主任：张　静（女）

政府采购中心
主任：祖　凤（女）
副主任：阿米乃木·艾买尔（女，维吾尔族）

拜城县国有资产管理委员会
副主任（兼）：何黎明

拜城县旅游局
党支部书记、副局长：张建国
党支部副书记、局长：空　缺

拜城县煤炭工业管理局
党组书记、副局长：
吐尼牙孜·阿不都热衣木（维吾尔族）
党组副书记、局长：王世俊
党组成员、副局长：陈　强（2018年10月—）

拜城县矿山救护队
队长：赵　屹

拜城县油区工作委员会办公室
主任：靖　乾
副主任：李国华

拜城县安全生产监督管理局
党组书记、副局长：
阿合买提·达吾提
（维吾尔族，—2018年12月）
党组副书记、局长：辛　毅
党组成员、副局长：樊雪松

拜城县科学技术局
党组书记、副局长：李　环
党组副书记、局长：
阿衣古力·阿不都瓦依提（女，维吾尔族）
党组成员、副局长：秦士荣

拜城县地震局
局长：魏金山
副局长：多力坤·依明（维吾尔族）
秦祖文（—2018年7月）

拜城县民族宗教事务委员会
党组书记、副主任：郭志强
党组副书记、主任：
依买尔江·买买提（维吾尔族）
党组成员、副主任：余金华

拜城县伊斯兰教协会
副会长：提力瓦力提·阿不力孜（维吾尔族）

拜城县教育局
教育党工委书记、教育局党组书记、副局长：
田　波
教育局党组副书记、局长：
副局长：陆志军（—2018年10月）

黄显荣（援疆）

教育党工委委员、纪工委书记、教育局党组成员、纪检组组长：张新华

教育党工委专职副书记：

鲍世秋（—2018 年 11 月）

拜城县司法局

党组书记、副局长：张 伟

党组副书记、局长：

库尔班·艾来提（维吾尔族）

副局长、社区矫正管理局专职副局长：高啟亮

副局长：史德丰 麦尔干·买买提（维吾尔族）

拜城县民政局

党组书记、副局长：

吴庆思（—2018 年 12 月）

党组副书记、局长：

艾则孜·阿布里米提（维吾尔族）

党组成员、副局长：周崇文 吕远鹏

党组成员、区划地名办主任：熊晓文

拜城县最低生活保障工作办公室

主任：阿布都外力·阿布都肉苏力（维吾尔族）

拜城县康宁福利院

院长：努尔·买买提（维吾尔族）

拜城县老龄工作委员会

专职副主任：崔海涛

拜城县国土资源管理局

党组成员、副局长：王国坤

拜城县不动产登记管理中心

主任：陈晓升（女）

拜城县住房和城乡建设局

党组书记、副局长：吐逊·买买提（维吾尔族）

局长：蒋加强

党组成员、副局长：申凤鸣

党总支副书记、副局长：吴汪涛

党组成员：胡 清

拜城县房管所

所长：黄 凯

拜城县市政环卫服务中心

主任：申凤鸣

副主任：万家春

拜城县绿化园林管理处

党支部书记：胡 清

处长：骆疆红

拜城县给排水公司

经理：彭一建

副经理：丁道良

拜城县水利局

党组副书记、局长：李 冲

党组成员、副局长：

热依木·艾木肉拉（维吾尔族）

拜城县水管总站

站长（兼）：热依木·艾木肉拉（维吾尔族）

副站长：买买提·玉山（维吾尔族）

拜城县水利局农村饮水安全工作办公室（农村供水总站）

站长：张于新

副站长：赛买提·克依木（维吾尔族）

艾尼宛尔·艾海提（维吾尔族）

水利局防病改水办公室
副主任：段少远

拜城县新疆大头鱼自然保护区保护站
站长：张　坚

拜城县农业局
党组书记、副局长：
　买买提·胡达拜地（维吾尔族）
党组副书记、局长：李德山
党组成员、副局长：张　丽
　　　　　　　　　买买提·木沙（维吾尔族）
党组成员：阿塔吾拉·阿布拉（维吾尔族）

拜城县农业技术推广站
站长：买买提·木沙（维吾尔族）
副站长：艾尼宛尔·艾买尔（维吾尔族）
　　　　张　亮

拜城县菜篮子办公室
副主任：艾力·亚生（维吾尔族）

拜城县农村经营管理局
局长：阿塔吾拉·阿布拉（维吾尔族）
副局长：陈　源

拜城县农业产业化服务办公室
主任：杜　鹏

拜城县种子管理站
党支部书记：买买提·热合曼（维吾尔族）
站长：楚建华
副站长：罗　杰（女）

拜城县农业检验检测中心
副主任：邓小军

　　　　吐尔洪·吐尼亚孜（维吾尔族）

拜城县农机局
党组书记、副局长：
　阿曼古丽·阿不力孜（女，维吾尔族）
党组副书记、局长：姚　源

拜城县农机技术推广站
站长：何　新
副站长：阿不都秀库尔·阿不力孜（维吾尔族）
　　　　周世民

拜城县农机安全监理站
党支部书记：程建萍（女）
站长：艾合买提·艾买尔（维吾尔族）

拜城县畜牧兽医局
党组书记、副局长：
　吐尔洪·吐尔逊（维吾尔族）
党组副书记、局长：刘　东
党组成员、副局长：赵贵平
副局长：
　库尔班·木沙（维吾尔族，—2018 年 5）

拜城县畜牧兽医站
党支部书记：阳　静
站长：买尔旦·吐尔逊
　　（维吾尔族，—2018 年 8 月）

拜城县动物卫生监督所
所长：杨　军
副所长：牙生·吐尔迪（维吾尔族）

拜城县草原工作站（监理所）
党支部书记、副站长：石玉祥
草原站站长、监理所副所长：

马合木提·艾买尔（维吾尔族）
草原监理所副所长：
托乎提·热合曼（维吾尔族）

拜城县牧业机械服务站
副科级干部：莫合塔尔·吾休尔（维吾尔族）

拜城县林业局
党组书记、副局长：彭　涛
党组副书记、局长：
卡合尔·阿木提（维吾尔族）
党组成员、副局长：周立华
党组成员：张立生

拜城县公安局森林派出所
政委：张立生
副所长：吾斯曼·买买提（维吾尔族）

拜城县林业管理站
副站长：王洪江

拜城县护林防火办
主任：阿布都肉苏里·苏皮（维吾尔族）
副主任：王　群

拜城县木扎提河湿地自然保护区管理站
副站长：马木提·托乎提（维吾尔族）

拜城县农业综合开发领导小组办公室
主任：高　琳（女）
副主任：王海波（—2018 年 12 月）

拜城县人工影响天气办公室
党支部书记：方兰香（女，—2018 年 11 月）
党支部副书记、主任：张广军
防雹队副队长：王纯忠

拜城县扶贫办公室
主任：刘万勇
副主任：艾尼江·艾麦提（维吾尔族，兼任）
杨　龙（2018 年 5 月—，兼）

拜城县文化体育广播电视局
党组书记、副局长：
党组副书记、局长：赵江平
党组成员、副局长：盛文久
党组成员：蒋才柏
副局长：王挺元（—2018 年 5 月）

拜城县文化管理局
局长：吐尔逊·木沙（兼，—2018 年 4 月）

拜城县文物管理所
副所长：罗贵明

新疆广电局 2071 台
台长：姜　琦

拜城县卫生局
卫计党工委书记、副主任：
阿布都热依木·阿木提（维吾尔族）
卫计党工委副书记、主任：段文峰
卫计党工委党组成员、副主任：陈　虞
卫计党工委委员、纪工委书记：肖继彬

拜城县卫生监督所
副所长：居来提·阿布都（维吾尔族）

拜城县爱国卫生运动委员会办公室
主任：张殿军

拜城县红十字会
常务副会长：徐生军

拜城县防治地方病领导小组办公室
副主任：杨国平

艾滋病防治工作领导小组各部室
主任：阿斯古丽·乌斯曼（女，维吾尔族）

拜城县疾病预防控制中心
党支部书记：王以新
主任：邓辉丽（女）
副主任：王四红（女）

拜城县妇幼保健院
妇幼保健院党支部书记：徐作涛
妇幼保健院党支部副书记、院长：
巴哈古丽·托合提（女，维吾尔族）
妇幼保健院副院长：
热比也木·吐尼牙孜（女，维吾尔族）

计划生育服务站
计划生育服务站党支部书记、副站长：
古力皮也木·吐尼牙孜（女，维吾尔族）
计划生育服务站站长：武　梅（女）

拜城县计划生育委员会
党组书记、副主任：
阿不都沙拉木·呼希塔尔
（维吾尔族，—2018年5月）
党组副书记、主任：
袁慧博（女，2018年1月—）
党组成员、副主任：
龙雪蓉（女，2018年1月—）

拜城县人民医院
党总支书记、副院长：王建民
院长：张武军
副院长：王建民　罗真理
艾山·塔西
（维吾尔族，—2018年7月）
高　潮（女）

拜城县维吾尔医医院
党支部书记、副院长：王汉喜
院长：肉斯坦·买买提（维吾尔族）
副院长：
玛依努尔·阿布都热合曼（女，维吾尔族）
李　鹏

拜城县审计局
党组书记、副局长：申秀兰（女）
党组副书记、局长：刘文胜
党组成员、副局长：
卡哈尔曼·卡迪尔（维吾尔族）

拜城县经济责任审计中心
专职副主任：蒋　平

拜城县环保局
党组书记、副局长：肉孜·达吾提（维吾尔族）
党组副书记、局长：张红军
党组成员、副局长：刘宗海

拜城县统计局
党组书记、副局长：
雅力坤·吉力力（维吾尔族）
党组副书记、局长：
于遴志（—2018年12月）
党组成员、副局长：刘　磊

拜城县社会经济调查队（农调队）
队长：彭亚汀（—2018年12月）
夏雯雯（女，2018年12月—）
副队长：库尔班·买买提（维吾尔族）

拜城县行政服务中心
主任：郭　刚
副主任：代易先
玛热古丽·沙衣木（女，维吾尔族）

拜城县市场监督管理局
党组书记、副局长：吴多平
党组副书记、局长：吐尔逊·艾山（维吾尔族）
党组副书记、纪检组组长：
库尔班·艾沙（维吾尔族）
党组成员、副局长：胥常明
党组成员：张　凯　李　强
艾海提·拜克热（维吾尔族）
阿扎提·吾斯曼（维吾尔族）

拜城县市场监督管理局稽查大队
队长（兼知识产权局局长）：张　凯
副队长：卡米拉·沙迪克（女，维吾尔族）

拜城县交通运输局
党组书记、副局长：阿皮孜·木萨（维吾尔族）
党组副书记、局长：武玺成
党组成员、副局长：王万伟

拜城县养路队
队长：王　科
副队长：丁继亮

道路运输管理局
局长：阮旅辉

拜城县公路分局
党组书记、副局长：
阿不都热合曼·依明（维吾尔族）
党组副书记、局长：陈　迪

路政海事局
党组副书记：周文胜

客运站
党支部书记：木塔力甫·库尔班（维吾尔族）
站长：赵　吉（—2018 年 12 月）
王　东（2018 年 12 月—）

拜城县公安局
党委书记、局长、督察长：何　科
党委副书记、政委：
比拉力·百克力（维吾尔族）
党委委员、副局长：
牟进斌
艾拉吐尔·托乎尼亚孜（维吾尔族）
阿不来提·力提甫（维吾尔族）
吾买尔江·买合提江
（维吾尔族，挂职，—2018 年 6 月）
刘　鹏
郑智勇（援疆，—2018 年 3 月）
盛凌波（2018 年 11 月—）
陈启杰（援疆，2018 年 12 月—）
党委委员、副政委、纪检书记：
盛凌波（—2018 年 11）
郝淑平（2018 年 11—）
党委委员：杨秀成
买买提·买提尼亚孜（维吾尔族）

国家税务总局拜城县税务局
党委书记、局长：张文政（2018 年 7 月—）
党委委员、副局长：
黎光明　樊盼东　李　翔
艾买尔·吐尔迪（维吾尔族）
副局长：衣马木玉山·阿孜（维吾尔族）

拜城县气象局

党支部书记、副局长：马远东

拜城县供销社

党委书记、副主任：

努尔古丽·依买尔（女，维吾尔族）

党委副书记、主任：吴群有

党委副书记：刘淑云（女，兼工会主席）

乡（镇、场）

拜城镇

党委书记：冉崇建

党委副书记：阿不都克力木·艾力（维吾尔族）

贾怀斌　肖松林

党委委员：张兆建

郎文静（女，—2018 年 5 月）

滕明松（苗族，—2018 年 5 月）

叶新洲（2018 年 5 月—）

宇文慧晶（2018 年 5 月—）

吐尔逊·艾山（维吾尔族）

阿里木·吐尔逊

（维吾尔族，—2018 年 5 月）

阿里木·吐尔迪

（维吾尔族，2018 年 5 月—）

镇长：阿不都克力木·艾力（维吾尔族）

副镇长：张兆建

唐时珺（女，—2018 年 5 月）

汤艳利（女，2018 年 5 月—）

居尔艾提·吐尼亚孜（维吾尔族）

人武部部长：张兆建

铁热克镇

党委书记：谭小红

党委副书记：

阿孜古丽·阿吾拉

（女，维吾尔族，—2018 年 3 月）

古丽吉米兰·阿木提

（女，维吾尔族，2018 年 5 月—）

党永治　何湘情

党委委员：阿布拉·苏力坦（维吾尔族）

克然木·买买提（维吾尔族）

杨　龙（2018 年 5 月—）

海丽其木·艾买尔（女，维吾尔族）

纪卫锋　周修俊

人大主席：阿布拉·苏力坦（维吾尔族）

镇长：

阿孜古丽·阿吾拉

（女，维吾尔族，—2018 年 3 月）

古丽吉米兰·阿木提

（女，维吾尔族，2018 年 5 月—）

副镇长：

海力且木·吐尼牙孜（女，维吾尔族）

纪卫锋　买买提·艾买提（维吾尔族）

人武部部长：纪卫峰

赛里木镇

党委书记：白永强（县委常委，兼）

党委副书记：

穆合塔尔·苏里坦（维吾尔族）

黄清祥　陈先柱（—2018 年 12 月）

张彦平（2018 年 12 月—）

党委委员：

海热古丽·尤努斯（女，维吾尔族）

兰跃伟

买买提·衣明（维吾尔族，—2018 年 11 月）

张彦平（—2018 年 12 月）

解　将　范军有

买买提·肉孜（维吾尔族，—2018 年 8 月）

塔力甫·吐尔逊（维吾尔族，2018 年 8 月—）

杜晓峰（2018 年 11 月—）

托乎尼牙孜·吐尼牙孜（维吾尔族）

人大主席：海热古丽·尤努斯（女，维吾尔族）

镇长：穆合塔尔·苏里坦（维吾尔族）

副镇长：

解 将

买买提·肉孜（维吾尔族，—2018 年 8 月）

塔力甫·吐尔逊（维吾尔族）

王小芸（女，—2018 年 11 月）

吐尔迪·买买提（维吾尔族）

王 瑞（女，2018 年 11 月—）

人武部部长：范军有

察尔齐镇

党委书记：马亚辉

党委副书记：买买提·吐尼牙孜

（维吾尔族，2018 年 1 月—）

张国灿（—2018 年 8 月）

刘 瑜 金 栋

翟宝泉（2018 年 9 月—）

党委委员：

翟宝泉（—2018 年 9 月）

苏力旦·依司马义力（维吾尔族）

艾买尔·阿西木（维吾尔族） 王 彪

买合木提·阿布都热合曼（维吾尔族）

肉先古力·米吉提（女，维吾尔族）

凯散尔·依力牙斯（维吾尔族） 关志江

帕海丁·甫拉提

（维吾尔族，2018 年 5 月—）

张建刚（2018 年 10 月—）

人大主席：

买合木提·阿布都热合曼

（维吾尔族，—2018 年 4 月）

艾买尔·阿西木

（维吾尔族，2018 年 5 月—）

镇长：买买提·吐尼牙孜

（维吾尔族，2018 年 1 月—）

副镇长：

肉先古力·米吉提（女，维吾尔族）

亚库甫·马木提（维吾尔族）

依布拉音·艾力（维吾尔族）

吐拉洪·托乎提（维吾尔族）

卡哈尔·居曼（维吾尔族）

杜晓峰（—2018 年 12 月）

人武部部长：凯散尔·依力牙斯（维吾尔族）

黑英山乡

党委书记：王玉汉

党委副书记：

米吉提·牙合甫（维吾尔族） 韩越亚

翟玉飞（—2018 年 12 月） 孟祥勇

艾山江·吐尼亚孜

（维吾尔族，2018 年 12 月—）

党委委员：艾尼·吾甫尔（维吾尔族）

阿布拉江·买买提

（维吾尔族，—2018 年 6 月）

刘恒山（2018 年 11 月—）

杨永近（2018 年 11 月—）

艾买尔·牙库甫（维吾尔族）

鞠瑞晶

海里切木·艾力木

（女，维吾尔族）

艾山江·吐尼亚孜（维吾尔族）

路 遥（—2018 年 12 月）

李 勇（2018 年 12 月—）

人大主席：艾尼·吾甫尔（维吾尔族）

乡长：米吉提·牙合甫（维吾尔族）

副乡长：艾买尔江·亚库甫

（维吾尔族，—2018 年 5 月）

路 遥（—2018 年 12 月）

亚生·阿西木（维吾尔族）

热比古丽·依米尔（女，维吾尔族）

艾尔肯·吾麦尔

（维吾尔族，2018 年 11 月—）

杨永近（2018 年 11 月—）

人武部部长：艾山江·吐尼亚孜

（维吾尔族，—2018 年 12 月）
李　勇（2018 年 12 月—）

克孜尔乡
党委书记：孙付斌
党委副书记：艾尔肯 · 买买提（维吾尔族）
左治江
田海军（2018 年 5 月—）
赵浩威（专职扶贫副书记）
党委委员：吐尔逊 · 司马义（维吾尔族）
库尔班 · 卡衣木
（维吾尔族，—2018 年 5 月）
库尔班 · 艾沙（维吾尔族）
刘　建（—2018 年 5 月）
吐尔逊阿依 · 艾尔肯
（女，维吾尔族）
艾尼 · 亚森
（维吾尔族，—2018 年 5 月）
艾沙 · 艾山（维吾尔族）
张建刚（—2018 年 11 月）
王腾蛟（2018 年 5 月—）
姚建斌（2018 年 8 月—）
买合木提 · 阿西木
（2018 年 5 月—）
人大主席：吐尔逊 · 司马义（维吾尔族）
乡长：艾尔肯 · 买买提（维吾尔族）
副乡长：艾沙 · 艾山（维吾尔族）
玛依努尔 · 努尔（女，维吾尔族）
孙　玮　依明 · 克热木（维吾尔族）
艾尼 · 亚森
（维吾尔族，—2018 年 5 月）
但　勇（2018 年 11 月—）
买合木提 · 阿西木（2018 年 5 月—）
人武部部长：艾沙 · 艾山（维吾尔族）

托克逊乡
党委书记：李红龙
党委副书记：吐尔洪 · 艾山（维吾尔族）
宋信明（—2018 年 5 月）
刘玉斌（2018 年 5 月—）
侯新波
付国华（—2018 年 11 月）
甘　波（—2018 年 11 月）
党委委员：努尔艾力 · 托乎提（维吾尔族）
王仲平
热汗古丽 · 坎吉（女，维吾尔族）
艾山 · 艾依提（维吾尔族）
艾海提 · 艾买提（维吾尔族）
托乎提 · 台外库力
（维吾尔族、2018 年 11 月—）
吐尔地 · 牙生
（维吾尔族，—2018 年 12 月）
人大主席：努尔艾力 · 托乎提（维吾尔族）
乡长：吐尔洪 · 艾山（维吾尔族）
副乡长：吾古兰木 · 买买提（女，维吾尔族）
甘　波（—2018 年 11 月）
艾力 · 沙衣木（维吾尔族）
王海波（2018 年 11 月—）
人武部部长：艾海提 · 艾买提（维吾尔族）

亚吐尔乡
党委书记：季福国
党委副书记：阿里木 · 阿不力克木（维吾尔族）
黄宏波
阿迪力 · 吐尼亚孜（维吾尔族）
党委委员：
艾尼瓦尔 · 吾斯曼
（维吾尔族，—2018 年 5 月）
卡哈曼 · 尤努斯
（维吾尔族，2018 年 5 月—）
刘　睿
阿依加玛丽 · 阿布拉（女，维吾尔族）

艾合买提·艾尼（维吾尔族）
买买提亚孜·托乎提（维吾尔族）
木沙江·艾尼（维吾尔族）
邓　鑫（—2018 年 5 月）
何　奎（2018 年 5 月—）
盛余海（—2018 年 7 月）
席国钦（2018 年 7 月—）
何湘情（—2018 年 11 月）
艾尼瓦尔·那买提
（维吾尔族，—2018 年 5 月）
人大主席：卡哈曼·尤努斯（维吾尔族）
乡长：阿里木·阿不力克木（维吾尔族）
副乡长：刘　睿
热汗古丽·阿克木（女，维吾尔族）
何湘情（—2018 年 11 月）
艾尼瓦尔·那买提
（维吾尔族，—2018 年 5 月）
人武部部长：
买买提尼亚孜·托乎提（维吾尔族）

康其乡
党委书记：
张兵恒（县委常委，兼，—2018 年 4 月）
窦有红（县委常委，兼，2018 年 4 月—）
党委副书记：依买尔·阿不拉（维吾尔族）
刘敏伟
李青萍（女，2018 年 5 月—）
张　珩（女，—2018 年 2 月）
耿奇志（—2018 年 8 月）
党委委员：吐尔逊·克维力（维吾尔族）
海热古丽·买买提（女，维吾尔族）
艾尼·阿木提（维吾尔族）
亚生·艾山（维吾尔族）
艾买尔·如苏力
（维吾尔族，2018 年 10 月—）
惠建庄（2018 年 5 月—）
李剑良（—2018 年 4 月）
人大主席：吐尔逊·克维力（维吾尔族）
乡长：依买尔·阿不拉（维吾尔族）
副乡长：李剑良（—2018 年 4 月）
麦合木提·阿西木
（维吾尔族，—2018 年 5 月）
吐尔逊·马木提（维吾尔族）
艾尼瓦尔·那买提
（维吾尔族，2018 年 5 月—）
惠建庄（2018 年 5 月—）
人武部部长：李剑良（—2018 年 5 月）
惠建庄（2018 年 5 月—）

布隆乡
党委书记：曹钰声（—2018 年 6 月）
刘　乐（2018 年 6 月—）
党委副书记：
阿布都克力木·艾力
（维吾尔族，—2018 年 5 月）
买买提艾力·吐尼亚孜（维吾尔族）
买买提·吐尼亚孜
（维吾尔族，2018 年 5 月—）
吕登科
党委委员：吐尔洪·克然木（维吾尔族）
热孜宛古丽·帕孜力
（女，维吾尔族） 孟祥勇
阿里木·吐尔迪（维吾尔族）
丁海超
人大主席：吐尔洪·克然木（维吾尔族）
乡长：阿布都克力木·艾力
（维吾尔族，—2018 年 5 月）
买买提艾力·吐尼亚孜
（维吾尔族，2018 年 6 月—）
副乡长：阿里木·吐尔迪（维吾尔族）
李　婷（女）
卡哈尔·米吉提（维吾尔族）

人武部部长：丁海超

米吉克乡
党委书记：
李　轶（县委常委，兼，—2018 年 7 月）
张国灿（2018 年 7 月—）
党委副书记：
艾尼瓦尔·吐尔逊（维吾尔族）
李仁军（—2018 年 12 月）　张　磊
张　晓（女，—2018 年 5 月）
张英彪（2018 年 12 月—）
党委委员：阿不来提·库尔班（维吾尔族）
豆三库
吾斯曼·艾麦提（维吾尔族）
单江涛　马　骁
莫合塔尔·买合木提（维吾尔族）
人大主席：阿不来提·库尔班（维吾尔族）
乡长：艾尼瓦尔·吐尔逊（维吾尔族）
副乡长：马　骁
米娜瓦尔·卡迪尔（女，维吾尔族）
艾合旦古丽·马木提（女，维吾尔族）
张　晓（—2018 年 5 月）
人武部部长：马　骁

温巴什乡
党委书记：何东亮（2018 年 1 月—）
党委副书记：陈章辉
阿不来提·买买提（维吾尔族）
屈永贵（2018 年 1 月—）
党委委员：田春贵　吴海刚
卡地尔丁·乃吉米丁（维吾尔族）
姚建斌（—2018 年 8 月）
阿米娜·海肉拉（女，维吾尔族）
阿地力·买买提
（维吾尔族，—2018 年 9 月）
李新春　范丰雷（2018年11月—）
副乡长：屈永贵
卡地尔丁·乃吉米丁（维吾尔族）
姚建斌（—2018 年 8 月）
阿依木古丽·卡迪尔
（女，维吾尔族，—2018 年 5 月）
艾力·阿布都热依木（维吾尔族）
人武部部长：阿地力·买买提
（维吾尔族，—2018 年 9 月）
范丰雷（2018 年 11 月—）

大桥乡
党委书记：程建文（—2018 年 11 月）
翟玉飞（2018 年 12 月—）
党委副书记：
依地力斯·阿不拉（维吾尔族）
刘玉斌（—2018 年 5 月）
刘　瑜　唐时珺
刘学军（2018 年 5 月—）
党委委员：
艾克肯·肉孜（维吾尔族，—2018 年 7 月）
臧辉仁（—2018 年 7 月）
张德强（—2018 年 9 月，赴喀什挂职）
赛杜拉·玉努斯（维吾尔族）
刘学军（—2018 年 5 月）
买热合巴·阿不拉（女，维吾尔族）
刘　洋　张国华
吐尔洪·克然木（2018 年 5 月—）
段志峰（2018 年 5 月—）
人大主席：吐尔洪·克然木
（维吾尔族，2018 年 5 月—）
乡长：依地力斯·阿不拉（维吾尔族）
副乡长：
吐尼沙古丽·铁力瓦尔迪
（女，维吾尔族）
刘　洋　张德强（—2018 年 9 月）
何　奎（—2018 年 5 月）

买买提·依马木尼亚孜（维吾尔族）
徐运丹（2018年5月—）
人武部部长：刘　洋

老虎台乡
党委书记：高德鹏
党委副书记：艾尔肯·肉孜（维吾尔族）
阿布拉·尕孜（维吾尔族）
田海军（—2018年5月）
党委委员：
玉山·买合赛提（维吾尔族）
苏力坦·买买提（维吾尔族）
赛地古丽·马合木提（女，维吾尔族）
杨晓武
程志强（2018年5月—）
王　刚（2018年6月—）
吐尔逊·沙吾提（维吾尔族）
人大主席：玉山·买合赛提（维吾尔族）
乡长：艾尔肯·肉孜（维吾尔族）
副乡长：艾尔肯·托合提（维吾尔族）
努尔比亚·尔肯（女，维吾尔族）
艾合买提·阿布都西（柯尔克孜族）
艾买提·吐拉甫（维吾尔族）
苏力坦·买买提（维吾尔族）
人武部部长：程志强（2018年5月—）

大宛其管委会
党工委书记：苏　超
副书记：库尔班·买明（维吾尔族）
买合木提·克然木
（维吾尔族，—2018年8月）
郭　坤
陆志军（2018年8月—）
委员：范丰雷（—2018年11月）
程建芬（女）
买合木提·买买提（维吾尔族）
阿不都热依木·毛尼亚孜（维吾尔族）
管委会主任：库尔班·买明（维吾尔族）
副主任：买合木提·买买提（维吾尔族）
玉素甫·艾米都拉（维吾尔族）
殷　强
人武部部长：范丰雷（—2018年11月）

种羊场
党委书记：苟锡勋
党委副书记：买尔旦·吐尔逊
（维吾尔族，2018年8月—）
张小军（2018年8月—）
党委委员：艾山·库尔班（2018年8月—）
艾克拜尔·艾尔肯
（维吾尔族，—2018年4月）
刘世伟（2018年8月—）
场长：买尔旦·吐尔逊
（维吾尔族，2018年8月—）
副场长：祖甫卡尔·艾买尔（维吾尔族）
艾尼瓦尔·麻木提（维吾尔族）
李　杰（回族）

文献辑要

关于贯彻落实中央、自治区、地区乡村振兴战略意见的实施意见

为全面贯彻落实《中共中央　国务院关于实施乡村振兴战略的意见》（中发〔2018〕1号）、《自治区党委　自治区人民政府关于贯彻〈中共中央、国务院关于实施乡村振兴战略的意见〉的

实施意见》(新党发〔2018〕1号)、《中共阿克苏地委 阿克苏地区行署关于贯彻落实中央、自治区实施乡村振兴战略意见的实施意见》(阿地党发〔2018〕22号)精神，现结合拜城县实际，提出如下实施意见。

一、新时代实施乡村振兴战略的重大意义

党的十九大从全局和战略高度，提出实施乡村振兴战略，这是以习近平同志为核心的党中央着眼于全面建成小康社会、全面建设社会主义现代化国家作出的重大决策，在国家“三农”发展进程中具有划时代、里程碑意义。习近平总书记在中央农村工作会议上发表重要讲话，深刻阐述实施乡村振兴战略的一系列重大理论问题和实践问题，向全党全国发出总动员令。陈全国书记在自治区党委农村工作会议上对实施乡村振兴战略提出明确要求。党的十八大以来，特别是自治区第九次党代会以来，面对两个“三期叠加”的严峻形势，全县上下紧紧围绕社会稳定和长治久安总目标，认真贯彻落实中央和自治区党委关于“三农”工作系列决策部署，坚持一产上水平，推进农业现代化和新农村建设。农业供给侧结构性改革深入推进，产业结构优化升级，农业基础设施持续改善，生态环境建设迈出重要步伐，农民收入稳步增长，农村民生持续改善，脱贫攻坚扎实推进，农村社会和谐稳定。农业农村发展取得的成就和“三农”工作积累的丰富经验，为实施乡村振兴战略奠定坚实基础。

农业农村农民问题是关系国计民生的根本问题，在实现拜城县社会稳定和长治久安总目标中具有特殊重要性。没有农业农村的现代化，就没有全县的现代化，没有农村的和谐稳定，就没有拜城县的和谐稳定。全县进入决胜全面建成小康社会关键时期，“三农”问题是最大短板，发展不平衡不充分问题在乡村最为突出，主要表现在：农产品精深加工能力不足，产业化经营水平较低，市场开拓能力不强，农产品供给质量、综合效益不高；农民自我发展意识不强，主观能动性不够，持续增收的内生动力不足；农村基础设施建设和民生领域欠账较多，农村整体面貌有待改善；脱贫攻坚战役时间紧、难度大，打赢脱贫攻坚战任务艰巨；乡村治理体系和治理能力现代化水平亟待提高。

党中央对实施乡村振兴战略作出全面部署，为全县乡村振兴提供难得的发展机遇。我们要牢固树立“四个意识”，增强责任感、使命感、紧迫感，坚决把思想和行动统一到以习近平同志为核心的党中央的决策部署上来，把推进乡村振兴与贯彻落实党的十九大精神和习近平新时代中国特色社会主义思想结合起来，与贯彻落实党中央治疆方略特别是社会稳定和长治久安总目标结合起来，立足县情农情，顺势而为，举全县之力，以更大的决心、更明确的目标、更有力的举措，推动农业全面升级、农村全面进步、农民全面发展，以新作为奋力谱写新时代乡村全面振兴的拜城篇章。

二、实施乡村振兴战略的总体要求

(一)指导思想。以习近平新时代中国特色社会主义思想为指导，全面贯彻党的十九大精神，深入落实中央、自治区党委农村工作会议精神，以社会稳定和长治久安总目标为统领，坚持稳中求进工作总基调，牢固树立新发展理念，落实高质量发展要求，坚持农业农村优先发展，按照“产业兴旺、生态宜居、乡风文明、治理有效、生活富裕”的总要求，紧紧围绕乡村产业振兴、人才振兴、文化振兴、生态振兴、组织振兴，聚焦打好精准脱贫攻坚战，统筹推进农村经济建设、政治建设、文化建设、社会建设、生态文明建设和党的建设，加快推进乡村治理体系和治理能力现代化。坚定不移走城乡融合发展之路、共同富裕之路、质量兴农之路、乡村绿色发展之路、乡村文化兴盛之路、乡村善治之路、特色减贫之路，加快推进农业农村现代化，让农业成为有奔头的产业，让农民成为有吸引力的职业，让农村成为安居乐业的美丽家园。

（二）目标任务。到2020年，乡村振兴战略取得重要进展，制度框架和政策体系基本形成。农业产业结构优化升级，农业综合生产能力稳步提升，农产品供给质量明显提高，以农副产品精深加工、市场开拓为主的农业产业化发展明显加快；农村劳动力转移就业进程加快，农民增收渠道拓宽，农民人均纯收入年增长8%以上，城乡居民生活水平差距持续缩小；现行标准下农村贫困人口实现脱贫，黑英山乡、克孜尔乡2个深度贫困乡、16个深度贫困村实现退出，脱贫攻坚成果持续巩固；农业农村基础设施建设深入推进，美丽宜居乡村建设扎实开展，农村人居环境明显改善；城乡基本公共服务均等化水平提高，农村社会化服务基本覆盖，城乡融合发展体制机制初步建立；严守生态保护底线，全面完成木扎提河流域生态工程，生态环境显著改善，农业生态服务能力提高；以党组织为核心的农村基层组织建设加强，农村对人才的吸引力逐步增强，各民族交往交流交融深入推进，乡村治理体系完善，农村社会保持和谐稳定；党的农村工作领导体制机制健全，党管农村工作的各项要求全面落实，全县、乡镇、部门乡村振兴战略的思路举措得以确立。

到2035年，乡村振兴战略取得决定性进展，农业农村现代化基本实现。农业结构得到根本性改善，农民就业质量显著提高，相对贫困缓解，共同富裕迈出坚实步伐；城乡基本公共服务均等化基本实现，城乡融合发展体制机制更加完善；乡风文明达到新高度，乡村治理体系更加完善；农村生态环境根本好转，美丽宜居乡村基本实现。

到2050年，乡村振兴战略目标全面实现。

（三）基本原则。坚持党管农村工作。坚持和加强党对农村工作的领导，健全党管农村工作领导体制机制，确保党在农村工作中始终总揽全局、协调各方，为乡村振兴提供坚强有力的政治保障。

坚持总目标统领。牢固树立社会稳定和长治久安的总目标，坚定不移用总目标统一思想、统一认识、统一步调、统一行动，紧紧围绕总目标来谋划和推进乡村振兴战略。

坚持农业农村优先发展。把实现乡村振兴作为各级党组织和党员的共同意志、共同行动，在资金投入上优先保障，在公共服务上优先安排，在要素配置上优先满足，在干部配备上优先考虑，加快补齐农业农村短板。

坚持农民主体地位。尊重农民意愿，发挥农民在乡村振兴中的主体作用，调动农民的积极性、主动性、创造性，把维护农民群众根本利益、促进农民共同富裕作为出发点和落脚点。

坚持乡村全面振兴。准确把握乡村振兴的科学内涵，统筹谋划农村经济建设、政治建设、文化建设、社会建设、生态文明建设和党的建设，注重协同性、关联性，整体部署，协调推进。

坚持城乡融合发展。推动新型工业化、信息化、城镇化、农业现代化同步发展，加快形成工农互促、城乡互补、全面融合、共同繁荣的新型工农城乡关系。

坚持人与自然和谐共生。牢固树立和践行绿水青山就是金山银山的理念，落实节约优先、保护优先、自然恢复为主的方针，全面加强生态环境建设与保护，严守生态保护红线，以绿色发展引领乡村振兴。

坚持因地制宜、循序渐进。科学把握乡村发展的差异性和区域性特征，做好顶层设计，注重规划先行、突出重点、分类施策、典型引路，既尽力而为，又量力而行，久久为功，扎实推进。

坚持改革创新。持续深化农村改革，破除体制机制弊端，以完善产权制度和要素市场化配置为重点，激活主体、激活要素、激活市场，着力增强改革的系统性、整体性、协同性。

三、提升农业发展质量，培育乡村发展新动能

乡村振兴，产业兴旺是重点。必须坚持质量兴农、绿色兴农，以农业供给侧结构性改革为主线，加快构建现代农业产业体系、生产体系、经营体系，提高农业创新力、竞争力和全要素生产率。

（一）促进农业结构优化升级。坚持一产上水平，稳粮、优果、强畜、兴特色，优化农业产业结构，提高农产品供给质量。推进林果业提质增效，提升果品质量，扩大优质特色果品供应。加快畜牧业转型升级，突出畜产品质量和效益，提高畜产品供给能力和水平。立足特色资源，发展特色作物、订单生产和制种产业。

（二）构建农村一、二、三产业融合发展体系。推动农业一、二、三产业融合发展与供给侧结构性改革并进，实现农业增产、增值、增效、增收有机结合。延伸农业产业链，提升价值链，完善利益链。稳步提高农产品加工转化率，农产品加工转化率达到50%。深化农产品市场开拓，深入实施“十城百店”工程，力争实现拜城农产品在内地市场销售率达到70%以上。推进农村流通现代化，发展休闲观光农业和乡村旅游。

（三）夯实农业生产能力基础。加强以水利为中心的基础设施建设，加强农田水利建设，加强农业科技创新体系建设，加快农业科技成果转化，主要农作物良种覆盖率稳定在98%以上。推进农机装备现代化，农林牧渔综合机械化作业水平达67%以上。推动发展智慧农业，加强农村防灾减灾救灾能力建设，降低灾害损失。

（四）实施质量兴农战略。深入推进农业绿色化、优质化、特色化、品牌化。优化农业主体功能与空间布局，推进农业标准化生产，加强农产品质量和食品安全监管，实现农产品质量安全监管可追溯。实施农业品牌战略，加快形成农产品品牌体系。

（五）促进小农户和现代农业发展有机衔接。扩大农户在现代农业发展中的利益分配，提升土地经营规模，构建“企业＋合作社＋农户”的发展模式，扶持小农户发展生态农业、设施农业、订单农业，提高农产品档次和附加值，拓展增收空间。

四、推进乡村绿色发展，打造人与自然和谐共生发展新格局

乡村振兴，生态宜居是关键。良好生态环境是农村最大的优势和宝贵财富。必须尊重自然、顺应自然、保护自然，以绿色发展引领乡村振兴，建设天蓝地绿水清的美丽拜城。

（一）加强生态环境建设与保护。牢固树立保护生态环境就是保护生产力、绿水青山就是金山银山的理念，绝不以牺牲生态环境为代价换取一时的经济增长。严格执行生态功能区规划，严守生态保护底线和水资源管理“三条红线”。加大林业生态建设，严格落实基本草原保护、草畜平衡和禁牧休牧制度，扩大退耕还林还草、退牧还草、已垦草原治理。

（二）积极倡导绿色生产生活方式。开展农业绿色发展行动，推广水肥一体化技术。推进畜禽类粪污处理、农作物秸秆和林果枝条、农产品加工副产品等综合利用。倡导绿色生产生活方式，引导农民合理布局、美化绿化庭院，增强节约、环保、生态意识，让农村成为安居乐业的美丽家园。

（三）加强农村突出环境问题综合治理。加强农业面源污染防治，加强农村水环境治理和农村饮用水水源保护，严禁工业和城镇污染向农业农村转移。加强农村环境监管能力建设，建立健全农村环境治理考核办法和责任追究制度。

五、加强农村文化建设，树立乡风文明新气象

乡村振兴，乡风文明是保障。必须坚持物质文明与精神文明一起抓，提升农民精神风貌；培育文明乡风、良好家风、淳朴民风，提高乡村社会文明程度。

（一）加强意识形态领域反分裂斗争。牢牢把握意识形态工作的领导权，贯彻党的宗教工作基本方针，引导宗教与社会主义社会相适应，确保农村宗教和睦和谐。加强意识形态领域反分裂斗争教育和民族团结进步教育，牢固树立“五观”，增强“四个认同”。持续深入开展发声亮剑活动。

（二）加强农村思想道德建设。深化中国特色社会主义和中国梦宣传教育，培育和践行社会主义核心价值观，加强爱国主义、集体主义、社会主义教育，深入实施公民道德建设工程，推进社会公德、职业道德、规则意识、品德建设。

（三）加强农村公共文化建设。健全完善乡村公共文化服务体系，推进文化惠民，支持农村优秀少数民族文化、民间文化等传承发展，丰富农民精神文化生活。加强农村非物质遗产项目的保护，确保农村文化市场环境绝对安全。

（四）加强乡村精神文明建设。开展文明村镇创建活动，推进“十星级文明户”评选表彰活动，广泛选树一批道德典型、先进典型。修订完善村规民约，主导和规范“四项活动”，推进农村生态公墓改造，树立科学、文明、节俭、生态的殡葬新风尚。

六、加强农村基层基础工作，健全乡村治理体系

乡村振兴，治理有效是基础。必须坚持把建立健全现代乡村社会治理体制与全面落实农村维稳组合拳结合起来，确保农村持续稳定、长期稳定、全面稳定。

（一）建强农村基层党组织。加强农村基层党组织领导核心地位，选优配强深度贫困村党组织书记和班子成员，严把发展党员政治标准首要关口，深入开展“访惠聚”驻村工作，全面落实村级组织运转经费保障政策，力促村级组织干部能干事、愿干事、干成事。

（二）坚决维护农村和谐稳定。聚焦总目标，持续开展严打专项行动，深入开展扫黑除恶专项斗争，推进乡村“雪亮工程”建设。建设平安乡村，提升群众安全感，健全农村公共安全体系。加强民族团结，推动建立嵌入式的农村社会结构，促进各族农民交往交流交融，为乡村振兴营造平安和谐文明有序的社会环境。

（三）完善村民自治制度。坚持党的领导，创新健全村党组织领导、充满活力的村民自治机制，加强村规民约建设。形成民事民议、民事民办、民事民管的多层次基层协商格局。创新基层管理体制机制，加快完善乡村便民服务体系。

（四）推进法治乡村建设。坚持法治为本，树立依法治理理念，加大农村普法力度，加强基层法治建设，深入推进综合行政执法改革向基层延伸，全面推进覆盖城乡的公共法律服务体系建设，健全农村公共法律服务体系，把农民群众的矛盾纠纷化解在基层。

（五）提升乡村德治水平。弘扬优秀传统美德，加强道德教育作用，引导农民向上向善、孝老爱亲、重义守信、勤俭持家。建立道德激励约束机制，引导农民自我管理、自我教育、自我服务、自我提高，实现家庭和睦、邻里和谐、干群融洽。

七、提高农村民生保障水平，塑造美丽乡村新风貌

乡村振兴，生活富裕是根本。要抓重点、补短板、强弱项，解决好农民群众最关心最直接最现实的利益问题，推进幸福美丽新家园建设。

（一）加强农村基础设施建设。坚持把基础设施建设的重点放在农村，补齐农业农村基础设施建设短板。继续实施农村安居工程建设，加快农村公路、供水、电网、物流、信息、广播电视等基础设施建设，巩固提升农村饮水安全工程建设成果，深入实施新一轮农村电网改造工程，加快农村宽带网络覆盖步伐，开发适合“三农”特点的信息技术、产品、应用服务，推进农业信息进村入户。

（二）优先发展农村教育事业。发展农村义务教育，巩固国家通用语言教学成果，力争到2020年少数民族学生基本掌握和使用国家通用语言文字。做好城乡义务教育学校布局调整，改善农村义务教育薄弱学校办学条件，推进农村普及高中阶段教育。加强职业教育，推进职业学校标准化建设。建好建强乡村教师队伍，加大乡村学校倾斜力度。

（三）推进健康乡村建设。加强农村公共卫生服务，推进农村基本公共卫生服务项目均等化。加强基层医疗卫生服务体系建设。深化公立医院改革，推进医疗人才援疆向农村倾斜，提高基层医疗卫生机构服务能力和质量。倡导优生优育，改善农村卫生环境，推进健康村镇建设。

（四）加强农村社会保障体系建设。完善城乡居民基本养老保险制度，实现城乡居民基本养老保险参保率稳定在95%以上。完善城乡居民医保异地就医医疗服务，扩大跨省异地就医结算范围。统筹城乡社会救助体系，完善最低生活保障制度，健全完善救助标准与物价上涨挂钩的联动机制。逐步提高农村低保标准，实现农村低保与扶贫“两线合一”。力争到2020年实现有意愿的“五保”老人集中供养，孤儿全部实现集中收养。构建多层次农村养老保障体系，创新多元化照料服务模式。健全农村留守儿童、残疾人、妇女和老年人以及困境儿童关爱服务体系，让每一个困难群众都能感受到社会的关爱和温暖。

（五）持续改善农村人居环境。加快庭院改造力度，推进农村人居环境“五清五改”工程，实施“厕所革命”工程，加快农村电气化建设。加强示范带动，建设环境优美、宜居宜业、各具特色的社会主义新农村。

（六）促进农村劳动力转移就业和农民增收。实施农村富余劳动力转移就业工程，建设卫星工厂，促进农村富余劳动力就地就近就业。深化户籍制度改革，促进有条件有意愿在城镇尤其稳定就业和住宿的农业转移人口在城镇有序落户。

八、打好精准脱贫攻坚战，奠定乡村振兴坚实基础

乡村振兴，消除绝对贫困是前提。必须坚持精准扶贫精准脱贫基本方略，把提高脱贫质量放在首位，既不降低标准，也不吊高胃口，坚决打好精准脱贫这场对全面建成小康社会具有决定性意义的攻坚战。

（一）聚焦深度贫困，确保脱贫路径精准。以2个深度贫困乡、16个深度贫困村、2969户11086名建档立卡未脱贫人口作为脱贫攻坚的重中之重，精准落实“五个一批”脱贫路径，加大教育扶贫力度，阻断贫困代际传递；加大健康扶贫力度，防止因病致贫返贫；加大基础设施建设力度，改善生产生活条件。

（二）建立长效机制，巩固提升脱贫成果。坚持乡村振兴政策优先向深度贫困乡镇倾斜，继续加强已脱贫人口的帮扶措施，继续加强各级、各部门党政正职脱贫攻坚第一责任，对退出的贫困村，保持领导干部联系贫困乡不变、部门单位包村定点帮扶不变、贫困村“五个一”包联帮扶全覆盖不变、贫困户扶持政策不变，做到工作力度、资金投入、政策支持、帮扶力度“四个只增不减”，培育脱贫攻坚典型，防止返贫。

（三）注重扶志扶智，激发内生动力。实施“精神扶贫”，加快补齐贫困群众“精神短板”。加强贫困群众思想教育，转变传统落后观念，破除“等靠要”思想，树立“勤劳致富、脱贫光荣”理念，激发贫困群众干事创业动力，增强脱贫的信心和主动性。

（四）落实攻坚责任，健全督查考核机制。加强党政“一把手”作为扶贫领导小组“双组长”的责任和县委、县政府的主体责任、16个专项组牵头责任、扶贫领导小组及办公室监管责任、各部门各单位配合责任、各“访惠聚”驻村工作队和村“两委”落实帮扶责任。坚持一年一考核，规范工作考核末位约谈及问责机制，推动各类问题有效及时整改。推进“阳光扶贫”“廉洁扶贫”，完善群众监督、社会监督、新闻媒体监督渠道，加强严格执纪问责，集中解决突出作风问题。

九、推进体制机制创新，激发乡村发展活力

实施乡村振兴战略，必须深化农村改革，破除体制机制弊端，以完善产权制度和要素市场化配置为重点，激活主体、激活要素、激活市场，着力增强改革的系统性、整体性、协同性。

（一）巩固和完善农村基本经营制度。落实农村土地承包关系稳定并长久不变政策，衔接落实好第二轮土地承包到期后再延长30年政策，让农民吃上长效“定心丸”。加快推进农村承包土地经营权确权登记颁证工作，稳步推进农村承包地“三权分置”，稳妥推动土地流转，提升专业化水平。改善土地资源配置效率，激活农村富余劳动力转移，为农业规模化、集约化、高效化提供条件。

（二）深化农村土地制度改革。推进房地一体的农村宅基地和集体建设用地使用权确权登记颁证。探索宅基地集体所有权、资格权、使用权“三权分置”，调整优化村庄用地布局，统筹利用农村分散的存量建设用地建设农业和休闲旅游等设施。完善国土资源、农业、畜牧部门对设施农用地政策监管的长效机制。

（三）深入推进农村集体产权制度改革。形成有效维护农村集体经济组织成员权利的治理体系，盘活农村集体资产，增加农民财产性收入。稳步推进农村集体产权制度改革，推进集体经营性资产股份合作制改革。坚持农村集体产权制度改革正确方向，全面深化供销合作社综合改革，深入推进集体林权改革、小型水利工程产权制度改革等领域改革，深化地方国有农牧场改革。

（四）完善农业支持保护制度。加快建立新型农业支持保护政策体系。深化小麦等农产品收储制度和价格形成机制改革，坚持并完善托市收购政策，健全并完善生产者补贴制度。改革完善县储备粮管理体制。开展小麦、玉米、稻谷三大粮食作物完全成本保险和收入保险试点，支持发展林果业、畜牧业、设施农业等农业保险，扩大农业政策保险范围。

（五）加大农业水价综合改革力度。加大农业水价综合改革力度。深化水权、水价改革，培育水市场。优化用水结构，鼓励水量、水资源使用权向工业化、城镇化转移，建立资源水价、阶梯水价和超定额累进加价制度，力争8—10年内农业水价达到2015年水利工程供水成本，促进节水型社会建设。

（六）大力培育新型农业经营主体，激发市场活力。创新农业经营体系，实施新型农业经营主体培育工程，支持发展多种形式适度规模经营。推进规模化种植、标准化生产、产业化经营。

（七）坚决放开农民经营自主权，大力发展农业社会化服务。以市场为导向尊重农民经营自主权，调动农民自主经营积极性，发展多元化多层次农业生产性服务业。

（八）完善政策，强化服务，打造良好营商环境。优化涉农企业投资环境，在投资建厂、用地审批、环境评估、招工用人、安全风险评估、金融贷款等方面开拓手续办理绿色通道，在用电、用水、用地等方面给予适当财政补贴。完善跟踪服务制度，加强对企业投资的政策导向、技术指导。

（九）注重项目资金整合，形成合力推动产业优化升级。创新“多个渠道进水、一个池子蓄水、一个龙头放水”新的资金筹集和管理机制，开展涉农资金整合，着力扶持农业基础设施建设，主导优势特色型产业和扶贫开发。推进美丽乡村建设，加大农业产业化扶持力度，助力脱贫攻坚。

（十）强化农产品加工营销能力，提高农产品收益。引进加工企业，鼓励当地企业，提供优惠政策，开展“百村千厂”建设，拓展“十城百店”销售网络，构建面向温拜两地“疆果东送、浙产西进”的现代市场流通网络体系，大幅度提升优质特色农产品销售量。

（十一）组建国有农业公司，打造产业龙头。将粮油购销公司打造为产业龙头，拓宽农产品的加工、销售能力。组织农户采用“自愿联合、投资入股、民主管理、年底分红”方式，发展种植类农民专业合作社。合作社与粮油购销公司签订购销协议，确保农民增收。

十、汇聚全社会力量，强化乡村振兴人才支撑

实施乡村振兴，必须破解人才瓶颈制约。要畅通智力、技术、管理下乡通道，造就更多乡村人才，聚天下人才而用之。

（一）大力培育新型职业农民。建立一支有一定规模、结构合理、素质优良的新型职业农民队伍。开展新型职业农民跟踪指导服务和政策扶持，鼓励新型职业农民组建农民专业合作社等各类新型农业经营主体，解决新型职业农民长远发展的后顾之忧。

（二）加强农村专业人才队伍建设。推进高校毕业生基层培养锻炼成长计划，加强农村实用人才队伍建设，提高农村专业人才服务保障能力。培育乡村生产经营管理人才，激发农村专业人才创业创新活力。

（三）发挥科技人才支撑作用。探索公益性和经营性农技推广融合发展机制，保障农技人员通过提供增值服务合理取酬权益。支持和鼓励事业单位选派专业技术人员到乡村和企业挂职、任职或者参与项目合作。实施各类人才培养计划，继续推进农村科技特派员工作，逐步建立科技特派员对口帮扶贫困村制度。

（四）鼓励社会各界投身乡村建设。引导工商资本积极投入乡村振兴事业，建立有效激励机制，吸引支持各类人才服务乡村振兴事业。吸引更多人才投身现代农业，培养造就新型农民。实施农民创新创业行动，发挥群团组织及公益慈善类社会组织的优势和力量，支持农村产业发展、生态环境保护、乡风文明建设、农村弱势群体关爱等。实施乡村振兴“巾帼行动”。

十一、拓宽投融资渠道，强化乡村振兴投入保障

实施乡村振兴战略，必须健全投入保障制度。加快形成财政优先保障、金融重点倾斜、社会积极参与的多元投入格局，确保投入力度增强、总量持续增加。

（一）确保财政投入持续增长。建立健全实施乡村振兴战略财政投入保障制度，确保财政投入与乡村振兴目标任务相适应。优化财政供给结构，加快建立涉农资金统筹整合长效机制。发挥财政资金的引导作用，创新支农投入方式，撬动更多的金融和社会资本投向乡村振兴。规范政府融资行为，不得借乡村振兴之名违法违规变相举债。

（二）拓宽资金筹集渠道。调整完善土地出让收入使用范围，提高农业农村投入比例。建立“责任+激励、行政+市场”耕地保护新秩序，认真贯彻落实国土资源部关于增减挂钩政策支持脱贫攻坚的政策要求，巩固全面取消农村“五统一”和“义务工”成果，鼓励农民对直接受益的乡村基础设施建设投工投劳，让农民更多参与建设管护。

（三）提高金融服务水平。把更多金融资源配置到农业农村发展的重点领域和薄弱环节。强化金融服务方式创新和产品创新，加大对乡村振兴支持力度，深化农村信用合作联社改革，健全政策性担保体系，扩大涉农担保贷款业务规模。推进农产品期货期权市场建设，发展保单质押贷款和涉农保证保险。

十二、坚持和完善党对“三农”工作的领导

实施乡村振兴战略是党和国家的重大决策部

署，要提高对实施乡村振兴战略重大意义的认识，把实施乡村振兴战略摆上优先位置，把党管农村工作的要求落到实处。

（一）完善党的农村工作领导体制机制。坚持工业农业一起抓、城市农村一起抓，把农业农村优先发展原则体现在各个方面。健全党委统一领导、政府负责、党委农村工作部门统筹协调的农村工作领导体制。建立实施乡村振兴战略领导责任制，落实抓落实的工作机制。党政“一把手”是第一责任人，三级书记抓乡村振兴。县委主要领导当好乡村振兴一线总指挥，各部门加强协同配合，形成乡村振兴工作合力。加强党委农村工作部门建设，做好党的农村工作机构设置和人员配置工作，发挥决策参谋、调查研究、政策指导、推动落实、督导检查等职能。建立县党政领导班子和领导干部推进乡村振兴战略的实绩考核制度，将考核结果作为选拔任用领导干部的重要依据。

（二）加强“三农”工作队伍建设。强化“三农”工作干部队伍培养、配备、管理、使用，全面提升“三农”干部能力和水平。把到农村一线工作锻炼作为培养干部的重要途径，注重提拔使用实绩优秀的干部，形成人才向农村基层一线流动的用人导向，打造一支懂农业、爱农村、爱农民的“三农”工作干部队伍。

（三）强化乡村振兴规划引领。按照“产业兴旺、生态宜居、乡风文明、治理有效、生活富裕”的总要求，根据《阿克苏地区乡村振兴战略实施意见》编制《乡村振兴战略规划（2018—2022）》，完善工作机制，启动和推进乡村振兴战略的实施。细化明确各阶段目标任务，细化实化工作重点和政策措施，做好顶层设计，确保一张蓝图干到底。相关部门先行启动专项规划，最终形成全县乡村振兴战略规划。加强乡村振兴战略规划与产业发展、区域发展、新农村建设、脱贫攻坚、新型城镇化等专项规划的统筹管理和系统衔接，形成城乡融合、区域一体、多规合一的规划体系，提高规划的科学性、前瞻性、协调性和约束力。

（四）营造乡村振兴良好氛围。加强舆论引导，凝聚全社会各方智慧，发动各方力量，广泛宣传各部门在推进乡村振兴中的好经验好做法，选树好先进典型，振奋基层干部群众精神。宣传开展乡村振兴试点、示范区和示范单位的成功经验，讲好乡村振兴拜城故事，亮好拜城名片，扩大影响力。

关于进一步激励广大干部新时代新担当新作为十项措施

为深入贯彻落实中央《关于进一步激励广大干部新时代新担当新作为的意见》和习近平总书记提出的“以正确选人用人导向激励干部，选拔敢于负责、勇于担当、善于作为、实绩突出的干部”重要指示精神，调动和激发干部队伍的积极性、主动性、创造性，增强广大干部的政治担当、历史担当、责任担当，引导和促进广大干部积极作为、主动担当，制定如下措施。

一、筑牢激励干部担当作为的思想根基

（一）狠抓领导班子思想建设。坚持以思想政治建设为“龙头”，全面推进各级领导班子思想政治建设，精心开展“不忘初心、牢记使命”主题教育，探索有效措施、丰富活动载体，引导各级领导干部增强忧患意识、公仆意识、服务意识。坚持把习近平新时代中国特色社会主义思想学习贯彻摆在各级领导班子政治建设重要位置，

教育引导各级领导干部增强“四个意识”、坚定“四个自信”、把准政治方向、坚持党的政治领导、夯实政治根基，以对党忠诚、为党分忧、为党尽职、为民造福的政治担当，满怀激情地投入新时代中国特色社会主义伟大实践。始终牢记“干部作风不实就是最大的敌人”这一重要论断，深入开展“学讲话、转作风、促落实”专项活动，读原文原著，除“四风四气”，以“真学、真做、真改”的态度和严肃问责的手腕，倒逼领导干部作风转变。

（二）狠抓“关键少数”思想建设。常态化推进“两学一做”学习教育，建立领导干部学习档案，推行“考学评学”制度，开展“知识竞赛”活动，引导各级领导干部走在前、做表率。严格党的政治生活制度，坚持将领导干部担当尽责情况作为民主生活会的重要内容，落实领导干部双重组织生活等规范化制度办法，定期对党员领导干部进行“政治体检”和党性锻炼。党组织书记要扛起加强和改进思想政治建设的主体责任，以推进班子成员担当作为为目的，明确班子成员职责分工，建立完善“督查问效”机制，形成一级抓一级、层层抓落实的工作体系。

（三）狠抓党员干部思想建设。结合“两学一做”学习教育，开展“学意见、促担当、善作为”专项活动，引导广大干部紧紧围绕社会稳定与长治久安总目标，自觉当好“排头兵”。开展党员干部家庭家教家风示范行动，以弘扬社会主义核心价值观、传承爱国爱疆精神为主线，选树宣传“模范家庭”，赓续中华优良传统文化、革命文化和社会主义先进文化。结合每年“七一”，组织党员干部过集体“政治生日”，学习领会党章党规，开展党内政治生活，畅谈入党初心，坚定理想信念，明确职责使命，教育引导广大党员干部不负党和人民重托，以守土有责、守土负责、守土尽责的责任担当，在其位、谋其政、干其事、求其效。

二、树立重实干重实绩的选人用人导向

（一）突出政治标准。严格落实新时期“20字”好干部和民族地区“三个特别”政治标准，坚持重党性、重品行、重实绩、重基层、重公认，突出政治标准，树立“基层一线、维稳前沿出干部”导向，选用在反分裂斗争一线、“访惠聚”驻村、驻村管寺、脱贫攻坚、“双语”支教、司法培养锻炼、到村任职和服务群众基层一线工作中表现优秀、忠诚干净担当的干部。

（二）大胆培养选用。坚持事业为上、以事择人，在选人用人中，突出党组织把关作用。坚持从对党忠诚的高度培养干部，建立完善干部培养机制，培养有担当作为、关键时刻冲得上、顶得住、打得赢的干部。各级党组织定期开展班子运行和干部担当作为分析评估，形成评估报告，每季度上报一次，作为领导班子建设和干部选拔任用的重要依据。

（三）精准识人用人。坚持全面历史辩证地考察识别干部，从对党忠诚的高度，从维护祖国统一、反对民族分裂的思想认识和实际表现看待干部是否担当作为。严格落实《关于新形势下建立各级党员干部政治考核评价机制的意见》（拜党办发〔2017〕9号），围绕“六关”“十二看”内容，从严干部政治审查。建立考核指标动态库，结合工作形势，收集整理县委、县政府对各行各业要求，有针对性制定干部考察谈话要点清单。注重从精神状态、作风状态考察干部政治素质，既看一贯表现，又看关键时刻，多方印证、全面掌握干部真实表现。源头化、常态化推进“凡提四必”落实，加大干部日常监督，定期核查个人有关事项报告。严格落实党组织书记、纪委书记（纪检组组长）在干部现实表现鉴定材料和廉洁自律情况证明“双签字”制度，对政治不合格的“一票否决”，坚决防止“带病提拔”。

三、坚持用考核评价激励鞭策干部

（一）深化平时考核。坚持把现场考核作为

深化和完善干部日常考核的重要抓手，采取“动态跟踪、实地走访、查阅档案、列席旁听、节点对账、明察暗访、蹲点调研”等务实管用方法，考准考实干部在落实上级决策部署和县委、县政府重点工作担当作为情况，发现和掌握一批政治上合格、工作上优秀、作风上优良的干部。

（二）完善年底考核。构建分类别、近距离的知事识人体系，结合形势和县委、县政府中心工作，分类别、有针对性地制定考核重点，全面掌握干部落实上级决策部署情况。采取“个人自评、领导点评、群众评议、组织考评”等方法，加大群众满意度在考核评价中的权重，考准考实干部在日常一线履职尽责情况。坚持公平公正对待干部，注重倾听党组织意见，将干部年度考核与党组织意见建议结合起来，全面立体识别干部担当作为情况。

（三）分类建立干部跟踪纪实。健全用好“党员干部落实政治责任台账”，按照干部管理权限，县委组织部及各级党组织分类建立科级干部、一般干部落实政治责任清单，突出“担当作为”，对干部发声亮剑、落实维稳措施、揭发检举“两面人”“两面派”、年度考核、提拔考察、平时考核、日常工作表现、完成工作情况、遵章守纪情况等全程纪实，作为干部选拔任用、评先选优、问责追责的重要依据。

（四）强化结果运用。完善考核结果反馈制度，注重将考核结果与领导班子自身建设相结合，发放考核“成绩单”，明确提出提拔任用、表彰奖励、批评教育、提醒诫勉、限期整改、免职降职等意见。用好约谈制度，针对考核结果分析原因，改进不足，解决干与不干、干多干少、干好干坏一个样的问题。

四、为敢于担当的干部撑腰鼓劲

（一）科学界定容错情形。建立完善党员干部容错纠错实施细则，妥善把握事业为上、实事求是、依纪依法、容纠并举等原则，结合动机态度、客观条件、程序方法、性质程度、后果影响以及挽回损失等情况，准确把握“三个区分开来”“五看标准”“四个界限”等容错纠错政策界限，对照容错“11 种情形”和“6 项条件”，对干部失误错误进行综合分析，该容的大胆容，不该容的坚决不容。

（二）规范容错免责程序。按照干部管理权限，纪委监委、组织部具体组织实施科级领导干部和领导班子容错纠错工作，各级党组织负责所辖一般干部容错纠错工作。在启动问责程序 7 日后，经单位或本人申请，可向受理单位申请容错免责。受理单位综合分析问题发生的背景原因、动机目的、性质、后果等因素，广泛收集相关证据材料，听取申诉意见，形成调查报告，报请党组织集体研究，对符合容错免责的予以免责，不符合的予以说明。

（三）健全纠错改正机制。坚持有错必纠、有过必改，作出容错免责认定一年内，纪委监委、组织部门、各级党组织要进行跟踪管理，定期回访谈心、教育疏导，引导干部放下包袱、查找原因、改进工作。及时启动纠错程序，用好提醒、函询、诫勉，通过咬耳扯袖、红脸出汗，帮助干部及时纠正错误，防止小隐患发展为大问题。对给予容错免责的干部，不作负面评价，考核考察、评先选优、选拔任用等不受影响；确需追责的，可酌情从轻、减轻处分；有影响的，影响期结束后提拔任用不受影响。

（四）健全澄清保护机制。认真核查举报线索，依法依纪严肃处理恶意诬告陷害行为，对受到不实反映的干部，在一定范围内及时公示澄清、消除负面影响；经查证属于恶意中伤诬陷他人的，由纪委监委、组织部依纪依规及时给予劝阻、批评、教育、组织处理、党纪政务处分等；涉嫌违法的，移交司法机关处理。

五、坚决整治不担当不作为问题

（一）准确界定不担当不作为表现。围绕贯彻党中央治疆方略、聚焦社会稳定和长治久安总目标、落实反恐维稳“组合拳”；关注深化改革和攻坚克难，打好防范化解重大风险、精准脱贫、污染防治“三大攻坚战”；贯彻新发展理念和改革民生；抓工作落实；化解矛盾应对危机；履行管党治党责任特别是强基固本、清查清理“两面人”6个方面，对照“干部不担当不作为28种情形”画影塑像，坚决整治干部不担当不作为问题，涵养政治生态，防范政治风险，永葆政治本色，提高政治能力。

（二）铁腕问责不担当不作为干部。深化干部日常监督管理，对发现的干部不担当不作为苗头性、倾向性问题，早提醒、早纠正。坚持优者上、庸者下、劣者汰，对敢抓敢管、真抓实干、勇于担当的干部，为他们加油鼓劲、撑腰壮胆，对尸位素餐、光说不练、热衷对实干者评头论足甚至诬告陷害的严肃批评、严格问责，形成以担当作为为荣、以消极无为为耻的浓厚氛围。建立“党员领导干部不担当不作为清单”，对贯彻执行党的路线方针政策和决策部署、巡视巡察、一体化平台查核、教育管理亲属、带头“去极端化”等方面不担当不作为等问题详细记录，该免职的免职、该调整的调整、该降职的降职。对不担当不作为问题情节严重，且造成重大失误或影响的，按照有关法律法规，移交纪检监察机关、司法机关处理。

六、满怀热情关心关爱干部

（一）政治上激励。全面规范各级组织表彰奖励工作，突出党的建设、维护稳定、“访惠聚”驻村、驻村管寺、民族团结进步等专项表彰奖励，增强干部荣誉感。拓宽干部晋升渠道，落实职务与职级并行制度、乡镇非领导职务配备等，及时为符合条件、表现优秀的干部提享待遇。强化“墩苗”历练，坚持将基层一线、维稳前沿作为干部历练成长的“磨刀石”，根据实际情况和工作需要，择优选派县直机关干部到村任职。适时开展县直机关单位面向乡镇选调干部工作，推动县乡干部有序流动、动态调整。

（二）工作上支持。建立源头培养体系，用好“党政班子成员联系帮带党员干部”机制，单位主要领导帮带班子成员、班子成员帮带一般干部，传授工作经验、教授工作方法。全面清理不合理工作负担，规范各类检查、考核、评比活动，为干部松绑。建立跟踪培养机制，完善干部跟踪培养、实践锻炼、选拔任用、轮岗交流、管理监督、服务保障等工作。

（三）待遇上保障。常态化对各单位落实《拜城县进一步关心关爱干部人才10条》（拜党组发〔2018〕9号）情况进行督查，严格保障干部休假待遇，督促各单位解决好住房、就医、家属就业、子女就学等问题。各单位建立干部健康档案，免费为干部体检，购买意外保险，提高长期在服务群众一线工作的干部体检标准。严格落实干部待遇补助等政策，定期足额发放“访惠聚”驻村、驻村管寺、干部常态化下沉住户、乡镇差别化待遇等补贴。实施组织温暖工程，对生活困难的干部给予关爱帮扶，特别是对因公殉职或病故的干部，做好安葬、追授、帮扶等事宜。

（四）心理上关怀。完善和落实谈心谈话制度，县级领导干部每半年与分管领域、行业、包联乡镇主要领导谈心谈话，单位主要领导每季度与班子成员谈心谈话、班子成员与干部经常性谈心谈话，在干部思想波动、遇到挫折、工作滑坡时，注重普及心理健康知识，及时解疑释惑、加油鼓劲、鞭策激励。发挥群团组织作用，结合主题党日、节假日，常态化开展联谊或文化体育活动，引导干部交流交往交融、培养健康的兴趣爱好。

七、增强干部适应新时代发展要求的本领能力

（一）提升理论业务水平。坚持用习近平新时代中国特色社会主义思想武装干部头脑，增强干部信心，增进干部自觉，鼓舞干部斗志，加强干部常态化培训，建强师资力量，推动习近平新时代中国特色社会主义思想进教材、进课堂、进头脑。持续推进干部轮训，依托县乡两级党校、干部网络学院等培训资源，常态化开展前沿理论、专业知识、法治素养等专题培训。借助援疆“东风”，每年邀请一定数量的援疆省市专家学者赴拜授课，帮助干部弥补知识弱项、能力短板、经验盲区。严格组织调训制度，对关键领域、重点岗位干部，实行点名调训。

（二）改进实践锻炼方式。持续推动各级干部下沉基层、走进群众，实现包村入户全覆盖，贫困户、重点人员家庭思想工作、关心关爱、帮扶救助全覆盖。选派优秀年轻干部到服务群众第一线摸爬滚打，以“访惠聚”驻村、驻村管寺、双语支教、异地挂职、援疆省市锻炼等为载体，磨砺意志、开阔视野、淬火成钢。推动民族团结进步创建，开展“民族团结一家亲”和民族团结联谊活动，常态化推进民族团结“结亲周”活动，让干部在与群众交往交流交融中增长才干。统筹调配全县股级岗位，按照以事择人、因岗定人、人岗相适原则，拿出一定数量的股级岗位公开竞聘，提升干部综合能力素质，为干部选用储备力量。

八、下大气力培养锻炼年轻干部

（一）拓宽选人视野渠道。解放思想，不拘一格，广开贤路、广纳英才，突出政治标准，注重在反恐维稳、脱贫攻坚、改革发展第一线及完成重大任务、应对重大事件的实践中，发现各方面各民族对党忠诚、堪当重任的优秀年轻干部。开展年轻干部调研工作，覆盖各行各业，择优建立优秀年轻干部信息库，实施组织掌握、分类管理，注意保护年轻干部被“标签化”。坚持把功夫下在平时，依托党组织推荐、干部年底考核、日常考核、督导检查、工作调研等渠道，建立发现识别优秀年轻干部的常态化机制。

（二）增强培养锻炼实效。坚定不移抓好培养工作，把坚定理想信念作为根本任务，用马克思主义“真经”、党性教育“心学”、正确五观“心药”扶正祛邪、健体强心。统筹事业发展、领导班子建设和干部成长需要，把火热的实践作为最好的课堂，保证完整的锻炼周期，促进年轻干部经风雨、见世面、壮筋骨、长才干，提高解决实际问题、处理复杂矛盾和做群众工作的能力，防止镀金式、呵护式培养。坚持必要台阶和递进式培养，注重在关键、吃劲岗位培养锻炼年轻干部，优化年轻干部成长路径。

（三）全面从严管理监督。把全面从严治党、从严管理干部的要求贯彻发现培养选拔全过程，保证年轻干部健康成长。注重掌握年轻干部的思想认识和政治表现。实施动态管理，对不符合条件的及时调整出优秀年轻干部队伍，同时发现和补充新的优秀人选，始终保持“一池活水”。

（四）完善适时使用机制。加强对优秀年轻干部储备情况分析研判，对有发展潜力、需要递进培养的及时放到关键岗位上历练，对各方面条件成熟的及时提拔使用，对企事业单位的人选，打破身份限制，根据需要及时交流到党政机关领导岗位上来。辩证把握快与慢的关系，对于重点培养的优秀年轻干部，在选拔使用之前，要在必要岗位上“墩得实”“拔得动”，防止拔苗助长。坚持老中青梯次配备，防止唯年龄倾向，用好其他年龄段干部，调动整个干部队伍积极性。

九、锻造坚强有力的村级干部队伍

（一）强化思想政治建设。坚持严格的政治标准不放松，把对待民族分裂主义及其活动的态度作为检验所有村级干部的第一标准，把毫不含糊地与民族分裂主义及其活动作坚决斗争作为对所有村级干部正风肃纪的第一要求，把遏制宗教极端主义渗透、坚决防止暴力恐怖案件发生作为各级党组织和村级干部的第一责任，健全完善村级党员干部政治表现档案，全面开展党员干部政治体检，教育党员干部自查自省，引导党员干部主动发声亮剑、亮明态度、坚定立场。

（二）深化能力素质培养。加大村级干部新时代新担当历练，全面实施村级干部国家通用语言强化、素质提升、选拔培养“三大工程”，推行“集中培训＋实地锻炼”培训培养机制，依托县乡党校，邀请行业部门单位主要领导、业务骨干分期分批授课。定期组织基层干部到后进村、深度贫困村等进行实践锻炼。坚持把村级干部理解力、执行力、落实力作为在村工作业绩、评先选优、推荐考录公务员、事业编制干部的重要衡量标准，强化村干部作用发挥。

（三）加大村级后备干部队伍建设。持续优化村级后备干部梯队，按照1∶3比例，采取“三荐三审两试一训”方式，择优从大中专毕业生、复转军人、致富能手、天池计划等群体中选拔培养年轻后备干部，保证配齐配足。

十、大力营造担当作为的良好政治生态

（一）提高思想站位。各级党组织要认真履行主体责任，把激励干部新时代新担当新作为纳入领导班子和干部队伍建设整体布局。各级党组织书记履行第一责任人责任，发挥“关键中的关键”作用，把工作放在心上、抓在手上，以上率下、示范引领，带头履职尽责、担当作为、承担责任。各级领导班子成员发挥“帮带导师”作用，用心用情帮、真心实意带。广大党员干部坚持实事求是，清醒认识自己，正视存在的问题，及时解决、纠正、调整，不断学习、不断提高自身政治理论水平和业务能力，提高担当的能力。

（二）压实领导责任。严格落实“党政同责、一岗双责、失职追责”，推进“一案双查”，从严问责落实主体责任不力的单位党政“一把手”。建立督查问责机制，把激励干部担当作为情况纳入领导班子和领导干部年度考核、巡察专项检查一项重要指标。

（三）加强舆论引导。坚持激浊扬清，及时处置各种负面舆情，注重保护干部声誉，防止干部被“污名化”。深入挖掘选树一批新时代新担当新作为的先进典型，利用“拜城零距离”、政府门户网站等各类媒体资源，通过多渠道和方式，宣传他们维护稳定、改革创新、干事创业、民族团结的先进事迹，在全县形成崇尚担当者、学习奋进者、关爱奉献者的浓厚氛围。

先进集体

国家级先进集体

2月 拜城县便民服务中心被国家发改委、国家机关事务管理局授予“2017—2018年节约型公共机构示范单位”荣誉称号。

3月 拜城县被国家信访局授予“全国信访工作‘三无’县（市、区）”荣誉称号。

拜城县市场监督管理局消费者协会获得“2016—2017年度全国消协组织先进集体”荣誉称号。

4月 拜城县委组织部被中共中央组织部办公厅授予组织系统“2017年度信息报送先进单位”荣誉称号。

拜城县委组织部撰写的《基层建议预防村干部连选连任负面效应》被中共中央组织部办公厅授予组织系统“2017年度优秀信息问题建议类一等奖”。

拜城县委组织部撰写的《驻村扶贫干部管理激励问题需关注》被中共中央组织部办公厅授予组织系统“2017年度优秀信息问题建议类三等奖”。

12月 拜城县地震局被国家地震局评为“2018年度全国市（县）防震减灾工作先进单位”荣誉称号。

拜城县第一小学六（2）中队被共青团中央、教育部、全国少工委授予2018年度“全国优秀少先队集体”称号。

拜城县被农业农村部、应急管理部联合授予

2018年度全国“平安农机”示范县称号。

自治区级先进集体

1月 拜城县被自治区卫生和计划生育委员会评为自治区级妇幼健康优质服务示范县。

2月 拜城县人工影响天气办公室被自治区人工影响天气办公室评为“2017年防雹减灾先进单位”称号。

3月 拜城县被自治区爱国卫生运动委员会授予“自治区卫生县城”荣誉称号。

拜城县委办公室驻拜城县亚吐尔乡布吉尕村工作队被自治区“访惠聚”驻村工作领导小组办公室授予“自治区‘访民情惠民生聚民心’驻村工作2017年度先进工作队”荣誉称号。

拜城县委组织部驻拜城县赛里木镇英赛买里村工作队被自治区“访惠聚”驻村工作领导小组办公室授予“自治区‘访民情惠民生聚民心’驻村工作2017年度先进工作队”荣誉称号。

拜城县人民医院驻拜城县赛里木镇托克买里村工作队被自治区“访惠聚”驻村工作领导小组办公室授予“自治区‘访民情惠民生聚民心’驻村工作2017年度先进工作队”荣誉称号。

拜城县统计局驻拜城县布隆乡奥依买里村工作队被自治区“访惠聚”驻村工作领导小组办公室授予“自治区‘访民情惠民生聚民心’驻村工作2017年度先进工作队”荣誉称号。

拜城县第二小学荣获2018年度自治区级“三八红旗集体”称号。

7月 拜城县被自治区食品安全委员会授予“自治区食品安全城市”荣誉称号。

9月 拜城县委办公室被自治区党委办公厅授予“2017年度全区党委信息工作先进单位”荣誉称号。

12月 拜城县总工会驻米吉克乡亚曼苏村“访惠聚”驻村工作队被自治区“访惠聚”驻村工作领导小组评为2017年度“访惠聚”优秀工作队。

拜城县克孜尔湖滨旅游开发建设项目、第二中学教学楼项目获“2018年度自治区建设工程施工安全生产标准化工地”称号。

拜城县市政环卫中心环卫队获“2018年度自治区城市市容环卫行业先进集体”称号。

地区级先进集体

1月 拜城县档案局（馆）被阿克苏地区民族团结进步创建活动领导小组授予“阿克苏地区民族团结进步教育基地”称号。

拜城县交通运输局被阿克苏地区交通运输局评为“2017年度交通运输工作先进集体”称号。

2月 拜城县被阿克苏地区行政公署授予“2017年度计划生育工作优秀县”荣誉称号。

拜城县档案局（馆）被阿克苏地区精神文明建设指导委员会评定为“地区级文明单位”。

拜城县人民法院被阿克苏地区中级人民法院评为地区法院系统“审判质效前三名”。

拜城县人民法院刑事审判庭被阿克苏地区中级人民法院授予“集体三等功”。

拜城县妇幼保健院被阿克苏地区精神文明建设指导委员会评定为“地区级文明单位”。

拜城县安全生产监督管理局安全生产监察大队被阿克苏地区安全生产管理局评为“先进集体”称号。

拜城县交通运输局被阿克苏地区精神文明建设指导委员会评定为“地区级文明单位”。

拜城县统计局被阿克苏地区精神文明建设指导委员会评定为“地区级文明单位”。

3月 拜城县委组织部被阿克苏地委组织部授予“2017年度阿克苏地区组织系统新闻宣传工作先进集体”荣誉称号。

拜城县委组织部被阿克苏地委组织部授予“2017年度《阿克苏党建》组稿工作先进集体”荣誉称号。

拜城县委组织部被阿克苏地委组织部授予

"2017 年度阿克苏地区组织系统信息工作先进集体"荣誉称号。

拜城县委组织部被阿克苏地委组织部授予"2017 年度阿克苏地区组织系统网络宣传工作先进集体"荣誉称号。

拜城县被阿克苏地区爱国卫生运动委员会授予"地区爱国卫生先进县"荣誉称号。

拜城县妇女联合会荣获 2018 年地区级"三八红旗集体"称号。

拜城县人民法院驻老虎台乡亚木古鲁克村"访惠聚"驻村工作队被地区"访惠聚"驻村工作领导小组评为 2017 年"访惠聚"驻村工作先进工作队。

拜城县维吾尔医医院获 2018 年度阿克苏地区级"青年文明号"称号。

拜城县统计局被阿克苏地区统计局评为"2017 年度统计工作先进集体（优秀单位）"。

6 月 拜城县委组织部被中共阿克苏地委组织部、阿克苏地区党建研究会授予"2017 年度阿克苏地区党的建设和组织工作课题调研先进集体"荣誉称号。

7 月 拜城县司法局被中共阿克苏地委授予"先进基层党组织"称号。

8 月 拜城县供销社获阿克苏地区供销综合改革一等奖。

9 月 拜城县人民医院获阿克苏地区卫生计生系统首届"健康阿克苏 我们在行动"男子篮球比赛"优秀组织奖"。

拜城县被阿克苏地区督查考评工作办公室通报为"各县（市）第四次全国经济普查前期准备工作开展情况优秀县（市）"。

11 月 拜城县纪委监委在阿克苏地区纪委监委举办的"党纪印我心"知识竞赛中获三等奖。

拜城县科学技术协会被阿克苏地区科学技术协会、阿克苏地区教育局评为"第二十三届阿克苏地区青少年科技创新大赛"优秀组织单位。

12 月 拜城县获阿克苏地区安全生产目标管理考核一等奖。

拜城县第四高级中学团委、拜城县亚吐尔乡团委被阿克苏团地委命名为 2018 年度"五四红旗团委"称号。

拜城县米吉克乡库木墩村团支部被阿克苏团地委命名为 2018 年度"五四红旗团支部"称号。

中国建设银行股份有限公司阿克苏地区分行驻拜城县黑英山乡阿热盖买村"访惠聚"工作队被中共阿克苏地委授予"脱贫攻坚组织创新奖"；中国建设银行股份有限公司阿克苏地区分行驻拜城县黑英山乡阿热盖买村"访惠聚"工作队被中共阿克苏地委授予"先进集体"称号。

新疆凯领阿热格敏矿业有限责任公司被中共阿克苏地委授予"脱贫攻坚先进集体"称号。

拜城县日新建筑安装工程有限责任公司、拜城县康晨建筑工程有限责任公司获"2018 年度阿克苏地区优秀建筑施工企业"称号。

拜城县供销社获阿克苏地区供销综合业绩考核二等奖。

先进人物

国家级荣誉称号

1 月 拜城县安全生产监督管理局党组副书记、局长辛毅被国家安全生产监督管理总局、国家煤矿安全监察局授予"安全生产监督监察先进个人"荣誉称号。

拜城县人民法院政工科科长朱小娟被最高人民法院授予"全国法院先进个人"称号。

拜城县统计局党组副书记、局长于遴志被国务院第三次全国农业普查领导小组授予"第三次全国农业普查先进个人"称号。

3 月 拜城县人民法院党组副书记、院长依力哈木·亚森被最高人民法院授予"荣誉天平奖章"。

拜城县人民法院原党组成员、副院长黄宗玺

被最高人民法院授予“荣誉天平奖章”。

拜城县人民法院审判委员会专职委员拜克都尔·沙力被最高人民法院授予“荣誉天平奖章”。

拜城县拜城镇居民徐桂兰荣获全国最美家庭先进个人。

8月 拜城县第三中学教师吉米兰·米吉提被中国教育学会、国家基础教育实验中心、国家教师科研基金科研规划重点课题组联合授予“教育创新理论与实践论坛”大赛一等奖。

12月 拜城县地震局局长魏金山被中国地震局评为“防震减灾先进工作者”。

拜城县米吉克乡中学教师艾合买提江·艾克木被中国教育技术协会授予“华渔杯”多媒体课件评比信息技术三等奖；拜城县米吉克乡希望小学教师古丽巴努木·艾则孜被中国教育技术协会授予“华渔杯”多媒体课件评比信息技术三等奖。

自治区级荣誉称号

1月 拜城县第四高级中学教师刘鹏被新疆教育学会中学历史学科研究会评为2017年“爱祖国、爱新疆、民族团结一家亲”历史知识竞赛优秀指导教师二等奖。

拜城县第四高级中学教师刘鹏撰写的论文《如何提高高中历史课堂教学的有效性》被新疆教育学会中学历史学科研究会评为“自治区新疆中学历史教师教学论文评比”三等奖。

2月 拜城县人工影响天气办公室主任张广军被自治区人工影响天气办公室表彰为先进个人。

3月 拜城县人民法院干部艾尔肯·亚森获2017年度自治区级“访惠聚”驻村工作先进工作者称号。

拜城县安全生产监督管理局党组副书记、局长辛毅，县安全生产监督管理局干部艾力坎木·艾斯卡获2017年度自治区级“访惠聚”驻村工作先进工作者称号。

拜城县委组织部副部长、正科级组织员肖文统、科员干部曾凡伦获2017年度自治区级“访惠聚”驻村工作先进工作者称号。

拜城县统计局党组书记、副局长雅力坤·吉力力，县统计局党组成员、副局长刘磊，县统计局干部阿尔祖古丽·穆合塔尔获2017年度自治区级“访惠聚”驻村工作先进工作者称号。

拜城县第二小学教师郑晓莉荣获“2018年度自治区级三八红旗手”称号。

拜城县人民法院政工科科长朱小娟荣获“2018年度自治区级三八红旗手”称号。

拜城县信访局干部谭红被自治区信访工作联席会议办公室授予全国“‘两会’期间自治区驻京信访工作先进个人”称号。

拜城县第二小学教师朱华在2017年“华渔杯”新疆中小学教师教学课件评比活动中，课件《键盘输入快又准》荣获一等奖、《温馨的小屋——练习画小屋》荣获一等奖、《插入文本框》荣获三等奖。

拜城县团结小学教师何桂枝被自治区教育厅授予“第三届自治区中小学教学能手”称号。

拜城县第四高级中学教师刘鹏、杨隆生、崔勇被新疆教育学会中学历史学科研究会评为“指导高中历史短剧”一等奖。

4月 拜城县大桥乡党委书记程建文获自治区总工会“2018年度开发新疆建设奖章”称号。

拜城县第二小学少先队大队辅导员李东亮在自治区第十一届少先队辅导员专业技能大赛中获综合二等奖、文化产品创意展示环节一等奖。

6月 拜城县第四高级中学教师杨隆生被自治区历史学会、乌鲁木齐市中学历史教学研究会评为“第十届中学历史教师教学技能大赛教学设计比赛高中组”二等奖；县第四高级中学教师刘鹏被自治区历史学会、乌鲁木齐市中学历史教学研究会评为“第十届中学历史教师教学技能大赛教学设计比赛高中组”一等奖；县第四高级中学教师刘英被“评为第十届中学历史教师教学技能大赛教学论文比赛高中组”二等奖、教学技能大赛多媒体课件比赛中荣获高中组一等奖；县第四高级中学教师崔勇被评为“第十届中学历史教师教学技能大赛多媒体课件比赛中荣获高中组”二等奖。

拜城县职业技术学校教师阿曼古丽·吐尔逊被自治区历史学会、乌鲁木齐市中学历史教学研究会评为“第十届中学历史教师教学技能大赛课件比赛初中组”三等奖。

8月 拜城县第四高级中学教师艾海提·买买提课件《常见结构的认识》被自治区教育科学研究院评为“2017年‘华渔杯’新疆中小学教师教学课件评比”三等奖。

拜城县第四高级中学教师张玲教学设计《两极世界的形成》被自治区教育学会中学历史学科研究会评为“教师教学评比”三等奖。

拜城县第四高级中学教师江燕平教学微课《热力环流原理》被自治区教育学会中学地理学科研究会评为“2018年新疆中学地理数字课程资源征集评选”二等奖。

9月 拜城县市场监督管理局干部库尔班·尼亚孜在自治区南疆学前双语教育干部支教工作中表现突出，获“自治区南疆学前双语教育优秀支教干部”称号。

10月 县委办公室干部方向远被自治区党委办公厅授予“自治区2017年度全区党委工作先进个人”荣誉称号。

拜城县大桥乡农民吐尔洪·依明尼亚孜获2018年度新疆维吾尔自治区“先进联户长”荣誉称号。

拜城县第二中学教师任新萍、史春艳分别被自治区中学语文学科研究会评为“第三届语文青年教师现场课”二等奖指导教师。

拜城县第四高级中学教师邵春梅被新疆教育学会评为“2018年自治区第二届中青年语文教师学科素养大赛”三等奖。

11月 拜城县市政环卫中心干部买热艳木·阿布拉获“2018年度自治区城市市容环卫行业先进个人”称号。

地区级荣誉称号

2月 拜城县人民法院刑事审判庭审判员古丽巴哈·依布拉音被阿克苏地区中级人民法院授予“2017年度地区法院系统十佳女法官”称号。

拜城县人民法院审判管理办公室主任罗永怀被阿克苏地区中级人民法院授予“个人三等功”称号。

拜城县人民法院赛里木镇法庭庭长艾尼瓦尔·司地克被阿克苏地区中级人民法院授予“个人三等功”称号。

拜城县人民法院正科级审判员、刑事审判庭庭长阿地力·吐尼牙孜被阿克苏地区中级人民法院授予“个人三等功”称号。

拜城县人民法院副科级审判员、执行庭庭长郭刚被阿克苏地区中级人民法院授予“办案标兵”称号。

拜城县人民法院民事审判庭审判员阿不力克木·托合提被阿克苏地区中级人民法院授予“调解能手”称号。

拜城县人民法院民事审判庭书记员王罗娟被阿克苏地区中级人民法院授予“优秀书记员”称号。

拜城县安全生产监督管理局干部林冰被阿克苏地区安全生产监督管理局评为“全地区安全生产监察先进工作者”称号。

3月 拜城县档案局（馆）干部王四新获2017年度阿克苏地区级“访惠聚”驻村工作先进工作者称号。

拜城县人民法院党组书记、副院长吴多敏获2017年度阿克苏地区级“访惠聚”驻村工作先进工作者称号。

拜城县人民法院干部拜克都尔·沙力获2017年度阿克苏地区级“访惠聚”驻村工作先进工作者称号。

拜城县委史志办副主任侯富平获2017年度阿克苏地区级“访惠聚”驻村工作先进工作者称号。

拜城县统计局干部吐尔洪·阿不力孜、卢睿被阿克苏地区统计局评为“2017年度统计工作先进先进个人”。

拜城县第一小学党支部副书记、校长热西旦·艾克木获2018年地区级“三八红旗手”称号。

拜城县众泰煤焦化有限公司女工主任兼纪检监察部副主任科员刘潇获2018年度地区级“三八红旗手”称号。

拜城县团结小学教师蒋红英被阿克苏地区教育局评为小学数学“高效课堂”优质课研赛（现场上课）二等奖。

拜城县第一小学教师徐智慧被阿克苏地区教育局评为小学语文“高效课堂”优质课研赛（现场上课）二等奖。

4月 拜城县第二小学少先大队辅导员李东亮在阿克苏地区第八届少先队辅导员专业技能大赛复赛中荣获二等奖。

拜城县第二小学教师李瑞被阿克苏地区教育局评为“初中物理教师现场上课”二等奖。

拜城县第二小学教师丁志被阿克苏地区教育局授予“地区教学能手”称号。

拜城县第四高级中学教师邵春梅被阿克苏地区教育局、阿克苏地区教育学会评为“第三届阿克苏地区中小学教学能手”称号。

7月 拜城县温巴什乡党委副书记、乡长巴拉提·巴斯提被中共阿克苏地委评为“优秀共产党员”称号。

拜城县托克逊乡政法书记侯新波被中共阿克苏地委授予“优秀共产党员”称号。

拜城县亚吐尔乡党委书记季福国被中共阿克苏地委授予“优秀党务工作者”称号。

拜城县人民医院医生马玉萍被中共阿克苏地委授予“优秀共产党员”称号。

拜城县人民医院护士金琴在阿克苏地区护理技能大赛中，获静脉治疗技能二等奖。

9月 拜城县托克逊乡吉格朗村村民阿布拉·托乎尼亚孜、赛里木镇英买里村村民阿尤甫·莫拉艾力木、布隆乡欧吐拉布隆村村民吐逊·热合曼、温巴什乡阔纳吐尔村村民阿迪力·热合曼、康其乡赛比墩村村民玉山·托合提荣获地区级“平安家庭标兵户”称号。

10月 拜城县大桥乡农民吐尔洪·依明尼亚孜获2018年度阿克苏地区“先进联户长”称号。

拜城县大桥乡九年一贯制学校中队长艾丽菲热·吐尔迪、亚吐尔乡九年一贯制学校中队长图玛热斯·亚森被阿克苏团地委授予“优秀少先队员”称号。

拜城县第一小学中队辅导员熊婷娟、拜城县布隆乡九年一贯制学校大队辅导员吐逊古丽·阿吾提被阿克苏团地委授予阿克苏地区“优秀少先队辅导员”称号。

11月 拜城县第二中学教师任新萍、邢兆兆、苏美蓉被阿克苏地区教育局评为“青少年科技创新”三等奖辅导奖。

拜城县第二中学教师陈文被阿克苏地区教育局评为“中小学青年教师基本功研赛”二等奖。

12月 拜城县黑英山乡扶贫专职副书记孟祥勇被中共阿克苏地委授予“脱贫攻坚贡献奖”。

中国建设银行股份有限责任公司阿克苏地区分行驻拜城县黑英山乡阿热盖买村“访惠聚”工作队第一书记、队长徐向明被中共阿克苏地委授予“脱贫攻坚贡献奖”。

新疆凯领阿热格敏煤矿矿长严治忠被中共阿克苏地委授予“脱贫攻坚奉献奖”。

拜城县克孜尔乡干部阿依木泥沙·艾山被中共阿克苏地委、阿克苏行政署授予“脱贫攻坚贡献奖”。

拜城县克孜尔乡党委书记孙付斌被中共阿克苏地委、阿克苏地区行政署授予“脱贫攻坚创新奖”。

拜城县赛里木镇乌希买里斯村村民塞买提·艾买尔被中共阿克苏地委、阿克苏地区行政署授予“脱贫攻坚奉献奖”。